최신개정 소방시험 대비 "이암기 [illegible] 추가"

우선순위 소방행정법

기출의 완성

우선순위 소방행정법 기출의 완성

preface

안녕하세요. 반갑습니다. **양승우**입니다.

공직시험에서 기출문제의 중요성은 아무리 강조해도 지나치지 않을 것입니다. 특히 행정법은 각종 시험에서 주로 기존의 기출문제들을 그대로 또는 변형하여 나왔다는 점이 중요합니다. 따라서 다양한 기출문제들을 꼼꼼하게 반복하여 공부해야만 고득점에 다가갈 수 있겠습니다.

이 교재의 가장 큰 특징은

1. 이암기 *LITE*를 수록하여 한 번에 행정법총론 전체를 정리할 수 있도록 하였습니다.
2. 다양한 문제들을 충분히 제공하여 시험에 나올 수 있는 문제들을 완벽하게 예상하고 정확하게 맞출 수 있도록 구성하였습니다.
3. 해설의 중요부분에 밑줄 및 음영색 등으로 포인트를 두어서 시험직전에도 짧은 시간 내에 반복하여 볼 수 있도록 정리하였습니다.

기출문제를 풀어보면서 맞고 틀리는 것에 너무 연연하기 보다는 **해설을 검토하면서 (선택지에 있는) 옳은 문장은 옳은 문장 그대로, 틀린 문장은 옳은 지문으로 변경한 후 키워드를 정하고 결론을 꼼꼼하게 암기하는 것이 가장 중요하겠습니다.**

이 교재가 나오기까지 큰 힘이 되어주신 모든 분들께 감사드리며, 여러분의 합격을 기원합니다.

상도동 연구실에서 **양승우**

Contents

Contents

CHAPTER 01

이암기 *LITE* (한 번에 정리)

제 1 편 행정법통론

Ch.1 행정

1-1 행정의 의의

- 형식적기관(주체)·실질적성질(내용) 의미의 행정[1]
- 행정법의 대상 : 행정청이 한 행위형식적 의미의 행정가 전제
- 행정의 분류[2] : 주체·목적·효과·기속·형식에 따라 분류

1-2 통치행위

- 개념 : 대통령의 고도(높은 수준)의 정치행위 ∴ 사법심사 … 원칙 : ×, 예외 : ○ (사법부자제설)[3]
  - (예외 : 국헌문란, 기본권 침해, 법치주의 훼손)
- 예시 : 비상계엄 선포, 조약의 체결·비준, 긴급명령권, 사면권, 선전포고 등

Ch.2 행정법

2-0 행정법의 성립과 발달

- 대륙법계 국가(공·사법 2원체계, 행정국가)[4]
  - 법치국가사상 : 행정법 성립의 제1차적 전제조건
    - ↳ '법률에 의한 행정'의 원리가 확립되었고 이로 말미암아 행정법이 성립
  - 행정제도의 발전 : 행정제도의 발달은 행정법 성립의 추가 요건
    - * 행정국가 : 독일·프랑스 기타 유럽대륙의 국가들처럼 행정제도를 가진 국가
- 영·미법계 국가(공·사법 1원체계, 사법국가)[5]
- 우리나라의 행정법(공·사법 2원체계, 사법국가)[6]

2-1 행정법의 의의

- 정의 : 조직과 작용에 관한 국내공법
- 분류 : 행정조직법, 행정작용법, 행정구제법

2-2 법치행정의 원칙(=법치주의) … 법률적합성의 원칙, 법적 안정성

- 법률적합성의 원칙 by 오토 마이어(O. Mayer)

- 법률의 법규창조력 : 법률(의회)만이 법규 창조 可 but 오늘날 의미 퇴색
- 법률우위의 원칙 : 법률에 위반하여 행할 수 없음 법규명령·관습법 ○/행정규칙 ×
- 법률유보의 원칙 : 행정작용은 법률에 근거하여야 함 법규명령 ○/관습법·행정규칙 ×

법률유보의 원칙	법률우위의 원칙
• 적극적 원칙 • 형식적 의미의 법률(+법규명령 등) • 적용영역 - 학설대립 • 법률이 없는 경우에 문제된다.	• 소극적 원칙 • 모든 법(행정규칙X) • 모든 영역 • 법률이 있는 경우에 (위반 여부가) 문제된다.

중요사항유보설[7]
=의회유보설
=단계설

- 본질적 사항 (기본권 관련)
  - 중요 본질사항 : 법률이 직접 규정
  - 그 외 본질사항 : 법률의 위임
  - ↳ 오늘날 법률유보의 원칙
- 비본질적 사항 : 법률의 위임 불필요

➜ 오늘날 법률유보원칙은 단순히 행정작용이 법률에 근거를 두기만 하면 충분한 것이 아니라, 국가 공동체와 그 구성원에게 기본적이고도 중요한 의미를 갖는 영역, 특히 국민의 기본권 실현과 관련된 영역에 있어서는 국민의 대표자인 입법자가 그 본질적사항에 대해서 스스로 결정하여야 한다는 요구까지 내포하고 있다.

➜ 법률유보의 형식은 반드시 법률에 의한 규율만이 아니라 법률에 근거한 규율이면 되기 때문에 기본권 제한의 형식도 반드시 법률의 형식일 필요는 없다.

2-3 행정법의 법원 및 일반원칙

- 성문법원칙과 불문법예외(보충적 효력)
- 일반원칙(=조리 … 5가지)

- 비례의 원칙[8] : 적합성, 필요성최소침해, 상당성이익형량·비교형량
- 신뢰보호의 원칙

┌ 요건 … (1) 공적인 견해표명[9] (2) 보호가치가 있는 신뢰(↱ 고의·과실·사기·강박×) (3) 개인적 처리 (4) 인과관계
(5) 선행조치에 반하는 처분 (6) 공익 또는 제 3자의 이익을 현저히 해하지 않을 것
└ 한계 … 이익형량, 존속보호, 사정변경(왕중왕 But!!<행정계획)

- 평등의 원칙[10]
- 자기구속의 원칙 ┌ 요건 … (1) 동종사항 (2) 동일 행정청 (3) 다수의 선례 (4) 재량행위
└ 한계 … 위법과 적법은 동행 할 수 없음, 사정변경
- 부당결부금지의 원칙

↳ ex) 1. 주택계획사업승인 [+진입도로 개설 및 확충(○)+기부채납의무 부과(○)] … ∵ 타당결부
2. 건축허가 [+인접한 도로의 개설(×)+기부채납의무 부과(×)]+준공거부처분(×) … 부당결부

2-4 행정법의 효력

- 효력발생시기

┌ 법령, 조례·규칙, 교육규칙 : 공포한 날로부터 20일
└ 권리제한 또는의무부과 : 공포일로부터 적어도 30일

- 소급효의 문제

┌ 진정소급효 : 행위 종료 후 법개정 원칙 : 불가, 예외 : 가능
└ 부진정소급효 : 법개정 후 행위 종료 원칙 : 가능, 예외 : 불가
↳ 진정한 의미의 소급효가 아님(외형과 실질의 불일치) ∴ 논의할 필요×

Ch.3 행정상의 법률관계(행정법관계 = 공법관계)

3-1 행정상 법률관계의 구조

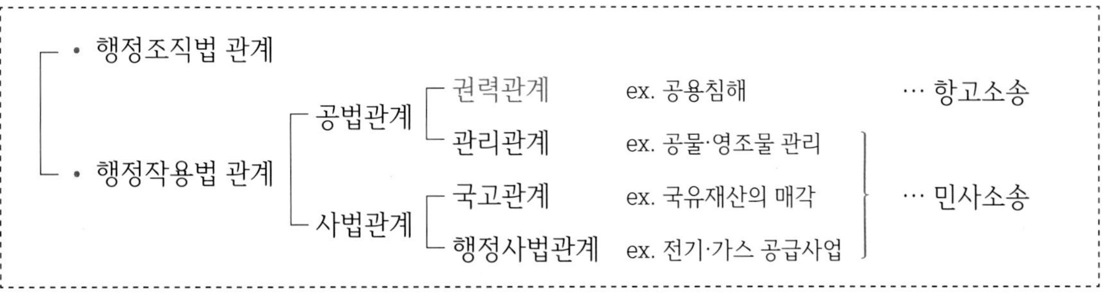

민사소송 당사자소송

- 공법관계 : 권력관계(우월한 지위), 관리관계(공물·영조물의 관리, 공기업의 경영·회계, 공법상 계약)
- 사법관계 : 국고관계(경제적 활동), 행정사법관계(실질 : 공적작용, 형식 : 사법)

↳ 국가의 조달행정과 영리행위 ➜ 전면적으로 사법이 적용

: ① 사법상 계약 ② 일반재산의 관리 ③ 영리적 활동

➜「국가를 당사자로 하는 계약에 관한 법률」에 의하여 국가와 사인 간에 체결된 계약은 특별한 사정이 없는 한 사법상의 계약으로서 본질적인 내용은 사인 간의 계약과 다를 바가 없다.

- 공법관계·사법관계의 구분[11] (주체설, 신주체설, 판례)

3-2 공법관계의 당사자

↱ 지방자치단체, 공공조합, 공법상 법인, 영조물법인

- 행정주체 : 국가, 공공단체, 공무수탁사인[12]

* 공무수탁사인 : '행정주체, 행정기관, 행정청' 모두에 해당 할 수 있음

행정주체 **(손해배상의 피고)**	행정권 행사의 법적 효과가 (궁극적으로) 귀속되는 주체	ex. 서울시
행정기관	행정주체의 행정사무담당자	ex. 서울시 공무원
행정청 **(항고소송의 피고)**	행정기관(행정주체의 행정사무담당자) 중에서 의사결정 및 (자기의 이름으로 외부에 표시할) 권한이 있는 자	ex. 서울시장

- 법률관계 : 행정주체-공무수탁사인, 공무수탁사인-국민

특별감독관계 ↳행정주체와 동일

- 행정객체 : 일반적으로 사인(but 공공단체도 국가와 다른 공공단체에 대해서는 행정객체로서의 지위 인정)

3-3 공법관계의 내용

- 국가적 공권 : 국가가 우월한 지위에서 행정객체에게 갖는 권리
- 개인적 공권[13] : 개인이 행정주체에 요구할 수 있는 권리 … 자유롭게 포기 ×(∵ 공익적 성질)

↱ 공법상의 금전청구권, 영조물 이용권, 공물사용권

- 종류 : 자유권, 수익권, 참정권
- 요건 : 강행법규·사익보호성·~~소구가능성~~의 존재
- 법률상 이익과 반사적 이익과의 구별
  - (1) 개념의 본질에서 오는 특색(기존업자-신규업자) ➜ 특허 : 법률상 이익 / 허가 : 반사적 이익
  - (2) 직접적 이익 or 간접적 이익 ⬅ 물리적 거리로 판단 ex. 속리산 국립공원용화집단시설지구 개발사업
  - (3) 목적·취지의 동일성 ex. 횡단보도설치 취소소송
- 확대
  - 2요소(요건)론의 강화
  - 무하자재량청구권의 인정
  - 반사적 이익의 개인적 공권화

  ∴ 소송의 영역↑, 권리구제 가능성↑

  ↳ 인근주민소송((2)과 관련), 경업자소송((1)과 관련), 경원자소송
- 특수한 개인적 공권
  - 무하자재량행사청구권 : 하자 없는 재량권 행사 요구
  - (협의의)행정개입청구권 : 제3자에게 행정권 발동 요구

  ↳ 재량권이 0으로 수축하는 경우 : '중대성, 기대가능성, 보충성'으로 판단

➜ 행정행위·공법상 계약 등을 통해서 개인적 공권이 성립할 수 있다.

➜ 재량행위의 경우 원칙적으로 행정개입청구권은 인정되지 않지만, 재량권이 0으로 수축하는 경우 행정청은 기속행위에 가까운 처분을 해야 할 의무가 있으므로 이 경우에는 인정된다.

3-4 특별권력관계이론

- 울레(C. H Ule)의 수정설
  - 기본관계 : 특별권력관계 자체의 성립·변경·소멸을 가져오는 행위 사법심사○
  - 경영수행관계 : 특별권력 내부에서 직무관계 등 사법심사×
- 오늘날 판례 및 학설

  : 특별권력관계에도 법률유보 적용, 기본권 보장 및 사법심사 인정

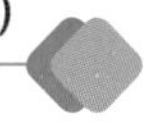

3-5 행정법상의 법률요건과 법률사실

- 법률사실 : 사건(주소, 기간 시효 등), 용태(외부적 용태-공법행위 등/내부적 용태-고의·과실 등)
- 일정한 법률요건(= $\sum$ 법률사실) ➜ 일정한 법률효과
- 기간[14], 시효[15], 주소(민법상 복수주의, 공법상 단일주의)·거소
- 공법상 사무관리[16]와 공법상 부당이득[17]
- 사인의 공법행위 : 사인이 공법적 효과의 발생을 목적으로 하는 행위

  ex. 각종 신고·신청/협의·동의·승낙/소송·심판의 제기, 투표, 조합설립, 입대지원, 국가시험 응시 등
- 신고[18]

┌ 자체완성적 신고 : 처분성× ∵ 국민의 권리·의무에 영향X

↳ ※ 예외 : 건축신고·건축물 착공신고·원격평생교육 반려행위 … 처분성 인정(∵ 불안정한 지위를 미리·조기 해결)

➜ 예외적으로 대법원은 자체완성적 신고에 해당하는 건축신고의 반려행위 및 건축물 착공신고의 반려행위 그리고 원격평생교육신고의 반려행위에 대해서 처분성을 인정하였다.

└ 수리를 요하는 신고 : 처분성○ ∵ 국민의 권리·의무에 영향○

제2편 행정작용법

Ch.1 행정입법

1-1 개설

- 광의의 행정입법
  - 국가행정권에 의한 입법 (협의의 행정입법)
    - 법규명령
    - 행정규칙 … 행정기관 내부규범
  - 지방자치단체에 의한 입법
    - 조례 … 지방의회가 제정·개정
    - 규칙

1-2 법규명령 ➜ 법규성○, 처분성× ∴ 위법한 법규명령은 무효 but 행정규칙으로서의 효력○

- 종류
  - 법형식 또는 권한의 소재에 의한 분류
    : 헌법이 인정하고 있는 법규명령
    ex. 긴급명령, 긴급재정경제명령, 대통령령(시행령), 총리령·부령(시행규칙·시행세칙), 중앙선거관리위원회규칙, 국회규칙, 대법원규칙, 헌법재판소규칙
    법률이 인정하고 있는 법규명령
    ex. 감사원규칙, 공정거래위원회규칙, 중앙노동위원회규칙
  - 효력 및 내용에 의한 분류
    : 비상명령 : 헌법적 효력을 갖는 독립명령
    법률대위명령 : 법률적 효력을 갖는 독립명령 ex. 긴급명령, 긴급재정경제명령
    법률종속명령(위임명령, 집행명령) : 법률보다 하위의 효력을 가지는 명령
    ➜ 일반적으로 법률의 위임에 따라 효력을 갖는 법규명령의 경우에 위임의 근거가 없어 무효였더라도 나중에 법 개정으로 위임의 근거가 부여되면 그때부터는 유효한 법규명령으로 볼 수 있다.

- 한계
  - 포괄적 위임(일반적 위임·백지위임)의 금지 : 법률의 위임은 구체적·개별적이어야 함

    * 조례에의 위임은 포괄적 위임도 가능

    ➜ 법률의 시행령이나 시행규칙의 내용이 모법의 입법 취지와 관련 조항 전체를 유기적·체계적으로 살펴보아 모법의 해석상 가능한 것을 명시한 것에 지나지 아니하거나 모법 조항의 취지에 근거하여 이를 구체화하기 위한 것인 때에는, 모법에 이에 관하여 직접 위임하는 규정을 두지 아니하였다고 하더라도 이를 무효라고 볼 수는 없다.

    ➜ 형사처벌에 관한 위임입법의 경우, 수권법률이 구성요건의 점에서는 처벌대상인 행위가 어떠한 것인지 이를 예측할 수 있을 정도로 구체적으로 정하고, 형벌의 점에서는 형벌의 종류 및 그 상한과 폭을 명확히 규정하는 것을 전제로 한다.

    ➜ 조세나 부담금의 부과요건과 징수절차에 관한 법률 또는 그 위임에 따른 명령·규칙의 규정은 일의적이고 명확해야 한다. 그러나 법률규정은 일반성, 추상성을 가지는 것이어서 법관의 법보충작용으로서의 해석을 통하여 의미가 구체화되고 명확해질 수 있으므로, 조세나 부담금에 관한 규정이 관련 법령의 입법 취지와 전체적 체계 및 내용 등에 비추어 그 의미가 분명해질 수 있다면 이러한 경우에도 명확성을 결여하였다고 하여 위헌이라고 할 수는 없다.
  - 국회전속적 입법사항의 문제 : 중요 본질사항은 반드시 (국민의 대표인 국회에서 만든) 법률로 정해야 함
  - 벌칙규정의 위임가능성 : 원칙-불가, 예외-가능
  - 재위임 가능성 : 원칙-불가, 예외-가능
- 통제 : 법규명령 … 구체적 규범통제(원칙), 직접적 통제(예외) ex. 두밀분교폐지조례사건

  (구체적 → 간접적, 직접적 통제 → for 처분법규)

1-3 행정규칙 → 법규성×, 처분성×

→ 행정규칙에는 공정력이 없으므로 하자 있는 행정규칙은 무효가 된다.

- 종류

: • 형식에 따른 분류 ex. 고시, 훈령, 지시, 예규, 규정, 일일명령, 통첩 등

→ 행정규칙인 고시가 집행행위의 개입 없이도 그 자체로서 국민의 구체적인 권리·의무에 직접적인 변동을 초래하는 경우에는 항고소송의 대상이 된다.

• 내용에 따른 분류 ex. 조직규칙, 근무규칙, 영조물규칙, 행위통제규칙, 재량준칙 등

* 재량준칙+자기구속의 원칙 VS(충돌) 행정처분 → 위법한 행정처분

신뢰보호·평등의 원칙 ↗ ↳ 법규성 ○

→ 대법원은 재량준칙이 되풀이 시행되어 행정관행이 성립된 경우에는 당해 재량준칙에 자기구속력을 인정한다. 그리고 당해 재량준칙에 반하는 처분은 법규범인 당해 재량준칙을 직접 위반한 것으로서 위법한 처분이 되는 것이 아니라 평등의 원칙이나 신뢰보호의 원칙을 매개로 하여 위법하게 되는 것이다.

1-4 형식과 실질의 불일치[19]

- 행정규칙 형식의 법규명령 = 법규명령 출제多(∵ 독재자 이용↑)
  (법령보충규칙)
- 법규명령 형식의 행정규칙 = 행정규칙 But 대통령령은 예외(∵ 행정부 수반에 대한 존중)
  ↳ 법규명령으로 효력인정

※ 법규명령과 행정규칙의 구분

	법규명령	행정규칙
표 현	시행령·시행규칙 등	고시·훈령·예규·지침·지시 등
권력관계	일반권력관계	특별권력관계
법적근거	위임명령 : 필요O, 집행명령 : 필요X	필요X
효 력	대외적 구속력O(법규성O)	대외적 구속력X(법규성X)
위 반	(법규명령을 위반하면) 위법한 행정작용O	(행정규칙을 위반했다고) 곧바로 위법한 행정작용이 되는 것은 아님
법치행정의 원리	법률우위·법률유보의 원칙 모두 적용	법률우위의 원칙만 적용

Ch.2 행정행위

2-1 개설

- 법률효과 발생원인에 따른 분류
  - 법률행위적 행정행위[20)]
    : 명령적 행정행위(하명, 허가, 예외적 승인, 면제) … 의무의 관점
    형성적 행정행위(특허, 인가, 공법상 대리) … 권리의 관점
  - 준법률행위적 행정행위[21)] : 확인, 공증, 통지, 수리
- 효과결정에 있어서 자유유무에 따른 분류[22)] … 기속행위, 재량행위
- 상대방의 협력이 필요한가에 따른 분류 … 쌍방적, 일방적
- 법률효과에 따른 분류 … 수익적, 침익적, 복효적
- 규율대상에 따른 분류 … 대인적, 대물적, 혼합적
- 행정행위의 효력발생에 따른 분류 … 수령을 요하는, 수령을 요하지 않는
- 상대방이 특정되어 있는지에 따른 분류 … 개별처분, 일반처분

2-2 행정행위의 내용

- 법률행위적 행정행위
  - 하명 : 의무를 부과 대상이 주로 사실행위이나 법률행위도 가능, 보통 기속행위
  - 예외적 승인 : 사회적 유해행위에 대한 금지를 예외적으로 해제
    재량행위(원칙)
  - 허가 : 금지의무를 해제, 자유로의 회복 기속행위(원칙)
  - 면제 : (금지 이외의) 의무를 해제
  - 특허 : 특정인에게 특정한 사항에 대해서 특별히 해주는 것

재량행위(원칙) ↳ ∵ 공익상의 이유 ∴ 공익을 잘 달성하게 하기 위해서 사익도 존중

  - 인가 : 보충행위(목적×, 수단○), 법률행위만을 대상(사실행위×), 재량행위(원칙)
    ↳ 기본행위와 결합하여 하나의 법적인 효과를 발생

인가와 제3자의 법률행위(기본행위)

① 기본행위가 무효인 경우 : 해당 인가도 무효(∵ 인가는 보충적 성질에 그침)

② 기본행위에 취소원인이 있는 경우 : 일단 인가는 유효, 추후 기본행위가 취소되면 효력 상실

➜ 기본행위의 무효를 내세워 바로 그에 대한 행정청의 인가처분의 취소 또는 무효확인을 구할 수 없다. (∵ 어차피 인가도 무의미)

➜ 기본행위가 적법한 경우, 인가가 하자가 있어서 무효라면 당연히 기본행위는 무인가행위가 되어 무효이다.

- 대리 : 행정청이 대신하여 행하고 그 법적 효과는 본인에게 귀속

	특허	허가	인가
개 념	새로운 권리의 부여	자유로의 회복	기본행위를 보충하는 행위
성 질	형성적 행위 재량행위(원칙) 수정특허 不可	명령적 행위 기속행위(원칙) 수정허가 可	형성적 행위 기속행위·재량행위 수정허가 不可
효 과	공법적·사법적 효과	공법적 효과	공법적·사법적 효과
신 청	신청 O(원칙) 예외 : 법규특허의 경우 신청X	신청 O(원칙) 예외 : 일반처분의 경우 신청X	신청 必
대 상	법률행위·사실행위	법률행위·사실행위	법률행위 ~~사실행위~~
상대방	반드시 특정인	특정인·불특정 다수인	반드시 특정인
형 식	특허처분O/법규특허O	허가처분O/법규허가X	인가처분O/법규인가X
감 독	적극	소극	-
목 적	적극적 공공복리	소극적 질서유지	-
일반처분	X	O	-
경영상 이익	법률상 이익	반사적 이익(원칙)	-
허가·인가 없는 행위	-	적법요건 갖추지 못함 ∴위법	효력요건 갖추지 못함 ∴무효

- 준법률행위적 행정행위 : 확인, 공증, 통지[23], 수리
- 효과결정에 있어서 자유유무에 따른 분류
  - 재량행위와 기속행위의 구별 : 요건재량설, 효과재량설, 판례(실질)
  - 재량권의 한계[24] : 일탈·남용·불행사(해태) 등
    ↳ 행정법의 일반원칙, 특수한 개인적 공권과 연결
  - 불확정개념과 판단여지설

(1) 불확정개념 : 행정법규의 구성요건 부분에서 '공익, 상당한 이유 등' 다의적·불명확한 용어로 기술된 개념

(2) 요건부분에 불확정개념이 있더라도 법개념이므로 하나의 해석만이 존재

- 원칙 : 법관이 판단
- 예외 : 고도의 전문적·기술적 부분을 불확정개념으로 기술한 경우
  행정청의 결정을 사법부가 존중 ex. 수준높은 의료혜택 관련 판례
  ↳ 판단여지

요건재량설 : 재량 ↱예외
효과재량설 : 판단여지(판단존중) ≠재량 → (판단여지와 재량)구별긍정설
판례 : 판단여지(판단존중)=재량 → (판단여지와 재량)구별부정설

(3) 판단여지 인정영역

- 비대체적 결정(사람에 대한 평가)
- 구속적 가치평가적 결정(독립적 합의제기관의 판단-공정거래위원회의 불공정거래행위 결정 등)
- 미래예측적 결정
- 형성적 결정(행정정책적 결정 등)

- 제3자효 행정행위(복효적 행정행위) … 원고적격의 확대(개인적 공권의 확대와 연결)
- 행정행위의 효력요건
  - 특정인인 경우 : 도달주의
  - 불특정 다수인 경우 : 고시 또는 공고 등이 있는 날로부터 5일이 경과한 때

- 행정행위의 효력 : 구속력, 공정력, 존속력, 강제력

무효인 행정행위/처분성 없는 행정작용은 인정×

- 구속력 : 법적효과 발생에 따라 행정청과 이해관계인을 구속하는 힘
- 공정력 : 취소사유가 있는 행정행위라도 권한있는기관의 취소 전까지 일응 유효

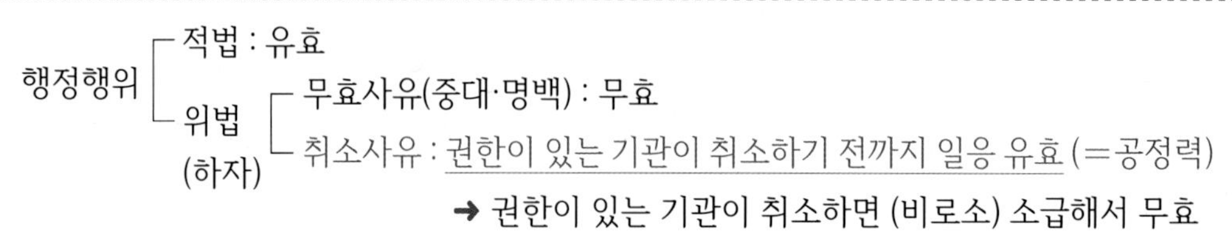

(1) 공정력 인정영역 관련

(ㄱ) 취소사유가 있는 행정행위○ ex. (놀랍게도) 사기·강박에 의한 행정행위

(ㄴ) 부존재·무효인 행정행위×

(ㄷ) 확약·공법상 계약·경고·행정지도×

(ㄹ) 과태료·통고처분×

(2) 구성요건적 효력 : 국가기관에 대한 통용력(취소권한을 가진 기관 제외)

(3) 공정력과 선결문제 : 법원이 본안판결에 앞서 해결해야하는 문제

*행정법원이 아닌 민·형사법원이 선결문제를 심리·판단하는 경우 문제가 됨(∵공정력에 반함)

(ㄱ) 위법여부가 선결문제인 경우 : 위법여부 … 판단 可(인용·기각판결 可)

(ㄴ) 효력유무가 선결문제인 경우 ┌ 무효사유 … 판단 可(인용·기각판결 可)

ex. 부당이득반환청구소송 └ 취소사유 … 판단 不可 ∴ 기각판결

- 존속력(확정력) : 하자있는 행정행위라도 일정한 경우 취소·변경할수 없음

↳ ※ 불가쟁력(상대방), 불가변력(행정청) ⟶ 양자는 별개의 효력으로 상호 영향 ×

	불가쟁력 (형식적 존속력)	불가변력 (실질적 존속력, 자박력)
적용범위	모든 행정행위	일정한 행정행위
취 지	행정의 능률성	신뢰보호
성 질	(제소기간 등) 절차법상 효력	(행정행위 내용 등) 실체법상 효력
효력당사자	상대방과 이해관계자	행정청
법적근거	O	X
직권취소	O	X
취소소송 제기	X	O

- 강제력 : 실효성 확보를 위해 법원의 매개없이 행정결정을 강제하는 힘

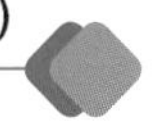

- 행정행위의 하자(위법 또는 부당)
  - 행정행위의 하자 유무 판단의 기준시점 : 처분시＝발령시＝결정시

    ex. 「국민연금법」상 장애연금 지급을 위한 장애등급 결정을 하는 경우에는 원칙상 장애연금지급을 결정할 당시가 아니라 장애연금 지급청구권을 취득할 당시의 법령을 적용

    ↳ 처분시
  - 무효와 취소의 구별 ← 기준 : 중대명백설

	무효인 행정행위	취소사유가 있는 행정행위
행정행위의 효력	X	취소될 때까지는 유효
하자의 치유·전환	하자의 전환	하자의 치유
하자의 승계	당연하므로 논의의 실익 無	① 선행행위와 후행행위가 결합 하나의 법률효과를 완성 ➜ O ② 선행위와 후행행위가 독립 별개의 법률효과를 발생 ➜ X
선결문제	(민·형사법원이) 심사O	(민·형사법원이) 심사X
예외적 행정심판전치주의	X	O
사정판결	X	O
간접강제	X	O
신뢰보호의 원칙	X	O
위헌법률에 근거한 행정처분	위헌결정 後(후) 행정처분	위헌결정 前(전) 행정처분
국가배상청구	국가배상의 요건만 갖추면 모두 가능	
집행부정지	집행부정지원칙은 무효등확인소송에도 준용되므로 모두 가능	

[중요]

법령 규정의 문언만으로는 처분 요건의 의미가 분명하지 아니하여 그 해석에 다툼의 여지가 있었더라도 해당 법령 규정의 위헌 여부 및 그 범위, 법령이 정한 처분 요건의 구체적 의미 등에 관하여 법원이나 헌법재판소의 분명한 판단이 있고, 행정청이 그러한 판단 내용에 따라 법령 규정을 해석·적용하는데에 아무런 법률상 장애가 없는데도 합리적 근거 없이 사법적 판단과 어긋나게 행정처분을 하였다면 그 하자는 객관적으로 명백하다. ➜ 무효 ★

- 무효 및 취소사유[25] : 주체·내용·절차·형식에 관한 하자

➜ 정비구역이 지정·고시되기 전의 정비예정구역을 기준으로 한 토지 등 소유자 과반수의 동의를 얻어 구성된 추진위원회에 대하여 승인처분이 이루어진 후 지정된 정비구역이 정비예정구역보다 면적이 축소되었다고 하더라도 이러한 사정만으로 해당 승인처분이 당연무효라고 할 수는 없다.

- 하자의 승계[26] … 논의의 실익 : 선행행위는 위법(취소사유)+불가쟁력

  ┌ 결합하여 하나의 법률효과 : 인정
  └ 독립하여 별개의 법률효과 : 부정(원칙), 인정(예외 ∵수인가능성·예측가능성×)

- ┌ 취소사유인 하자의 치유[27] : 시한 - 쟁송제기이전시설, 효과 - 소급
  └ 무효사유인 하자의 전환 : 요건 - 실질적 공통성, 효과 - 소급

위법영역
- 무효 * 행정청 공무원이든 당사자 A든 무권한자 또는 무권한자의 행위가 전제되어 있다면 원칙적으로 무효
- 취소 … 직권·쟁송취소, 취소의 제한(수익적 행정처분), 취소의 취소(不可)

  ex. 과세관청은 부과의 취소를 다시 취소하여 원부과처분 소생 不可 (∵법적 안정성) ↲

적법영역
- 철회 : 사정변경을 이유로 행정행위의 효력을 장래에 향하여 소멸시키는 행위(처분청만 가능)

  ex. 적법한 유흥접객업 영업허가 학교환경위생정화구역 설정 후 영업취소는 장래효
- 실효 : 일정한 사유가 발생함으로써 장래를 향하여 당연히 소멸되는 경우

  ex. 자진폐업

2-3 행정행위의 부관

: 행정행위의 효과를 제한 또는 보충하기 위해서 행정청이 행정행위에 부과하는 종된 규율 [주된 행정행위+부관] =전체 행정행위

- 성질 ┌ 부관도 행정행위의 내용을 이루므로 외부에 표시必,
  └ 부관의 부종성 … 주된 행정행위 효력× ↛ 부관도 효력×
- 구별개념 : 법정부관은 부관이 아니라 법규 그 자체

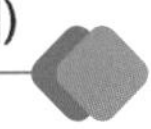

- 부관의 종류

부담을 이행하지 않아도 일단 효력O, 행정청이 철회하면 비로소 효력소멸

  - 부담 : 의무를 부과 ∴ 처분성○, 독립적으로 항고소송의 대상 可

    불이행의 효과(① 강제집행 ② 주된 행정행위 철회 ③ 후속행정행위 거부 可)

    ex. 1. 도로·하천점용허가시 점용료 내지는 사용료 납부의무 부과
    2. 영업허가에 일정한 시설의무 부과
    3. 음식점 영업허가를 하면서 일정기간 내 일정한 위생설비 설치
    4. 공장건축허가를 하면서 근로자의 정기건강진단의무 부과

  - 조건 : 장래에 불확실한 사실

    종류 … 정지조건(정지조건 성취시 효력발생)·해제조건(해제조건 성취시 효력소멸)

    ex. 도로의 완공을 조건으로 한 자동차운수사업면허 … 정지조건
    3개월 내에 공사에 착수할 것을 조건으로 한 공유수면 매립면허 … 해제조건

  - 기한 : 장래에 확실한 사실

    종류 … 시기(도래 시 효력발생)·종기(도래 시 효력소멸) / (도래시기)확정기한·불확정기한

    ex. 사망 시까지 지급하는 국민연금 … 종기 / 특정날짜까지 도로사용허가 … 확정기한

  - 법률효과의 일부배제(명시적 근거 必), 부담유보, 철회권의 유보

Ch.3 그 밖의 주요한 행위형식

3-1 확약 → 처분성× But 확약의 취소(=행정행위의 거부처분)는 처분성○

- 행정절차법상 명문규정 無, '내인가 or 내허가'로 표현, 자기구속적 의무

3-2 공법상 계약[28] → 처분성×

- 반대방향 의사의 합치, 공법상계약의 구별, 법률근거 불요

3-3 행정상 사실행위 → 처분성 … 권력적 사실행위○/비권력적 사실행위×

- 직접적으로 법적인 효과×(간접적으로 법적인 효과○)

3-4 행정지도 → 처분성×, 개별법적 근거 필요×

- 비권력적 사실행위, 위법한 행정지도 … (배상책임요건 충족 시)손해배상청구 可

3-5 행정계획 → (구속적 행정계획의) 처분성○

- 처분성 유무[29], 행정계획절차(개별법에 근거) 행정계획의 집중효(절차○, 내용×)
- 행정계획의 집중효(절차집중효○, 실체집중효×) : 인·허가의제제도

→ 인·허가의제가 인정되는 경우에 의제되는 법률에 규정된 주민의 의견청취 등의 절차를 거칠 필요는 없다.

→ 채광계획인가에 의하여 공유수면점용허가가 의제될 경우, 공유수면점용불허사유로써 채광계획을 인가하지 아니할 수 있다.

: 인·허가의제의 허점-1개 문제만으로도 승인불허가 가능하다.

→ 주택건설사업계획승인처분에 따라 의제된 지구단위 결정에 하자가 있음을 이해관계인이 다투고자 하는 경우, 의제된 인·허가의 취소를 구할 수 있다.

- 형량명령[30] : (행정재량과 다른) 계획재량의 특수한 하자통제이론

※ 계획재량 vs 행정재량

	계획재량	행정재량
재량의 범주	비교적 넓음 (광범위)	비교적 좁음
구 조	목적과 수단 / 목적 프로그램	요건과 효과 / 조건 프로그램
사법통제	형량명령의 원칙	재량권의 일탈·남용
권리구제	절차적·사전적 통제	실제적·절차적·사후적 구제

제3편 행정절차법

Ch.1 행정절차

1-1 행정절차의 기능

- 구체적 기능 : 주민참여기능, 행정업무의 질적 향상, 사전적 권리구제, 사법적 구제수단의 보완
  행정의 공개, 행정의 민주적 통제 (~~행정의 신속성~~, ~~행정규제 완화~~, ~~사후적 행정구제~~)

1-2 행정절차의 법적근거

- 일반법 : 행정절차법, 헌법 : 제12조 적법절차의 원리

1-3 행정절차법의 구조

- 대상 : '처분·신고·행정상 입법예고·행정예고·행정지도'의 절차
- 규제 : 목적, 신의성실및신뢰보호의 원칙, 투명성, 관할, 행정응원, 당사자, 송달등
- 행정절차법상 규정이 안 된 내용 : 확약, 공법상 계약, 행정계획의 확정절차 등
- 행정철자의 하자
  - 절차상 하자의 위법 : (실체법상의 적법유무 불문)독립된 취소사유
  - 치유 : 원칙-부정, 예외-긍정
- 행정절차의 주요판례[31)]
- 중요조문
  - 행정절차법 제3조 제2항 : 행정절차법 적용배제 사항
    「병역법」에 따른 징집·소집, 외국인의 출입국·난민인정·귀화, 공무원 인사 관계 법령에 따른 징계와 그 밖의 처분, 이해 조정을 목적으로 하는 법령에 따른 알선·조정·중재(仲裁)·재정(裁定) 또는 그 밖의 처분 등 해당 행정작용의 성질상 행정절차를 거치기 곤란하거나 거칠 필요가 없다고 인정되는 사항과 행정절차에 준하는 절차를 거친 사항으로서 대통령령으로 정하는 사항
  - 행정절차법 제21조, 제22조 1, 2, 3항 : 처분의 사전통지, 의견청취[32)]

※ 청문 VS 공청회 VS 의견제출의 구별

	청문	공청회	의견제출
의 의	행정청이 처분 전에 당사자 등의 의견을 듣고 증거를 조사하는 절차	행정청이 공개적인 토론을 통하여 의견을 수렴하는 절차	청문과 공청회를 거치지 못한 경우 당사자 등에게 의견을 제출하도록 하는 절차
통 지	청문 시작 날부터 10일 전까지	공청회 개최 14일 전까지	-
공개여부	비공개 원칙	공개원칙	-
문서열람	O	X	X
증거조사	O	X	-
절차의 주재자	소속직원도 가능	소속직원 불가능	-
의견제출방식	서면이나 구술	구술	서면이나 구술 또는 정보통신망
정보통신망	X	전자공청회O (단, 단독으로는 불가)	O

• 행정절차법 제26조 : 고지

구분	행정절차법	행정심판법	행정소송법
고지	O	O	X
오고지·불고지	X	O	X

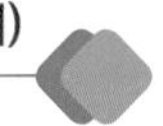

Ch.2 정보공개

2-1 정보공개제도

청구인이 신청한 공개방법 이외의 방법으로
↱ 공개하기로 하는 결정은 일부 거부처분으로 항고소송 대상

- 모든 국민에 대하여 인정, 특정한 공개방법 지정 가능
- 주요판례[33] * 증권업협회는 공공기관이 아니다./지방자치단체는 정보공개청구권자에 포함되지 않는다.
- 중요조문
  - 제4조 1항 : 정보공개는 특별규정 있는 경우에만 제외하고 정보공개법 준용
  - 제9조 1항 : 비공개대상정보[34]

    ex. '독립유공자 서훈 공적심사위원회의 심의·의결 과정 및 그 내용을 기재한 회의록'은 공개될 경우에 업무의 공정한 수행에 현저한 지장을 초래한다고 인정할 만한 상당한 이유가 있는 정보에 해당한다.
  - 제12조 2항 : 정보공개심의회 구성 - 위원장 1명 포함 5-7명

    위원 2/3 외부 전문가로 구성 * 국가안전보장·국방·통일·외교관계 관련 심의회 1/3 이상 외부 전문가로 구성
  - 제18조 1항 : 이의신청 - 20일 경과한 날로부터 30일 이내 문서로 신청
  - 제19조 1항 : 행정심판 - 20일 경과한 날부터 청구
  - 제23조 1항 : 정보공개위원회 구성 - 위원장·부위원장 각 1명 포함 11명

Ch.3 개인정보보호

3-1 개인정보보호제도

↱ 사생활의 비밀과 자유

- 헌법상 법적 근거 : 제10조, 제17조 …소극적·적극적 권리 모두 포함
- 정보공개청구 vs 개인정보보호

	정보공개청구	개인정보보호
헌법상 근거	1. 표현의 자유(알권리) 2. 인간의 존엄과 가치 3. 인간다운 생활을 할 권리 4. 국민주권	1. 사생활의 비밀과 자유 2. 인간의 존엄과 가치 일반적 인격권, 행복추구권 3. 국민주권
청구주체	모든 국민, 법인, 법인 아닌 사단·재단, 외국인	정보주체(사인)
제3자 청구권	O	X
객 체	공공기관	공공기관, 법인, 단체, 개인
해당위원회의 소속	국무총리 소속	국무총리 소속

- 중요조문
  - 제2조 1호 : 살아있는 개인의 정보만 보호대상
  - 제7조의2 : 개인정보보호위원회의 구성 - 상임위원 2명 포함 9명

    ┌ 위원 선정 : 대통령이 임명 또는 위촉 / 임기 : 3년, 한 차례만 연임 가능
    ├ 제청·추천 : 위원장&부위원장(국무총리), 2명(위원장) 2명(대통령 소속 정당 교섭단체), 3명(그 외 교섭단체)
    └ 회의 : 위원장이 필요하다고 인정하거나 재적위원 4분의 1이상의 요구가 있는 경우 위원장이 소집
       ↳ 일반 정족수(재적위원 과반수 출석 개의, 출석위원 과반수 찬성 의결)
  - 제39조/제39조의2 : 손해배상책임/법정손해배상청구

    제39조 3항 : 개인정보처리자의 고의 또는 중대한 과실로 인한 손해 발생 시 법원은 손해액의 3배 넘지 않는 범위에서 손해배상액 정할 수 있음(다만, 반증 시 그렇지 아니함)

    제39조의2 3항 : 제39조의 손해배상을 사실심변론종결 전까지 법정손해배상청구로 변경 가능
  - 제40조 : 개인정보분쟁조정위원회의 구성 - 위원장 1명 포함 20명 이내

    4항 : 위원장은 위원 중에서 공무원이 아닌 사람으로 보호위원회 위원장이 위촉한다.
  - 제49조 6항

    제48조 2항에도 불구하고 집단분쟁조정 당사자 중 일부가 법원에 소를 제기한 경우에는 절차 중단 없이 소를 제기한 일부의 정보주체만을 제외한다.
  - 정보주체의 권리침해행위의 금지·중지를 구하는 단체소송을 제기하려면 법원의 허가를 받아야 한다.

행정상의 의무이행 확보수단(실효성 확보수단)

Ch.1 개설

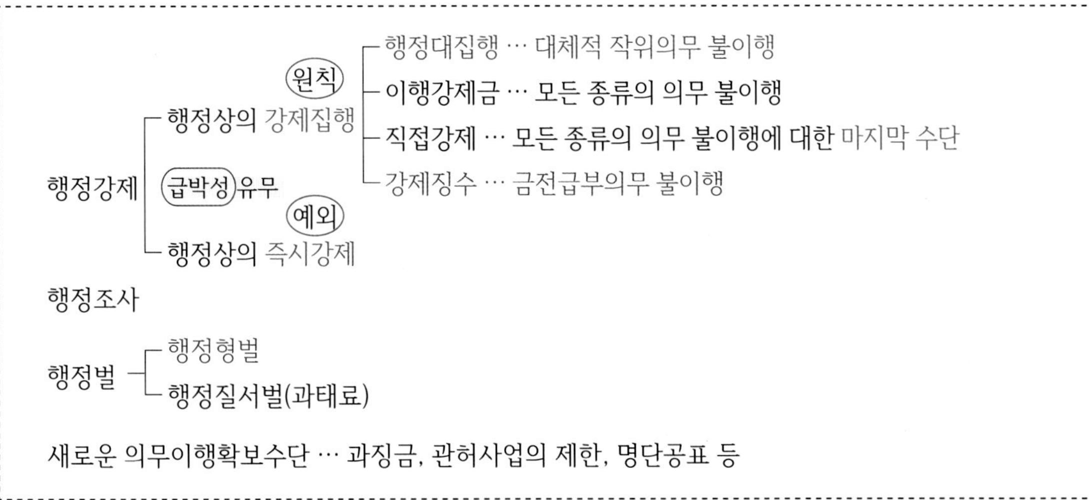

Ch.2 행정강제

2-1 행정상 강제집행

- 의의 : 의무불이행에 대해 신체·재산에 실력을 가하여 장래 의무이행을 실현
- 구별개념 : 행정상 즉시강제(시간적 급박성), 행정벌(과거 의무위반에 대한 제재)
- 법적 근거 : 명령권과 강제집행의 각각 별도의 법적 근거가 필요
- 행정대집행
  - 법적 근거 : 「행정대집행법」
  - 요건 … (1) 공법상 대체적 작위의무 불이행[35] (2) 중대한 공익상 필요 (3) 보충성
  - 절차 … 계고 ➜ 대집행영장에 의한 통지 ➜ 대집행의 실행 ➜ 비용징수
    - ↳ 1차만 처분성○ / 2·3차는 처분성×
    - 실제로 대집행이 이루어지는 단계
  - 쟁송제기 : 종료 전 … 가능, 종료 후 … 불가능(∵ 원상회복 불가능 ➜ 소의 이익×)
- 이행강제금 : 금전적 부담을 가하여 간접적으로 강제, 일반법 無
  - ↳ 심리적 부담 (금전적 부담)
  - ↳ 이행강제금의 금액≠의무이행의 비용 (간접적)
- 직접강제[36] : 신체 등 실력을 가하여 직접적으로 강제, 일반법 無

- 행정상 강제징수
  - 법적 근거 : 「국세징수법」, 「지방세기본법」
  - 절차 … 독촉 ➜ 체납처분(압류 ➜ 매각(공매·환가) ➜ 청산)
    - 압류금지재산 : 제 3자의 재산, 생활필수품, 미공표 발명·저작물 등
    - 공매
      - 매각대상자 결정 : 처분성○
      - 공매결정·공매공고·공매통지 : 처분성×

2-2 행정상 즉시강제

- 성질 : 권력적 사실행위, 일반법 無
- 종류[37] : 대인적 강제, 대물적 강제, 대가택 강제
- 한계 및 구제
  - 실체법상 한계 : 위해의 현존성과 급박성이 확실한 경우 가능성만으로는 인정×
    보충성, 비례의 원칙 준수, 소극목적으로만 발동 가능
    ↔ 적극적인 행정목적
  - 절차법상 한계 (영장주의 적용여부)
    - 대법원 : 절충설(원칙 - 영장필요 / 예외-영장불필요 … BUT 사후영장이라도 발급)
    - 헌법재판소 : 영장불필요설(원칙-영장불필요 예외-영장필요)
  - 쟁송제기 : 주로 단기간 내 이루어지기 때문에 행정쟁송 제기 불가능

Ch.3 행정조사

3-1 개설

- 개념 : 정책결정·직무수행을 목적으로 자료를 수집하는 일련의 활동
- 성질 : 일반적으로 사실행위, 예외적으로 행정행위
  ↳ 질문, 실시조사, 출입검사, 진찰, 검진 등 ↳ 보고서요구명령, 정부서류제출명령, 출두명령 등

3-2 행정조사의 종류

- 강제조사 : (강제력에 의한) 권력적 행정조사(권력적 사실행위)
  (처분성O) ex. 불심검문, 운전자에 대한 음주측정, 체납처분시 질문·검사, 식품위생법상 출입·검사,
  영업소에 들어가 강제로 장부·서류·미성년자출입 여부 등을 조사하는 경우 등
- 임의조사 : (상대방의 임의적 협력에 의한) 비권력적 행정조사(비권력적 사실행위)
  (처분성×) ex.여론조사, 통계조사 등

3-3 행정조사의 법적근거

- 일반법 : 「행정조사기본법」, 개별법 : 「경찰관직무집행법」, 「소방법」 등
- 실시 : 법령 등에서 규정이 있는 경우 가능(임의조사는 규정 없이도 가능)
  * 그러나 사인에게 미치는 중요한 사항인 경우에는 임의조사라도 법률의 근거 필요(by 중요사항유보설)

3-4 행정조사의 한계 및 구제

- 한계
  - 실체법적 한계 : 최소한의 범위 내 실시, 남용×, 용도이외 이용× 등
  - 절차법적 한계 : ① 영장주의 적용 : 절충설(단시간 내 조사 시 영장불필요) ② 진술거부권 : 적용× ③ 증표의 제시 : 필요 ④ 실력행사 : 공무집행방해죄로 해결 ⑤「행정절차법」상 명문규정×
- 구제
  - 적법한 행정조사 : (특별한 희생을 입은 자의 경우) 손실보상청구 인정
  - 위법한 행정조사 : 주로 단기간내 이루어지므로 행정쟁송 제기 불가능

Ch. 4 행정벌

4-1 개설

- 개념 : 행정법상의 의무위반에 대한 제재로서 일반통치권에 의거하여 부과하는 처벌
- 집행벌·행정벌·징계벌과 구별

	집행벌(이행강제금)	행정벌	징계벌
권력의 기초	일반권력(일반통치권)	일반권력(일반통치권)	특별권력
상대방	일반국민	일반국민	행정조직의 내부구성원 (공무원)
목 적	장래에 대한 의무이행 확보	일반 사회 질서유지 과거 의무위반에 대한 제재	공무원 관계 내부 질서유지
성 질	간접적 의무이행 확보수단	간접적 의무이행 확보수단	-
대 상	각종 의무 불이행	행정범	공무원법상 의무위반
법적근거	반드시 필요	반드시 필요	반드시 필요
내 용	의무이행 이행강제를 위해 부과하는 금전 부담	생명, 자유, 재산 등을 제한 및 박탈	파면, 해임, 강등, 정직, 감봉, 견책
고의·과실	불요	원칙적 필요	불요
부과권자	행정청	법원	특별권력주체
반복부과	가능	불가	불가

• 종류 : 행정형벌, 행정질서벌

	행정형벌	행정질서벌
대상	행정목적을 직접적으로 침해하는 행위 ex. 하수구로 오염물질을 배출하는 행위	행정목적 달성에 간접적으로 위해를 주는 행위 ex. 신호 또는 지시에 따를 의무 위반
처벌	「형법」상의 刑(형)	과태료
형법총칙	적용O	적용X
고의·과실	요구	요구
과벌 주체	원칙 : 법원 예외 : 행정청(통고처분의 경우)	제1차 : 행정청 제2차 : 법원(이의제기가 있는 경우)
과벌 절차	원칙 : 「형사소송법」이 정하는 절차 예외 : 통고처분, 즉결심판	「질서위반행위규제법」이 정하는 절차
죄형법정주의	적용	다수설 : 적용 헌법재판소 : 적용X
양자의 병과가능성	긍정 … 대법원(판례) 부정 … 다수설, 헌법재판소	
벌의 선택	입법재량 … 헌법재판소	

4-2 행정형벌

• 개념 : 형법에 규정되어 있는 형벌이 과해지는 행정벌

• 행정처분과 병과 가능성 : 가능 ex. (면허정지기간 중 운전행위에 대해) 벌금처분+새로운 면허정지처분

• 특수성 : ① 고의 또는 과실 … 자기(과실)책임의 원칙

② 책임능력 … 「형법」상 규정 적용 배제 또는 제한

③ 법인의 책임 … 양벌규정 有 : 행위자 외에 법인에 대해서도 재산형 처벌

④ 타인의 행위에 대한 책임 … 양벌규정 有

ex. 신분확인을 게을리하여 미성년자에게 주류판매한 종업원 C, 사업주 A도 처벌O
자기책임의 원칙 위반×(무과실책임×, 대위책임×) → 과실책임○(선임·감독상의 과실), 자기책임○

• 과벌절차 … 원칙 : 「형사소송법」이 정하는 절차
예외 : 통고처분, 즉결심판
↳ 행정처분이 아님 ∵ 임의의 승복이 효력발생요건(국민의 권리·의무에 영향×)

4-3 행정질서벌

- 개념 : 형법에 규정되어 있지 않은 과태료가 가해지는 행정벌
- 성질 : 과태료 부과처분은 행정처분이 아님 ∵ 불복시 과태료 재판 진행
- 법 적용의 시간적 범위 : 행위시의 법률 적용(원칙)

Ch.5 새로운 의무이행확보수단

5-1 금전상의 제재 … 과징금, 가산금, 가산세

- 과징금 … 행정처분에 해당, 처분성○ ➜ 대체적 급부 가능, 상속인에게 포괄승계○
  - 개념 : 의무 위반·불이행으로 얻은 경제적 이익을 제거하고자하는 금전적 부담
  - 종류 : 본래의 과징금, 변형적 과징금
  - 성질 : 법령상 책임자에게 부과, 고의·과실 불요, 정당한 사유 있다면 부과×
- 가산금
  - 개념 : 체납된 국세 미납분에 대한 지연이자의 의미로 부과
  - 성질 : 고의·과실 불요, 국세에 대한 가산금 폐지
- 가산세 … 행정처분에 해당, 처분성○
  - 개념 : 세법상 의무의 성실한 이행 확보를 위해 산출세액에 가산하여 징수하는 금액
  - 성질 : 고의·과실 불요, 정당한 사유 있다면 부과×

5-2 공급거부 … 대부분의 법에서 규정삭제

5-3 행정상 공표(위반사실의 공표) … 프라이버시권 침해 우려 ➜ 이익형량必, 일반법 無

5-4 관허사업의 제한

- 개념 : 의무 위반·불이행자에게 각종 인·허가 거부 또는 정지·철회하는 것
- 성질 : 당해 사업이 아니더라도 可(단, 부당결부원칙이 문제 될 수 있음)
- 양도인과 양수인의 위법행위 : 승계긍정설(판례)

제 5 편 행정구제법

Ch.1 행정상 손해전보[38)]

	국가배상	손실보상
의 의	위법한 행정작용에 대한 손해전보	적법한 행정작용에 대한 손해전보
법적근거	헌법 제29조 / 국가배상법	헌법 제23조 제3항 / 개별법에 규정
이념적 기초	개인주의 / 도의적 책임	단체주의 / 사회적 공평부담의 견지
대 상	재산·비재산적 손해	재산적 손실
책 임	1. 국가배상법 제2조 책임 ➜ 과실책임 2. 국가배상법 제5조 책임 ➜ 무과실책임	무과실책임
책임자	국가·지방자치단체	사업시행자

1-1 행정상 손해배상(국가배상) … 위법을 전제

- 의의 : 공무원의 직무집행 또는 영조물의 하자로 인하여 사인이 손해를 입은 경우 그 손해를 배상(전보)해 주는 제도
- 법적근거
  - 헌법상 근거 : 헌법 제 29조
  - 일반법 : 「국가배상법」 … 사법설(판례) vs 공법설(다수설)
  - 중요조문 : 제2조(배상책임), 제5조(공공시설 등의 하자로 인한 책임), 제6조(비용부담자 등의 책임)

- 국가배상의 첫 번째 유형 : 「국가배상법」 제2조의 책임

공무원의 직무상 불법행위

- 요건

(1) 공무원[39] : 공무원, 공무수탁사인 등

(2) 직무행위[40] ① 범위 : 광의설(권력작용과 관리작용 모두 포함)

② 내용 : 행정·입법·사법 작용, 법적·사실행위, 작위·부작위 등

* 공공 일반의 전체적인 이익(국민 모두의 이익) ➜ 국가배상책임 성립×

③ 관련성('직무를 집행하면서') : 외견설

(3) 고의 또는 과실[41] : 실질설(평균적인 공무원을 기준)

1. 조직과실 인정 : 가해공무원의 특정 반드시 필요× ex. 시위진압 중 최루탄 투척
2. 공무원 과실의 입증책임은 원고에게 있음

(4) 법령의 위반[42] : 성문법령 및 조리 위반, 객관적 정당성 결여 포함

1. 판례 : 대체로 광의의 행위위법설+상대적 위법성설
2. 공무원의 직무행위의 위법성에 대한 입증책임은 원고에게 있음
3. 항고소송의 기판력이 국가배상청구소송에 미치는지 여부[43] : 제한적 긍정설(다수설)

(5) 타인에게 손해를 가할 것 : 상당인과관계(종합적 고려)가 있어야 함

- 배상책임

(1) 배상책임자 : 국가 또는 지방자치단체

(2) 성질 : 배상책임자는 과실 정도에 따라 가해 공무원에게 구상권 청구

↳ 중간설 … 고의·중과실 : (국가의)대위책임/경과실 : (국가의)자기책임

(3) 배상기준 : 기준액설(국가배상법 제3조의 기준에 구애되지 않음)

(4) 소멸시효 : 안날로부터 3년, 있은 날(종료일)부터5년

(5) 청구권자 : 손해를 입은 자(외국인 포함, 단, 상호의 보증이 있을 시)

※ '군인 등의 제외'-「국가배상법」 제2조 1항 단서 : 이중배상금지의 원칙

➜ 공무원에게 경과실이 있을 뿐인 경우에는 공무원 개인은 손해배상책임을 부담하지 아니한다.

➜ 경과실이 있는 공무원이 피해자에게 직접 손해를 배상하였다면 그것은 채무자 아닌 사람이 타인의 채무를 변제한 경우에 해당한다.

➜ 피해자에게 손해를 직접 배상한 경과실이 있는 공무원은 특별한 사정이 없는 한 국가에 대하여 국가의 피해자에 대한 손해배상책임의 범위 내에서 공무원이 변제한 금액에 관하여 구상권을 취득한다.

➜ 공무원의 불법행위에 고의 또는 중과실이 있는 경우 피해자는 국가·지방자치단체나 가해공무원 어느 쪽이든 선택적 청구가 가능하다.

→ 국가배상청구권의 소멸시효기간이 지났으나, 국가가 소멸시효완성을 주장하는 것이 신의성실의 원칙에 반하는 권리남용으로 허용될 수 없어 배상책임을 이행한 경우에는, 그 소멸시효 완성 주장이 권리 남용에 해당하게 된 원인행위와 관련하여 해당 공무원이 그 원인이 되는 행위를 적극적으로 주도하였다는 등의 특별한 사정이 없는 한, 국가의 해당 공무원에 대한 구상권 행사는 신의칙상 허용되지 않는다.

→ 공무원의 직무수행 중 불법행위로 인한 배상과 관련하여, 피해자가 공무원에 대해 직접적으로 손해배상을 청구할 수 있는지 여부에 대한 명시적 규정은 국가배상법상으로 존재하지 않는다.

→ 산업기술혁신 촉진법령에 따른 중앙행정기관과 지방자치단체 등의 인증신제품 구매의무는 공공 일반의 전체적인 이익을 도모하기 위한 것으로 봄이 타당하고, 신제품 인증을 받은 자의 재산상 이익은 법령이 보호하고자하는 이익으로 보기는 어려우므로, 지방자치단체가 위 법령에서 정한 인증신제품 구매의무를 위반하였다고 하더라도, 이를 이유로 신제품 인증을 받은 자에 대하여 국가배상책임을 지는 것은 아니다.

- 국가배상의 두 번째 유형 : 「국가배상법」 제5조의 책임 ex. 여의도광장 질주사건
  영조물의 설치·관리의 하자 (서울시-영등포구청)
  - 요건
    (1) 도로·하천 기타 공공의 영조물[44] : 영조물보다 더 넓은 개념인 '공물'에 해당
    (2) 설치 또는 관리의 하자 : 외견설(객관적으로 안전성에 흠결이 있는 상태) … 무과실책임
    (3) 타인에게 손해가 발생할 것 : 상당인과관계가 있어야 함
    (4) 면책사유 ex. 설치·관리상의 하자가 불가항력에 해당하는 경우
  - 「국가배상법」 제2조(과실책임)와 제5조(무과실책임)의 경합 : 가능(제5조가 피해자에게 유리)

- 「국가배상법」 제6조(비용부담자)의 책임
  - 비용부담자(영등포구청) : 영조물의 설치·관리 비용을 부담하는 자
  - 책임유무 : 有 (∵ 국민을 두텁게 보호) ※ 관리청(서울시)의 책임도 有 (∵ 제5조)

1–2 행정상 손실보상 … 적법을 전제

- 의의 : 공공필요에 따른 적법한 공권력 행사에 의하여 개인의 재산에 가해진 특별한 희생에 대하여 공평부담의 견지에서 행하는 조절적 재산적 전보
- 법적 근거 : 헌법 제 23조 3항

➜ 공공필요에 의한 재산권의 수용·사용 또는 제한 및 그에 대한 보상은 법률로써 하되, 정당한 보상을 지급하여야 한다.

- 보상규정이 없는 경우의 권리구제(헌법 제 23조 3항의 효력)
  - 개설 : 일반법 없이 「국토의 계획 및 이용에 관한 법률」 등의 개별법에만 규정되어 있어 보상규정이 없는 경우 법적 근거가 문제가 됨
  - 학설 ┌ 위헌무효설(헌법재판소) : 보상입법 후 보상청구 가능
    └ 유추적용설(대법원) : 관련 보상규정을 유추적용하여 보상

※ 경계이론과 분리이론

	경계이론 (대법원)	분리이론 (헌법재판소)
헌법 제23조 1항, 2항에 해당하는 재산권 제약 (약한 제약)	사회적 제약 ∴보상X	비례의 원칙 ┌ 위반O : 위헌무효 ➜ 재산권 제약 불가 ➜ (이미 제한했다면) 보상입법 후 보상O └ 위헌무효설 └ 위반X : 보상X
헌법 제23조 3항에 해당하는 재산권 제약 (강한 제약)	특별한 희생 ∴ 보상O	보상규정이 있으므로 보상O

[중요] 정비기반시설의 소유권 귀속은 헌법 제23조 제3항의 수용에 해당하지 않는다.
➜ 특별한 희생X ★ ∵ 사익(반대급부)이 전제된 손실은 특별한 희생X

- 성질 : ┌ 사권설(원칙) : 국가가 금전으로 지급하는 것 ∴ 민사소송
  └ 공권설(예외) : 국가가 금전으로 지급하는 것 ∴ 당사자소송
  ↳ 국가의 과거에 대한 반성 ex. 군부독재시절 하천구역편입토지 손실보상
- 요건

① 공공필요 : 특별한 공익목적 … 이익형량을 통해 공공필요 여부 결정

② 적법한 공권력 행사

③ 재산권의 수용·사용·제한 등 : 수용–박탈, 사용–일시적 사용, 제한–사용·수익의 제한

↳ 현존하는 재산적 가치 ∴ 예상이익·기대이익·영업이익은 보상의 대상×

④ 특별한 희생 : 사회적 제약을 넘어서는 손실

↳ 여러 학설[45]이 있지만 사용수익, 매매가능성 유무를 기준으로 판단

- 보상의 기준과 내용
  - 헌법상 보상기준 : 완전보상설(다수설) VS 상당보상설
  - 토지보상법상 보상기준[46] * 합의에 의한 보상도 가능하며 이는 사법상 계약
  - 토지보상법상 보상대상

  (1) 재산권 자체 : 토지에 정착된 물건 포함(사업인정고시 이전이라면 무허가건축물도 대상)

  (2) 사업(간접)손실보상 : 부대적 손실(영업손실), 잔여지 등의 가격감소

  (3) 생활보상 : 재개발·재건축과 관련된 보상(이주대책)

이주자
- 소유자 : 이주대책대상자 신청 ➜ 확인·결정 ➜ 이주대책대상자 확정, 수분양권 발생
- 세입자 : 이주대책대상자 ×

- 보상의 방법 : 사업시행자가 현금(일시불)으로 사전(사업시행전)에 개인별로 보상

- 공용수용 절차 : 사업인정 ➜ 협의 ➜ 재결·화해 ➜ 이의신청·행정쟁송
  - 사업인정 : 특정사업이 공용수용이 가능한 공익사업에 해당함을 인정하는 국가행위

    ※ 민간기업도 일정조건 하에서는 공용수용권 행사 可
  - 협의 : 사업시행자와 토지소유자 및 관계인과의 협의절차
  - 재결 : (협의 불발 시) 토지수용위원회가 수용을 결정하는 형성적 행정행위(대리)
  - 화해권고 : 재결 전에 소위원회가 당사자들이 화해하도록 권고하는 행위

- 재결에 대한 권리구제
  - 이의신청 : 재결서의 정본을 받은 날로부터 30일 내 신청
  - 행정소송
    - 항고소송 : 수용재결은 원처분에 해당하므로 항고소송의 대상
    - 보상금증감소송 : 당사자소송 cf. 환매금액증감소송 ➜ 민사소송

1-3 그 밖의 손해전보제도

- 수용유사침해 : 위법·무과실인 행위로 인한 침해(보상규정이 없는 공용침해)
- 수용적 침해 : 비전형적·비의도적인 부수적 결과로 가해진 침해
- 희생보상청구권 : 생명, 건강과 같은 비재산적 법익이 침해당한 경우

1-4 공법상 결과제거청구권

- 개념 : 공행정작용의 결과로서 남아있는 위법한 상태로 인하여 법률상 이익을 침해받고 있는 자가 그 위법한 상태를 제거해 줄 것을 청구하는 권리

Ch.2 행정심판

2-1 행정심판의 의의

- 개념 : 행정상 법률관계에 대한 분쟁을 행정기관이 심리·판정하는 쟁송절차
- 성질 : 행정작용의 하나로서 준법률행위적 행정행위 중 확인의 성질을 띰
- 기능 : 자율적 행정통제, 행정능률의 보장 등

2-2 행정심판의 종류 * 거부처분은 취소심판, 무효등확인심판, 의무이행심판 청구 가능

: 이 경우 취소재결, 확인재결, 이행명령재결 재처분의무○ (제49조)

- 취소심판
  - 취소재결, 변경재결 : 처분의 취소 또는 변경
  - 변경명령재결 : 처분청으로 하여금 변경하도록 명령

  * 현행법상 취소심판에서 취소명령재결은 인정되지 않는다.(∵ 공무원의 사기저하 우려)
- 의무이행심판 * 직접 처분은 이행명령재결을 전제(당사자의 신청 必, 제50조)
  - 처분재결 : 행정청 스스로 신청에 따른 처분 이행
  - 처분명령재결 : 처분할 것을 피청구인에게 명령

  (=이행명령재결)
- 무효등확인심판
  - 확인재결 : 처분의 효력유무, 존재여부 확인
- 청구기간
  - 적용○ : 취소심판, 거부처분에 대한 의무이행심판
  - 적용× : 무효등확인심판, 부작위에 대한 의무이행심판

2-3 행정심판의 청구요건

- 행정심판의 당사자와 관계인
  - 청구인 : 법률상 이익이 있는 자
  - 피청구인 : 행정청
- 대상 : 행정청의 처분 또는 부작위 * 제외사항 : 대통령의 처분과 부작위, 재심판청구의 금지
- 청구기간 : 안날로부터 90일(불변기간), 처분이 있었던 날로부터 180일 이내

2-4 행정심판의 심리

- 내용 : 요건심리, 본안심리(동일성 있는 한도 내에서만 처분사유의 변경이 허용)
- 범위 : 법률문제(적법·위법)뿐만 아니라 재량문제(타당·부당)까지도 심리 가능
- 기본원칙
  - 대심주의 : 청구인과 피청구인이 서로 대등한 입장에서 공방
  - 처분권주의 : 쟁송의 개시·종료·범위 등 당사자가 처분권을 가지고 결정
  - 직권심리주의 : 필요시 위원회는 당사자가 주장하지 않은 사실에 대하여도 심리 가능
  - 구술심리 또는 서면심리주의
  - 비공개주의 : 명문의 규정 없으나 원칙적으로 비공개

2-5 행정심판의 재결

- 의의 : 행정심판의 청구에 대하여 행정심판위원회가 행하는 결정(판단)
- 성질 : 준사법적 행위이며 준법률행위적 행정행위 중 확인에 해당
- 절차 : 「행정심판법」 제45조 1~2항, 제46조 1~3항, 제48조 1~4항 참조
- 종류 : 각하재결, 기각재결, 인용재결, 사정재결
- 효력 : 형성력, 기속력(반복금지효, 재처분의무)

* 1. 취소재결의 경우 기속력은 인정되지만 기판력은 인정되지 않는다.

2. 행정심판에서 행정심판위원회는 직접 처분이 가능하지만 행정소송에서 법원은 직접 처분이 불가능하다. (∵행정주체는 행정청만 가능)

2-6 고지

- 의의 : 행정쟁송에 관한 사항을 상대방 및 이해관계인에게 알려주는 것
- 성질 : 비권력적 사실행위
- 종류 : 직권에 의한 고지, 청구에 의한 고지
- 불고지/오고지의 효과
  - 오고지 : 행정청이 잘못 알린 기간 내에 청구 가능
  - 불고지 : 처분이 있었던 날부터 180일까지 청구가능

2-7 「행정심판법」의 조문

- 제4조 : 특별행정심판

1항 : 사안(事案)의 전문성과 특수성을 살리기 위하여 특히 필요한 경우 외에는 이 법에 따른 행정심판을 갈음하는 특별한 행정불복절차(이하 "특별행정심판"이라 한다)나 이 법에 따른 행정심판 절차에 대한 특례를 다른 법률로 정할 수 없다.

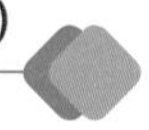

• 제6조,7조,8조 : 행정심판위원회의 설치/구성, 중앙행정심판위원회의 구성

구분	각급 행정심판위원회	중앙행정심판위원회
구성	위원장 1명을 포함 50명 이내의 위원	위원장 1명을 포함 70명 이내의 위원 (상임위원은 4명 이내)
위원장	• 해당 행정심판위원회가 소속된 행정청 • 시·도지사 소속 행정심판위원회에서는 위원장을 공무원이 아닌 자로 정할 수 있다.	국민권익위원회의 부위원장 중 1명
위원	• 소속 공무원인 위원·재직하는 동안 • 위촉된 위원 : 2년, 2차에 한하여 연임가능	• 상임위원 – 대통령 임명 : 3년, 1차에 한하여 연임 가능 • 비상임의원 – 국무총리 위촉 : 2년, 2차에 한하여 연임 가능
직무대행	• 위원장이 사전에 지명한 위원 • 지명한 공무원인 위원(직무등급이 높은 위원 > 재직기간이 긴 위원 > 연장자 순)	상임위원 (재직기간이 긴 위원 > 연장자 순)
회의	• 위원장+위원장이 회의마다 지정하는 8명의 위원 (위촉한 위원 6명 이상으로 하되, 위원장이 공무원이 아닌 경우에는 5명 이상으로 한다) • 구성원의 과반수의 출석 ＋출석위원 과반수의 찬성	• 위원장, 상임위원, 비상임위원을 포함하여 9명 • 4명의 위원으로 구성된 소위원회 둘 수 있음 (자동차운전면허 사건) • 구성원의 과반수의 출석 ＋출석위원 과반수의 찬성

Ch.3 행정소송

3-1 행정소송의 의의 및 종류

• 개념 : 행정상 법률관계에 대한 분쟁을 법원이 심리·판단하는 정식쟁송

• 기능 : 행정통제기능, 권리보호기능 등

• 종류

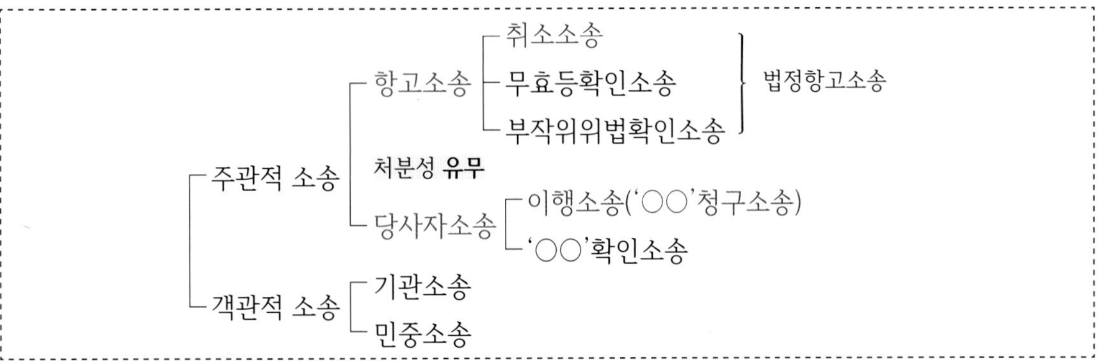

3-2 행정소송의 한계

- 본질적 한계 : 법률상 쟁송만이 법원의 심판대상 … 수동성
- 권력분립 및 기능상 한계
  - 재량행위, 불확정개념과 판단여지, 통치행위
  - 무명항고소송(의무이행소송, 예방적 부작위청구소송, 작위의무확인소송) : 인정×

3-3 취소소송

- 개념 : 행정청의 위법한 처분 또는 재결에 대한 취소·변경을 구하는 소송
- 소송요건

대상적격	처분	1. 강학상 행정행위 2. 그 밖에 이에 준하는 행정작용
	등	3. 재결
원고적격	법률상 이익이 있는 자	
협의의 소의 이익	분쟁을 재판에 의하여 해결할 만한 현실적 필요성	
피고적격	(처분 등을) 실제로 행한 행정청＝명의자(통지서에 직인으로 찍혀 있는 자)	
제소기간	1. 처분 등이 있음을 안 날(현실적으로 안 날)로부터 90일 이내 2. 처분 등이 있은 날(대외적으로 표시되어 효력이 발생한 날)부터 1년 이내	
전심절차	임의적 행정심판전치주의(원칙)	
관 할	피고의 소재지(주소지)의 행정법원(원칙)	

- 대상적격(항고소송의 대상) : 처분성 있는 행정작용＋재결
  (1) 처분성 있는 행정작용[47]
  (2) 재결 : 행정심판법상 재결＋개별 법률상의 재결
    * 취소소송의 대상은 원칙적으로 원처분을 대상(원처분주의)으로 하나
    재결 자체에 고유한 위법이 있는 경우에는 예외적으로 재결도 대상이 된다.
- 원고적격[48] : 법률상 이익이 있는 자(법률상 보호이익설 … 다수설·판례)

- 협의의 소의 이익[49](권리보호의 필요성)
  : 분쟁을 재판에 의하여 해결할 만한
  현실적 필요성

* 협의의 소의 이익이 있는 경우
: (1) 처분 등의 효력이 존속하는 경우
(2) 취소로써 원상회복이 가능한 경우
(3) 이익침해가 계속되는 경우

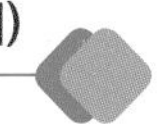

- 피고적격[50] : 실제로 행한 행정청 = 명의자(통지서에 직인이 찍혀 있는 자)
  (1) 피고경정 : 잘못된 피고지정을 변경하는 것(사실심 변론종결 시까지 가능)
  (2) 관할법원의 이송 : 심급을 달리하는 법원에 잘못 제기된 경우
  (3) 관련청구소송의 이송·병합
- 제소기간 : 안 날로부터 90일(불변기간), 있은 날(효력발생일)부터 1년 이내
  * 1. 행정심판을 거친 경우 : 재결서의 정본을 송달받은 날부터 90일
    2. 안 날과 있은 날의 관계 : 먼저 도래하는 것으로 결정(선택 不可)
    3. 안 날 : 특정인-송달·도달된 날, 불특정 다수인-고시·공고의 효력발생일
- 전심절차 : 행정소송을 제기하기 앞서 행정심판으로 먼저 심사
  (1) 임의적 행정심판전치주의(원칙) : 행정심판은 필수적 절차×
  (2) 필요적 행정심판전치주의(예외)[51] : 행정심판은 필수적 절차○

- 취소소송의 심리
  - 의미 : 법원이 판결의 기초가 될 자료를 수집·정리하는 절차
  - 종류 : 요건심리(관할권, 제소기간, 전심절차, 원고적격 등 소송요건 심리), 본안심리(사건내용 심리)
  - 기본원칙 : 요건심리 … 직권주의, 본안심리 … 당사자주의

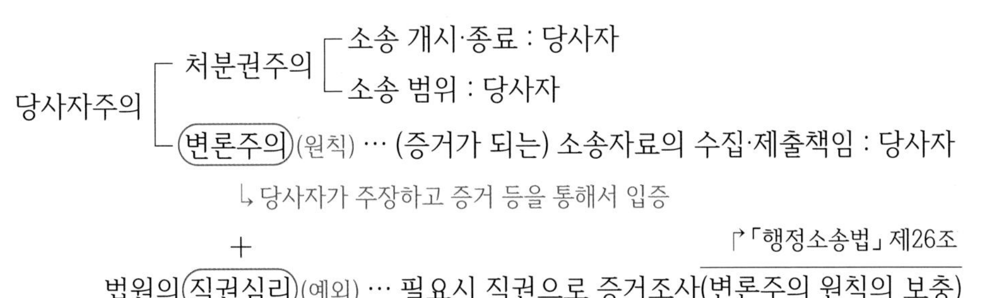

* 처분권주의 : 소송의 개시·종료·범위 등에 대해 당사자가 처분권을 가지고 결정
* 불고불리의 원칙 : 소송제기가 없으면 재판 不可, 당사자의 청구범위 넘어 심리 不可

- 심리과정에서의 여러 문제
  - 소의 변경 : 청구 그 자체의 변경
    (1) 소의 종류의 변경 : 사실심 변론종결 시까지 가능
      ex. 취소소송을 무효등확인소송으로 변경, 당사자소송을 항고소송으로 변경 등
    (2) 처분변경으로 인한 소의 변경[52] : 안 날로부터 60일 이내
      ex. 영업허가철회처분이 취소소송 중 영업허가정지처분으로 변경된 경우
    (3) 민사소송법 준용에 의한 소의 변경 : (1)·(2) 이외의 것인 경우 적용 가능
      ↳ 행정소송법에 규정이 없는 것

• 소송참가

(1) 제3자의 소송참가 : 소송결과에 따라 제3자가 이익을 침해받는 경우

(2) 행정청의 소송참가 : 법원의 직권 또는 행정청의 신청으로 가능

• 처분사유의 추가·변경[53] : 기본적 사실관계의 동일성이 인정되는 한도 내

※ 하자의 치유 및 무효행위의 전환과의 구별

• 처분사유의 추가·변경 : 실체법상의 적법성 확보 목적(사실심변론종결시) → 당사자A의 방어권 보장

• 하자의 치유 : 절차적 위법성 치유 목적(쟁송제기이전시설) → 당사자A의 방어권 보장

• 무효행위의 전환 : 행정의 효율성 목적

• 가구제(잠정적 권리보호)

• 가구제 수단의 소송별 인정여부

	취소소송	무효등확인소송	부작위위법 확인소송	당사자소송
가처분	X	X	X	O
집행정지 「행정소송법」	O (제23조)	O (제38조 1항)	X (제38조 2항)	X (제44조)

적극적 의미 • 가처분 : 당사자 A에 대해 임시의 지위를 부여 … 부정설(판례)

소극적 의미 • 집행정지 : 행정처분의 집행을 정지함으로써 원고의 권리를 잠정적 보전

(1) 집행부정지를 원칙으로 하지만 집행정지를 예외적으로 인정(∵ 권리보호)

(2) 요건 ↱ 거부처분은 집행정지를 구할 이익 無

㉮ 적극적 요건 : ㉠ 적법한 본안소송의 계속 ㉡ 처분 등의 존재
㉢ 회복하기 어려운 손해예방의 필요 ㉣ 긴급한 필요[54]

㉯ 소극적 요건 : ㉠ 공공복리에 중대한 영향이 없을 것
㉡ 본안의 이유없음이 명백하지 않을 것

(3) 주장·소명책임 : 적극적 요건 … 당사자, 소극적 요건 … 행정청

(4) 집행정지의 대상 : 처분등의 효력, 처분 등의 집행, 절차의 속행

(5) 집행정지결정의 효력 : 형성력(장래효○, 소급효×), 기속력(관계행정청 기속)

(6) 집행정지결정의 불복/취소 : 즉시항고 可/당사자신청 또는 법원직권

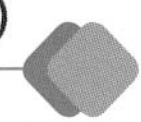

- 취소소송의 판결
  - 의미 : 법원이 소송절차를 걸쳐 내리는 결정
  - 종류　　　　cf. 일부인용(일부취소)[55)]

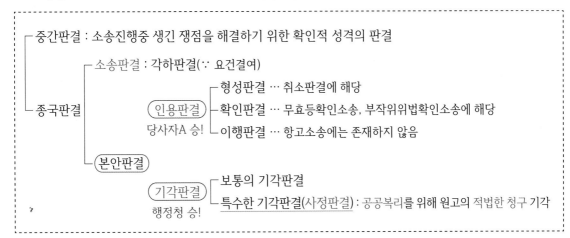

```
┌ 중간판결 : 소송진행중 생긴 쟁점을 해결하기 위한 확인적 성격의 판결
│
│        ┌ 소송판결 : 각하판결(∵ 요건결여)
│        │                        ┌ 형성판결 … 취소판결에 해당
└ 종국판결 │           (인용판결) ├ 확인판결 … 무효등확인소송, 부작위위법확인소송에 해당
         │           당사자A 승!  └ 이행판결 … 항고소송에는 존재하지 않음
         │
         └ (본안판결)
                                  ┌ 보통의 기각판결
                     (기각판결)   │
                     행정청 승!   └ 특수한 기각판결(사정판결) : 공공복리를 위해 원고의 적법한 청구 기각
```

- 사정판결[56)] : 공공복리를 위해 원고의 합당한 청구를 기각하는 판결
  - * 1. 사정판결 시 판결의 주문에서 처분 등의 위법함을 구체적으로 명시해야함
    2. 사정판결 확정 시 행정처분의 위법하다는 점에 대해 기판력 발생
    3. 무효등확인소송, 부작위위법확인소송에는 사정판결 불가(다수설·판례)
- 효력 : 기속력, 형성력, 기판력, 불가변력(자박력), 불가쟁력
  (1) 기속력 : 확정된 인용판결이 처분청 및 관계행정청을 구속하는 효력
    ㉮ 「행정소송법」상 취소소송의 기속력 규정 준용여부

	무효등확인소송 (제38조 1항)	부작위위법확인소송 (제38조 2항)	당사자소송 (제44조 1항)
기속력 (제30조 1항)	O	O	O
재처분의무 (제30조 2항)	O	O	X
간접강제 (제34조)	X	O	X

㉯ 성질 : 「행정소송법」이 특별히 부여한 효력으로 기판력과는 다름 (특수효력설)

㉰ 내용 ┌ 반복금지효 : 동일한 사실관계하에서 동일한 이유로 동일한 당사자에게 동일한 처분
소극적 의미 을 반복해서는 안됨
└ 재처분의무 : 거부처분이나 부작위에 대한 인용판결이 확정되면 행정청은 다시 원래
적극적 의미 의 신청에 대한 처분을 해야함

㉱ 간접강제 : 행정청이 재처분의무를 이행하지 않는 경우, 제1심 수소법원은 (당사자의 신청으로) 상당한 기간을 정하고 그 기간내 불이행시 지연기간에 따른 일정한 배상 또는 즉시 손해배상하도록 명할 수 있음 cf. 집행력 : 확정판결에 의하여 강제집행을 할 수 있는 효력

↱ ≒제3자효

(2) 형성력 : 기존의 법률관계 변동을 가져오는 힘(제3자를 구속하는 효력)

* 제3자의 의미 : 소송참가인 및 그 판결과 직접적인 법적이해관계를 갖는 자

(3) 기판력 : 전소의 확정판결이 후소에서 당사자와 법원을 구속하는 효력

㉮ 내용 ┌ 반복금지효 : 당사자는 동일한 소송물을 대상으로 다시 소를 제기하는 것이 不可
└ 모순금지효 : 당사자/법원은 전소 판결에 반하는 주장/판결 不可

㉯ 기판력과 기속력 비교

		기판력	기속력
발생 (확정판결을 전제)		인용·기각판결 모두 인정	인용판결에서만 인정
범위	객관적 범위	주문에 표시된 것만 미침	주문+이유(위법사유)에도 미침
	주관적 범위	1. 법원을 구속 2. 소송당사자 및 이와 동일시 할 수 있는 자를 구속	처분청 및 관계행정청을 구속
	시간적범위	사실심 변론종결 시를 기준으로 발생	처분 시까지의 법률관계·사실관계를 대상
특성		소송법상 효력	실체법상 효력

(4) 불가변력 : 판결을 취소·변경할 수 없게 선고법원 스스로를 구속하는 효력

(5) 불가쟁력 : 더 이상 상소로 불복할 수 없도록 당사자를 구속하는 효력

- 취소소송의 불복절차(상소, 재심 및 헌법소원)
  - 상소 : 고등법원 및 대법원에 항소·상고 가능
  - 제3자에 의한 재심청구 : 안날로부터 30일, 확정된 날로부터 1년 이내
  - 원처분 및 판결에 대한 헌법소원 : 처분·판결은 헌법소원의 대상×(원칙)

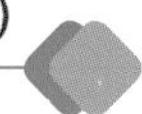

3-4 무효등확인소송

- 개설
  - 의의 : 행정청의 처분·재결의 효력 유무 또는 존재 여부를 확인하는 소송
  - 성질 : ┌ 선결문제, 원고적격, 예외적 행정심판전치주의, 제소기간, ┐ 준용×
└ 재량처분의 취소, 사정판결, 간접강제 ┘

  ➜ 거부처분에 대하여 무효확인판결이 확정된 경우, 행정청에 대해 판결의 취지에 따른 재처분의무가 인정될 뿐 그에 대하여 간접강제까지 허용되는 것은 아니다.

- 주요 소송요건
  - 원고적격 : 무효 등의 확인을 구할 법률상 이익이 있는 자

  ➜ 무효인 과세처분에 근거하여 세금을 납부한 경우, 부당이득반환청구의 소로써 직접 위법상태의 제거를 구할 수 있는지 여부와 관계없이 「행정소송법」 제35조에 규정된 '무효확인을 구할 법률상 이익'을 가진다.

  - 피고적격 : 당해 처분을 한 행정청(취소소송 규정 준용)

- 본안심리 : 입증책임은 원고에게 있음, 그 외 취소소송 규정 준용

- 판결 : (사정판결, 간접강제 외)취소소송규정 준용

3-5 부작위위법확인소송

- 개설
  - 의의 : 행정청의 부작위가 위법하다는 것을 확인하는 소송
  - 성질 : ┌ 선결문제, 원고적격, 처분변경으로 인한 소의 변경, ┐ 준용×
└ 집행정지, 집행정지의 취소, 사정판결 ┘

- 주요소송요건
  - 대상적격 : 부작위의 성립요건(적법한 신청, 법률상 의무, 상당한 기간, 처분의 부존재)
  - 원고적격 : 부작위의 위법을 구할 법률상의 이익이 있는자
  - 피고적격 : 당해 처분을 한 행정청(취소소송 규정 준용)
  - 제소기간 : ┌ 행정심판× ➜ 제소기간×
└ 행정심판○ ➜ 제소기간○(재결서의 정본을 송달받은날로부터 90일 이내) ↱ 불변기간

    * 1. 행정심판을 거치지 않고 부작위위법확인소송을 제기하는 경우 제소기한의 제한을 받지 않음
      2. 부작위위법확인심판은 인정× 따라서 예외적 행정심판전치가 인정될 경우 의무이행심판○

  - 소의 이익 : 사정 변화로 인하여 인용판결을 받아도 소의 이익이 없다면 각하판결

• 본안심리 : 위법성 여부만 심사 가능, 실체적 내용 심리 不可

• 판결 : 사실심변론종결시를 기준 (부작위상태가 해소되면 각하판결)

➜ 허가처분신청에 대한 부작위를 다투는 부작위위법확인소송을 제기하여 제1심에서 승소판결을 받았는데 제2심 단계에서 피고 행정청이 허가처분을 한 경우, 제2심 수소법원은 각하판결을 하여야 한다.

➜ ∵ 부작위상태 해소

3-6 당사자소송

• 개설

• 항고소송과 당사자소송과의 비교

	취소소송	무효등 확인소송	부작위위법 확인소송	당사자소송
제소기간	O	X	▲	X
예외적 행정심판전치주의	O	X	O	X
소의 변경	O	O	O	O
처분변경으로 인한 소의 변경	O	O	X	O
집행정지	O	O	X	X
사정판결	O	X	X	X
소송참가	O	O	O	O
제3자효	O	O	O	X
기판력	O	O	O	O
1. 기속력	O	O	O	O
2. 재처분의무	O	O	O	X
3. 간접강제	O	X	O	X

• 의의 : 공법상 법률관계에 의한 소송으로 그 법률관계의 일방 당사자를 피고로 하는 소송

cf. 민사소송과의 구별[57)]

• 종류

• 실질적 당사자소송 : 대등당사자간의 공법상 권리관계에 관한 소송

ex. 1. 공법상의 금전지급청구소송 : 금전청구지급소송 中 공무원 연금·수당에 관련된 경우

2. 공법상 계약에 관한 소송 3. 공법상 신분 또는 지위 등의 확인소송 4. 결과제거청구소송

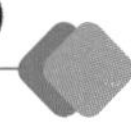

※ 금전청구지급소송 中 공무원 연금·수당에 관련된 경우 : 당사자소송 또는 항고소송

1. 공무원 연금
   - 2000년도 이전 : 공무원연금관리공단 심사(결정) → 지급(결정) ∴ 항고소송
   - 2000년도 이후 : 법으로 규정 ∴ 당사자소송
2. 공무원 수당 : 행정청 심사(결정) → 지급(결정) ∴ 항고소송
3. 소방·경찰·법원공무원 수당(위험직군) : 법으로 규정 ∴ 당사자소송
4. 석탄 관련 연금 및 수당(초위험직군) : 법으로 규정 ∴ 당사자소송

- 형식적 당사자소송 : 형식은 당사자소송이나, 실질은 행정청의 처분을 다투는 소송
  ex.「공익사업을 위한 토지 등의 취득 및 보상에 관한 법률」상의 보상금증감청구소송
- 성질 : 선결문제, 원고적격, 피고적격, 예외적 행정심판전치주의, 취소소송의 대상, 제소기간, 집행정지, 집행정지의 취소 재량처분의 취소, 사정판결, 취소판결 등의 효력(제3자효), 재처분의무, 제3자에 의한 재심청구, 간접강제 — 준용×

- 주요 소송요건
  - 원고적격과 소의 이익 : 권리보호의 이익이 있는 자(민사소송법 준용)
  - 피고적격 : 국가·공공단체 그 밖의 권리주체(공무수탁사인)○/행정청×
  - 제소기간 : 「행정소송법」상 제소기간×, 개별법에 규정된 경우 그에 따름
  - 예외적 행정심판전치주의 : 준용×
  - 관할법원 : 피고 또는 (국가 또는 공공단체가 피고인 경우)관계행정청의 소재지 관할 행정법원
  - 대상적격 : 공법상의 법률관계
- 본안심사
  - 집행정지 : 「민사집행법」상 가처분 규정 준용(「행정소송법」 규정 준용×)
  - 선결문제·재량처분의 취소 : 준용×
- 판결 : (사정판결, 제3자효, 재처분의무, 간접강제 외) 취소소송규정 준용
- 가집행선고
  - 의의 : 미확정 종국판결에 대하여 마치 그것이 확정된 것과 같이 집행력을 부여하는 형성적 재판
  - 입장 : 「행정소송법」 … 부정(국가), 헌법재판소 … 부정(국가), 대법원 … 긍정(지방자치단체)

3-7 객관적 소송

- 의의 : 행정의 적법성 보장 또는 공공이익의 일반적 보호를 목적

    ↔ 주관적 소송 : 개인적·주관적 권리의 보호 목적

- 민중소송 : 법률상 이익과 관계없이 국민이라면 제기 可 ex. 선거소송
- 기관소송 : 국가 또는 공공단체의 기관 상호간 다툼이 있을 때 제기하는 소송

볼 때마다 점수가 올라가는 핵심 이론 및 판례

1) 형식적 의미의 행정과 실질적 의미의 행정

형식적 행정		
실질적 행정	**실질적 입법**	**실질적 사법**
1. 각종 처분 2. 군 당국의 징발처분 3. (무허가 건물에 대한)행정대집행 4. 양도소득세부과처분 5. 예산의 편성·집행 6. 이발소영업허가 7. 지방공무원의 임명 8. 집회의 금지통고 9. 조세체납처분 10. 취소·철회·공증 11. 토지의 수용	1. 법규명령 및 행정규칙의 제정 2. 조례·규칙의 제정	1. 행정심판위원회의 재결 (이의신청에 대한 재결) 2. 통고처분

형식적 입법		
실질적 행정	**실질적 입법**	**실질적 사법**
1. 국회사무총장의 직원임명	1. (국회의) 법률 제정 2. (국회의) 국회규칙 제정	1. 국회의원의 징계의결

형식적 사법		
실질적 행정	**실질적 입법**	**실질적 사법**
1. 일반법관 임명 2. 대법원장·법원행정처장의 법원직원 임명 3. 등기사무	1. 대법원규칙 제정 2. 법무사 시행규칙 제정	1. 법원의 재판(소송)

2) 행정의 분류

주 체	직접국가행정, 간접국가행정, 위임행정
목 적	질서행정, 급부행정, 계획행정, 유도행정, 공과행정, 조달행정
효 과	침해행정, 수익행정, 복효적 행정
기 속	기속행정, 재량행정
형 식	공법행정, 사법행정

3) 사법부자제설(사법심사 가능여부)

사법심사 가능	사범심사 불가능
1. 국무총리의 부서거부행위 2. 긴급명령권·긴급재정경제명령권의 행사가(국민의) 기본권침해와 직접 관련이 있는 경우 3. 남북정상회담 중 대북송금행위 4. 대법원장의 법관인사조치 5. 비상계엄의 선포·확대가 국헌문란의 목적으로 행해진 경우 6. 신행정수도건설·수도이전 문제를 국민투표에 부칠지 여부에 관한 대통령의 결정이 국민의 기본권침해와 직접 관련되는 경우 7. 서훈취소 8. 유신헌법에 의한 대통령의 긴급조치 9. 지방의회의원의 징계 10. 한미 전시증원연습결정	1. 국가의 승인 2. 국회의원의 자격심사·징계·제명 3. 군사시설보호구역의 설정·변경·해제 4. 국무총리·국무위원의 해임건의 5. 긴급명령권 및 긴급재정·경제명령권의 행사 6. 남북정상회담의 개최 7. 법률안거부권의 행사 8. 사면권의 행사 9. 지방자치단체장 선거일 공고에 대한 대통령의 부작위 10. 이라크 파병결정 11. 영전수여 12. 외교대사의 신임·접수·파견 13. 선전포고·강화

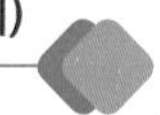

4) 대륙법계 국가(공·사법 2원체계, 행정국가)

프랑스	• 프랑스는 행정법이 최초로 성립한 나라로서, 사업부로부터 독립된 행정재판소(국참사원)을 설립하여 판례와 공역무를 중심으로 행정법을 성립·발전시켰다. • 행정법의 개념적 징표를 공역무의 실현에 두고 행정법은 행정의 공공적 기능을 보장하고 개인의 권리보호를 두텁게 하려는 데 특색이 있다. • 20세기가 가까워지면서 공공서비스나 재화의 제공 등 비권력적인 공역무의 행정법의 중요한 유형으로 자리잡게 되었는데, 이러한 개념은 1873년 블랑꼬 판결을 계기로 공역무라는 단일 개념으로 채택되었다.
독일	• 독일은 프랑스와는 달리 제정법과 공권력 중심으로 행정권의 우위확보를 목적으로 하여 성립·발전하였다. • 국고학설의 영향 아래 공권력의 주체로서 국가와 개인 간의 관계를 규율하는 경우에는 행정법의 적용을 받는다. • 최근에는 권력행정 외에 비권력적인 급부행정의 확대와 행정소송사항의 개괄주의와 의무이행소송을 인정하는 등 국가권위주의에서 탈피하여 국민의 권리보호에 중점을 두고 있지만, 여전히 권력작용이 중심개념을 이루고 있다.

5) 영·미법계 국가(공·사법 1원체계, 사법국가)

보통법에 의한 법의 지배	영·미 국가에서는 보통법의 지배를 받고, 그에 관한 쟁송도 원칙적으로 일반법원이 재판한다는 법의 지배원칙이 적용되어 국가작용에 관한 특유한 법으로서의 행정법은 존재하지 않았다.
행정위원회의 설치	제1차 세계대전 전후 영·미에서는 행정기능과 행정법규가 급격하게 증대되어 행정적 권한뿐만 아니라 준입법권 및 준사법권이 부여된 각종의 행정위원회를 설치하고, 이를 통해 행정법이 대두·발달하게 되었다.
절차법 중심의 발전	영·미의 행정법은 실체법 중심이 아닌 행정구제법, 특히 행정절차법 중심으로 발달하게 되었다.

6) 우리나라의 행정법(공·사법 2원체계, 사법국가)

사법국가적 요소	• 우리나라는 행정소송을 포함은 모든 법률적 쟁송을 일반사법법원이 통일적으로 관할하고 있다. • 1998년부터 행정법원이 신설되어 전문화되었다.
행정국가적 요소	• 독립한 법체계로서의 행정법이 있으며, 그 결과 실체법적 측면에서 공·사법의 2원적 체계를 유지하고 있다. • 재판관할의 측면에서 행정사건을 담당하고 있는 행정소송법이 제정되어 있어 민사소송과 다른 여러 특수성이 인정되고 있다. (예 행정심판전치주의, 단기의 제소기간, 사정판결, 판결의 대세효 등)

7) 중요사항본질설

본질적인 사항	비본질적 사항
1. 조세의 종목과 세율 2. 지방의회의원이 유급보좌관을 두는 것 ➜ 국회가 법률로써 직접 규정 3. 병의 복무기간 4. 텔레비전 방송수신료 금액의 결정 ➜ 국회가 법률로써 직접 규정 5. (토지 등 소유자가 도시환경정비사업을 시행하는 경우) 토지 등 소유자의 동의요건 6. (취득세 중과세 대상이 되는)고급주택, 고급오락장의 기준	1. 국가유공자단체 대의원선출에 관한 사항 2. 구「도시 및 주거환경정비법」상 경쟁입찰 세부절차 3. 수신료 징수업무 4. 입주자대표회의 구성원의 자격

8) 비례의 원칙(과잉금지의 원칙) 위반 유무

비례의 원칙 위반O 위법	비례의 원칙 위반X 적법
1. 가벼운 징계처분으로도 훈령의 목적을 달성할 수 있음에도 파면처분 2. 가스총을 사용할 때 주의의무를 위반 경찰관 3. 경찰관 범인 검거시 가스총 근접발사로 실명 4. 근무지 이탈 후 상관비판 검사장 면직처분 5. 근무시간 중 10분간 다방출입으로 파면처분 6. 공무원이 요정을 출입해 훈령위반 1회로인한 파면 7. 룸싸롱에 미성년자 출입위반 1회로 영업취소 8. 미결수용자 수사·재판을 위해 구치소 밖으로이동시 사복착용불허(∵ 필요성 원칙 위반) 9. 선거운동과정상 물품·음식품 수령시 과태료 50배 10. 사의로 받은 30만원 소지 후 돌려준 경찰관 해임처분 11. 선의의 양수인에게 내린 6월의 영업정지처분 12. 자동차를 이용하여 범죄행위를 한 경우 13. 필요적 운전면허취소규정 14. 지입제경영을 한 경우 필요적 운송사업면허취소규정 15. 북한 고위직 탈북인사 여권발급신청거부 16. 취득한 이익의 규모를 크게 초과하는 과징금부과 17. 청소년유해매체물 대여업자 과징금부과 18. 태아성별감지 및 고지금지 19. 판·검사 15년 미만 근무한 자 변호사 개업지 3년간 제한(∵ 필요성 원칙 위반) 20. 18세 미만자 당구장 출입금지	1. 「도로교통법」 제148조의2 제1항 제1호 해석에 구「도로교통법」 제44조 제1항을 위반한 음주운전 전과 포함 2. 승합차를 음주운전하여 제1종 대형운전면허까지 취소된 경우 3. 사법시험 제2차 시험 과락제도 적용 4. 주차목적으로 짧은 거리 만취상태의 운전을 한 경우 운전면허취소처분 5. 특수경비원에게 일체의 쟁의행위를 금지하는 규정 6. 혈중알콜농도 0.18% 음주운전 택시운전사운전면허취소 7. 회분함량 기준치 0.5%초과로 수입녹용 전량폐기·반송·지시처분

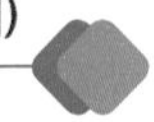

9) 공적인 견해표명(선행조치) 해당여부

선행조치O	선행조치X
1. 구청장의 지시에 따라 그 소속직원이 부동산취득세 면제를 제의한 경우 2. 보건복지부장관의 비과세 견해표명 3. 삼청교육대 피해자 보상 대통령 담화 및국방부장관 공고 4. 안산시 도시계획국·과장의 완충녹지지정 해제 의사표시 5. 종교회관 건립을 위한 토지거래계약허가를 받으면서 담당공무원이 한 토지형질변경에 대한 견해표명 6. 4년 동안 면허세를 부과하지 않은 비과세 관행 7. 폐기물처리업에 대한 관할관청으로부터의 적정통보 8. 행정지도 9. 행정계획	1. 국토이용계획변경신청에 있어 사전에 행한폐기물처리업사업계획에 대한 적정통보 2. 「개발이익환수에 관한 법률」에 정한 개발사업시행 전에 행정청의 부서의견 상 '저촉사항 없음'이라고 기재 3. 단순한 과세누락 4. 무효인 행정행위 5. 전속계약금의 '기타 소득' 국세청 예규 6. 재정경제부가 보도자료 통해 7. 「법인세 시행규칙」개정을 법제처 심의를거쳐 공표·시행할 예정 8. 정구장 시설을 설치한다는 도시계획결정 9. 조세법령의 규정내용 그 자체 10. 추상적 질의에 대한 일반론적인 견해표명 11. 총무과 민원팀장이 행한 민원봉사차원에서의 상담·안내 12. 행정규칙인 재량준칙의 공표 13. 행정청의 내부적 사무처리지침인 행정규칙의 공표 14. 헌법재판소의 위헌결정

10) 평등원칙 위반 여부

평등원칙 위반O 위법	평등원칙 위반X 적법
1. 국가유공자 가족들에게 (공무원 시험) 10% 가산점 부여 2. 군가산점 제도 3. 당직근무 대기 중 화투놀이 공무원 4명 중3명 견책 1명 파면 4. 사회적 신분에 따라 과태료의 액수에 차등 5. 선등록한 단체의 등록은 수리하고 후에 이루어진 등록신청은 반려 6. 외교관 자녀 대학입시 20% 가산점 부여 7. 주세법상 자도소주구입 명령제도	1. 같은 정도의 비위를 저지른 자들에게 개전의 정이 있는지 여부에 따라 그 양정을 차별적으로 취급 2. 근로기간 1년을 기준으로 퇴직급여의 가부 결정 3. 고속도로에서 이륜차의 통행을 금지 4. 인천광역시 공항고속도로 통행료지원 조례안

11) 공법관계·사법관계에 대한 판례

공법관계	사법관계
1. 국유재산무단점유자에 대한 변상금 부과·징수 2. 국세환급금결정 및 그 신청에 대한 거부결정 3. 국가인권위 성희롱결정 및 시정조치 권고 4. 국가산업단지 입주계약해지통보 5. 국립의료원 부설주차장에 대한 위탁관리용역운영계약 6. 유 잡종재산(일반재산)의 대부료 징수 (공법관계O BUT 행정소송X ∵ 대부료 징수에 관하여 국세징수법 준용한 특별구제절차 존재) 7. 국가나 지방자치단체에 근무하는 청원경찰에 대한 징계처분 8. (귀속재산처리법에 의한) 귀속재산 매각 9. 공공하수도의 이용관계 10. 공무원연금관리공단의 급여결정 11. 공중보건의사 채용계약의 해지 12. 농지개량조합직원에 대한 징계처분 13. 미지급된 공무원 퇴직연금 지급청구 14. 보조사업자의 지자체에 대한 보조금반환의무 15. 부가가치세 환급세액 지급청구권 16. 시립합창단원의 위촉 17. 수도료의 납부관계 18. 사립대학의 학위수여 19. 징발권자인 국가와 피징발자의 관계 20. 조세채무 21. 중학교의무교육 위탁관계 22. 지방전문직공무원 채용계약의 의사표시 23. 국가·지방자치단체가 행한 부정당업자 입찰참가자격제한조치 24. 지방소방공무원의 근무관계 25. 행정재산에 대한 사용료부과처분 26. 행정재산의 사용·수익에 대한 허가와 그 거부 27. 하천법에 규정된 손실보상청구권 28. 한국전력공사의 수신료부과 29. 사회보장급부청구권	1. 국유재산의 매각 2. 국유재산의 (대부계약에 의한) 대부료 부과 3. 국유 잡종재산(일반재산)의 매각 4. 국유 잡종재산(일반재산) 대부행위 5. 국유 잡종재산(일반재산)의 대부료 납부고지 6. (대부한) 국유 잡종재산(일반재산)의 사용료 부과고지 7. 국유임야를 대부하거나 매각 8. 국가의 철도운행사업 9. (국가계약법에 따라) 국가 또는 지자체가당사자가 되는 공공계약 10. 공익사업법상의 협의취득 11. 공익사업법상 협의취득에 기한 손실보상금환수통보 12. 개발부담금부과처분취소로 인한 과오납금 부당이득 반환청구 13. 공익사업법상 환매권 14. 기부자에게 기부채납 받은 공유재산에 대해 무상으로 사용을 허용하는 행위 15. 서울시지하철공사 임원·직원의 근무관계 16. 사립학교 교원에 대한 학교법인의 해임 17. 예산특례법·지방재정법에 따른 계약 18. 의료보험관리공단 직원의 근무관계 19. 입찰보증금의 국고귀속조치 20. 지자체장의 국유재산 대부신청 거부 21. 주한미군 한국인직원 의료보험조합의 소속직원 징계면직 22. 종합유선방송위원회 직원의 근로관계 23. 행정청이 행한 사인 간 법률관계의 공증 24. 한국전력공사가 한 입찰참가자격제한조치 25. 한국조폐공사 직원의 근무관계 26. 창덕궁(고궁) 안내원 채용계약

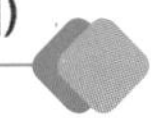

12) 공무수탁사인의 종류

<table>
<tr><td rowspan="8">공무수탁사인의 종류</td><td>체 신</td><td>별정우체국장</td></tr>
<tr><td>경찰·호적</td><td>사선의 선장</td></tr>
<tr><td>학위수여</td><td>사립대학교학장</td></tr>
<tr><td>공용수용</td><td>「공익사업용지의 취득 및 보상에 관한 법률」상 기업자</td></tr>
<tr><td>국 세</td><td>소득세원천징수의무자
(판례는 부정, 학설은 대립)</td></tr>
<tr><td>교정업무</td><td>「민영교도소 등의 설치·운영에 관한 법률」에
따라 교정업무를 수행하는 교정법인 또는 민영교도소 등</td></tr>
<tr><td>공 증</td><td>공증사무를 수행하는 공증인</td></tr>
<tr><td>공 무</td><td>공무(등록업무수행, 직업에 대한 규제법규 제정)를 수행하는 변호사협회와 의사협회 등과 같은 직업별 협회</td></tr>
<tr><td rowspan="8">공무수탁사인이 아닌 경우</td><td>행정대행자</td><td>행정기관의 감독을 받지만 종속되지는 않음
ex. 차량등록의 대행자, 자동차검사의 대행자</td></tr>
<tr><td>행정보조인</td><td>행정기관에 종속
ex. 아르바이트로 우편 업무를 수행하는 사인</td></tr>
<tr><td>공의무부담사인</td><td>법률에 의해 공행정사무를 처리할 의무가 부여된 사인이 지만 권한을 이전받지는 못함(판례는 석유비축의무가 있는 사업주·사법인 등이 조세를 원천징수할 의무가 있다고 판시)</td></tr>
<tr><td>공무집행에 자진하여 협력하는 사인</td><td>의용 소방대원</td></tr>
<tr><td>국립대학의 시간강사</td><td>제한된 공법상 근무관계</td></tr>
<tr><td>계약에 의하여 공적 임무를 위탁 받은 사인</td><td>주로 사법상 계약
ex. 주차위반차량을 견인하는 민간사업자가 경찰과 계약을 통해 업무를 수행, 자치단체와 계약을 통해 자치단체에서 발생하는 생활쓰레기 수거, 행정청과 계약을 통해 무허가 건축철거 시행 등</td></tr>
<tr><td colspan="2">선원의 월급을 주는 선장</td></tr>
<tr><td colspan="2">공납금을 수납하는 사립대학 총장 및 학장</td></tr>
</table>

13) 개인적 공권 해당유무

개인적 공권O	개인적 공권X
1. 공법상 금전청구권 2. (도로·하천 등) 공물사용권 3. (국공립대학·국공립병원 등) 영조물이용권 4. 구「수산업법」상 관행어업권 도시계획법상 토지소유자의 도시계획시설변경입안요구 신청권 5. (변호인 및 타인과의) 접견권 6. (재산권 등) 자유권 및 평등권 7. 참정권	1. 무허가건물소유자의 시영아파트 특별분양 신청권 2. 사회권적 기본권 (사회권, 복지권) 3. 청구권적 기본권 (청구권) 4. 특허처분권 5. 국세징수권 6. 공물관리권 7. 공용부담권 8. 행정대집행권

14) 기간의 기산점·만료점

초일(첫날)불산입 (원칙) **특별한 규정이 없는 한, 초일은 산입하지 않고 그 익일(=다음날)부터기산**	1. 행정소송 제기기간 2. 행정심판 청구기간 3. 법률의 효력발생일 4. 납세처분 독촉기간 5. 공법상 금전채권의 소멸시효기간 6. 이의신청기간 7. 입법예고기간
초일(첫날)산입 **(예외)** **초일을 산입하도록 하는 특별한 규정이 있는 경우에는 초일을 산입**	1. 국회회기 2. 구속기간 3. 공소시효기간 4. 민원사무처리기간 5. 오전 0시에 시작하는 경우 6. 연령 7. 출생·사망신고기간

15) 소멸시효

소멸시효기간	1. 민법상 금천채권의 소멸시효기간 : 10년(원칙) 2. 공법상 금전채권의 소멸시효기간 : 5년(원칙) 3. 행정상 법률관계 금전채권의 소멸시효기간 : 5년(원칙) (공법관계+사법관계 모두) 4. 특별한 규정(예외) : '5년보다 짧은 소멸시효기간 규정한 경우'를 의미 ➜ 그 규정을 따름
구체적인 소멸시효기간	1. 공무원연금청구권 : 장기금액(원칙) 5년 / 단기급여(예외) 3년 2. 공무원봉급청구권 : 3년 3. 공무원징계요구권 : 3년(금품수수·향응·공금유용·횡령은 5년) 4. 국세·지방세·관세 징수권 : 5년 5. 국세·지방세·관세 과오반납반환청구권(환금금청구권) : 5년 6. 과태료 징수권 : 5년 7. 국가배상청구권 : 손해 및 가해자를 안날로부터 3년, 불법행위가 있은 날(종료일)로부터 5년 8. 부당이득반환청구권 : 5년

16) 공법상 사무관리

의 의	'법률상 의무 없이' 타인의 사무를 관리 ➜ 공법상 사무관리는 특별한 규정이 없는 한 민법이 유추적용O
유 형	1. 행정주체의 공법상 사무관리 ㄱ. 강제관리 ex. 학교 재단에 대한 교육위원회의 강제 관리, 기업에 대한 강제관리 ㄴ. (재해시) 보호관리 ex. 행려병사자에 대한 보호관리·유류품 관리 ㄷ. (재해시) 재화·역무 제공 ex. 빈 상점의 물건처분, 시설의 응급복구조치 2. 사인의 공법상 사무관리 ex. 재해시 사인에 의한 행정사무관리·조난자 구초조치·역무제공
효 과	1. 사무관리기관의 통지의무O 2. 비용상환청구권O

17) 공법상 부당이득

의 의	'법률상 원인 없이' 이득을 얻고, 이로 인하여 타인에게 손해를 가하는 것 ➜ 공법상 부당이득은 특별한 규정이 없는 한 민법상 부당이득반환의 법리가 준용O ➜ '법률상 원인 없이'란 '무효'를 의미
(부당이득반환청구권) 성 질	1. 공권(다수설) ∴분쟁시 당사자소송 2. 사권(판례) ∴ 분쟁시 민사소송
(부당이득반환청구권) 소멸시효	원칙적으로 5년

18) 자체완성적 신고 vs 수리를 요하는 신고

자체완성적 신고(일반적 사항)	수리를 요하는 신고(특별한 사항)
1. 국적이탈신고 2. 공장설립신고 3. 공중위생영업 개설신고 4. 일반적인 건축신고 5. 골프연습장이용료 변경신고 6. 식품위생법상 영업신고 7. (사망 또는 병든) 가축의 신고 8. 의원개설신고 9. 유선업 운영신고 10. 출생·사망신고 11. 체육시설업 신고 12. (체육시설의 설치 이용에 관한 법률상) 당구장업 신고	1. 사업자지위승계신고(사업양도·양수에 따른 지위승계 신고) 2. 식품위생법상 영업자지위승계신고 3. 액화석유가스영업자 지위승계신고 4. 유원시설업자·체육시설업자 지위승계신고 5. 인·허가가 의제되는 건축신고 6. 납골당설치신고 7. 볼링장영업신고 8. 사회단체등록 9. 수산업법상 어업신고 10. 주민등록신고 11. 체육시설회원 모집계획서 제출 12. 특허·인가·허가의 신청 13. 학교보건법상 위생정화구역 내의 당구장업 신고 14. 혼인신고 15. 건축주명의변경신고(다른 견해도 있음)

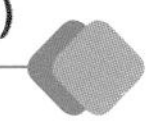

19) 법규명령으로 본 경우와 행정규칙으로 본 경우

법규명령으로 본 경우 (법령보충규칙)	행정규칙으로 본 경우
1. 재산제세사무처리규정(국세청장훈령) 2. 개별토지가격합동조사지침(국무총리훈령) 3. 주류도매면허제도개선업무처리지침(국세청장) 4. 건설교통부(현 국토교통부)장관이 정한 '택지개발업무처리지침' 5. 노인복지사업지침(보건복지부장관) 6. 식품제조영업허가기준(보건복지부장관) 7. 약제급여·비급여 목록 및 급여상한금액표에관한 보건복지부 고시 8. 액화석유가스판매사업 허가 기준에 관한 고시(지방자치단체장) 9. 전라남도 주유소등록요건에 관한 고시 10. 청소년유해매체물 표시방법에 관한 정보통신부고시 11. 경품제공방식에 대한 문화관광부고시 12. 공장입지기준을 정한 고시(산업자원부장관) 13. 산림청장이 정한 「산지전용허가기준의 세부검토기준에 관한 규정」 14. 수입선다변화품목의 지정 및 그 수입절차 등에 관한 상공부 고시 15. 공정거래위원회 고시 「시장지배적 지위남용행위의 유형 및 기준」 16. 통계청장이 고시하는 한국표준산업분류표 17. 지방공무원보수업무 등 처리지침 18. 2014년도 건물 및 기타물건 시가표준액 조정기준	1. 개발제한구역관리규정(건설교통부훈령) 2. 공정거래위원회의 부당한 지원행위의 심사지침 3. 수산업에 관한 어업면허사무취급 규정(수산청훈령) 4. 서울특별시 하천점용규칙 5. 서울특별시 개인택시운송사업면허 업무처리요령 6. 서울특별시 개인택시운송사업 면허지침 7. 서울특별시가 정한 '상수도손괴원인자부담 처리지침' 8. 서울특별시 철거민 등에 대한 국민주택 특별공급규칙 9. 국립묘지안장대상심의위원회 운영규정 10. 2006년 교육공무원 보수업무 등 편람 11. 제주도 학원업무지침 12. 「공공기관의 운영에 관한 법률」에 위임에 따라 입찰자격제한기준을 정한 부령 13. 한국감정평가업협회의 '토지보상평가지침' 14. 교육부장관의 '내신성적 산정지침' 15. 경기도교육청의 '학교장·교사 초빙제 실시' 16. 건강보험심사평가원이 정한 '방광내압 및 요누출압 측정시 검사방법' 17. 소득금액조정합계표 작성요령 18. 비관리청 항만공사시행허가를 위한 심사기준을 정한 업무처리요령

20) 법률행위적 행정행위

<table>
<tr><td rowspan="4">명령적 행정행위</td><td>하 명
의무를 부과</td><td>[작위하명]
1. 원상회복 명령
2. 철거명령
[부작위하명]
3. 영업정지처분
[급부하명]
4. 조세부과처분
5. 이행강제금 및 과징금 부과처분
[수인하명]
6. 전염병환자 강제격리</td></tr>
<tr><td>허 가
자유로의 회복</td><td>1. 주류판매허가
2. 식품접객업허가
3. 대중음식점영업허가
4. 전자유기장업허가
5. 건축허가
6. 주유소설치허가
7. 사설법인묘지설치허가
8. 총포·도검·화약류 판매업허가
9. 양곡가공업허가
10. 공중목욕장허가
11. 한의사·의사·약사면허
12. 자동차운전면허</td></tr>
<tr><td>예외적 승인
(예외적 허가)
사회적으로 유해한 행위가 전제</td><td>1. 의사의 마약사용면허 (치료목적의 마약류사용허가)
2. 개발제한구역 내의 건축허가·토지형질변경허가·용도변경허가
3. 학교보건법상 학교정화구역 내의 유해시설금지 해제조치
4. 학교환경위생정화구역의 금지행위 해제
5. 사행행위영업허가</td></tr>
<tr><td>면 제
의무를 해제</td><td>1. 조세감면
2. 예방접종 면제
3. 국·공립학교 수업료 면제</td></tr>
<tr><td>형성적 행정행위</td><td>특 허
공익상의 이유로 특정인에게 특별히해주는것
공익상의 목적 + 전문가 영역</td><td>[권리설정행위로서의 특허]
1. 광업허가
2. 어업면허
3. (개인택시·버스·화물자동차·여객선·항공기노선면허 등에 대한)자동차·해상·항만·항공 등각종운수사업면허
4. 보세구역설치경영특허
5. 이동통신사업면허·방송면허 등 특허기업 특허
6. 공유수면매립면허
7. 행정재산의 사용·수익허가
8. 도로점용허가·하천점용허가 등 공물사용권특허
9. 토지수용법상 토지수용을 위한 사업인정
10. 지역개발사업에 관한 지정권자의실시계획 승인처분
11. 주택건설사업계획승인 등 각종 사업계획승인 (허가나 인가로 보는 견해도 있다.)
12. 폐기물 처리업(수집·운반업) 허가
13. 전기·가스 등의 공급사업면허
14. 대기오염물질 총량관리사업장 설치허가
[포괄적 법률관계 설정행위로서의 특허]
15. 공무원 임명
16. 귀화허가
17. 체류자격변경허가
[능력설정행위로서의 특허]
18. 재건축조합설립인가
19. 재개발조합설립인가
20. (도시 및 주거환경정비법상) 토지 등 소유자들이 조합을 따로 설립하지 않고 직접 시행하는 도시환경정비사업 시행인가</td></tr>
</table>

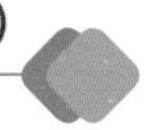

형성적 행정행위	그 이상이 없다! **인 가** 보충행위를전제	1. 버스·택시·항공기 등 특정기업의 운임·요금 인가 2. 비영리법인(재단법인·사회복지법인) 설립허가 및 **정관변경허가** 3. 자동차관리사업자단체의조합설립인가 4. 주택재개발조합 설립추진위원회 구성 승인처분 5. (도시 및 주거환경정비법상)도시환경정비사업조합(재개발조합)의 사업시행계획인가 6. 재건축조합의 관리처분계획인가	7. 사립학교법인 **임원취임**·해임승인 및 사립대총장 취임임명승인 8. 의료법인 임원취임승인 9. 재단법인 임원취임승인 10. 외국인 토지취득허가 11. 토지거래허가구역 내에서의 토지거래허가 12. (공유수면매립면허의 양도·양수시 인가, 개인택시면허 양도·양수 시 인가등) 허가나 특허의 양도양수의 인가 13. 특허기업의 사업양도허가 14. 공익법인 기본재산처분허가
	공법상 대리 본인에게 법적효과가 귀속	1. 토지보상법상의 수용재결 2. 공매 3. 감독청에 의한 공법인의 정관작성 4. 감독청에 의한 공법인의 임원임명 5. 행려병자의 유류품 매각	

21) 준법률행위적 행정행위

확 인	1. 국가시험합격자 결정 2. 선거당선인 결정 3. **발명특허** 4. 행정심판의 재결 5. 교과서 검정 (특허로 보는 견해도 있다.)	6. 친일반민족행위자 재산조사위원회의 친일재산 국가 귀속결정 7. 친일파재산조사결정 8. 준공검사처분 (건물사용검사처분) 9. (소득세 부과를 위한) 소득금액확인
공 증 분쟁이 없음을 전제 이미 효력은 발생	1. 의료유사업자 자격증 갱신발급 2. (부동산등기부·외국인등록부와 같은) 등기부·등록부의 등기·등록 3. (선거인명부·토지대장·가옥대장·광업원부와 같은) 각종 명부·장부 등에의 등재 4. 상표사용권설정등록	5. 회의록 등에의 기재 6. 당선증서·합격증서 등 증명서발급 7. 영수증교부 8. 여권발급 9. 검인·증인의 압날 10. 건설업 면허증의 재교부
통 지 알려야 효력이 발생	1. 행정대집행법상 계고 2. 대집행영장의 통지 3. (재임용거부취지의) 임용기간만료통지 4. 국세징수법상 독촉 5. 특허출원의 공고	
수 리	1. 사표수리 2. 어업신고수리 3. 건축주명의변경신고수리 4. 국적이탈신고수리 5. 각종 등록신청에 대한 수리	

22) 효과결정에 있어서 자유의 유무에 따른 분류(기속행위 vs 재량행위)

구분	유형	내용
기속행위	강학상 허가	1. 식품위생법상 대중음식점영업허가 2. 공중위생법상 위생접객업허가 3. 총포·도검·화약류 판매업허가 4. 석유판매업허가(주유소설치허가) 5. 건축법상 건축허가(다만, 숙박위락시설, 건축허가·개발허가가 의제되는 건축허가는 재량행위에 속함)
	강학상 수리	1. 구 관광진흥법상 관광사업의 지위승계신고수리 2. 구 건축법상 용도변경신고수리
	그 외	1. (법무부장관의) 난민인정 2. (약사법상)금고 이상의 형을 받은 자에 대한 약사면허의 취소 3. 국유재산무단점유자에 대한 변상금의 부과·징수 4. 명의신탁자에 대한 과징금 부과 5. 공사중지 명령 6. (국가공무원법상) 육아휴직 중 복직명령 7. 자동차운송알선사업등록처분 8. (보충역에 해당하는 사람을) 공익근무요원으로 소집 등 9. 음주측정거부를 이유로 운전면허취소 10. 부정행위 응시자에 대한 5년간 응시제한
재량행위	강학상 특허	1. 귀화허가 2. 개인택시운송사업면허 3. 마을버스운송사업면허 4. 어업면허 5. 토지수용법상 토지수용을 위한 사업인정 6. 공유수면매립면허 7. 도로점용허가·하천점용허가 8. 중소기업창업사업계획승인
	강학상 인가	1. 비영리법인설립허가 2. 재단법인정관변경허가 3. 재단법인 임원취임승인
	강학상 허가 (예외적으로 재량행위)	1. 주택건설사업계획승인 2. 산림법상 산림훼손허가 (산림형질 변경 허가) 3. 토지형질변경행위를 수반하는건축허가 4. 토지형질변경허가 5. 입목벌채허가 6. 총포·도검·화약류 판매·소지 허가 7. 프로판가스충전업 허가 8. 사설봉안시설 개발행위 허가

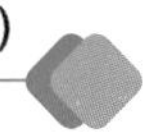

재량행위	그 외 판단여지를 언급한 1) 감정평가사시험 합격기준선택· 2) 문화재보호법상 고분발굴허가 3) 사법시험문제 출제및채점행위 등도 재량행위임 ∵ 판단여지=재량 판례	1. 공무원에 대한 징계처분 2. 국립대학생에 대한 징계처분 3. 도시계획결정 4. 관광지조성사업시행허가 5. (자연공원사업의 시행에 있어서) 공원의 시설기본설계 및 시설변경설계 승인 6. 자연공원법상 공원 내 용도변경행위허가 7. 자연공원 사업시행허가 8. 야생동식물보호법상 용도변경 승인 9. 청원경찰면직처분 10. 임용기간이 만료된 대학교원의 재임용여부 11. (면접전형에서) 임용신청자 능력 등을 판단 12. 사립대학이 공립대학으로 설립자가 변경된 경우 공립학교교원으로의 임용여부 13. 개발제한구역 내의 건축물용도변경허가 14. 유기장영업허가의 철회 15. 보건복지부장관의 요양급여대상 약제에 대한 상한금액 조정고시 16. 보건복지부장관의 예방접종으로 인한 질병·장애·사망 인정 17. 공정거래위원회의 (법위반행위자에 대한) 시정명령사실 공표 18. 공유수면점용허가가 의제되는 채광계획승인 19. 개발제한구역 내 자동차용 액화석유가스충전사업허가 20. (법무부장관)의 난민인정 취소 21. 음주운전을 이유로 운전면허 취소

23) 통지의 성질 : 준법률행위적 행정행위 VS 사실행위

준법률행위적 행정행위	사실행위
1. 구 토지수용법상 사업인정 고시 2. 국세징수법상 독촉 3. 특허출원의 공고 4. 대학교원의 임용권자가 임용기간이 만료된 조교수에 대하여 재임용을 거부하는 취지로 한 임용기간 만료의 통지 5. 행정대집행상 계고와 대집행영장의 통지	1. 국가공무원법상 당연퇴직사유에 해당함을 알리는 인사발령 2. 국가공무원법상 정년에 달한 공무원에게 발하는 정년퇴직발령

24) 재량권의 일탈·남용 인정여부

일탈·남용 인정O 위법	일탈·남용 인정X 적법
1. 개발제한구역 내 광산개발행위 허가기간 연장신청 거부처분 2. 교수회의의 심의의결 없이 국공립대학교 학생에 대한 학장의 징계처분 3. 교통사고처리를 적절하게 해주었다는 사의로 30만원을 놓고 간 것을 알고 되돌려 준경찰관 해임처분 4. 당직근무대기 중 화투를 친 공무원 파면 5. (대학교 총장이 해외근무자들의 자녀를 대상으로 한 특별전형에서 외교관, 공무원의 자녀에 대하여 만 가산점을 부여하여 합격사정을 하여서) 실제 취득점수에 의하면 합격 할 수 있었던 응시자들에 대한 불합격처분 6. 단원에게 지급될 급량비를 바로 지급하지 않고 모아 두었다가 지급한 시립무용단원에 대한 해촉처분 7. 명의신탁자에 대한 과징금 감경사유가 있음에도 전혀 고려하지 않고 과징금 부과 8. 면허기준의 해석상 우선순위자 면허발급신청거부 9. 미성년자 출입금지 1회 위반한 유흥업소 영업취소 10. 병을 이유로 육지근무를 청원한 낙도근무교사 파면 11. 박사논문심사를 통과한 자에 대한 정당한 이유 없이 학위수여 부결처분 12. 상급자를 비판하는 기자회견문을 발표한 검사에 대한 징계면직처분 13. 요정출입 1회 공무원 파면 14. 앞지르기 위반자를 적발하였지만 2천원을 받고 가볍게 처리한 경찰관 파면 15. 조세포탈목적이 없는 부동산실명제 위반자에 대한 부동산가액의 30% 과징금 부과 **16. 징계사유 있음에도 징계의결요구를 하지않고 승진처분을 한 하급지자체장의 행위** 17. 자연공원사업시행상 사실오인에 의한 공원시설 기본설계 및 변경설계 승인 18. 주유소 관리인이 부정휘발유를 구입·판매한 것을 이유로 위험물취급소 설치허가취소처분 19. 폐기물처리사업계획 부적정통보 20. 한국전력공사의 입찰참가자격 제한처분(2차 처분)	1. 교통사고로 상당한 손해를 입히고도 구호조치 없이 도주한 수사담당경찰관 해임처분 2. 대학교 교비회계자금을 법인회계로 부당전출하고도 시정요구를 이행하지 않은 임원취임승인취소처분 3. 미성년자를 출입시켰다는 이유로 2회나영업정지에 갈음한 과징금을 부과 받은 지 1개월 만에 다시 미성년자를 출입시킨 행위에 대한 영업허가취소처분 4. 명예퇴직 합의 후 명예퇴직 예정일 사이에 허위 병가에 의한 다른 회사에 근무한 것을 사유로 한 징계해임처분 5. 법무부장관의 귀화허가거부 6. 법규위반자를 적발하고 금전 및 전달방법까지 요구한 경찰관 해임처분 7. 비관리청 항만공사 사업시행자 선정 및 항만공사시행허가 8. 사법시험 제1차 시험 입실시간 제한 9. 성수대교를 부실시공하여 붕괴사고를 초래한 건설사에 대한 면허취소처분 10. 생물학적 동등성 시험자료에 조작이 있음을 이유로 해당 의약품의 회수·폐기를 명한 처분 11. 신규교원채용서류를 이용·위조한 서면에 대한 확인조치도 없이 학교비리를 교육부에 진정한 교수 해임 12. 선도산 고분 발굴불허가처분 13. 서해관광호텔 투전기사업 불허처분 14. 의약품개봉판매금지를 위반한 약사에 대한 과징금처분 15. 집단행위금지의무를 위반한 공무원에 대한 파면처분 **16. 징계사유가 있음에도 징계의결요구를 하지 않고 승진처분을 한 하급지자체장의 행위에 대한 상급지자체장의 취소** 17. 택시운전경력자를 우대하는 기준에 의한 개인택시운송사업면허처분 18. 초음파 검사를 통하여 알게 된 태아의 성별을 고지한 의사에 대한 의사면허자격정지처분 19. 회분함량 기준치를 초과한 수입녹용에 대한 전량폐기 또는 반송처리 지시 20. 하자 있는 난민인정결정에 대한 법무부장관의 취소처분 21. 학과 폐지로 인한 기간임용제 사립대학교원 재임용 거부 22. 학교위생정화구역 내 액화석유가스 설치금지해제신청 거부

25) 무효 및 취소사유의 구체적 예

구분	내용
무효	1. (정년퇴직·당연퇴직·면직 등) 행위당시 신분을 상실한 자의 행위 2. 대리권이 없는 자의 행위는 원칙적으로 무효이지만, 예외적으로 민법상의 표현대리 이론이 적용될 수 있다.(따라서 적법한 권한 위임이 없다고 해서 무조건 무효가 되는 것은 아니다.) 3. 도지사의 인사교류안 작성과 그에 따른 인사교류의 권고가 전혀 이루어지지 않은 상태에서 그 관할구역 내 시장이 인사교류에 관한 처분을 행한 것은 무효이다. 4. 수원시장이 법령상 반드시 필요한 수원교육장과의 사전협의절차를 거치지 않고 학교주변에 유흥주점을 허가한 것은 무효이다. 5. 행정기관의 무권한행위는 무효이다. (음주운전을 단속한 경찰관 명의로 행한 운전면허정지처분/영업허가취소처분의 권한이 없는 보건복지부장관의 영업허가취소) 6. 의사능력 없는 자(공무원)의 행위는 무효이다. 7. 부동산을 양도한 사실이 없음에도 세무당국이 부동산을 양도한 것으로 오인한 양도소득세부과처분은 착오에 의한 행정처분으로서 무효이다. 8. 죽은 사람(사자)에게 면허를 주는 것은 무효이다. 9. 인신매매업을 허가하는 처분은 무효이다. ∵ 생명·신체와 관련된 중대한 범죄 10. 공무원임용결격자를 공무원으로 임명하는 행위 11. (구)개발이익환수에 관한 법률상 납부의무자가 아닌 조합원에 대하여 행한 개발부담금부과처분은 무효이다. 12. 국가시험에 불합격한 자에 대한 의사면허는 무효이다. 13. 제3자의 물건에 대한 압류처분은 무효이다. 14. 국세부과의 제척기간이 경과한 후에 이루어진 과세처분은 무효이다. 15. 취소판결에 저촉되는 행정처분은 무효이다. 16. 대상목적물을 특정하지 아니한 귀속재산에 대한 임대처분은 무효이다. 17. 재결서에 의하지 않은 행정심판재결은 무효이다. 18. 해당 행정청의 서명·날인을 결한 행정행위는 무효이다. 19. 행정절차법상 문서주의에 위반하여 행해진 행정처분은 무효이다. = 행정절차법상의 처분의 방식을 위반하여 행해진 행정청의 처분은 무효이다. 20. 법령상 환경영향평가를 거쳐야 할 대상사업에대하여 환경영향평가를 거치지 않고 행하여진 승인처분은 무효이다 21. 국가공무원법상 소청심사위원회가 소청사건을 심사하면서 소청인 또는 그 대리인에게 진술의 기회를 부여하지 아니하고 한 결정은 무효이다.
취소	1. 상대방의 사기·강박·증뢰 등 부정행위에 의한 경우 2. 부정한 수단으로 운전면허를 취득한 자에 대한 면허취소 3. (사후에 근거법령이 위헌이 된 경우) 위헌인 법령에 근거한 행정처분 ※ 취소소송의 제소기간을 경과하여 확정력이 발생한 행정처분에는 위헌결정의 소급효가 미치지 않는다. 4. 선량한 풍속기타 사회질서에 위반되는 행위 5. 도박업 및 매춘영업 등에 대한 허가처분은 취소사유이다. ∵ 생계유지 6. 재량권의 일탈·남용정비구역이 지정·고시되기 전의 정비예정구역을 기준으로 한 토지 등 소유자 과반수의 동의를 얻어 구성된 추진위원회에 대하여 승인처분이 이루어진 후 지정된 정비구역이 정비예정구역보다 면적이 축소되었다고 하더라도 이러한 사정만으로 해당 승인처분이 당연무효라고 할 수는 없다. ➜ 취소사유★

취소	7. 법령상 환경영향평가 대상사업에 대하여 환경영향평가를 부실하게 거친 사업승인 8. 구 학교보건법상 학교환경위생정화구역에서의 금지행위 및 시설의 해제 여부에 관한 처분을 하면서 학교환경위생정화위원회의 심의를 누락한 흠이 있는 경우

26) 하자의 승계

결합하여 하나의 법률효과	**하자의 승계 인정**	1. (대집행절차상) 계고 - 통지 - 실행 - 비용징수 2. 대집행계고처분 - 대집행영장발부통보처분 3. 대집행계고처분 - 비용납부명령 4. 기준지가고시처분 - 토지수용처분 5. (강제징수절차상) 독촉 -압류 - 매각 - 청산 6. 납부독촉 - 가산금 및 중가산금 징수처분 7. (귀속재산의) 임대처분 - 매각처분 8. 한지의사시험자격인정 - 한지의사면허처분 9. 안경사국가시험 합격무효처분 - 안경사면허취소처분 10. 암매장분묘개장명령 - 계고처분
독립하여 별개의 법률효과	**하자의 승계 부정**	1. 택지개발계획승인처분 - 수용재결·이의재결 2. 택지개발예정지구지정 - 택지개발계획승인 3. 도시계획결정 - 수용재결 4. 표준지공시지가결정 - 조세부과처분 5. 표준지공시지가결정 - 개별공시지가결정 6. 조세부과처분 - 압류 등의 체납처분 7. (개별공시지가결정 후 재조사청구에 따른 조정결정을 통지 받았음에도 다투지 않은 경우) 개별공시지가결정 - 과세처분 8. (공용수용상) 사업인정 - 수용재결 9. 재개발사업시행인가처분 - 토지수용재결처분 10. 토지구획정리사업 시행인가처분 - 환지청산금부과처분 11. 주택재건축사업시행계획 - 관리처분계획 12. 공무원직위해제처분 - 직권면직처분 13. 당초 과세처분 - 증액경정처분 14. 소득금액변동통지 - 징수처분 15. (신고납세방식을 채택하고 있는) 취득세 신고 - 징수처분 16. 액화석유가스 판매사업허가처분 - 사업개시신고 반려처분 17. 건물철거명령 - 대집행계고처분 18. (광고물에 대한) 자진철거명령 - 대집행영장발부통보처분 19. (국제항공노선) 운수권배분 실효처분 및 노선면허거부처분 - 노선면허처분 20. (병역법상) 보충역편입처분 - 공익근무요원소집처분 21. 수강거부처분 - 수료처분 22. 농지전용부담금부과처분 - 압류처분 23. 도시·군계획시설결정 - 실시계획인가 24. 변상판정 - 변상명령

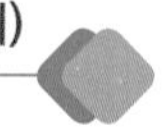

독립하여 별개의 법률효과	하자의 승계 예외적 인정 ∵ 수인가능성× 예측가능성×	1. 개별공시지가결정-과세처분 2. 표준지공시지가결정-수용재결·수용보상금결정 3. 친일반민족행위자로 결정한 친일반민족행위진상규명위원회의 최종발표 - 독립유공자 예우에 관한 법률 적용배제자 결정

27) 하자의 치유 인정여부

하자의 치유 인정	하자의 치유 부정
1. 공매절차진행 중 연기신청을 한 후 다시 적법한 공고·통지를 거친 공매처분 2. 단체협약에 규정된 여유기간을 두지 않고 징계회부사실을 통보하였으나 피징계자가 징계위원회에 출석하여 통지절차에 대한 이의 없이 충분한 소명을 한 경우 3. 청문서 도달기간을 어겼으나 영업자가 청문일에 출석하여 의견진술과 변명 기회를 가진 경우	1. 주택재개발정비사업조합설립 추진위원회가 조합설립인가처분의 취소소송에 대한 1심판결 이후 정비구역 내 토지 등 소유자의 4분의 3을 초과하는 조합설립동의서를 새로 받은 경우 ➜ 사정판결과 연결사례 2. 취소소송 계속 중 보정통지한 경우 3. 충전소 설치허가 시 건물주 동의서를 위조하여 허가를 받은 후에 건물주의 동의를 받은 경우 4. 토지등급결정 내용의 통지가 없었는데, 토지소유자가 그 결정 전후에 토지등급결정 내용을 알았던 경우 5. 환지변경처분 후 이의유보 없이 청산금 교부받은 경우

28) 중요공법상 계약O VS 공법상 계약X

공법상 계약O	공법상 계약X
1. 지방전문직공무원 채용계약 2. 공중보건의사 채용계약 3. 계약직공무원 채용계약 4. 중소기업 정보화지원사업에 따른 지원금 출연을 위하여 중소기업청장이 체결하는 협약 5. 공공단체 상호간 사무위탁 6. 도로관리 사무위탁 7. 지방자치단체 간 교육사무위탁 8. 지방자치단체 간 도로·하천의 경비부담에 관한 협의 9. 지방자치단체 간 비용부담협의 10. 광주광역시문화예술회관장의 (합창)단원 위촉 11. 서울특별시립무용단 단원 위촉 12. 별정우체국지정 13. 환경보전협정 14. 수출보조금 교부 15. 사유지의 도로용지 기증 16. 자원입대 17. 지방자치단체와 사기업 간 공해방지협정	**[행정행위]** 1. 지방계약직공무원에 대한 보수삭감(=징계처분 중 감봉처분) 2. 국립의료원 부설주차장에 관한 위탁관리용역운영계약(특허) 3. 민간투자시설(사회간접자본) 사업시행자 지정처분 4. 지방의회의 지방의원징계 5. 토지수용재결 6. 재개발조합인가 7. 행정청의 입찰참가자격제한 **[사법상 계약]** 1. 「공익사업법」상 (사업시행자와 양도인의) 협의취득 2. 「공익사업법」상 보상합의 3. 「국가를 당사자로 하는 계약에 관한법률」상 공공계약 4. 도로건설·도청청사건축 등의 도급계약 5. 창덕궁안내원 채용계약(고궁안내원 채용계약) 6. 국유일반재산 매각 7. 물품매매계약 8. 국영기차 내 광고물부착계약 9. 전화가입계약 **[사법상 이행청구]** 1. (공공사업에 필요한 토지 등의) 협의취득에 기한 손실보상금의 환수통보 **[사법상 사무관리]** 1. 행려병자보호 **[공법상 합동행위]** 1. 공공조합의 설립행위

29) 행정계획의 처분성 유무

처분성O	처분성X
1. 도시계획결정 2. 도시·군 관리계획 3. 확정된 사업시행계획 4. 도시설계결정 5. 도시·군 계획시설결정 6. 택지개발계획승인 7. 택지개발예정지구지정 8. 개발제한구역 지정·고시 9. 관리처분계획 10. 환지예정지처분 11. 환지처분 12. 국토이용계획	1. 도시기본계획 2. 환지계획 3. 택지공급방법결정 4. 하수도정비기본계획 5. 농어촌도로기본계획 6. 대학교육역량강화사업 기본계획 7. 국토종합계획 8. 4대강 살리기 마스터플랜 9. 혁신도시 최종입지선정 10. 개발제한구역 제도개선방안 11. (학교교육정상화를 위한) 2008학년도 이후 대학입학제도 개선안 12. 행정지침 또는 행정조직 내부 효력만 있는 행정계획 13. 도시계획법 제21조

행정계획 종류별 처분성 유무		
도시계획결정 O 도시기본계획 X 도시관리계획 O 도시설계결정 O 도시계획시설결정 O 택지개발계획승인 O 관리처분계획 O	환지계획 X 환지예정지처분 O ★ 환지처분 O 택지공급방법결정 X 하수도정비기본계획 X 농어촌도로기본계획 X	국토이용계획 O 국토종합계획 X

30) 형량명령

의의	• 행정계획을 수립함에 있어서 공익과 공익 간, 공익과 사익 간, 사익과 사익 간의 이익을 정당하게 형량하여야 한다는 원칙 • 계획재량의 통제를 위하여 형성된 이론	
형량의 하자 판례	**하자의 유형**	• 형량의 해태 : 형량을 전혀 하지 않은 경우 • 형량의 흠결 : 형량의 고려대상에 마땅히 포함시켜야 할 사항을 빠뜨린 경우 • 오형량 : 형량을 하였으나 객관성과 공정성을 결한 경우
	판례	형량명령과 형량하자의 법리를 수용하면서도 이를 재량권의 일탈·남용 여부로 판단
형량하자와 그 효과	형량의 하자가 있으면 행정계획은 위법하게 된다.	

31) 행정절차의 주요판례

1. 가산세 부과처분이라고 하여 그 종류와 세액의 산출근거 등을 전혀 밝히지 아니한 채 가산세의 합계액만을 기재하였다면 그 부과처분은 위법하다.

2. 행정청은 처분을 할 때에는 원칙적으로 당사자에게 그 근거와 이유를 제시하여야 하며, 이유제시의 정도는 처분사유를 이해할 수 있을 정도로 구체적이어야 한다.

3. 「행정조사기본법」에 따른 현장조사 후 시정명령이 이루어진 경우, 현장조사과정에서 처분상대방이 이미 행정청에게 위반사실을 시인하였더라도 '의견청취가 현저히 곤란하거나 명백히 불필요하다고 인정될 만한 상당한 이유가 있는 경우'에 해당하는지는 해당 행정처분의 성질에 비추어 판단하여야 하므로 처분 상대방이 이미 행정청에 위반사실을 시인하였다거나 처분의 사전통지 이전에 의견을 진술할 기회가 있었다는 사정을 고려하여 판단할 것은 아니다.

4. 고시의 방법으로 불특정 다수인을 상대로 의무를 부과하거나 권익을 제한하는 처분은 행정절차법 제22조 제3항의 의견제출절차의 대상이 되는 처분이 아니다.
   ∵ 불특정 다수인 모두에게 의견제출 기회 주는 것은 불가능

5. 행정청이 (도시계획사업시행 관련) 협약을 체결하면서 청문실시를 배제하는 조항을 두었더라도, (「행정절차법」상) 청문을 실시하지 않아도 되는 예외적인 경우에 해당하지 않는다.

6. 「국민건강보험법」상 특정한 질병군의 상대가치점수를 종전보다 인하하는 고시는 해당 질병군 관련 수술을 하는 개별 안과 의사들을 상대로 한 것이 아니라 불특정 다수의 의사 전부를 상대로 하는 것이므로 이 고시에 의한 처분의 경우 행정절차법 제22조 제3항에 따라 그 상대방에게 의견제출의 기회를 주지 않았다고 하여 위법하다고 볼 수 없다.

7. 퇴직연금의 환수 결정은 당사자에게 의무를 과하는 처분이기는 하나 관련 법령에 따라 당연히 환수금액이 정해지는 것이므로, 퇴직연금의 환수결정에 앞서 당사자에게 의견진술의 기회를 주지 아니하여도 「행정절차법」에 어긋나지 아니한다.

8. 난민 인정에 관한 신청을 받은 행정청은 원칙적으로 법령이 정한 난민 요건에 해당하는지를 심사하여 난민 인정 여부를 결정할 수 있을 뿐이고, 이와 무관한 다른 사유만을 들어 난민 인정을 거부할 수는 없다.

9. 난민인정·귀화 등과 같이 성질상 행정절차를 거치기 곤란하거나 불필요하다고 인정되는 처분이나 행정절차에 준하는 절차를 거치도록 하고 있는 처분의 경우에는 「행정절차법」의 적용이 배제되는 것으로 보아야 하고, 이러한 법리는 '공무원 인사관계 법령에 의한 처분'에 해당하는 별정직 공무원에 대한 직권면직 처분의 경우에도 마찬가지로 적용된다.

10. 행정절차법은 공법관계에 적용되고 사법관계에는 적용되지 않는다.

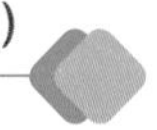

32) 사전통지/의견청취

사전통지/의견청취를 거쳐야	사전통지/의견청취 안 거쳐도
1. 진급선발취소 2. 지위승계신고의 수리 3. 수사과정 및 징계과정에서 자신의 비위행위에 대한 해명기회 가져도/기소유예 있어도 4. 공사강행 우려 있어도 공사중지명령 5. 행정지도로 사전고지, 자진폐공의 약속 6. 위반사실을 시인했어도 7. 청문 안하기로 협약했어도 8. 청문통지서 반송, 청문일시에 불출석해도 9. 보조금 반환명령 후 평가인증취소	1. 불이익처분의 직접 상대방이 아닌제3자 거부처분 2. 도로구역변경처분 도시관리계획결정 3. 보건복지부고시로 일반처분 4. 퇴직연금 환수결정, 법령상 확정된 의무부과 5. 시정명령 및 설립허가취소 전에 한 시정지시

33) 정보공개의 주요 판례

1. 「공공기관의 정보공개에 관한 법률」상의 비공개대정보에는 공개될 경우 인격적·정신적 내면생활에 지장을 초래하거나 자유로운 사생활을 영위할 수 없게 될 위험성이 있는 정보도 포함되므로, 불기소처분 기록이나 내사기록 중 피의자신문조서 등 조서에 기재된 피의자 등의 인적사항 이외의 진술내용 역시 비공개대상정보에 해당할 수 있다.

2. 정보공개법은 비공개대상정보에 해당하지 않는 한 공공기관이 보유·관리하는 정보는 공개 대상이 된다고 규정하고 있을 뿐(제9조 제1항) 정보공개 청구권자가 공개를 청구하는 정보와 어떤 관련성을 가질 것을 요구하거나 정보공개청구의 목적에 특별한 제한을 두고 있지 아니하므로 정보공개 청구권자의 권리구제 가능성 등은 정보의 공개 여부 결정에 아무런 영향을 미치지 못한다.

3. 정보공개법 제9조 1항 제6호의 본문규정에 따라 비공개대상이 되는 정보는 이름·주민등록번호 등 '개인식별정보'뿐만 아니라 '개인에 관한 사항의 공개로 개인의 내밀한 내용등의 비밀 등이 알려지게 되고, 그 결과 인격적·정식적 내면생활에 지장을 초래하거나 자유로운 사생활을 영위할 수 없게 될 위험성이 있는 정보'도 포함된다.

4. 정보공개법 제9조의 비공개 제외사유로서 '공개하는 것이 개인의 권리구제를 위하여 필요하다고 인정되는 정보'에 해당하는지는 비공개에 의하여 보호되는 개인의 사생활의 비밀 등의 이익과 공개에 의하여 보호되는 개인의 권리구제 등의 이익을 비교·교량하여 구체적 사안에 따라 신중히 판단하여야 한다.

5. 사립대학교도 정보공개의무기관인 공공기관에 해당된다. ∵ 교육의 목적

6. 구「공공기관의 정보공개에 관한 법률 시행령」 제2조 제1호가 정보공개의무기관으로 사립대학교를 들고 있는 것은 모법의 위임범위를 벗어났다고 볼 수 없다.
   ➜ 특례법에 없는 내용에 한하여 정보공개법을 적용

7. 사립학교에 대하여 「교육관련기관의 정보공개에 관한 특례법」이 적용되는 경우에도 「공공기관의 정보공개에 관한 법률」을 적용할 수 없는 것은 아니다.

8. 정보공개청구제도는 행정의 투명성과 적법성을 위한 것으로 폭넓게 허용되어야 하지만, 국민의 정보공개청구가 권리의 남용에 해당할 여지도 있다.

9. 실제로는 해당 정보를 취득 또는 활용할 의사가 전혀 없이 정보공개 제도를 이용하여 사회통념상 용인될 수 없는 부당한 이득을 얻으려 하거나, 오로지 공공기관의 담당공무원을 괴롭힐 목적으로 정보공개청구를 하는 경우처럼 권리의 남용에 해당하는 것이 명백한 경우에는 정보공개청구에 대해 거부하여도 위법하지 않다.

10. 정보공개청구자는 공개를 구하는 정보를 공공기관이 보유·관리하고 있을 가능성이 전혀 없지 않다는 점만 입증하면 족하고, 공공기관은 그 정보를 폐기하여 더 이상 보유·관리하고 있지 않다는 항변을 할 수 있다.

11. 정보공개청구를 거부하는 처분이 있은 후 대상정보가 폐기되었다든가 하여 공공기관이 그 정보를 보유·관리하지 아니하게 된 경우에는 특별한 사정이 없는 한 정보공개거부처분의 취소를 구할 법률상의 이익이 없다.

12. 판례에 의하면 공개를 구하는 정보를 공공기관이 한 때 보유·관리하였으나 후에 그 정보가 담긴 문서 등이 폐기되어 존재하지 않게 된 경우 해당 정보를 더 이상 보유·관리하고 있지 않다는 점에 대한 증명책임은 공공기관에게 있다.

13. 정보공개처분의 취소를 구하는 소송에서 공공기관이 청구정보를 증거등으로 법원에 제출하여 법원을 통하여 그 사본이 청구인에게 교부 또는 송달되어 청구인에게 정보를 공개하는 셈이 되었더라도, 이러한 우회적인 방법에 의한 공개는 「공공기관의 정보공개에 관한 법률」에 의한 공개라고 볼 수 없다.

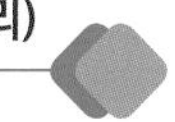

34) 공개대상정보와 비공개대상정보 관련판례

공개대상정보	비공개대상정보
1. 사업자등록번호 등에 관한 정보 2. 검찰보존사무규칙상 불기소사건기록 등 3. 수용자 자비부담물품의 판매수익금과 관련한 수익금 총액, 교도소장에게 배당한 수익금액 등 4. 교도관이 직무 중 발생한 사유에 관하여 작성한 근무보고서 5. 징벌위원회 회의록 중 징벌절차 진행 부분 6. 교육공무원의 근무성적평정 결과 7. 사면대상자들의 사면실시건의서 및 그와 관련된 국무회의의 안건자료에 관한 정보 8. 대한주택공사의 아파트 분양원가 산출내역에 관한 정보 9. 사법시험 제2차 시험 답안지 10. 공직자윤리법상의 등록의무자가 제출한 문서 ➜ 공직자윤리법상의 등록의무자가 구 공직자윤리법 시행규칙 제12조에 따라 제출한 '자신의 재산등록사항의 고지를 거부한 직계존비속의 본인과의 관계, 성명, 고지거부사유, 서명'이 기재되어 있는 문서 11. 아파트재건축주택조합의 조합원들에게 제공될 무상보상평수의 사업수익성을 검토한 자료 12. 한국방송공사의 수시집행 접대성 경비의 건별 집행서류 일체 13. 2002학년도부터 2005학년도까지의 대학수학능력시험 원데이터 14. 사면대상자들의 사면실시건의서와 그와 관련된 국무회의의 안건자료	1. 법인 등이 거래하는 금융기관의 계좌번호에 관한 정보 2. 범죄수사기록에 포함된 관련자들의 주민등록번호 3. 학교환경위생정화위원회의 회의록 4. 망인들에 대한 독립유공자서훈 공적심사위원회의 심리·의결 과정 및 그 내용을 기재한 회의록 5. 징벌위원회 회의록 중 비공개 심사·의결 부분 6. 학교폭력대책자치위원회의 회의록 7. 의사결정과정에 제공된 회의관련자료나 의사결정과정이 기록된 회의록 8. 보안관찰처분 관련 통계자료 9. 국방부의 한국형 다목적 헬기(KMH) 도입사업에 대한 감사원장의 감사결과보고서 10. 공직자윤리위원회에 제출한 문서에 포함되어 있는 고지거부자의 인적사항(6호) 11. 공무원이 직무와 관련없이 개인적인 자격으로 간담회, 연찬회 등 행사에 참석하고 금품을 수령한 정보 12. 지방자치단체의 도시공원위원회의 회의 관련자료 및 회의록 13. 문제은행 출제방식을 채택하고 있는 치과의사국가시험의 문제지와 답안지 14. 오송분기역유치위원회의 보조금 집행내역의 검증을 위하여 공개청구한 정보 중 개인의 성명 15. 지방자치단체의 업무추진비 세부항목별 집행내역 및 그에 관한 증빙서류에 포함된 개인에 관한 정보 16. 사법시험 채점결과 17. 국가정보원이 그 직원에게 지급하는 현금급여 및 월초수당에 관한 정보 18. 한국방송공사의 취재물 19. 2002년도 및 2003년도 국가 수준 학업성취도평가 자료 20. 재개발사업에 관한 자료

35) 행정대집행의 대상이 될 수 있는 의무와 없는 의무

<table>
<tr><th colspan="2">대집행의 대상이 되는 의무</th><th colspan="2">대집행의 대상이 되지 않는 의무</th></tr>
<tr><td rowspan="4">공법상 대체적 작위의무</td><td rowspan="4">1. 위법건물 철거의무
➜ 법외 단체인 전국공무원노동조합의 지부가 공무원 직장협의회의 운영에 이용되던 군청사 시설인 사무실을 임의사용하자 그에 대하여 지방자치단체장이 자진폐쇄요청한 경우
2. 지상의 묘목·비닐하우스 철거의무
3. 건물의 이전·보수·청소의무
4. 불법광고판 철거의무
5. 교통장애물 제거의무
6. 위험축대 파과의무
7. 불법개간산림 원상회복의무
8. 불법계곡평상 철거의무
9. 대부계약이 해지된 공유재산에 대한 지상물 철거의무

* 모든 국유재산은 대집행이 가능
∵ 국유재산법은 행정대집행법 준용</td><td>비대체적 작위의무</td><td>1. 건물·토지의 인도(명도) 의무
2. 수용대상 토지의 인도(명도) 의무
3. 도시공원시설(매점) 점유자의퇴거 및 명도의무
4. 전문가의 감정의무
의사의 진료·치료 의무
5. 증인출석의무</td></tr>
<tr><td>부작위 의무</td><td>1. 하천유수인용행위를 중단할 의무
2. 장례식장 사용중지의무
3. 전염병환자가 특정 업무에 종사해서는 안되는 의무
4. 허가 없이 영업하지 아니할 의무
5. 통행금지의무
6. 「주택건설촉진법」상 도지사의 허가를 받지 않고 사업계획에 따른 용도 이외에 사용하는 행위 등을 금지하고, 그 위반행위에 대하여 벌칙규정만을 두고 있는 경우</td></tr>
<tr><td>수인의무</td><td>예방접종·건강진단을 받을 의무</td></tr>
<tr><td>사법상 의무</td><td>토지협의취득에 의한 철거의무
➜ 구「공공용지취득 및 손실보상특례법」상 협의취득시 건축물의 자진철거에 대한 약정을 불이행한 경우</td></tr>
</table>

36) 직접강제에 관한 실정법상의 예

1. 영업소나 제조업소, 학원이나 교습소의 강제폐쇄조치 by 「식품위생법」, 「공중위생관리법」, 「학원의 설립·운영 및 과외교습에 관한 법률」
2. 강제폐쇄를 위한 영업소의 간판 기타 영업표지물의 제거, 영업소가 위법한 영업소임을 알리는 게시물 등의 부착, 영업을 위하여 필수 불가결한 기구 또는 시설물을 사용할 수 없게 하는 봉인 by 「공중위생관리법」
3. 여권이나 선원수첩·사증 없이 불법입국한 외국인의 강제 퇴거조치 by 「출입국관리법」
4. 군사시설보호구역 내의 무단침입자나 불법시설물에 대한 강제퇴거·강제철거조치 by 「군사기지 및 군사시설보호법」
5. 방어해면구역에 무단침입한 선박에 대한 강제퇴거조치 by 「방어해면법」
6. 해산명령에 불응하는 집회자에 대한 강제 해산조치 by 「집회 및 시위에 관한 법률」
7. 가축소유자가 살처분명령을 이행하지 않은 경우, 가축의 살처분 by 「가축전염법 예방법」
8. 강제예방접종 by 「감염병의 예방 및 관리에 관한 법률」
9. 의무를 위반한 의료기관의 의료업 정지, 개설허가의 취소 및 폐쇄조치 by 「의료법」

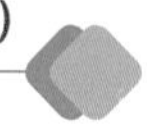

37) 행정상 즉시강제의 종류

1. 대인적 강제

경찰관직무 집행법	1. 불심검문 (불심검문을 행정상 즉시강제로 보는 견해도 있고 행정조사로 보는 견해도 있음) 2. 보호조치 : 정신착란자, 미아, 술에 취한 자에 대한 보호조치 3. 위험발생방지조치(억류·피난 등) 4. 범죄의 예방 및 제지 5. 경찰장구 및 무기의 사용 (다만, 무기 등의 사용을 직접강제로 보는 견해도 있음)
개별법	1. 「감염병의 예방 및 관리에 관한 법률」상 감염병환자의 강제격리·강제입원 및 강제건강진단·치료 2. 「소방기본법」상 화재현장에 있는 자에 대한 원조강제 3. 「마약류 관리에 관한 법률」상마약중독자의 격리 및 (치료를 위한) 치료보호 4. 「재난 및 안전관리기본법」상 긴급수송

2. 대물적 강제

경찰관직무 집행법	1. (무기·흉기 등) 물건에 대한 임시영치 2. (도로에 무단 방치되어 있는 장애물 제거 등) 위해방지조치
개별법	1. 「도로교통법」상 교통장애물의 제거, 불법주차위반차량의 견인 2. 「소방기본법」상 소방대상물에 대한 강제처분, 물건의 파기 등 3. 「식품위생법」상 위해식품의 수거·폐기 4. 「약사법」상 물건의 폐기 5. 「음반·비디오물 및 게임물에 관한 법률」상 불법게임물의 수거·삭제·폐기 6. 「재난 및 안전관리기본법」상 응급조치 7. 「청소년보호법」상 유해약물 등의 수거 및 폐기 8. 「형의 집행 및 수용자의 처우에 관한 법률」상 물건의 영치 9. 「가축전염병 예방법」상 도로를 배회하고 있는 광견의 억류·사살

3. 대가택 강제

경찰관직무 집행법	위험방지를 위한 가택출입 및 수색
개별법	「조세범처벌절차법」, 「총포·도검·화약류의 안전관리에 관한 법률」, 「농수산물 품질관리법」상 가택출입 및 수색

38) 행정상 손해전보

헌법	국가배상법
1. 공무원의 직무상 불법행위로 인한 국가배상만을 규정 2. 배상주체를 국가와 공공단체로 규정 3. 이중배상금지 : 군인·군무원·경찰공무원 기타 법률이 정하는 자	1. 공무원의 직무행위로 인한 손해배상책임과 영조물의 설치·관리의 하자로 인한 손해배상책임으로 나누어 규정 2. 배상주체를 국가와 지방자치단체로 한정 ➔ 지방자치단체 외의 공공단체의 배상책임은 민법에 의하게 된다. 3. 이중배상금지 : 군인·군무원·경찰공무원·예비군대원

39) 국가배상법상 공무원 해당여부

국가배상법상 공무원O	국가배상법상 공무원X
1. 국가나 지방자치단체에 근무하는 청원경찰 2. (강제집행하는) 집행관 3. 군무수행을 위하여 채용된 민간인 4. 교통할아버지 5. 법관과 헌법재판관 6. 시 청소차 운전수 7. 소방원 8. 소집 중인 향토예비군 9. 집달리 10. 주한미군·카투사 11. 철도차장 12. 통장 13. 수산청장으로부터 뱀장어 수출추천업무를위탁받은 수산업협동조합 14. 대집행을 실제 수행한 한국토지주택공사 15. 직원과 철거용역회사 및 그 대표자	1. 대등한 사경제의 주체 2. 시영버스 운전수 3. 의용소방대원 4. 한국토지공사

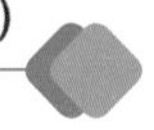

40) 국가배상법상 직무행위 인정 여부

직무행위O	직무행위X
1. 입법작용·사법작용 2. 행정지도 3. 교도소 의무관의 치료·조치 4. 경찰서 대용감방에 배치된 경찰관의 (수감자들의) 폭력행위 제지× 5. 등기공무원이 등기신청서류가 위조된 지 모르고 등기해 준 행위 6. 미군부대 소속 하사관이 출장을 위해개인소유차량을 빌려 운행하고 퇴근 중 교통사고 7. 수사경찰관이 피해자의 인적사항 등을 공개·누설한 행위 8. 인감증명발급 9. 인사업무 담당공무원의 공무원증 위조행위 10. 운전병이 아닌 군인의 군용차량 운전 11. (양곡대금과 관련한) 군수의 지시 또는 군청직원의 수금행위 12. 전입신병 보호조인 상급자의 전입신병에 대한 교육·훈계·폭행행위 13. 학군단소속차량의학교교수의장례식운행중사고 14. 공무원이 자가차량을 운전하여 공무수행 후 돌아오던 중 교통사고로 동승한 다른 공무원을 사망하게 한 경우 15. 육군 중사가 훈련대비하여 개인오토바이를 운전하여 훈련지역 일대 사전정찰 후귀대하다가 교통사고를 일으킨 경우 16. 상관의 명에 의한 이삿짐 운반 17. 수사 도중의 고문행위 18. 헌병대 영창에서 탈주한 군인들이 민가에침입하여 범죄를 저지른 행위	1. 대통령의 긴급조치권 행사 (통치행위) 2. 국가의 철도운행사업 3. 공공사업용지의 협의취득 4. 구청 세무공무원의 시영아파트 입주권 매매 5. 결혼식 참석을 위한 군공무원의 군용차량 운행 6. 시위자들이 던진 화염병에 의한 화재 7. 육군하사의 순찰 빙자한 이탈 후 민간인 사살 8. 출근을 위한 공무원의 자차 운행 9. 친구와 술을 마시기 위한 군인의 군용차량 운행 10. 고참병의 훈계 도중 살인 11. 군용차량이 민간인의 요청에 의하여 벼를 운반하고 귀대도중에 일으킨 사고 12. 작업 중 휴식시간에 군인의 비둘기 사냥 13. 군인이 불법 휴대한 칼빈소총으로 보리밭의 꿩 사격 14. 군의관의 포경수술 15. 탈영병의 강도·살인행위

41) 공무원의 과실 인정 여부

과실O	과실X
1. 공무원이 관계법규를 알지 못하여 법규의 해석을 그르쳐 한 위법한 행정처분 2. 경찰관이 범인 검거를 위해 가스총을 발사할 때 거리 미확보로 인해 상대방이 실명 3. 경찰관이 피의자 제압시 총기사용 후 119구급대 도착 전까지 응급처치를 하지 않은 경우 4. 교도관의 부주의로 급성정신착란증 있는수용자가 계구해제 후 자살 5. 경매담당공무원이 매각물건명세서를 잘못 기재해 가격결정을 잘못한 경우 6. 대법원에 의해 확립된 법령의 해석에 어긋나는 견해를 고집하여 한 행정처분 7. 대법원예규에 의해 해석이 분명해졌음에도 다른 해석을 들어 공탁사무를 처리 8. 위병소근무자의 의무해태와 지휘관의병력관리 소홀로 문제사병이 탈영해 총기난사	1. 공무원이 행정입법에 관하여 나름의 합리적 근거를 찾아 판단을 내린 경우 2. 공무원이 신청에 대해 처분 여부 결정을 상당기간 지체한 경우 3. 관계법령의 해석이 확립되기 전에 한 처분이항고소송에서 취소된 경우 4. 법령에 대한 해석이 객관적으로 명백하지 않고 그에 대한 선례·학설·판례도 통일되지 않은 경우 5. 수사검사가 합리적인 판단 하에 구속피의자 심문 시 변호인의 참여를 불허한 경우 6. 위헌결정이 있기 전에 해당 법률을 적용한 경우(∵ 법률이 헌법에 위반되는지 여부는 헌법재판소의위헌결정이 있기 전까지는 명백하지 않으므로) 7. 처분당시 시행규칙에 정해진 제재적 처분 기준(재량준칙)에 따라 한 행정처분

42) 법령의 위반

학설	결과불법설	가해행위의 결과인 손해의 불법을 의미
	협의의 행위위법설	(항고소송의 위법개념과 동일하게 그 결과와 상관없이) 가해행위가 당시 법규범에 근거하였는가 여부에 따라 판단
	광의의 행위위법설	「국가배상법」상 "법령위반"은 엄격한 의미의 법령 위반뿐 아니라 조리상 인정되는 공무원의 직무상 손해방지의무 위반도 포함
	상대적 위법성설	「국가배상법」상 "법령위반"은 피침해이익의 성격과 침해의 정도, 가해행위의 태양 등을 종합적으로 고려하여 객관적으로 정당성을 상실한 경우를 의미
판 례		(대체로) 광의의 행위위법설+상대적 위법성설

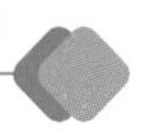

43) 항고소송의 기판력이 국가배상청구소송에 미치는지 여부

긍정설	취소소송의 위법과 국가배상청구소송의 위법은 동일한 개념이므로 전소의 인용판결·기각판결의 기판력이 모두 후소인 국가배상청구소송에 미친다고 보는 견해 (협의의 행위위법설)
부정설	취소소송의 위법과 국가배상청구소송의 위법은 다른 개념이므로 전소의 인용판결·기각판결의 기판력 모두 후소인 국가배상청구소송에 미치지 않는다고 보는 견해 (상대적 위법성설 또는 결과위법설)
제한적 긍정설 (다수설)	(국가배상청구소송의 위법개념을 취소소송의 위법개념보다 넓은 개념으로 보아) 전소의 인용판결의 기판력은 후소인 국가배상청구소송에 미치나, 전소의 기각판결의 기판력은 후소인 국가배상청구소송에 미치지 않는다는 견해 (광의의 행위위법설) 1. 인용판결의 기판력 - 국가배상청구소송에 영향O 2. 기각판결의 기판력 - 국가배상청구소송에 영향X

44) 국가배상법상 영조물 인정여부

국가배상법상 영조물O		국가배상법상 영조물X
자연공물	하천, 호수	1. 공용개시 없이 사실상 군민의 통행에 제공되고 있던 도로 2. 시 명의의 종합운동장 예정부지나 그 지상의 자동차경주를 위한 방호벽 3. 일반재산(국유림·국유임야·공용폐지된도로등) 4. 아직 완성되지 아니하여 일반 공중의 이용에 제공되지 않은 옹벽 ※3m 구덩이 사건
인공공물	1. 김포공항 2. 공중화장실 3. 공군사격장 4. 교통신호기 5. 도로 6. 맨홀 7. 여의도광장 8. 저수지·제방 및 하천부지 9. 철도건널목 자동경보기 10. 철도시설물	
동산	(경찰관의) 권총	
부동산	행정재산	
동물	1. 경찰견, 경찰마 2. 군견	

45) 특별한 희생의 판단기준

형식적 기준설	재산권의 침해를 받는 자가 특정되어 있는지에 따라 구별	
실질적 기준설	**보호가치설**	보호가치 있는 재산에 대한 침해＝특별한 희생
	수인한도설	그 침해가 보상 없이도 수인될 것으로 기대하기 어려운 경우
	목적위배설	재산권의 침해가 종래 재산권의 이용목적을 침해하는 경우
	사적효용설	재산권의 사적 효용을 본질적으로 침해하는 경우
	중대성설	재산권에 대한 제약의 중대성을 기준으로 판단
	상황구속성설	(토지이용과 관련하여) 당해 재산권이 처한 지리적 위치·성질 등 특수한 상황에 비추어 재산권의 주체가 일정한 제한을 예상할 수 없는 경우
절충설 (통설·판례)	형식적 기준설과 실질적 기준설의 여러 학설을 종합·절충하여 사안별로 개별적으로 판단	

46) 토지보상법상 보상의 기준

보상액 결정의 기준시점 (제67조 제1항)	보상액의 산정은 협의에 의한 경우에는 협의 성립 당시의 가격을, 재결에 의한 경우에는 수용 또는 사용의 재결 당시의 가격을 기준으로 한다.
공시지가 기준 보상 (제70조 제1항)	협의나 재결에 의하여 취득하는 토지에 대하여는 「부동산 가격공시에 관한 법률」에 따른 공시지가를 기준으로 하여 보상한다.
객관적 가치의 보상 (제70조 제2항)	토지에 대한 보상액은 가격시점에서의 현실적인 이용상황과 일반적인 이용방법에 의한 객관적 상황을 고려하여 산정하되, 일시적인 이용상황과 토지소유자나 관계인이 갖는 주관적 가치 및 특별한 용도에 사용할 것을 전제로 한 경우 등은 고려하지 아니한다. 보상액을 결정함에 있어 사업시행자의 재산상태는 고려사항이 아니며, 위자료는 손실보상에 포함되지 않는다.
개발이익의 배제	1. 사업인정일 전 공시지가를 기준(제70조 제4항) ➜ ∵ 개발이익 배제 2. 해당 공익사업으로 인한 지가변동의 배제(제67조 제2항) ➜ 해당 공익사업으로 인하여 토지 등의 가격이 변동되었을 때에는 이를 고려하지 않는다. 다만, 해당 공공사업과 무관한 다른 사업의 시행으로 인한 개발이익은 배제되지 않는다.

47) 처분성O VS처분성X

처분성O
(대상적격 O)

1. 지방의회의 의장선거
2. 지방의회의 의원징계의결
3. 지방의회 의장에 대한 불신임의결
4. 성업공사(한국자산관리공사)의 체납압류된 재산의 공매
5. 성남산업단지관리공단의 입주변경계약의 취소
6. 대한주택공사가 시행한 택지개발사업 및 (이에 따른) 이주대책에 관한 처분
7. 농지개량조합의 직원에 대한 징계처분
8. 국유재산무단점유자에 대한 변상금부과
9. (지방자치단체인) 수도사업자의 수도료 부과·징수
10. 행정재산의 사용료 부과
11. 가산금 납부독촉
12. (승진후보자 명부에 있던) 후보자를 승진임용인사발령에서 제외
13. 지목변경신청 반려행위
14. 토지분할신청 거부행위
15. 건축주명의변경신고 수리거부행위
16. 건축계획심의신청 반려행위
17. 건축물대장 작성신청 거부행위
18. 건축물대장 용도변경신청 거부행위
19. 건축물대장 직권말소행위
20. 토지대장 직권말소행위
21. (건축물대장을 합병할 수 없는 건물에 대하여) 건축물대장 합병행위
22. 상수원수질보전지역의 토지소유자에 대한 토지매수거부행위
23. 사업시행을 위하여 토지 등을 제공한 자에 대한 특별공급신청 거부행위
24. 문화재보호구역 내 토지소유자의 보호구역지정해제신청에 대한 거부행위
25. 도시계획구역 내 토지소유자의 도시계획시설 입안·변경신청에 대한 거부행위
26. 장래 일정한 기간 내에 관계 법령이 규정하는 시설 등을 갖추어 일정한 행정처분을 구하는신청을 할 수 있는 법률상 지위에 있는 자의 국토이용계획변경신청에 대한 거부행위
    * 원칙적으로 행정계획은 계획변경·폐지를 구할 신청권 인정X
    (∴ 해당 경우는 예외적으로 신청권 인정O)
27. 건축허가로 소유권 행사에 지장을 받을 수 있는 토지소유자의 건축허가 철회신청에 대한 거부행위
28. (사업시행자인 한국도로공사의) 토지면적등록정정신청에 대한 반려행위
29. 산업단지에 입주하려는 자의 산업단지개발계획변경신청에 대한 거부행위
30. (말소된 상표권에 대한) 회복등록신청 거부행위
31. (주민등록번호 불법유출로 인한) 주민등록번호 변경신청 거부행위
32. 검사임용신청거부
33. 사법시험 불합격처분

34. 상이등급 재분류신청에 대한 (지방보훈지청장의) 거부행위
35. 기간제 임용기간이 만료된 조교수에 대한 재임용거부
36. 서울교육대학 상근강사의 정규교원임용신청에 대한 거부행위
37. 건축신고 반려행위
38. 착공신고 반려행위
39. 행정재산의 사용·수익허가신청 거부행위
40. (공무원에게) 연가보상비 미지급
41. 유일한 면접대상자로 선정된 임용지원자에 대하여 국립대학교 총장이 교원신규채용업무를 중단하는 조치
42. 보건복지부 고시인 약제급여·비급여목록 및 급여상한금액표
43. 향정신병 치료제의 요양급여 인정기준에 관한 보건복지부 고시
44. 횡단보도설치
45. 정보통신윤리위원회의 청소년유해매체물 결정 및 고시
46. 도시계획결정
47. 도시·군 관리계획
48. 확정된 사업시행계획
49. 도시설계결정
50. 도시·군 계획시설결정
51. 택지개발계획승인
52. 택지개발예정지구지정
53. 개발제한구역 지정·고시
54. 관리처분계획
55. 환지예정지처분
56. 환지처분
57. 국토이용계획
58. 토지거래허가구역 지정
59. (과세관청의) 원천징수의무자에 대한 소득금액변동통지
    * VS (과세관청의) 원천납세의무자인 소득귀속자에 대한 소득금액변동통지 → 처분성 X
60. 교통안전공단의 (납부의무자에 대한) 분담금 납부통지
61. 부당한 공동행위 자진신고자의 시정조치 등 (과징금)감면신청에 대한 불인정통지
62. 공정거래위원회의 표준약관 사용권장행위
63. 공정거래위원회의 경고조치·경고의결
64. 통행료 체납 이후 (그 납부기한을 정하여 통행료를 납부하라는 내용의) 통행료 납부통지
65. 공무원연금법상 급여제한사유에 해당하여 한 환수통지
66. 폐기물처리업사업계획 부적정통보
67. 금융감독원장의 (금융기관 임원에 대한) 문책경고
68. 처분의 근거가 행정규칙(공무원 징계양정 규정)에 규정되어 있으나 상대방의 권리·의무에 직접 영향을 미치는 불문경고조치(행정규칙에 의한 불문경고조치)
69. 특허청장의 상표사용권설정등록
70. 권력적 사실행위

71. 상대방에게 한 단수·단전조치
 * VS 전기·전화 공급자에게 위법건축물에 대한 단전 또는 (전화통화) 단절조치 요청행위 ➜ 처분성X
72. 교도소장이 수형자를 접견내용 녹음·녹화 및 접견시 교도관 참여대상자로 지정한 행위
73. 교도소장의 이송조치명령
74. 교도소장의 서신검열
75. 한국환경산업기술원장이 (환경기술개발사업 협약을 체결한 甲주식회사에게) 한 연구개발 중단조치 및 연구비 집행중지 조치
76. 한국토지주택공사가 한 (생활대책대상자) 부적격통보 및 재심사통보
77. (사후에 붙인 면허조건 위반에 의한) 감차명령
78. 교육부장관이 (대학에서 추천한) 총장 후보자들을 임용제청에서 제외한 행위
79. 국가인권위원회의 성희롱결정과 시정조치권고
80. 국가인권위원회의 진정 각하·기각 결정
81. 진실·화해를 위한 과거사정리위원회의 진실규명결정
82. 친일반민족행위자 재산조사위원회의 재산조사개시결정
83. 친일반민족행위자 재산조사위원회의 친일재산 국가귀속결정
84. 보훈지청장의 국가유공자 비해당결정
85. 세무조사결정
86. 개별토지가격결정(개별공시지가결정)
87. 공무원연금관리공단의 급여결정
88. (산업재해보상보험법상 장해보상금결정 기준이 되는) 장해등급결정
89. 서울시공무원에 대한 동일직급 진보발령
90. 노조규약의 변경·보완 시정명령
91. (허가권자인) 지방자치단체의 장의 건축협의취소
92. 방산물자 지정취소
93. 지방계약직공무원에 대한 보수삭감조치
94. 근로복지공단의 평균임금결정
95. 사업시행자의 이주대책대상자 확인·결정
96. (재단법인) 한국연구재단의 과학기술기본법령에 따른 2단계 두뇌한국(BK)21 사업협약해지통보
97. 내인가취소처분 ⟵ (=인가신청거부처분)
98. 구「원자력법」상 원자로 및 관계시설의 부지사전승인처분
99. 구청장의 사회복지법인에 대한 시정지시
100. 항공노선에 대한 운수권배분처분
101. 국립의료원 부설주차장에 관한 위탁관리용역운영계약 ➜ 특허
102. 의제된 인허가 ➜ 통상적인 인허가와 동일한 효력
103. 조달청장의 (해당 회사에 대한) 물량배정 중지통보
104. 조달청 나라장터 종합쇼핑몰 거래정지조치
105. 권력적 사실행위
106. (행정심판위원회의) 간접강제결정 ➜ 행정심판법 제50조의2 제4항
107. (부과처분 후 납부된) 학교용지부담금(개발부담금) 환급거부

처분성 X

(공법관계 중 처분성 없는 행정작용 또는 사법관계인 사법상 행위)

1. 한국마사회의 조교사·기수 면허부여 또는 면허취소
2. 공정거래위원회의 고발조치·고발의결
3. 병역법상 군의관의 신체등위판정
4. 금융감독위원회의 부실금융기관에 대한 파산신청
5. (징계처분으로) 시험승진후보자명부에서의 삭제행위
6. 권한 없는 국가보훈처장의 (기포상자에게 한) 훈격재심사계획 없음의 회신
7. 각 군 참모총장의 명예전역수당 지급대상자 추천행위
8. 기획재정부장관의 정부투자기관에 대한 예산편성지침통보
9. 국세기본법에 따른 세무서장의 국세환급금결정·환급금거부결정
10. 세무서장의 과세표준결정 또는 손금불산입처분
11. 운전면허 행정처분처리대장상 벌점배점
12. 교육부장관의 대학입시기본계획 내의 내신성적산정지침

(2~12: **행정기관 내부행위**)

13. 국립대학교(서울대학교) 대학입학고사 주요요강 → 처분성X BUT 헌법소원O
14. 세무당국이 맥주회사에게 甲상업회사와의 (주류) 거래중지요청
15. 제소기간이 이미 도과하여 불가쟁력이 생긴 행정처분에 대한 변경신청 거부행위
16. 토지대장 소유자명의변경신청 거부행위
17. 무허가건물대장 무허가건물 삭제행위
18. 당연퇴직자의 재임용신청에 대한 거부행위
19. 교사임용지원자의 특별채용신청 거부행위
20. 주택개량재개발사업계획 변경신청 거부행위
21. 서울특별시의 시영아파트 특별분양개선지침 해당자에 대한 분양불허
22. 국토이용계획상 임야의 용도지역변경허가신청 거부행위
23. 산림계(공익법인)이 제출한 국유림 무상양여신청에 대한 (산림청의) 거부행위
    * 국유림 대부·매각·양여 거부행위 → 사법상의 행위 ∴ 처분성X
24. 도시계획시설인 공원조성계획 취소신청 거부행위
25. 문화재구역 내 수용되지 않은 토지 등 소유자의 재결신청에 대한 (문화재청장의) 거부회신
26. 근로복지공단의 사업주변경신청 거부행위
27. 국가유공자법상 이의신청 거부결정
28. 명예퇴직한 법관의 명예퇴직수당청구에 대한 (법원행정처장의) 거부의 의사표시
29. 제2차·제3차 계고
30. 공익근무요원 소집처분 후 그 기일을 연기한 재소집통지
31. 진료과목표시 글자크기 제한 (의료법 시행규칙 제31조)
32. 건강보험심사평가원 원장의 (보건복지부 고시·심의를 거쳐 정한) 요양급여비용의 심사기준 또는 심사지침
33. 도시기본계획
34. 환지계획
35. 택지공급방법결정
36. 하수도정비기본계획
37. 농어촌도로기본계획
38. 대학교육역량강화사업 기본계획

39. 국토종합계획
40. 4대강 살리기 마스터플랜
41. 혁신도시 최종입지선정
42. 개발제한구역 제도개선방안
43. (학교교육정상화를 위한) 2008학년도 이후 대학입학제도 개선안
44. 행정지침 또는 행정조직 내부 효력만 있는 행정계획
45. 도시계획법 제21조
46. 당연퇴직자에 대한 인사발령(당연퇴직통지)
47. 청원에 대한 심사처리결과통지
48. (한국자산공사의) 재공매결정·공매통지
49. 납골당설치 신고사항 이행통지
 * VS 납골당설치 신고수리 ➜ 처분성O
50. 군수의 지정에 따라 읍장·면장의 영농세대 선정행위
51. 의료보험연합회의 진료비청구명세서에 대한 심사결과통지
52. 수도사업자의 급수공사신청자에 대한 (급수공사비) 납부통지(수도사업자의 수도료 납부통지)
53. 중소기업기술정보진흥원장의 협약해지 및 (정부지원금의) 환수통보
54. (재단법인) 한국연구재단의 두뇌한국(BK)21 사업협약해지 및 징계요구
55. (정년에 해당하는 공무원에게) 정년퇴직발령
56. 국토부장관의 고속도로 통행료 결정·징수구간·징수기간 등 공고
57. 법률상 효과를 발생시키지 않는 (교육공무원에 대한) 불문경고
58. 금융감독원장의 (종합금융주식회사 전 대표이사에 대한) 문책경고
59. 소속공무원에 대한 장관의 서면경고
60. 과세관청의 부가가치세법상 사업자등록 직권말소행위
61. 과세관청의 직권에 의한 사업자명의 정정행위
62. 자동차운전면허대장 등재·변경 행위
63. 비권력적 사실행위
64. 일반적인 행정지도
65. 인감증명행위
66. 공원관리청이 행한 (국립공원에 대한) 경계측량 및 표지설치
67. 지적측량검사
68. 신고납부방식인 취득세·등록세에 대한 과세관청의 수납행위
69. (한국전력공사의 전기공급 적법여부 조회에 대하여) 관할 구청장의 전기공급 불가의 회신
70. 검사의 공소제기·불기소처분
71. 과태료부과처분, 통고처분, 형집행정지취소처분
72. 구「민원치리에 관한 법률」상 사전심사결과통보
73. 법령개정으로 인한 퇴직연금의 일부금액 지급정지
74. 해양수산부장관의 항만명칭결정
75. 국가유공자예우 등에 관한 법률 시행령 제15조에 의한 재심신체검사시 하는 등외판정
76. 감사원의 징계요구와 재심의결정
77. 감사원의 심사 후 관계기관에 대한 시정결정 또는 기각
78. 보훈병원장의 상이등급재분류판정
79. 어업권면허에 선행하는 우선순위결정

80. 계약직공무원 채용계약해지
81. 시립무용단원의 해촉
82. 부담이 아닌 부관
83. 입찰보증금 국가귀속조치
84. (지방자치단체가 당사자가 되어 체결하는 계약에 의한) 계약보증금의 귀속조치
85. 협의취득
86. 사립학교 교원에 대한 학교법인의 징계
87. 국유재산의 (대부계약에 의한) 대부료 부과
88. 대부한 일반재산에 대한 사용료 부과고지
89. (공무원에게) 연가보상비 미지급
90. 국민건강보험공단의 '직장가입자 자격상실 및 자격변동' 안내통보

48) 제3자효 관련 법률상 이익 O VS법률상 이익 X

법률상 이익 O (원고적격 O)	법률상 이익 X (원고적격 X)
[인인소송] 1. 환경영향평가 대상지역 안 주민들 2. 공유수면매립면허처분과 농지개량사업시행인가처분에 대한 환경영향평가 대상지역 안 주민들 3. 전원개발사업실시계획승인처분에 대한 환경영향평가 대상지역 안 주민들 4. 도로용도폐지처분에 대하여, 당해 도로 (공공용재산)의 성질상 특정개인의 생활에 개별성이 강한 직접적이고 구체적인 이익이 부여된 자 5. 연탄공장허가처분으로 불이익을 받고 있는 인접주민 6. 도시계획결정에 대한공설화장장 금지구역 인근주민들 7. 폐기물처리시설설치계획입지가 결정·고시된 지역 인근주민들 8. 자동차 LPG충전소 설치허가에 대한 LPG충전소 설치지역 인접거주주민 9. 토사채취허가에 대한 토사채취지 인근주민들 10. 공장설립승인처분에 대한 레미콘공장 신설부지 인접거주주민 11. 건축허가에 대한 고층 건축물로 인해일조권 침해를 받는 정북방향 거주주민 12. 영광원자력발전소 부지사전승인처분에 대한 지역주민	**[인인소송]** 1. 공유수면매립면허처분과 농지개량사업시행인가처분에 대한 환경영향평가 대상지역 밖 주민들 2. 새로운 도로가 개설되어 유일한 통로가 아니게 된 경우, 그 도로를 이용하던 주민 3. 위락시설(유흥주점)로 건물용도를 변경하는 것을 허용하는 취지의 재결에 대한 주민 4. 상수원보호구역변경처분에 대하여 상수원보호구역에서 급수를 받는 주민 5. 절대보존지역의 유지로 지역주민들이 누리는 이익 6. 생태·자연도 등급변경처분으로 인한 인근주민의 불이익

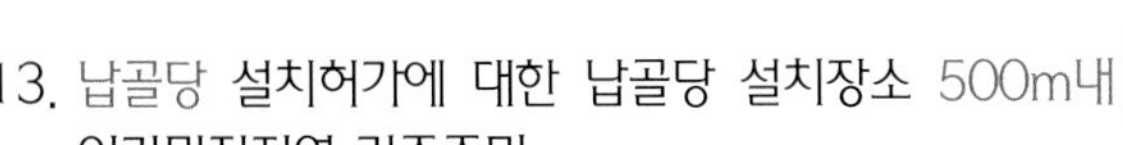

13. 납골당 설치허가에 대한 납골당 설치장소 500m내 인가밀집지역 거주주민
14. 폐기물소각시설의 입지지역을 결정·고시한 처분에 대한 시설부지 경계선으로부터300m내 주민들
15. 김해시장의 낙동강 합류하천수 주변의 공장설립승인처분에 대하여 물금취수장에서 취수된 물을 공급받는 부산광역시·양산시에 거주하는 주민들
    * 물금은 지역이름
16. 광산허가를 받은 인근지역 토지·건물 등소유자·점유자·주민들이 침해·침해우려를 증명한 경우

[경업자소송]

1. 자동차운송사업면허에 대한 당해 노선에 관한 기존업자
2. 선박운항사업면허처분에 대한 기존업자
3. 시외버스운송사업계획변경인가에 대한기존의 시내버스운송사업자
4. 시외버스운송사업계획변경인가에 대한기존의 시외버스운송사업자
5. 기존 시외버스를 시내버스로 전환하는사업계획변경인가처분에 대해 노선이 중복되는 기존 시내버스업자
6. 직행형 시외버스운송사업자에 대한 사업계획변경인가처분에 대해 노선이 중복되는 기존 고속형 시외버스운송사업자
7. 화물자동차면허대수를 늘리는 보충인가처분에 대한 개별화물자동차운송사업자
8. 분뇨 등 관련 영업허가를 받아 영업을 하고 있는 기존업자
9. 허가를 받은 중계유선방송사업자의 사업상 이익
10. 담배소매업 영업소 간에 일정거리 제한이 있는 경우, 기존 담배소매인
11. (기존업자 영업허가지역내로의) 다른 약종상 영업소이전허가처분에 대한 기존업자
    * 약종상 : 약재를 파는 사람

[경업자소송]

1. 신규 구내소매인의 지정에 대한 기존 일반담배소매인
2. (신규) 목욕탕 영업허가에 대한 기존 목욕탕업자
3. 약사들에게 한약조제권 인정에 대한 기존 한의사들
4. 새로운 치과의원 개설이 가능한 건물용도변경처분에 대한 인근 기존 치과의원 의사
5. (신규) 석탄가공업허가처분에 대한 기존 석탄가공업자
6. 숙박업 구조변경허가처분에 대한 인근 여관업자
7. 양곡가공업허가에 대한 기존 양곡업자
8. 장의자동차 운송사업자의 구역위반을 이유로 한 과징금부과처분을 취소한 재결에 대한동종 장의업자
9. 새로운 조미료 제조업자의 조미료 원료 수입허가에 대한 기존 조미료 제조업자

[경원자소송]

1. 액화석유가스(LPG) 사업허가에 대하여 허가를 받지 못한 자는 경업자에 대한 허가처분의 취소를 구할 법률상 이익O
2. 항만공사 시행허가 신청을 한 자는 허가를 받은 경업자에 대한 허가처분의 취소를 구할 법률상 이익o

[기타]	[기타]
1. (교육부장관의) 학교법인 임시이사 선임행위에 대해서 ┌ 교수협의회·총학생회는 원고적격O └ 노동조합은 원고적격X 2. 체육시설업자 또는 사업계획승인을 얻은 자가 받은 시·도지사의 검토결과 통보에 대해 골프장의 기존회원은 취소를 구할 법률상 이익O 3. 채석허가의 양수인은 양도인에게 행해진 허가취소처분의 취소를 구할 법률상 이익O 4. 관할청의 임원취임승인신청 반려처분에 관하여 (학교법인에 의하여) 임원으로 선임된 자 5. 약제 상한금액을 인하하는 보건복지부 고시의 취소를 구하는 제약회사 6. 주택재개발사업조합설립추진위원회 구성에 동의하지 않은 소유자의 조합설립추진위원회 설립승인처분에 대한 취소 7. 도시계획사업 실시계획 인가처분에 대한 도시계획사업 시행지역에 포함된 토지의 소유자 8. 난민불인정처분을 다투는 경우, 위명(가짜이름)을 사용한 미얀마 국적인	1. 개발제한구역에서 해제하는 도시관리계획변경 결정에 대해서 해제누락된 토지소유자 2. 토지수용에 의하여 이미 토지에 대한소유권을 상실한 청구인 3. 원천징수의무자에 대한 납세고지를 다투는원천납세의무자 4. 주택사용검사처분의 취소를 구하는입주자·입주예정자 5. 국세체납처분을 원인으로 한 압류등기 이후에 압류부동산을 매수한 자 6. 공유수면매립목적변경처분의 무효확인을 구하는 수녀원 7. 도지정문화재 지정처분으로 인한 (개인의) 명예감정의 손상 8. 행정학 전공자를 조세정책과목 교수로임용한 것에 대해 세무학과 학생들은 원고적격X 9. 운전기사의 행위로 인한 회사 과징금처분에대해 운전기사는 취소를 구할 원고적격X

49) 소의 이익O VS 소의 이익X

소의 이익O	소의 이익X
예외 ← [처분의 효력이 소멸한 경우] →	원칙
1. 행정처분의 효력기간이 경과하였다고 하더라도 그 처분을 받은 전력에 대해 가중적 제재규정이 법에 규정되어 있는 경우, 그 취소를 구할 소의 이익O ∵ 가중요건O 2. 직위해제 후 동일 사유로 징계처분이 이루어졌더라도 예외적으로 종전 직위해제의 취소를 구할 소의 이익O ∵ 가중요건O 3. 가중적 제재규정이 시행규칙에 규정되어 있는 경우에도 소의 이익O ∵ 가중요건O	1. 새로운 사유에 기한 직위해제처분시 이전에 한 직위해제 처분의 취소를 구하는 소의 이익X 2. 처분에 효력기간이 정하여져 있는 경우, 그 기간이 경과된 행정처분은 효력을 상실해 취소를 구할 소의 이익X 3. 소송 중 처분청에 의하여 직권취소된 반려처분의 취소를 구하는 소는 소의 이익X 4. 취소소송 중 처분을 취소하는 형성재결이 이루어진 경우, 그 취소를 구하는 소는 소의 이익X 5. 환지처분이 공고되어 효력을 발생하면 환지예정지지정처분은 효력을 상실 ∴ 환지예정지지정처분의 취소를 구할 법률상 이익X

4. 집행정지 중 처분에서 정한 기간이 도과되어도 소의 이익O (영업정지처분의 집행정지기간 동안 영업정지 기간이 경과하여도 영업정지 처분의 취소를 구할 소의 이익O) 5. (선행 임시이사선임처분에 대한 취소소송 중 후행 임시이사로 교체된 경우라도) 동일한 소송 당사자 사이에 동일한 처분이 반복될 위험성이 있는 경우, 선행 임시이사선임처분의 취소를 구할 소의 이익O	6. 사실심변론종결일 현재 허가기간이 경과한 토석채취 허가취소처분은 효력을 상실해 그 취소를 구할 소의 이익X 7. 유효기간이 경과한 중재재정은 효력을 상실해 그 취소를 구할 소의 이익X 8. 가중요건에 해당하는 기간이 경과하여 실제로 가중된 제재처분을 받을 우려가 없어졌다면 (정지기간이 경과한) 업무정지처분의 취소를 구할 소의 이익X 9. 부지사전승인처분에 대한 취소소송 중 건설허가처분(최종결정)이 있는 경우, 부지사전승인처분의 취소를 구하는 소는 소의 이익X 10. 최초 과징금 부과처분을 한 뒤, 자진신고 등을 이유로 감면처분을 한 경우, 선행처분의 취소를 구할 소의 이익X 11. 처분청이 과징금을 감액한 경우, 감액된 부분의 취소를 구할 소의 이익X

예외 ← **[원상회복이 불가능한 경우]**	→ **원칙**
1. (도시개발사업의 공사가 완료되어도) 도시계획변경결정·도시개발사업실시계획인가처분의 취소를 구할 소의 이익O 2. (건축허가취소처분을 받은) 건축물 소유자는 그 건축물이 완공된 후에도 여전히 건축허가취소처분의 취소를 구할 소의 이익O 3. 임기가 만료된 지방의회 의원이라도 (제명의결의 취소로 인하여 월정수당의 지급을 구할 수 있는 등 부수적인 이익이 있으므로) 그 취소를 구할 소의 이익O 4. (한국방송공사 사장에 대한) 해임처분의 무효확인·취소소송 중 임기가 만료되었더라도 무효확인·취소로 보수지급을 구할 수 있는 경우에는 소의 이익O 5. 공장등록이 취소된 후 그 공장시설물이 철거되었다 하더라도 감면혜택 등이 있는 경우, 공장등록 취소처분의 취소를 구할 소의 이익O 6. 대학입학고사 불합격처분 취소소송 도중 입학시기가 도과하더라도 불합격처분의 취소를 구할 소의 이익O ➜ ∵ 다음 연도에 입학 7. 현실적으로 입영을 한 자라도 입영 이후의 법률관계에 영향을 미치고 있는 현역병입영통지처분을 다툴 소의 이익O	1. 건축물의 철거 ㉠ 대집행실행이 완료된 경우, 대집행계고처분의 취소를 구할 소의 이익X ㉡ 철거된 소음·진동배출시설에 대한 설치허가의 취소처분의 취소를 구할 소의 이익X 2. 사실심 변론종결 전 공사완료한 경우 건축허가처분취소는 소의 이익X 3. (입주자나 입주예정자의) 건축물에 대한 사용검사처분에 대한 항고소송은 법률상 이익X 4. 건축법상 이격거리가 확보되지 않아서 위법한 건축허가라도 건축공사가 완료되었다면 건축허가의 취소를 구할 법률상의 이익X 5. 지방의료원 폐업결정 후 지방의료원이 해산된 경우, 그 폐업결정의 취소를 구할 소의 이익X 6. 사업체를 폐업한 경우 부당노동행위 구제신청은 소의 이익X 7. (제주도) 조례가 개정되면서 먹는샘물 판매협약 해지를 통지한 경우 (개정)조례무효확인은 법률상 이익X ∵ 다른 사유로 먹는샘물 판매사업자 지위상실O

예외 ← [권익침해가 해소된 경우] → 원칙	
1. 다른 교도소로 이송된 재소자도 영치품 사용신청 불허가처분의 취소를 구할 소의 이익O 2. 고등학교에서 퇴학처분을 당한 후 검정고시에 합격하였더라도 (검정고시에 합격한 것만으로는 고등학생으로서의 신분·명예가 회복될 수 없는 것이므로) 퇴학처분을 받은 자는 퇴학처분의 취소를 구할 소의 이익O	1. 공익근무요원의 복무기간이 만료된 경우, 공익근무요원 소집해제신청 거부처분의 취소를 구할 소의 이익X 2. 불합격처분 ㉠ 사법시험 제2차 시험 불합격처분 이후에 새로이 실시된 제2차와 제3차 시험에 합격한 사람은 불합격처분의 취소를 구할 법률상 이익X ㉡ 불합격처분 이후 새로 실시된 치과의사국가시험에 합격한 자는 기존 불합격처분의 취소를 구할 소의 이익X
	[기타]
	1. 수익적 처분의 상대방은 소의 이익X 2. 현역병으로의 입영처분을 받은 자가 자진입대한 경우, 입영처분의 취소를 구할 소의 이익X 3. (절차적 요건 중 하나에 불과한) 조합설립결의·총회 결의부분만을 따로 떼어내어 효력 유무를 다투는 확인의 소는 소의 이익X 4. 이전고시가 효력이 발생한 후에는 관리처분계획의 취소를 구할 소의 이익X 5. 환지처분이 공고되어 효력이 발생한 후에는 토지 소유자는 민법상의 불법행위로 인한 손해배상O /환지확정처분의 일부에 대하여 취소를 구할 법률상 이익X 6. (진급처분을 행하지 아니한 상태에서 예비역으로 편입하는 처분을 한 경우) 진급처분부작위를 이유로 예비역편입처분의 취소를 구할 소의 이익X 7. (경원자관계에 있어서) 명백한 법적 장애로 인하여 원고 자신의 신청이 인용될 가능성이 처음부터 배제되어 있는 경우, 거부처분의 취소를 구할 소의 이익X

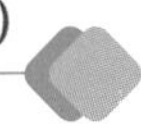

50) 피고적격

피고적격
1. 합의제 행정청 : 합의제 행정청(단, 중앙노동위원회는 위원장) 2. 처분청과 통지한 자가 다른 경우 : 처분청 3. 처분적 조례 : 지방자치단체장(교육감) 4. 지방의회 의원 징계 등 : 지방의회 5. 대통령 : 소속장관 6. 대법원장 : 법원행정처장 7. 국회의장 : 국회사무총장 8. 헌법재판소장 : 헌법재판소사무처장 9. 위임·위탁 : 수임청·수탁청 10. 내부위임 : 위임청(수임청 명의로 한 경우 - 수임청) 11. 대리 : 피대리청(대리청 명의로 한 경우 - 대리청) 12. 처분 후 권한승계 : 승계한 행정청 13. 처분 후 처분청이 없어진 경우 : 사무가 귀속되는 국가 또는 공공단체

합의제 행정청이 피고인 경우	합의제 행정청의 장이 피고인 경우
1. 중앙토지수용위원회 2. 감사원 3. 공정거래위원회 4. 배상심의회 5. 토지수용위원회 6. 행정심판위원회 7. 저작권심의조정위원회	1. 중앙노동위원회위원장 2. 중앙해양심판원장 3. 시·도 인사위원회 위원장

51) 필요적 전치주의의 예외

심판제기는 하되 재결을 요하지 않는 경우	심판제기조차 할 필요가 없는 경우
1. 행정심판청구가 있는 날로부터 60일이 지나도 재결이 없는 때 2. 처분의 집행 또는 절차의 속행으로 생길 중대한 손해를 예방하여야 할 긴급한 필요가 있는 때 3. 법령의 규정에 의한 행정심판기관이 의결 또는 재결을 하지 못할 사유가 있는 때 4. 그 밖의 정당한 사유가 있는 때	1. 동종사건에 관하여 이미 행정심판의 기각재결이 있은 때 2. 서로 내용상 관련되는 처분 또는 같은 목적을 위하여 단계적으로 진행되는 처분 중 어느 하나가 이미 행정심판의 재결을 거친 때 3. 행정청이 사실심의 변론종결 후 소송의 대상인 처분을 변경하여 당해 변경된 처분에 관하여 소를 제기하는 때 4. 처분을 행한 행정청이 행정심판을 거칠 필요가 없다고 잘못 알린 때

52) 하자치유/처분변경으로 인한 소변경/처분사유 추가·변경

구분	하자치유	처분변경으로 인한 소변경	처분사유 추가·변경
개념	절차·형식(내용 X)	행정청이 소송 중 처분변경	실체적 적법성 확보
시기	쟁송제기 전	사실심 변론종결시	사실심 변론종결시
조문	X	O	X
특징	예외적으로 인정	원고의 신청, 안 날 60일	기본적 사실관계 동일성
조문	조문X	조문O	조문X

53) 처분사유의 추가·변경 인정여부

처분사유의 추가·변경X **기본적 사실관계의 동일성X**	1. 금융위원장의 정보비공개결정에 대해서 대법원에서 진행 중인 재판에 관련된 정보 ≠ (별개사건인) 서울중앙지방법원에서 진행 중인 재판에 관련된 정보 2. 석유판매업허가신청거부에 대해서 관할 군부대장 동의X ≠ 탄약창 근접지점 (공익) 3. 시세완납증명발급거부처분취소에 대해서 중기취득세의 체납 ≠ 자동차세의 체납 4. LPG충전소허가신청반려에 대해서 전주이씨제각 소유주의 미동의 ≠ 낭떠러지에 접한 S자 커브의 언덕길 * 제각 : 무덤 근처에 제사하려고 지은 집 5. 이주대책대상자 선정신청거부에 대해서 사업지구 내 가옥소유자X ≠ 이주대책 신청·실시기간 도과 6. 온천발견신고수리거부에 대해서 규정온도 미달 ≠ 온천으로서의 이용가치↓, 기존의 도시계획 및 공공사업 지장 7. 의료보험요양기관 지정취소처분에 대해서 본인부담금 수납대장 비치X ≠ 장관의 서류제출명령 위반 8. 입찰참가자격제한에 있어서 정당한 이유 없는 계약의 불이행 ≠ 계약이행관련 관계공무원에게 뇌물 제공 9. 위탁대상자 선정에 있어서 토지사용에 있어 관계법령상 제한 ≠ 주민동의서 미제출 10. 징계사유에 있어서 정화구역 외인 것처럼 허위표시/(정화위원회의) 심의를 면제하여 한 허가처분 ≠ 당구장허가처분서류 도면에 (상사의) 결제없이 거리표시 기입 11. 자동차매매업허가신청거부에 대해서 거리제한규정에 저촉 ≠ 최소 주차용지에 미달 12. 주류면허취소에 대해서 무자료 주류판매 및 위장거래 ≠ 무면허판매업자에게 주류판매 13. 정보공개거부에 대해서 정보공개법 제9조 제1항 제2호·4호·6호 사유 ≠ 정보공개법 제9조 제1항 제1호 사유 14. 토석채취허가신청반려에 대해서 주민동의서 미제출 ≠ 자연경관의 훼손

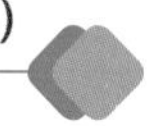

<table>
<tr><td rowspan="6">처분사유의추가·변경O

기본적
사실관계의
동일성O</td><td>[구체적 사실의 변경 없이 근거법령만 추가·변경]</td></tr>
<tr><td>1. 개인택시운송사업면허취소에 대해서 자동차운수사업법 제31조 제1항 제3호
≒ 자동차운수사업법 제31조 및 시행규칙 제15조
2. 자동차운송사업면허취소처분에 대해서 구 여객자동차운수사업법 제76조 제1항 단서 중 제8호 (위헌결정O)
≒ 구 여객자동차운수사업법 제76조 제1항 본문 및 제8호 (위헌결정X)
3. 자동차운송사업면허취소에 대해서 명의유용금지 위반
≒ 직영운영의 면허조건 위반
4. 정보공개거부에 대해서 검찰보존사무규칙 제20조 신청권자에 해당X
≒ 정보공개법 제7조 제1항 제6호</td></tr>
<tr><td>[당초 처분사유의 구체화]</td></tr>
<tr><td>1. 산림형질변경불허가에 대해서 준농림지역에서 행위제한사항
≒ 대규모 전원주택 부지조성사업으로서 위법
2. 액화석유가스판매사업허가거부에 대해서 관계법 및 부산시 고시 동래구 허가기준상 부적합
≒ 이격거리 기준위배</td></tr>
<tr><td>[그 외]</td></tr>
<tr><td>1. 과세처분을 위한 소득원천의 파악에 있어서 이자소득
≒ 대금업에 의한 사업소득
2. 부정당업자제재처분에 대해서 담합주도 또는 담합하여 입찰방해
≒ 특정인의 낙찰을 위하여 담합한 자
3. 법인세부과에 대해서 구 법인세법 시행령상 소득금액지급 의제처분
≒ (의제처분과) 같은 소득금액이 대표이사나 출자자에게 현실적 소득으로 귀속
4. 석유판매업불허가에 대해서 도시계획법 4조 및 토지형질변경허가규칙상 행위제한 추진
≒ 토지형질변경허가의 요건X / 도심 환경보전의 공익상 필요
5. 정기간행물등록신청거부에 대해서 발행주체가 불법단체
≒ 정기간행물등록법상 첨부서류 미제출
6. 토지형질변경불허가에 대해서 국립공원에 인접한 미개발지의 합리적인 이용대책 수립시까지 허가유보
≒ 국립공원 주변의 환경·풍치·미관을 크게 손상시킬 우려
7. 폐기물처리사업계획 부적정통보에 대해서 인근에 피해가 예상되어 농지전용 불가능
≒ 인근에 피해가 예상되어 폐기물처리시설부지로 부적합</td></tr>
</table>

54) 긴급한 필요 인정여부 … 회복하기 어려운 손해발생의 가능성과 연계하여 판단

긴급한필요 인정 **집행정지O** **효력정지O**	1. 변호인과의 접견이 어려워지는 미결수용자의 이송처분에 대한 집행정지신청 2. 시내버스운송사업계획변경인가처분에 대한 기존 운송업자의 집행정지신청 3. 약제 및 치료재료의 산정기준 등에 관한 보건복지부 고시에 대한 제약회사의 집행정지신청 4. (외부자금의) 신규차입이 중단된 상황에서 285억원 규모의 과징금부과처분에 대한 사업자의 집행정지신청 5. 현역병입영처분에 대한 집행정지신청
긴급한필요 부정 **집행정지X** **효력정지X**	1. (甲주식회사의 신청으로 2G PCS 사업폐지 승인처분을 한 경우) 甲회사와 이용계약을 체결하여 2G 이동통신 서비스를 이용하던 乙 등이 한 효력정지신청 2. 기납부세액의 조기환급을 이유로 한 과세처분에 대한 집행정지신청 3. 국토교통부 등에서 발표한 '4대강 살리기 마스터플랜'에 따른 '한강 살리기 사업' 구간 인근에 거주하는 주민들이 한 각 공구별 사업실시계획승인처분에 대한 효력정지신청 4. 시공중인 공사중단과 (그에 따른) 손해배상 부담 및 새로운 공사수주 불가한 건설업면허취소처분에 대한 집행정지신청 5. 전재산인 1억 5천만원을 투자한 일반음식점의 영업허가취소처분에 대한 집행정지신청 6. 유흥접객영업허가의 취소처분으로 5000여만원의 시설비를 회수하지 못하게 되는 손해 7. '4대강 살리기' 사업실시계획승인처분으로 유기농업 등 농사를 지을 수 없게 되는 손해

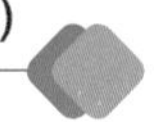

55) 일부인용(일부취소) 인정 VS 부정

일부취소 인정	1. 공정거래위원회의 여러 개의 위반행위에 대한 외형상 하나의 과징금납부명령 (여러 개의 위반행위 중 일부 위반행위에 대한 과징금 부과만이 위법하고 그 과징금액 신청이 가능하면 그 부분만 취소 가능) 2. 공정거래위원회의 법위반사실공표명령 (광고행위와 표시행위 중 표시행위에 대한 법위반사실이 없다면 법원은 그 부분(표시행위)에 대한 공표명령만 취소 가능) 3. 여러 개의 상이에 대한 국가유공자요건비해당처분에 대한 취소소송에서 일부 상이에 대한 국가유공자요건이 인정되는 경우 (그 상이만) 비해당처분 일부취소 인정 4. 법원이 과세처분(기속행위)의 정당한 세액을 산출할 수 있는 경우 일부취소 인정 5. (금전부과처분에 있어서) 사실심 변론종결 시까지 제출된 자료로 정당한 부과금액이 산출되는 경우 정당한 부과금액을 초과하는 부분만 취소 가능 6. (정보공개거부처분에 대해서) 공개청구의 취지에 어긋나지 않는 범위 안에서 ㉠ 나머지 정보만을 공개하는 것이 가능하고 ㉡ 나머지 정보만으로 공개의 가치가 있는 경우 부분공개 허용
일부취소 부정	1. 공정거래위원회의 과징금납부명령 2. 자동차운수사업면허조건을 위반한 사업자에 대한 과징금부과처분이 법정 최고한도액을 초과하여 위법한 경우 전부취소 3. 명의신탁자에 대한 과징금부과처분이 재량권을 일탈·남용하여 위법한 경우 전부취소 * 명의신탁자에 대한 과징금부과처분은 기속행위 (단, 과징금 감경사유가 있으면 과징금 감경여부는 재량행위) 4. (영업정지기간 산정이 행정청의 재량권에 속하는 사항일 때) 영업정지처분이 적정한 영업정지기간을 초과하여서 위법한 경우 전부취소

56) 사정판결 인정유무

사정판결 인정 (원고 패소)	1. 재개발조합설립 및 사업시행 인가처분이 처분시 법정요건인 소유자 3분의 2이상의 동의가 없어서 위법했으나, 그 후 90%이상의 소유자가 속행을 바라고 있는 경우 2. 전남대에 대한 로스쿨예비인가처분
사정판결 부정 (원고 승소)	1. 관리처분계획의 수정을 위한 재결의가 시간과 비용이 많이 소요된다는 사정 2. (검사의 징계면직취소소송에 있어서) 징계면직된 검사의 복직이 검찰조직의 안정과 인화를 저해할 우려가 있다는 사정 3. (면허대수 보충인가처분 취소소송에 있어서) 이미 면허받아 운행하고 있는 운송회사들의 손해 4. (폐기물처리업 불허가처분 취소소송에 있어서) 청소질서 파괴·책임행정 불가능

57) 빈출 당사자소송 VS 민사소송

당사자 소송	1. 공중보건의사 채용계약해지에 관한 소송 2. 구「토지보상법」상 주거이전비보상청구소송 3. 계약직공무원의 임면에 관한 소송 4. 광주광역시문화예술회관장의 단원위촉에 관한 소송 5. 서울특별시립무용단원 해촉에 관한 무효확인소송 6. 공무원·국공립학교학생·국가유공자의 신분·지위확인소송 7. 「광주민주화운동관련자보상에 관한 법률」상 관련자 및 유족들이 갖게 되는 보상에 관한 소송 8. (공유수면매립사업으로 인한) 관행어업권을 상실한 자의 보상금증감청구소송 9. 토지보상법 제85조 제2항의 보상금증감청구소송 10. 농지개량조합에 대한 직원지위확인소송 11. 납세의무부존재확인소송 12. 부가가치세 환급세액 지급청구 13. (법령개정으로 인한 퇴직연금 일부금액지급정지시) 퇴직연금지급청구소송 14. 퇴역연금을 받아오던 중 군인보수법 및 보수규정에 의해 금액이 변경된 경우 15. 명예퇴직한 법관의 (미지급된) 명예퇴직수당지급청구소송 16. 「석탄사업법」상 재해위로금지급청구소송 17. 「석탄사업법」상 석탄가격안정지원금청구소송 18. 사실상 교사업무를 담당한 공립유치원 교사의 수령지체된 보수지급청구소송 19. (사업시행자의 환매권자에 대한) 환매가격증감청구소송 20. (사업시행계약안의 인가가 이루어지기 전) 사업시행계획안 총회결의의 효력을 다투는 소송 21. (주택재건축정비사업조합의) 관리처분계획안 총회결의의 효력을 다투는 소송 22. (영관)생계보조기금권리자확인소송 23. 지방소방공무원의 초과근무수당지급청구소송 24. 중앙관서의 장의 보조금 반환청구 25. 재개발조합원의 자격확인소송 26. 총사업비를 관리청이 부당 산정한 경우 비관리청의 권리범위확인소송 27. (KBS의 위탁을 받은) 한국전력공사의 방송수신료통합징수권한확인소송 28. 하천구역 편입토지에 대한 손실보상청구소송 29. (사업주가 당연가입자가 되는 고용보험 및 산재보험에서) 보험료 납입의무 부존재확인의 소
민사소송	1. 국가배상청구소송 2. 공법상 부당이익반환청구소송 3. 조세과오납부액의 환급청구 4. (결과제거청구로서) 물건반환·방해제거·정정보도 청구 5. 국유 일반재산(잡종재산)의 대부료 납부에 관한 소송 6. 재개발조합 조합장과 조합임원이 선임·해임을 다투는 소송 (재개발조합 조합장(조합임원)의 지위를 다투는 소송) 7. 종합유선방송위원회 사무국 직원들의 임금퇴직금 지급청구 8. 토지의 협의취득시 보상금청구소송 9. 환매권의 존부에 관한 확인을 구하는 소송 및 환매금액의 증감을 구하는 소송

※ 행정소송 주요판례

1. 원천징수의무자에 대하여 납세의무의 단위를 달리하여 순차 이루어진 2개의 징수처분은 별개의 처분으로서 당초 처분과 증액경정처분에 관한 법리가 적용되지 아니하므로, 당초 처분이 후행 처분에 흡수되어 독립한 존재가치를 잃는다고 볼 수 없고, 후행 처분만이 항고소송의 대상이 되는 것도 아니다.

2. 행정처분은 신청 후 그 근거 법령이 개정된 경우에도 경과규정에서 달리 정함이 없는 한 처분 당시 시행되는 개정 법령과 그에 정한 기준에 의하는 것이 원칙이다.

3. 개정 법령의 적용과 관련하여서는 개정 전 법령의 존속에 대한 국민의 신뢰가 개정 법령의 적용에 관한 공익상 요구보다 더 보호가치가 있다고 인정되는 경우에 그러한 국민의 신뢰를 보호하기 위하여 그 적용이 제한될 여지가 있다.

4. 구「유료도로법」에 따라 통행료를 징수할 수 없게 된 도로라 하더라도 신법에 따른 유료도로의 요건을 갖추었다면 그 시행 이후 그 도로를 통행하는 차량에 대하여 통행료를 부과하여도 헌법상 소급입법에 의한 재산권 침해금지 원칙에 반한다고 볼 수 없다.

5. 개정 법령이 기존의 사실 또는 법률관계를 적용대상으로 하면서 국민의 재산권과 관련하여 종전보다 불리한 법률효과를 규정하고 있는 경우에도 그러한 사실 또는 법률관계가 개정 법령이 시행되기 이전에 이미 완성 또는 종결된 것이 아니라면 이를 헌법상 금지되는 소급입법에 의한 재산권 침해라고 할 수는 없다.

6. 소관청이 토지대장상의 소유자명의변경신청을 거부한 행위는 항고소송의 대상이 되는 행정처분이라고 할 수 없다.

7. 행정청이 한 처분 등의 취소를 구하는 소송은 그 처분에 의하여 발생한 위법상태를 배제하여 원래상태로 회복시키고 그 처분으로 침해된 권리나 이익을 구제하고자 하는 것이므로, 거부처분이 재결에서 취소된 경우 재결에 따른 후속처분이 아니라 그 재결의 취소를 구하는 것은 분쟁해결의 유효적절한 수단이라 할 수 없으므로 법률상 이익이 없다.
   ➜ 취소재결(인용재결)에 대해서 당사자A가 그 재결의 취소를 구할 이익X

8. 상대방이 있는 행정처분에 대하여 행정심판을 거치지 아니하고 바로 취소소송을 제기하는 경우 처분이 있음을 안 날이란 통지, 공고 기타의 방법에 의해 당해 행정처분이 있었다는 사실을 현실적으로 안 날을 의미한다.

9. 행정처분의 효력발생요건으로서의 도달이란 처분상대방이 처분서의 내용을 현실적으로 알았을 필요까지는 없고 처분상대방이 알 수 있는 상태에 놓임으로써 충분하며, 처분서가 처분상대방의 주민등록상 주소지로 송달되어 처분상대방의 사무원 등 또는 그 밖에 우편물 수령권한을 위임받은 사람이 수령하면 처분상대방이 알 수 있는 상태가 되었다고 할 것이다.

10. 甲 시장이 감사원으로부터 소속 공무원 乙에 대하여 징계의 종류를 정직으로 정한 징계 요구를 받게되자 감사원에 징계요구에 대한 재심의를 청구하였고 감사원이 재심의청구를 기각한 경우, 감사원의 징계요구와 재심의결정은 항고소송의 대상이 되는 행정처분에 해당하지 않는다.
   ➜ 징계요구가 징계는 아님 ∴ 국민의 권리·의무가 변동X

11. 개발사업시행자가 납부한 개발부담금 중 부과처분 후에 납부한 학교용지부담금에 해당하는 금액에 대하여는 조리상 개발부담금의 환급에 필요한 처분을 신청할 권리가 인정되므로, 부과처분 후 납부된 학교용지부담금에 관한 개발부담금 환급거부행위에 대하여는 항고소송으로 다툴 수 있다.

12. 기존의 행정처분을 변경하는 내용의 행정처분이 뒤따르는 경우, 후속처분이 종전처분을 완전히 대체하는 것이거나 주요부분을 실질적으로 변경하는 내용인 경우에는 특별한 사정이 없는 한 종전처분은 효력을 상실하고 후속처분만이 항고소송의 대상이 된다.

13. 기존의 행정처분을 변경하는 내용의 행정처분이 뒤따르는 경우, 후속처분의 내용이 종전처분의 유효를 전제로 내용 중 일부만을 추가·철회·변경하는 것이고 추가·철회·변경된 부분이 내용과 성질상 나머지 부분과 불가분적인 것이 아닌 경우에는 종전처분이 항고소송의 대상이 된다.

14. 구「소득세법 시행령」에 따른 소득 귀속자에 대한 소득금액변동통지는 원천납세의무자인 소득 귀속자의 법률상 지위에 직접적인 법률적 변동을 가져오는 것이 아니므로 행정처분이 아니다.

15. 원천징수의무자(법인)에 대한 소득금액변동통지는 원천납세의무의 존부나 범위와 같은 원천납세의무자의 권리나 법률상 지위에 어떠한 영향을 준다고 할 수 없으므로 소득처분에 따른 소득의 귀속자는 법인에 대한 소득금액변동통지의 취소를 구할 법률상 이익이 없다.

16. 국가인권위원회의 각하 및 기각결정은 피해자인 진정인의 권리행사에 중대한 지장을 초래하는 것으로서 항고소송의 대상이 되는 행정처분에 해당하므로, 그에 대한 다툼은 우선 행정심판이나 행정소송에 의하여야 할 것이다.

17. 지방경찰청장의 횡단보도 설치행위는 국민의 구체적인 권리 의무에 직접적인 변동을 초래하므로 행정소송법상 처분에 해당한다.
➜ 일반처분 : 불특정 다수를 대상으로 했지만 그래도 행정처분에 해당하는 경우

18. 한국철도시설공단이 입찰참가자에 대하여 시설공사 입찰참가 당시 허위 실적증명서를 제출하였다는 이유로 향후 2년간 공사낙찰적격심사 시 종합취득점수의 10/100을 감점한다는 내용을 통보하는 행위는 처분에 해당하지 아니하고 사법상의 통지행위에 불과하다.

19. 도시계획구역 내 토지 등을 소유하고 있는 주민은 입안권자에게 도시계획입안을 요구할 수 있는 법규상 또는 조리상의 신청권이 있다.

20. 「국토의 계획 및 이용에 관한 법률」상 도시·군계획시설결정에 이해관계가 있는 주민에 의한 도시·군계획시설결정 변경신청에 대해 관할 행정청이 거부한 경우, 그 거부행위는 항고소송의 대상이 되는 행정처분에 해당한다.

21. 도시계획구역 내 토지 등을 소유하고 있는 주민이 도시계획입안권자에게 도시계획입안을 신청하는 경우, 그 신청인에게는 법규상 또는 조리상의 신청권이 있으므로 이러한 신청에 대한 거부행위는 항고소송의 대상이 된다.

22. 「구 중소기업기술혁신 촉진법」상 중소기업 정보화지원사업에 따른 지원금 출연을 위하여 중소기업청장이 체결하는 협약은 공법상 계약에 해당한다.

23. 구「중소기업 기술혁신 촉진법」상 중소기업 정보화지원사업의 일환으로 중소기업기술정보진흥원장이 甲주식회사와 중소기업 정보화지원사업에 관한 협약을 체결한 후 甲주식회사의 협약 불이행으로 인해 사업실패가 초래된 경우, 중소기업기술진흥원장이 협약에 따라 甲에 대해 행한 협약의 해지 및 지급받은 정부지원금의 환수통보는 행정처분에 해당하지 않는다.

24. 재단법인 한국연구재단이 과학기술기본법령에 따라 연구개발비의 회수 및 관련자에 대한 국가연구개발사업 참여제한을 내용으로 하여 '2단계 두뇌한국(BK)21 사업협약'을 해지하는 통보를 하였다면, 그 통보는 행정처분에 해당한다.
   ➜ 과학기술기본법령상 사업협약의 해지 통보
   : 단순히 대등한 지위에서 형성된 공법상계약을 계약당사자의 지위에서 종료시키는 것에 불과X
   「행정청이 우월적 지위에서 연구개발비의 회수 및 관련자에 대한 국가연구개발사업 참여제한 등의 법률상 효과를 발생O ∴ 처분성O」

25. 재단법인 한국연구재단이 갑 대학교 총장에게 연구개발비의 부당집행을 이유로 두뇌한국(BK)21 사업협약을 해지하면서, 연구팀장 을에 대한 대학 자체징계를 요구한 것은 항고소송의 대상인 행정처분에 해당하지 않는다.
   ➜ 대학 자체징계를 요구 : 징계요구가 징계는 아님 ∴ 국민의 권리·의무가 변동X ∴ 처분성X

26. 행정청이 관련 법령에 근거하여 행한 공사중지명령의 상대방이 명령의 취소를 구한 소송에서 패소함으로써 그 명령이 적법한 것으로 이미 확정되었다면, 이후 이러한 공사중지명령의 상대방은 그 명령의 해제신청을 거부한 처분의 취소를 구하는 소송에서 그 명령의 적법성을 다툴 수 없다. ➜ ∵ 기판력

27. 한국환경산업기술원장이 환경기술개발사업 협약을 체결한 乙주식회사에게 연차평가 실시결과 절대평가 60점미만으로 평가되었다는 이유로 연구개발 중단 조치 및 연구비 집행중지 조치를 한 경우, 각 조치는 항고소송의 대상이 되는 처분에 해당한다.

28. 도시환경정비사업을 직접 시행하려는 토지 등 소유자들이 사업시행인가를 받기 전에 작성한 사업시행계획은 항고소송의 대상이 되는 독립된 행정처분에 해당하지 않는다.

29. 상표권의 말소등록이 이루어져도 법령에 따라 회복등록이 가능하고 회복신청이 거부된 경우에는 그에 대한 항고소송이 가능하므로 상표권의 말소등록행위 자체는 항고소송의 대상이 될 수 없다.

30. 교도소장이 특정 수형자를 '접견내용 녹음·녹화 및 접견 시 교도관 참여대상자'로 지정한 행위는 수형자의 구체적 권리의무에 직접적 변동을 가져오는 행위로서 항고소송의 대상이 되는 행정처분에 해당한다.

31. 지적공부 소관청의 토지대장 직권말소행위는 항고소송의 대상이 되는 행정처분에 해당한다.
   ➜ cf) 관할관청의 무허가건물을 무허가건물관리대장에서 삭제하는 행위는 행정처분X
   건축물대장 소관청의 용도변경신청 거부행위는 행정처분O

32. 진실화해를 위한 과거사정리위원회의 진실규명결정은 항고소송의 대상이 되는 행정처분이다.

33. 처분사유의 추가·변경은 취소소송의 소송물의 범위 내, 즉 처분의 동일성을 해치지 않는 범위 내에서만 허용되므로 처분사유의 추가·변경은 소송물의 변경을 초래하지 않는다.

34. 위법판단의 기준시점을 처분시로 볼 경우, 처분 이후에 발생한 새로운 사실적·법적 사유를 추가·변경하고자 하는 것은 허용될 수 없고 이러한 경우에는 계쟁처분을 직권취소하고 이를 대체하는 새로운 처분을 할 수 있다.

35. 법령상 이미 존재와 범위가 확정되어 있는 조세과오납부액은 납세자가 부당이득의 반환을 구하는 민사소송으로 환급을 청구할 수 있다.
   ➜ 조세과오납부액의 환급청구는 민사소송 ∵ (부당이득반환 등) 금전의 지급을 중시
   부가가치세 환급세액 지급청구는 당사자소송 ∵ 부가가치세법령에서 규정된 것의 지급을 중시

36. 「표시·광고의 공정화에 관한 법률」 위반을 이유로 한 공정거래위원회의 경고의결은 항고소송의 대상인 행정처분에 해당한다.

37. 甲이 인터넷 포털사이트 등의 개인정보 유출사고로 자신들의 주민등록번호 등 개인정보가 불법 유출되자 이를 이유로 관할 구청장에게 주민등록번호를 변경해 줄 것을 신청하였으나 구청장이 '주민등록번호가 불법 유출된 경우 주민등록법상 변경이 허용되지 않는다'는 이유로 주민등록번호 변경을 거부하는 취지의 통지를 한 경우, 법령에 명시적 규정이 없더라도 피해자의 의사와 무관하게 주민등록번호가 유출된 경우에는 조리상 주민등록번호의 변경을 요구할 신청권을 인정할 수 있으므로, 구청장의 주민등록번호 변경신청 거부행위는 항고소송의 대상이 되는 행정처분에 해당한다.

38. 교육부장관이 사학분쟁조정위원회의 심의를 거쳐 이사와 임시이사를 선임한 데 대하여 대학교육협의회와 총학생회는 제3자로서 취소소송을 제기할 자격이 있다.

39. 교육부장관이 사학분쟁조정위원회의 심의를 거쳐 학교법인의 이사와 임시이사를 선임한 데 대하여 그 대학교의 교수협의회와 총학생회는 이사선임처분을 다툴 법률상 이익을 가지지만, 직원으로 구성된 노동조합은 법률상 이익을 가지지 않는다.

40. 지방자치단체 등이 건축물을 건축하기 위해 건축물 소재지 관할 허가권자인 지방자치단체의 장과 건축협의를 하였는데 허가권자인 지방자치단체의 장이 그 협의를 취소한 경우, 건축협의 취소는 항고소송의대상인 행정처분에 해당한다.

41. 사실심 변론종결시에는 원고적격이 있었으나, 상고심에서 원고적격이 흠결된 취소소송은 소송요건이 충족되지 않는다.

42. 시·도 선거관리위원회의 위원장은 국민권익위원회가 그에게 소속 직원에 대한 중징계 요구를 취소하라는 등의 조치요구를 한 것에 대하여 취소소송을 제기할 당사자능력 및 원고적격을 가진다.
➜ 국민권익위원회의 조치요구는 강제성O ∴ 권리·의무에 영향O

43. 생태·자연도 1등급으로 지정되었던 지역을 2등급 또는 3등급으로 변경하는 내용의 환경부장관의 결정에 대해 해당 1등급 권역의 인근 주민은 취소소송을 제기할 원고적격이 없다.

44. 「행정소송법」 제12조 전단의 '법률상 이익'의 개념과 관련하여서는 권리구제설, 법률상 보호된 이익구제설, 보호가치 있는 이익구제설, 적법성보장설 등으로 나누어지며, 이 중에서 법률상 보호된 이익구제설이 통설·판례의 입장이다.

45. 대외적으로 의사를 표시할 수 있는 기관이 아닌 내부기관은 실질적인 의사가 그 기관에 의하여 결정되더라도 피고적격을 갖지 못한다.

46. 망인(亡人) 甲이 친일행적을 하였다는 이유로 국무의회 의결과 대통령 결재를 거쳐 甲의 독립유공자 서훈취소가 결정된 후, 국가보훈처장이 甲의 유족에게 행한 '독립유공자 서훈취소 결정통보'는 주체상의 하자가 있다고 보기 어렵다.

47. 국무회의에서 건국훈장 독립장이 수여된 망인에 대한 서훈취소를 의결하고 대통령이 결재함으로써 서훈취소가 결정된 후 국가보훈처장이 망인의 유족에게 독립유공자 서훈취소결정통보를 한 경우 항고소송의 피고는 국가보훈처장이 아니라 행정청(대통령)이다.

48. 망인에 대한 서훈취소는 유족에 대한 것이 아니므로 유족에 대한 통지에 의해서만 성립하여 효력이 발생한다고 볼 수 없고, 그 결정이 처분권자의 의사에 따라 상당한 방법으로 대외적으로 표시됨으로써 행정행위로서 성립하여 효력이 발생한다고 봄이 타당하다.
   ➜ 유족은 처분의 상대방X

49. 한국전력공사가 정부투자기관회계규정에 의하여 행한 입찰 참가자격을 제한하는 내용의 부정당업자제재처분은 사법상의 효력을 가지는 통지행위이다.

50. 「행정소송법」 제8조 제2항은 '행정소송에 관하여 이 법에 특별한 규정이 없는 사항에 대하여는 법원조직법과 민사소송법 및 민사집행법의 규정을 준용한다.'고 규정한다. 이와 관련하여 행정소송사건에서 「민사소송법」상 보조참가가 허용된다.

51. 특정 소송사건에서 당사자 일방을 보조하기 위하여 보조참가를 하려면 당해 소송의 결과에 대하여 이해관계가 있어야 하고, 이해관계라 함은 사실상·경제상 또는 감정상의 이해관계가 아니라 법률상의 이해관계를 가리킨다.

52. 불특정 다수인에게 고시 또는 공고하는 경우 상대방이 고시 또는 공고 사실을 현실적으로 알았는지와 무관하게 고시가 효력이 발생하는 날에 처분이 있음을 알았다고 보아야 한다.

53. '처분 등이 있음을 안 날'이라 함은 상대방이 있는 행정처분의 경우에는 특별한 규정이 없는 한 의사표시의 일반적 법리를 따라 행정처분이 상대방에게 고지되어야 효력이 발생하게 되므로, 행정처분이 상대방에게 고지되어 상대방이 이러한 사실을 인식함으로써 행정처분이 있다는 사실을 현실적으로 알았을 때 제소기간이 진행한다.

54. 제소기간의 준수여부는 소송요건이므로 법원의 직권조사사항이다.

55. 행정심판청구가 있은 때의 취소소송의 제소기간은 재결서의 정본을 송달받은 날부터 기산하는바, 여기서 말하는 '행정심판'은 행정심판법에 따른 일반행정심판과 이에 대한 특례로서 다른 법률에서 사안의 전문성과 특수성을 살리기 위하여 특히 필요하여 일반행정심판을 갈음하는 특별한 행정불복절차를 정한 경우의 특별행정심판을 뜻한다.

56. 선행처분의 취소를 구하는 소가 그 후속처분의 취소를 구하는 소로 교환적으로 변경되었다가 다시 선행처분의 취소를 구하는 소로 변경된 경우 후속처분의 취소를 구하는 소에 선행처분의 취소를 구하는 취지가 그대로 남아 있었던 것으로 볼 수 있다면 선행처분의 취소를 구하는 소의 제소기간은 최초의소가 제기된 때를 기준으로 정하여야 한다.

57. A구청장은 법령 위반을 이유로 甲에 대하여 3월의 영업정지처분을 하였고, 甲은 2015년 12월 26일 처분서를 송달받았다. 이에 대하여 甲이 행정심판을 청구하자, 2016년 3월 6일 "A구청장은 甲에 대하여 한 3월의 영업정치처분을 과징금부과처분으로 변경하라."라는 일부 기각(일부 인용)의 재결을 하였고, 그 재결서 정본은 2016년 3월 10일 甲에게 도달하였다. A구청장은 이 재결취지에 따라 2016년 3월 13일 甲에 대하여 과징금부과처분을 하였다. 甲은 A구청장을 상대로 과징금부과처분의 취소를 구하는 취소소송을 제기하려고 한다. 갑(甲)이 취소소송을 제기할 때, 그 취소소송의 제소기간은 2016년 3월 10일로부터 90일이다.

58. 경원관계에서 신청한 처분을 받지 못한 사람은 신청에 대한 거부처분의 직접 상대방으로서 원칙적으로 자신에 대한 거부처분의 취소를 구할 원고적격이 있고, 거부처분 취소판결이 확정되는 경우 판결의 직접적인 효과로 경원자에 대한 허가처분이 취소되거나 효력이 소멸되지는 않더라도 특별한 사정이 없는 한 자신에 대한 거부처분의 취소를 구할 소의 이익이 있다.

59. 구「주택법」상 입주자나 입주예정자는 주택의 사용검사처분의 무효확인 또는 취소를 구할 법률상 이익이 없다.

60. 항고소송의 경우에는 처분의 적법성을 주장하는 피고(행정청)에게 그 적법사유에 대한 증명책임이 있다. 피고가 주장하는 일정한 처분의 적법성에 관하여 합리적으로 수긍할 만한 증명이 있는 경우에는 그 처분은 정당하다고 볼 수 있고, 이와 상반되는 예외적인 사정에 대한 주장과 증명은 그 상대방인 원고에게 그 책임이 있다.

61. 보조금 교부결정 취소처분에 대한 효력정지결정에 따라 효력정지기간 중 계속하여 보조금이 지급되었으나 이후 본안소송에서 원고 패소 판결이 선고된 경우, 효력정지기간 중 교부된 보조금을 반환하여야 한다.

62. 집행정지결정은 판결이 아님에도 기속력은 인정된다. 따라서 기속력에 반하는 처분은 무효의 처분이 된다. 다만 확정판결과는 달리 재처분의무는 인정되지 않기 때문에 행정청은 집행정지결정의 취지에 따라 다시 이전의 신청에 대한 처분을 하여야 하는 것은 아니다.

63. 본안문제인 행정처분 자체의 적법여부는 집행정지 신청의 요건이 되지 아니하는 것이 원칙이지만, 본안소송의 제기 자체는 적법한 것이어야 한다.
➜ 적법한 소송제기를 전제로 집행정지 신청이 가능

64. 집행정지결정 중 효력정지결정은 효력 그 자체를 잠정적으로 정지시키는 것이므로 행정처분이 없었던 원래상태와 같은 상태를 가져오지만 장래에 향하여 효력을 발생하는 것이 원칙이다.

65. 행정소송법 제38조의 준용규정을 보면, 취소소송에 관한 규정 중 제23조(원칙적 집행부정지와 예외적 집행정지)는 부작위위법확인소송에는 준용되지 않으나 무효등확인소송에는 준용된다.

66. 행정소송법이 집행정지의 요건 중 하나로 회복하기 어려운 손해가 생기는 것을 예방할 필요성에 관하여 규정하고 있는 반면 행정심판법은 집행정지의 요건 중 하나로 중대한 손해를 예방할 필요성에 관하여 규정하고 있다.

67. 임시처분은 행정심판법 제31조에 규정되어 있고, 행정소송법의 취소소송에 규정되어 있지는 않다.

68. 적법한 용도변경절차를 마치지 아니한 건축물은 원상회복되거나 적법한 용도변경절차를 마치기 전까지는 그 위법상태가 계속되는 것이고, 그 위법상태의 법적 성격은 특별한 사정이 없는 한 그 법적 성격여하가 문제되는 시점 당시에 시행되는 건축법령에 의하여 판단되어야 한다.

69. 사정판결을 함에 있어서는 그 판결의 주문에서 그 처분 등이 위법함을 구체적으로 명시하여야 한다.

70. 사정판결이 확정되면 사정판결의 대상이 된 행정처분이 위법하다는 점에 대하여 기판력이 발생한다.

71. 행정처분의 위법 여부는 행정처분이 행하여진 때의 법령과 사실을 기준으로 판단하므로, 확정판결의 당사자인 처분 행정청은 종전 처분 후에 발생한 새로운 사유를 내세워 다시 처분을 할 수 있다.

72. 종전 확정판결의 행정소송 과정에서 한 주장 중 처분사유가 되지 아니하여 판결의 판단 대상에서 제외된 부분을 행정청이 그 후 새로이 행한 처분의 적법성과 관련하여 새로운 소송에서 다시 주장하는 것은 확정판결의 기판력에 저촉되지 않는다.
   ➜ ∵ 기판력은 판결의 주문(결론)에 포함된 것에 한하여 인정

73. 법규 위반을 이유로 한 영업허가취소처분이 처분의 이유로 된 법규 위반 중 일부가 인정되지 않고 나머지 법규 위반으로는 영업허가취소처분이 비례의 원칙에 위반된다고 취소된 경우에 판결에서 인정되지 않은 법규 위반사실을 포함하여 다시 영업정지처분을 내리는 것은 동일한 행위의 반복은 아니지만 판결의 취지에 반한다. ➜ 기속력은 판결의 이유에 제시된 위법사유에 대하여 미치므로, 판결의 이유에서 제시된 위법사유를 다시 반복하는 것은 동일한 처분이 아니라도 기속력에 반한다.

74. 파면처분에 대한 취소판결이 확정되면 파면되었던 원고를 복직시켜야 한다.

75. 법규 위반을 이유로 내린 영업허가취소처분이 비례의 원칙 위반으로 취소된 경우에 동일한 법규 위반을 이유로 영업정지처분을 내리는 것은 기속력에 반하지 않는다.

76. 기판력은 사실심 변론의 종결시를 기준으로 발생하므로, 처분청은 당해 사건의 사실심 변론종결 이전에 주장할 수 있었던 사유를 내세워 확정판결과 저촉되는 처분을 할 수 없다.

77. 기각판결의 경우, 당해 처분이 적법하다는 내용의 기판력이 발생하므로, 원고는 다른 위법사유를 들어 다시 처분의 효력을 다툴 수 없다.

78. 사립학교 교원이 어떠한 징계처분을 받아 교원소청심사위원회에 소청심사청구를 하였고, 이에 대하여 위원회가 그 징계사유 자체가 인정되지 않는다는 이유로 징계양정의 당부에 대해서는 나아가 판단하지 않은 채 징계처분을 취소하는 결정을 한 경우, 그에 대하여 학교법인 등이 제기한 행정소송절차에서 심리한 결과 징계사유 중 일부 사유는 인정된다고 판단이 되면 법원으로서는 교원소청심사위원회의 결정을 취소하여야 한다.
   ➜ 전부취소가 원칙
   ➜ 교원소청심사위원회의 재결(결정)에 고유한 위법(내용을 검토해야함에도 내용조차 검토하지 않은 것)이 있기 때문에 해당 재결을 대상으로 취소소송 가능

79. 취소판결의 기속력은 판결의 주문(主文) 및 해당 처분 등의 구체적 위법사유에 관한 판단에도 미친다.
   ➜ 주문(主文) : 재판의 대상이 된 사건에 대한 결론

80. 甲이 관할 행정청으로부터 영업허가취소처분을 받았고, 이에 대해 취소소송을 제기하여 취소판결이 확정된 이후에도 다른 사유를 근거로 하더라도 다시 영업허가를 취소하는 처분을 할 수 있다.

81. 판결의 기속력은 인용판결에 한하여 인정되고 기각판결에는 인정되지 않는다.
   ➜ 기속력은 행정청에 대한 효력
   ➜ 기각판결의 경우 행정청은 별다른 의무X ∴ 행정청에게 의무를 요하는 효력 인정X
   (행정처분이 적법)

82. 도시 및 주거환경정비법에 의한 정비사업의 공익적·단체법적 성격과 이전고시에 따라 이미 형성된 법률관계를 유지하여 법적 안정성을 보호할 필요성이 현저한 점 등을 고려할 때, 이전고시의 효력이 발생한 이후에는 원칙적으로 조합원 등이 해당 정비사업을 위하여 이루어진 수용재결의 무효확인을 구할 법률상 이익이 없다.

83. 행정청이 문서에 의하여 처분을 한 경우, 처분서의 문언만으로도 행정청이 어떤 처분을 하였는지가 분명한데도 처분 경위나 처분 이후의 상대방의 태도 등 다른 사정을 고려하여 처분서의 문언과는 달리다른 처분까지 포함되어 있는 것으로 확대해석해서는 안 된다.

84. 산업단지개발계획상 산업단지 안의 토지소유자로서 산업단지개발계획에 적합한 시설을 설치하여 입주하려는 자는 산업단지지정권자 또는 그 권한을 위임받은 기관에 대하여 산업단지개발계획의 변경을 요청할 수 있는 법규상 또는 조리상 신청권이 있다고 보아야 한다.

85. 「행정심판법」상 부작위위법확인심판은 인정되지 않는다. 따라서 부작위위법확인소송에서 예외적으로 행정심판전치가 인정될 경우에는 의무이행심판을 거쳐야 한다.

86. 형식적 당사자소송이란 실질적으로 행정청의 처분 등을 다투는 것이나 형식적으로는 처분 등의 효력을 다투지도 않고, 또한 처분청을 피고로 하지도 않고, 그 대신 처분 등으로 인해 형성된 법률관계를 다투기 위해 관련 법률관계의 일방 당사자를 피고로 하여 제기하는 소송을 말한다. ➜ 형식적 당사자소송 : <실질적으로는 항고소송 / 형식적으로는 당사자소송>인 소송

87. 사업주가 당연가입자가 되는 고용보험 및 산재보험에서 보험료 납부의무 부존재확인의 소는 공법상의 법률관계 자체를 다투는 소송으로서 공법상 당사자소송이다.

88. 원고가 고의 또는 중대한 과실 없이 당사자소송으로 제기하여야 할 것을 항고소송으로 잘못 제기한 경우에, 당사자소송으로서의 소송요건을 결하고 있음이 명백하여 당사자소송으로 제기되었더라도 어차피 부적법하게 되는 경우가 아닌 이상, 법원으로서는 원고로 하여금 당사자소송으로 소 변경을 하도록 하여 심리·판단하여야 한다.

89. 법관 甲이 이미 수령한 명예퇴직수당액이 구 법관 및 법원공무원 명예퇴직수당 등 지급규칙에서 정한 정당한 명예퇴직수당액에 미치지 못한다고 주장하며 차액의 지급을 신청하였으나 법원행정처장이 이를 거부한 경우 甲은 미지급명예퇴직수당액지급을 구하는 당사자소송을 제기할 수 있다.

90. 「행정소송법」상의 당사자소송에는 「민사집행법」상의 가처분에 관한 규정이 준용된다.

91. 당사자소송을 본안으로 하는 가처분에 대하여는 「행정소송법」상 집행정지에 관한 규정이 준용되지 않고, 「민사집행법」상 가처분에 관한 규정이 준용되어야 한다.

92. 지방소방공무원이 소속 지방자치단체를 상대로 초과근무수당의 지급을 구하는 소송은 당사자소송절차에 따라야 한다.

93. 납세의무자에 대한 국가의 부가가치세 환급세액 지급의무에 대응하는 국가에 대한 납세의무자의 부가가치세 환급세액 지급청구는 민사소송이 아니라 당사자소송의 절차에 따라야 한다.

94. 국회의원선거의 효력에 관하여 이의가 있는 선거인 등이 당해 선거구선거관리위원회위원장을 피고로 하여 대법원에 제기하는 선거소송은 「행정소송법」 제3조 제3호에서 규정한 민중소송에 해당한다.

95. 지방자치단체의 장의 재의요구에도 불구하고 지방의회가 조례안을 재의결한 경우 단체장이 지방의회를 상대로 제기하는 소송은 기관소송이다.

CHAPTER 02

우선순위
소방행정법
기출문제

제1편 행정법통론

제1장 행정

제1절 행정의 의의

제2절 통치행위

제2장 행정법

제1절 행정법의 의의

제2절 법치행정의 원칙

01 법치행정에 관한 설명으로 옳지 않은 것은? (단, 다툼이 있는 경우 판례에 따름) *〈2017 교육행정〉*

① 법률우위의 원칙은 침해적 행정에만 적용된다.
② 법률유보의 원칙에 반하는 행정작용은 위법하다.
③ 기본권제한의 형식이 반드시 법률의 형식일 필요는 없다.
④ 한국방송공사의 TV수신료금액 결정은 법률유보(의회유보) 사항이다.

해설

① 법률우위의 원칙은 행정의 모든 영역에 적용된다.
   → *법률유보의 원칙은 주로 행정작용에서만 적용O*
② 법률유보의 원칙도 법원칙이므로 이에 반하는 행정작용은 위법하다.
③ 기본권 제한에 있어 법률유보원칙의 의미국민의 기본권은 헌법 제37조 제2항에 의하여 국가안전보장, 질서유지 또는 공공복리를 위하여 필요한 경우에 한하여 이를 제한할 수 있으나 그 제한은 원칙적으로 법률로써만 가능하며, 제한하는 경우에도 기본권의 본질적 내용을 침해할 수 없고 필요한 최소한도에 그쳐야 한다. 이러한 **법률유보의 원칙**은 '법률에 의한' 규율만을 뜻하는 것이 아니라 '법률에 근거한' 규율을 요청하는 것이므로 기본권 제한의 형식이 반드시 법률의 형식일 필요는 없고 법률에 근거를 두면서 헌법 제75조가 요구하는 위임의 구체성과 명확성을 구비하기만 하면 위임입법에 의하여도 기본권 제한을 할 수 있다 할 것이다(헌재 2005.2.24. 2003헌마289).

④ **오늘날 법률유보원칙**은 단순히 행정작용이 법률에 근거를 두기만 하면 충분한 것이 아니라, 국가공동체와 그 구성원에게 기본적이고도 중요한 의미를 갖는 영역, 특히 국민의 기본권 실현과 관련된 영역에 있어서는 행정에 맡길 것이 아니라 국민의 대표자인 입법자 스스로 그 본질적 사항에 대하여 결정하여야 한다는 요구까지 내포하고 있다(**의회유보원칙**). 그런데 (텔레비전방송수신료는) 대다수 국민의 재산권 보장의 측면이나 한국방송공사에게 보장된 방송자유의 측면에서 국민의 기본권 실현에 관련된 영역에 속하고, 수신료금액의 결정은 납부의무자의 범위, 징수절차 등과 함께 수신료에 관한 본질적이고도 중요한 사항이므로 국회가 스스로 행하여야 하는 사항에 속하는 것임에도 불구하고 한국방송공사법 제36조 제1항에서 국회의 결정이나 관여를 배제한 채 한국방송공사로 하여금 수신료금액을 결정해서 문화관광부장관의 승인을 얻도록 한 것은 법률유보원칙에 위반된다(헌재 1999.5.27. 98헌바70).

정답 ①

02 행정의 법률적합성의 원칙에 대한 설명으로 옳지 않은 것은? (다툼이 있는 경우 판례에 의함)

〈2017 국가직 7급〉

① 법률유보의 원칙에서 요구되는 행정권 행사의 법적 근거는 작용법적 근거를 말하며 원칙적으로 개별적 근거를 의미한다.

② 법규에 명문의 근거가 없음에도 환경보전이라는 중대한 공익상의 이유로 산림훼손허가를 거부하는 것은 법률유보의 원칙에 비추어 허용되지 않는다.

③ 행정청이 행정처분의 단계에서 당해 처분의 근거가 되는 법률이 위헌이라 판단하여 그 적용을 거부하는 것은 권력분립의 원칙상 허용될 수 없다.

④ 납세의무자에게 조세의 납부의무뿐만 아니라 스스로 과세표준과 세액을 계산하여 신고하여야 하는 의무까지 부과하는 경우에 신고의무불이행에 따른 납세의무자가 입게 될 불이익은 법률로 정하여야 한다.

해설

① 행정사무를 행정기관에 배분하는 규범을 조직규범이라고 하는데, 법에 의해 부여되지 않은 권한 행사는 금지되기 때문에 이 조직규범은 모든 영역에서 필요하다. 그리고 행정부가 국민의 권리·의무와 관련되는 행위를 함에 있어서 근거가 되는 규범을 작용규범이라고 하는데, 조직규범만으로는 그 직무수행을 정당화하는 근거가 될 수 없으므로 **법률유보의 원칙**상 행정권 행사는 조직규범 외에 **개별적인 작용법적 근거**가 있어야 한다.

→ *법률유보의 원칙에서 요구되는 행정권 행사의 법적 근거는 작용법적 근거를 말하며 원칙적으로 개별적 근거를 의미한다.*

→ *법률유보원칙에서 요구되는 법적 근거는 작용법적 근거를 의미하며, 조직법적 근거는 모든 행정권 행사에 있어서 당연히 요구된다.*

② 산림훼손은 국토 및 자연의 유지와 수질 등 환경의 보전에 직접적으로 영향을 미치는 행위이므로, 법령이 규정하는 산림훼손 금지 또는 제한 지역에 해당하는 경우는 물론 금지 또는 제한 지역에 해당하지 않더라도 허가관청은 산림훼손허가신청 대상토지의 현상과 위치 및 주위의 상황 등을 고려하여 국토 및 자연의 유지와 환경의 보전 등 중대한 공익상 필요가 있다고 인정될 때에는 허가를 거부할 수 있고, 그 경우 법규에 명문의 근거가 없더라도 거부처분을 할 수 있다(대판 2003.3.28. 2002두12113).

③ 행정청이 행정처분 단계에서 당해 처분의 근거가 되는 법률이 위헌이라고 판단하여 그 적용을 거부하는 것은 권력분립의 원칙상 허용될 수 없지만, 행정처분에 대한 소송절차에서는 행정처분의 적법성·정당성뿐만 아니라 그 근거 법률의 헌법적합성까지도 심판대상으로 되는 것이므로, 행정처분에 불복하는 당사자뿐만 아니라 행정처분의 주체인 행정청도 헌법의 최고규범력에 따른 구체적 규범통제를 위하여 근거 법률의 위헌 여부에 대한 심판의 제청을 신청할 수 있고 헌법재판소법 제68조 제2항의 헌법소원을 제기할 수 있다고 봄이 상당하다(헌재 2008.4.24. 2004헌바44).

④ 국민에게 납세의 의무를 부과하기 위해서는 조세의 종목과 세율 등 납세의무에 관한 기본적, 본질적 사항은 국민의 대표기관인 국회가 제정한 법률로 규정하여야 하고, 법률의 위임 없이 명령 또는 규칙 등의 행정입법으로 과세요건 등 납세의무에 관한 기본적, 본질적 사항을 규정하는 것은 헌법이 정한 조세법률주의 원칙에 위배된다. 특히 법인세, 종합소득세와 같이 납세의무자에게 조세의 납부의무뿐만 아니라 스스로 과세표준과 세액을 계산하여 신고하여야 하는 의무까지 부과하는 경우에는 신고의무 이행에 필요한 기본적인 사항과 신고의무불이행 시 납세의무자가 입게 될 불이익 등은 납세의무를 구성하는 기본적·본질적 내용으로서 법률로 정하여야 한다(대판 2015.8.20. 2012두23808).

정답 ②

03 법률유보의 원칙에 대한 설명으로 옳지 않은 것은? (다툼이 있는 경우 판례에 의함) 〈2019 국가직 9급〉

① 법률유보의 원칙에서 요구되는 법적 근거는 작용법적 근거를 의미한다.

② 개인택시운송사업자의 운전면허가 아직 취소되지 않았더라도 운전면허 취소사유가 있다면 행정청은 명문 규정이 없더라도 개인택시운송사업면허를 취소할 수 있다.

③ 법률유보의 원칙은 국민의 기본권실현과 관련된 영역에 있어서는 입법자가 그 본질적 사항에 대해서 스스로 결정하여야 한다는 요구까지 내포하고 있다.

④ 국회가 형식적 법률로 직접 규율하여야 하는 필요성은 규율대상이 기본권 및 기본적 의무와 관련된 중요성을 가질수록, 그에 관한 공개적 토론의 필요성 또는 상충하는 이익 사이의 조정 필요성이 클수록 더 증대된다.

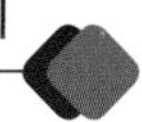

해설

① 법률유보의 원칙은 원칙적으로 행정작용에 법적 근거가 있어야 한다는 의미이므로 법률유보의 원칙에서 요구되는 법적 근거는 행정작용에 법적근거가 되는 작용법적 근거를 의미한다.

② 관할관청은 개인택시운송사업자의 운전면허가 취소된 때에 그의 개인택시운송사업면허를 취소할 수 있도록 규정되어 있을 뿐 그에게 운전면허 취소사유가 있다는 사유만으로 개인택시운송사업면허를 취소할 수 있도록 하는 규정은 없으므로, 관할관청으로서는 비록 개인택시운송사업자에게 운전면허 취소사유가 있다 하더라도 그로 인하여 운전면허 취소처분이 이루어지지 않은 이상 개인택시운송사업면허를 취소할 수는 없다(대판 2008.5.15, 2007두26001).

③ 오늘날 법률유보원칙은 단순히 행정작용이 법률에 근거를 두기만 하면 충분한 것이 아니라, 국가공동체와 그 구성원에게 기본적이고도 중요한 의미를 갖는 영역, 특히 국민의 기본권실현과 관련된 영역에 있어서는 국민의 대표자인 입법자가 그 본질적 사항에 대해서 스스로 결정하여야 한다는 요구까지 내포하고 있다(헌재 1999.5.27, 98헌바70).

④ 어떠한 사안이 **국회가 형식적 법률로 스스로 규정**하여야 하는 본질적 사항에 해당되는지는, 구체적 사례에서 관련된 이익 내지 가치의 중요성, 규제 또는 침해의 정도와 방법 등을 고려하여 개별적으로 결정하여야 하지만, 규율대상이 국민의 기본권 및 기본적 의무와 관련한 중요성을 가질수록 그리고 그에 관한 공개적 토론의 필요성 또는 상충하는 이익 사이의 조정 필요성이 클수록, 그것이 국회의 법률에 의해 직접 규율될 필요성은 더 증대된다(대판 2015.8.20. 2012두23808).

정답 ②

04 법률유보원칙에 관한 설명으로 가장 옳은 것은? *〈2019 서울시 9급〉*

① 헌법재판소 결정에 따를 때 기본권 제한에 관한 법률유보원칙은 법률에 근거한 규율을 요청하는 것이므로 그 형식이 반드시 법률일 필요는 없더라도 법률상의 근거는 있어야 한다.

② 행정상 즉시강제는 개인에게 미리 의무를 명할 시간적 여유가 없는 경우를 전제로 하므로 그 긴급성을 고려할 때 원칙적으로 법률적 근거를 요하지 아니한다.

③ 헌법재판소는 법률이 공법적 단체 등의 정관에 자치법적 사항을 위임하는 경우에는 의회유보원칙이 적용될 여지가 없다고 한다.

④ 헌법재판소는 국회의 의결을 거쳐 확정되는 예산도 일종의 법규범이므로 법률과 마찬가지로 국가기관 뿐만 아니라 국민도 구속한다고 본다.

해설

① 기본권 제한에 관한 법률유보원칙은 '법률에 근거한 규율'을 요청하는 것이므로, 그 형식이 반드시 법률일 필요는 없다 하더라도 법률상의 근거는 있어야 한다. 따라서 모법의 위임범위를 벗어난 하위법령은 법률의 근거가 없는 것으로 법률유보원칙에 위반된다(헌재 2016.4.28, 2012헌마630).

② 행정상 즉시강제는 전형적인 침해행정의 일종이므로 엄격한 실정법적 근거가 필요하다고 보는 것이 일반적이다.

③ 법률이 자치적인 사항을 정관에 위임할 경우 원칙적으로 헌법상의 포괄위임입법금지원칙이 적용되지 않는다 하더라도, 그 사항이 국민의 권리·의무에 관련되는 것일 경우에는, 적어도 국민의 권리와 의무의 형성에 관한 사항을 비롯하여 국가의 통치조직과 작용에 관한 기본적이고 본질적인 사항은 반드시 국회가 정하여야 할 것이다(헌재 2006.3.30. 2005헌바31).

④ **예산**은 일종의 법규범이고 법률과 마찬가지로 국회의 의결을 거쳐 제정되지만 **법률과 달리** 국가기관만을 구속할 뿐 일반국민을 구속하지 않는다(헌재 2006.4.25. 2006헌마409).

정답 ①

제3절 행정법의 법원 및 일반원칙(조리)

01 행정법의 법원(法源)에 대한 설명으로 옳지 않은 것은? (다툼이 있는 경우 판례에 의함)

〈2021 국가직 9급〉

① 지방자치단체가 제정한 조례가 헌법에 의하여 체결·공포된 조약에 위반되는 경우 그 조례는 효력이 없다.

② 행정소송에 관하여 「행정소송법」에 특별한 규정이 없는 사항에 대하여는 「법원조직법」과 「민사소송법」 및 「민사집행법」의 규정을 준용한다.

③ 평등원칙은 일체의 차별적 대우를 부정하는 절대적 평등을 의미하는 것이 아니라 입법과 법의 적용에 있어서 합리적인 근거가 없는 차별을 배제하는 상대적 평등을 뜻한다.

④ 개정 법령이 기존의 사실 또는 법률관계를 적용대상으로 하면서 국민의 재산권과 관련하여 종전보다 불리한 법률효과를 규정하고 있는 경우, 그러한 사실 또는 법률관계가 개정 법률이 시행되기 이전에 이미 완성 또는 종결된 것이 아니라면 소급입법금지원칙에 위반된다.

해설

① '1994년 관세 및 무역에 관한 일반협정'(이하 'GATT'라 한다)과 '정부조달에 관한 협정'(이하 'AGP'라 한다)은 국회의 동의를 얻어 공포시행된 조약으로서 각 헌법 제6조 제1항에 의하여 국내법령과 동일한 효력을 가지므로 지방자치단체가 제정한 **조례**가 GATT나 AGP에 위반되는 경우에는 그 **효력이 없다**(대판 2005.9.9. 2004추10).

② **행정소송법 제8조 (법적용예)**

제2항 행정소송에 관하여 이 법에 특별한 규정이 없는 사항에 대하여는 법원조직법과 민사소송법 및 민사집행법의 규정을 준용한다.

③ 조세평등주의에서의 평등은 일체의 차별적 대우를 부정하는 절대적 평등을 의미하는 것이 아니라 입법과 법의 적용에 있어서 합리적인 근거가 없는 차별을 배제하는 상대적 평등을 뜻하며, 따라서 합리적 근거가 있는 차별은 평등원칙에 반하는 것이 아니다(대결 2018.4.26. 2018아541).

④ 개정 법령이 기존의 사실 또는 법률관계를 적용대상으로 하면서 국민의 재산권과 관련하여 종전보다 불리한 법률효과를 규정하고 있는 경우에도 그러한 사실 또는 법률관계가 개정 법령이 시행되기 이전에 **이미 완성 또는 종결된 것이 아니라면** 개정 법령을 적용하는 것이 헌법상 금지되는 소급입법에 의한 재산권 침해라고 할 수는 없다(대판 2014.4.24. 2013두26552).

정답 ④

02 행정법의 법원(法源)에 대한 설명으로 가장 옳은 것은? *〈2019 서울시 9급〉*

① 인간다운 생활을 할 권리와 같은 헌법상의 추상적인 기본권에 관한 규정은 행정법의 법원이 되지 못한다.

② 국제법규도 행정법의 법원이므로, 사인이 제기한 취소소송에서 WTO협정과 같은 국제협정 위반을 독립된 취소사유로 주장할 수 있다.

③ 위법한 행정관행에 대해서도 신뢰보호의 원칙이 적용될 수 있다.

④ 행정의 자기구속의 원칙은 처분청이 아닌 제3자 행정청에 대해서도 적용된다.

해설

① **행정법의 성문법원에는 헌법도 포함**되므로, 헌법상의 (추상적인 기본권 등) 규정들은 행정법의 법원이 된다.

② 회원국 정부의 반덤핑부과처분이 WTO 협정위반이라는 이유만으로 사인이 직접 국내 법원에 회원국 정부를 상대로 그 처분의 취소를 구하는 소를 제기하거나 WTO 협정위반을 처분의 독립된 취소사유로 주장할 수는 없다(대판 2009.1.30. 2008두17936).

③ 신뢰보호의 원칙은 신뢰보호의 요건 즉 "행정청의 선행조치, 보호가치가 있는 신뢰, 개인적 처리, 인과관계, 선행조치에 반하는 처분, 공익 또는 제3자의 이익을 현저히 해하지 않을 것"을 갖추게 되면 적용되는 것이다.

→ ∴ *위법한 행정관행의 경우에도 해당 요건을 갖추게 된다면 얼마든지 적용가능*

④ 행정의 자기구속의 원칙은 동일한 행정청(처분청)을 전제로 하기 때문에 제3자 행정청(다른 행정청)에 대해서는 적용할 수 없다.

→ ***행정의 자기구속의 원칙이 발생하려면 동종사안, 동일 행정청, 다수의 선례, 재량이 전제***

정답 ③

03 행정법의 법원(法源)에 관한 설명으로 옳지 않은 것은? (단, 다툼이 있는 경우 판례에 따름)

〈2017 교육행정 9급〉

① 신뢰보호의 원칙은 실정법상의 근거 규정을 두고 있다.

② 대통령의 긴급명령과 긴급재정·경제명령은 행정법의 법원이 된다.

③ '1994년 관세 및 무역에 관한 일반협정'에 위반되는 조례는 무효이다.

④ '남북 사이의 화해와 불가침 및 교류협력에 관한 합의서'는 국가 간의 조약이다.

해설

① **행정절차법 제4조 (신의성실 및 신뢰보호)**

제2항 행정청은 법령 등의 해석 또는 행정청의 관행이 일반적으로 국민들에게 받아들여졌을 때에는 공익 또는 제3자의 정당한 이익을 현저히 해칠 우려가 있는 경우를 제외하고는 새로운 해석 또는 관행에 따라 소급하여 불리하게 처리하여서는 아니 된다.

국세기본법 제18조 (세법 해석의 기준 및 소급과세의 금지)

제3항 세법의 해석이나 국세행정의 관행이 일반적으로 납세자에게 받아들여진 후에는 그 해석이나 관행에 의한 행위 또는 계산은 정당한 것으로 보며, 새로운 해석이나 관행에 의하여 소급하여 과세되지 아니한다.

→ 행정절차법·국세기본법 모두 신뢰보호의 원칙(소급금지의 원칙) 규정O

② 헌법 제76조에서 적시한 대통령의 긴급명령 및 긴급재정·경제명령은 법률대위명령으로 법규성이 있으므로 (법이므로) 행정법의 법원이 된다.

③ 특정 지방자치단체의 초·중·고등학교에서 실시하는 학교급식을 위해 **위 지방자치단체에서 생산되는 우수 농수축산물과 이를 재료로 사용하는 가공식품**(이하 '**우수농산물**'이라고 한다)을 우선적으로 사용하도록 하고 그러한 **우수농산물을 사용하는 자를 선별하여 식재료나 식재료 구입비의 일부를 지원**하며 지원을 받은 학교는 지원금을 반드시 우수농산물을 구입하는 데 사용하도록 하는 것을 내용으로 하는 위 지방자치단체의 조례안이 내국민대우원칙을 규정한 '1994년 관세 및 무역에 관한 일반협정'(General Agreement On Tariffs and Trade 1994)에 위반되어 그 효력이 없다(대판 2005.9.9. 2004추10).

→ GATT등 국제조약을 위반한 조례는 효력X

④ '남북 사이의 화해와 불가침 및 교류협력에 관한 합의서'는 국내법과 동일한 효력이 있는 **조약**이나 이에 준하는 것으로 볼 수 **없다**(대판 1999.7.23. 98두14525).

→ 남북기본합의서는 국가 간의 조약이 아니므로 국내법과 동일한 효력X BUT 법적 구속력O

∵ 남북기본합의서는 현재 <남북관계 발전에 관한 법률>에 의해서 법적 구속력O (법률에 적시되어 있으니까 법적 구속력O)

정답 ④

04 행정법의 법원(法源)으로서 헌법이 직접 규정하고 있지 않은 것은? 〈2018 소방공채〉

① 감사원규칙
② 중앙선거관리위원회규칙
③ 지방자치단체의 자치에 관한 규정
④ 대통령령, 총리령, 부령

해설

감사원규칙은 헌법상 근거조항은 없고 감사원법에 근거조항이 있다.

정답 ①

05 다음 설명 중 옳지 않은 것은? (다툼이 있는 경우 판례에 의함) 〈2021 소방공채〉

① 원고가 단지 1회 훈령에 위반하여 요정출입을 하다가 적발된 정도라면, 면직처분보다 가벼운 징계처분으로서도 능히 위 훈령의 목적을 달성할 수 있다고 볼 수 있는 점에서 이 사건 파면처분은 이른바 비례의 원칙에 어긋난 것으로 위법하다고 판시하였다.
② 수입 녹용 중 일정성분이 기준치를 0.5% 초과하였다는 이유로 수입 녹용 전부에 대하여 전량 폐기 또는 반송처리를 지시한 처분은 재량권을 일탈·남용한 경우에 해당한다고 판시하였다.
③ 청소년유해매체물로 결정·고시된 만화인 사실을 모르고 있던 도서대여업자가 그 고시일로부터 8일 후에 청소년에게 그 만화를 대여한 것을 사유로 그 도서대여업자에게 금 700만원의 과징금이 부과된 경우, 그 과징금부과처분은 재량권을 일탈·남용한 것으로서 위법하다고 판시하였다.
④ 사법시험 제2차 시험에 과락제도를 적용하고 있는 (구)사법시험령 제15조 제2항은 비례의 원칙, 과잉금지의 원칙, 평등의 원칙에 위반되지 않는다고 판시하였다.

해설

① 원심이 원고가 단지 1회 훈령에 위반하여 요정출입을 하다가 적발된 것만으로는 공무원의 신분을 보유케 할 수 없을 정도로 공무원의 품위를 손상케 한 것이라 단정키 어려운 한편, 원고를 면직에 처함으로서만 위와 같은 훈령의 목적을 달할 수 있다고 볼 사유를 인정할 자료가 없고, 오히려 원고의 비행정도라면 면직처분보다 가벼운 징계처분으로서도 능히 위 훈령의 목적을 달할 수 있다고 볼 수 있는 점, 징계처분 중 면직처분은 타 징계처분과 달라 공무원의 신분을 박탈하는 것이므로 그 징계사유는 적어도 공무원의 신분을 그대로 보유케 하는 것이 심히 부당하다고 볼 정도의 비행이 있는 경우에 한하는 점 등에 비추어 생각하면 이 사건 파면처분은 이른바 비례의 원칙에 어긋난 것으로서, 심히 그 재량권의 범위를 넘어서 한 위법한 처분이라고 아니할 수 없다고 판시한 것은 정당하여 아무 잘못이 없다(대판 1967.5.2. 67누24).

② 수입 녹용 중 전지 3대를 절단부위로부터 5cm까지의 부분을 절단하여 측정한 회분함량이 기준치를 0.5% 초과하였다는 이유로 수입 녹용 전부에 대하여 전량 폐기 또는 반송처리를 지시한 처분은 재량권을 일탈·남용한 경우에 해당하지 않는다(대판 2006.4.14. 2004두3854).

③ 청소년유해매체물로 결정·고시된 만화인 사실을 모르고 있던 도서대여업자가 그 고시일로부터 8일 후에 청소년에게 그 만화를 대여한 것을 사유로 그 도서대여업자에게 금 700만 원의 과징금이 부과된 경우, 그 도서대여업자에게 청소년유해매체물인 만화를 청소년에게 대여하여서는 아니된다는 금지의무의 해태를 탓하기는 가혹하다는 이유로 그 과징금부과처분은 재량권을 일탈·남용한 것으로서 위법하다(대판 2001.7. 27. 99두9490).

④ 사법시험령 제15조 제2항에서 규정한 **사법시험 제2차 시험의 과락제도**와 그 점수의 설정은 제2차 시험을 치루는 응시자들 모두를 대상으로 차별 없이 적용되는 것이고, 그 시행이 위에서 본 바와 같이 합리적인 정책판단 하에서 이루어진 것이므로, 사법시험 제2차 시험에 적용되는 위 규정을 사법시험 제1차 시험의 과락제도와 점수의 설정과 비교하여 정의의 원칙, 평등의 원칙, 기회균등의 원칙 등에 반한다고 할 수는 없는 것이다. 같은 취지에서 원심이 사법시험령 제15조 제2항이 법률유보의 원칙 위반, 집행명령의 한계일탈, 과잉금지의 원칙 및 평등의 원칙 위반 등으로 인하여 헌법에 위반된다고 보지 않은 것은 정당하다(대판 2007.1.11. 2004두10432).

정답 ②

06 신뢰보호의 원칙에 대한 설명으로 옳은 것은? (다툼이 있는 경우 판례에 의함) *〈2019 국가직 7급〉*

① 처분청이 착오로 행정서사업 허가처분을 한 후 20년이 다 되어서야 취소사유를 알고 행정서사업 허가를 취소한 경우, 그 허가취소처분은 실권의 법리에 저촉되는 것으로 보아야 한다.
② 법령이나 비권력적 사실행위인 행정지도 등은 신뢰의 대상이 되는 선행조치에 포함되지 않는다.
③ 신뢰보호원칙의 적용에 있어서 귀책사유의 유무는 상대방을 기준으로 판단하여야 하며, 상대방으로부터 신청행위를 위임받은 수임인 등 관계자까지 포함시켜 판단할 것은 아니다.
④ 당초 정구장시설을 설치한다는 도시계획결정을 하였다가 정구장 대신 청소년 수련시설을 설치한다는 도시계획 변경결정 및 지적승인을 한 경우 당초의 도시계획결정만으로는 도시계획사업의 시행자 지정을 받게 된다는 공적 견해를 표명했다고 할 수 없다.

해설

① 원고가 행정서사업허가를 받은 때로부터 **20년**이 다 되어 피고(처분청)가 그 허가를 취소한 것이기는 하나, 피고(처분청)가 취소사유를 알고서도 그렇게 장기간 취소권을 행사하지 않은 것이 아니고 행정서사업허가를 한 후 19년 2개월이 지난 후에 비로소 취소사유를 알고 그에 관한 법적 처리방안에 관하여 다각도로 연구검토가 행해졌고 그러한 사정은 원고도 알고 있었음이 기록상 명백하여 이로써 본다면 상대방인 원고에게 취소권을 행사하지 않을 것이란 신뢰를 심어준 것으로 여겨지지 않으니 피고의 허가취소처분이 **실권의 법리에 저촉**된 것이라고 볼 수 있는 것도 **아니다**(대판 1998.4.27. 87누915).

② 신뢰의 대상이 되는 선행조치는 **법령제정**·행정계획·행정행위·확약·합의·**행정지도**·행정계약 등이 포함되고 적극적인 것＜작위 : ex) 토지형질변경 가능성의 회신, 건축허가＞·소극적인 것＜부작위 : ex) 상당기간 동안 행정제재조치를 하지 않음＞, 명시적인 것·묵시적인 것＜위법상태의 장기간 묵인·방치＞ 모두가 포함된다. 그 위법성이 중대·명백하여 무효인 것이 아닌 한, 위법인 행정행위＜ex) 위법한 건축허가＞도 선행조치가 될 수 있다.

③ 귀책사유라 함은 행정청의 견해표명의 하자가 상대방 등 관계자의 사실은폐나 기타 사위의 방법에 의한 신청행위 등 부정행위에 기인한 것이거나 그러한 부정행위가 없다고 하더라도 하자가 있음을 알았거나 중대한 과실로 알지 못한 경우 등을 의미한다고 해석함이 상당하고, 귀책사유의 유무는 상대방과 그로부터 신청행위를 위임받은 수임인 등 **관계자 모두를 기준**으로 판단하여야 한다(대판 2002.11.8., 2001두1512).

④ 당초 정구장 시설을 설치한다는 도시계획결정을 하였다가 정구장 대신 청소년 수련시설을 설치한다는 도시계획 변경결정 및 지적승인을 한 경우, 당초의 도시계획결정만으로는 도시계획사업의 시행자 지정을 받게 된다는 **공적인 견해**를 표명하였다고 할 수 **없다**는 이유로 그 후의 도시계획 변경결정 및 지적승인이 도시계획사업의 시행자로 지정받을 것을 예상하고 정구장 설계 비용 등을 지출한 자의 신뢰이익을 침해한 것으로 볼 수 없다(대판 2000.11.10, 2000두727).

→ *공적인 견해표명X*

∴ *신뢰보호의 요건을 갖추지 못하였으므로 신뢰보호의 원칙 적용X(신뢰이익 침해X)*

정답 ④

07 신뢰보호원칙에 대한 설명으로 옳지 않은 것은? (다툼이 있는 경우 판례에 의함) *〈2020 지방직 7급〉*

① 신뢰보호의 원칙과 행정의 법률적합성의 원칙이 충돌하는 경우 국민보호를 위해 원칙적으로 신뢰보호의 원칙이 우선한다.

② 수익적 행정처분의 하자가 당사자의 사실은폐에 의한 신청행위에 기인한 것이라면 당사자는 그 처분에 관한 신뢰이익을 원용할 수 없다.

③ 면허세의 근거법령이 제정되어 폐지될 때까지의 4년 동안 과세관청이 면허세를 부과할 수 있음을 알면서도 수출확대라는 공익상 필요에서 한 건도 부과한 일이 없었다면 비과세의 관행이 이루어졌다고 보아도 무방하다.

④ 행정청이 상대방에게 장차 어떤 처분을 하겠다고 공적인 의사표명을 하면서 상대방에게 언제까지 처분의 발령을 신청하도록 유효기간을 둔 경우, 그 기간 내에 상대방의 신청이 없었다면 그 공적인 의사표명은 행정청의 별다른 의사표시를 기다리지 않고 실효된다.

해설

① 행정청의 행위에 대하여 신뢰보호의 원칙이 적용되기 위한 요건 중 공적 견해 표명이라는 요건 등 일부 요건이 충족된 경우라고 하더라도 행정청이 앞서 표명한 **공적인 견해에 반하는 행정처분**을 함으로써 달성하려는 **공익**이 행정청의 공적인 견해표명을 신뢰한 개인이 그 행정처분으로 인하여 입게 되는 이익의 침해를 정당화할 수 있을 정도로 **강한** 경우에는 신뢰보호의 원칙을 들어 그 행정처분이 위법하다고 할 수는 **없다**(대판 2008.4.24. 2007두25060).

→ *행정의 법률적합성의 원칙과 신뢰보호의 원칙이 서로 대립되는 경우, 행정의 법률적합성의 원칙이 우선한다는 견해도 있다(행정의 법률적합성 우선설). 그러나 판례는 양자 모두 헌법상 법치국가원리에 근거를 둔 것으로서 헌법상 동가치적인 것이기 때문에 결국 두 원칙 중 우선하는 것은 (개별사항마다) 공익과 사익을 비교형량하여 결정해야 한다고 본다(동위설, 이익형량설).*

② 수익적 행정처분의 하자가 당사자의 사실은폐나 기타 사위의 방법에 의한 신청행위에 기인한 것이라면 당사자는 처분에 의한 이익이 위법하게 취득되었음을 알아 취소가능성도 예상하고 있었다 할 것이므로, 그 자신이 처분에 관한 신뢰이익을 원용할 수 없음은 물론 행정청이 이를 고려하지 아니하였더라도 재량권의 남용이 되지 아니한다(대판 2014.11.27. 2013두16111).

③ 국세기본법 제18조 제2항의 규정은 납세자의 권리보호와 과세관청에 대한 납세자의 신뢰보호에 그 목적이 있는 것이므로 이 사건 보세운송면허세의 부과근거이던 지방세법시행령이 1973.10.1 제정되어 1977.9.20.에 폐지될 때까지 4년 동안 그 면허세를 부과할 수 있는 정을 알면서도 피고가 수출확대라는 공익상 필요에서 한 건도 이를 부과한 일이 없었다면 납세자인 원고는 그것을 믿을 수 밖에 없고 그로써 비과세의 관행이 이루어졌다고 보아도 무방하다(대판 1980.6.10. 80누6).

④ **행정청**이 상대방에게 장차 어떤 처분을 하겠다고 확약 또는 공적인 의사표명을 하였다고 하더라도, 그 자체에서 상대방으로 하여금 언제까지 처분의 발령을 신청을 하도록 유효기간을 두었는데도 그 기간 내에 상대방의 신청이 없었다거나 확약 또는 공적인 의사표명이 있은 후에 사실적·법률적 상태가 변경되었다면, 그와 같은 확약 또는 공적인 의사표명은 **행정청의 별다른 의사표시를 기다리지 않고 실효**된다(대판 1996. 8.20. 95누10877).

정답 ①

08 신뢰보호 원칙의 요건에 대한 설명으로 가장 옳지 않은 것은? *〈2019 서울시 7급〉*

① 행정청이 개인에 대하여 신뢰의 대상이 되는 공적인 견해표명을 하여야 한다.
② 행정청의 견해표명이 정당하다고 신뢰한 데에 대하여 그 개인에게 귀책사유가 있더라도 신뢰보호의 원칙이 적용된다.
③ 개인이 행정청의 견해표명을 신뢰하고 이에 상응하는 어떠한 행위를 하였어야 한다.
④ 행정청이 그 견해표명에 반하는 처분을 함으로써 견해표명을 신뢰한 개인의 이익이 침해되는 결과가 초래되어야 한다.

해설

①, ②, ③, ④

일반적으로 행정상의 법률관계에 있어서 행정청의 행위에 대하여 신뢰보호의 원칙이 적용되기 위하여는, 첫째 행정청이 개인에 대하여 신뢰의 대상이 되는 **공적인 견해표명**을 하여야 하고, 둘째 행정청의 견해표명이 정당하다고 신뢰한 데에 대하여 그 개인에게 **귀책사유가 없어야** 하며, 셋째 그 개인이 그 견해표명을 신뢰하고 이에 상응하는 **어떠한 행위**를 하였어야 하고, 넷째 행정청이 위 **견해표명에 반하는 처분**을 함으로써 그 **견해표명을 신뢰한 개인의 이익이 침해되는 결과가 초래**되어야 하며, 마지막으로 위 견해표명에 따른 행정처분을 할 경우 이로 인하여 **공익 또는 제3자의 정당한 이익을 현저히 해할 우려**가 있는 경우가 **아니**어야 한다(대판 2001.9.28. 2000두8684).

정답 ②

09 신뢰보호원칙에 대한 설명으로 옳지 않은 것은? (다툼이 있는 경우 판례에 의함) 〈2018 지방직 9급〉

① 건축허가 신청 후 건축허가기준에 관한 관계 법령 및 조례의 규정이 신청인에게 불리하게 개정된 경우, 당사자의 신뢰를 보호하기 위해 처분 시가 아닌 신청 시 법령에서 정한 기준에 의하여 건축허가 여부를 결정하는 것이 원칙이다.

② 「행정절차법」과 「국세기본법」에서는 법령 등의 해석 또는 행정청의 관행이 일반적으로 국민에게 받아들여졌을 때와 관련하여 신뢰보호의 원칙을 규정하고 있다.

③ 신뢰보호원칙에서 행정청의 견해표명이 정당하다고 신뢰한 데에 대한 개인의 귀책사유의 유무는 상대방뿐만 아니라 그로부터 신청행위를 위임받은 수임인 등 관계자 모두를 기준으로 판단하여야 한다.

④ 서울지방병무청 총무과 민원팀장이 국외영주권을 취득한 사람의 상담에 응하여 법령의 내용을 숙지하지 못한 채 민원봉사차원에서 현역입영대상자가 아니라고 답변하였다면 그것이 서울지방병무청장의 공적인 견해표명이라 할 수 없다.

해설

① 건축허가기준에 관한 관계 법령 및 조례(이하 '법령'이라고만 한다)의 규정이 개정된 경우, 새로이 개정된 법령의 경과규정에서 달리 정함이 없는 한 **처분 당시**에 시행되는 개정 법령에서 정한 기준에 의하여 건축허가 여부를 결정하는 것이 **원칙**이고, 그러한 개정 법령의 적용과 관련하여서는 개정 전 법령의 존속에 대한 국민의 신뢰가 개정 법령의 적용에 관한 공익상의 요구보다 더 보호가치가 있다고 인정되는 경우에 그러한 국민의 신뢰를 보호하기 위하여 그 적용이 제한될 수 있는 여지가 있을 따름이다(대판 2007.11.16, 2005두8092).

→ *법령이 신청인에게 불리하게 개정되었다고 하더라도, 처분 시 법령 기준으로 건축허가 여부를 결정하는 것이 원칙*

② 행정절차법 제4조 제2항과 국세기본법 제18조 제3항에 언급되어 있다.

행정절차법 제4조 제2항 「행정청은 법령 등의 해석 또는 행정청의 관행이 일반적으로 국민들에게 받아들여졌을 때에는 공익 또는 제3자의 정당한 이익을 현저히 해칠 우려가 있는 경우를 제외하고는 새로운 해석 또는 관행에 따라 소급하여 불리하게 처리하여서는 아니 된다.」

국세기본법 제18조 제3항 「세법의 해석이나 국세행정의 관행이 일반적으로 납세자에게 받아들여진 후에는 그 해석이나 관행에 의한 행위 또는 계산은 정당한 것으로 보며, 새로운 해석이나 관행에 의하여 소급하여 과세되지 아니한다.」

③ 행정청의 공적 견해표명이 있었는지의 여부를 판단함에 있어서, 반드시 행정조직상의 형식적인 권한분장에 구애될 것은 아니고, 담당자의 조직상의 지위와 임무, 당해 언동을 하게 된 구체적인 경위 및 그에 대한 상대방의 신뢰가능성에 비추어 실질에 의하여 판단하여야 하고, 그 개인의 귀책사유라 함은 행정청의 견해표명의 하자가 상대방 등 관계자의 사실은폐나 기타 사위의 방법에 의한 신청행위 등 부정행위에 기인한 것이거나 그러한 부정행위가 없더라도 하자가 있음을 알았거나 중대한 과실로 알지 못한 경우 등을 의미한다고 해석함이 상당하고, 귀책사유의 유무는 상대방과 그로부터 신청행위를 위임받은 수임인 등 **관계자 모두를 기준으로 판단**하여야 한다(대판 2008.1.17, 2006두10931).

④ 서울지방병무청 총무과 **민원팀장**에 불과한 ○○○가 이와 같은 법령의 내용을 숙지하지 못한 상태에서 원고측의 상담에 응하여 민원봉사차원에서 위와 같이 안내하였다고 하여 그것이 피고의 공적인 견해표명이라고 하기 어렵고, 원고측이 더 나아가 담당부서의 담당공무원에게 공적 견해의 표명을 구하는 정식의 서면질의 등을 하지 아니한 채 지종수의 안내만을 신뢰한 것에는 원고측에 귀책사유도 있어 신뢰보호의 원칙이 적용되지 아니한다고 판단하였다(대판 2003.12.26, 2003두1875).

정답 ①

10 신뢰보호의 원칙에 대한 설명으로 옳지 않은 것은? (다툼이 있는 경우 판례에 의함) *〈2018 국가직 7급〉*

① 「행정절차법」에 명문의 근거가 있다.

② 확약이 있은 후에 사실적·법률적 상태가 변경되었다면, 그 확약은 행정청의 별다른 의사표시를 기다리지 않고 실효된다.

③ 법률에 따른 개인의 행위가 국가에 의하여 일정 방향으로 유인된 신뢰의 행사가 아니라 단지 법률이 부여한 기회를 활용한 것이라 하더라도, 신뢰보호의 이익이 인정된다.

④ 개정 법령이 기존의 사실 또는 법률관계를 적용대상으로 하면서 종전보다 불리한 법률효과를 규정하고 있는 경우에도 그러한 사실 또는 법률관계가 개정 법률이 시행되기 이전에 이미 종결된 것이 아니라면 이를 헌법상 금지되는 소급입법이라고 할 수는 없다.

해설

① **행정절차법 제4조 (신의성실 및 신뢰보호)**

제2항 행정청은 법령 등의 해석 또는 행정청의 관행이 일반적으로 국민들에게 받아들여졌을 때에는 공익 또는 제3자의 정당한 이익을 현저히 해칠 우려가 있는 경우를 제외하고는 새로운 해석 또는 관행에 따라 소급하여 불리하게 처리하여서는 아니 된다.

② 행정청이 상대방에게 장차 어떤 처분을 하겠다고 확약 또는 공적인 의사표명을 하였다고 하더라도, 그 자체에서 상대방으로 하여금 언제까지 처분의 발령을 신청을 하도록 유효기간을 두었는데도 그 기간 내에 상대방의 신청이 없었다거나 확약 또는 공적인 의사표명이 있은 후에 사실적·법률적 상태가 변경되었다면, 그와 같은 확약 또는 공적인 의사표명은 행정청의 별다른 의사표시를 기다리지 않고 실효된다(대판1996.8.20. 95누10877).

③ **개인의 신뢰이익에 대한 보호가치**는 법령에 따른 개인의 행위가 **국가에 의하여 일정방향으로 유인된 신뢰의 행사**인지, 아니면 **단지 법률이 부여한 기회를 활용한 것으로서 원칙적으로 사적 위험부담의 범위에 속하는 것**인지 여부에 따라 달라진다. 만일 법률에 따른 개인의 행위가 단지 법률이 반사적으로 부여하는 기회의 활용을 넘어서 국가에 의하여 일정방향으로 유인된 것이라면 특별히 보호가치가 있는 신뢰이익이 인정될 수 있고, 원칙적으로 개인의 신뢰보호가 국가의 법률개정이익에 우선된다고 볼 여지가 있다(헌재 2002.11.28. 2002헌바45).

④ 개정 법령이 기존의 사실 또는 법률관계를 적용대상으로 하면서 국민의 재산권과 관련하여 종전보다 불리한 법률효과를 규정하고 있는 경우에도 그러한 사실 또는 법률관계가 **개정법령이 시행되기 이전에 이미 완성 또는 종결된 것이 아니라면** 이를 헌법상 금지되는 소급입법에 의한 재산권 침해라고 할 수는 없으며, 그러한 개정 법령의 적용과 관련하여서는 개정전 법령의 존속에 대한 국민의 신뢰가 개정 법령의 적용에 관한 공익상의 요구보다 더 보호가치가 있다고 인정되는 경우에 그러한 국민의 신뢰를 보호하기 위하여 그 적용이 제한될 수 있는 여지가 있을 따름이다(대판 2009.3.23. 2008두8918).

정답 ③

11 신뢰보호의 원칙에 대한 설명으로 옳지 않은 것은? (다툼이 있는 경우 판례에 의함) 〈2017 지방직 7급〉

① 「국세기본법」에 따른 비과세관행의 성립요건인 공적 견해나 의사의 묵시적 표시가 있다고 하기 위해서는 과세관청이 상당기간의 불과세 상태에 대하여 과세하지 않겠다는 의사표시를 한 것으로 볼 수 있는 사정이 있어야 한다.

② 과세관청이 납세의무자에게 부가가치세 면세사업자용 사업자등록증을 교부하거나 고유번호를 부여하였다고 하더라도 그가 영위하는 사업에 관하여 부가가치세를 과세하지 않겠다는 언동이나 공적 견해를 표명한 것으로 볼 수 없다.

③ 행정관청이 폐기물처리업 사업계획에 대하여 폐기물관리법령에 의한 적정통보를 한 경우에는, 그 사업부지 토지에 대한 국토이용계획변경신청을 승인하여 주겠다는 취지의 공적 견해를 표명한 것으로 볼 수 있다.

④ 행정청이 지구단위계획을 수립하면서 그 권장용도를 판매·위락·숙박시설로 결정하여 고시하였다 하더라도 당해 지구 내에서 공익과 무관하게 언제든지 숙박시설에 대한 건축허가가 가능하다는 취지의 공적 견해를 표명한 것으로 볼 수 없다.

해설

① 국세기본법 제18조 제3항에서 말하는 비과세관행이 성립하려면, 상당한 기간에 걸쳐 과세를 하지 아니한 객관적 사실이 존재할 뿐만 아니라, 과세관청 자신이 그 사항에 관하여 과세할 수 있음을 알면서도 어떤 특별한 사정 때문에 과세하지 않는다는 의사가 있어야 하며, 위와 같은 공적 견해나 의사는 명시적 또는 묵시적으로 표시되어야 하지만 묵시적 표시가 있다고 하기 위하여는 단순한 과세누락과는 달리 과세관청이 상당기간의 불과세 상태에 대하여 과세하지 않겠다는 의사표시를 한 것으로 볼 수 있는 **사정**이 있어야 한다(대판 2000.1.21. 97누11065).

② 부가가치세법상의 사업자등록은 과세관청이 부가가치세의 납세의무자를 파악하고 그 과세자료를 확보하는 데 입법 취지가 있고, 이는 단순한 사업사실의 신고로서 사업자가 소관 세무서장에게 소정의 사업자등록신청서를 제출함으로써 성립하며, 사업자등록증의 교부는 이와 같은 등록사실을 증명하는 증서의 교부행위에 불과한 것으로 과세관청이 납세의무자에게 부가가치세 면세사업자용 사업자등록증을 교부하였다고 하더라도 그가 영위하는 사업에 관하여 부가가치세를 과세하지 아니함을 시사하는 언동이나 공적인 견해를 표명한 것으로 볼 수 없으며, 구 부가가치세법 시행령 제8조 제2항에 정한 고유번호의 부여도 과세자료를 효율적으로 처리하기 위한 것에 불과한 것이므로 과세관청이 납세의무자에게 고유번호를 부여한 경우에도 마찬가지이다(대판 2008.6.12. 2007두23255).

③ 폐기물관리법령에 의한 폐기물처리업 사업계획에 대한 적정통보와 국토이용관리법령에 의한 국토이용계획변경은 각기 그 제도적 취지와 결정단계에서 고려해야 할 사항들이 다르다는 이유로, **폐기물처리업 사업계획**에 대하여 **적정통보**를 한 것만으로 그 사업부지 토지에 대한 **국토이용계획변경신청을 승인**하여 주겠다는 취지의 **공적인 견해표명**을 한 것으로 볼 수 **없다**(대판 2005.4.28. 2004두8828).

④ 행정청이 지구단위계획을 수립하면서 그 권장용도를 판매·위락·숙박시설로 결정하여 고시한 행위를 당해 지구 내에서는 공익과 무관하게 언제든지 숙박시설에 대한 건축허가가 가능하리라는 공적 견해를 표명한 것이라고 평가할 수는 없다(대판 2005.11.25. 2004두6822).

정답 ③

12 신뢰보호원칙에 관한 설명으로 옳지 않은 것은? (다툼이 있는 경우 판례에 의함) 〈2019 소방공채〉

① 신뢰보호원칙은 판례뿐만 아니라 실정법상의 근거를 가지고 있다.

② 수익적 행정행위가 수익자의 귀책사유가 있는 신청에 의해 행하여졌다면 그 신뢰의 보호가치성은 인정되지 않는다.

③ 행정기관의 선행조치로서의 공적인 견해 표명은 반드시 명시적인 언동이어야 한다.

④ 처분청 자신의 공적 견해 표명이 있어야만 하는 것은 아니며, 경우에 따라서는 보조기관인 담당 공무원의 공적인 견해 표명도 신뢰의 대상이 될 수 있다.

해설

① 신뢰보호원칙은 **행정기본법** 및 **행정절차법** 그리고 **국세기본법**에 해당 근거 조항이 있다.

② 일반적으로 행정상의 법률관계에 있어서 행정청의 행위에 대하여 신뢰보호의 원칙이 적용되기 위하여는, 첫째 행정청이 개인에 대하여 신뢰의 대상이 되는 **공적인 견해표명**을 하여야 하고, 둘째 행정청의 견해표명이 정당하다고 신뢰한 데에 대하여 그 개인에게 **귀책사유가 없어야** 하며, 셋째 그 개인이 그 견해표명을 신뢰하고 이에 상응하는 **어떠한 행위**를 하였어야 하고, 넷째 행정청이 위 **견해표명에 반하는 처분**을 함으로써 그 **견해표명을 신뢰한 개인의 이익이 침해되는 결과가 초래**되어야 하며, 마지막으로 위 견해표명에 따른 행정처분을 할 경우 이로 인하여 **공익 또는 제3자의 정당한 이익을 현저히 해할 우려**가 있는 경우가 **아니**어야 한다(대판 2001.9.28. 2000두8684).

③ 공적 견해나 의사는 명시적 또는 **묵시적**으로 표시되어야 하지만, 묵시적 표시가 있다고 하기 위하여는 단순한 과세 누락과는 달리 과세관청이 상당기간 불과세 상태에 대하여 과세하지 않겠다는 의사표시를 한 것으로 볼 수 있는 사정이 있어야 하다(대판 2001.4.24. 2000두5203).

④ 행정청의 공적 견해표명이 있었는지의 여부를 판단하는 데 있어 반드시 행정조직상의 형식적인 권한분장에 구애될 것은 아니고 담당자의 조직상의 지위와 임무, 당해 언동을 하게 된 구체적인 경위 및 그에 대한 상대방의 신뢰가능성에 비추어 **실질**에 의하여 판단하여야 한다(대판 1997.9.12. 96누18380).

정답 ③

13 행정법의 일반원칙에 관련된 다음의 설명 중 옳은 것은? (다툼이 있는 경우 판례에 의함)

〈2021 국가직 9급〉

① 국가가 국민의 생명·신체의 안전에 대한 보호의무를 다하지 않았는지 여부를 헌법재판소가 심사할 때에는 국가가 이를 보호하기 위하여 적어도 적절하고 효율적인 최소한의 보호조치를 취하였는가 하는 '과소보호 금지원칙'의 위반 여부를 기준으로 삼는다.

② 행정청이 조합설립추진위원회의 설립승인 심사에서 위법한 행정처분을 한 선례가 있는 경우에는, 행정청에 대해 자기구속력을 갖게 되어 이후에도 그러한 기준에 따라야 한다.

③ 공무원 임용신청 당시 잘못 기재된 호적상 출생연월일을 생년월일로 기재하고, 임용 후 36년 동안 이의를 제기하지 않다가, 정년을 1년 3개월 앞두고 정정된 출생연월일을 기준으로 정년연장을 요구하는 것은 신의성실의 원칙에 반한다.

④ 일반적으로 행정청이 폐기물처리업 사업계획에 대한 적정통보를 한 경우 이는 토지에 대한 형질변경신청을 허가하는 취지의 공적 견해표명까지도 포함한다.

해설

① 국가가 국민의 생명·신체의 안전에 대한 보호의무를 다하지 않았는지 여부를 헌법재판소가 심사할 때에는 국가가 이를 보호하기 위하여 적어도 적절하고 효율적인 최소한의 보호조치를 취하였는가 하는 이른바 '**과소보호 금지원칙**'의 위반 여부를 기준으로 삼아, 국민의 생명·신체의 안전을 보호하기 위한 조치가 필요한 상황인데도 국가가 아무런 보호조치를 취하지 않았든지 아니면 취한 조치가 법익을 보호하기에 전적으로 부적합하거나 매우 불충분한 것임이 명백한 경우에 한하여 국가의 보호의무의 위반을 확인하여야 한다(헌재 2008.12.26. 2008헌마419).

② 위법한 행정처분이 수차례에 걸쳐 반복적으로 행하여졌다 하더라도 그러한 처분이 위법한 것인 때에는 행정청에 대하여 자기구속력을 갖게 된다고 할 수 없다. 행정청이 조합설립추진위원회의 설립승인 심사에서 위법한 행정처분을 한 선례가 있다고 하여 그러한 기준을 따라야 할 의무가 없는 점 등에 비추어, 평등의 원칙이나 신뢰보호의 원칙 또는 자기구속의 원칙 등에 위배된 것으로 볼 수 없다(대판 2009.6.25. 2008두13132).

③ 지방공무원 임용신청 당시 잘못 기재된 호적상 출생연월일을 생년월일로 기재하고, 이에 근거한 공무원인사기록카드의 생년월일 기재에 대하여 처음 임용된 때부터 약 36년 동안 전혀 이의를 제기하지 않다가, 정년을 1년 3개월 앞두고 호적상 출생연월일을 정정한 후 그 출생연월일을 기준으로 정년의 연장을 요구하는 것이 신의성실의 원칙에 반하지 않는다(대판 2009.3.26. 2008두21300).

④ 도시계획구역 안에서의 폐기물처리시설의 결정기준 및 설치기준 등을 규정하고 있는 도시계획법 및 폐기물관리법령은 도시계획구역 안에서의 토지형질변경의 허가기준을 규정하고 있는 도시계획법, 도시계획법시행령 및 토지의형질변경등행위허가기준등에관한규칙과 각기 규정대상 및 입법취지를 달리하고 있으므로, 일반적으로 폐기물처리업 사업계획에 대한 적정통보에 당해 토지에 대한 형질변경허가신청을 허가하는 취지의 공적 견해표명이 있는 것으로는 볼 수 없다(대판 1998.9.25. 98두6494).

정답 ①

14 행정법의 일반원칙에 대한 설명으로 옳은 것은? (다툼이 있는 경우 판례에 의함) 〈2020 지방직 9급〉

① 비례의 원칙은 행정에만 적용되는 원칙이므로 입법에서는 적용될 여지가 없다.

② 신뢰보호의 원칙이 적용되기 위한 요건인 행정권의 행사에 관하여 신뢰를 주는 선행조치가 되기 위해서는 반드시 처분청 자신의 적극적인 언동이 있어야만 한다.

③ 동일한 사항을 다르게 취급하는 것은 합리적 이유가 없는 차별이므로, 같은 정도의 비위를 저지른 자들은 비록 개전의 정이 있는지 여부에 차이가 있다고 하더라도 징계 종류의 선택과 양정에 있어 동일하게 취급받아야 한다.

④ 재량권행사의 준칙인 행정규칙이 그 정한 바에 따라 되풀이 시행되어 행정관행이 이루어지게 되면 평등의 원칙이나 신뢰보호의 원칙에 따라 행정기관은 그 상대방에 대한 관계에서 그 규칙에 따라야 할 자기구속을 받게 된다.

해설

① 국가작용 중 특히 **입법작용**에 있어서의 과잉입법금지의 원칙이라 함은 국가가 국민의 기본권을 제한하는 내용의 입법활동을 함에 있어서 준수하여야 할 기본원칙 내지 입법활동의 한계를 의미하는 것으로서, 국민의 기본권을 제한하려는 입법의 목적이 헌법 및 법률의 체제상 그 정당성이 인정되어야 하고(목적의 정당성), 그 목적의 달성을 위하여 그 방법이 효과적이고 적절하여야 하며(방법의 적정성), 입법권자가 선택한 기본권제한의 조치가 입법목적달성을 위하여 설사 적절하다 할지라도 보다 완화된 형태나 방법을 모색함으로써 기본권의 제한은 필요한 최소한도에 그치도록 하여야 하며(피해의 최소성), 그 입법에 의하여 보호하려는 공익과 침해되는 사익을 비교형량할 때 보호되는 공익이 더 커야한다(법익의 균형성)는 법치국가의 원리에서 당연히 파생되는 헌법상의 기본원리의 하나인 비례의 원칙을 말하는 것이다(헌재 1992.12. 24. 92헌가8).

→ 비례의 원칙(과잉금지의 원칙)은 행정뿐만 아니라 입법에도 적용O

② 택시운전사가 1983. 4. 5. 운전면허정지기간 중의 운전행위를 하다가 적발되어 형사처벌을 받았으나 행정청으로부터 아무런 행정조치가 없어 안심하고 계속 운전업무에 종사하고 있던 중 행정청이 위 위반행위가 있은 이후에 장기간에 걸쳐 아무런 행정조치를 취하지 않은 채 방치하고 있다가 3년여가 지난 1986. 7. 7.에 와서 이를 이유로 행정제재를 하면서 가장 무거운 운전면허를 취소하는 행정처분을 하였다면 이는 행정청이 그간 별다른 행정조치가 없을 것이라고 믿은 신뢰의 이익과 그 법적안정성을 빼앗는 것이 되어 매우 가혹할 뿐만 아니라 비록 그 위반행위가 운전면허취소사유에 해당한다 할지라도 그와 같은 공익상의 목적만으로는 위 운전사가 입게 될 불이익에 견줄 바 못 된다 할 것이다(대판 1987.9.8. 87누373).

→ *선행조치는 적법행위/위법행위, 명시적/묵시적, 법률행위/사실행위 등 모든 조치를 포함O*

③ 같은 정도의 비위를 저지른 자들 사이에 있어서도 그 직무의 특성 등에 비추어, 개전의 정이 있는지 여부에 따라 징계의 종류의 선택과 양정에 있어서 차별적으로 취급하는 것은, 사안의 성질에 따른 합리적 차별로서 이를 자의적 취급이라고 할 수 없는 것이어서 평등원칙 내지 형평에 반하지 아니한다(대판 1999. 8.20. 99두2611).

④ 재량준칙이 정한 바에 따라 되풀이 시행되어 행정관행이 이루어지게 되면 평등의 원칙이나 신뢰보호의 원칙에 따라 행정청은 상대방에 대한 관계에서 그 규칙에 따라야 할 자기구속을 받게 되므로, 이러한 경우에는 특별한 사정이 없는 한 그에 반하는 처분은 평등의 원칙이나 신뢰보호의 원칙에 어긋나 재량권을 일탈·남용한 위법한 처분이 된다(대판 2014.11.27. 2013두18964 ; 2013.11.14. 2011두28783 ; 2013.9.12. 2011두10584).

정답 ④

15 행정법의 일반원칙에 대한 판례의 입장으로 옳지 않은 것은? *〈2019 지방직 9급〉*

① 행정청이 폐기물처리업 사업계획에 대하여 적정통보를 한 것만으로 그 사업부지 토지에 대한 국토이용계획변경신청을 승인하여 주겠다는 취지의 공적인 견해표명을 한 것으로 볼 수 없다.

② 헌법재판소의 위헌결정은 행정청이 개인에 대하여 신뢰의 대상이 되는 공적인 견해를 표명한 것이라고 할 수 있으므로 그 결정에 관련한 개인의 행위에 대하여는 신뢰보호의 원칙이 적용된다.

③ 지방자치단체장이 사업자에게 주택사업계획승인을 하면서 그 주택사업과는 아무런 관련이 없는 토지를 기부채납하도록 하는 부관을 붙인 경우, 그 부관은 부당결부금지의 원칙에 위반되어 위법하다.

④ 법령 개폐에 있어서 신뢰보호원칙의 위반 여부는 한편으로는 침해받은 신뢰이익의 보호가치, 침해의 중한 정도, 신뢰침해의 방법 등과 다른 한편으로는 새 입법을 통해 실현코자 하는 공익목적을 종합적으로 비교형량하여 판단하여야 한다.

해설

① 폐기물관리법령에 의한 폐기물처리업 사업계획에 대한 적정통보와 국토이용관리법령에 의한 국토이용계획변경은 각기 그 제도적 취지와 결정단계에서 고려해야 할 사항들이 다르다는 이유로, 폐기물처리업 사업계획에 대하여 적정통보를 한 것만으로 그 사업부지 토지에 대한 국토이용계획변경신청을 승인하여 주겠다는 취지의 공적인 견해표명을 한 것으로 볼 수 없다(대판 2005.4.28. 2004두8828).

② 헌법재판소의 위헌결정은 행정청이 개인에 대하여 신뢰의 대상이 되는 공적인 견해를 표명한 것이라고 할 수 **없으므로** 그 결정에 관련한 개인의 행위에 대하여는 신뢰보호의 원칙이 적용되지 **아니한다**(대판 2003.6.27. 2002두6965).

→ *헌법재판소는 행정청X ∴ 헌법재판소의 위헌결정은 행정청의 공적인 견해표명X*

③ 지방자치단체장이 사업자에게 주택사업계획승인을 하면서 그 주택사업과는 아무런 관련이 없는 토지를 기부채납하도록 하는 부관을 주택사업계획승인에 붙인 경우, 그 부관은 부당결부금지의 원칙에 위반되어 위법하지만, 지방자치단체장이 승인한 사업자의 주택사업계획은 상당히 큰 규모의 사업임에 반하여, 사업자가 기부채납한 토지 가액은 그 100분의 1 상당의 금액에 불과한 데다가, 사업자가 그 동안 그 부관에 대하여 아무런 이의를 제기하지 아니하다가 지방자치단체장이 업무착오로 기부채납한 토지에 대하여 보상협조요청서를 보내자 그 때서야 비로소 부관의 하자를 들고 나온 사정에 비추어 볼 때 부관의 하자가 중대하고 명백하여 **당연무효**라고는 볼 수 **없다**(대판 1997.3.11. 96다49650).

④ 신뢰보호는 절대적이거나 어느 생활영역에서나 균일한 것은 아니고 개개의 사안마다 관련된 자유나 권리, 이익 등에 따라 보호의 정도와 방법이 다를 수 있으며, 새로운 법령을 통하여 실현하고자 하는 공익적 목적이 우월한 때에는 이를 고려하여 제한될 수 있으므로, 이 경우 신뢰보호원칙의 위배 여부를 판단하기 위해서는 한편으로는 침해된 이익의 보호가치, 침해의 중한 정도, 신뢰가 손상된 정도, 신뢰침해의 방법 등과 다른 한편으로는 새 법령을 통해 실현하고자 하는 공익적 목적을 종합적으로 비교·형량하여야 한다(대판 2007.10.29. 2005두4649).

정답 ②

16 행정법의 일반원칙에 대한 설명으로 옳지 않은 것은? (다툼이 있는 경우 판례에 의함)

〈2020 소방공채〉

① 신뢰보호원칙에 위반하는 경우 그 행정행위는 위법하며, 판례는 이 경우 취소사유로 보지 않고 무효로만 보았다.

② 행정주체가 행정작용을 함에 있어서 상대방에게 이와 실질적 관련이 없는 의무를 부과하거나 그 이행을 강제하여서는 아니 된다.

③ 「행정절차법」상 규정이 없는 경우에도 행정권 행사가 적정한 절차에 따라 행해지지 아니하면 그 행정권 행사는 적법절차의 원칙에 반한다.

④ 자기구속의 원칙이 인정되는 경우 행정관행과 다른 처분은 특별한 사정이 없는 한 위법하다.

해설

① (행정행위가 위법한 경우) 다수설·판례에 의하면 중대명백설에 의해 무효와 취소를 구별한다. 중대명백설은 행정행위의 하자가 내용상 중대하고 외관상 명백한 경우에만 해당 행정행위가 무효가 된다고 본다. 그리고 이 중 한 요건이라도 갖춰지지 못하면 취소사유에 불과하다고 판단한다.
→ ∴ ***행정행위가 위법한 경우 취소사유에 해당할 수도 있고 무효에 해당할 수도 있다.***

② 부당결부금지의 원칙이란 행정주체가 행정작용을 함에 있어서 상대방에게 이와 실질적인 관련이 없는 의무를 부과하거나 그 이행을 강제하여서는 아니 된다는 원칙을 말한다(대판 2009.2.12. 2005다65500).

③ 헌법상 적법절차의 원칙은 형사소송절차뿐만 아니라 국민에게 부담을 주는 행정작용에서도 준수되어야 한다(대판 2012.10.18. 2010두12347).

④ 재량권 행사의 준칙인 행정규칙이 그 정한 바에 따라 **되풀이 시행**되어 **행정관행**이 이루어지게 되면 평등의 원칙이나 신뢰보호의 원칙에 따라 행정기관은 그 상대방에 대한 관계에서 그 규칙에 따라야 할 자기구속을 받게 되므로, 이러한 경우에는 특별한 사정이 없는 한 그를 위반하는 처분은 평등의 원칙이나 신뢰보호의 원칙에 위배되어 재량권을 일탈·남용한 위법한 처분이 된다(대판 2009.12.24. 2009두7967).

정답 ①

17 행정법의 일반원칙에 대한 설명으로 가장 옳지 않은 것은? 〈2018 서울시 7급〉

① 평등의 원칙에 의할 때, 위법한 행정처분이 수차례에 걸쳐 반복적으로 행하여졌다면 설령 그러한 처분이 위법하더라도 행정청에 대하여 자기구속력을 갖게 된다.

② 지방자치단체의 세자녀 이상 세대 양육비 등 지원에 관한 조례안은 저출산 문제의 국가적·사회적 심각성을 십분 감안하여 향후 지방자치단체의 출산을 적극 장려토록 하여 인구정책을 보다 전향적으로 실효성 있게 추진하고자 세자녀 이상 세대 중 세 번째 이후 자녀에게 양육비 등을 지원할 수 있도록 하는 것으로서, 위와 같은 사무는 지방자치단체 고유의 자치사무이므로 그 제정에 있어서 반드시 법률의 개별적 위임이 따로 필요한 것은 아니다.

③ 재량준칙이 정한 바에 따라 되풀이 시행되어 행정관행이 이루어지게 되면 평등의 원칙이나 신뢰보호의 원칙에 따라 행정청은 상대방에 대한 관계에서 그 규칙에 따라야 할 자기구속을 받게 되므로, 이러한 경우에는 특별한 사정이 없는 한 그에 반하는 처분은 평등의 원칙이나 신뢰보호의 원칙에 어긋나 재량권을 일탈·남용한 위법한 처분이 된다.

④ 병무청 담당부서의 담당공무원에게 공적 견해의 표명을 구하는 정식의 서면질의 등을 하지 아니한 채 총무과 민원팀장인 공무원이 민원봉사차원에서 상담에 응하여 안내한 것을 신뢰한 경우, 신뢰보호원칙이 적용되지 아니한다.

해설

① 평등의 원칙은 본질적으로 같은 것을 자의적으로 다르게 취급함을 금지하는 것이고, 위법한 행정처분이 수차례에 걸쳐 반복적으로 행하여졌다 하더라도 그러한 처분이 위법한 것인 때에는 행정청에 대하여 자기구속력을 갖게 된다고 할 수 없다(대판 2009.6.25. 2008두13132).

② 지방자치법 제15조에 의하면 지방자치단체는 그 내용이 주민의 권리의 제한 또는 의무의 부과에 관한 사항이거나 벌칙에 관한 사항이 아닌 한 법률의 위임이 없더라도 그의 사무에 관하여 조례를 제정할 수 있는바, 지방자치단체의 세자녀 이상 세대 양육비 등 지원에 관한 조례안은 저출산 문제의 국가적·사회적 심각성을 십분 감안하여 향후 지방자치단체의 출산을 적극 장려토록 하여 인구정책을 보다 전향적으로 실효성 있게 추진하고자 세 자녀 이상 세대 중 세 번째 이후 자녀에게 양육비 등을 지원할 수 있도록 하는 것으로서, 위와 같은 사무는 **지방자치단체 고유의 자치사무** 중 주민의 복지증진에 관한 사무를 규정한 지방자치법 제9조 제2항 제2호 (라)목에서 예시하고 있는 아동·청소년 및 부녀의 보호와 복지증진에 해당되는 사무이고, 또한 위 조례안에는 주민의 편의 및 복리증진에 관한 내용을 담고 있어 그 제정에 있어서 반드시 법률의 개별적 위임이 따로 필요한 것은 아니다(대판 2006.10.12. 2006추38).

③ 재량준칙은 일반적으로 행정조직 내부에서만 효력을 가질 뿐 대외적인 구속력을 갖는 것은 아니므로 행정처분이 이를 위반하였다고 하여 그러한 사정만으로 곧바로 위법하게 되는 것은 아니고, 다만 그 재량준칙이 정한 바에 따라 되풀이 시행되어 행정관행이 이루어지게 되면 평등의 원칙이나 신뢰보호의 원칙에 따라 행정기관은 상대방에 대한 관계에서 그 규칙에 따라야 할 자기구속을 받게 되므로, 이러한 경우에는 특별한 사정이 없는 한 그에 반하는 처분은 평등의 원칙이나 신뢰보호의 원칙에 어긋나 재량권을 일탈·남용한 위법한 처분이 된다(대판 2013.11.14. 2011두28783).

④ 병무청 담당부서의 담당공무원에게 공적 견해의 표명을 구하는 정식의 서면질의 등을 하지 아니한 채 총무과 **민원팀장**에 불과한 공무원이 민원봉사차원에서 상담에 응하여 안내한 것을 신뢰한 경우, 신뢰보호 원칙이 적용되지 **아니**한다(대판 2003.12.26. 2003두1875).

정답 ①

18 행정법의 일반원칙과 관련한 판례의 태도로 옳은 것은? *〈2020 소방공채〉*

① 연구단지 내 녹지구역에 위험물저장시설인 주유소와 LPG충전소 중에서 주유소는 허용하면서 LPG충전소를 금지하는 시행령 규정은 LPG충전소 영업을 하려는 국민을 합리적 이유 없이 자의적으로 차별하여 결과적으로 평등원칙에 위배된다는 것이 헌법재판소의 태도이다.

② 하자 있는 처분이 국민에게 권리나 이익을 부여하는 이른바 수익적 행정행위인 때에는 취소하여야 할 공익상 필요와 취소로 인하여 당사자가 입게 될 기득권과 신뢰보호 및 법률생활안정의 침해 등 불이익을 비교교량한 후 공익상 필요가 당사자가 입을 불이익을 정당화할 만큼 강하지 않아도 이를 취소할 수 있다는 것이 판례의 태도이다.

③ 숙박시설 건축허가 신청을 반려한 처분에 관해 학생들의 교육환경과 인근 주민들의 주거환경 보호라는 공익이 그 신청인이 잃게 되는 이익의 침해를 정당화 할 수 있을 정도로 크므로, 위 반려처분은 신뢰보호의 원칙에 위배되지 않는다는 것이 판례의 태도이다.

④ 옥외집회의 사전신고의무를 규정한 구「집회 및 시위에 관한 법률」 제6조 제1항 중 '옥외집회'에 관한 부분은 과잉금지원칙에 위배하여 집회의 자유를 침해하는 것으로 볼 수 있다는 것이 헌법재판소의 태도이다.

해설

① **주유소와 LPG충전소는 "위험물저장시설"**이라는 점에서 공통점이 있으나, LPG는 석유보다 위험성이 훨씬 크다. LPG는 석유에 비하여 화재 및 폭발의 위험성이 훨씬 커서 주택 및 근린생활시설이 들어설 지역에 LPG충전소의 설치금지는 불가피하다할 것이고 석유와 LPG의 위와 같은 차이를 고려하여 연구단지내 녹지구역에 LPG충전소의 설치를 금지한 것은 위와 같은 합리적 이유에 근거한 것이므로 해당 시행령 규정이 평등원칙에 위배된다고 볼 수 없다(헌재 2004.7.15. 2001헌마646).

② 행정처분에 **하자**가 있음을 이유로 처분청이 이를 취소하는 경우에도 그 처분이 국민에게 권리나 이익을 부여하는 이른바 수익적 행정행위인 때에는 취소하여야 할 공익상 필요와 취소로 인하여 당사자가 입게 될 기득권과 신뢰보호 및 법률생활안정의 침해 등 불이익을 비교교량한 후 공익상 필요가 당사자가 입을 불이익을 정당화할 만큼 강한 경우에 **한하여** 취소할 수 있다(대판 1993.8.24. 92누17723).

③ 학생들의 교육환경과 인근 주민들의 주거환경 보호라는 **공익**이 숙박시설 건축허가신청을 반려한 처분으로 그 **신청인**이 잃게 되는 **이익**의 침해를 정당화할 수 있을 정도로 **크므로**, 위 반려처분이 신뢰보호의 원칙에 위배되지 않는다(대판 2005.11.25. 2004두6822).

④ **옥외집회의 사전신고의무를 규정한 구「집회 및 시위에 관한 법률」 6조 1항**은 평화적이고 효율적인 집회를 보장하고, 공공질서를 보호하기 위한 것으로 그 **입법목적이 정당**하고, 집회에 대한 사전신고를 통하여 행정관청과 주최자가 상호 정보를 교환하고 협력하는 것은 위와 같은 목적 달성을 위한 **적절한 수단**에 해당하며, 위 조항이 열거하고 있는 신고사항이나 신고시간 등은 지나치게 과다하거나 신고불가능하다고 볼 수 없으므로 **최소침해성의 원칙에 반한다고 보기 어렵다**. 나아가 위 조항이 정하는 사전신고의무로 인하여 집회개최자가 겪어야 하는 불편함이나 번거로움 등 제한되는 사익과 신고로 인해 보호되는 공익은 **법익균형성 요건도 충족**하므로 위 조항 중 '옥외집회'에 관한 부분이 과잉금지원칙에 위배하여 집회의 자유를 침해한다고 볼 수 없다(헌재 2009.5.28. 2007헌바22).

정답 ③

19 행정법의 일반원칙에 관한 설명으로 가장 옳은 것은? *〈2017 서울시 9급〉*

① 「행정규제기본법」과 「행정절차법」은 각각 규제의 원칙과 행정지도의 원칙으로 비례원칙을 정하고 있다.

② 위법한 행정규칙에 의하여 위법한 행정관행이 형성되었다 하더라도 행정청은 정당한 사유없이 이 관행과 달리 조치를 할 수 없는 자기구속을 받는다.

③ 신뢰보호의 원칙과 관련하여, 행정청의 선행조치가 신청자인 사인의 사위나 사실은폐에 의해 이뤄진 경우라도 행정청의 선행조치에 대한 사인의 신뢰는 보호되어야 한다.

④ 지방의회의 감사 또는 조사를 위하여 출석요구를 받은 증인이 출석하지 않을 경우 증인의 사회적 지위에 따라 과태료의 액수에 차등을 두는 것을 내용으로 하는 조례안은 헌법에 규정된 평등의 원칙에 위배된다고 볼 수 없다.

해설

① **행정규제기본법 제5조** (**규제의 원칙**)

제3항 규제의 대상과 수단은 규제의 목적 실현에 필요한 **최소한의 범위**에서 가장 효과적인 방법으로 객관성·투명성 및 공정성이 확보되도록 설정되어야 한다.

행정절차법 제48조 (**행정지도의 원칙**)

제1항 행정지도는 그 목적 달성에 필요한 **최소한도**에 그쳐야 하며, 행정지도의 상대방의 의사에 반하여 **부당하게 강요**하여서는 **아니** 된다.

→ 과잉금지의 원칙(비례의 원칙)

② 위법한 행정처분이 수차례에 걸쳐 반복적으로 행하여졌다 하더라도 그러한 처분이 위법한 것인 때에는 행정청에 대하여 자기구속력을 갖게 된다고 할 수 없다(대판 2009.6.25. 2008두13132).

→ 위법한 행정관행이 있는 경우, 처분의 상대방이 행정의 자기구속의 법리를 들어 자기에게도 위법한 행정작용을 똑같이 해달라고 할 수 있는가의 논의이며 다수설·판례는 이를 부정
∵ 위법의 평등적용을 인정하게 되면 상대방의 위법행위 요구에 국가가 이를 승인하는 것이 되고 국가 스스로 법치주의를 부정하는 것이 됨

③ 일반적으로 행정상의 법률관계에 있어서 행정청의 행위에 대하여 신뢰보호의 원칙이 적용되기 위하여는, 행정청의 견해표명이 정당하다고 신뢰한 데에 대하여 그 개인에게 **귀책사유가 없어야 하며**, 그 개인의 귀책사유라 함은 행정청의 견해표명의 하자가 상대방 등 관계자의 사실은폐나 기타 사위의 방법에 의한 신청행위 등 부정행위에 기인한 것이거나 그러한 부정행위가 없더라도 하자가 있음을 알았거나 중대한 과실로 알지 못한 경우 등을 의미한다(대판 2008.1.17. 2006두10931).

수익적 행정처분의 하자가 당사자의 사실은폐나 기타 사위의 방법에 의한 신청행위에 기인한 것이라면, 당사자는 처분에 의한 이익을 위법하게 취득하였음을 알아 취소가능성도 예상하고 있었을 것이므로, 그 자신이 처분에 관한 신뢰이익을 원용할 수 **없음**은 물론, 행정청이 이를 고려하지 아니하였다고 하여도 재량권의 남용이 되지 아니하고, 이 경우 당사자의 사실은폐나 기타 사위의 방법에 의한 신청행위가 제3자를 통하여 소극적으로 이루어졌다고 하여 달리 볼 것이 아니다 (대판 2013.2.15. 2011두1870).

④ 조례안이 지방의회의 감사 또는 조사를 위하여 출석요구를 받은 증인이 (출석하지 않으면) 5급 이상 공무원인지 여부, 기관(법인)의 대표나 임원인지 여부 등 증인의 사회적 신분에 따라 미리부터 과태료의 액수에 차등을 두고 있는 경우, 그와 같은 차별은 증인의 불출석이나 증언거부에 대하여 과태료를 부과하는 목적에 비추어 볼 때 그 합리성을 인정할 수 없고 **지위의 높고 낮음만을 기준으로 한 부당한 차별대우라고 할 것**이어서 헌법에 규정된 평등의 원칙에 위배되어 무효이다 (대판 1997.02.25. 96추213).

정답 ①

20 행정법의 일반원칙에 대한 설명으로 옳은 것을 〈보기〉에서 모두 고르면? (다툼이 있는 경우 판례에 의함) *〈2017 국회직 8급〉*

〈보 기〉

ㄱ. 비례원칙은 적합성의 원칙, 필요성의 원칙, 상당성의 원칙(협의의 비례원칙)으로 구성된다고 보는 것이 일반적이며, 헌법재판소는 과잉금지원칙과 관련하여 위 세 가지에 목적의 정당성을 더하여 판단하고 있다.

ㄴ. 행정청의 공적 견해표명이 있은 후에 사실적·법률적 상태가 변경되었을 때, 그와 같은 공적 견해표명이 실효되기 위하여서는 행정청의 의사표시가 있어야 한다.

ㄷ. 대법원은 행정청의 공적 견해표명이 있었는지 여부를 판단함에 있어서 행정조직상의 형식적 권한분장에 따른 권한을 갖고 있는지 여부를 중시하고 있다.

ㄹ. 우리나라 「행정절차법」에서는 취소권을 1년 이상 행사하지 아니하면 실권되는 것으로 명문의 규정을 두고 있다.

① ㄱ
② ㄴ
③ ㄱ, ㄴ
④ ㄱ, ㄹ
⑤ ㄱ, ㄷ, ㄹ

해설

ㄱ. **비례원칙**은 적합성의 원칙, 필요성의 원칙(최소성의 원칙), 상당성의 원칙(협의의 비례원칙, 법익균형성의 원칙)으로 구성된다. 그리고 「**헌법**」 **제37조 제2항**에 의하면 국민의 기본권을 법률로써 제한하는 것이 가능하다고 하더라도 그 본질적인 내용을 침해할 수 없고 또한 **과잉금지의 원칙**에도 위배되어서는 아니 되는바, **과잉금지의 원칙**이라 함은 국민의 기본권을 제한함에 있어서 국가작용의 한계를 명시한 것으로서 **목적의 정당성**·방법의 적정성·피해의 최소성·법익의 균형성 등을 의미하며 그 어느 하나에라도 저촉이 되면 위헌이 된다는 헌법상의 원칙을 말한다(헌재 1997.3.27. 95헌가17).

ㄴ. **행정청**이 상대방에게 장차 어떤 처분을 하겠다고 확약 또는 공적인 의사표명을 하였다고 하더라도, 그 자체에서 상대방으로 하여금 언제까지 처분의 발령을 신청을 하도록 유효기간을 두었는데도 그 기간 내에 상대방의 신청이 없었다거나 확약 또는 공적인 의사표명이 있은 후에 사실적·법률적 상태가 변경되었다면, 그와 같은 확약 또는 공적인 의사표명은 **행정청의 별다른 의사표시를 기다리지 않고 실효**된다(대판 1996. 8.20. 95누10877).

ㄷ. 행정청의 공적 견해표명이 있었는지의 여부를 판단하는 데 있어 반드시 행정조직상의 형식적인 권한분장에 구애될 것은 아니고 담당자의 조직상의 지위와 임무, 당해 언동을 하게 된 구체적인 경위 및 그에 대한 상대방의 신뢰가능성에 비추어 **실질**에 의하여 판단하여야 한다(대판 1997.9.12. 96누18380).

ㄹ. 우리나라 「행정절차법」에는 취소권의 행사기간에 관한 규정이 없다.

→ 독일은 해당 규정O

정답 ①

21 행정법의 일반원칙에 대한 설명으로 옳지 않은 것은? (다툼이 있는 경우 판례에 의함)

〈2017 국가직 7급〉

① 신뢰보호의 원칙은, 국민이 법률적 규율이나 제도가 장래에 지속할 것이라는 합리적인 신뢰를 바탕으로 개인의 법적지위를 형성해 왔을 때에는 국가에게 그 국민의 신뢰를 되도록 보호할 것을 요구하는 법치국가원리의 파생원칙이다.

② 행정청이 위법한 행정처분을 반복적으로 한 선례가 있다면 신뢰보호의 원칙과 행정의 자기구속의 원칙에 따라 선례구속의 법리가 통용된다.

③ 국가가 국민의 생명·신체의 안전에 대한 보호의무를 다하지 않았는지 여부에 대한 심사는 '과소보호금지원칙'의 위반여부를 기준으로 삼는다.

④ 부진정소급입법은 원칙적으로 허용되지만 소급효를 요구하는 공익상의 사유와 신뢰보호의 요청 사이의 형량과정에서 신뢰보호의 관점이 입법자의 형성권에 제한을 가하게 된다.

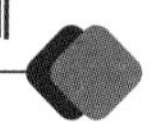

해설

① 헌법상의 법치국가원리의 파생원칙인 신뢰보호의 원칙은 국민이 법률적 규율이나 제도가 장래에도 지속할 것이라는 합리적인 신뢰를 바탕으로 이에 적응하여 개인의 법적 지위를 형성해 왔을 때에는 국가로 하여금 그와 같은 국민의 신뢰를 되도록 보호할 것을 요구한다(헌재 1997.7.16. 97헌마38).

② 일반적으로 행정상의 법률관계 있어서 행정청의 행위에 대하여 신뢰보호의 원칙이 적용되기 위하여는 행정청이 개인에 대하여 신뢰의 대상이 되는 공적인 견해표명을 하였다는 점이 전제되어야 한다. 그리고 평등의 원칙은 본질적으로 같은 것을 자의적으로 다르게 취급함을 금지하는 것이고, 위법한 행정처분이 수차례에 걸쳐 반복적으로 행하여졌다 하더라도 그러한 처분이 위법한 것인 때에는 행정청에 대하여 자기구속력을 갖게 된다고 할 수 없다(대판 2009.6.25. 2008두13132).

③ 국가가 국민의 생명·신체의 안전에 대한 보호의무를 다하지 않았는지 여부를 헌법재판소가 심사할 때에는 국가가 이를 보호하기 위하여 적어도 적절하고 효율적인 최소한의 보호조치를 취하였는가 하는 이른바 '과소보호 금지원칙'의 위반 여부를 기준으로 삼아, 국민의 생명·신체의 안전을 보호하기 위한 조치가 필요한 상황인데도 국가가 아무런 보호조치를 취하지 않았든지 아니면 취한 조치가 법익을 보호하기에 전적으로 부적합하거나 매우 불충분한 것임이 명백한 경우에 한하여 국가의 보호의무의 위반을 확인하여야 한다(헌재 2008.12.26. 2008헌마419).

④ **부진정소급입법은 원칙적으로 허용**되지만 소급효를 요구하는 공익상의 사유와 신뢰보호의 요청 사이의 교량과정에서 신뢰보호의 관점이 입법자의 형성권에 제한을 가하게 되는 데 반하여, **진정소급입법**은 개인의 신뢰보호와 법적 안정성을 내용으로 하는 법치국가원리에 의하여 특단의 사정이 없는 한 헌법적으로 허용되지 아니하는 것이 원칙이나 **예외적**으로 국민이 소급입법을 예상할 수 있었거나, 법적 상태가 불확실하고 혼란스러웠거나 하여 보호할 만한 신뢰의 이익이 적은 경우와 소급입법에 의한 당사자의 손실이 없거나 아주 경미한 경우, 그리고 신뢰보호의 요청에 우선하는 심히 중대한 공익상의 사유가 소급입법을 정당화하는 경우에는 **허용될 수 있다**(헌재 2011.3.31. 2008헌바141).

정답 ②

22 행정법의 일반원칙에 대한 설명으로 옳지 않은 것은? (다툼이 있는 경우 판례에 의함)

〈2015 국가직 9급〉

① 부관이 주된 행정행위와 실질적 관련성을 갖더라도 주된 행정행위의 효과를 무의미하게 만드는 경우라면 그러한 부관은 비례원칙에 반하는 하자 있는 부관이 된다.

② 주택사업계획승인을 발령하면서 주택사업계획승인과 무관한 토지를 기부채납하도록 부관을 붙인 경우는 부당결부금지 원칙에 반해 위법하다.

③ 수익적 행정행위를 직권취소하는 경우 그 취소권의 행사로 인하여 공익상의 필요보다 상대방이 받게 되는 불이익 등이 막대한 경우에는 재량권의 한계를 일탈한 것으로서 그 자체가 위법하다.

④ 제1종 보통면허로 운전할 수 있는 차량을 음주운전한 경우 제1종 보통면허의 취소 외에 동일인이 소지하고 있는 제1종 대형면허와 원동기장치자전거면허는 취소할 수 없다.

해설

① 재량행위에 있어서는 법령상의 근거가 없다고 하더라도 부관을 붙일 수 있는데, 그 부관의 내용은 적법하고 이행 가능하여야 하며 비례의 원칙 및 평등의 원칙에 적합하고 행정처분의 본질적 효력을 해하지 아니하는 한도의 것이어야 한다(대판 2004.3.25. 2003두12837).

② 지방자치단체장이 사업자에게 주택사업계획승인을 하면서 그 주택사업과는 아무런 관련이 없는 토지를 기부채납하도록 하는 부관을 주택사업계획승인에 붙인 경우, 그 부관은 부당결부금지의 원칙에 위반되어 위법하다. 그렇지만 지방자치단체장이 승인한 사업자의 주택사업계획은 상당히 큰 규모의 사업임에 반하여, 사업자가 기부채납한 토지 가액은 그 100분의 1 상당의 금액에 불과한 데다가, 사업자가 그 동안 그 부관에 대하여 아무런 이의를 제기하지 아니하다가 지방자치단체장이 업무착오로 기부채납한 토지에 대하여 보상협조요청서를 보내자 그 때서야 비로소 부관의 하자를 들고 나온 사정에 비추어 볼 때 부관의 하자가 중대하고 명백하여 당연무효라고는 볼 수 없다(대판 1997.3.11. 96다49650).

③ 수익적 행정처분을 취소하거나 중지시키는 경우에는 이미 부여된 그 국민의 기득권을 침해하는 것이 되므로, 비록 취소 등의 사유가 있다고 하더라도 그 취소권 등의 행사는 기득권의 침해를 정당화 할 만한 중대한 공익상의 필요 또는 제3자의 이익보호의 필요가 있는 때에 한하여 상대방이 받는 불이익과 비교교량하여 결정하여야 하고, 그 처분으로 인하여 공익상의 필요보다 상대방이 받게 되는 불이익 등이 막대한 경우에는 재량권의 한계를 일탈한 것으로서 그 자체가 위법하다(대판 2004.11.26. 2003두10251).

④ 한 사람이 여러 종류의 자동차운전면허를 취득하는 경우뿐 아니라 이를 취소 또는 정지하는 경우에 있어서도 서로 별개의 것으로 취급하는 것이 원칙이기는 하나, 자동차운전면허는 그 성질이 대인적 면허일뿐만 아니라 도로교통법시행규칙 제26조 별표 14에 의하면, 제1종 대형면허 소지자는 제1종 보통면허로 운전할 수 있는 자동차와 원동기장치자전거를, 제1종 보통면허 소지자는 원동기장치자전거까지 운전할 수 있도록 규정하고 있어서 제1종 보통면허로 운전할 수 있는 차량의 음주운전은 당해 운전면허뿐만 아니라 제1종 대형면허로도 가능하고, 또한 제1종 대형면허나 제1종 보통면허의 취소에는 당연히 원동기장치자전거의 운전까지 금지하는 취지가 포함된 것이어서 이들 세 종류의 운전면허는 서로 관련된 것이라고 할 것이므로 제1종 보통면허로 운전할 수 있는 차량을 음주운전한 경우에 이와 관련된 면허인 제1종 대형면허와 원동기장치자전거면허까지 취소할 수 있는 것으로 보아야 한다(대판 1994.11.25. 94누9672).

정답 ④

23 행정의 자기구속의 원칙에 대한 설명으로 옳지 않은 것은? (다툼이 있는 경우 판례에 의함)

〈2018 국가직 9급〉

① 헌법재판소는 평등의 원칙이나 신뢰보호의 원칙을 근거로 행정의 자기구속의 원칙을 인정하고 있다.
② 반복적으로 행해진 행정처분이 위법하더라도 행정의 자기구속의 원칙에 따라 행정청은 선행처분에 구속된다.
③ 행정의 자기구속의 원칙은 법적으로 동일한 사실관계, 즉 동종의 사안에서 적용이 문제되는 것으로 주로 재량의 통제 법리와 관련된다.
④ 재량준칙이 공표된 것만으로는 행정의 자기구속의 원칙이 적용될 수 없고, 재량준칙이 되풀이 시행되어 행정관행이 성립한 경우에 행정의 자기구속의 원칙이 적용될 수 있다.

해설

① 행정규칙이라도 재량권행사의 준칙으로서 그 정한 바에 따라 되풀이 시행되어 행정관행을 이루게 되면, 행정기관은 평등의 원칙이나 신뢰보호의 원칙에 따라 상대방에 대한 관계에서 그 규칙에 따라야 할 자기구속을 당하게 되는바, 이 경우에는 대외적 구속력을 가진 공권력의 행사가 된다(헌재 2007.8.30. 2004헌마670).

② 위법한 행정처분이 수차례에 걸쳐 반복적으로 행하여졌다 하더라도 그러한 처분이 위법한 것인 때에는 행정청에 대하여 자기구속력을 갖게 된다고 할 수 없다(대판 2009.6.25. 2008두13132). ← *위법과 적법은 동행할 수 X*

③ 행정의 자기구속의 원칙은 법적으로 동일한 사실관계, 즉 **일정한 선례를 전제로 한 동종의 사안에서의 적용이 문제되는 것**으로 주로 재량의 통제법리(재량권의 일탈·남용)와 관련된다고 보는 것이 다수설의 입장이다.

④ 가. 재량권 행사의 준칙인 행정규칙이 그 정한 바에 따라 되풀이 시행되어 행정관행이 이루어지게 되면 평등의 원칙이나 신뢰보호의 원칙에 따라 행정기관은 그 상대방에 대한 관계에서 그 규칙에 따라야 할 자기구속을 받게 되므로, 이러한 경우에는 특별한 사정이 없는 한 그를 위반하는 처분은 평등의 원칙이나 신뢰보호의 원칙에 위배되어 재량권을 일탈·남용한 위법한 처분이 된다.

나. 시장이 농림수산식품부에 의하여 **공표**된 '2008년도 농림사업시행지침서'에 명시되지 않은 '시·군별 건조저장시설 개소당 논 면적' 기준을 충족하지 못하였다는 이유로 신규 건조저장시설 사업자 인정신청을 반려한 사안에서, 위 지침이 그 공표만으로 신청인이 보호가치 있는 신뢰를 갖게 되었다고 볼 수 없다(대판 2009.12.24. 20009두7967).

→ *재량준칙에 자기구속의 원칙이 발생하려면,* ***공표만으로는 불가능****하고* ***되풀이 시행되어 행정관행이 이루어져야 함***

정답 ②

제4절 행정법의 효력

제3장 행정상의 법률관계

제1절 행정상 법률관계의 구조

01 **공법관계와 사법관계에 대한 설명으로 옳은 것은? (다툼이 있는 경우 판례에 의함)** *〈2020 지방직 9급〉*

① 「행정절차법」은 공법관계는 물론 사법관계에 대해서도 적용된다.

② 공법관계는 행정소송 중 항고소송의 대상이 되며, 사인 간의 법적 분쟁에 관한 사법관계는 행정소송 중 당사자소송의 대상이 된다.

③ 법률관계의 한쪽 당사자가 행정주체인 경우에는 공법관계로 보는 것이 판례의 일관된 입장이다.

④ 입찰보증금의 국고귀속조치는 국가가 사법상의 재산권의 주체로서 행위하는 것이지, 공권력을 행사하는 것이거나 공권력작용과 일체성을 가진 것이 아니라 할 것이다.

해설

① **행정절차법 제3조 (적용 범위)**

제1항 처분, 신고, 행정상 입법예고, 행정예고 및 행정지도의 절차(이하 "**행정절차**"라 한다)에 관하여 다른 법률에 특별한 규정이 있는 경우를 제외하고는 이 법에서 정하는 바에 따른다.

→ ***행정절차법은 공법상 행정절차에 관한 일반법이므로 사법관계에서는 적용X***

② 공법관계는 원칙적으로 행정소송(항고소송 또는 당사자소송)의 대상이 되며, 사법관계는 민사소송의 대상이 된다.

③ **공법과 사법의 구별기준**에 대한 주체설은 국가나 지방자치단체 등의 행정주체가 관련되는 법률관계를 공법관계로 보고 사인 간의 법률관계는 사법관계로 본다. 그러나 판례는 관계 법령을 1차적 기준으로 보고, 종합적으로 법률관계의 목적과 성질 등 여러가지 사정을 고려하여 사안마다 개별적으로 판단하는 입장이다.

구 도시 및 주거환경정비법상 재개발조합이 공법인(행정주체)이라는 사정만으로 재개발조합과 조합장 또는 조합임원 사이의 선임·해임 등을 둘러싼 법률관계가 공법상의 법률관계에 해당한다거나 그 조합장 또는 조합임원의 지위를 다투는 소송이 당연히 공법상 당사자소송에 해당한다고 볼 수는 없고, 구 도시 및 주거환경정비법의 규정들이 재개발조합과 조합장 및 조합임원과의 관계를 특별히 공법상의 근무관계로 설정하고 있다고 볼 수도 없으므로, 재개발조합과 조합장 또는 조합임원 사이의 선임·해임 등을 둘러싼 법률관계는 사법상의 법률관계로서 그 조합장 또는 조합임원의 지위를 다투는 소송은 민사소송에 의하여야 할 것이다(대판 2009.9.24. 2009마168·169).

④ 구「예산회계법」에 따라 체결되는 계약은 사법상의 계약이라고 할 것이고 동법 제70조의5의 입찰보증금은 낙찰자의 계약체결의무이행의 확보를 목적으로 하여 그 불이행시에 이를 국고에 귀속시켜 국가의 손해를 전보하는 사법상의 손해배상 예정으로서의 성질을 갖는 것이라고 할 것이므로 **입찰보증금의 국고귀속조치는 국가가 사법상의 재산권의 주체로서 행위**하는 것이지 공권력을 행사하는 것이거나 공권력작용과 일체성을 가진 것이 아니라 할 것이므로 이에 관한 분쟁은 행정소송이 아닌 민사소송의 대상이 될 수 밖에 없다고 할 것이다(대판 1983.12.27. 81누366).
→ 구「예산회계법」 = 현「국가를 당사자로 하는 계약에 관한 법률」

정답 ④

02 공법과 사법의 구별에 대한 설명으로 옳지 않은 것을 〈보기〉에서 모두 고르면? (다툼이 있는 경우 판례에 의함) *〈2017 국회직 8급〉*

〈보 기〉

ㄱ. 공법과 사법의 구별기준에 대한 신주체설은 국가나 지방자치단체 등의 행정주체가 관련되는 법률관계를 공법관계로 보고 사인 간의 법률관계는 사법관계로 본다.
ㄴ. 대법원은 국가나 지방자치단체가 당사자가 되는 공공계약(조달계약)은 상대방과 대등한 관계에서 체결하는 공법상의 계약으로 본다.
ㄷ. 대법원은 행정재산의 목적 외 사용에 해당하는 사인에 대한 행정재산의 사용·수익허가를 강학상 특허로 보고 있다.
ㄹ. 대법원은 석탄가격안정지원금지급청구권은 석탄산업법령에 의하여 정책적으로 당연히 부여되는 공법상 권리이므로, 지원금의 지급을 구하는 소송은 공법상 당사자 소송의 대상이 된다고 본다.
ㅁ. 대법원은 지방자치단체가 공공조달계약 입찰을 일정기간 동안 제한하는 부정당업자 제재는 사법상의 통지행위에 불과하다고 본다.

① ㄴ, ㅁ
② ㄷ
③ ㄱ, ㄴ, ㅁ
④ ㄱ, ㄷ
⑤ ㄱ, ㄴ, ㄷ, ㅁ

해설

ㄱ. 공법과 사법의 구별기준에 대한 **주체설**은 국가나 지방자치단체 등의 행정주체가 관련되는 법률관계를 공법관계로 보고 사인 간의 법률관계는 사법관계로 본다. 이에 비해 공법과 사법의 구별기준에 대한 **신주체설**은 공권력의 담당자인 행정주체에 대해서**만** 권리·권한을 부여하거나 의무를 부과하는 법은 공법이고, 모든 권리주체에 권리를 부여하고 의무를 부과하는 법은 사법으로 본다.

ㄴ. 「국가를 당사자로 하는 계약에 관한 법률」에 따라 국가(지방자치단체)가 당사자가 되는 이른바 '공공계약(조달계약)'은 사경제 주체로서 상대방과 대등한 위치에서 체결하는 사법상 계약으로서 본질적인 내용은 사인 간의 계약과 다를 바가 없으므로, 그에 관한 법령에 특별한 정함이 있는 경우를 제외하고는 사적 자치와 계약자유의 원칙 등 **사법의 원리가 그대로 적용**된다(대판 2017.1.25. 2015다205796).

ㄷ. 국유재산 등의 관리청이 하는 행정재산의 사용·수익에 대한 허가는 순전히 사경제주체로서 행하는 사법상의 행위가 아니라 관리청이 공권력을 가진 우월적 지위에서 행하는 행정처분으로서 특정인에게 행정재산을 사용할 수 있는 권리를 설정하여 주는 강학상 **특허**에 해당한다(대판 2006.3.9. 2004다31074).

ㄹ. **석탄가격안정지원금**은 석탄의 수요 감소와 열악한 사업환경 등으로 점차 경영이 어려워지고 있는 석탄광업의 안정 및 육성을 위하여 국가정책적 차원에서 지급하는 지원비의 성격을 갖는 것이고, 석탄광업자가 석탄산업합리화사업단에 대하여 가지는 이와 같은 지원금지급청구권은 석탄사업법령에 의하여 정책적으로 당연히 부여되는 공법상의 권리이므로, 석탄광업자가 석탄산업합리화사업단을 상대로 석탄산업법령 및 석탄가격안정지원금지급요령에 의하여 **석탄가격안정지원금의 지급을 구하는 소송**은 공법상의 법률관계에 관한 소송인 공법상의 **당사자소송**에 해당한다(대판 1997.5.30. 95다28960).

ㅁ. **도지사**가 2010. 7. 12. 부정당업자 입찰참자자격의 제한처분을 하면서 입찰참가자격의 제한기간을 처분 다음 날부터 5개월간으로 정하였다 하더라도 상대방에게 고지되어야 그 효력이 발생하며, 고지되기 이전의 제한기간에 대하여는 그 효력이 미치지 아니한다(대판 2012.11.15. 2011두31635).

→ 국가나 지방자치단체의 입찰참가제재조치는 행정처분O

∴ 이에 대한 통지(고지) 역시 행정처분(준법률행위적 행정행위)O

→ 공기업의 입찰참가제재조치는 사법상 행위O

∴ 이에 대한 통지(고지) 역시 사법상 행위(사법상 통지행위)O나

정답 ③

03 공법관계와 사법관계에 대한 설명으로 옳은 것은? (다툼이 있는 경우 판례에 의함) *〈2020 국가직 7급〉*

① 구「예산회계법」에 따른 입찰보증금의 국고귀속조치는 국가가 공법상의 재산권의 주체로서 행위하는 것으로 그 행위는 공법행위에 속한다.

② 공유재산의 관리청이 행하는 행정재산의 사용·수익에 대한 허가는 순전히 사경제주체로서 행하는 사법상의 법률행위이다.

③ 개발부담금 부과처분이 취소된 후의 부당이득으로서의 과오납금 반환에 관한 법률관계는 공법상 법률관계이다.

④ 공익사업을 위한 토지 등의 취득 및 보상에 관한 법령에 의한 협의취득은 사법상의 법률행위이다.

해설

① **「국가를 당사자로 하는 계약에 관한 법률」**(구**「예산회계법」**)에 따라 체결되는 계약은 사법상의 계약이라고 할 것이고 동법 제70조의5의 입찰보증금은 낙찰자의 계약체결의무이행의 확보를 목적으로 하여 그 불이행시에 이를 국고에 귀속시켜 국가의 손해를 전보하는 사법상의 손해배상 예정으로서의 성질을 갖는 것이라고 할 것이므로 입찰보증금의 국고귀속조치는 국가가 사법상의 재산권의 주체로서 행위하는 것이지 공권력을 행사하는 것이거나 공권력작용과 일체성을 가진 것이 아니라 할 것이므로 이에 관한 분쟁은 행정소송이 아닌 민사소송의 대상이 될 수밖에 없다고 할 것이다(대판 1983.12.27. 81누366).

→ *입찰보증금의 국고귀속조치는 사법상 행위 ∴ **사법관계***

② 공유재산의 관리청이 **행정재산의 사용·수익에 대한 허가**는 순전히 사경제주체로서 행하는 사법상의 행위가 아니라 관리청이 공권력을 가진 우월적 지위에서 행하는 행정처분으로서 특정인에게 행정재산을 사용할 수 있는 권리를 설정하여 주는 **강학상 특허**에 해당한다(대판 1998.2.27. 97누1105).

→ *행정재산의 사용·수익에 대한 허가는 강학상 특허 ∴ **공법관계***

③ 개발부담금 부과처분이 취소된 이상 그 후의 부당이득으로서의 과오납금 반환에 관한 법률관계는 단순한 민사 관계에 불과한 것이고, 행정소송 절차에 따라야 하는 관계로 볼 수 없다(대판 1995.12.22. 94다51253).

→ *부당이득으로서의 과오납금 반환에 관한 법률관계는 **사법관계***

④ 「공익사업을 위한 토지 등의 취득 및 보상에 관한 법률」(구「공공용지의 취득 및 손실보상에 관한 특례법」)은 사업시행자가 토지 등의 소유자로부터 토지 등의 협의취득 및 그 손실보상의 기준과 방법을 정한 법으로서, 이에 의한 협의취득 또는 보상합의는 공공기관이 사경제주체로서 행하는 사법상 매매 내지 사법상 계약의 실질을 가진다(대판 2004.9.24. 2002다68713).

→ *협의취득 또는 보상합의는 사법상 매매(사법상 계약) ∴ **사법관계***

정답 ④

04 공물의 사용관계에 대한 설명으로 가장 옳지 않은 것은? 〈2018 서울시 7급〉

① 판례는 기부채납 받은 국유재산의 사용허가도 일반 사용·수익허가와 동일하게 특허로 본다.

② 지방자치단체가 관할하는 공립학교가 국가 소유의 땅을 무단으로 사용한 때에는 해당 지방자치단체가 국가에 부당이득을 반환하여야 한다.

③ 공물의 일반사용자가 원고적격이 인정되기 위해서는 공용폐지행위 등에 의해 개인의 중요하고 구체적인 이익이 직접 침해되었거나 그 침해가 예상되어야 한다.

④ 하천의 점용허가권은 특허에 의한 공물사용권의 일종으로서 하천관리주체에 대하여 대세적 효력이 있는 물권에 해당한다.

해설

① 국유재산 등의 관리청이 하는 행정재산의 사용·수익에 대한 허가는 순전히 사경제주체로서 행하는 사법상의 행위가 아니라 관리청이 공권력을 가진 우월적 지위에서 행하는 행정처분으로서 특정인에게 행정재산을 사용할 수 있는 권리를 설정하여 주는 강학상 특허에 해당한다(대판 2006.3.9. 2004다31074).

공유재산의 관리청이 하는 행정재산의 사용·수익에 대한 허가는 순전히 사경제주체로서 행하는 사법상의 행위가 아니라 관리청이 공권력을 가진 우월적 지위에서 행하는 행정처분이라고 보아야 할 것인바, 행정재산을 보호하고 그 유지·보존 및 운용 등의 적정을 기하고자하는 지방재정법 및 그 시행령 등 관련 규정의 입법 취지와 더불어 잡종재산에 대해서는 대부·매각 등의 처분을 할 수 있게 하면서도 행정재산에 대해서는 그 용도 또는 목적에 장해가 없는 한도 내에서 사용 또는 수익의 허가를 받은 경우가 아니면 이러한 처분을 하지 못하도록 하고 있는 구 지방재정법 제82조 제1항, 제83조 제2항 등 규정의 내용에 비추어 볼 때 그 행정재산이 구 지방재정법 제75조의 규정에 따라 기부채납 받은 재산이라 하여 그에 대한 사용·수익허가의 성질이 달라진다고 할 수는 없다(대판 2001.6.15. 99두509).

→ *기부채납 받은 국유재산의 사용·수익허가는 특허O*

② 지방자치단체가 설립·경영하는 학교의 부지 확보, 부지의 사용료 지급 등의 사무는 특별한 사정이 없는 한 지방교육자치의 주체인 지방자치단체의 고유사무인 자치사무라 할 것이고, 국가는 법률과 예산의 범위 안에서 지방교육자치를 실현하고 있는 지방자치단체에게 재정을 지원할 의무가 있다고 할 것이며, 이러한 국가의 지원범위를 벗어나 지방자치단체가 법률상 원인 없이 국유재산을 학교부지로 임의 사용하는 경우에는 민법상 부당이득이 성립될 수 있다고 할 것이다(대판 2014.12.24. 2011다92497).

③ 일반적인 시민생활에 있어 도로를 이용만 하는 사람은 그 용도폐지를 다툴 법률상의 이익이 있다고 말할 수 없지만, 공공용재산이라고 하여도 당해 공공용재산의 성질상 특정개인의 생활에 개별성이 강한 직접적이고 구체적인 이익을 부여하고 있어서 그에게 그로 인한 이익을 가지게 하는 것이 법률적인 관점으로도 이유가 있다고 인정되는 특별한 사정이 있는 경우에는 그와 같은 이익은 법률상 보호되어야 할 것이고, 따라서 도로의 용도폐지처분에 관하여 **이러한 직접적인 이해관계를 가지는 사람**이 그와 같은 이익을 현실적으로 **침해**당한 경우에는 그 취소를 구할 법률상의 이익이 있다(대판 1992.9.22. 91누13212).

④ 하천의 점용허가권은 특허에 의한 공물사용권의 일종으로서 **하천의 관리주체에 대하여 일정한 특별사용을 청구할 수 있는 채권**에 지나지 아니하고 대세적 효력이 있는 물권이라 할 수 없다(대판 2015.1.29. 2012두27404).

정답 ④

05 행정상 법률관계의 당사자에 관한 설명으로 옳은 것은? (다툼이 있는 경우 판례에 의함)

〈2017 서울시 9급〉

① 국가나 지방자치단체는 행정청과는 달리 당사자소송의 당사자가 될 수 있고 국가배상책임의 주체가 될 수 있다.

② 법인격 없는 단체는 공무수탁사인이 될 수 없다.

③ 「도시 및 주거환경정비법」에 따른 주택재건축정비조합은 공법인으로서 행정주체의 지위를 가진다고 보기 어렵다.

④ 「민영교도소 등의 설치·운영에 관한 법률」상의 민영교도소는 행정보조인(행정보조자)에 해당한다.

해설

① **행정소송법 제39조 (피고적격)**

당사자소송은 국가·공공단체 그 밖의 권리주체를 피고로 한다.

국가배상법 제2조 (배상책임)

제1항 국가나 지방자치단체는 공무원 또는 공무를 위탁받은 사인(이하 "공무원"이라 한다)이 직무를 집행하면서 고의 또는 과실로 법령을 위반하여 타인에게 손해를 입히거나, 「자동차손해배상 보장법」에 따라 손해배상의 책임이 있을 때에는 이 법에 따라 그 손해를 배상하여야 한다.

② 공무수탁사인이란 국가 또는 지방자치단체로부터 법령에 의하여 공적 임무를 위탁받은 사인을 말하고, 여기서 사인이라 함은 자연인은 물론이고 사법인 또는 법인격이 없는 단체를 포함하는 개념이다.

③ 도시 및 주거환경정비법에 따른 **주택재건축정비사업조합**은 관할 행정청의 감독 아래 도시정비법상의 주택재건축사업을 시행하는 공법인(도시정비법 제18조)으로서, 그 목적 범위 내에서 법령이 정하는 바에 따라 일정한 행정작용을 행하는 **행정주체의 지위**를 갖는다(대판 2009.9.17. 2007다2428).

④ **민영교도소 등의 설치·운영에 관한 법률 제3조 (교정업무의 민간 위탁)**
제1항 법무부장관은 필요하다고 인정하면 이 법에서 정하는 바에 따라 교정업무를 공공단체 외의 법인·단체 또는 그 기관이나 개인에게 위탁할 수 있다. 다만, 교정업무를 포괄적으로 위탁하여 한 개 또는 여러 개의 교도소등을 설치·운영하도록 하는 경우에는 법인에만 위탁할 수 있다.
➜ ∴ *민영교도소는 공무수탁사인O*

정답 ①

06 공법관계에 해당하는 것은? (단, 다툼이 있는 경우 판례에 따름) *〈2017 교육행정〉*

① 행정재산의 사용·수익에 대한 허가
② 국유일반재산에 관한 대부료의 납부고지
③ 구「예산회계법」상 입찰보증금의 국고귀속조치
④ 서울특별시 지하철공사 사장의 소속 직원에 대한 징계처분

해설

① **<공법관계>** 국유재산 등의 관리청이 하는 행정재산의 사용·수익에 대한 허가는 순전히 사경제주체로서 행하는 사법상의 행위가 아니라 관리청이 공권력을 가진 우월적 지위에서 행하는 행정처분으로서 특정인에게 행정재산을 사용할 수 있는 권리를 설정하여 주는 강학상 **특허**에 해당한다(대판 2006.3.9. 2004다31074).

② **<사법관계>** 국유재산법 제31조, 제32조 제3항, 산림법 제75조 제1항의 규정 등에 의하여 국유일반재산(구 잡종재산)에 관한 관리 처분의 권한을 위임받은 기관이 국유 일반재산을 대부하는 행위는 국가가 사경제주체로서 상대방과 대등한 위치에서 행하는 사법상의 계약이고, 행정청이 권력의 주체로서 상대방의 의사 여하에 불구하고 일방적으로 행하는 행정처분이라고 볼 수 없으며, 국유일반재산에 관한 대부료의 납부고지 역시 사법상의 이행청구에 해당하고, 이를 행정처분이라고 할 수 없다(대판 2000.2.11. 99다61675).

③ **<사법관계>** 예산회계법에 따라 체결되는 계약은 사법상의 계약이라고 할 것이고 동법 제70조의 5의 입찰보증금은 낙찰자의 계약체결의무이행의 확보를 목적으로 하여 그 불이행시에 이를 국고에 귀속시켜 국가의 손해를 전보하는 사법상의 손해배상 예정으로서의 성질을 갖는 것이라고 할 것이므로 입찰보증금의 국고귀속조치는 국가가 사법상의 재산권의 주체로서 행위하는 것이지 공권력을 행사하는 것이거나 공권력작용과 일체성을 가진 것이 아니라 할 것이므로 이에 관한 분쟁은 행정소송이 아닌 민사소송의 대상이 될 수밖에 없다고 할 것이다(대판 1983.12.27. 81누366).

④ **<사법관계>** 서울특별시지하철공사의 임원과 직원의 근무관계의 성질은 지방공기업법의 모든 규정을 살펴보아도 공법상의 특별권력관계라고는 볼 수 없고 사법관계에 속할 뿐만 아니라, 위 지하철공사의 사장이 그 이사회의 결의를 거쳐 제정된 인사규정에 의거하여 소속직원에 대한 징계처분을 한 경우 위 사장은 행정소송법 제13조 제1항 본문과 제2조 제2항 소정의 행정청에 해당되지 않으므로 공권력 발동주체로서 위 징계처분을 행한 것으로 볼 수 없고, 따라서 이에 대한 불복절차는 민사소송에 의할 것이지 행정소송에 의할 수는 없다(대판 1989.9.12. 89누2103).

정답 ①

07 공법상 법률관계에 대한 설명으로 옳은 것은? (다툼이 있는 경우 판례에 의함) *〈2017 국회직 8급〉*

① 행정청이 특정 개발사업의 시행자를 지정하는 처분을 하면서 상대방에게 지정처분의 취소에 대한 소권을 포기하도록 하는 내용의 부관을 붙이는 것은 단지 부제소특약만을 덧붙이는 것이어서 허용된다.

② 공무원연금수급권은 헌법 규정만으로는 이를 실현할 수 없고 그 수급요건, 수급권자의 범위 및 급여금액은 법률에 의하여 비로소 확정된다.

③ 환경영향평가 대상지역 밖에 거주하는 주민은 관계 법령의 내용과는 상관없이 헌법상의 환경권에 근거하여 제3자에 대한 공유수면매립면허처분을 취소할 것을 청구할 수 있는 공권을 가진다.

④ 국유재산의 무단점유자에 대한 변상금 부과·징수권과 민사상 부당이득반환청구권은 양자 중 어느 한 쪽만 성립하여 존재할 수 있을 뿐 양자가 경합하여 병존할 수는 없다.

⑤ 「보조금 관리에 관한 법률」에 따라 중앙관서의 장이 보조사업자에게 보조금반환을 명하였음에도 보조사업자가 이를 반환하지 아니하는 경우, 중앙관서의 장은 강제징수의 방법과 민사소송의 방법을 합리적 재량에 의하여 선택적으로 활용할 수 있다.

해설

① 지방자치단체장이 도매시장법인의 대표이사에 대하여 위 지방자치단체장이 개설한 농수산물도매시장의 도매시장법인으로 다시 지정함에 있어서 그 지정조건으로 "지정기간 중이라도 개설자가 농수산물 유통정책의 방침에 따라 도매시장법인 이전 및 지정취소 또는 폐쇄 지시에도 일체 소송이나 손실보상을 청구할 수 없다."라는 부관을 붙였으나, 그 중 부제소특약에 관한 부분은 **당사자가 임의로 처분할 수 없는 공법상의 권리관계를 대상**으로 하여 사인의 국가에 대한 공권인 소권을 당사자의 합의로 포기하는 것으로서 허용될 수 없다(대판 1998.8.21. 98두8919).

② 국민연금수급권이나 공무원연금수급권은 국가에 대하여 적극적으로 급부를 요구하는 것이므로 헌법규정만으로는 이를 실현할 수 없고 법률에 의한 형성을 필요로 하며, 그 구체적 내용, 즉 수급요건, 수급권자의 범위, 급여금액 등은 법률에 의하여 비로소 확정된다(헌재 2012.5.31. 2009헌마553).

→ *사회권이나 청구권은 법률에 의해 그 기본권의 내용 등이 구체화되어야 비로소 개인적 공권으로 인정O*

③ **「헌법 제35조 제1항에서 정하고 있는 환경권에 관한 규정만으로는 그 권리의 주체·대상·내용·행사방법 등이 구체적으로 정립되어 있다고 볼 수 없고**, 환경정책기본법 제6조도 그 규정 내용 등에 비추어 국민에게 구체적인 권리를 부여한 것으로 볼 수 없다는 이유로, 환경영향평가 대상지역 밖에 거주하는 주민에게 헌법상의 환경권 또는 환경정책기본법에 근거하여 공유수면매립면허처분과 농지개량사업 시행인가처분의 무효확인을 구할 원고적격이 없다(대판 2006.3.16. 2006두330).

④ 「국유재산법」에 의한 변상금 부과·징수권과 민사상 부당이득반환청구권은 동일한 금액 범위 내에서 경합하여 병존하게 되고, 민사상 부당이득반환청구권이 만족을 얻어 소멸하면 그 범위 내에서 변상금 부과·징수권도 소멸하는 관계에 있다(대판 2014.9.4. 2012두5688).

⑤ **보조금의 예산 및 관리에 관한 법률** 제33조 제1항에서 반환하여야 할 보조금에 대하여는 국세징수의 예에 따라 이를 징수할 수 있도록 규정하고 있으므로, 중앙관서의 장으로서는 반환하여야 할 보조금을 국세체납처분의 예에 의하여 **강제징수**할 수 있고, 위와 같은 중앙관서의 장이 가지는 반환하여야 할 보조금에 대한 징수권은 공법상 권리로서 사법상 채권과는 성질을 달리하므로, 중앙관서의 장으로서는 보조금을 반환하여야 할 자에 대하여 민사소송의 방법으로는 반환청구를 할 수 없다고 보아야 한다(대판 2012.3.15. 2011다17328).

정답 ②

제2절 공법관계의 당사자

01 다음 중 행정주체에 대한 설명으로 옳지 않은 것은? (단, 다툼이 있는 경우 판례에 의함)

〈2017 사회복지〉

① 「도시 및 주거환경정비법」상 주택재건축정비사업조합은 공법인으로서 목적 범위 내에서 법령이 정하는 바에 따라 일정한 행정작용을 행하는 행정주체의 지위를 갖는다.

② 공무수탁사인은 수탁받은 공무를 수행하는 범위 내에서 행정주체이고, 「행정절차법」이나 「행정소송법」에서는 행정청이다.

③ 경찰과의 사법상 용역계약에 의해 주차위반차량을 견인하는 민간사업자는 공무수탁사인이 아니다.

④ 지방자치단체는 행정주체이지 행정권 발동의 상대방인 행정객체는 될 수 없다.

해설

① 「도시 및 주거환경정비법」(이하 「도시정비법」이라고 한다)에 따른 **주택재건축정비사업조합**(이하 '재건축조합'이라고 한다)은 관할 행정청의 감독 아래 도시정비법상의 주택재건축사업을 시행하는 공법인(도시정비법 제18조)으로서, 그 목적 범위 내에서 법령이 정하는 바에 따라 일정한 행정작용을 행하는 **행정주체**의 지위를 갖는다(대판 2009.9.17. 2007다2428).

② 공무수탁사인은 원칙적으로 공법상 위임관계이기 때문에 행정업무의 수행을 위하여 자신의 책임 하에 행정주체와 동일하게 의사결정을 할 수 있다는 것이 다수설의 입장이다. 따라서 다수설에 의하면 공무수탁사인이 행정작용을 함에 있어서 공무수탁사인 자체가 행정주체이면서 행정청의 지위를 함께 가지게 되어 당사자소송과 항고소송의 피고적격이 모두 인정되게 된다.

행정절차법 제2조 (정의)

이 법에서 사용하는 용어의 뜻은 다음과 같다.

1. "행정청"이란 다음 각 목의 자를 말한다.

가. 행정에 관한 의사를 결정하여 표시하는 국가 또는 지방자치단체의 기관

나. 그 밖에 법령 또는 자치법규(이하 "법령 등"이라 한다)에 따라 행정권한을 가지고 있거나 위임 또는 위탁받은 공공단체 또는 그 기관이나 **사인**(私人)

행정소송법 제2조 (정의)

제2항 이 법을 적용함에 있어서 행정청에는 법령에 의하여 행정권한의 위임 또는 위탁을 받은 행정기관, 공공단체 및 그 기관 또는 **사인**이 포함된다.

③ 경찰과의 계약을 통해 주차위반차량을 견인하는 민간사업자는 행정대행인 또는 행정보조인으로 공무수탁사인이 아니다.

④ **지방자치단체** 등 공공단체도 사인에 대하여는 행정주체의 지위에 있지만, **국가**와 다른 공공단체에 대하여는 행정객체로서의 지위를 갖는다.

정답 ④

02 공무수탁사인에 관한 설명으로 옳은 것을 모두 고른 것은? 〈2017 서울시 7급〉

ㄱ. 공무수탁사인은 행정주체이면서 동시에 행정청의 지위를 갖는다.
ㄴ. 경찰과의 계약을 통해 주차위반차량을 견인하는 민간 사업자도 공무수탁사인에 해당한다.
ㄷ. 중앙관서장뿐만 아니라 지방자치단체장도 자신의 사무 중 조사·검사·검정·관리업무 등 주민의 권리·의무와 직접 관련되지 아니하는 사무를 개인에게 위탁할 수 있다.
ㄹ. 국가가 공무수탁사인의 공무수탁사무수행을 감독하는 경우 수탁사무수행의 합법성뿐만 아니라 합목적성까지도 감독할 수 있다.

① ㄱ, ㄴ　② ㄱ, ㄷ
③ ㄱ, ㄷ, ㄹ　④ ㄴ, ㄷ, ㄹ

해설

ㄱ. 공무수탁사인은 수탁받은 공무를 수행하는 범위 내에서 행정주체이고, 다수설에 의하면 공무수탁사인이 행정작용을 함에 있어서 공무수탁사인 자체가 행정주체이면서 행정청의 지위를 함께 가지게 되어 당사자소송과 항고소송의 피고적격이 모두 인정되게 된다.

ㄴ. 경찰과의 계약을 통해 주차위반차량을 견인하는 민간사업자는 행정대행인 또는 행정보조인으로 공무수탁사인이 아니다.

ㄷ. **지방자치법 제104조 (사무의 위임 등)**

제3항 지방자치단체의 장은 조례나 규칙으로 정하는 바에 따라 그 권한에 속하는 사무 중 조사·검사·검정·관리업무 등 주민의 권리·의무와 직접 관련되지 아니하는 사무를 법인·단체 또는 그 기관이나 개인에게 위탁할 수 있다.

ㄹ. 공무수탁사인의 지위에 관하여 규율하는 일반법은 없다. 위탁자인 국가 또는 지방자치단체와 공무수탁사인의 관계는 공법상 위임관계에 해당한다. 이러한 경우 국가·지방자치단체의 감독은 행정기관을 대상으로 하는 감독처럼 수탁사무 수행의 합법성뿐만 아니라 합목적성에도 미친다고 보는 것이 다수설의 입장이다.

정답 ③

제3절 공법관계의 내용

01 개인적 공권에 관한 설명으로 옳은 것은? (단, 다툼이 있는 경우 판례에 따름) *〈2017 교육행정〉*

① 공법상 계약을 통해서는 개인적 공권이 성립할 수 없다.

② 재량권의 영으로의 수축이론은 개인적 공권을 확대하는 이론이다.

③ 개인적 공권은 사권처럼 자유롭게 포기할 수 있는 것이 원칙이다.

④ 헌법상의 기본권 규정으로부터는 개인적 공권이 바로 도출될 수 없다.

해설

① 개인적 공권은 법률의 규정에 의한 경우뿐만 아니라 헌법상 기본권, 관습법, 법규명령, 행정행위 그리고 공법상 계약을 통해서도 성립할 수도 있다.

② 재량행위의 경우 원칙적으로 행정개입청구권은 인정되지 않지만, 재량권이 0으로 수축하는 경우 행정청은 기속행위에 가까운 처분을 해야 할 의무가 있으므로 이 경우에는 인정이 된다. 따라서 재량권의 영으로의 수축이론은 개인적 공권을 **확대**하는 이론이다.

③ 개인적 공권도 공권이며, 공권은 공의무·공익적 성질을 동시에 갖고 있기 때문에 원칙적으로 자유롭게 포기할 수 없다.

④ 다수설, 판례에 의하면 (헌법상의 기본권 규정 중에서) 사회권이나 청구권은 법률에 의해 그 기본권의 내용 등이 구체화되어야 비로소 개인적 공권으로 인정되지만 자유권이나 평등권은 헌법상의 기본권 규정으로부터 바로 개인적 공권이 바로 도출된다고 본다.
따라서 헌법상 기본권 규정만으로도 특정한 개인의 이익보호를 위한 개인적 공권이 바로 도출될 수 있는 경우가 있다.

정답 ②

제4절 특별권력관계이론

제5절 행정법상의 법률요건과 법률사실

01 공법상 시효에 대한 설명으로 옳지 않은 것은? 〈2020 소방공채〉

① 「관세법」상 납세자의 과오납금 또는 그 밖의 관세의 환급청구권은 그 권리를 행사할 수 있는 날부터 5년간 행사하지 아니하면 소멸시효가 완성된다.

② 판례는 공법상 부당이득반환청구권은 사권(私權)에 해당되며, 그에 관한 소송은 민사소송절차에 따라야 한다고 보고 있다.

③ 소멸시효에 대해 「국가재정법」은 국가의 국민에 대한 금전채권은 물론이고 국민의 국가에 대한 금전채권에도 적용된다.

④ 공법의 특수성으로 인해 소멸시효의 중단·정지에 관한 「민법」 규정은 적용되지 않는다.

해설

① **관세법 제22조 (관세징수권 등의 소멸시효)**

제2항 납세자의 과오납금 또는 그 밖의 관세의 환급청구권은 그 권리를 행사할 수 있는 날부터 5년간 행사하지 아니하면 소멸시효가 완성된다.

→ *국세·지방세·관세 과오납반환청구권(환급금청구권) : 5년*

② 판례는 **공법상 부당이득반환청구권**은 **사권(私權)**에 해당되며, 분쟁시 **민사소송절차**에 따라야 한다고 보고 있다.

③ **국가재정법 제96조 (금전채권·채무의 소멸시효)**

제1항 금전의 급부를 목적으로 하는 **국가의 권리**로서 시효에 관하여 다른 법률에 규정이 없는 것은 5년 동안 행사하지 아니하면 **시효**로 인하여 **소멸**한다.

제2항 국가에 대한 권리로서 **금전의 급부를 목적**으로 하는 것도 또한 제1항과 **같다**.

④ **행정상 법률관계**에서 **시효의 중단이나 정지**에 대하여 특별한 규정이 없으면 **민법**규정이 준용된다.

정답 ④

02 사인의 공법행위에 대한 설명으로 옳지 않은 것은? (다툼이 있는 경우 판례에 의함)

〈2019 지방직 9급〉

① 부동산 투기나 이주대책 요구 등을 방지할 목적으로 주민등록전입신고를 거부하는 것은 「주민등록법」의 입법 목적과 취지 등에 비추어 허용될 수 없다.

② 구「의료법 시행규칙」 제22조 제3항에 의하면 의원개설 신고서를 수리한 행정관청이 소정의 신고필증을 교부하도록 되어있기 때문에 이와 같은 신고필증의 교부가 없으면 개설신고의 효력이 없다.

③ 「건축법」상 건축신고 반려행위는 항고소송의 대상이 되는 행정처분에 해당한다.

④ 「식품위생법」에 의한 영업양도에 따른 지위승계신고를 수리하는 허가관청의 행위는 단순히 양도·양수인 사이에 이미 발생한 사법상의 사업양도의 법률효과에 의하여 양수인이 그 영업을 승계하였다는 사실의 신고를 접수하는 행위에 그치는 것이 아니라, 영업허가자의 변경이라는 법률효과를 발생시키는 행위이다.

해설

① **가.** 주민등록법의 입법 목적에 관한 제1조 및 주민등록 대상자에 관한 제6조의 규정을 고려해 보면, **전입신고**를 받은 시장·군수 또는 구청장의 **심사 대상**은 전입신고자가 30일 이상 생활의 근거로 거주할 목적으로 거주지를 옮기는지 여부만으로 제한된다고 보아야 한다. 따라서 전입신고자가 거주의 목적 이외에 다른 이해관계에 관한 의도를 가지고 있는지 여부, 무허가 건축물의 관리, 전입신고를 수리함으로써 당해 지방자치단체에 미치는 영향 등과 같은 사유는 주민등록법이 아닌 다른 법률에 의하여 규율되어야 하고, 주민등록전입신고의 수리 여부를 심사하는 단계에서는 고려 대상이 될 수 없다.

나. 무허가 건축물을 실제 생활의 근거지로 삼아 10년 이상 거주해 온 사람의 주민등록 전입신고를 거부한 사안에서, 부동산투기나 이주대책 요구 등을 방지할 목적으로 주민등록전입신고를 거부하는 것은 주민등록법의 입법 목적과 취지 등에 비추어 허용될 수 없다(대판 2009.6.18, 2008두10997 전합).

② 의료법시행규칙 제22조 제3항에 의하면 의원개설 신고서를 수리한 행정관청이 소정의 신고필증을 교부하도록 되어있다 하여도 이는 신고사실의 확인행위로서 신고필증을 교부하도록 규정한 것에 불과하고 그와 같은 신고필증의 교부가 없다 하여 개설신고의 효력을 부정할 수 없다 할 것이다(대판 1985.4.23. 84도2953).

③ 건축주 등은 신고제하에서도 건축신고가 반려될 경우 당해 건축물의 건축을 개시하면 시정명령, 이행강제금, 벌금의 대상이 되거나 당해 건축물을 사용하여 행할 행위의 허가가 거부될 우려가 있어 **불안정한 지위**에 놓이게 된다. 따라서 건축신고 반려행위가 이루어진 단계에서 당사자로 하여금 반려행위의 적법성을 다투어 그 법적 불안을 해소한 다음 건축행위에 나아가도록 함으로써 장차 있을지도 모르는 위험에서 **미리** 벗어날 수 있도록 길을 열어 주고, 위법한 건축물의 양산과

그 철거를 둘러싼 분쟁을 **조기**에 근본적으로 해결할 수 있게 하는 것이 법치행정의 원리에 부합한다. 그러므로 건축신고 반려행위는 항고소송의 대상이 된다고 보는 것이 옳다(대판 2010.11.18. 2008두167).

④ 식품위생법 제25조 제3항에 의한 **영업양도에 따른 지위승계신고를 수리**하는 허가관청의 행위는 단순히 양도·양수인 사이에 이미 발생한 사법상의 사업양도의 법률효과에 의하여 양수인이 그 영업을 승계하였다는 사실의 신고를 접수하는 행위에 그치는 것이 아니라, **영업허가자의 변경이라는 법률효과를 발생**시키는 행위라고 할 것이다(대판 1995.2.24. 94누9146).

정답 ②

03 신고와 수리에 대한 설명으로 옳지 않은 것은? (다툼이 있는 경우 판례에 의함) 〈2020 지방직 9급〉

① 다른 법령에 의한 인허가가 의제되지 않는 일반적인 건축신고는 자기완결적 신고이므로 이에 대한 수리 거부행위는 항고소송의 대상이 되는 처분이 아니다.

②「국토의 계획 및 이용에 관한 법률」상의 개발행위허가가 의제되는 건축신고는 특별한 사정이 없는 한 행정청이 그 실체적 요건에 관한 심사를 한 후 수리하여야 하는 이른바 '수리를 요하는 신고'로 보아야 한다.

③「행정절차법」은 '법령 등에서 행정청에 일정한 사항을 통지함으로써 의무가 끝나는 신고'에 대하여 '그 밖에 법령 등에 규정된 형식상의 요건에 적합할 것'을 그 신고의무 이행요건의 하나로 정하고 있다.

④「식품위생법」에 따른 식품접객업(일반음식점영업)의 영업신고의 요건을 갖춘 자라고 하더라도, 그 영업신고를 한 당해 건축물이 건축법 소정의 허가를 받지 아니한 무허가 건물이라면 적법한 신고를 할 수 없다.

해설

① 건축주 등은 신고제하에서도 건축신고가 반려될 경우 당해 건축물의 건축을 개시하면 시정명령, 이행강제금, 벌금의 대상이 되거나 당해 건축물을 사용하여 행할 행위의 허가가 거부될 우려가 있어 **불안정한 지위**에 놓이게 된다. 따라서 건축신고 반려행위가 이루어진 단계에서 당사자로 하여금 반려행위의 적법성을 다투어 그 법적 불안을 해소한 다음 건축행위에 나아가도록 함으로써 장차 있을지도 모르는 위험에서 **미리** 벗어날 수 있도록 길을 열어 주고, 위법한 건축물의 양산과 그 철거를 둘러싼 분쟁을 **조기**에 근본적으로 해결할 수 있게 하는 것이 **법치행정의 원리**에 부합한다. 그러므로 건축신고 반려행위는 항고소송의 대상이 된다고 보는 것이 옳다(대판 2010.11.18. 2008두167 전합).

② 인·허가의제 효과를 수반하는 건축신고는 일반적인 건축신고와는 달리, 특별한 사정이 없는 한 행정청이 그 실체적 요건에 관한 심사를 한 후 수리하여야 하는 이른바 '수리를 요하는 신고'로 보는 것이 옳다(대판 2011.1.20. 2010두14954).

③ **행정절차법 제40조 (신고)**

제1항 법령 등에서 행정청에 일정한 사항을 통지함으로써 의무가 끝나는 신고를 규정하고 있는 경우 신고를 관장하는 행정청은 신고에 필요한 구비서류, 접수기관, 그 밖에 법령 등에 따른 신고에 필요한 사항을 게시(인터넷 등을 통한 게시를 포함한다)하거나 이에 대한 편람을 갖추어 두고 누구나 열람할 수 있도록 하여야 한다.

제2항 제1항에 따른 신고가 다음 각 호의 요건을 갖춘 경우에는 신고서가 접수기관에 도달된 때에 **신고 의무가 이행**된 것으로 본다.

1. 신고서의 기재사항에 흠이 없을 것
2. 필요한 구비서류가 첨부되어 있을 것
3. 그 밖에 법령 등에 규정된 형식상의 요건에 적합할 것

④ 식품위생법에 따른 식품접객업(일반음식점영업)의 영업신고의 요건을 갖춘 자라고 하더라도, 그 영업신고를 한 당해 건축물이 건축법 소정의 허가를 받지 아니한 무허가 건물이라면 적법한 신고를 할 수 없다(대판 2009.4.23. 2008도6829).

정답 ①

04 사인의 공법행위로서 신고에 대한 판례의 입장으로 옳지 않은 것은? *〈2019 지방직 7급〉*

① 「유통산업발전법」상 대규모 점포의 개설 등록은 이른바 '수리를 요하는 신고'로서 행정처분에 해당한다.

② 「의료법」에 따라 정신과의원을 개설하려는 자가 법령에 규정되어 있는 요건을 갖추어 개설신고를 한 경우라도 관할 시장·군수·구청장은 법령에서 정한 요건 이외의 사유를 들어 의원급 의료기관 개설신고의 수리를 거부할 수 있다.

③ 인·허가의제 효과를 수반하는 건축신고는 일반적인 건축신고와는 달리, 특별한 사정이 없는 한 행정청이 그 실체적 요건에 관한 심사를 한 후 수리하여야 하는 이른바 '수리를 요하는 신고'에 해당한다.

④ 가설건축물 존치기간을 연장하려는 건축주 등이 법령에 규정되어 있는 제반 서류와 요건을 갖추어 행정청에 연장신고를 한 경우, 행정청으로서는 법령에서 요구하고 있지도 아니한 '대지사용승낙서' 등의 서류가 제출되지 아니하였거나, 대지소유권자의 사용승낙이 없다는 등의 사유를 들어 가설건축물 존치기간 연장신고의 수리를 거부하여서는 아니 된다.

해설

① 대규모점포의 개설 등록은 이른바 '수리를 요하는 신고'로서 행정처분에 해당하고 등록은 구체적 유형 구분에 따라 이루어진다(대판 2015.11.19. 2015두295).

② 정신과의원을 개설하려는 자가 법령에 규정되어 있는 요건을 갖추어 개설신고를 한 때에, 행정청은 원칙적으로 이를 수리하여 신고필증을 교부하여야 하고, 법령에서 정한 요건 이외의 사유를 들어 의원급 의료기관 개설신고의 수리를 거부할 수는 없다(대판 2018.10.25. 2018두44302).

③ 인·허가의제 효과를 수반하는 건축신고는 일반적인 건축신고와는 달리, 특별한 사정이 없는 한 행정청이 그 실체적 요건에 관한 심사를 한 후 수리하여야 하는 이른바 '수리를 요하는 신고'로 보는 것이 옳다(대판 2011.1.20. 2010두14954).

④ 가설건축물 존치기간을 연장하려는 건축주 등이 법령에 규정되어 있는 제반 서류와 요건을 갖추어 행정청에 연장신고를 한 때에는 행정청은 원칙적으로 이를 수리하여 신고필증을 교부하여야 하고, 법령에서 정한 요건 이외의 사유를 들어 수리를 거부할 수는 없다. 따라서 행정청으로서는 법령에서 요구하고 있지도 아니한 '대지사용승낙서' 등의 서류가 제출되지 아니하였거나, 대지 소유권자의 사용승낙이 없다는 등의 사유를 들어 가설건축물 존치기간 연장신고의 수리를 거부하여서는 아니 된다(대판 2018.1.25. 2015두35116).

정답 ②

05 **갑(甲)은 영업허가를 받아 영업을 하던 중 자신의 영업을 을(乙)에게 양도하고자 을과 사업양도양수계약을 체결하고 관련법령에 따라 관할 행정청 A에게 지위승계신고를 하였다. 이에 대한 설명으로 가장 옳지 않은 것은?** *〈2019 서울시 9급〉*

① 갑과 을 사이의 사업양도양수계약이 무효이더라도 A가 지위승계신고를 수리하였다면 그 수리는 취소되기 전까지 유효하다.

② A가 지위승계신고의 수리를 거부한 경우 갑은 수리거부에 대해 취소소송으로 다툴 수 있다.

③ 갑과 을이 사업양도양수계약을 체결하였으나 지위승계신고 이전에 갑에 대해 영업허가가 취소되었다면, 을은 이를 다툴 법률상 이익이 있다.

④ 갑과 을이 관련법령상 요건을 갖춘 적법한 신고를 하였더라도 A가 이를 수리하지 않았다면 지위승계의 효력이 발생하지 않는다.

해설

① 사업양도·양수에 따른 허가관청의 지위승계신고의 수리는 **적법한 사업의 양도·양수가 있었음을 전제**로 하는 것이므로 그 수리대상인 사업양도·양수가 존재하지 아니하거나 무효인 때에는 지위승계신고를 수리하였다 하더라도 그 수리는 유효한 대상이 없는 것으로서 당연히 **무효**라 할 것이다(대판 2005.12.23, 2005두3554).

② 식품위생법 제25조 제3항에 의한 영업양도에 따른 **지위승계신고**를 수리하는 허가관청의 행위는 단순히 양도·양수인 사이에 이미 발생한 사법상의 사업양도의 법률효과에 의하여 양수인이 그 영업을 승계하였다는 사실의 신고를 접수하는 행위에 그치는 것이 아니라, 영업허가자의 변경이라는 법률효과를 발생시키는 행위라고 할 것이다(대판 1995.2.24. 94누9146).

→ *(식품위생법상) 영업자지위승계신고는 수리를 요하는 신고이므로 (행정청의 수리 또는 수리거부에 처분성이 있고) 따라서 행정청이 수리를 거부한 경우 수리거부에 대해서 취소소송으로 다툴 수 있다.*

③ 수허가자의 지위를 양수받아 **명의변경신고를 할 수 있는 양수인의 지위**는 단순한 반사적 이익이나 사실상의 이익이 아니라 산림법령에 의하여 보호되는 직접적이고 구체적인 이익으로서 **법률상 이익**이라고 할 것이고, **채석허가가 유효하게 존속하고 있다는 것이 양수인의 명의변경신고의 전제**가 된다는 의미에서 관할 행정청이 양도인에 대하여 채석허가를 취소하는 처분을 하였다면 이는 양수인의 지위에 대한 직접적 침해가 된다고 할 것이므로 양수인은 채석허가를 취소하는 처분의 취소를 구할 법률상 이익을 가진다(대판 2003.7.11. 2001두6289).

④ **영업양도에 따른 지위승계신고를 수리**하는 허가관청의 행위는, 단순히 양도·양수인 사이에 이미 발생한 사법상의 사업양도의 법률효과에 의하여 양수인이 그 영업을 승계하였다는 사실의 신고를 접수하는 행위에 그치는 것이 아니라, 실질에 있어서 양도자의 사업허가를 취소함과 아울러 양수자에게 적법히 사업을 할 수 있는 권리를 설정하여 주는 행위로서 **사업허가자의 변경이라는 법률효과를 발생**시키는 행위라고 할 것이다(대판 2001.2.9. 2000도2050).

정답 ①

06 신고에 대한 설명으로 옳은 것은? (다툼이 있는 경우 판례에 의함) *〈2018 국가직 9급〉*

① 신고는 사인이 행하는 공법행위로 행정기관의 행위가 아니므로 「행정절차법」에는 신고에 관한 규정을 두고 있지 않다.

② 신고의 수리는 타인의 행위를 유효한 행위로 받아들이는 행정행위를 말하며, 이는 강학상 법률행위적 행정행위에 해당한다.

③ 「행정절차법」상 사전통지의 상대방인 당사자는 행정청의 처분에 대하여 직접 그 상대가 되는 자를 의미하므로, 「식품위생법」상의 영업자지위승계신고를 수리하는 행정청은 영업자지위를 이전한 종전의 영업자에 대하여 사전통지를 할 필요가 없다.

④ 숙박업을 하고자 하는 자가 법령이 정하는 시설과 설비를 갖추고 행정청에 신고를 하면 행정청은 공중위생관리법령의 규정에 따라 원칙적으로 이를 수리하여야 하므로, 새로 숙박업을 하려는 자가 기존에 다른 사람이 숙박업 신고를 한 적이 있는 시설 등의 소유권 등 정당한 사용권한을 취득하여 법령에서 정한 요건을 갖추어 신고하였다면, 행정청으로서는 특별한 사정이 없는 한 이를 수리하여야 하고, 기존의 숙박업 신고가 외관상 남아있다는 이유로 이를 거부할 수 없다.

해설

① **행정절차법 제40조 (신고)**

제1항 법령 등에서 행정청에 일정한 사항을 통지함으로써 의무가 끝나는 신고를 규정하고 있는 경우 신고를 관장하는 행정청은 신고에 필요한 구비서류, 접수기관, 그 밖에 법령 등에 따른 신고에 필요한 사항을 게시(인터넷 등을 통한 게시를 포함한다)하거나 이에 대한 편람을 갖추어 두고 누구나 열람할 수 있도록 하여야 한다.

제2항 제1항에 따른 신고가 다음 각 호의 요건을 갖춘 경우에는 신고서가 접수기관에 도달된 때에 신고 의무가 **이행**된 것으로 본다.

1. 신고서의 기재사항에 흠이 없을 것
2. 필요한 구비서류가 첨부되어 있을 것
3. 그 밖에 법령 등에 규정된 형식상의 요건에 적합할 것

→ *행정절차법 제40조에 자기완결적 신고에 대한 규정을 두고 있다.*

② 확인, 공증, 수리, 통지는 준법률행위적 행정행위에 해당한다.

③ 행정절차법 제21조 제1항, 제22조 제3항 및 제2조 제4호의 각 규정에 의하면, 행정청이 당사자에게 의무를 과하거나 권익을 제한하는 처분을 함에 있어서는 당사자 등에게 처분의 사전통지를 하고 의견제출의 기회를 주어야 하며, 여기서 당사자라 함은 행정청의 처분에 대하여 직접 그 상대가 되는 자를 의미한다 할 것이고, 한편 구 식품위생법 제25조 제2항 및 제3항의 각 규정에 의하면, 지방세법에 의한 압류재산 매각절차에 따라 영업시설의 전부를 인수함으로써 그 영업자의 지위를 승계한 자가 관계 행정청에 이를 신고하여 행정청이 이를 수리하는 경우에는 종전의 영업자에 대한 영업허가 등은 그 효력을 잃는다 할 것인데, 위 규정들을 종합하면 위 행정청이 구 식품위생법 규정에 의하여 영업자지위승계신고를 수리하는 처분은 종전의 영업자의 권익을 제한하는 처분이라 할 것이고 따라서 종전의 영업자는 그 처분에 대하여 직접 그 상대가 되는 자에 해당한다고 봄이 상당하므로, 행정청으로서는 위 신고를 수리하는 처분을 함에 있어서 행정절차법 규정 소정의 당사자에 해당하는 종전의 영업자에 대하여 위 규정 소정의 행정절차를 실시하고 처분을 하여야 한다(대판 2003.2.14, 2001두7015).

④ 숙박업을 하고자 하는 자가 법령이 정하는 시설과 설비를 갖추고 행정청에 신고를 하면, 행정청은 공중위생관리법령의 위 규정에 따라 원칙적으로 이를 수리하여야 한다. 행정청이 법령이 정한 요건 이외의 사유를 들어 수리를 거부하는 것은 위 법령의 목적에 비추어 이를 거부해야 할 중대한 공익상의 필요가 있다는 등 특별한 사정이 있는 경우에 한한다.

이러한 법리는 이미 다른 사람 명의로 숙박업 신고가 되어 있는 시설 등의 전부 또는 일부에서 새로 숙박업을 하고자 하는 자가 신고를 한 경우에도 마찬가지이다. 기존에 다른 사람이 숙박업 신고를 한 적이 있더라도 새로 숙박업을 하려는 자가 그 시설 등의 소유권 등 정당한 사용권한을

취득하여 법령에서 정한 요건을 갖추어 신고하였다면, 행정청으로서는 특별한 사정이 없는 한 이를 수리하여야 하고, 단지 해당 시설 등에 관한 기존의 숙박업 신고가 외관상 남아있다는 이유만으로 이를 거부할 수 없다(대판 2017.5.30, 2017두34087).

정답 ④

07 다음 사례에 대한 설명으로 옳지 않은 것은? (다툼이 있는 경우 판례에 의함) 〈2018 지방직 9급〉

甲은 「식품위생법」 제37조 제1항에 따라 허가를 받아 식품조사처리업 영업을 하고 있던 중 乙과 영업양도계약을 체결하였다. 당해 계약은 하자있는 계약이었음에도 불구하고, 乙은 같은 법 제39조에 따라 식품의약품안전처장에게 영업자지위승계신고를 하였다.

① 식품의약품안전처장이 乙의 신고를 수리한다면, 이는 실질에 있어서 乙에게는 적법하게 사업을 할 수 있는 권리를 설정하여 주는 행위이다.

② 식품의약품안전처장이 乙의 신고를 수리하는 경우에 甲과 乙의 영업양도계약이 무효라면 위 신고수리처분도 무효이다.

③ 식품의약품안전처장이 乙의 신고를 수리하기 전에 甲의 영업허가처분이 취소된 경우, 乙이 甲에 대한 영업허가처분의 취소를 구하는 소송을 제기할 법률상 이익은 없다.

④ 甲은 민사쟁송으로 양도·양수행위의 무효를 구함이 없이 막바로 식품의약품안전처장을 상대로 한 행정소송으로 위 신고수리처분의 무효확인을 구할 법률상 이익이 있다.

해설

① 사업양수에 의한 지위승계신고를 수리하는 허가관청의 행위는 단순히 양도·양수자 사이에 발생한 사법상의 사업양도의 법률효과에 의하여 양수자가 사업을 승계하였다는 사실의 신고를 접수하는 행위에 그치는 것이 아니라 실질에 있어서 **양도자의 사업허가를 취소**함과 아울러 **양수자에게 적법히 사업을 할 수 있는 법규상 권리를 설정**하여 주는 행위로서 사업허가자의 변경이라는 법률효과를 발생시키는 행위이므로 허가관청이 사업양수에 의한 지위승계신고를 수리하는 행위는 행정처분에 해당한다(대판 1993.6.8, 91누11544).

→ ***수리**는 일반적으로 준법률행위적 **행정행위***

② 사업양도·양수에 따른 허가관청의 지위승계신고의 수리는 적법한 사업의 양도·양수가 있었음을 전제로 하는 것이므로 그 수리대상인 사업양도·양수가 존재하지 아니하거나 무효인 때에는 수리를 하였다 하더라도 그 수리는 유효한 대상이 없는 것으로서 당연히 무효라 할 것이다(대판 2005.12.23, 2005두3554).

→ *수리대상 없이 한 수리는 당연무효*

③ 사업양도·양수에 따른 허가관청의 지위승계신고가 수리되지 않은 경우라도 해당 영업허가가 유효하게 존속하고 있다는 것이 양수인의 명의변경신고의 전제가 된다는 의미에서 관할 행정청이 양도인에 대하여 영업허가를 취소하는 처분을 하였다면 이는 양수인의 지위에 대한 직접적 침해가 된다고 할 것이므로 양수인은 영업허가를 취소하는 처분의 취소를 구할 법률상 이익을 가진다(대판 2003.7.11, 2001두6289).

→ *선택지③의 표현이 약간 불분명하므로 출제자가 더 명확하게 선택지를 제시했어야 함*

④ 사업의 양도행위가 무효라고 주장하는 양도자는 민사쟁송으로 양도·양수행위의 무효를 구함이 **없이** 막바로 허가관청을 상대로 하여 행정소송으로 위 신고수리처분의 무효확인을 구할 법률상 이익이 있다(대판 2005.12.23, 2005두3554).

정답 ③

08 사인의 공법행위로서 신고에 대한 설명으로 옳지 않은 것은? (다툼이 있는 경우 판례에 의함)

〈2018 지방직 7급〉

① 자기완결적 신고에 있어 적법한 신고가 있는 경우, 행정청은 법 규정에 정하지 아니한 사유를 심사하여 이를 이유로 신고수리를 거부할 수 있다.

② 주민등록의 신고는 행정청에 도달하기만 하면 신고로서의 효력이 발생하는 것이 아니라 행정청이 수리한 경우에 비로소 신고의 효력이 발생한다.

③ 수리를 요하는 신고의 경우, 수리행위에 신고필증 교부 등 행위가 꼭 필요한 것은 아니다.

④ 유통산업발전법상 대규모점포의 개설 등록은 이른바 '수리를 요하는 신고'로서 행정처분에 해당한다.

해설

① 가설건축물 존치기간을 연장하려는 건축주 등이 법령에 규정되어 있는 제반 서류와 요건을 갖추어 행정청에 연장신고를 한 때에는 행정청은 원칙적으로 이를 수리하여 신고필증을 교부하여야 하고, 법령에서 정한 요건 이외의 사유를 들어 수리를 거부할 수는 없다. 따라서 행정청으로서는 **법령에서 요구하고 있지도 아니한** '대지사용승낙서' 등의 서류가 제출되지 아니하였거나, 대지소유권자의 사용승낙이 없다는 등의 사유를 들어 **가설건축물 존치기간 연장신고의 수리를 거부**하여서는 **아니** 된다(대판 2018.1.25. 2015두35116).

② 주민등록은 단순히 주민의 거주 관계를 파악하고 인구의 동태를 명확히 하는 것 외에도 주민등록에 따라 공법관계상의 여러 가지 법률상 효과가 나타나게 되는 것으로서, 주민등록의 신고는 행정청에 도달하기만 하면 신고로서의 효력이 발생하는 것이 아니라 행정청이 수리한 경우에 비로소 신고의 효력이 발생한다(대판 2009.1.30. 2006다17850).

→ *주민등록신고는 '수리를 요하는 신고'이다.*

③ **납골당 설치신고**는 이른바 '**수리를 요하는 신고**'라 할 것이므로, 납골당 설치신고가 (구)장사법 관련 규정의 모든 요건에 맞는 신고라 하더라도 신고인은 곧바로 납골당을 설치할 수는 없고, 이에 대한 행정청의 수리처분이 있어야만 신고한 대로 납골당을 설치할 수 있다. 한편, 수리란 신고를 유효한 것으로 판단하고 법령에 의하여 처리할 의사로 이를 수령하는 수동적 행위이므로 수리행위에 신고필증 교부 등 행위가 꼭 필요한 것은 아니다(대판 2011.9.8. 2009두6766).

④ 「유통산업발전법」상 대규모점포의 개설 등록은 이른바 '수리를 요하는 신고'로서 행정처분에 해당하고 등록은 구체적 유형 구분에 따라 이루어진다(대판 2015.11.19. 2015두295).

정답 ①

09 신고에 관한 설명으로 가장 옳지 않은 것은? (다툼이 있는 경우 판례에 의함) 〈2017 서울시 9급〉

① 「건축법」에 따른 착공신고를 반려하는 행위는 당사자에게 장래의 법적 불이익이 예견되지 않아 이를 법적으로 다툴 실익이 없으므로 항고소송의 대상이 될 수 없다.

② 「건축법」에 따른 건축신고를 반려하는 행위는 장차 있을 지도 모르는 위험에서 미리 벗어날 수 있도록 길을 열어주고 위법한 건축물의 양산과 그 철거를 둘러싼 분쟁을 조기에 근본적으로 해결할 수 있게 하여야 한다는 점에서 항고소송의 대상이 된다.

③ 인.허가의제 효과를 수반하는 건축신고는 행정청이 그 실체적 요건에 관한 심사를 한 후 수리하여야 하기 때문에 수리를 요하는 신고이다.

④ 「수산업법」 제44조 소정의 어업의 신고는 행정청의 수리에 의하여 비로소 그 효과가 발생하는 수리를 요하는 신고이다.

해설

① **건축주 등으로서는 착공신고가 반려될 경우**, 당해 건축물의 착공을 개시하면 시정명령, 이행강제금, 벌금의 대상이 되거나 당해 건축물을 사용하여 행할 행위의 허가가 거부될 우려가 있어 **불안정한 지위**에 놓이게 된다. 따라서 착공신고 반려행위가 이루어진 단계에서 당사자로 하여금 반려행위의 적법성을 다투어 법적 불안을 해소한 다음 건축행위에 나아가도록 함으로써 장차 있을지도 모르는 위험에서 **미리** 벗어날 수 있도록 길을 열어 주고, 위법한 건축물의 양산과 철거를 둘러싼 분쟁을 **조기**에 근본적으로 해결할 수 있게 하는 것이 **법치행정의 원리에 부합**한다. 그러므로 행정청의 착공신고 반려행위는 항고소송의 대상이 된다고 보는 것이 옳다(대판 2011.6.10. 2010두7321).

② 건축주 등은 신고제하에서도 건축신고가 반려될 경우 당해 건축물의 건축을 개시하면 시정명령, 이행강제금, 벌금의 대상이 되거나 당해 건축물을 사용하여 행할 행위의 허가가 거부될 우려가

있어 **불안정한 지위**에 놓이게 된다. 따라서 건축신고 반려행위가 이루어진 단계에서 당사자로 하여금 반려행위의 적법성을 다투어 그 법적 불안을 해소한 다음 건축행위에 나아가도록 함으로써 장차 있을지도 모르는 위험에서 **미리** 벗어날 수 있도록 길을 열어 주고, 위법한 건축물의 양산과 그 철거를 둘러싼 분쟁을 **조기**에 근본적으로 해결할 수 있게 하는 것이 **법치행정의 원리에 부합**한다. 그러므로 건축신고 반려행위는 항고소송의 대상이 된다고 보는 것이 옳다(대판 2010.11.18. 2008두167 전합).

③ **인·허가의제 효과를 수반하는 건축신고**는 일반적인 건축신고와는 달리, 특별한 사정이 없는 한 행정청이 그 실체적 요건에 관한 심사를 한 후 수리하여야 하는 이른바 '**수리를 요하는 신고**'로 보는 것이 옳다(대판 2011.1.20. 2010두14954).

④ 어업의 신고에 관하여 유효기간을 설정하면서 그 기산점을 '수리한 날'로 규정하고, 나아가 필요한 경우에는 그 유효기간을 단축할 수 있도록까지 하고 있는 수산업법 제44조 제 2항의 규정 취지 및 어업의 신고를 한 자가 공익상 필요에 의하여 한 행정청의 조치에 위반한 경우에 어업의 신고를 수리한 때에 교부한 어업신고필증을 회수하도록 하고 있는 구 수산업법 시행령 제33조 제1항의 규정 취지에 비추어 보면, 수산업법 제44조 소정의 **어업의 신고**는 행정청의 수리에 의하여 비로소 그 효과가 발생하는 이른바 '**수리를 요하는 신고**'라고 할 것이고, 따라서 설사 관할관청이 어업신고를 수리하면서 공유수면매립구역을 조업구역에서 제외한 것이 위법하다고 하더라도, 그 제외된 구역에 관하여 관할관청의 적법한 수리가 없었던 것이 분명한 이상 그 구역에 관하여는 같은 법 제44조 소정의 적법한 어업신고가 있는 것으로 볼 수 없다(대판 2000.5.26. 99다37382).

정답 ①

10 사인의 공법행위로서의 신고에 대한 기술로 옳은 것은? (단, 다툼이 있는 경우 판례에 의함)

〈2017 사회복지〉

① 행정청은 전입신고자가 거주의 목적 이외에 다른 이해관계를 가지고 있는지 여부를 심사하여 주민등록법상 주민등록 전입신고의 수리를 거부할 수 있다.

② 타법상의 인·허가 의제가 수반되는 건축법상의 건축신고는 특별한 사정이 없는 한 행정청이 그 실체적 요건에 관한 심사를 한 후 수리하여야 한다.

③ 사업양도·양수에 따른 지위승계신고가 수리된 경우 사업의 양도·양수가 무효라도 허가관청을 상대로 신고수리처분의 무효확인을 구할 수는 없다.

④ 「식품위생법」에 의해 영업양도에 따른 지위승계신고를 수리하는 행정청의 행위는 단순히 양수인이 그 영업을 승계하였다는 사실의 신고를 접수한 행위에 그친다.

해설

① **가.** 주민등록법의 입법 목적에 관한 제1조 및 주민등록 대상자에 관한 제6조의 규정을 고려해 보면, **전입신고**를 받은 시장·군수 또는 구청장의 **심사 대상**은 전입신고자가 30일 이상 생활의 근거로 거주할 목적으로 거주지를 옮기는지 여부만으로 제한된다고 보아야 한다. 따라서 전입신고자가 거주의 목적 이외에 다른 이해관계에 관한 의도를 가지고 있는지 여부, 무허가 건축물의 관리, 전입신고를 수리함으로써 당해 지방자치단체에 미치는 영향 등과 같은 사유는 주민등록법이 아닌 다른 법률에 의하여 규율되어야 하고, 주민등록전입신고의 수리 여부를 심사하는 단계에서는 고려 대상이 될 수 없다.

나. 무허가 건축물을 실제 생활의 근거지로 삼아 10년 이상 거주해 온 사람의 주민등록 전입신고를 거부한 사안에서, 부동산투기나 이주대책 요구 등을 방지할 목적으로 주민등록전입신고를 거부하는 것은 주민등록법의 입법 목적과 취지 등에 비추어 허용될 수 없다(대판 2009.6.18, 2008두10997 전합).

② **인·허가의제 효과를 수반하는 건축신고**는 일반적인 건축신고와는 달리, 특별한 사정이 없는 한 행정청이 그 실체적 요건에 관한 심사를 한 후 수리하여야 하는 이른바 **'수리를 요하는 신고'**로 보는 것이 옳다(대판 2011.1.20. 2010두14954).

③ 사업의 양도행위가 무효라고 주장하는 양도자는 민사쟁송으로 양도·양수행위의 무효를 구함이 **없이** 막바로 허가관청을 상대로 하여 행정소송으로 위 신고수리처분의 무효확인을 구할 법률상 이익이 있다(대판 2005.12.23, 2005두3554).

④ **영업양도에 따른 지위승계신고를 수리**하는 허가관청의 행위는, 단순히 양도·양수인 사이에 이미 발생한 사법상의 사업양도의 법률효과에 의하여 양수인이 그 영업을 승계하였다는 사실의 신고를 접수하는 행위에 그치는 것이 아니라, 실질에 있어서 **양도자의 사업허가를 취소**함과 아울러 **양수자에게 적법히 사업을 할 수 있는 권리를 설정**하여 주는 행위로서 **사업허가자의 변경이라는 법률효과를 발생**시키는 행위라고 할 것이다(대판 2001.2.9. 2000도2050).

정답 ②

11 **甲은 「여객자동차 운수사업법」상 일반택시운송사업면허를 받아 사업을 운영하던 중, 자신의 사업을 乙에게 양도하고자 乙과 양도·양수계약을 체결하고 관련 법령에 따라 乙이 사업의 양도·양수신고를 하였다. 이와 관련한 설명으로 옳지 않은 것은? (다툼이 있는 경우 판례에 의함)** *〈2017 지방직 7급〉*

① 甲에 대한 일반택시운송사업면허는 원칙상 재량행위에 해당한다.

② 사업의 양도·양수에 대한 신고를 수리하는 행위는 「행정절차법」의 적용대상이 된다.

③ 甲과 乙 사이의 사업양도·양수계약이 무효이더라도 이에 대한 신고의 수리가 있게 되면 사업양도의 효과가 발생한다.

④ 사업의 양도·양수신고가 수리된 경우, 甲은 민사쟁송으로 양도·양수행위의 무효를 구함이 없이 곧바로 항고소송으로 신고 수리의 무효확인을 구할 법률상 이익이 있다.

해설

① 자동차운수사업법에 의한 개인택시운송사업면허와 마찬가지로 일반택시운송사업면허도 특정인에게 권리나 이익을 부여하는 행정행위로서 법령에 특별한 규정이 없는 한 재량행위이다(대판 1995.12.8. 95누11412).

② 행정청이 구 식품위생법 규정에 의하여 **영업자지위승계신고를 수리하는 처분**은 **종전의 영업자의 권익을 제한하는 처분**이라 할 것이고 따라서 종전의 영업자는 그 처분에 대하여 직접 그 상대가 되는 자에 해당한다고 봄이 상당하므로, 행정청으로서는 위 신고를 수리하는 처분을 함에 있어서 행정절차법 규정 소정의 당사자에 해당하는 **종전의 영업자**에 대하여 위 규정 소정의 **행정절차를 실시**하고 처분을 하여야 한다(대판 2003.2.14. 2001두7015).

③ 사업양도·양수에 따른 허가관청의 지위승계신고의 수리는 적법한 사업의 양도·양수가 있었음을 전제로 하는 것이므로 그 수리대상인 사업양도·양수가 존재하지 아니하거나 무효인 때에는 지위승계신고를 수리하였다 하더라도 그 수리는 유효한 대상이 없는 것으로서 당연히 **무효**라 할 것이다(대판 2005.12.23., 2005두3554).

④ 사업의 양도행위가 무효라고 주장하는 양도자는 민사쟁송으로 양도·양수행위의 무효를 구함이 **없이** 막바로 허가관청을 상대로 하여 행정소송으로 위 신고수리처분의 무효확인을 구할 법률상 이익이 있다(대판 2005.12.23, 2005두3554).

정답 ③

12 사인의 공법행위에 대한 설명으로 옳지 않은 것은? (다툼이 있는 경우 판례에 의함) 〈2017 지방직 7급〉

① 주민등록전입신고의 수리 여부와 관련하여서는, 전입신고자가 거주의 목적 외에 다른 이해관계에 관한 의도를 가지고 있었는지 여부, 무허가건축물의 관리, 전입신고를 수리함으로써 당해지방자치단체에 미치는 영향 등도 고려하여야 한다.

② 허가대상 건축물의 양수인이 구「건축법 시행규칙」에 규정되어 있는 형식적 요건을 갖추어 행정관청에 적법하게 건축주의 명의변경을 신고한 경우, 행정관청은 실체적인 이유를 내세워 신고의 수리를 거부할 수는 없다.

③ 신고행위의 하자가 중대·명백하여 당연무효에 해당하는지에 대하여는 신고행위의 근거가 되는 법규의 목적, 의미, 기능 및 하자 있는 신고행위에 대한 법적 구제수단 등을 목적론적으로 고찰함과 동시에 신고행위에 이르게 된 구체적 사정을 개별적으로 파악하여 합리적으로 판단하여야 한다.

④ 인·허가의제 효과를 수반하는 건축신고는 특별한 사정이 없는 한 행정청이 그 실체적 요건에 관한 심사를 한 후 수리하여야 하는 이른바 '수리를 요하는 신고'에 해당한다.

해설

① **가.** 주민등록법의 입법 목적에 관한 제1조 및 주민등록 대상자에 관한 제6조의 규정을 고려해 보면, **전입신고**를 받은 시장·군수 또는 구청장의 **심사 대상**은 전입신고자가 30일 이상 생활의 근거로 거주할 목적으로 거주지를 옮기는지 여부만으로 제한된다고 보아야 한다. 따라서 전입신고자가 거주의 목적 이외에 다른 이해관계에 관한 의도를 가지고 있는지 여부, 무허가 건축물의 관리, 전입신고를 수리함으로써 당해 지방자치단체에 미치는 영향 등과 같은 사유는 주민등록법이 아닌 다른 법률에 의하여 규율되어야 하고, 주민등록전입신고의 수리 여부를 심사하는 단계에서는 고려 대상이 될 수 없다.

나. 무허가 건축물을 실제 생활의 근거지로 삼아 10년 이상 거주해 온 사람의 주민등록 전입신고를 거부한 사안에서, 부동산투기나 이주대책 요구 등을 방지할 목적으로 주민등록전입신고를 거부하는 것은 주민등록법의 입법 목적과 취지 등에 비추어 허용될 수 없다(대판 2009.6.18. 2008두10997 전합).

② 허가대상 건축물의 양수인이 구 건축법 시행규칙에 규정되어 있는 형식적 요건을 갖추어 시장·군수 등 행정관청에 적법하게 건축주의 명의변경을 신고한 때에는 행정관청은 그 신고를 수리하여야지 실체적인 이유를 내세워 신고의 수리를 거부할 수는 없다(대판 2014.10.15. 2014두37658).

③ 취득세와 같은 신고납부방식의 조세의 경우에는 원칙적으로 납세의무자가 스스로 과세표준과 세액을 정하여 신고하는 행위에 의하여 납세의무가 구체적으로 확정되고, 납부행위는 신고에 의하여 확정된 구체적 납세의무의 이행으로 하는 것이며, 지방자치단체는 그와 같이 확정된 조세채권에 기하여 납부된 세액을 보유한다. 따라서 납세의무자의 신고행위가 중대하고 명백한 하자로 인하여 당연무효로 되지 아니하는 한 그것이 바로 부당이득에 해당한다고 할 수 없고, 여기에서 신고행위의 하자가 중대하고 명백하여 당연무효에 해당하는지에 대하여는 신고행위의 근거가 되는 법규의 목적, 의미, 기능 및 하자 있는 신고행위에 대한 법적 구제수단 등을 목적론적으로 고찰함과 동시에 신고행위에 이르게 된 구체적 사정을 개별적으로 파악하여 합리적으로 판단하여야 한다(대판 2014.4.10. 2011다154760).

④ **인·허가의제 효과를 수반하는 건축신고**는 일반적인 건축신고와는 달리, 특별한 사정이 없는 한 행정청이 그 실체적 요건에 관한 심사를 한 후 수리하여야 하는 이른바 '**수리를 요하는 신고**'로 보는 것이 옳다(대판 2011.1.20. 2010두14954).

정답 ①

제2편 행정작용법

제1장 행정입법 (행정상 입법)

제1절 법규명령

01 위임명령의 한계에 대한 설명으로 옳지 않은 것은? (다툼이 있는 경우 판례에 의함) *〈2021 국가직 9급〉*

① 법률이 공법적 단체 등의 정관에 자치법적 사항을 위임한 경우에는 헌법 제75조가 정하는 포괄적인 위임입법의 금지는 원칙적으로 적용되지 않지만, 그 사항이 국민의 권리·의무에 관련되는 것일 경우에는 적어도 국민의 권리·의무에 관한 기본적이고 본질적인 사항은 국회가 정하여야 한다.

② 헌법에서 채택하고 있는 조세법률주의의 원칙상 과세요건과 징수절차에 관한 사항을 명령·규칙 등 하위법령에 구체적·개별적으로 위임하여 규정할 수 없다.

③ 법률에서 위임받은 사항에 관하여 대강을 정하고 그 중의 특정사항을 범위를 정하여 하위법령에 다시 위임하는 경우에는 재위임이 허용된다. 이러한 법리는 조례가 「지방자치법」에 따라 주민의 권리제한 또는 의무부과에 관한 사항을 법률로부터 위임받은 후, 이를 다시 지방자치단체장이 정하는 '규칙'이나 '고시' 등에 재위임하는 경우에도 마찬가지이다.

④ 법률의 시행령이나 시행규칙의 내용이 모법 조항의 취지에 근거하여 이를 구체화하기 위한 것인 때에는 모법의 규율범위를 벗어난 것으로 볼 수 없다. 이러한 경우에는 모법에 이에 관하여 직접 위임하는 규정을 두지 않았다고 하여도 이를 무효라고 볼 수 없다.

해설

① 법률이 공법적 단체 등의 정관에 자치법적 사항을 위임한 경우에는 헌법 제75조가 정하는 포괄적인 위임입법의 금지는 원칙적으로 적용되지 않는다고 봄이 상당하고, 그렇다 하더라도 그 사항이 국민의 권리·의무에 관련되는 것일 경우에는 적어도 국민의 권리·의무에 관한 기본적이고 본질적인 사항은 국회가 정하여야 한다(대판 2007.10.12. 2006두14476).

② 헌법 제38조, 제59조에서 채택하고 있는 조세법률주의의 원칙은 과세요건과 징수절차 등 조세권 행사의 요건과 절차는 국민의 대표기관인 국회가 제정한 법률로써 규정하여야 한다는 것이나, 과세요건과 징수절차에 관한 사항을 명령·규칙 등 하위법령에 위임하여 규정하게 할 수 없는 것은 아니고, 이러한 사항을 하위법령에 위임하여 규정하게 하는 경우 구체적·개별적 위임만이 허용되며 포괄적·백지적 위임은 허용되지 아니하고(과세요건법정주의), 이러한 법률 또는 그 위임에 따른 명령·규칙의 규정은 일의적이고 명확하여야 한다(과세요건명확주의)는 것이다(대결 1994.9.30. 94부18).

③ 법률에서 위임받은 사항에 관하여 대강을 정하고 그 중의 특정사항을 범위를 정하여 하위법령에 다시 위임하는 경우에는 재위임이 허용된다. 이러한 법리는 조례가 지방자치법 제22조 단서에 따라 주민의 권리제한 또는 의무부과에 관한 사항을 법률로부터 위임받은 후, 이를 다시 지방자치단체장이 정하는 '규칙'이나 '고시' 등에 재위임하는 경우에도 마찬가지이다(대판 2015.1.15. 2013두14238).

④ 법률의 시행령이나 시행규칙은 그 법률에 의한 위임이 없으면 개인의 권리·의무에 관한 내용을 변경·보충하거나 법률에 규정되지 아니한 새로운 내용을 정할 수는 없지만, 법률의 시행령이나 시행규칙의 내용이 모법의 입법 취지 및 관련 조항 전체를 유기적·체계적으로 살펴보아 모법의 해석상 가능한 것을 명시한 것에 지나지 아니하거나 모법 조항의 취지에 근거하여 이를 구체화하기 위한 것인 때에는 모법의 규율 범위를 벗어난 것으로 볼 수 없으므로, 모법에 이에 관하여 직접 위임하는 규정을 두지 않았다고 하더라도 이를 무효라고 볼 수는 없다(대판 2009.6.11. 2008두13637).

정답 ②

02 행정입법에 대한 설명으로 옳지 않은 것은? (다툼이 있는 경우 판례에 의함) *〈2020 국가직 7급〉*

① 헌법에서 인정한 법규명령의 형식을 예시적으로 이해하는 견해에 의하면 감사원규칙은 법규명령이 아니라고 본다.

② 고시가 상위법령과 결합하여 대외적 구속력을 갖고 국민의 기본권을 침해하는 법규명령으로 기능하는 경우 헌법소원의 대상이 된다.

③ 집행명령은 상위법령의 집행을 위해 필요한 사항을 규정한 것으로 법규명령에 해당하지만 법률의 수권 없이 제정할 수 있다.

④ 상위법령을 시행하기 위하여 하위법령을 제정하거나 필요한 조치를 함에 있어서는 상당한 기간을 필요로 하며 합리적인 기간 내의 지체를 위헌적인 부작위로 볼 수 없다.

해설

① 헌법이 인정하고 있는 위임입법의 형식은 예시적인 것으로 보아야 할 것이다(헌재 2006.12.28. 2005헌바59).

→ *감사원규칙은 헌법상 근거조항은 없고 감사원법에 근거조항이 있다. 그러나 헌법상 규정된 행정입법(법규명령)은 예시에 불과하기 때문에, 감사원규칙도 법규명령으로 보는 것이 타당하다.*

② 원칙적으로 행정규칙은 대외적 구속력이 없고 대내적 구속력만 있으므로 헌법소원의 대상으로서 국민의 기본권에 대해 영향을 미치는 공권력의 행사가 아니다. 그러나 행정규칙이 예외적으로 법규성 또는 대외적 구속력이 인정되는 경우(**법률보충적 행정규칙**이나 재량준칙이 평등원칙 및 행정의 자기구속의 원칙을 매개로 간접적으로 대외적 구속력을 갖게 되는 경우 등)에는 헌법소원의 대상이 될 수 있다(헌재 2001.5.31. 99헌마413).

③ 위임명령은 상위법령에 의한 개별적·구체적 위임이 필요하지만, 집행명령은 개별적·구체적 위임이 불필요하여 법률의 수권 없이 제정할 수 있다. 위임명령은 위임의 범위 내에서는 국민의 권리에 관한 새로운 사항(법률사항)들을 새로이 정할 수 있지만, 집행명령은 법에 대한 집행을 위한 것이기 때문에 국민의 권리에 관한 새로운 사항(법률사항)들은 새로이 정할 수 없다.

④ 상위법령을 시행하기 위하여 하위법령을 제정하거나 필요한 조치를 함에 있어서는 상당한 기간을 필요로 하며 합리적인 기간 내의 지체를 위헌적인 부작위로 볼 수 없다(헌재 1998.7.16. 96헌마246).

정답 ①

03 행정입법에 대한 설명으로 옳지 않은 것은? (다툼이 있는 경우 판례에 의함) *〈2019 지방직 9급〉*

① 집행명령은 상위법령의 집행에 필요한 세칙을 정하는 범위 내에서만 가능하고 새로운 국민의 권리·의무를 정할 수 없다.

② 구「청소년보호법 시행령」 제40조 [별표 6]의 위반행위의 종별에 따른 과징금처분기준에서 정한 과징금 수액은 정액이 아니고 최고한도액이다.

③ 집행명령은 상위법령이 개정되더라도 개정법령과 성질상 모순·저촉되지 아니하고 개정된 상위법령의 시행에 필요한 사항을 규정하고 있는 이상, 개정법령의 시행을 위한 집행명령이 제정·발효될 때까지는 여전히 그 효력을 유지한다.

④ 상위법령에서 세부사항 등을 시행규칙으로 정하도록 위임하였으나, 이를 고시 등 행정규칙으로 정하였더라도 이는 대외적 구속력을 가지는 법규명령으로서 효력이 인정된다.

해설

① 위임명령은 위임의 범위 내에서는 국민의 권리에 관한 새로운 사항(법률사항)들을 새로이 정할 수 있지만, 집행명령은 법에 대한 집행을 위한 것에 불과하기 때문에 국민의 권리에 관한 새로운 사항(법률사항)들은 새로이 정할 수 없다.

② **구 청소년보호법** 제49조 제1항, 제2항에 따른 **같은 법 시행령 제40조 [별표 6]의 위반행위의 종별에 따른 과징금처분기준**은 **법규명령**이기는 하나 모법의 위임규정의 내용과 취지 및 헌법상의 과잉금지의 원칙과 평등의 원칙 등에 비추어 같은 유형의 위반행위라 하더라도 그 규모나 기간·사회적 비난 정도·위반행위로 인하여 다른 법률에 의하여 처벌받은 다른 사정·행위자의 개인적 사정 및 위반행위로 얻은 불법이익의 규모 등 여러 요소를 종합적으로 고려하여 사안에 따라 적정한 과징금의 액수를 정하여야 할 것이므로 **과징금 수액**은 정액이 아니라 **최고한도액**이다(대판 2001.3.9. 99두5207).

→ *「청소년보호법 시행령」상 과징금 수액 : 정액X / 최고한도액O*

③ 집행명령은 근거법령인 상위법령이 폐지되면 특별한 규정이 없는 이상 실효되는 것이나, 상위법령이 개정됨에 그친 경우에는 개정법령과 성질상 모순, 저촉되지 아니하고 개정된 상위법령의 시행에 필요한 사항을 규정하고 있는 이상 그 집행명령은 상위법령의 개정에도 불구하고 당연히 실효되지 아니하고 개정법령의 시행을 위한 집행명령이 제정, 발효될 때까지는 **여전히 그 효력을 유지한다**(대판 1989.9.12. 88누6962).

④ 행정규칙이나 규정이 상위법령의 위임범위를 벗어난 경우에는 법규명령으로서 대외적 구속력을 인정할 여지는 없다. 이는 행정규칙이나 규정 '내용'이 위임범위를 벗어난 경우뿐 아니라 상위법령의 위임규정에서 특정하여 정한 권한행사의 '절차'나 '방식'에 위배되는 경우도 마찬가지이므로, 상위법령에서 세부사항 등을 시행규칙으로 정하도록 위임하였음에도 이를 고시 등 행정규칙으로 정하였다면 그 역시 대외적 구속력을 가지는 **법규명령으로서 효력이 인정될 수 없다**(대판 2012.7.5. 2010다72076).

정답 ④

04 행정입법에 대한 설명 중 가장 옳지 않은 것은? *〈2019 서울시 9급〉*

① 헌법이 인정하고 있는 위임입법의 형식은 예시적인 것이다.
② 행정 각부가 아닌 국무총리 소속의 독립기관은 독립하여 법규명령을 발할 수 있다.
③ 행정규칙인 고시가 법령의 수권에 의해 법령을 보충하는 사항을 정하는 경우에는 근거법령규정과 결합하여 대외적으로 구속력 있는 법규명령의 효력을 갖는다.
④ 재량권 행사의 기준을 정하는 행정규칙을 재량준칙이라 한다.

해설

① 국회입법에 의한 수권이 입법기관이 아닌 행정기관에게 법률 등으로 구체적인 범위를 정하여 위임한 사항에 관하여는 당해 행정기관에게 법정립의 권한을 갖게 되고, 입법자가 규율의 형식도 선택할 수 있다 할 것이므로, 헌법이 인정하고 있는 위임입법의 형식은 예시적인 것으로 보아야 할 것이고, 그것은 법률이 행정규칙에 위임하더라도 그 행정규칙은 위임된 사항만을 규율할 수 있으므로, 국회입법의 원칙과 상치되지도 않는다(헌재 2006.12.28. 2005 헌바59).

② **헌법 제95조** 국무총리 또는 행정각부의 장은 소관사무에 관하여 법률이나 대통령령의 위임 또는 직권으로 총리령 또는 부령을 발할 수 있다.

→ *헌법 제95조의 해석상 국무총리 또는 행정각부의 장이 법규명령을 발할 수 있으므로, 국무총리 소속의 독립기관은 독립하여 법규명령을 발할 수 없다는 것이 다수설의 입장이다.*

③ 행정규칙인 부령이나 고시가 법령의 수권에 의하여 법령을 보충하는 사항을 정하는 경우에는 그 **근거 법령규정과 결합**하여 대외적으로 구속력이 있는 **법규명령**으로서의 성질과 **효력**을 가진다(대판 2007.5.10. 2005도591).

→ *법령보충규칙*

④ 재량준칙이란 법령이 행정청의 재량을 인정하고 있는 경우, 하급행정기관의 재량권 행사에 일반적 기준을 마련하기 위해 만드는 규칙이다.

정답 ②

05 행정입법에 대한 설명으로 가장 옳지 않은 것은? 〈2019 서울시 7급〉

① 행정청은 대통령령을 입법예고할 경우에는 국회 소관 상임위원회에 이를 제출하여야한다.
② 행정규칙이 대외적인 구속력을 가지는 경우에는 헌법소원의 대상이 될 수 있다.
③ 근거규정이 행정규칙에 해당하는 이상, 그 근거규정에 의거한 조치는 행정처분에 해당하지 않는다.
④ 고시가 비록 법령에 근거를 둔 것이라고 하더라도 그 규정 내용이 법령의 위임 범위를 벗어난 것일 경우에는 법규명령으로서의 대외적 구속력을 인정할 여지는 없다.

해설

① **행정절차법 제42조 제2항** 행정청은 대통령령을 입법예고하는 경우 국회 소관 상임위원회에 이를 제출하여야 한다.

② 행정규칙은 일반적으로 행정조직 내부에서만 효력을 가지는 것이나, 행정규칙이 법령의 규정에 의하여 행정관청에 법령의 구체적 내용을 보충할 권한을 부여한 경우나 재량권행사의 준칙인 규칙이 그 정한 바에 따라 되풀이 시행되어 행정관행이 이룩되게 되면, 평등의 원칙이나 신뢰보호의 원칙에 따라 행정기관은 그 상대방에 대한 관계에서 그 규칙에 따라야 할 자기구속을 당하게 되는

경우에는 대외적인 구속력을 가지게 되는바, 이러한 경우에는 헌법소원의 대상이 될 수도 있다(헌재 2001.5.31, 99헌마413).

③ 항고소송의 대상이 되는 행정처분이라 함은 원칙적으로 행정청의 공법상 행위로서 특정 사항에 대하여 법규에 의한 권리의 설정 또는 의무의 부담을 명하거나 기타 법률상 효과를 발생하게 하는 등으로 일반 국민의 권리 의무에 직접 영향을 미치는 행위를 가리키는 것이지만, 어떠한 처분의 근거나 법적인 효과가 행정규칙에 규정되어 있다고 하더라도, 그 처분이 행정규칙의 내부적 구속력에 의하여 상대방에게 권리의 설정 또는 의무의 부담을 명하거나 기타 법적인 효과를 발생하게 하는 등으로 그 상대방의 권리·의무에 직접 영향을 미치는 행위라면, 이 경우에도 항고소송의 대상이 되는 행정처분에 해당한다(대판 2002.7.26, 2001두3532).

④ 고시가 비록 법령에 근거를 둔 것이라고 하더라도 그 규정 내용이 법령의 위임 범위를 벗어난 것일 경우에는 위와 같은 법규명령으로서의 대외적 구속력을 인정할 여지는 없다(대판 1999.11.26. 97누13474).

정답 ③

06 법규명령에 대한 설명으로 옳지 않은 것은? (다툼이 있는 경우 판례에 의함) 〈2018 국가직 9급〉

① 법규명령이 구체적인 집행행위 없이 직접 개인의 권리의무에 영향을 주는 경우 처분성이 인정된다.
② 법규명령이 법률상 위임의 근거가 없어 무효이더라도 나중에 법률의 개정으로 위임의 근거가 부여되면 그때부터는 유효한 법규명령으로서 구속력을 갖는다.
③ 행정 각부의 장이 정하는 고시(告示)는 법령의 규정으로부터 구체적 사항을 정할 수 있는 권한을 위임받아 그 법령 내용을 보충하는 기능을 가진 경우라도 그 형식상 대외적으로 구속력을 갖지 않는다.
④ 법규명령이 법률에서 위임받은 사항에 관하여 대강을 정하고 그 중의 특정사항에 대하여 범위를 정하여 하위법령에 다시 위임하는 경우에는 재위임이 허용된다.

해설

① 어떠한 고시가 일반적·추상적 성격을 가질 때에는 법규명령 또는 행정규칙에 해당할 것이지만, 다른 집행행위의 매개 없이 그 자체로서 직접 국민의 구체적인 권리의무나 법률관계를 규율하는 성격을 가질 때에는 항고소송의 대상이 되는 행정처분에 해당한다(대판 2003.10.9, 2003무23).

② 일반적으로 법률의 위임에 의하여 효력을 갖는 법규명령의 경우, 구법에 위임의 근거가 없어 무효였더라도 사후에 법개정으로 위임의 근거가 부여되면 그 때부터는 유효한 법규명령이 되나, 반대로 구법의 위임에 의한 유효한 법규명령이 법개정으로 위임의 근거가 없어지게 되면 그 때부터 무효인 법규명령이 되므로, 어떤 법령의 위임 근거 유무에 따른 유효 여부를 심사하려면 법개정의 전·후에 걸쳐 모두 심사하여야만 그 법규명령의 시기에 따른 유효·무효를 판단할 수 있다(대판 1995.6.30, 93추83).

③ 법령의 규정이 특정 행정기관에 그 법령내용의 구체적 사항을 정할 수 있는 권한을 부여하면서 그 권한 행사의 절차나 방법을 특정하고 있지 않은 관계로 수임 행정기관이 행정규칙의 형식으로 그 법령의 내용이 될 사항을 구체적으로 정하고 있는 경우에는, 그 행정규칙이 당해 법령의 위임 한계를 벗어나지 않는 한, 그와 결합하여 대외적으로 구속력이 있는 법규명령으로서 효력을 가지는 것이므로, 산업자원부장관이 「공업배치 및 공장설립에 관한 법률」의 규정에 따라 공장입지의 기준을 구체적으로 정한 고시는 법규명령으로서 효력을 가진다.(대판 2012.2.9, 2011두24101).

'그 형식상~' → '그 형식 때문에~' 라는 의미

④ 법률에서 위임받은 사항을 전혀 규정하지 않고 재위임하는 것은 위임금지의 법리에 반할 뿐 아니라 수권법의 내용변경을 초래하는 것이 되고, 부령의 제정·개정절차가 대통령령에 비하여 보다 용이한 점을 고려할 때 재위임에 의한 부령의 경우에도 위임에 의한 대통령령에 가해지는 헌법상의 제한이 당연히 적용되어야 할 것이므로 법률에서 위임받은 사항을 전혀 규정하지 아니하고 그대로 재위임하는 것은 허용되지 않으며 위임받은 사항에 관하여 대강을 정하고 그 중의 특정사항을 범위를 정하여 하위법령에 다시 위임하는 경우에만 재위임이 허용된다(헌재 1996.2.29, 94헌마213).

정답 ③

07 법규명령에 대한 설명으로 가장 옳지 않은 것은? 〈2018 서울시 7급〉

① 법률이 대통령령으로 정하도록 규정한 사항을 부령으로 정했다면 그 부령은 무효이다.

② 조례에 대한 법률의 위임은 반드시 구체적으로 범위를 정하여 해야 한다.

③ 위임의 근거가 없어 무효인 법규명령도 나중에 법개정으로 위임의 근거가 부여되면 그때부터 유효한 법규명령으로 볼 수 있다.

④ 조례가 집행행위의 개입 없이 직접 국민의 구체적 권리의무에 영향을 미치는 등의 효과를 발생하면 그 조례는 항고소송의 대상이 된다.

해설

① 헌법 제74조는 행정 각부 장관은 그 담임한 직무에 관하여 직권 또는 특별한 위임에 의하여 부령을 발할 수 있다고 규정하고 있으므로 행정 각부 장관이 부령으로 제정할 수 있는 범위는 법률 또는 대통령령이 위임한 사항이나 또는 법률 또는 대통령령을 실시하기 위하여 필요한 사항에 한정되므로 법률 또는 대통령령으로 규정할 사항을 부령으로 규정하였다고 하면 그 부령은 무효임을 면치 못한다(대판 1962.1.25. 4294민상9).

② 조례의 제정권자인 지방의회는 선거를 통해서 그 지역적인 민주적 정당성을 지니고 있는 주민의 대표기관이고 헌법이 지방자치단체에 포괄적인 자치권을 보장하고 있는 취지로 볼 때, 조례에 대한 법률의 위임은 법규명령에 대한 법률의 위임과 같이 반드시 구체적으로 범위를 정하여 할 필요가 없으며 포괄적인 것으로 족하다(헌재 1995.4.20. 92헌마264).

③ 일반적으로 법률의 위임에 따라 효력을 갖는 법규명령의 경우에 위임의 근거가 없어 무효였더라도 나중에 법 개정으로 위임의 근거가 부여되면 그때부터는 유효한 법규명령으로 볼 수 있다. 그러나 법규명령이 개정된 법률에 규정된 내용을 함부로 유추·확장하는 내용의 해석규정이어서 위임의 한계를 벗어난 것으로 인정될 경우에는 법규명령은 여전히 무효이다(대판 2017.4.20. 2015두45700).

④ 조례가 집행행위의 개입 없이도 그 자체로서 직접 국민의 구체적인 권리의무나 법적 이익에 영향을 미치는 등의 법률상 효과를 발생하는 경우 그 조례는 항고소송의 대상이 되는 행정처분에 해당하고, 이러한 조례에 대한 무효확인 소송을 제기함에 있어서 행정소송법 제38조 제1항, 제13조에 의하여 피고적격이 있는 처분 등을 행한 행정청은, 행정주체인 지방자치단체 또는 지방자치단체의 내부적 의결기관으로서 지방자치단체의 의사를 외부에 표시할 권한이 없는 지방의회가 아니라, 지방자치법 제19조 제2항, 제92조에 의하여 지방자치단체의 집행기관으로서 조례로서의 효력을 발생시키는 공포권이 있는 지방자치단체의 장이라고 할 것이다(대판 1996.9.20. 95누8003).

정답 ②

08 행정입법에 대한 설명으로 옳지 않은 것은? (다툼이 있는 경우 판례에 의함) *〈2017 국회직 8급〉*

① 상위법령의 시행을 위하여 제정한 집행명령은 그 상위법령이 개정되더라도 개정법령과 성질상 모순·저촉되지 않는 이상 여전히 그 효력을 가진다.

② 행정규칙인 고시가 집행행위의 개입 없이도 그 자체로서 국민의 구체적인 권리·의무에 직접적인 변동을 초래하는 경우에는 항고소송의 대상이 된다.

③ 행정 각부의 장관이 정한 고시가 상위법령의 수권에 의한 것으로 법령 내용을 보충하는 기능을 하는 경우에도 그 규정 형식이 법령의 위임 범위를 벗어난 것이라면 법규명령으로서의 대외적 구속력이 인정되지 않는다.

④ 수권법령에 재위임을 허용하는 규정이 없더라도 위임받은 사항에 관하여 대강을 정하고 그 중의 특정사항을 범위를 정하여 하위법령에 재위임하는 것은 허용된다.

⑤ 상위법령의 시행을 위하여 법규명령을 제정하여야 할 의무가 인정됨에도 불구하고 법규명령을 제정하고 있지 않은 경우, 그러한 부작위는 부작위위법확인소송을 통하여 다툴 수 있다.

해설

① 상위법령의 시행에 필요한 세부적 사항을 정하기 위하여 행정관청이 일반적 직권에 의하여 제정하는 이른바 **집행명령**은 근거법령인 상위법령이 폐지되면 특별한 규정이 없는 이상 실효되는 것이나, 상위법령이 개정됨에 그친 경우에는 개정법령과 성질상 모순, 저촉되지 아니하고 개정된 상위법령의 시행에 필요한 사항을 규정하고 있는 이상 그 집행명령은 상위법령의 개정에도 불구하고 당연히 실효되지 아니하고 개정법령의 시행을 위한 집행명령이 제정, 발효될 때까지는 여전히 그 효력을 유지한다(대판 1989.9.12. 88누6962).

② 고시의 법적 성질은 일률적으로 판단될 것이 아니라 고시에 담겨진 내용에 따라 구체적인 경우마다 달리 결정된다. 즉, 고시는 일반적으로 행정규칙이라 할 수 있으나, 법령의 위임에 따라 행정기관이 그 법령을 시행하는 데 필요한 구체적 사항을 정한 고시 등은 상위법령과 결합하여 대외적 구속력이 있다. 또한 고시가 다른 집행행위의 매개 없이 그 자체로서 직접 국민의 구체적인 권리·의무나 법률관계를 규율하는 성격을 가지는 경우 항고소송의 대상이 되는 처분에 해당한다(헌재 2008.11.27. 2005헌마161).

③ 일반적으로 행정각부의 장이 정하는 고시라 하더라도 그것이 특히 법령의 규정에서 특정 행정기관에게 법령 내용의 구체적 사항을 정할 수 있는 권한을 부여함으로써 그 법령 내용을 보충하는 기능을 가질 경우에는 그 형식과 상관없이 근거법령 규정과 결합하여 대외적으로 구속력이 있는 법규명령으로서의 효력을 가지는 것이나, 이는 어디까지나 법령의 위임에 따라 그 법령 규정을 보충하는 기능을 가지는 점에 근거하여 예외적으로 인정되는 효력이므로 특정 고시가 비록 법령에 근거를 둔 것이라고 하더라도 그 규정 내용이 법령의 위임 범위를 벗어난 것일 경우에는 위와 같은 법규명령으로서의 대외적 구속력을 인정할 여지는 없다(대판 1999.11.26. 97누13474).

④ 법률에서 위임받은 사항을 전혀 규정하지 않고 재위임하는 것(즉 백지재위임)은 복위임금지원칙에 반할 뿐 아니라 위임명령의 제정 형식에 관한 수권법의 내용을 변경하는 것이 되므로 허용되지 않으나 위임받은 사항에 관하여 대강을 정하고 그 중의 특정사항을 범위를 정하여 하위법령에 다시 위임하는 경우에는 재위임이 허용된다(대판 2015.1.15. 2013두14238).

⑤ 행정소송은 구체적 사건에 대한 법률상 분쟁을 법에 의하여 해결함으로써 법적 안정을 기하자는 것이므로 부작위위법확인소송의 대상이 될 수 있는 것은 구체적 권리의무에 관한 분쟁이어야 하고 **추상적인 법령에 관하여 제정의 여부** 등은 그 자체로서 국민의 구체적인 권리의무에 직접적 변동을 초래하는 것이 아니어서 **부작위위법확인소송**의 대상이 될 수 **없다**(대판 1992.5.8. 91누11261).

정답 ⑤

09 대외적 구속력을 인정할 수 없는 경우만을 모두 고르면? (다툼이 있는 경우 판례에 의함)

〈2020 지방직 9급〉

ㄱ. 운전면허에 관한 제재적 행정처분의 기준이 「도로교통법 시행규칙」 [별표]에 규정되어 있는 경우
ㄴ. 행정 각부의 장이 정하는 특정 고시가 비록 법령에 근거를 둔 것이더라도 규정 내용이 법령의 위임 범위를 벗어난 것일 경우
ㄷ. 상위법령에서 세부사항 등을 시행규칙으로 정하도록 위임하였음에도 이를 고시 등 행정규칙으로 정한 경우
ㄹ. 상위 법령의 위임이 없음에도 상위 법령에 규정된 처분 요건에 해당하는 사항을 하위 부령에서 변경하여 규정한 경우

① ㄱ, ㄴ ② ㄴ, ㄷ
③ ㄱ, ㄴ, ㄷ ④ ㄱ, ㄴ, ㄷ, ㄹ

해설

ㄱ. 제재적 행정처분의 기준이 부령 형식으로 규정되어 있더라도 그것은 행정청 내부의 사무처리준칙을 규정한 것에 지나지 않아 대외적으로 국민이나 법원을 기속하는 효력이 없다(대판 2018.5.15. 2016두57984).

ㄴ. 행정 각부의 장이 정하는 고시가 비록 법령에 근거를 둔 것이라고 하더라도 그 규정 내용이 법령의 위임 범위를 벗어난 것일 경우에는 법규명령으로서의 대외적 구속력을 인정할 여지는 없다(대결 2006.4.28. 2003마715).

ㄷ. 행정규칙이나 규정이 상위법령의 위임범위를 벗어난 경우에는 법규명령으로서 대외적 구속력을 인정할 여지는 없다. 이는 행정규칙이나 규정 '내용'이 위임범위를 벗어난 경우뿐 아니라 상위법령의 위임규정에서 특정하여 정한 권한행사의 '절차'나 '방식'에 위배되는 경우도 마찬가지이므로, 상위법령에서 세부사항 등을 시행규칙으로 정하도록 위임하였음에도 이를 고시 등 행정규칙으로 정하였다면 그 역시 대외적 구속력을 가지는 법규명령으로서 효력이 인정될 수 없다(대판 2012.7.5, 2010다72076).

ㄹ. 법령에서 행정처분의 요건 중 일부 사항을 부령으로 정할 것을 위임한 데 따라 시행규칙 등 부령에서 이를 정한 경우에 그 부령의 규정은 국민에 대해서도 구속력이 있는 법규명령에 해당한다고 할 것이지만, 법령의 위임이 없음에도 법령에 규정된 처분 요건에 해당하는 사항을 부령에서 변경하여 규정한 경우에는 그 부령의 규정은 행정청 내부의 사무처리 기준 등을 정한 것으로서 행정조직 내에서 적용되는 행정명령의 성격을 지닐 뿐 국민에 대한 대외적 구속력은 없다고 보아야 한다(대판 2013.9.12. 2011두10584).

정답 ④

10 행정입법에 대한 설명으로 옳은 내용만을 모두 고른 것은? (다툼이 있는 경우 판례에 의함)

〈2020 소방공채〉

ㄱ. 위임명령이 위임내용을 구체화하는 단계를 벗어나 새로운 입법을 한 것으로 평가할 수 있다면, 위임의 한계를 벗어난 것으로서 허용되지 않는다.
ㄴ. 법률이 공법적 단체 등의 정관에 자치법적인 사항을 위임한 경우, 포괄적 위임입법 금지가 원칙적으로 적용된다.
ㄷ. 상급행정기관이 하급행정기관에 대하여 업무처리지침이나 법령의 해석적용에 관한 기준을 정하여 발하는 이른바 행정규칙은 일반적으로 대외적 구속력을 갖는다.

① ㄱ　② ㄱ, ㄴ
③ ㄱ, ㄷ　④ ㄴ, ㄷ

해설

ㄱ. 법률의 위임 규정 자체가 그 의미 내용을 정확하게 알 수 있는 용어를 사용하여 위임의 한계를 분명히 하고 있는데도 **시행령**이 그 문언적 의미의 한계를 벗어났다든지, 위임 규정에서 사용하고 있는 용어의 의미를 넘어 그 범위를 확장하거나 축소함으로써 위임내용을 구체화하는 단계를 벗어나 새로운 입법을 한 것으로 평가할 수 있다면, 이는 위임의 한계를 일탈한 것으로서 허용되지 않는다(대판 2012.12.20. 2011두30878).

ㄴ. 법률이 공법적 단체 등의 정관에 자치법적 사항을 위임한 경우에는 헌법 제75조가 정하는 포괄적인 위임입법의 금지는 원칙적으로 적용되지 않는다(대판 2007.10.12. 2006두14476).

ㄷ. 상급행정기관이 하급행정기관에 대하여 업무처리지침이나 법령의 해석적용에 관한 기준을 정하여 발하는 이른바 행정규칙은 일반적으로 행정조직 내부에서만 효력을 가질 뿐 대외적인 구속력을 갖는 것은 아니다(대판 1998.6.9. 97누19915).

정답 ①

11 **위임입법에 관한 판례의 입장으로 가장 옳지 않은 것은? (다툼이 있는 경우 판례에 의함)**

〈2017 서울시 7급〉

① 법률의 위임에 의하여 효력을 갖는 법규명령은 구법에 위임의 근거가 없어 무효였더라도 사후에 법률개정으로 위임의 근거가 부여되면 소급하여 유효한 법규명령이 된다.

② 법령의 위임이 없음에도 법령의 처분요건에 해당하는 사항을 부령에서 변경하여 규정한 경우 그 부령의 규정은 행정명령에 지나지 않아 대외적 구속력이 없다.

③ 상위법령에서 세부사항 등을 시행규칙으로 정하도록 위임하였음에도 이를 고시 등 행정규칙으로 정하였다면 이때 고시 등 행정규칙은 대외적 구속력을 갖는 법규명령으로서 효력이 인정될 수 없다.

④ 법률이 공법적 단체 등의 정관에 자치법적 사항을 위임한 경우에는 「헌법」 제75조가 정하는 포괄적인 위임입법의 금지는 원칙적으로 적용되지 않는다고 봄이 상당하다.

해설

① 일반적으로 법률의 위임에 의하여 효력을 갖는 법규명령의 경우, 구법에 위임의 근거가 없어 무효였더라도 사후에 법개정으로 위임의 근거가 부여되면 **그때부터는** 유효한 법규명령이 되나, 반대로 구법의 위임에 의한 유효한 법규명령이 법개정으로 위임의 근거가 없어지게 되면 그 때부터 무효인 법규명령이 되므로, 어떤 법령의 위임 근거유무에 따른 유효 여부를 심사하려면 법개정의 전·후에 걸쳐 모두 심사하여야만 그 법규명령의 시기에 따른 유효·무효를 판단할 수 있다(대판 1995.6.30. 93추83).

② 법령에서 행정처분의 요건 중 일부 사항을 부령으로 정할 것을 위임한 데 따라 시행규칙 등 부령에서 이를 정한 경우에 그 부령의 규정은 국민에 대해서도 구속력이 있는 법규명령에 해당한다고 할 것이지만, 법령의 위임이 없음에도 법령에 규정된 처분 요건에 해당하는 사항을 부령에서 변경하여 규정한 경우에는 그 부령의 규정은 행정청 내부의 사무처리기준 등을 정한 것으로서 행정조직 내에서 적용되는 행정명령의 성격을 지닐 뿐 국민에 대한 대외적 구속력은 없다고 보아야 한다. 따라서 어떤 행정처분이 그와 같이 법규성이 없는 시행규칙 등의 규정에 위배된다고 하더라도 그 이유만으로 처분이 위법하게 되는 것은 아니라 할 것이고, 또 그 규칙 등에서 정한 요건에 부합한다고 하여 반드시 그 처분이 적법한 것이라고 할 수도 없다. 이 경우 처분의 적법 여부는 그러한 규칙 등에서 정한 요건에 합치하는지 여부가 아니라 일반 국민에 대하여 구속력을 가지는 법률 등 법규성이 있는 관계 법령의 규정을 기준으로 판단하여야 한다(대판 2013.9.12. 2011두10584).

③ 법령보충규칙이 상위법령의 위임범위를 벗어난 경우에는 법규명령으로서 대외적 구속력을 인정할 여지는 없다. 이는 행정규칙이나 규정 '내용'이 위임범위를 벗어난 경우뿐 아니라 상위법령의 위임규정에서 특정하여 정한 권한행사의 '절차'나 '방식'에 위배되는 경우도 마찬가지이므로, 상위법령에서 세부사항 등을 시행규칙으로 정하도록 위임하였음에도 이를 고시 등 행정규칙으로 정하였다면 그 역시 대외적 구속력을 가지는 법규명령으로서 효력이 인정될 수 없다(대판 2012.7.5. 2010다72076).

④ 법률이 공법적 단체 등의 정관에 **자치법적 사항**을 위임한 경우 포괄위임입법금지는 원칙적으로 적용되지 않는다. 그렇다고 하더라도 그 사항이 국민의 권리·의무에 관련되는 것일 경우에는 적어도 국민의 권리·의무에 관한 기본적이고 본질적인 사항은 국회가 정하여야 한다(대판 2007.10.12, 2006두14476).

정답 ①

12 행정입법에 관한 설명으로 가장 옳지 않은 것은? *〈2017 서울시 7급〉*

① 대통령령의 경우 모법의 시행에 관한 전반적 사항을 정하는 경우에는 ○○법(법률) 시행령으로, 모법의 일부규정의 시행에 필요한 개별적 사항을 정하거나 대통령령의 권한 범위 내의 사항을 정하는 경우에는 ○○규정, ○○령으로 한다.

② 대통령령 중 ○○규정은 원칙적으로 조직법규에 관한 사항을 규정하고, ○○령은 작용법규에 관한 사항을 규정한다.

③ 헌법재판소에 따르면 긴급재정경제명령도 국민의 기본권 침해와 직접 관련되는 경우에는 당연히 헌법소원의 대상이 된다.

④ 어떤 법률의 말미에 '이 법의 시행에 필요한 사항은 대통령령으로 정한다.' 라고 하여 일반적 시행령 위임조항을 두었다면 이것은 위임명령의 일반적 발령 근거로 작용한다.

해설

①, ② 대통령령은 '○○법 시행령', '○○규정', '○○령', '○○직제' 등 여러 가지로 표현하나, '○○규정', '○○령'은 모법의 일부규정의 시행에 필요한 개별적인 사항을 정하거나 대통령의 권한 범위 내의 사항을 정하는 경우에 주로 사용한다. 이 중 '○○규정'은 조직법규에 관한 사항을 규정하고, '○○령'은 작용법규에 관한 사항을 규정한다. 그 외 국무총리 또는 각부장관이 발령하는 부령의 경우 'OO법 시행규칙' 또는 'OO규칙'이라는 이름을 붙인다. 'OO규칙'의 경우 상위법령의 일부규정의 시행에 필요한 개별적인 사항을 정하거나 발령권자의 권한 범위 안의 사항을 정하는 경우 주로 사용한다.

③ 비록 고도의 정치적 결단에 의하여 행해지는 국가작용이라고 할지라도 그것이 국민의 기본권 침해와 직접 관련되는 경우에는 당연히 헌법재판소의 심판대상이 된다(헌재 1996.2.29. 93헌마186).

④ 구「소득세법」제203조에 의하면 "이 법 시행에 관하여 필요한 사항은 대통령령으로 정한다."고 규정하고 있으나, 이것은 법률의 시행에 필요한 **집행명령**을 발할 수 있음을 규정한 것에 지나지 아니하며 양도차익과 같은 과세요건에 관한 법규의 제정까지도 포괄적으로 대통령령에 **위임**한 규정이라고는 볼 수 **없다**(대판1982.11.23. 82누221).

정답 ④

13 행정입법에 대한 판례의 입장으로 옳은 것은? *〈2015 국가직 9급〉*

① 행정입법부작위는 부작위위법확인소송의 대상이 된다.

② 의료기관의 명칭표시판에 진료과목을 함께 표시하는 경우 진료과목의 글자 크기를 제한하고 있는 구 의료법 시행규칙 제31조는 그 자체로서 국민의 구체적인 권리의무나 법률관계에 직접적인 변동을 초래하므로 항고소송의 대상이 되는 행정처분이라 할 수 있다.

③ 법률의 위임에 의하여 효력을 갖는 법규명령의 경우 구법에 위임의 근거가 없어 무효였더라도 사후에 법개정으로 위임의 근거가 부여되면 그때부터는 유효한 위임명령이 된다.

④ 국립대학의 대학입학고사 주요요강은 행정쟁송의 대상인 행정처분에 해당되지만 헌법소원의 대상인 공권력의 행사에는 해당되지 않는다.

해설

① 행정소송은 구체적 사건에 대한 법률상 분쟁을 법에 의하여 해결함으로써 법적 안정을 기하자는 것이므로 부작위위법확인소송의 대상이 될 수 있는 것은 구체적 권리의무에 관한 분쟁이어야 하고 추상적인 법령에 관하여 제정의 여부 등은 그 자체로서 국민의 구체적인 권리의무에 직접적 변동을 초래하는 것이 아니어서 부작위위법확인소송의 대상이 될 수 없다(대판 1992.5.8, 91누11261).

② 의료기관의 명칭표시판에 진료과목을 함께 표시하는 경우 글자 크기를 제한하고 있는 구 의료법 시행규칙 제31조가 그 자체로서 국민의 구체적인 권리의무나 법률관계에 직접적인 변동을 초래하지 아니하므로 항고소송의 대상이 되는 행정처분이라고 할 수 없다(대판 2007.4.12, 2005두15168).

③ 일반적으로 법률의 위임에 의하여 효력을 갖는 법규명령의 경우, 구법에 위임의 근거가 없어 무효였더라도 사후에 법개정으로 위임의 근거가 부여되면 그 때부터는 유효한 법규명령이 되나, 반대로 구법의 위임에 의한 유효한 법규명령이 법개정으로 위임의 근거가 없어지게 되면 그 때부터 무효인 법규명령이 되므로, 어떤 법령의 위임 근거 유무에 따른 유효 여부를 심사하려면 법개정의 전·후에 걸쳐 모두 심사하여야만 그 법규명령의 시기에 따른 유효·무효를 판단할 수 있다(대판 1995.6.30, 93추83).

④ 국립대학인 서울대학교의 "94학년도 대학입학고사주요요강"은 사실상의 준비행위 내지 사전안내로서 행정쟁송의 대상이 될 수 있는 행정처분이나 공권력의 행사는 될 수 없지만 그 내용이 국민의 기본권에 직접 영향을 끼치는 내용이고 앞으로 법령의 뒷받침에 의하여 그대로 실시될 것이 틀림없을 것으로 예상되어 그로 인하여 직접적으로 기본권 침해를 받게 되는 사람에게는 사실상의 규범작용으로 인한 위험성이 이미 현실적으로 발생하였다고 보아야 할 것이므로 이는 헌법소원의 대상이 되는 헌법재판소법 제68조 제1항 소정의 공권력의 행사에 해당된다고 할 것이며, 이 경우 헌법소원 외에 달리 구제방법이 없다(헌재 1992.10.1. 92헌마68).

정답 ③

14 조례제정권의 범위와 한계에 대한 설명으로 옳지 않은 것은? (다툼이 있는 경우 판례에 의함)

〈2020 지방직 9급〉

① 지방자치단체는 법령에 위반되지 않는 범위 내에서 자치사무에 관하여 주민의 권리를 제한하거나 의무를 부과하는 사항이 아닌 한 법률의 위임 없이 조례를 제정할 수 있다.
② 담배자동판매기의 설치를 금지하고 설치된 판매기를 철거하도록 하는 조례는 기존 담배자동판매기 업자의 직업의 자유와 재산권을 제한하는 조례이므로 법률의 위임이 필요하다.
③ 영유아 보육시설 종사자의 정년을 조례로 규정하고자 하는 경우에는 법률의 위임이 필요 없다.
④ 군민의 출산을 장려하기 위하여 세 자녀 이상 세대 중 세 번째 이후 자녀에게 양육비 등을 지원할 수 있도록 하는 조례의 제정에는 법률의 위임이 필요 없다.

해설

① 지방자치단체는 그 내용이 주민의 권리의 제한 또는 의무의 부과에 관한 사항이거나 벌칙에 관한 사항이 아닌 한 법률의 위임이 없더라도 조례를 제정할 수 있다(대판 1992.6.23. 92추17).

지방자치법 제22조 (조례)

지방자치단체는 법령의 범위 안에서 그 사무에 관하여 조례를 제정할 수 있다. 다만, **주민의 권리 제한 또는 의무 부과에 관한 사항**이나 벌칙을 정할 때에는 **법률의 위임**이 있어야 한다.

② 이 사건 조례들(**부천시 담배자동판매기 설치금지 조례들**)은 담배소매업을 영위하는 주민들에게 자판기 설치를 제한하는 것을 내용으로 하고 있으므로 주민의 직업선택의 자유 특히 직업수행의 자유를 제한하는 것이 되어 지방자치법 제15조 단서 소정의 주민의 권리의무에 관한 사항을 규율하는 조례라고 할 수 있으므로 지방자치단체가 이러한 조례를 제정함에 있어서는 법률의 위임을 필요로 한다(헌재 1995.4.20. 92헌마264·279(병합)).

③ 영유아보육법이 보육시설 종사자의 정년에 관한 규정을 두거나 이를 지방자치단체의 조례에 위임한다는 규정을 두고 있지 않음에도 보육시설 종사자의 정년을 규정한 '서울특별시 중구 영유아 보육조례 일부개정조례안' 제17조 제3항은, 법률의 위임 없이 헌법이 보장하는 직업을 선택하여 수행할 권리의 제한에 관한 사항을 정한 것이어서 그 효력을 인정할 수 없으므로, 위 조례안에 대한 재의결은 무효이다(2009.5. 28. 2007추134).

④ 이 사건 조례안(**지방자치단체의 세 자녀 이상 세대 양육비 등 지원에 관한 조례안**)은 주민의 편의 및 복리증진에 관한 내용을 담고 있어 그 제정에 있어서 반드시 법률의 개별적 위임이 따로 필요한 것은 아니다(대판 2006.10.12. 2006추38).

정답 ③

제2절 행정규칙

01 행정규칙에 대한 판례의 입장으로 옳지 않은 것은? 〈2019 국가직 7급〉

① 재산권 등의 기본권을 제한하는 작용을 하는 법률이 구체적으로 범위를 정하여 고시와 같은 형식으로 입법위임을 할 수 있는 사항은 전문적·기술적 사항이나 경미한 사항으로서 업무의 성질상 위임이 불가피한 사항에 한정된다.

② 고시에 담긴 내용이 구체적 규율의 성격을 갖는다고 하더라도, 해당 고시를 행정처분으로 볼 수는 없으며 법령의 수권 여부에 따라 법규명령 또는 행정규칙으로 볼 수 있을 뿐이다.

③ 법령보충적 행정규칙은 법령의 수권에 의하여 인정되고, 그 수권은 포괄위임금지의 원칙상 구체적·개별적으로 한정된 사항에 대하여 행해져야 한다.

④ 행정규칙인 고시가 법령의 수권에 의해 법령을 보충하는 사항을 정하는 경우에는 법령보충적 고시로서 근거법령규정과 결합하여 대외적으로 구속력을 가진다.

해설

①, ③ 헌법이 인정하고 있는 위임입법의 형식은 예시적인 것으로 보아야 할 것이고, 그것은 법률이 행정규칙에 위임하더라도 그 행정규칙은 위임된 사항만을 규율할 수 있으므로 국회입법의 원칙과 상치되지도 않는다. 기본권을 제한하는 작용을 하는 법률이 입법위임을 할 때에는 대통령령, 총리령, 부령 등 법규명령에 위임함이 바람직하다. 법률이 고시의 형식으로 입법위임을 할 때에는 전문적·기술적 사항이나 경미한 사항으로서 업무의 성질상 위임이 불가피한 사항으로 한정되고, 포괄위임금지의 원칙상 구체적·개별적 위임이어야 한다(헌재 2006.12.28., 2005헌바59).

② 어떠한 고시가 일반적·추상적 성격을 가질 때에는 법규명령 또는 행정규칙에 해당할 것이지만, 다른 집행행위의 매개 없이 그 자체로서 직접 국민의 구체적인 권리의무나 법률관계를 규율하는 성격을 가질 때에는 항고소송의 대상이 되는 행정처분에 해당한다(대판 2003.10.9., 2003무23).
→ *처분적 행정입법(처분적 고시)= 행정처분*

④ 행정규칙인 고시가 법령의 수권에 의하여 법령을 보충하는 사항을 정하는 경우에는 그 근거 법령규정과 결합하여 대외적으로 구속력이 있는 법규명령으로서의 성질과 효력을 가진다(대판 2006.4.27, 2004도1078).

정답 ②

02 행정입법에 관한 설명으로 옳은 것은? (단, 다툼이 있는 경우 판례에 따름) 〈2017 교육행정〉

① 행정입법부작위는 행정소송의 대상이 될 수 없다.
② 위법한 법규명령은 무효가 아니라 취소할 수 있다.
③ 법령의 위임 없이 제정한 2006년 교육공무원 보수업무 등 편람은 법규명령이다.
④ 구「식품위생법 시행규칙」에서 정한 제재적 처분기준은 법규명령의 성질을 가진다.

해설

① 행정소송은 구체적 사건에 대한 법률상 분쟁을 법에 의하여 해결함으로써 법적 안정을 기하자는 것이므로 부작위위법확인소송의 대상이 될 수 있는 것은 구체적 권리의무에 관한 분쟁이어야 하고 **추상적인 법령에 관하여 제정의 여부** 등은 그 자체로서 국민의 구체적인 권리의무에 직접적 변동을 초래하는 것이 아니어서 **부작위위법확인소송**의 대상이 될 수 **없다**(대판 1992.5.8. 91누11261).

② 법규명령은 처분성 있는 행정작용이 아니므로 위법한 법규명령은 취소사유가 아니라 무효이다.

③ 2006년 교육공무원 보수업무 등 편람은 교육인적자원부(현재는 교육과학기술부)에서 관련 행정기관 및 그 직원을 위한 **업무처리지침** 내지 참고사항을 정리해 둔 것에 **불과**하고 법규명령의 성질을 가진 것이라고는 볼 수 없다(대판 2010.12.9. 2010두16349).

④ 구「식품위생법 시행규칙」 제53조에서 [별표 15]로 식품위생법 제58조에 따른 행정처분의 기준을 정하였다고 하더라도 이는 형식만 부령으로 되어 있을 뿐, 그 성질은 행정기관 **내부의 사무처리준칙**을 정한 것으로서 행정명령의 성질을 가지는 것이고, 대외적으로 국민이나 법원을 기속하는 힘이 있는 것은 아니므로 같은 법 제58조 제1항에 의한 처분의 적법 여부는 같은 법 시행규칙에 적합한 것인가의 여부에 따라 판단할 것이 아니라 같은 법의 규정 및 그 취지에 적합한 것인가의 여부에 따라 판단하여야 한다(대판 1995. 3.28. 94누6925).

→ *일반적으로 부령**형식**으로 정해진 제재적 처분기준은 행정내부의 사무처리기준을 규정한 것에 불과한 행정규칙/대통령령의 **형식**으로 정해진 제재적 처분기준은 법규명령*

정답 ①

03 행정규칙에 관한 설명 중 옳지 않은 것은? (단, 다툼이 있는 경우 판례에 의함) 〈2017 사회복지〉

① 설정된 재량기준이 객관적으로 합리적이 아니라거나 타당하지 않다고 볼 만한 다른 특별한 사정이 없다면 행정청의 의사는 존중되어야 한다.

② 「공공기관의 운영에 관한 법률」의 위임에 따라 입찰자격제한기준을 정하는 부령은 행정내부의 재량준칙에 불과하다.

③ 재량준칙이 정한 바에 따라 되풀이 시행되어 행정관행이 이루어지게 되면 행정청은 상대방에 대한 관계에서 그 규칙에 따라야 할 자기구속을 받게 된다.

④ 구「청소년보호법 시행령」상 별표에 따른 과징금처분기준은 단지 상한을 정한 것이 아니라 특정금액을 정한 것이다.

해설

① 여객자동차 운수사업법에 의한 개인택시운송사업면허는 특정인에게 권리나 이익을 부여하는 행정행위로서 법령에 특별한 규정이 없는 한 재량행위이고, 위 법과 그 시행규칙의 범위 내에서 면허를 위하여 필요한 기준을 정하는 것 역시 행정청의 재량에 속하는 것이므로, 그 설정된 재량기준이 객관적으로 보아 합리적이 아니라거나 타당하지 않다고 볼 만한 다른 특별한 사정이 없는 이상 행정청의 의사는 가능한 한 존중되어야 한다(대판 2009.7.9. 2008두11099).

②, ③ 공공기관의 운영에 관한 법률 제39조 제2항, 제3항에 따라 입찰참가자격 제한기준을 정하고 있는 구 공기업·준정부기관 계약사무규칙 제15조 제2항, 국가를 당사자로 하는 계약에 관한 법률 시행규칙 제76조 제1항 [별표 2], 제3항 등은 비록 부령의 형식으로 되어 있으나 규정의 성질과 내용이 공기업·준정부기관(이하 '행정청'이라 한다)이 행하는 입찰참가자격 제한처분에 관한 행정청 내부의 재량준칙을 정한 것에 지나지 아니하여 대외적으로 국민이나 법원을 기속하는 효력이 없으므로, 입찰참가자격 제한처분이 적법한지 여부는 이러한 규칙에서 정한 기준에 적합한지 여부만에 따라 판단할 것이 아니라 공공기관의 운영에 관한 법률상 입찰참가자격 제한처분에 관한 규정과 그 취지에 적합한지 여부에 따라 판단하여야 한다. 다만 그 재량준칙이 정한 바에 따라 되풀이 시행되어 행정관행이 이루어지게 되면 평등의 원칙이나 신뢰보호의 원칙에 따라 행정청은 상대방에 대한 관계에서 그 규칙에 따라야 할 자기구속을 받게 되므로, 이러한 경우에는 특별한 사정이 없는 한 그에 반하는 처분은 평등의 원칙이나 신뢰보호의 원칙에 어긋나 재량권을 일탈·남용한 위법한 처분이 된다(대판 2014.11.27, 2013두18964).

④ 구「**청소년보호법**」제49조 제1항, 제2항에 따른 같은 법 **시행령 제40조 [별표 6]의 위반행위의 종별에 따른 과징금처분기준**은 법규명령이기는 하나 모법의 위임규정의 내용과 취지 및 헌법상의 과잉금지의 원칙과 평등의 원칙 등에 비추어 같은 유형의 위반행위라 하더라도 그 규모나 기간·사회적 비난 정도·위반행위로 인하여 다른 법률에 의하여 처벌받은 다른 사정·행위자의 개인적 사정 및 위반행위로 얻은 불법이익의 규모 등 **여러 요소를 종합적으로 고려**하여 사안에 따라 적정한 과징금의 액수를 정하여야 할 것이므로 그 수액은 정액이 아니라 **최고한도액**이다(대판 2001.3.9, 99두5207).

➜ *유흥업소에 청소년 2명을 고용한 위법행위에 대하여 별표상 상한액의 2배를 과징금으로 부과한 것이 재량권의 한계를 일탈한 것으로 위법*

정답 ④

04 다음 중 행정입법에 대한 설명 중 옳은 것을 모두 고른 것은? (단, 다툼이 있는 경우 판례에 의함)

〈2017 사회복지〉

ㄱ. 법령의 직접적인 위임에 따라 위임행정기관이 그 법령을 시행하는 데 필요한 구체적인 사항을 정한 것이라면, 그 제정형식이 고시, 훈령, 예규 등과 같은 행정규칙이더라도 그것이 상위법령의 위임한계를 벗어나지 아니하는 한, 상위법령과 결합하여 대외적 구속력을 가진다.

ㄴ. 상위법령에서 세부사항 등을 시행규칙으로 정하도록 위임하였는데, 이를 고시로 정한 경우에 대외적 구속력을 가지는 법규명령으로서의 효력이 인정될 수 있다.

ㄷ. 판례는 종래부터 법령의 위임을 받아 부령으로 정한 제재적 행정처분의 기준을 행정규칙으로 보고, 대통령령으로 정한 제재적 행정처분의 기준은 법규명령으로 보는 경향이 있다.

ㄹ. 하위법령은 그 규정이 상위법령의 규정에 명백히 저촉되어 무효인 경우를 제외하고는 관련 법령의 내용과 그 입법취지, 연혁 등을 종합적으로 살펴서 그 의미를 상위법령에 합치되는 것으로 해석하여야 한다.

① ㄱ, ㄴ
② ㄴ, ㄷ
③ ㄱ, ㄴ, ㄷ
④ ㄱ, ㄷ, ㄹ

해설

ㄱ. 법령의 직접적인 위임에 따라 수임행정기관이 그 법령을 시행하는 데 필요한 구체적 사항을 정한 것이면, 그 제정형식은 비록 법규명령이 아닌 고시, 훈령, 예규 등과 같은 행정규칙이더라도, 그것이 상위법령의 위임한계를 벗어나지 아니하는 한, **상위법령과 결합**하여 대외적 구속력을 갖는 법규명령으로서 기능하게 된다(헌재 2010.10.28. 2008헌마408).

ㄴ. 상위법령에서 세부사항 등을 시행규칙으로 정하도록 위임하였음에도 이를 고시 등 행정규칙으로 정하였다면 그 역시 대외적 구속력을 가지는 법규명령으로서 효력이 인정될 수 없다(대판 2012.7.5. 2010다72076).

ㄷ. 일반적으로 부령**형식**으로 정해진 제재적 처분기준은 행정내부의 사무처리기준을 규정한 것에 불과한 행정규칙으로 보고, 대통령령의 **형식**으로 정해진 제재적 처분기준은 법규명령으로 본다.

ㄹ. 하위법령은 그 규정이 상위법령의 규정에 명백히 저촉되어 무효인 경우를 제외하고는 관련 법령의 내용과 입법 취지 및 연혁 등을 종합적으로 살펴서 의미를 **상위법령에 합치되는 것으로 해석**하여야 한다(대판 2016.6.10. 2016두33186).

정답 ④

제3절 행정입법에 대한 통제

01 행정입법에 대한 설명으로 옳은 것은? (다툼이 있는 경우 판례에 의함) *〈2019 국가직 9급〉*

① 행정소송에 대한 대법원 판결에 의하여 명령·규칙이 헌법 또는 법률에 위반된다는 것이 확정된 경우, 대법원은 지체없이 그 사유를 해당 법령의 소관부처의 장에게 통보하여야 한다.

② 교육부장관이 대학입시기본계획의 내용에서 내신성적 산정기준에 관한 시행지침을 정한 경우, 각 고등학교는 이에 따라 내신성적을 산정할 수밖에 없어 이는 행정처분에 해당된다.

③ 특히 긴급한 필요가 있거나 미리 법률로 자세히 정할 수 없는 부득이한 사정이 있어 법률에 형벌의 종류·상한·폭을 명확히 규정하더라도, 행정형벌에 대한 위임입법은 허용되지 않는다.

④ 상위 법령 등의 단순한 집행을 위해 총리령을 제정하려는 경우, 행정상 입법예고를 하지 아니할 수 있다.

해설

① **행정소송법 제6조 제1항** 행정소송에 대한 대법원판결에 의하여 명령·규칙이 헌법 또는 법률에 위반된다는 것이 확정된 경우에는 대법원은 **지체없이** 그 사유를 **행정안전부장관에게 통보**하여야 한다.

② 교육부장관이 내신성적 산정기준의 통일을 기하기 위해 대학입시기본계획의 내용에서 내신성적 산정기준에 관한 시행지침을 마련하여 시·도 교육감에서 통보한 것은 행정조직 내부에서 내신성적 평가에 관한 내부적 심사기준을 시달한 것에 불과하며, 각 고등학교에서 위 지침에 일률적으로 기속되어 내신성적을 산정할 수밖에 없고 또 대학에서도 이를 그대로 내신성적으로 인정하여 입학생을 선발할 수밖에 없는 관계로 장차 일부 수험생들이 위 지침으로 인해 어떤 불이익을 입을 개연성이 없지는 아니하나, 그러한 사정만으로서 위 지침에 의하여 곧바로 개별적이고 구체적인 권리의 침해를 받은 것으로는 도저히 인정할 수 없으므로, 그것만으로는 현실적으로 특정인의 구체적인 권리의무에 직접적으로 변동을 초래케 하는 것은 아니라 할 것이어서 내신성적 산정지침을 항고소송의 대상이 되는 행정처분으로 볼 수 없다(대판 1994.9.10, 94두33).

③ **형벌법규**에 대하여도 특히 긴급한 필요가 있거나 미리 법률로서 자세히 정할 수 없는 부득이한 사정이 있는 경우에 한하여 수권법률(위임법률)이 구성요건의 점에서는 처벌대상인 행위가 어떠한 것일거라고 이를 예측할 수 있을 정도로 구체적으로 정하고, 형벌의 점에서는 형벌의 종류 및 그 상한과 폭을 명확히 규정하는 것을 조건으로 **위임입법이 허용**되며 이러한 위임입법은 죄형법정주의에 반하지 않는다(헌재 1996.2.29. 94헌마213).

④ **행정절차법 제41조 제1항** 법령 등을 제정·개정 또는 폐지(이하 "입법"이라 한다)하려는 경우에는 해당 입법안을 마련한 행정청은 이를 예고하여야 한다. 다만, 다음 각 호의 어느 하나에 해당하는 경우에는 예고를 하지 아니할 수 있다.

1. 신속한 국민의 권리 보호 또는 예측 곤란한 특별한 사정의 발생 등으로 입법이 긴급을 요하는 경우
2. 상위 법령 등의 단순한 집행을 위한 경우
3. 입법내용이 국민의 권리·의무 또는 일상생활과 관련이 없는 경우
4. 단순한 표현·자구를 변경하는 경우 등 입법내용의 성질상 예고의 필요가 없거나 곤란하다고 판단되는 경우
5. 예고함이 공공의 안전 또는 복리를 현저히 해칠 우려가 있는 경우

정답 ④

02 행정입법에 대한 설명으로 옳지 않은 것은? (다툼이 있는 경우 판례에 의함) *〈2018 국가직 9급〉*

① 일반적으로 시행령이 헌법이나 법률에 위반된다는 사정은 그 시행령의 규정을 위헌 또는 위법하여 무효라고 선언한 대법원의 판결이 선고되지 않은 상태에서도 그 시행령 규정의 위헌 내지 위법 여부가 객관적으로 명백하다고 할 수 있으므로, 이러한 시행령에 근거한 행정처분의 하자는 무효사유에 해당한다.

② 행정규칙의 공표는 행정규칙의 성립요건이나 효력요건은 아니나, 「행정절차법」에서는 행정청은 필요한 처분기준을 당해 처분의 성질에 비추어 될 수 있는 한 구체적으로 공표하도록 하고 있다.

③ 보건복지부 고시인 「구 약제급여·비급여목록 및 급여상한 금액표」는 그 자체로서 국민건강보험가입자, 국민건강보험공단, 요양기관 등의 법률관계를 직접 규율하는 성격을 가지므로 항고소송의 대상이 되는 행정처분에 해당한다.

④ 국민의 구체적인 권리의무에 직접적으로 변동을 초래하지 않는 추상적인 법령의 제정 여부 등은 부작위위법확인소송의 대상이 될 수 없다.

해설

① 일반적으로 시행령이 헌법이나 법률에 위반된다는 사정은 그 시행령의 규정을 위헌 또는 위법하여 무효라고 선언한 대법원의 판결이 선고되지 아니한 상태에서는 그 시행령 규정의 위헌 내지 위법 여부가 해석상 다툼의 여지가 없을 정도로 명백하였다고 인정되지 아니하는 이상 객관적으로 명백한 것이라 할 수 없으므로, 이러한 시행령에 근거한 행정처분의 하자는 취소사유에 해당할 뿐 무효사유가 되지 아니한다(대판 2007.6.14, 2004두619).

② 행정규칙은 행정기관 내부규범이므로 공표가 필요없다. 다만, 행정절차법 제20조 제1항에서 행정청은 필요한 처분기준을 당해 처분의 성질에 비추어 되도록 구체적으로 정하여 공표하도록 하고 있다.

행정절차법 제20조 제1항「행정청은 필요한 처분기준을 해당 처분의 성질에 비추어 되도록 구체적으로 정하여 공표하여야 한다. 처분기준을 변경하는 경우에도 또한 같다.」

③ 보건복지부 고시인 약제급여·비급여목록 및 급여상한금액표는 다른 집행행위의 매개 없이 그 자체로서 국민건강보험가입자, 국민건강보험공단, 요양기관 등의 법률관계를 직접 규율하는 성격을 가지므로 항고소송의 대상이 되는 행정처분에 해당한다(대판 2006.9.22., 2005두2506).

④ 행정소송은 구체적 사건에 대한 법률상 분쟁을 법에 의하여 해결함으로써 법적 안정을 기하자는 것이므로 부작위위법확인소송의 대상이 될 수 있는 것은 구체적 권리의무에 관한 분쟁이어야 하고 추상적인 법령에 관하여 제정의 여부 등은 그 자체로서 국민의 구체적인 권리의무에 직접적 변동을 초래하는 것이 아니어서 그 소송의 대상이 될 수 없다(대판 1992.5.8, 91누11261).

정답 ①

03 행정입법의 통제에 대한 설명으로 옳지 않은 것은? (다툼이 있는 경우 판례에 의함) 〈2018 지방직 7급〉

① 국무회의에 상정될 총리령안과 부령안은 법제처의 심사를 받아야 한다.

② 법령보충규칙에 해당하는 고시의 관계규정에 의하여 직접 기본권 침해를 받는다고 하여도 이에 대하여 바로 헌법재판소법 제68조 제1항에 의한 헌법소원심판을 청구할 수 없다.

③ 행정절차법에 따르면, 예고된 법령 등의 제정·개정 또는 폐지의 안에 대하여 누구든지 의견을 제출할 수 있다.

④ 행정입법부작위는 행정소송법상 부작위위법확인소송의 대상이 되지 않는다.

해설

① **정부조직법 제23조 제1항** 국무회의에 상정될 법령안·조약안과 총리령안 및 부령안의 심사와 그 밖에 법제에 관한 사무를 전문적으로 관장하기 위하여 국무총리 소속으로 법제처를 둔다.

② 원칙적으로 행정규칙은 대외적 구속력이 없고 대내적 구속력만 있으므로 헌법소원의 대상으로서 국민의 기본권에 대해 영향을 미치는 공권력의 행사가 아니다. 그러나 행정규칙이 예외적으로 법규성 또는 대외적 구속력이 인정되는 경우(**법률보충적 행정규칙**이나 재량준칙이 평등원칙 및 행정의 자기구속의 원칙을 매개로 간접적으로 대외적 구속력을 갖게 되는 경우 등)에는 헌법소원의 대상이 될 수 있다(헌재 2001.5. 31. 99헌마413).

③ **행정절차법 제41조 제1항** 법령 등을 제정·개정 또는 폐지(이하 "입법"이라 한다)하려는 경우에는 해당 입법안을 마련한 행정청은 이를 예고하여야 한다. 다만, 다음 각 호의 어느 하나에 해당하는 경우에는 예고를 하지 아니할 수 있다.

1. 신속한 국민의 권리 보호 또는 예측 곤란한 특별한 사정의 발생 등으로 입법이 긴급을 요하는 경우
2. 상위 법령 등의 단순한 집행을 위한 경우
3. 입법내용이 국민의 권리·의무 또는 일상생활과 관련이 없는 경우
4. 단순한 표현·자구를 변경하는 경우 등 입법내용의 성질상 예고의 필요가 없거나 곤란하다고 판단되는 경우
5. 예고함이 공공의 안전 또는 복리를 현저히 해칠 우려가 있는 경우

행정절차법 제44조 제1항 누구든지 예고된 입법안에 대하여 의견을 제출할 수 있다.

④ 부작위위법확인소송의 대상이 될 수 있는 것은 구체적 권리의무에 관한 분쟁이어야 하고 **추상적인 법령에 관하여 제정의 여부** 등은 그 자체로서 국민의 구체적인 권리의무에 직접적 변동을 초래하는 것이 아니어서 **부작위위법확인소송**의 대상이 될 수 **없다**(대판 1992.5.8. 91누11261).

정답 ②

04 판례에 따를 때 행정입법에 관한 설명으로 가장 옳지 않은 것은? *〈2017 서울시 9급〉*

① 법률의 위임 규정 자체가 그 의미 내용을 정확하게 알 수 있는 용어를 사용하여 위임의 한계를 분명히 하고 있는데도 고시에서 그 문언적 의미의 한계를 벗어나면 위임의 한계를 일탈한 것으로써 허용되지 아니한다.

② 한국표준산업분류는 우리나라의 산업구조를 가장 잘 반영하고 있고, 업종의 분류에 관하여 가장 공신력 있는 자료로 평가받고 있는 점 등을 고려하면, 업종의 분류에 관하여 판단자료와 전문성의 한계가 있는 대통령이나 행정각부의 장에게 위임하기보다는 통계청장이 고시하는 한국표준산업분류에 위임할 필요성이 인정된다.

③ "가공품의 원료로 가공품이 사용될 경우 원산지표시는 원료로 사용된 가공품의 원료 농산물의 원산지를 표시하여야 한다."는 농림부고시인 「농산물원산지 표시요령」은 법규명령으로서의 대외적 구속력을 가진다.

④ 「공공기관의 운영에 관한 법률」에 따라 입찰참가자격 제한 기준을 정하고 있는 구「공기업·준정부기관 계약사무규칙」, 「국가를 당사자로 하는 계약에 관한 법률 시행규칙」은 대외적으로 국민이나 법원을 기속하는 효력이 없다.

해설

① 일반적으로 행정 각부의 장이 정하는 고시라도 그것이 특히 법령의 규정에서 특정 행정기관에 법령 내용의 구체적 사항을 정할 수 있는 권한을 부여함으로써 법령 내용을 보충하는 기능을 가질 경우에는 형식과 상관없이 근거 법령 규정과 결합하여 대외적으로 구속력이 있는 법규명령으로서의 효력을 가지나 이는 어디까지나 법령의 위임에 따라 법령 규정을 보충하는 기능을 가지는 점에 근거하여 예외적으로 인정되는 효력이므로 특정 고시가 비록 법령에 근거를 둔 것이더라도 규정 내용이 법령의 위임 범위를 벗어난 것일 경우에는 법규명령으로서의 대외적 구속력을 인정할 여지는 없다. 그리고 특정 고시가 위임의 한계를 준수하고 있는지를 판단할 때에는, 법률 규정의 입법 목적과 규정 내용, 규정의 체계, 다른 규정과의 관계 등을 종합적으로 살펴야 하고, 법률의 위임규정 자체가 의미 내용을 정확하게 알 수 있는 용어를 사용하여 위임의 한계를 분명히 하고 있는데도 고시에서 문언적 의미의 한계를 벗어났다든지, 위임 규정에서 사용하고 있는 용어의 의미를 넘어 범위를 확장하거나 축소함으로써 위임 내용을 구체화하는 단계를 벗어나 새로운 입법을 한 것으로 평가할 수 있다면, 이는 위임의 한계를 일탈한 것으로서 허용되지 아니한다 (대판 2016.8.17. 2015두51132).

② 각종 조세 관련 법령에서 업종의 분류를 구 한국표준산업분류에 위임하도록 한 것은 전체 업종의 세부적인 분류에 요구되는 전문적·기술적 지식과 식견의 필요성, 소요되는 시간과 인력의 양, 그리고 한국표준산업분류가 유엔이 제정한 국제표준산업분류를 기초로 한 것으로서 국내외에 걸쳐 가장 공신력 있는 업종분류결과로서 받아들여지고 있는 사정 등에 비추어, 개별 법령에서 직접 업종을 분류하는 것보다는 통계청장이 기존에 고시한 한국표준산업분류에 따르는 것이 더 합리적이고 효율적이라고 판단한 데 따른 것으로 이해된다(대판 2013.2.28. 2010두29192).

③ 가. 행정 각부의 장이 정하는 고시가 비록 법령에 근거를 둔 것이라고 하더라도 그 규정 내용이 법령의 위임 범위를 벗어난 것일 경우에는 법규명령으로서의 대외적 구속력을 인정할 여지는 없다.

나. 구 농수산물품질관리법령의 관련 규정에 따라 국내 가공품의 원산지표시에 관한 세부적인 사항을 정하고 있는 구 농수산물품질관리법 시행규칙 제24조 제6항은 "가공품의 원산지표시에 있어서 그 표시의 위치, 글자의 크기·색도 등 표시방법에 관하여 필요한 사항은 농림부장관 또는 해양수산부장관이 정하여 고시한다."고 정하고 있는바, 이는 원산지표시의 위치, 글자의 크기·색도 등과 같은 표시방법에 관한 기술적이고 세부적인 사항만을 정하도록 위임한 것일 뿐, 원산지표시 방법에 관한 기술적인 사항이 아닌 원산지표시를 하여야 할 대상을 정하도록 위임한 것은 아니라고 해석되고, 그렇다면 농산물원산지 표시요령 제4조 제2항이 "가공품의 원료로 가공품이 사용될 경우 원산지표시는 원료로 사용된 가공품의 원료 농산물의 원산지를 표시하여야 한다."고 규정하고 있더라도 이는 원산지표시 방법에 관한 기술적인 사항이

아닌 원산지표시를 하여야 할 대상에 관한 것이어서 구 농수산물품질관리법 시행규칙에 의해 고시로써 정하도록 위임된 사항에 해당한다고 할 수 없어 법규명령으로서의 대외적 구속력을 가질 수 없고, 따라서 법원이 구 농산물품질관리법 시행령을 해석함에 있어서 농산물원산지 표시요령 제4조 제2항을 따라야 하는 것은 아니다(대판 2006.4.28. 2003마715).

④ 공공기관의 운영에 관한 법률 제39조 제2항, 제3항에 따라 **입찰참가자격 제한기준**을 정하고 있는 구 공기업·준정부기관 계약사무규칙 제15조 제2항, 국가를 당사자로 하는 계약에 관한 법률 시행규칙 제76조 제1항 [별표 2], 제3항 등은 비록 부령의 형식으로 되어 있으나 규정의 성질과 내용이 공기업·준정부기관(이하 '행정청'이라 한다)이 행하는 입찰참가자격 제한처분에 관한 행정청 내부의 재량준칙을 정한 것에 지나지 아니하여 대외적으로 국민이나 법원을 기속하는 효력이 없으므로, 입찰참가자격 제한처분이 적법한지 여부는 이러한 규칙에서 정한 기준에 적합한지 여부만에 따라 판단할 것이 아니라 공공기관의 운영에 관한 법률상 입찰참가자격 제한처분에 관한 규정과 그 취지에 적합한지 여부에 따라 판단하여야 한다(대판 2014.11.27., 2013두18964).

정답 ③

05 다음 설명 중 옳지 않은 것은? (다툼이 있는 경우 판례에 의함) 〈2017 서울시 7급〉

① 삼권분립의 원칙, 법치행정의 원칙을 당연한 전제로 하고 있는 우리 헌법하에서 행정권의 행정입법 등 법집행의무는 헌법적 의무라고 보아야 한다.

② 국립대학교의 대학입학고사 주요 요강은 공권력의 행사로서 행정쟁송의 대상이 될 수 있는 행정처분이다.

③ 입법의 내용.범위.절차 등의 결함을 이유로 헌법소원을 제기하려면 결함이 있는 당해 입법규정 그 자체를 대상으로 하여 그것이 평등의 원칙에 위배된다는 등 헌법위반을 내세워 적극적인 헌법소원을 제기하여야 하며, 이 경우에는 「헌법재판소법」 소정의 제소기간을 준수하여야 한다.

④ 어떠한 고시가 일반적·추상적 성격을 가질 때에는 법규명령 또는 행정규칙에 해당 할 것이지만, 다른 집행행위의 매개 없이 그 자체로서 직접 국민의 구체적인 권리의무나 법률관계를 규율하는 성격을 가질 때에는 항고소송의 대상이 되는 행정처분에 해당한다.

해설

① 삼권분립의 원칙, 법치행정의 원칙을 당연한 전제로 하고 있는 우리 헌법하에서 행정권의 행정입법 등 법집행의무는 헌법적 의무라고 보아야 한다(헌재 1998.7.16. 96헌마246).

② 서울대학교의 "1994학년도 대학입학고사 주요요강"은 **사실상의 준비행위 내지 사전안내**로서 행정쟁송의 대상이 될 수 있는 행정처분은 될 수 없지만 공권력 행사에 해당하여 헌법소원의 대상이 된다(헌재 1992.10.1. 92헌마68).

③ 가. 넓은 의미의 입법부작위에는, 입법자가 헌법상 입법의무가 있는 어떤 사항에 관하여 전혀 입법을 하지 아니함으로써 '입법행위의 흠결이 있는 경우'와 입법자가 어떤 사항에 관하여 입법은 하였으나 그 입법의 내용·범위·절차등이 당해 사항을 불완전, 불충분 또는 불공정하게 규율함으로써 '입법행위에 결함이 있는 경우'가 있는데, 일반적으로 전자를 진정입법부작위, 후자를 부진정입법부작위라고 부르고 있다.

나. 이른바 부진정입법부작위를 대상으로 헌법소원을 제기하려면 그것이 평등의 원칙에 위배된다는 등 헌법위반을 내세워 적극적인 헌법소원을 제기하여야 하며, 이 경우에는 헌법재판소법 소정의 제소기간을 준수하여야 한다(헌재 1996.10.31, 94헌마204).

④ 고시의 법적 성질은 일률적으로 판단될 것이 아니라 고시에 담겨진 내용에 따라 구체적인 경우마다 달리 결정된다. 즉, 고시는 일반적으로 행정규칙이라 할 수 있으나, 법령의 위임에 따라 행정기관이 그 법령을 시행하는 데 필요한 구체적 사항을 정한 고시 등은 상위법령과 결합하여 대외적 구속력이 있다. 또한 고시가 다른 집행행위의 매개 없이 그 자체로서 직접 국민의 구체적인 권리·의무나 법률관계를 규율하는 성격을 가지는 경우 항고소송의 대상이 되는 처분에 해당한다(헌재 2008.11.27. 2005헌마161).

정답 ②

제2장 행정행위

제1절 행정행위

Ⅰ. 법률행위적 행정행위

01 **하천점용허가에 대한 설명으로 옳은 것은? (다툼이 있는 경우 판례에 의함)** 〈2018 지방직 9급〉

① 하천점용허가는 성질상 일반적 금지의 해제에 불과하여 허가의 일정한 요건을 갖춘 경우 기속적으로 판단하여야 한다.

② 위법한 점용허가를 다투지 않고 있다가 제소기간이 도과한 경우에는 처분청이라도 그 점용허가를 취소할 수 없다.

③ 하천점용허가에 조건인 부관이 부가된 경우 해당 부관에 대해서는 독립적으로 소를 제기할 수 없다.

④ 점용허가취소처분을 취소하는 확정판결의 기속력은 판결의 주문에 미치는 것으로 그 전제가 되는 처분 등의 구체적 위법사유에 관한 이유 중의 판단에 대해서는 인정되지 않는다.

해설

① 하천의 점용허가권은 특허에 의한 공물사용권의 일종으로서 하천의 관리주체에 대하여 일정한 특별사용을 청구할 수 있는 채권에 지나지 아니하고 대세적 효력이 있는 물권이라 할 수 없다.

→ ***특허** : 특정한 사안에 대해서 특별히 해주는 것 - 원칙적으로 재량행위*

***허가** : 일반적 금지의 해제 - 원칙적으로 기속행위*

→ *∴ 하천점용허가는 특허이므로 행정청의 재량으로 이해해야 함. 기속적으로 판단X*

② 제소기간이 도과한다는 것은 당사자A가 더 이상 해당 처분에 대해서 취소소송으로 다툴 수 없다(불가쟁력)는 것을 의미하는 것이지 처분청의 직권취소와는 관련이 없다.

③ 행정행위의 부관은 행정행위의 일반적인 효력이나 효과를 제한하기 위하여 의사표시의 주된 내용에 부가되는 종된 의사표시이지 그 자체로서 직접 법적 효과를 발생하는 독립된 처분이 아니므로 현행 행정쟁송제도 아래서는 부관 그 자체만을 독립된 쟁송의 대상으로 할 수 없는 것이 원칙이나 행정행위의 부관 중에서도 행정행위에 부수하여 그 행정행위의 상대방에게 일정한 의무를 부과하는 행정청의 의사표시인 부담의 경우에는 다른 부관과는 달리 행정행위의 불가분적인 요소가 아니고 그 존속이 본체인 행정행위의 존재를 전제로 하는 것일 뿐이므로 부담 그 자체로서 행정쟁송의 대상이 될 수 있다.

→ *원칙적으로 부관 중 부담은 독립적으로 행정쟁송의 대상이 되지만, 조건·기한 등 다른 부관은 독립적으로 행정쟁송의 대상이 될 수 없다.*

④ 확정판결의 기속력은 주로 판결의 실효성 확보를 위하여 인정되는 효력으로서 판결의 주문뿐만 아니라 그 전제가 되는 처분 등의 구체적 위법사유에 관한 이유 중의 판단에 대하여도 인정된다(대판 2001.3.23, 99두5238).

정답 ③

02 **甲은 강학상 허가에 해당하는 「식품위생법」상 영업허가를 신청하였다. 이에 대한 설명으로 옳은 것은? (다툼이 있는 경우 판례에 의함)** *〈2019 지방직 9급〉*

① 甲이 공무원인 경우 허가를 받으면 이는 「식품위생법」상의 금지를 해제할 뿐만 아니라 「국가공무원법 상」의 영리업무금지까지 해제하여 주는 효과가 있다.

② 甲이 허가를 신청한 이후 관계법령이 개정되어 허가요건을 충족하지 못하게 된 경우, 행정청이 허가신청을 수리하고도 정당한 이유 없이 그 처리를 늦추어 그 사이에 허가기준이 변경된 것이 아닌 이상 甲에게는 불허가처분을 하여야 한다.

③ 甲에게 허가가 부여된 이후 乙에게 또 다른 신규허가가 행해진 경우, 甲에게는 특별한 규정이 없더라도 乙에 대한 신규허가를 다툴 수 있는 원고적격이 인정되는 것이 원칙이다.

④ 甲에 대해 허가가 거부되었음에도 불구하고 甲이 영업을 한 경우, 당해 영업행위는 사법(私法)상 효력이 없는 것이 원칙이다.

해설

① 국가공무원이 「식품위생법」상 영업허가를 받았다고 「국가공무원법」상의 영리업무금지까지 해제되는 것은 아니다.

→ *허가는 근거법상의 금지를 해제하는 효과만 있을 뿐, 타법에 의한 금지까지 해제하는 효과가 있는 것은 아니다.*

ex) 공무원이 음식점영업허가O / 국가공무원법상의 영리활동 금지의무까지 해제X

② 허가 등의 행정처분은 원칙적으로 **처분시**의 법령과 허가기준에 의하여 처리되어야 하고 허가신청 당시의 기준에 따라야 하는 것은 아니며, 비록 허가신청 후 허가기준이 변경되었다 하더라도 그 허가관청이 허가신청을 수리하고도 정당한 이유 없이 그 처리를 늦추어 그 사이에 허가기준이 변경된 것이 아닌 이상 변경된 허가기준에 따라서 처분을 하여야 한다(대판 1996.8.20. 95누10877).

③ 일반적으로 기존업자가 특허권자인 경우에는 그 특허로 인하여 받은 이익은 법률상 이익으로 보아 원고적격을 인정하지만, 기존업자가 **허가**를 받아 영업하는 경우에는 그 허가로 인하여 얻은 이익은 반사적 이익 또는 사실적 이익에 불과하여 원고적격을 **부정**하고 있다.

④ 허가를 받지 않고 행한 행위는 행정상 강제집행이나 행정벌의 대상이 되지만, 행위자체에 대한 사법(私法)상 효력에는 영향을 받지 않는다.

정답 ②

03 허가에 대한 설명으로 가장 옳지 않은 것은? 〈2019 서울시 7급〉

① 「건축법」에서 인허가의제 제도를 둔 취지는, 인허가의제사항과 관련하여 건축허가의 관할 행정청으로 창구를 단일화하고 절차를 간소화하며 비용과 시간을 절감함으로써 국민의 권익을 보호하려는 것이다.

② 건축허가는 대물적 성질을 갖는 것이어서 행정청으로서는 허가를 할 때에 건축주 또는 토지 소유자가 누구인지 등 인적 요소에 관하여는 형식적 심사만 한다.

③ 허가에 붙은 기한이 그 허가된 사업의 성질상 부당하게 짧은 경우에는 이를 그 허가조건의 존속기간으로 보아야 한다.

④ 허가 등의 행정처분은 원칙적으로 허가 신청시의 법령과 허가기준에 의하여 처리되어야 한다.

해설

① 건축법에서 인·허가의제 제도를 둔 취지는, 인·허가의제사항과 관련하여 건축허가 또는 건축신고의 관할 행정청으로 그 창구를 단일화하고 절차를 간소화하며 비용과 시간을 절감함으로써 국민의 권익을 보호하려는 것이지, 인·허가의제사항 관련 법률에 따른 각각의 인·허가 요건에 관한 일체의 심사를 배제하려는 것으로 보기는 어렵다. 왜냐하면, 건축법과 인·허가의제사항 관련 법률은 각기 고유한 목적이 있고, 건축신고와 인·허가의제사항도 각각 별개의 제도적 취지가 있으며 그 요건 또한 달리하기 때문이다(대판 2011. 1.20. 2010두14954).

② 건축허가는 대물적 성질을 갖는 것이어서 행정청으로서는 허가를 할 때에 건축주 또는 토지 소유자가 누구인지 등 인적 요소에 관하여는 형식적 심사만 한다(대판 2017.3.15. 2014두41190).

③ 일반적으로 행정처분에 효력기간이 정하여져 있는 경우에는 그 기간의 경과로 그 행정처분의 효력은 상실되고, 다만 허가에 붙은 기한이 그 허가된 사업의 성질상 부당하게 짧은 경우에는 이를 그 허가 자체의 존속기간이 아니라 그 허가조건의 존속기간으로 보아 그 기한이 도래함으로써 그 조건의 개정을 고려한다는 뜻으로 해석할 수는 있지만, 그와 같은 경우라 하더라도 그 허가기간이 연장되기 위하여는 그 종기가 도래하기 전에 그 허가기간의 연장에 관한 신청이 있어야 하며, 만일 그러한 연장신청이 없는 상태에서 허가기간이 만료하였다면 그 허가의 효력은 상실된다(대판 2007.10.11. 2005두12404).

④ 허가 등의 행정처분은 원칙적으로 **처분시의 법령과 허가기준에 의하여 처리**되어야 하고 허가신청 당시의 기준에 따라야 하는 것은 아니며, 비록 허가신청 후 허가기준이 변경되었다 하더라도 그 허가관청이 허가신청을 수리하고도 정당한 이유 없이 그 처리를 늦추어 그 사이에 허가기준이 변경된 것이 아닌 이상 변경된 허가기준에 따라서 처분을 하여야 한다(대판 2006.8.25. 2004두2974).

정답 ④

04 허가에 대한 설명으로 옳지 않은 것은? (다툼이 있는 경우 판례에 의함) 〈2018 지방직 7급〉

① 허가신청 후 허가기준이 변경되었다 하더라도 허가관청이 허가신청을 수리하고도 정당한 이유 없이 그 처리를 늦추어 그 사이에 허가기준이 변경된 것이 아닌 이상, 허가관청은 변경된 허가기준에 따라서 처분을 하여야 한다.

② 구 산림법령이 규정하는 산림훼손 금지 또는 제한 지역에 해당하지 않더라도 환경의 보존 등 중대한 공익상 필요가 인정되는 경우, 허가관청은 법규상 명문의 근거가 없어도 산림훼손허가신청을 거부할 수 있다.

③ 종전 허가의 유효기간이 지난 후에 한 허가기간연장 신청은 종전의 허가처분과는 별도의 새로운 허가를 내용으로 하는 행정처분을 구하는 것이라고 보아야 한다.

④ 「국토의 계획 및 이용에 관한 법률」에 따른 토지의 형질변경 허가에는 행정청의 재량권이 부여되어 있다고 하더라도 「건축법」상의 건축허가는 기속행위이므로, 「국토의 계획 및 이용에 관한 법률」에 따른 토지의 형질변경행위를 수반하는 건축허가는 기속행위에 속한다.

해설

① 허가 등의 행정처분은 원칙적으로 처분시의 법령과 허가기준에 의하여 처리되어야 하고 허가신청 당시의 기준에 따라야 하는 것은 아니며, 비록 허가신청 후 허가기준이 변경되었다 하더라도 그 허가관청이 허가신청을 수리하고도 정당한 이유 없이 그 처리를 늦추어 그 사이에 허가기준이 변경된 것이 아닌 이상 변경된 허가기준에 따라서 처분을 하여야 한다(대판 1996.8.20. 95누10877).

② 산림훼손은 국토 및 자연의 유지와 수질 등 환경의 보전에 직접적으로 영향을 미치는 행위이므로, 법령이 규정하는 산림훼손 금지 또는 제한 지역에 해당하는 경우는 물론 금지 또는 제한 지역에 해당하지 않더라도 허가관청은 산림훼손허가신청 대상토지의 현상과 위치 및 주위의 상황 등을 고려하여 국토 및 자연의 유지와 환경의 보전 등 중대한 공익상 필요가 있다고 인정될 때에는 허가를 거부할 수 있고, 그 경우 법규에 명문의 근거가 없더라도 거부처분을 할 수 있다(대판 2003. 3. 28. 2002두12113).

③ 종전의 허가가 기한의 도래로 실효한 이상 원고가 종전 허가의 유효기간이 지나서 신청한 기간연장신청은 그에 대한 종전의 허가처분을 전제로 하여 단순히 그 유효기간을 연장하여 주는 행정처분을 구하는 것이라기 보다는 종전의 허가처분과는 별도의 새로운 허가를 내용으로 하는 행정처분을 구하는 것이라고 보아야 할 것이어서, 이러한 경우 허가권자는 이를 새로운 허가신청으로 보아 법의 관계 규정에 의하여 허가요건의 적합 여부를 새로이 판단하여 그 허가 여부를 결정하여야 할 것이다(대판 1995.11.10. 94누11866).

④ 「국토의 계획 및 이용에 관한 법률」에 의한 토지의 형질변경허가는 그 금지요건이 불확정개념으로 규정되어 있어 그 금지요건에 해당하는지 여부를 판단함에 있어서 행정청에게 재량권이 부여되어 있다고 할 것이므로, 같은 법에 의하여 지정된 도시지역 안에서 토지의 형질변경행위를 수반하는 건축허가는 결국 재량행위에 속한다(대판 2005.7.14. 2004두6181).

정답 ④

05 다음 중 단계별 행정행위에 관한 판례의 태도로서 가장 옳지 않은 것은? 〈2017 서울시 9급〉

① 폐기물처리업에 대하여 관할 관청의 사전 적정통보를 받고 막대한 비용을 들여 허가요건을 갖춘 다음 허가신청을 하였음에도 청소업자의 난립으로 효율적인 청소업무의 수행에 지장이 있다는 이유로 한 불허가처분이 신뢰보호의 원칙에 반하여 재량권을 남용한 위법한 처분이다.

② 폐기물처리업 사업계획에 대하여 적정통보를 한 것만으로 그 사업부지 토지에 대한 국토이용계획변경신청을 승인하여 주겠다는 취지의 공적인 견해표명을 한 것으로 볼 수 없다.

③ 행정청이 내인가를 한 다음 이를 취소하는 행위는 인가신청을 거부하는 처분으로 보아야 한다.

④ 구「주택건설촉진법」에 의한 주택건설사업계획 사전결정이 있는 경우 주택건설계획 승인처분은 사전결정에 기속되므로 다시 승인 여부를 결정할 수 없다.

해설

① 폐기물처리업에 대하여 사전에 관할 관청으로부터 적정통보를 받고 막대한 비용을 들여 허가요건을 갖춘 다음 허가신청을 하였음에도 다수 청소업자의 난립으로 안정적이고 효율적인 청소업무의 수행에 지장이 있다는 이유로 한 불허가처분이 신뢰보호의 원칙 및 비례의 원칙에 반하는 것으로서 재량권을 남용한 위법한 처분이다(대판 1998.5.8. 98두4061).

② 폐기물관리법령에 의한 폐기물처리업 사업계획에 대한 적정통보와 국토이용관리법령에 의한 국토이용계획변경은 각기 그 제도적 취지와 결정단계에서 고려해야 할 사항들이 다르다는 이유로, 폐기물처리업 사업계획에 대하여 적정통보를 한 것만으로 그 사업부지 토지에 대한 국토이용계획변경신청을 승인하여 주겠다는 취지의 공적인 견해표명을 한 것으로 볼 수 없다(대판 2005.4.28. 2004두8828).

③ 자동차운송사업양도양수계약에 기한 양도양수인가신청에 대하여 피고 시장이 내인가를 한 후 위 내인가에 기한 본인가신청이 있었으나 자동차운송사업 양도양수인가신청서가 합의에 의한 정당한 신청서라고 할 수 없다는 이유로 위 내인가를 취소한 경우, 위 내인가의 법적 성질이 행정행위의 일종으로 볼 수 있든 아니든 그것이 행정청의 상대방에 대한 의사표시임이 분명하고,

피고가 위 내인가를 취소함으로써 다시 본인가에 대하여 따로이 인가 여부의 처분을 한다는 사정이 보이지 않는다면 위 **내인가취소**를 **인가신청을 거부하는 처분**으로 보아야 할 것이다(대판 1991.6.28. 90누4402).

④ 구 주택건설촉진법의 규정에 의한 주택건설사업계획의 승인은 상대방에게 권리나 이익을 부여하는 효과를 수반하는 이른바 수익적 행정처분으로서 행정처분의 요건에 관하여 일의적으로 규정되어 있지 아니한 이상 행정청의 재량행위에 속하고 그 전 단계인 주택건설사업계획의 사전결정이 있다하여 달리 볼 것은 아니다. 따라서 주택건설사업계획의 사전결정을 하였다고 하더라도 주택건설사업계획의 승인단계에서 그 사전결정에 기속되지 않고 다시 사익과 공익을 비교형량하여 그 승인 여부를 결정할 수 있다(대판 1999.5.25. 99두1052).

→ *행정청은 사전결정의 구속력 때문에 합리적 사유 없이 본결정에서 사전결정의 내용과 상충되는 결정을 할 수 없는 것이 원칙이나, 예외적으로 사전결정 당시에는 미처 고려하지 못한 공공의 이익에 관련된 사항이 발견되었음에도 불구하고 이를 무시하고 사업계획을 승인하는 경우 중대한 공익을 침해하는 결과가 될 때는 사전결정에 기속되지 아니하고 사업승인 여부를 결정하는 단계에서 거듭 사익과 공익을 비교형량하여 그 승인 여부를 결정할 수 있다.*

정답 ④

06 강학상 허가에 관한 설명으로 옳은 것은? (단, 다툼이 있는 경우 판례에 따름) 〈2017 교육행정〉

① 구「도시계획법」상 개발제한구역 내에서의 건축허가는 원칙적으로 기속행위이다.

② 허가처분은 원칙적으로 허가신청 당시의 법령과 허가기준에 의하여 처리되어야 한다.

③ 유료직업소개사업의 허가갱신 후에도 갱신 전 법위반사실을 근거로 허가를 취소할 수 있다.

④ 국가공무원이 「식품위생법」상 영업허가를 받으면 「국가공무원법」상의 영리업무금지까지 해제된다.

해설

① 구 도시계획법상 개발제한구역 내에서의 건축물의 건축 등에 대한 예외적 허가는 그 상대방에게 수익적인 것으로서 재량행위에 속하는 것이라고 할 것이다(대판 2004.7.22. 2003두7606).

→ *개발제한구역 내의 건축허가는 예외적 승인 ∴ 재량행위O*

② 허가 등의 행정처분은 원칙적으로 처분시의 법령과 허가기준에 의하여 처리되어야 하고 허가신청 당시의 기준에 따라야 하는 것은 아니며, 비록 허가신청 후 허가기준이 변경되었다 하더라도 그 허가관청이 허가신청을 수리하고도 정당한 이유 없이 그 처리를 늦추어 그 사이에 허가기준이 변경된 것이 아닌 이상 변경된 허가기준에 따라서 처분을 하여야 한다(대판 1996.8.20. 95누10877).

③ **유료직업 소개사업의 허가갱신**은 허가취득자에게 종전의 지위를 계속 유지시키는 효과를 갖는 것에 불과하고 갱신 후에는 갱신 전의 법위반사항을 불문에 붙이는 효과를 발생하는 것이 아니므로 일단 갱신이 있은 후에도 갱신 전의 법위반사실을 근거로 허가를 취소할 수 있다(대판 1982.7.27, 81누174).

④ 허가는 근거법상의 금지를 해제하는 효과만 있을 뿐, 타법에 의한 금지까지 해제하는 효과가 있는 것은 아니다.

→ *공무원은 음식점영업허가O / 국가공무원법상의 영리활동 금지의무까지 해제X*

정답 ③

07 건축허가와 건축신고에 대한 설명으로 옳지 않은 것만을 모두 고르면? (다툼이 있는 경우 판례에 의함) *〈2019 국가직 9급〉*

ㄱ. 「건축법」 제14조 제2항에 의한 인·허가의제 효과를 수반하는 건축신고에 대한 수리거부는 처분성이 인정되나, 동 규정에 의한 인·허가의제 효과를 수반하지 않는 건축신고에 대한 수리거부는 처분성이 부정된다.

ㄴ. 「국토의 계획 및 이용에 관한 법률」에 의해 지정된 도시지역 안에서 토지의 형질변경행위를 수반하는 건축허가는 재량행위에 속한다.

ㄷ. 건축허가권자는 중대한 공익상의 필요가 없음에도 관계 법령에서 정하는 제한사유 이외의 사유를 들어 건축허가 요건을 갖춘 자에 대한 허가를 거부할 수 있다.

ㄹ. 건축허가는 대물적 허가에 해당하므로, 허가의 효과는 허가대상 건축물에 대한 권리변동에 수반하여 이전되고 별도의 승인처분에 의하여 이전되는 것은 아니다.

① ㄱ, ㄴ　② ㄱ, ㄷ
③ ㄴ, ㄷ　④ ㄷ, ㄹ

해설

ㄱ. 인·허가의제 효과를 수반하는 건축신고는 일반적인 건축신고와는 **달리**, 특별한 사정이 없는 한 행정청이 그 실체적 요건에 관한 심사를 한 후 수리하여야 하는 이른바 '수리를 요하는 신고'로 보는 것이 옳다(대판 2011.1.20, 2010두14954 전합).

→ *인·허가의제 효과를 수반하는 건축신고는 수리를 요하는 신고*

→ *∴ 수리거부는 국민의 권리·의무에 영향O ∴ 처분성O / 수리거부 취소소송O*

건축주 등은 신고제하에서도 건축신고가 반려될 경우 당해 건축물의 건축을 개시하면 시정명령, 이행강제금, 벌금의 대상이 되거나 당해 건축물을 사용하여 행할 행위의 허가가 거부될 우려가 있어 불안정한 지위에 놓이게 된다. 따라서 건축신고 반려행위가 이루어진 단계에서 당사자로 하여금 반려행위의 적법성을 다투어 그 법적 불안을 해소한 다음 건축행위에 나아가도록 함으로써 장차 있을지도 모르는 위험에서 미리 벗어날 수 있도록 길을 열어 주고, 위법한 건축물의 양산과 그 철거를 둘러싼 분쟁을 조기에 근본적으로 해결할 수 있게 하는 것이 **법치행정의 원리**에 부합한다. 그러므로 건축신고 반려행위는 항고소송의 대상이 된다고 보는 것이 옳다(대판 2010.11.18, 2008두167 전합).

→ *일반적인 건축신고는 자기완결적신고*

→ *BUT 수리거부 하면 상대방은 불안정한 지위 ∴ 소송 등으로 다툴 수 있게 하는 것이 법적불안 해소 및 법치행정의 원리에 부합 ∴ 처분성O / 수리거부 취소소송O*

ㄴ. 토지의 형질변경허가는 그 금지요건이 불확정개념으로 규정되어 있어 그 금지요건에 해당하는지 여부를 판단함에 있어서 행정청에게 재량권이 부여되어 있다고 할 것이므로, 같은 법에 의하여 지정된 도시지역 안에서 토지의 형질변경행위를 수반하는 건축허가는 결국 재량행위에 속한다(대판 2005.7.14, 2004두6181).

→ *판례 : 판단여지=재량*

ㄷ. 건축허가권자는 건축허가신청이 건축법 등 관계 법규에서 정하는 어떠한 제한에 배치되지 않는 이상 당연히 같은 법조에서 정하는 건축허가를 하여야 하고, 중대한 공익상의 필요가 없는데도 관계 법령에서 정하는 제한사유 이외의 사유를 들어 요건을 갖춘 자에 대한 허가를 거부할 수는 없다(대판 2009.9.24, 2009두8946).

ㄹ. 건축허가는 대물적 허가의 성질을 가지는 것으로 그 허가의 효과는 허가대상 건축물에 대한 권리변동에 수반하여 이전되고, 별도의 승인처분에 의하여 이전되는 것이 아니며, 건축주 명의변경은 당초의 허가대장상 건축주 명의를 바꾸어 등재하는 것에 불과하므로 행정소송의 대상이 될 수 없다(대판 1979.10.30, 79누190).

정답 ②

08 다음 중 특허에 해당하지 않는 것은? (다툼이 있는 경우 판례에 의함) 〈2020 소방공채〉

① 귀화허가
② 공무원임명
③ 개인택시운송사업면허
④ 사립학교 법인이사의 선임행위

해설

① <특허> 국적은 국민의 자격을 결정짓는 것이고, 이를 취득한 사람은 국가의 주권자가 되는 동시에 국가의 속인적 통치권의 대상이 되므로, 귀화허가는 외국인에게 대한민국 국적을 부여함으로써 국민으로서의 법적 지위를 포괄적으로 설정하는 행위에 해당한다(대판 2010.7.15. 2009두19069).

② <특허> 공무원임명은 포괄적 법률관계 설정행위이다.

③ <특허> 자동차운수사업법에 의한 개인택시운송사업면허는 특정인에게 권리나 이익을 부여하는 행정행위로서 법령에 특별한 규정이 없는 한 재량행위이다(대판 1996.10.11. 96누6172).

④ <기본행위> 구 사립학교법은 학교법인의 이사장·이사·감사 등의 임원은 이사회의 선임을 거쳐 관할청의 승인을 받아 취임하도록 규정하고 있는바, 관할청의 임원취임승인행위는 **학교법인의 임원선임행위**의 법률상 효력을 완성케 하는 보충적 법률행위이다(대판 2007.12.27. 2005두9651).

정답 ④

09 강학상 특허가 아닌 것만을 〈보기〉에서 모두 고른 것은? 〈2019 서울시 9급〉

〈보 기〉

ㄱ. 관할청의 구「사립학교법」에 따른 학교법인의 이사장 등 임원취임승인행위
ㄴ. 「출입국관리법」상 체류자격 변경허가
ㄷ. 구「수도권 대기환경개선에 관한 특별법」상 대기오염물질 총량관리사업장 설치의 허가
ㄹ. 지방경찰청장이 운전면허시험에 합격한 사람에게 발급하는 운전면허
ㅁ. 개발촉진지구 안에서 시행되는 지역개발사업에 관한 지정권자의 실시계획승인처분

① ㄱ, ㄷ
② ㄱ, ㄹ
③ ㄴ, ㄹ
④ ㄷ, ㅁ

해설

ㄱ. <인가> 구 사립학교법 제20조 제1항, 제2항은 학교법인의 이사장·이사·감사 등의 임원은 이사회의 선임을 거쳐 관할청의 승인을 받아 취임하도록 규정하고 있는바, 관할청의 임원취임승인행위는 학교법인의 임원선임행위의 법률상 효력을 완성케 하는 보충적 법률행위이다(대판 2007.12.27, 2005두9651).

ㄴ. <특허> 체류자격 변경허가는 신청인에게 당초의 체류자격과 다른 체류자격에 해당하는 활동을 할 수 있는 권한을 부여하는 일종의 설권적 처분의 성격을 가지므로, 허가권자는 신청인이 관계 법령에서 정한 요건을 충족하였더라도, 신청인의 적격성, 체류 목적, 공익상의 영향 등을 참작하여 허가 여부를 결정할 수 있는 재량을 가진다(대판 2016.7.14. 2015두48846).

ㄷ. <특허> 구 수도권대기환경특별법 제14조 제1항에서 정한 대기오염물질 총량관리사업장 설치의 허가 또는 변경허가는 특정인에게 인구가 밀집되고 대기오염이 심각하다고 인정되는 수도권 대기관리권역에서 총량관리대상 오염물질을 일정량을 초과하여 배출할 수 있는 특정한 권리를 설정하여 주는 행위로서 그 처분의 여부 및 내용의 결정은 행정청의 재량에 속한다(대판 2013.5.9. 2012두22799).

ㄹ. <허가> 운전면허는 자유를 회복하는 것에 해당하므로 강학상 허가에 해당한다.

ㅁ. <특허> 관계 법령의 내용과 취지 등에 비추어 보면 지구개발사업에 관한 지정권자의 실시계획 승인처분은 단순히 시행자가 작성한 실시계획에 대한 법률상의 효력을 완성시키는 보충행위에 불과한 것이 아니라 법령상의 요건을 갖춘 경우 법이 규정하고 있는 지구개발사업을 시행할 수 있는 지위를 시행자에게 부여하는 일종의 설권적 처분으로서의 성격을 가진 독립된 행정처분으로 보아야 한다(대판 2014.9.26. 2012두5602).

정답 ②

10 **甲은 「폐기물관리법」에 따라 폐기물처리업의 허가를 받기 전에 행정청 乙에게 폐기물처리사업계획서를 작성하여 제출하였고, 乙은 그 사업계획서를 검토하여 적합통보를 하였다. 이에 대한 설명으로 옳지 않은 것은? (다툼이 있는 경우 판례에 의함)** *〈2018 국가직 7급〉*

① 적합통보를 받은 甲은 폐기물처리업의 허가를 받기 전이라도 부분적으로 폐기물처리를 적법하게 할 수 있다.

② 사업계획의 적합 여부는 乙의 재량에 속하고, 사업계획 적합 여부 통보를 위하여 필요한 기준을 정하는 것도 역시 乙의 재량에 속한다.

③ 사업계획서 적합통보가 있는 경우 폐기물처리업의 허가단계에서는 나머지 허가요건만을 심사한다.

④ 甲이 폐기물처리업허가를 받기 위해서는 용도지역을 변경하는 국토이용계획변경이 선행되어야 할 경우, 甲에게 국토이용계획변경을 신청할 권리가 인정된다.

해설

① 폐기물처리업의 허가를 받아야 비로소 폐기물처리를 적법하게 할 수 있다.

② 폐기물처리업 허가와 관련된 법령들의 체제 또는 문언을 살펴보면, 사업계획 적정 여부에 대하여는 일률적으로 확정하여 규정하는 형식을 취하지 아니하여 그 사업의 적정 여부에 대하여 재량의 여지를 남겨 두고 있다 할 것이고, 이러한 경우 사업계획 적정 여부 통보를 위하여 필요한 기준을 정하는 것도 역시 행정청의 재량에 속하는 것이다(대판 2004.5.28. 2004두961).

→ 폐기물처리업 허가는 강학상 특허 ∴ 재량행위

③ **폐기물처리업의 허가에 앞서 사업계획서에 대한 적정·부적정 통보 제도**를 두고 있는 것은 폐기물처리업을 하고자 하는 자가 스스로 시설 등을 설치하여 허가신청을 하였다가 허가단계에서 그 사업계획이 부적정하다고 판명되어 불허가되면 허가신청인이 막대한 경제적·시간적 손실을 입게 되므로, 이를 방지하는 동시에 허가관청으로 하여금 **미리** 사업계획서를 심사하여 그 적정·부적정 통보 처분을 하도록 하고, **나중에** 허가단계에서는 나머지 허가요건만을 심사하여 신속하게 허가업무를 처리하는데 그 취지가 있다(대판 1998.4.28. 97누21086).

④ 국토이용계획은 장기성, 종합성이 요구되는 행정계획이어서 **원칙적**으로는 그 계획이 일단 확정된 후에 어떤 사정의 변동이 있다고 하여 그러한 사유만으로는 지역주민이나 일반 이해관계인에게 일일이 그 계획의 변경을 신청할 권리를 인정하여 줄 수는 없을 것이지만, 장래 일정한 기간 내에 관계 법령이 규정하는 시설 등을 갖추어 일정한 행정처분을 구하는 신청을 할 수 있는 법률상 지위에 있는 자의 국토이용계획변경신청을 거부하는 것이 실질적으로 당해 행정처분 자체를 거부하는 결과가 되는 경우에는 **예외적**으로 그 신청인에게 국토이용계획변경을 신청할 권리가 인정된다고 봄이 상당하므로, 이러한 신청에 대한 거부행위는 항고소송의 대상이 되는 행정처분에 해당한다(대판 2003.9.23. 2001두10936).

정답 ①

11 강학상 특허에 해당하는 것을 〈보기〉에서 고른 것은? (단, 다툼이 있는 경우 판례에 따름)

〈2017 교육행정〉

〈보 기〉

ㄱ. 재개발조합설립인가

ㄴ. 「출입국관리법」상 체류자격 변경허가

ㄷ. 사립학교법인 임원에 대한 취임승인행위

ㄹ. 서울특별시장의 의료유사업자 자격증 갱신발급행위

① ㄱ, ㄴ ② ㄱ, ㄷ
③ ㄴ, ㄹ ④ ㄷ, ㄹ

해설

ㄱ. <특허> 재개발조합설립 인가신청에 대한 행정청의 조합설립인가처분은 법령상 일정한 요건을 갖출 경우 주택재개발사업의 추진위원회에게 행정주체로서의 지위를 부여하는 일종의 설권적 처분의 성격을 가진다(대판 2010.12.9. 2009두4555).

ㄴ. <특허> 출입국관리법상 체류자격 변경허가는 신청인에게 당초의 체류자격과 다른 체류자격에 해당하는 활동을 할 수 있는 권한을 부여하는 일종의 설권적 처분의 성격을 가지므로, 허가권자는 신청인이 관계 법령에서 정한 요건을 충족하였더라도, 신청인의 적격성, 체류 목적, 공익상의 영향 등을 참작하여 허가 여부를 결정할 수 있는 재량을 가진다(대판 2016.7.14. 2015두48846).

ㄷ. <인가> 구 **사립학교법**은 학교법인의 이사장·이사·감사 등의 임원은 이사회의 선임을 거쳐 관할청의 승인을 받아 취임하도록 규정하고 있는바, 관할청의 임원취임승인행위는 학교법인의 임원 선임행위의 법률상 효력을 완성케 하는 보충적 법률행위이다(대판 2007.12.27. 2005두9651).

→ ***학교법인 임원취임승인, 사립학교법인 이사해임승인, 사립대총장 취임임명승인, 의료법인 이사 취임승인 등은 인가에 해당한다.***

ㄹ. <공증> 의료유사업자 자격증 갱신발급행위는 특정한 사실 또는 법률관계의 존부를 공적으로 증명하는 공증행위에 속하는 행정행위이다(대판 1977.5.24. 76누295).

정답 ①

12 다음 〈보기〉 중 강학상 특허인 것을 모두 고른 것은? (단, 다툼이 있는 경우 판례에 의함)

〈2017 사회복지〉

〈보 기〉

ㄱ. 공유수면매립면허
ㄴ. 재건축조합설립인가
ㄷ. 운전면허
ㄹ. 여객자동차운수사업법에 따른 개인택시운송사업면허
ㅁ. 귀화허가
ㅂ. 재단법인의 정관변경허가
ㅅ. 사립학교 법인임원취임에 대한 승인

① ㄱ, ㄷ ② ㄴ, ㄹ, ㅅ
③ ㄱ, ㄴ, ㅁ, ㅂ ④ ㄱ, ㄴ, ㄹ, ㅁ

해설

ㄱ. <특허> 공유수면매립면허는 설권행위인 특허의 성질을 갖는 것이므로 원칙적으로 행정청의 자유재량에 속하며, 일단 실효된 공유수면매립면허의 효력을 회복시키는 행위도 특단의 사정이 없는 한 새로운 면허부여와 같이 면허관청의 자유재량에 속한다고 할 것이므로 공유수면매립법 부칙 제4항의 규정에 의하여 위 법시행전에 같은 법 제25조 제1항의 규정에 의하여 효력이 상실된 매립면허의 효력을 회복시키는 처분도 특단의 사정이 없는 한 면허관청의 자유재량에 속하는 행위라고 봄이 타당하다(대판 1989.9.12. 88누9206).

ㄴ. <특허> 도시 및 주거환경정비법상 재개발조합설립 인가신청에 대한 행정청의 조합설립인가처분은 단순히 사인들의 조합설립행위에 대한 보충행위로서의 성질을 갖는 것이 아니라 법령상 일정한 요건을 갖출 경우 행정주체(공법인)의 지위를 부여하는 일종의 설권적 처분의 성격을 갖는 것이다(대판 2009.9.24, 2009마168·169).

ㄷ. <허가> 운전면허는 강학상 허가에 해당한다.

ㄹ. <특허> 개인택시운송사업면허는 특정인에게 권리나 이익을 부여하는 행정행위로서 법령에 특별한 규정이 없는 한 재량행위이고, 그 면허에 필요한 기준을 정하는 것 역시 행정청의 재량에 속하는 것이다(대판 2005.4.28. 2004두8910).

ㅁ. <특허> 귀화허가는 외국인에게 대한민국 국적을 부여함으로써 국민으로서의 법적 지위를 포괄적으로 설정하는 행위이고, 법무부장관은 귀화신청인이 법률이 정하는 귀화요건을 갖추었다고 하더라도 귀화를 허가할 것인지 여부에 관하여 재량권을 가진다(대판 2010.7.15., 2009두19069).

ㅂ. <인가> 인가는 기본행위인 재단법인의 정관변경에 대한 법률상의 효력을 완성시키는 보충행위로서, 그 기본이 되는 정관변경 결의에 하자가 있을 때에는 그에 대한 인가가 있었다 하여도 기본행위인 정관변경 결의가 유효한 것으로 될 수 없으므로 기본행위인 정관변경 결의가 적법유효하고 보충행위인 인가처분 자체에만 하자가 있다면 그 인가처분의 무효나 취소를 주장할 수 있지만, 인가처분에 하자가 없다면 기본행위에 하자가 있다 하더라도 따로 그 기본행위의 하자를 다투는 것은 별론으로 하고 기본행위의 무효를 내세워 바로 그에 대한 행정청의 인가처분의 취소 또는 무효확인을 소구할 법률상의 이익이 없다(대판 1996.5.16, 95누4810).

ㅅ. <인가> 구 사립학교법은 학교법인의 이사장·이사·감사 등의 임원은 이사회의 선임을 거쳐 관할청의 승인을 받아 취임하도록 규정하고 있는바, 관할청의 임원취임승인행위는 학교법인의 임원선임행위의 법률상 효력을 완성케 하는 보충적 법률행위이다(대판 2007.12.27. 2005두9651).

정답 ④

13 행정행위의 종류에 관한 설명 중 옳은 것은? (단, 다툼이 있는 경우 판례에 의함) 〈2017 사회복지〉

① 한약조제시험을 통하여 약사에게 한약조제권을 인정함으로써 한의사들의 영업상 이익이 감소되었다고 하더라도 이러한 이익은 사실상의 이익에 불과하다.

② 개인택시운송사업면허는 성질상 일반적 금지에 대한 해제에 불과하다.

③ 사회복지법인의 정관변경허가에 대해서는 부관을 붙일 수 없다.

④ 친일반민족행위자재산조사위원회의 국가귀속결정은 친일재산을 국가의 소유로 귀속시키는 형성행위이다.

해설

① **한의사 면허**는 경찰금지를 해제하는 명령적 행위(**강학상 허가**)에 해당하고, 한약조제시험을 통하여 약사에게 한약조제권을 인정함으로써 한의사들의 영업상 이익이 감소되었다고 하더라도 이러한 이익은 사실상의 이익에 불과하고 약사법이나 의료법 등의 법률에 의하여 보호되는 이익이라고는 볼 수 없으므로, 한의사들이 한약조제시험을 통하여 한약조제권을 인정받은 약사들에 대한 합격처분의 무효확인을 구하는 당해 소는 원고적격이 없는 자들이 제기한 소로서 부적법하다(대판 1998.3.10. 97누4289).

② 여객자동차 운수사업법에 의한 개인택시운송사업면허는 특정인에게 권리나 이익을 부여하는 행정행위로서 법령에 특별한 규정이 없는 한 재량행위이다(대판 2010.1.28. 2009두19137).

③ 사회복지법인의 정관변경을 허가할 것인지의 여부는 주무관청의 정책적 판단에 따른 재량에 맡겨져 있다고 할 것이고, 주무관청이 정관변경허가를 함에 있어서는 비례의 원칙 및 평등의 원칙에 적합하고 행정처분의 본질적 효력을 해하지 않는 한도 내에서 부관을 붙일 수 있다(대판 2002.9.24. 2000두5661).

④ 친일반민족행위자 재산의 국가귀속에 관한 특별법 제3조 제1항 본문, 제9조 규정들의 취지와 내용에 비추어 보면, 같은 법 제2조 제2호에 정한 친일재산은 **친일반민족행위자재산조사위원회**가 국가귀속결정을 하여야 비로소 국가의 소유로 되는 것이 아니라 특별법의 시행에 따라 그 취득·증여 등 원인행위시에 소급하여 당연히 국가의 소유로 되고, 위 위원회의 국가귀속결정은 당해 재산이 친일재산에 해당한다는 사실을 확인하는 이른바 준법률행위적 행정행위의 성격을 가진다(대판 2008.11.13. 2008두13491).

정답 ①

14 강학상 인가에 대한 설명으로 옳은 것만을 모두 고르면? (다툼이 있는 경우 판례에 의함)

〈2020 지방직 9급〉

ㄱ. 강학상 인가는 기본행위에 대한 법률상의 효력을 완성시키는 보충행위로서, 그 기본이 되는 행위에 하자가 있을 때에는 그에 대한 인가가 있었다 하여도 기본행위가 유효한 것으로 될 수 없다.

ㄴ. 「민법」상 재단법인의 정관변경에 대한 주무관청의 허가는 법률상 표현이 허가로 되어 있기는 하나, 그 성질은 법률행위의 효력을 보충해 주는 것이지 일반적 금지를 해제하는 것은 아니다.

ㄷ. 인가처분에 하자가 없더라도 기본행위에 무효사유가 있다면 기본행위의 무효를 내세워 그에 대한 행정청의 인가처분의 취소 또는 무효확인을 구할 소의 이익이 있다.

ㄹ. 「도시 및 주거환경정비법」상 관리처분계획에 대한 인가는 강학상 인가의 성격을 갖고 있으므로 관리처분계획에 대한 인가가 있더라도 관리처분계획안에 대한 총회결의에 하자가 있다면 민사소송으로 총회결의의 하자를 다투어야 한다.

① ㄱ, ㄴ
② ㄴ, ㄷ
③ ㄷ, ㄹ
④ ㄱ, ㄴ, ㄹ

해설

ㄱ. 인가는 기본행위인 재단법인의 정관변경에 대한 법률상의 효력을 완성시키는 보충행위로서, 그 기본이 되는 정관변경 결의에 하자가 있을 때에는 그에 대한 인가가 있었다 하여도 기본행위인 정관변경 결의가 유효한 것으로 될 수 없다(대판 1996.5.16. 95누4810).

ㄴ. 민법 제45조와 제46조에서 말하는 **재단법인의 정관변경 "허가"**는 법률상의 표현이 허가로 되어 있기는 하나, 그 성질에 있어 법률행위의 효력을 보충해 주는 것이지 일반적 금지를 해제하는 것이 아니므로, 그 법적 성격은 **인가**라고 보아야 한다(대판 1996.5.16. 95누4810).

ㄷ. 기본행위인 정관변경 결의가 유효한 것으로 될 수 없으므로 기본행위인 정관변경 결의가 적법 유효하고 보충행위인 인가처분 자체에만 하자가 있다면 그 인가처분의 무효나 취소를 주장할 수 있지만, 인가처분에 하자가 없다면 기본행위에 하자가 있다 하더라도 따로 그 기본행위의 하자를 다투는 것은 별론으로 하고 **기본행위의 무효를 내세워** 바로 그에 대한 행정청의 **인가처분의 취소 또는 무효확인을 소구할 법률상의 이익이 없다**(대판 1996.5.16. 95누4810).

ㄹ. 「도시 및 주거환경정비법」상 주택재건축정비사업조합이 같은 법 제48조에 따라 수립한 관리처분계획에 대하여 관할 행정청의 인가·고시까지 있게 되면 관리처분계획은 행정처분으로서 효력이 발생하게 되므로, 총회결의의 하자를 이유로 하여 행정처분의 효력을 다투는 항고소송의 방법으로 관리처분계획의 취소 또는 무효확인을 구하여야 하고, 그와 별도로 행정처분에 이르는

절차적 요건 중 하나에 불과한 총회결의 부분만을 따로 떼어내어 효력 유무를 다투는 확인의 소를 제기하는 것은 특별한 사정이 없는 한 허용되지 않는다(대판 2009.9.17. 2007다2428).

정답 ①

15 **다른 법률행위를 보충하여 그 법적 효력을 완성시키는 행위에 해당하지 않는 것만을 모두 고르면? (다툼이 있는 경우 판례에 의함)** *〈2019 국가직 9급〉*

ㄱ. 사설법인묘지의 설치에 대한 행정청의 허가
ㄴ. 토지거래허가구역 내의 토지거래계약에 대한 행정청의 허가
ㄷ. 재단법인의 정관변경에 대한 행정청의 허가
ㄹ. 재건축조합이 수립하는 관리처분계획에 대한 행정청의 인가

① ㄱ ② ㄱ, ㄹ
③ ㄴ, ㄹ ④ ㄱ, ㄴ, ㄷ

해설

ㄱ. <허가> 사설묘지 설치허가 신청 대상지가 관련 법령에 명시적으로 설치제한지역으로 규정되어 있지 않더라도 관할 관청이 그 신청지의 현상과 위치 및 주위의 상황 등 제반 사정을 고려하여 사설묘지의 설치를 억제함으로써 환경오염 내지 지역주민들의 보건위생상의 위해 등을 예방하거나 묘지의 증가로 인한 국토의 훼손을 방지하고 국토의 효율적 이용 및 공공복리의 증진을 도모하는 등 중대한 공익상 필요가 있다고 인정할 때에는 그 허가를 거부할 수 있다고 봄이 상당하다(대판 2008.4.10, 2007두6106).
→ 사설묘지 설치가 허가사항임을 전제로 허가거부에 대해서 언급한 판례임

ㄴ. <인가> 토지거래규제지역 내에서 체결된 토지거래계약허가가 규제지역 내의 모든 국민에게 전반적으로 토지거래의 자유를 금지하고 일정한 요건을 갖춘 경우에만 금지를 해제하여 계약체결의 자유를 회복시켜 주는 성질의 것이라고 보는 것은 위 법의 입법취지를 넘어선 지나친 해석이라고 할 것이고, 규제지역 내에서도 토지거래의 자유가 인정되나 다만 위 허가를 허가 전의 유동적 무효상태에 있는 법률행위의 효력을 완성시켜 주는 인가적 성질을 띤 것이라고 보는 것이 타당하다(대판 1991.12.24, 90다12243 전합).

ㄷ. <인가> 민법 제45조와 제46조에서 말하는 재단법인의 정관변경 "허가"는 법률상의 표현이 허가로 되어 있기는 하나, 그 성질에 있어 법률행위의 효력을 보충해 주는 것이지 일반적 금지를 해제하는 것이 아니므로, 그 법적 성격은 인가라고 보아야 한다(대판 1996.5.16, 95누4810 전합).

ㄹ. <인가> 재건축조합이 설립하는 관리처분계획에 대한 행정청의 인가는 관리처분계획의 법률상 효력을 완성시키는 보충행위로서의 성질을 갖는데 이에 관하여 도시정비법은 제49조 제2항과 제3항에서 사업시행자로부터 관리처분계획의 인가 신청이 있는 경우 30일 이내에 인가 여부를 결정하여 사업시행자에게 통보하고, 인가를 하는 경우 그 내용을 당해 지방자치단체의 공보에 고시하도록 규정하고 있을 뿐이다(대판 2012.8.30, 2010두24951).

정답 ①

16 행정행위에 대한 설명으로 옳은 것은? (다툼이 있는 경우 판례에 의함) 〈2017 국가직 7급〉

① 하명의 대상은 불법광고물의 철거와 같은 사실행위에 한정된다.

② 허가의 갱신은 허가취득자에게 종전의 지위를 계속 유지시키는 효과를 갖게 하는 것으로 갱신 후라도 갱신 전 법위반 사실을 근거로 허가를 취소할 수 있다.

③ 인가처분에 하자가 없더라도 기본행위의 하자를 이유로 행정청의 인가처분의 취소 또는 무효확인을 구할 법률상 이익이 인정된다.

④ 제소기간이 이미 도과하여 불가쟁력이 생긴 행정처분에 대하여는, 관계 법령의 해석상 그 변경을 요구할 신청권이 인정될 수 있는 경우라 하더라도 국민에게 그 행정처분의 변경을 구할 신청권이 없다.

해설

① 하명의 대상은 주로 불법광고물의 철거와 같은 사실행위이지만 법률행위일 수도 있다.

② 유료직업 소개사업의 허가갱신은 허가취득자에게 종전의 지위를 계속 유지시키는 효과를 갖는 것에 불과하고 갱신 후에는 갱신 전의 법위반사항을 불문에 붙이는 효과를 발생하는 것이 아니므로 일단 갱신이 있은 후에도 갱신 전의 법위반사실을 근거로 허가를 취소할 수 있다(대판 1982.7.27. 81누174).

③ 기본행위가 적법·유효하고 보충행위인 인가처분 자체에만 하자가 있다면 그 인가처분의 무효나 취소를 주장할 수 있다고 할 것이지만, 인가처분에 하자가 없다면 기본행위에 하자가 있다 하더라도 따로 그 기본행위의 하자를 다투는 것은 별론으로 하고 기본행위의 무효를 내세워 바로 그에 대한 인가처분의 취소 또는 무효확인을 구할 수 없다(대판 2010.12.9. 2010두1248).

④ 행정청이 국민의 신청에 대하여 한 거부행위가 항고소송의 대상이 되는 행정처분으로 되려면, 행정청의 행위를 요구할 법규상 또는 조리상의 신청권이 국민에게 있어야 하고, 이러한 신청권의 근거 없이 한 국민의 신청을 행정청이 받아들이지 아니한 경우에는 그 거부로 인하여 신청인의 권리나 법적 이익에 어떤 영향을 주는 것이 아니므로 이를 항고소송의 대상이 되는 행정처분이라 할 수 없다. 그리고 제소기간이 이미 도과하여 불가쟁력이 생긴 행정처분에 대하여는 개별 법규

에서 그 변경을 요구할 신청권을 규정하고 있거나 관계 법령의 해석상 그러한 신청권이 인정될 수 있는 등 특별한 사정이 없는 한 국민에게 그 행정처분의 변경을 구할 신청권이 있다 할 수 없다(대판 2007.4.26. 2005두11104).

정답 ②

17 **행정행위의 내용과 구체적 사례를 바르게 연결한 것은? (다툼이 있는 경우 판례에 의함)**

〈2017 국가직 7급〉

ㄱ. 특정인에 대하여 새로운 권리·능력 또는 포괄적 법률관계를 설정하는 행위
ㄴ. 행정청이 타자의 법률행위를 동의로써 보충하여 그 행위의 효력을 완성시켜 주는 행위

A. 「도시 및 주거환경정비법」상 주택재건축정비사업조합의 설립인가
B. 「자동차관리법」상 사업자단체조합의 설립인가
C. 「도시 및 주거환경정비법」상 도시환경정비사업조합이 수립한 사업시행계획인가
D. 「도시 및 주거환경정비법」상 토지 등 소유자들이 조합을 따로 설립하지 않고 직접 시행하는 도시환경정비사업 시행인가
E. 「출입국관리법」상 체류자격 변경허가

① ㄱ - A, D, E　　② ㄴ - B, C, D
③ ㄱ - A, C, D　　④ ㄴ - B, D, E

해설

A. **<특허>** 행정청이 도시정비법 등 관련 법령에 근거하여 행하는 조합설립 인가처분은 단순히 사인들의 조합설립행위에 대한 보충행위로서의 성질을 갖는 것에 그치는 것이 아니라, 재건축조합에 대하여 도시정비법상 주택재건축사업을 시행할 수 있는 권한을 갖는 행정주체(공법인)로서의 지위를 부여하는 일종의 설권적 처분의 성격을 갖는다고 보아야 한다(대판 2010.2.25. 2007다73598).

B. **<인가>** 자동차관리법상 자동차관리사업자로 구성하는 사업자단체인 조합 또는 협회(이하 '조합 등'이라고 한다)의 설립인가처분은 국토해양부장관 또는 시·도지사가 자동차관리사업자들의 단체결성행위를 보충하여 효력을 완성시키는 처분에 해당한다(대판 2015.5.29. 2013두635).

C. **<인가>** 구「도시 및 주거환경정비법」에 기초하여 도시환경정비사업조합이 수립한 사업시행계획은 그것이 인가·고시를 통해 확정되면 이해관계인에 대한 구속적 행정계획으로서 독립된 행정처분에 해당하므로, 사업시행계획을 인가하는 행정청의 행위는 도시환경정비사업조합의 사업시행계획에 대한 법률상의 효력을 완성시키는 보충행위에 해당한다(대판 2010.12.9. 2010두1248).

D. <특허> 구 도시 및 주거환경정비법 제8조 제3항, 제28조 제1항에 의하면, 토지 등 소유자들이 그 사업을 위한 조합을 따로 설립하지 아니하고 직접 도시환경정비사업을 시행하고자 하는 경우에는 사업시행계획서에 정관 등과 그 밖에 국토해양부령이 정하는 서류를 첨부하여 시장·군수에게 제출하고 사업시행인가를 받아야 하고, 이러한 절차를 거쳐 사업시행인가를 받은 토지 등 소유자들은 관할 행정청의 감독 아래 정비구역 안에서 구 도시정비법상의 도시환경정비사업을 시행하는 목적 범위 내에서 법령이 정하는 바에 따라 일정한 행정작용을 행하는 행정주체로서의 지위를 가진다. 그렇다면 토지 등 소유자들이 직접 시행하는 도시환경정비사업에서 토지 등 소유자에 대한 사업시행인가처분은 단순히 사업시행계획에 대한 보충행위로서의 성질을 가지는 것이 아니라 구 도시정비법상 정비사업을 시행할 수 있는 권한을 가지는 행정주체로서의 지위를 부여하는 일종의 설권적 처분의 성격을 가진다(대판 2013.6.13. 2011두19994).

E. <특허> 출입국관리법의 문언, 내용 및 형식, 체계 등에 비추어 보면, 체류자격 변경허가는 신청인에게 당초의 체류자격과 다른 체류자격에 해당하는 활동을 할 수 있는 권한을 부여하는 일종의 설권적 처분의 성격을 가지므로, 허가권자는 신청인이 관계 법령에서 정한 요건을 충족하였더라도, 신청인의 적격성, 체류 목적, 공익상의 영향 등을 참작하여 허가 여부를 결정할 수 있는 재량을 가진다(대판 2016.7.14. 2015두48846).

정답 ①

18 인가에 대한 다음 설명 중 옳지 않은 것은? (다툼이 있는 경우 판례에 의함) *〈2017 서울시 7급〉*

① 조합설립추진위원회 구성승인처분은 조합의 설립을 위한 주체인 추진위원회의 구성행위를 보충하여 그 효력을 부여하는 처분으로 인가에 해당한다.

② 주택재건축조합설립 인가 후 주택재건축조합설립결의의 하자를 이유로 조합설립인가처분의 무효확인을 구하기 위해서는 직접 항고소송의 방법으로 확인을 구할 수 없으며, 조합설립결의부분에 대한 효력 유무를 민사소송으로 다툰 후 인가의 무효확인을 구해야 한다.

③ 도시 및 주거환경정비법령상 조합설립인가처분은 법령상 요건을 갖출 경우 「도시 및 주거환경정비법」상 주택재건축사업을 시행할 수 있는 권한을 갖는 행정주체로서의 지위를 부여하는 설권적 처분의 효력을 갖는다.

④ 「사립학교법」상 관할관청의 임원취임승인행위는 학교법인의 임원선임행위의 법률상 효력을 완성하게 하는 법률행위로 인가에 해당한다.

해설

① 조합설립추진위원회 구성승인은 조합의 설립을 위한 주체인 추진위원회의 구성행위를 보충하여 효력을 부여하는 처분이다(대판 2014.2.27. 2011두2248).

②, ③ 「도시 및 주거환경정비법」상 재개발조합설립 인가신청에 대한 행정청의 **조합설립인가처분**은 단순히 사인들의 조합설립행위에 대한 보충행위로서의 성질을 갖는 것이 아니라 법령상 일정한 요건을 갖출 경우 행정주체(공법인)의 지위를 부여하는 일종의 **설권적 처분**이다. 행정청의 조합설립인가처분이 있은 이후에 조합설립결의에 하자가 있음을 이유로 재개발조합설립의 효력을 부정하기 위해서는 **항고소송으로 조합설립인가처분의 효력을 다투어야 한다**(대판 2009.9.24. 2009마168·169).

④ 구 **사립학교법**은 학교법인의 이사장·이사·감사 등의 임원은 이사회의 선임을 거쳐 관할청의 승인을 받아 취임하도록 규정하고 있는바, 관할청의 임원취임승인행위는 학교법인의 임원선임행위의 법률상 효력을 완성케 하는 보충적 법률행위이다(대판 2007.12.27. 2005두9651).

정답 ②

19 행정행위에 대한 설명으로 옳지 않은 것은? (다툼이 있는 경우 판례에 의함) 〈2021 소방공채〉

① 개발제한구역 내의 건축물의 용도변경에 대한 예외적 허가는 그 상대방에게 제한적이므로 기속행위에 속하는 것이다.

② 농지처분의무통지는 단순한 관념의 통지에 불과하다고 볼 수 없고, 상대방인 농지소유자의 의무에 직접 관계되는 독립한 행정처분으로서 항고소송의 대상이 된다.

③ 행정청이 (구)「식품위생법」 규정에 의하여 영업자지위승계신고를 수리하는 처분은 종전의 영업자의 권익을 제한하는 처분에 해당하므로, 행정청은 이를 처리함에 있어 종전의 영업자에 대하여 처분의 사전통지, 의견청취 등 「행정절차법」상의 처분절차를 거쳐야 한다.

④ 부담은 행정청이 행정행위를 하면서 일방적으로 부가할 수도 있지만 부담을 부가하기 이전에 상대방과 협의하여 부담의 내용을 협약의 형식으로 미리 정한 다음 행정행위를 하면서 부가할 수도 있다.

해설

① 개발제한구역 내의 건축물의 용도변경에 대한 예외적인 허가는 그 상대방에게 수익적인 것에 틀림이 없으므로, 이는 그 법률적 성질이 재량행위 내지 자유재량행위에 속하는 것이다(대판 2001.2.9. 98두17593).

② 구 농지법에 의하면, 시장 등은 농지의 처분의무가 생긴 농지의 소유자에게 농림부령이 정하는 바에 의하여 처분대상농지·처분의무기간 등을 명시하여 해당 농지를 처분하여야 함을 통지하여야 하며, 위 통지를 전제로 농지처분명령, 이행강제금부과 등의 일련의 절차가 진행되는 점 등을 종합하여 보면, 농지처분의무통지는 단순한 관념의 통지에 불과하다고 볼 수는 없고, 상대방인 농지소유자의 의무에 직접 관계되는 독립한 행정처분으로서 항고소송의 대상이 된다(대판 2003.11.14. 2001두8742).

③ 행정청이 구 식품위생법 규정에 의하여 **영업자지위승계신고를 수리하는 처분**은 **종전의 영업자의 권익을 제한하는 처분**이라 할 것이고 따라서 종전의 영업자는 그 처분에 대하여 직접 그 상대가 되는 자에 해당한다고 봄이 상당하므로, 행정청으로서는 위 신고를 수리하는 처분을 함에 있어서 행정절차법 규정 소정의 당사자에 해당하는 **종전의 영업자**에 대하여 위 규정 소정의 **행정절차를 실시**하고 처분을 하여야 한다(대판 2003.2.14. 2001두7015).

④ 수익적 행정처분에 있어서는 법령에 특별한 근거규정이 없다고 하더라도 그 부관으로서 부담을 붙일 수 있고, 그와 같은 부담은 행정청이 행정처분을 하면서 일방적으로 부가할 수도 있지만 부담을 부가하기 이전에 상대방과 협의하여 부담의 내용을 협약의 형식으로 미리 정한 다음 행정처분을 하면서 이를 부가할 수도 있다(대판 2009.2.12. 2005다65500).

정답 ①

20 강학상 예외적 승인에 해당하지 않는 것은? 〈2015 국가직 9급〉

① 치료목적의 마약류사용허가
② 재단법인의 정관변경허가
③ 개발제한구역 내의 용도변경허가
④ 사행행위 영업허가

해설

①, ③, ④ 예외적 승인

→ 예외적 승인은 **사회적으로 유해한 행위**여서 억제적으로 법령에 의해 금지되어 있던 것을 어떤 이유로 해제해 주는 것을 말한다.

ex) 치료목적의 마약류사용허가, 학교보건법상 학교환경위생정화구역내의 유흥주점업허가, 개발제한구역내의 용도변경허가(또는 건축허가), 도박 등 사행행위 영업허가, 자연공원법이 적용되는 지역 내에서의 단란주점영업허가 등

② 민법 제45조와 제46조에서 말하는 재단법인의 정관변경허가는 법률상의 표현이 허가로 되어 있기는 하나, 그 성질에 있어 법률행위의 효력을 보충해 주는 것이지 일반적 금지를 해제하는 것이 아니므로, 그 법적 성격은 인가라고 보아야 한다(대판 1996.5.16., 95누4810).

정답 ②

21 **갑은 개발제한구역 내의 토지에 건축물을 건축하기 위하여 건축허가를 신청하였다. 이에 대한 설명으로 옳은 것(○)과 옳지 않은 것(×)을 바르게 연결한 것은? (다툼이 있는 경우 판례에 의함)**

〈2019 국가직 7급〉

ㄱ. 갑의 허가신청이 관련 법령의 요건을 모두 충족한 경우에는 관할 행정청은 허가를 하여야 하며, 관련 법령상 제한사유 이외의 사유를 들어 허가를 거부할 수 없다.
ㄴ. 갑에게 허가를 하면서 일방적으로 부담을 부가할 수도 있지만, 부담을 부가하기 이전에 갑과 협의하여 부담의 내용을 협약의 형식으로 미리 정한 다음 허가를 하면서 이를 부가할 수도 있다.
ㄷ. 갑이 허가를 신청한 이후 관계 법령이 개정되어 허가기준이 변경되었다면, 허가 여부에 대해서는 신청 당시의 법령을 적용하여야 하며 허가 당시의 법령을 적용할 수 없다.
ㄹ. 허가가 거부되자 갑이 이에 대해 취소소송을 제기하여 승소하였고 판결이 확정되었다면, 관할 행정청은 갑에게 허가를 하여야 하며 이전 처분사유와 다른 사유를 들어 다시 허가를 거부할 수 없다.

	ㄱ	ㄴ	ㄷ	ㄹ		ㄱ	ㄴ	ㄷ	ㄹ
①	○	○	×	×	②	×	×	○	○
③	×	○	×	×	④	○	×	○	○

해설

ㄱ. **개발제한구역 내 건축허가는 예외적 승인**에 해당한다. 예외적 승인은 사회적으로 유해한 행위여서 억제적으로 법령에 의해 금지되어 있던 것을 어떤 이유로 해제해 주는 것을 말하며 재량행위이므로 관할 행정청은 관련 법령상 제한사유 이외의 사유로 허가의 거부가 가능하다.

ㄴ. 수익적 행정처분에 있어서는 법령에 특별한 근거규정이 없다고 하더라도 그 부관으로서 부담을 붙일 수 있고, 그와 같은 부담은 행정청이 행정처분을 하면서 일방적으로 부가할 수도 있지만 부담을 부가하기 이전에 상대방과 협의하여 부담의 내용을 협약의 형식으로 미리 정한 다음 행정처분을 하면서 이를 부가할 수도 있다(대판 2009.2.12. 2005다65500).

ㄷ. 허가 등의 행정처분은 원칙적으로 처분시의 법령과 허가기준에 의하여 처리되어야 하고 허가신청 당시의 기준에 따라야 하는 것은 아니며, 비록 허가신청 후 허가기준이 변경되었다 하더라도 그 허가관청이 허가신청을 수리하고도 정당한 이유 없이 그 처리를 늦추어 그 사이에 허가기준이 변경된 것이 아닌 이상 변경된 허가기준에 따라서 처분을 하여야 한다(대판 1996.8.20. 95누10877).

ㄹ. 행정청의 거부처분을 취소하는 판결이 확정된 경우에는 그 처분을 행한 행정청은 판결의 취지에 따라 이전의 신청에 대하여 재처분할 의무가 있고, 이 경우 확정판결의 당사자인 처분 행정청은 그 행정소송의 사실심 변론종결 이후 발생한 새로운 사유를 내세워 다시 이전의 신청에 대하여 거부처분을 할 수 있으며, 그러한 처분도 이 조항에 규정된 재처분에 해당한다(대판 1999.12.28. 98두1895).

정답 ③

II. 준법률행위적 행정행위

01 준법률행위적 행정행위에 대한 설명으로 가장 옳지 않은 것은? *〈2019 서울시 7급〉*

① 토지대장상의 소유자명의변경신청을 거부하는 행위는 실체적 권리관계에 영향을 미치는 사항으로 행정처분이다.

② 친일반민족행위자재산조사위원회의 친일재산 국가귀속결정은 문제된 재산이 친일재산에 해당한다는 사실을 확인하는 준법률행위적 행정행위이다.

③ 「국가공무원법」에 근거하여 정년에 달한 공무원에게 발하는 정년퇴직 발령은 정년퇴직 사실을 알리는 관념의 통지이다.

④ 「국세징수법」에 의한 가산금과 중가산금의 납부독촉에 절차상 하자가 있는 경우 그 징수처분에 대하여 취소소송에 의한 불복이 가능하다.

해설

① 토지대장에 기재된 일정한 사항을 변경하는 행위는, 그것이 지목의 변경이나 정정 등과 같이 토지소유권 행사의 전제요건으로서 토지소유자의 실체적 권리관계에 영향을 미치는 사항에 관한 것이 아닌 한 행정사무집행의 편의와 사실증명의 자료로 삼기 위한 것일 뿐이어서, 토지대장에 기재된 소유자 명의가 변경된다고 하여도 이로 인하여 당해 토지에 대한 실체상의 권리관계에 변동을 가져올 수 없고 토지 소유권이 지적공부의 기재만에 의하여 증명되는 것도 아니다. 따라서 소관청이 토지대장상의 소유자명의변경신청을 거부한 행위는 이를 항고소송의 대상이 되는 행정처분이라고 할 수 없다(대판 2012.1.12. 2010두12354).

② 친일반민족행위자 재산의 국가귀속에 관한 특별법 제2조 제2호에 정한 친일재산은 친일반민족행위자재산조사위원회가 국가귀속결정을 하여야 비로소 국가의 소유로 되는 것이 아니라 특별법의 시행에 따라 그 취득·증여 등 원인행위시에 소급하여 당연히 국가의 소유로 되고, **친일반민족행위자재산조사위원회의 친일재산 국가귀속결정**은 당해 재산이 친일재산에 해당한다는 사실을 확인하는 이른바 **준법률행위적 행정행위**의 성격을 가진다(대판 2008. 11.13. 2008두13491).

③ **국가공무원법** 제74조에 의하면 공무원이 소정의 정년에 달하면 그 사실에 대한 효과로서 공무담임권이 소멸되어 당연히 퇴직되고 따로 그에 대한 행정처분이 행하여져야 비로소 퇴직되는 것은 아니라 할 것이며 피고(영주지방철도청장)의 원고에 대한 **정년퇴직 발령**은 정년퇴직 사실을 알리는 이른바 **관념의 통지**에 불과하므로 행정소송의 대상이 되지 아니한다(대판 1983.2.8. 81누263).

④ 국세징수법 제21조, 제22조 소정의 가산금, 중가산금은 국세체납이 있는 경우에 위 법조에 따라 당연히 발생하고, 그 액수도 확정되는 것이기는 하나, 그에 관한 징수절차를 개시하려면 독촉장에 의하여 그 납부를 독촉함으로써 가능한 것이고 위 가산금 및 중가산금의 납부독촉이 부당하거나 그 절차에 하자가 있는 경우에는 그 징수처분에 대하여도 취소소송에 의한 불복이 가능하다(대판 1986.10.28. 86누147).

정답 ①

02 통지의 처분성 여부에 대한 판례의 입장으로 옳지 않은 것은? 〈2017 국회직 8급〉

① 「국가공무원법」상 당연퇴직의 인사발령은 법률상 당연히 발생하는 퇴직사유를 공적으로 확인하여 알려주는 관념의 통지에 불과하여 행정처분이 아니다.

② 구「소득세법 시행령」에 따른 소득귀속자에 대한 소득금액변동 통지는 원천납세의무자인 소득귀속자의 법률상 지위에 직접적인 법률적 변동을 가져오므로 행정처분이다.

③ 구「농지법」상 농지처분의무의 통지는 통지를 전제로 농지처분명령 및 이행강제금 부과 등의 일련의 절차가 진행되는 점에서 독립한 행정처분이다.

④ 임용기간이 만료된 국·공립대학의 조교수에 대하여 재임용을 거부하는 취지로 한 임용기간 만료의 통지는 행정처분에 해당한다.

⑤ 구「건축법」 및 「지방세법」·「국세징수법」에 의하여 이행강제금 부과처분을 받은 자가 기한 내에 이행강제금을 납부하지 아니한 때에는 그 납부를 독촉할 수 있으며, 이 때 이행강제금 납부의 최초 독촉은 징수처분으로서 행정처분에 해당한다.

해설

① **「국가공무원법」** 제69조에 의하면 공무원이 제33조 각 호의 어느 하나에 해당할 때에는 당연히 퇴직한다고 규정하고 있으므로, 「국가공무원법」상 당연퇴직은 결격사유가 있을 때 법률상 당연히 퇴직하는 것이지 공무원관계를 소멸시키기 위한 별도의 행정처분을 요하는 것이 아니며, 당연퇴직의 인사발령은 법률상 당연히 발생하는 퇴직사유를 공적으로 확인하여 알려주는 이른바 관념의 통지에 불과하고 공무원의 신분을 상실시키는 새로운 형성적 행위가 아니므로 행정소송의 대상이 되는 독립한 행정처분이라고 할 수 없다(대판 1995.11.14. 95누2036).

② 구「**소득세법 시행령**」 제192조 제1항 단서에 따른 소득의 귀속자에 대한 소득금액변동 통지는 원천납세의무자인 소득귀속자의 법률상 지위에 직접적인 법률적 변동을 가져오는 것이 아니므로, 항고소송의 대상이 되는 행정처분이라고 볼 수 없다(대판 2015.3.26. 2013두9267).

→ *소득 귀속자(근로자)에 대한 소득금액변동통지가 있으면 소득세법에 따라 이의제기·변경청구 등 불복방법이 있기 때문에 소득금액변동통지만으로는 국민(근로자)의 권리의무가 확정적으로 변동되지 않으므로 처분성이 없다.*

③ 구「농지법에 의하면, 농지의 소유자가 정당한 사유 없이 「같은 법」 제8조 제2항의 규정에 의한 농업경영계획서의 내용을 이행하지 아니하였다고 시장 등이 인정한 때에는 그 사유가 발생한 날부터 1년 이내에 당해 농지를 처분하여야 하고, 시장 등은 농지의 처분의무가 생긴 농지의 소유자에게 농림부령이 정하는 바에 의하여 처분대상농지·처분의무기간 등을 명시하여 해당 농지를 처분하여야 함을 통지하여야 하며, 위 통지에서 정한 처분의무기간 내에 처분대상농지를 처분하지 아니한 농지의 소유자에 대하여는 6개월 이내에 당해 농지를 처분할 것을 명할 수 있는바, 시장 등 행정청은 위 제7호에 정한 사유의 유무, 즉 농지의 소유자가 위 농업경영계획서의 내용을 이행하였는지 여부 및 그 불이행에 정당한 사유가 있는지 여부를 판단하여 그 사유를 인정한 때에는 반드시 농지처분의무 통지를 하여야 하는 점, 위 통지를 전제로 농지처분명령, 「같은 법」 제65조에 의한 이행강제금 부과 등의 일련의 절차가 진행되는 점 등을 종합하여 보면, 농지처분의무 통지는 단순한 관념의 통지에 불과하다고 볼 수는 없고, 상대방인 농지소유자의 의무에 직접 관계되는 독립한 행정처분으로서 항고소송의 대상이 된다(대판 2003.11.14. 2001두8742).

④ 기간제로 임용되어 임용기간이 만료된 국·공립대학의 조교수는 교원으로서의 능력과 자질에 관하여 합리적인 기준에 의한 공정한 심사를 받아 위 기준에 부합되면 특별한 사정이 없는 한 재임용되리라는 기대를 가지고 재임용 여부에 관하여 합리적인 기준에 의한 공정한 심사를 요구할 법규상 또는 조리상 신청권을 가진다고 할 것이니, 임용권자가 임용기간이 만료된 조교수에 대하여 재임용을 거부하는 취지로 한 임용기간 만료의 통지는 위와 같은 대학교원의 법률관계에 영향을 주는 것으로서 행정소송의 대상이 되는 처분에 해당한다(대판 2004.4.22. 2000두7735).

⑤ 이행강제금 부과처분을 받은 자가 이행강제금을 기한 내에 납부하지 아니한 때에는 그 납부를 독촉할 수 있으며, 납부독촉에도 불구하고 이행강제금을 납부하지 않으면 체납절차에 의하여 이행강제금을 징수할 수 있고, 이 때 이행강제금 납부의 최초 독촉은 징수처분으로서 항고소송의 대상이 되는 행정처분이 될 수 있다(대판 2009.12.24. 2009두14507).

정답 ②

Ⅲ. 제3자효 행정행위 (복효적 행정행위)

01 제3자효 행정행위에 관한 설명으로 가장 옳지 않은 것은? 〈2019 서울시 9급〉

① 행정행위는 상대방에 대한 통지(도달)로서 효력이 발생하며, 행정청은 개별법에서 달리 정하지 않는 한 제3자인 이해관계인에 대한 행정행위 통지의무를 부담하지 않는다.

② 제3자인 이해관계인은 법원의 참가결정이 없어도 관계 처분에 의하여 자신의 법률상 이익이 침해되는 한 청문이나 공청회 등 의견청취절차에 참가할 수 있다.

③ 제3자가 어떠한 방법에 의하든지 행정처분이 있었음을 안 경우에는 안 날로부터 90일 이내에 행정심판이나 행정소송을 제기하여야 한다.

④ 갑(甲)에 대한 건축허가에 의하여 법률상 이익을 침해 받은 인근주민 을(乙)이 취소소송을 제기한 경우 을은 소송당사자로서 행정소송법 소정의 요건을 충족하는 한 그가 다투는 행정처분의 집행정지를 신청할 수 있다.

해설

① 행정행위는 상대방에 대한 통지(도달)로서 효력이 발생하며, 행정청은 원칙적으로 제3자인 이해관계인에 대한 행정행위 통지의무를 부담하지 않는다. 다만, 개별법에서 통지의무를 부과하고 있는 경우가 있다.

② **행정절차법 제2조 제4호 "당사자 등"**이란 다음 각 목의 자를 말한다.

가. 행정청의 처분에 대하여 직접 그 상대가 되는 당사자

나. 행정청이 직권으로 또는 신청에 따라 행정절차에 참여하게 한 이해관계인

행정절차법 제22조 제3항 행정청이 당사자에게 의무를 부과하거나 권익을 제한하는 처분을 할 때 제1항 또는 제2항의 경우 외에는 **당사자 등**에게 의견제출의 기회를 주어야 한다.

→ ∴ *의견청취절차에 참가 : 이해관계인X / 행정청의 직권 또는 신청에 따라 행정절차에 참여하게 한 이해관계인O*

③ 현행법은 제3자효 행정행위에 있어서 이해관계 있는 제3자에 대한 통지의무를 행정청에 부과하고 있지 않기 때문에 제3자는 처분이 있음을 알기가 쉽지 않다. 다만, 제3자가 어떠한 경위로든 처분이 있음을 알게 된다면, 처분이 있음을 안날로부터 90일 이내에 행정소송·행정심판을 제기해야 한다.

④ 제3자효 행정행위에 의해서 법률상 이익을 침해 받은 제3자가 취소소송을 제기한 경우 집행정지 요건을 갖춘다면 얼마든지 집행정지 신청을 할 수 있다.

행정소송법 제23조 (집행정지)

제2항 취소소송이 제기된 경우에 처분 등이나 그 집행 또는 절차의 속행으로 인하여 생길 회복하기 어려운 손해를 예방하기 위하여 긴급한 필요가 있다고 인정할 때에는 본안이 계속되고 있는 법원은 **당사자의 신청 또는 직권에 의하여** 처분 등의 효력이나 그 집행 또는 절차의 속행의 전부 또는 일부의 정지(이하 "집행정지"라 한다)를 결정할 수 있다.

정답 ②

Ⅳ. 재량행위

01 **기속행위와 재량행위에 대한 설명으로 옳지 않은 것은? (다툼이 있는 경우 판례에 의함)**

〈2020 지방직 9급〉

① 「국토의 계획 및 이용에 관한 법률」상 개발행위허가는 허가기준 및 금지요건이 불확정개념으로 규정된 부분이 많아 그 요건에 해당하는지 여부는 행정청의 재량판단의 영역에 속한다.
② 기속행위와 재량행위의 구분은 당해 행위의 근거가 된 법규의 체재·형식과 그 문언, 당해 행위가 속하는 행정 분야의 주된 목적과 특성, 당해 행위 자체의 개별적 성질과 유형 등을 모두 고려하여 판단하여야 한다.
③ 처분을 할 것인지 여부와 처분의 정도에 관하여 재량이 인정되는 과징금 납부명령에 대하여 그 명령이 재량권을 일탈하였을 경우, 법원은 재량권의 범위 내에서 어느 정도가 적정한 것인지에 관하여 판단할 수 있고 그 일부를 취소할 수 있다.
④ 마을버스운송사업면허의 허용 여부는 운수행정을 통한 공익실현과 아울러 합목적성을 추구하기 위하여 보다 구체적 타당성에 적합한 기준에 의하여야 할 것이므로 행정청의 재량에 속하는 것이라고 보아야 한다.

해설

① **국토의 계획 및 이용에 관한 법률**(이하 '국토계획법'이라고 한다) 제56조에 따른 개발행위허가와 농지법 제34조에 따른 농지전용허가·협의는 금지요건·허가기준 등이 불확정개념으로 규정된 부분이 많아 그 요건·기준에 부합하는지의 판단에 관하여 행정청에 재량권이 부여되어 있으므로, 그 요건에 해당하는지 여부는 행정청의 재량판단의 영역에 속한다(대판 2017.10.12. 2017두48956).

② 행정행위가 그 재량성의 유무 및 범위와 관련하여 이른바 기속행위 내지 기속재량행위와 재량행위 내지 자유재량행위로 구분된다고 할 때, 그 구분은 당해 행위의 근거가 된 법규의 체재·형식과 그 문언, 당해 행위가 속하는 행정 분야의 주된 목적과 특성, 당해 행위 자체의 개별적 성질과 유형 등을 모두 고려하여 판단하여야 한다(대판 2001.2.9. 98두17593).

③ 재량이 인정되는 과징금 납부명령에 대하여 그 명령이 재량권을 일탈하였을 경우 법원으로서는 재량권의 일탈 여부만 판단할 수 있을 뿐이지 재량권의 범위 내에서 어느 정도가 적정한 것인지에 관하여는 판단할 수 없어 그 전부를 취소할 수밖에 없고, 법원이 적정하다고 인정되는 부분을 초과한 부분만 취소할 수는 없다(대판 2009.6.23. 2007두18062).

④ 마을버스운송사업면허의 허용 여부는 사업구역의 교통수요, 노선결정, 운송업체의 수송능력, 공급능력 등에 관하여 기술적·전문적인 판단을 요하는 분야로서 이에 관한 행정처분은 운수행정을 통한 공익실현과 아울러 합목적성을 추구하기 위하여 보다 구체적 타당성에 적합한 기준에 의하여야 할 것이므로 그 범위 내에서는 법령이 특별히 규정한 바가 없으면 행정청의 재량에 속하는 것이라고 보아야 할 것이고, 마을버스 한정면허시 확정되는 마을버스 노선을 정함에 있어서도 기존 일반노선버스의 노선과의 중복 허용 정도에 대한 판단도 행정청의 재량에 속한다(대판 2002.6.28. 2001두10028).

정답 ③

02 **甲은 관할 행정청에 토지의 형질변경행위가 수반되는 건축허가를 신청하였고, 관할 행정청은 甲에 대해 '건축기간 동안 자재 등을 도로에 불법적치하지 말 것'이라는 부관을 붙여 건축허가를 하였다. 이에 대한 설명으로 옳은 것은? (다툼이 있는 경우 판례에 의함)** *〈2019 지방직 9급〉*

① 토지의 형질변경의 허용 여부에 대해 행정청의 재량이 인정되더라도 주된 행위인 건축허가가 기속행위인 경우에는 甲에 대한 건축허가는 기속행위로 보아야 한다.

② 위 건축허가에 대해 건축주를 乙로 변경하는 건축주명의변경신고가 관련 법령의 요건을 모두 갖추어 행해졌더라도 관할 행정청이 신고의 수리를 거부한 경우, 그 수리거부행위는 乙의 권리의무에 직접 영향을 미치는 것으로서 취소소송의 대상이 되는 처분이다.

③ 甲이 위 부관을 위반하여 도로에 자재 등을 불법적치한 경우, 관할 행정청은 바로 「행정대집행법」에 따라 불법적치된 자재 등을 제거할 수 있다.

④ 甲이 위 부관에 위반하였음을 이유로 관할 행정청이 건축허가의 효력을 소멸시키려면 법령상의 근거가 있어야 한다.

해설

① 토지의 형질변경허가는 그 금지요건이 불확정개념으로 규정되어 있어 그 금지요건에 해당하는지 여부를 판단함에 있어서 행정청에게 재량권이 부여되어 있다고 할 것이므로, 국토계획법에 의하여 지정된 도시지역 안에서 토지의 형질변경행위를 수반하는 건축허가는 결국 재량행위에 속한다(대판 2010.2.25. 2009두19960).

② 건축주명의변경신고수리거부행위는 행정청이 허가대상건축물 양수인의 건축주명의변경신고라는 구체적인 사실에 관한 법집행으로서 그 신고를 수리하여야 할 법령상의 의무를 지고 있음에도 불구하고 그 신고의 수리를 거부함으로써, 양수인이 건축공사를 계속하기 위하여 또는 건축공사를 완료한 후 자신의 명의로 소유권보존등기를 하기 위하여 가지는 구체적인 법적 이익을 침해하는 결과가 되었다고 할 것이므로, 비록 건축허가가 대물적 허가로서 그 허가의 효과가 허가대상건축물에 대한 권리변동에 수반하여 이전된다고 하더라도, 양수인의 권리의무에 직접 영향을 미치는 것으로서 취소소송의 대상이 되는 처분이라고 하지 않을 수 없다(대판 1992.3.31. 91누4911).

③ 대집행은 대체적 작위의무의 불이행시에 적용될 수 있다. 따라서 불법적치하지 말 것과 같은 부작위의무를 위반한 경우에는 (그 자체로) 대집행의 대상이 될 수는 없고, 이행강제금·직접강제의 대상이 될 수 있을 뿐이다.

④ 부담에 의해 부과된 의무를 상대방이 불이행할 경우 처분청은 주된 행정행위를 철회할 수 있다. 철회시 법적 근거는 필요 없으며, 그 효력은 장래를 향해서 소멸되는 장래효이다.

정답 ②

03 기속행위와 재량행위에 대한 설명으로 옳은 것은? (다툼이 있는 경우 판례에 의함) 〈2020 소방공채〉

① 법원은 최근 기존의 입장을 변경하여 재량행위 외에 기속행위나 기속적 재량행위에도 부관을 붙일 수 있는 것으로 보고 있고, 이러한 부관이 있는 경우 특별한 사정이 없는 한 당사자는 부관의 내용을 이행하여야 할 의무를 진다.

② 건축허가를 하면서 일정 토지를 기부채납하도록 하는 내용의 허가조건을 붙였다면 원칙상 취소사유로 보아야 한다.

③ 「건축법」상 건축허가신청의 경우 심사 결과 그 신청이 법정요건에 합치하는 경우라 할지라도 소음공해, 먼지발생, 주변인 집단 민원 등의 사유가 있는 경우 이를 불허가사유로 삼을 수 있고, 그러한 불허가처분이 비례원칙 등을 준수하였다면 처분 자체의 위법성은 인정될 수 없다.

④ 법이 과징금 부과처분에 대한 임의적 감경규정을 두었다면 감경 여부는 행정청의 재량에 속한다고 할 것이나, 행정청이 감경사유가 있음에도 이를 전혀 고려하지 않았거나 감경사유에 해당하지 않는다고 오인한 나머지 과징금을 감경하지 않았다면 그 과징금 부과처분은 재량권을 일탈하거나 남용한 위법한 처분으로 보아야 한다.

해설

① 일반적으로 기속행위나 기속적 재량행위에는 부관을 붙일 수 없고 가사 부관을 붙였다 하더라도 무효이다(대판 1995.6.13. 94다56883).

② 건축허가를 하면서 일정 토지를 기부채납하도록 하는 내용의 허가조건은 부관을 붙일 수 없는 기속행위 내지 기속적 재량행위인 건축허가에 붙인 부담이거나 또는 법령상 아무런 근거가 없는 부관이어서 무효이다(대판 1995.6.13. 94다56883).

③ 건축허가권자는 건축허가신청이 건축법 등 관계 법령에서 정하는 어떠한 제한에 배치되지 않는 이상 같은 법령에서 정하는 건축허가를 하여야 하고, 중대한 공익상의 필요가 없음에도 불구하고 요건을 갖춘 자에 대한 허가를 관계 법령에서 정하는 제한사유 이외의 사유를 들어 거부할 수는 없다. 위험시설물인 주유소 설치에 따른 집단민원 발생이 이 사건 주유소의 건축허가를 제한할 만한 중대한 공익상의 필요에 해당한다고 보기 어려우므로, 이 사건 건축불허가처분은 위법하다(대판 2012.11.22. 2010두22962).

④ '부동산 실권리자명의 등기에 관한 법률 시행령' 제3조의2 단서는 **임의적 감경규정**임이 명백하므로, 그 감경사유가 존재하더라도 과징금 부과관청이 감경사유까지 고려하고도 과징금을 감경하지 않은 채 과징금 전액을 부과하는 처분을 한 경우에는 이를 위법하다고 단정할 수는 없으나, 행정청이 감경사유가 있음에도 이를 전혀 고려하지 않았거나 감경사유에 해당하지 않는다고 오인한 나머지 과징금을 감경하지 않았다면 그 과징금 부과처분은 재량권을 일탈·남용한 위법한 처분이라고 할 수밖에 없다(대판 2010.7.15., 2010두7031).

정답 ④

04 기속행위와 재량행위에 대한 설명으로 옳지 않은 것은? (다툼이 있는 경우 판례에 의함)

〈2020 국가직 7급〉

① 재량행위는 요건이 충족되어도 공익과의 이익형량을 통하여 법에 정해진 효과를 부여하지 않을 수 있다.

② 기속행위의 경우 법원이 사실인정과 관련 법규의 해석·적용을 통하여 일정한 결론을 도출한 후 그 결론에 비추어 행정청이 한 판단의 적법 여부를 독자의 입장에서 판정한다.

③ 의제되는 인·허가가 재량행위인 경우에는 주된 인·허가가 기속행위인 경우에도 인·허가가 의제되는 한도 내에서 재량행위로 보아야 한다.

④ 사실의 존부에 대한 판단에도 재량권이 인정될 수 있으므로, 사실을 오인하여 재량권을 행사한 경우라도 처분이 위법한 것은 아니다.

해설

① 재량행위는 행정권 행사의 요건 및 효과에 대해, 법률이 행정청에 독자적인 판단권을 인정하고 있는 경우를 의미한다. 따라서 재량행위는 요건이 충족되어도 공익과의 이익형량을 통하여 법에 정해진 효과를 부여하지 않을 수 있다.

② 행정행위가 그 재량성의 유무 및 범위와 관련하여 이른바 기속행위 내지 기속재량행위와 재량행위 내지 자유재량행위로 구분된다고 할 때, 그 구분은 당해 행위의 근거가 된 법규의 체재·형식과 그 문언, 당해 행위가 속하는 행정 분야의 주된 목적과 특성, 당해 행위 자체의 개별적 성질과 유형 등을 모두 고려하여 판단하여야 하고, 이렇게 구분되는 양자에 대한 사법심사는, 전자(기속행위)의 경우 그 법규에 대한 원칙적인 기속성으로 인하여 법원이 사실인정과 관련 법규의 해석·적용을 통하여 일정한 결론을 도출한 후 그 결론에 비추어 행정청이 한 판단의 적법 여부를 독자의 입장에서 판정하는 방식에 의하게 되나, 후자(재량행위)의 경우 행정청의 재량에 기한 공익판단의 여지를 감안하여 법원은 독자의 결론을 도출함이 없이 당해 행위에 재량권의 일탈·남용이 있는지 여부만을 심사하게 되고, 이러한 재량권의 일탈·남용 여부에 대한 심사는 사실오인, 비례·평등의 원칙 위배, 당해 행위의 목적 위반이나 동기의 부정 유무 등을 그 판단 대상으로 한다(대판 2001.2.9. 98두17593).

③ 토지의 형질변경행위·농지전용행위를 수반하는 건축허가는 건축법 제11조 제1항에 의한 건축허가와 위와 같은 개발행위허가 및 농지전용허가의 성질을 아울러 갖게 되므로 이 역시 재량행위에 해당한다(대판2017.10.12. 2017두48956).

④ 재량행위에 대한 법원의 사법심사는 당해 행위가 사실오인, 비례·평등의 원칙 위배, 당해 행위의 목적 위반이나 부정한 동기 등에 근거하여 이루어짐으로써 재량권을 일탈·남용한 위법이 있는지 여부만을 심사하게 되는 것이나, 법원의 심사결과 행정청의 재량행위가 사실오인 등에 근거한 것이라고 인정된다면 이는 재량권을 일탈·남용한 것으로서 위법하여 그 취소를 면치 못한다(대판 2001.7.27. 99두2970).

정답 ④

05 **재량행위와 기속행위에 대한 설명으로 옳지 않은 것은? (다툼이 있는 경우 판례에 의함)**

〈2018 국가직 7급〉

① 「사회복지사업법」상 사회복지법인의 정관변경을 허가할 것인지 여부는 주무관청의 정책적 판단에 따른 재량에 맡겨져 있다.

② 재량행위에 대한 사법심사는 행정청의 재량에 기한 공익판단의 여지를 감안하여 법원이 독자의 결론을 도출함이 없이 당해 행위에 재량권의 일탈·남용이 있는지 여부를 심사한다.

③ 구「도시계획법」상의 개발제한구역 내에서의 건축물 용도변경에 대한 허가는 예외적 허가로서 재량행위에 해당한다.

④ 법규정의 일체성에 의해 요건 판단과 효과 선택의 문제를 구별하기 어렵다고 보는 견해는 재량과 판단여지의 구분을 인정한다.

해설

① 사회복지법인의 정관변경을 허가할 것인지의 여부는 주무관청의 정책적 판단에 따른 재량에 맡겨져 있다고 할 것이고, 주무관청이 정관변경허가를 함에 있어서는 비례의 원칙 및 평등의 원칙에 적합하고 행정처분의 본질적 효력을 해하지 않는 한도 내에서 부관을 붙일 수 있다(대판 2002.9.24. 2000두5661).

② 재량행위에 대한 사법심사에 있어서는 행정청의 재량에 기한 공익판단의 여지를 감안하여 법원은 독자의 결론을 도출함이 없이 당해 행위에 재량권의 일탈·남용이 있는지 여부만을 심사하게 되고, 이러한 재량권의 일탈·남용 여부에 대한 심사는 사실오인, 비례·평등의 원칙위배 등을 그 판단 대상으로 한다(대판 2010.9.9. 2010다39413).

③ 도시의 무질서한 확산을 방지하고 도시주변의 자연환경을 보전하여 도시민의 건전한 생활환경을 확보하기 위하여 지정되는 개발제한구역 내에서는 구역 지정의 목적상 건축물의 건축이나 그 용도변경은 원칙적으로 금지되고, 다만 구체적인 경우에 위와 같은 구역 지정의 목적에 위배되지 아니할 경우 예외적으로 허가에 의하여 그러한 행위를 할 수 있게 되어 있음이 위와 같은 관련 규정의 체재와 문언상 분명한 한편, 이러한 건축물의 용도변경에 대한 예외적인 허가는 그 상대방에게 수익적인 것에 틀림이 없으므로, 이는 그 법률적 성질이 재량행위 내지 자유재량행위에 속하는 것이라고 할 것이고, 따라서 그 위법 여부에 대한 심사는 재량권 일탈·남용의 유무를 그 대상으로 한다(대판 2001.2.9. 98두17593).

④ 법규정의 일체성에 의해 요건 판단과 효과 선택의 문제를 구별하기 어렵다고 보는 견해는 (재량을 법규의 효과부분에서만 국한하여 판단할 이유가 없다는 이유로) 재량과 판단여지의 구분을 부정한다(구별부정설).

정답 ④

06 행정행위에 관한 설명으로 옳지 않은 것은? (다툼이 있는 경우 판례에 의함) 〈2021 소방공채〉

① 행정행위의 부관 중 행정행위에 부수하여 그 상대방에게 일정한 의무를 부과하는 행정청의 의사표시인 부담은 그 자체만으로 행정소송의 대상이 될 수 있다.

② 현역입영대상자는 현역병입영통지처분에 따라 현실적으로 입영을 하였다 할지라도, 입영 이후의 법률관계에 영향을 미치고 있는 현역병입영통지처분을 한 관할지방병무청장을 상대로 위법을 주장하여 그 취소를 구할 수 있다.

③ 재량행위가 법령이나 평등원칙을 위반한 경우뿐만 아니라 합목적성의 판단을 그르친 경우에도 위법한 처분으로서 행정소송의 대상이 된다.

④ 허가의 신청 후 법령의 개정으로 허가기준이 변경된 경우에는 신청할 당시의 법령이 아닌 행정행위 발령 당시의 법령을 기준으로 허가 여부를 판단하는 것이 원칙이다.

해설

① 행정행위의 부관 중에서도 행정행위에 부수하여 그 행정행위의 상대방에게 일정한 의무를 부과하는 행정청의 의사표시인 부담의 경우에는 다른 부관과는 달리 행정행위의 불가분적인 요소가 아니고 그 존속이 본체인 행정행위의 존재를 전제로 하는 것일 뿐이므로 부담 그 자체로서 행정쟁송의 대상이 될 수 있다(대판 1992.1.21. 91누1264).

② 현역입영대상자로서는 현실적으로 입영을 하였다고 하더라도, 입영 이후의 법률관계에 영향을 미치고 있는 현역병입영통지처분 등을 한 관할지방병무청장을 상대로 위법을 주장하여 그 취소를 구할 소송상의 이익이 있다(대판 2003.12.26. 2003두1875).

③ 행정소송의 대상인 처분이나 부작위에 관하여 법관은 법률문제(적법·위법)만 심리할 수 있고 타당·부당의 문제, 즉 합목적성의 문제(행정목적에 합당한 최선의 결정인지의 여부)는 심리할 수 없다.

④ 허가 등의 행정처분은 원칙적으로 처분시의 법령과 허가기준에 의하여 처리되어야 하고 허가신청 당시의 기준에 따라야 하는 것은 아니며, 비록 허가신청 후 허가기준이 변경되었다 하더라도 그 허가관청이 허가신청을 수리하고도 정당한 이유 없이 그 처리를 늦추어 그 사이에 허가기준이 변경된 것이 아닌 이상 변경된 허가기준에 따라서 처분을 하여야 한다(대판 1996.8.20. 95누10877).

정답 ③

07 수익적 행정행위에 대한 설명으로 가장 옳지 않은 것은? 〈2019 서울시 7급〉

① 배출시설 설치허가의 신청이 구「대기환경보전법」에서 정한 허가기준에 부합하고 동 법령상 허가제한사유에 해당하지 아니하는 한 환경부장관은 원칙적으로 허가를 하여야 한다.

② 구「주택건설촉진법」에 의한 주택건설사업계획의 승인의 경우 승인 받으려는 주택건설사업계획에 관계 법령이 정하는 제한사유가 없는 경우에도 공익상 필요가 있으면 처분권자는 그 승인을 받기 위한 신청에 대하여 불허가결정을 할 수 있다.

③ 재량행위와 기속행위의 구분기준에 관한 효과재량설에 따르면 수익적 행정행위는 법규상 또는 해석상 특별한 기속이 없는 한 재량행위이다.

④ 야생동·식물보호법령에 따른 용도변경승인의 경우 용도변경이 불가피한 경우에만 용도변경을 할 수 있도록 제한하는 규정을 두고 있으므로 환경부장관의 용도변경승인처분은 기속행위이다.

해설

① 배출시설 설치허가와 설치제한에 관한 규정들의 문언과 그 체제·형식에 따르면 환경부장관은 배출시설 설치허가 신청이 구 대기환경보전법 제23조 제5항에서 정한 허가 기준에 부합하고 구 대기환경보전법 제23조 제6항, 같은 법 시행령 제12조에서 정한 허가제한사유에 해당하지 아니하는 한 원칙적으로 허가를 하여야 한다(대판 2013.5.9. 2012두22799).

② 주택건설촉진법 제33조에 의한 **주택건설사업계획의 승인**은 상대방에게 권리나 이익을 부여하는 효과를 수반하는 이른바 수익적 행정처분으로서 법령에 행정처분의 요건에 관하여 일의적으로 규정되어 있지 아니한 이상 행정청의 재량행위에 속한다 할 것이고, 이러한 승인을 받으려는 주택건설사업계획이 관계 법령이 정하는 제한에 배치되는 경우는 물론이고 그러한 제한사유가 없는 경우에도 공익상 필요가 있으면 처분권자는 그 승인신청에 대하여 불허가 결정을 할 수 있다(대판 2005.4.15. 2004두10883).

③ **효과재량설**은 재량행위와 기속행위는 법률요건이 아닌 **법률효과에서 구별이 가능**하다는 견해이며, 침익적 행정행위는 원칙적으로 기속행위이고 수익적 행정행위는 원칙적으로 재량행위로 본다.

④ **야생동·식물보호법** 제16조 제3항과 같은 법 시행규칙 제22조 제1항의 체제 또는 문언을 살펴보면 원칙적으로 국제적멸종위기종 및 그 가공품의 수입 또는 반입 목적 외의 용도로의 사용을 금지하면서 용도변경이 불가피한 경우로서 환경부장관의 용도변경승인을 받은 경우에 한하여 용도변경을 허용하도록 하고 있으므로, 위 법 제16조 제3항에 의한 용도변경승인은 특정인에게만 용도 외의 사용을 허용해주는 권리나 이익을 부여하는 이른바 수익적 행정행위로서 법령에 특별한 규정이 없는 한 재량행위이다(대판 2011.1. 27. 2010두23033).

정답 ④

08 행정행위에 관한 설명으로 옳은 것은? (단, 다툼이 있는 경우 판례에 따름) *〈2017 교육행정〉*

① 사실을 오인하여 재량권을 행사한 처분은 위법하다.

② 어업권면허에 선행하는 우선순위결정은 행정처분이다.

③ 납세자가 과세처분의 내용을 미리 알고 있는 경우 납세고지서의 송달은 불필요하다.

④ 친일반민족행위자재산조사위원회의 친일재산 국가귀속결정은 법률행위적 행정행위이다.

해설

① 법원의 심사결과 행정청의 재량행위가 사실오인 등에 근거한 것이라고 인정된다면 이는 재량권을 일탈·남용한 것으로서 위법하여 그 취소를 면치 못한다(대판 2001.7.27. 99두2970).

② 어업권면허에 선행하는 우선순위결정은 강학상 확약에 불과하고 행정처분으로 볼 수 없으므로, 공정력이나 불가쟁력은 인정될 수 없다(대판 1995.1.20. 94누6529).

③ 납세고지서의 교부송달 및 우편송달에 있어서는 반드시 납세의무자 또는 그와 일정한 관계에 있는 사람의 현실적인 수령행위를 전제로 하고 있다고 보아야 하며, 납세자가 과세처분의 내용을 이미 알고 있는 경우에도 납세고지서의 송달이 불필요하다고 할 수는 없다(대판 2004.4.9 2003두13908).

④ 「친일반민족행위자 재산의 국가귀속에 관한 특별법」 제2조 제2호에 정한 친일재산에 대한 친일반민족 행위자재산조사위원회의 국가귀속결정은 당해 재산이 친일재산에 해당한다는 사실을 **확인**하는 이른바 준법률행위적 행정행위이다(대판 2008.11.13. 2008두13491).

정답 ①

09 재량권의 한계에 대한 설명으로 옳은 것은? *〈2015 국가직 9급〉*

① 재량권의 일탈이란 재량권의 내적 한계를 벗어난 것을 말하고, 재량권의 남용이란 재량권의 외적 한계를 벗어난 것을 말한다.

② 판례는 재량권의 일탈과 재량권의 남용을 명확히 구분하고 있다.

③ 재량권의 불행사에는 재량권을 충분히 행사하지 아니한 경우는 포함되지 않는다.

④ 개인의 신체, 생명 등 중요한 법익에 급박하고 현저한 침해의 우려가 있는 경우 재량권이 영으로 수축된다.

해설

① 재량권의 일탈이란 재량권의 외적 한계(법적·객관적 한계)를 벗어난 것을 말하고, 재량권의 남용이란 재량권의 내적 한계(재량권이 부여된 내재적 목적이나 동기)를 벗어난 것을 말한다.

② 다수설은 재량권의 일탈과 남용을 명확히 구분하고 있다. 그러나 판례는 재량권의 일탈과 남용을 명확하게 구분하지는 않는다.

③ 행정청은 재량을 합당하게 행사할 의무가 있으며, 재량권을 전혀 행사하지 않거나 충분히 행사하지 않는 경우에는 재량의 불행사가 되어 위법하게 된다.

④ 재량권이 0으로 수축하기 위한 요건

1. 사람의 생명·신체·재산 등 중대한 개인적 법익에 대한 위해가 존재해야 한다.
→ 중대성·급박성
2. 그러한 위험이 행정권의 행사에 의해 제거될 수 있는 것이어야 한다.
→ 기대가능성
3. 피해자의 개인적인 노력(자력구제나 민사상의 구제수단)으로는 권익침해의 방지가 충분하게 이루어질 수 없다고 인정되어야 한다.
→ 보충성

정답 ④

V. 판단여지

VI. 행정행위의 효력요건

01 **행정행위에 대한 설명으로 옳은 것만을 모두 고르면? (다툼이 있는 경우 판례에 의함)**

〈2021 국가직 9급〉

ㄱ. 행정의사가 외부에 표시되어 행정청이 자유롭게 취소·철회할 수 없는 구속을 받게 되는 시점에 처분이 성립하고, 그 성립 여부는 행정청이 행정의사를 공식적인 방법으로 외부에 표시하였는지를 기준으로 판단해야 한다.

ㄴ. 구「공중위생관리법」상 공중위생영업에 대하여 영업을 정지할 위법사유가 있다면, 관할 행정청은 그 영업이 양도·양수되었다 하더라도 양수인에 대하여 영업정지처분을 할 수 있다.

ㄷ. 「도시 및 주거환경정비법」상 주택재건축조합에 대해 조합설립 인가처분이 행하여진 후에는, 조합설립결의의 하자를 이유로 조합설립의 무효를 주장하려면 조합설립 인가처분의 취소 또는 무효확인을 구하는 소송으로 다투어야 하며, 따로 조합설립결의의 하자를 다투는 확인의 소를 제기할 수 없다.

ㄹ. 공정거래위원회가 부당한 공동행위를 한 사업자들 중 자진신고자에 대하여 구 독점규제 및 공정거래에 관한 법령에 따라 과징금 부과처분(선행처분)을 한 뒤, 다시 자진신고자에 대한 사건을 분리하여 자진신고를 이유로 과징금 감면처분(후행처분)을 한 경우라도 선행처분의 취소를 구하는 소는 적법하다.

① ㄴ, ㄷ
② ㄱ, ㄴ, ㄷ
③ ㄱ, ㄴ, ㄹ
④ ㄱ, ㄷ, ㄹ

해설

ㄱ. 일반적으로 처분이 주체·내용·절차와 형식의 요건을 모두 갖추고 외부에 표시된 경우에는 처분의 존재가 인정된다. 행정의사가 외부에 표시되어 행정청이 자유롭게 취소·철회할 수 없는 구속을 받게 되는 시점에 처분이 성립하고, 그 성립 여부는 행정청이 행정의사를 공식적인 방법으로 외부에 표시하였는지를 기준으로 판단해야 한다(대판 2019.7.11. 2017두38874).

ㄴ. 영업정지나 영업장폐쇄명령 모두 대물적 처분으로 보아야 할 이치이고, 만일 어떠한 공중위생영업에 대하여 그 영업을 정지할 위법사유가 있다면, 관할 행정청은 그 영업이 양도·양수되었다 하더라도 그 업소의 양수인에 대하여 영업정지처분을 할 수 있다고 봄이 상당하다(대판 2001.6.29. 2001두1611).

ㄷ. 일단 조합설립 인가처분이 있은 경우 조합설립결의는 위 인가처분이라는 행정처분을 하는 데 필요한 요건 중 하나에 불과한 것이어서, 조합설립 인가처분이 있은 이후에는 조합설립결의의 하자를 이유로 조합설립의 무효를 주장하는 것은 조합설립 인가처분의 취소 또는 무효확인을 구하는 항고소송의 방법에 의하여야 할 것이고, 이와는 별도로 조합설립결의만을 대상으로 그 효력 유무를 다투는 확인의 소를 제기하는 것은 확인의 이익이 없어 허용되지 아니한다(대결 2010.4.8. 2009마1026).

ㄹ. 공정거래위원회가 부당한 공동행위를 행한 사업자로서 구 독점규제 및 공정거래에 관한 법률 제22조의2에서 정한 자진신고자나 조사협조자에 대하여 과징금 부과처분(이하 '선행처분'이라 한다)을 한 뒤, 독점규제 및 공정거래에 관한 법률 시행령 제35조 제3항에 따라 다시 자진신고자 등에 대한 사건을 분리하여 자진신고 등을 이유로 한 과징금 감면처분(이하 '후행처분'이라 한다)을 하였다면, 후행처분은 자진신고 감면까지 포함하여 처분 상대방이 실제로 납부하여야 할 최종적인 과징금액을 결정하는 종국적 처분이고, 선행처분은 이러한 종국적 처분을 예정하고 있는 일종의 잠정적 처분으로서 후행처분이 있을 경우 선행처분은 후행처분에 흡수되어 소멸한다. 따라서 위와 같은 경우에 선행처분의 취소를 구하는 소는 이미 효력을 잃은 처분의 취소를 구하는 것으로 부적법하다(대판 2017.1.12. 2016두35199).

정답 ②

02 행정행위의 효력발생요건으로서의 통지에 대한 설명으로 옳지 않은 것은? (다툼이 있는 경우 판례에 의함) 〈2018 국가직 9급〉

① 처분의 통지는 행정처분을 상대방에게 표시하는 것으로서 상대방이 인식할 수 있는 상태에 둠으로써 족하고, 객관적으로 보아 행정처분으로 인식할 수 있도록 고지하면 된다.

② 처분서를 보통우편의 방법으로 발송한 경우에는 그 우편물이 상당한 기간 내에 도달하였다고 추정할 수 없다.

③ 구「청소년 보호법」에 따라 정보통신윤리위원회가 특정 웹사이트를 청소년유해매체물로 결정하고 청소년보호위원회가 효력발생 시기를 명시하여 고시하였으나 정보통신윤리위원회와 청소년보호위원회가 웹사이트 운영자에게는 위 처분이 있었음을 통지하지 않았다면 그 효력이 발생하지 않는다.

④ 등기에 의한 우편송달의 경우라도 수취인이 주민등록지에 실제로 거주하지 않는 경우에는 우편물의 도달사실을 처분청이 입증해야 한다.

해설

① 문화재보호법 제13조 제2항 소정의 중요문화재 가지정의 효력발생요건인 통지는 행정처분을 상대방에게 표시하는 것으로서 상대방이 인식할 수 있는 상태에 둠으로써 족하고, 객관적으로 보아서 행정처분으로 인식할 수 있도록 고지하면 되는 것이다(대판 2003.7.22, 2003두513).

** 가(假)지정 : **임시**지정*

② 내용증명우편이나 등기우편과는 달리, 처분서를 보통우편의 방법으로 발송되었다는 사실만으로는 그 우편물이 상당기간 내에 도달하였다고 추정할 수 없고 송달의 효력을 주장하는 측에서 증거에 의하여 도달사실을 입증하여야 한다(대판 2002.7.26, 2000다25002).

③ 구 청소년보호법에 따른 청소년유해매체물 결정 및 고시처분은 당해 유해매체물의 소유자 등 특정인만을 대상으로 한 행정처분이 아니라 일반 불특정 다수인을 상대방으로 하여 일률적으로 표시의무, 포장의무, 청소년에 대한 판매·대여 등의 금지의무 등 각종 의무를 발생시키는 행정처분으로서, 정보통신윤리위원회가 특정 인터넷 웹사이트를 청소년유해매체물로 결정하고 청소년보호위원회가 효력발생시기를 명시하여 고시함으로써 그 명시된 시점에 효력이 발생하였다고 봄이 상당하고, 정보통신윤리위원회와 청소년보호위원회가 위 처분이 있었음을 위 웹사이트 운영자에게 제대로 통지하지 아니하였다고 하여 그 효력 자체가 발생하지 아니한 것으로 볼 수는 없다(대판 2007.6.14, 2004두619).

④ 우편물이 등기취급의 방법으로 발송된 경우, 특별한 사정이 없는 한, 그 무렵 수취인에게 배달되었다고 보아도 좋을 것이나, 수취인이나 그 가족이 주민등록지에 실제로 거주하고 있지 아니하면서 전입신고만을 해 둔 경우에는 그 사실만으로써 주민등록지 거주자에게 송달수령의 권한을 위임하였다고 보기는 어려울 뿐 아니라 수취인이 주민등록지에 실제로 거주하지 아니하는 경우에도 우편물이 수취인에게 도달하였다고 추정할 수는 없고, 따라서 이러한 경우에는 우편물의 도달사실을 과세관청이 입증해야 할 것이고, 수취인이나 그 가족이 주민등록지에 실제로 거주하고 있지 아니하면서 전입신고만을 해 두었고, 그 밖에 주민등록지 거주자에게 송달수령의 권한을 위임하였다고 보기 어려운 사정이 인정된다면, 등기우편으로 발송된 납세고지서가 반송된 사실이 인정되지 아니한다 하여 납세의무자에게 송달된 것이라고 볼 수는 없다(대판 1998.2.13., 97누8977).

정답 ③

03 행정행위의 성립과 효력에 관한 설명으로 옳은 것은? (다툼이 있는 경우 판례에 의함)

〈2021 소방공채〉

① 일반적으로 행정행위가 주체·내용·절차와 형식의 요건을 모두 갖추고 외부에 표시된 경우에 행정행위의 존재가 인정된다.

② 행정청의 의사가 외부에 표시되어 행정청이 자유롭게 취소·철회할 수 없는 구속을 받게 되는 시점에 행정행위가 성립하는 것은 아니며, 행정행위의 성립 여부는 행정청의 의사를 공식적인 방법으로 외부에 표시하였는지 여부를 기준으로 판단해야 한다.

③ 「행정절차법」은 행정행위 상대방에 대한 송달받을 자의 주소 등을 통상적인 방법으로 확인할 수 없는 경우에 한하여, 공고의 방법에 의한 송달이 가능하도록 규정하고 있다.

④ 상대방 있는 행정처분이 상대방에게 고지되지 아니한 경우에도 상대방이 다른 경로를 통해 행정처분의 내용을 알게 된다면 그 행정처분의 효력이 발생한다.

해설

① 행정행위가 요건을 갖춰서 **외부에 표시**되면 행정행위가 **성립**한다고 보아야 한다.

② 일반적으로 행정처분이 주체·내용·절차와 형식이라는 내부적 성립요건과 외부에 대한 표시라는 외부적 성립요건을 모두 갖춘 경우에는 행정처분이 존재한다고 할 수 있다. 행정처분의 외부적 성립은 행정의사가 외부에 표시되어 행정청이 자유롭게 취소·철회할 수 없는 구속을 받게 되는 시점을 확정하는 의미를 가지므로, 어떠한 처분의 외부적 성립 여부는 행정청에 의해 행정의사가 공식적인 방법으로 외부에 표시되었는지를 기준으로 판단하여야 한다(대판 2017.7.11. 2016두35120).

③ **행정절차법 제14조 (송달)**

제4항 다음 각 호의 어느 하나에 해당하는 경우에는 송달받을 자가 알기 쉽도록 관보, 공보, 게시판, 일간신문 중 **하나 이상**에 공고하고 **인터넷**에도 공고하여야 한다.

1. 송달받을 자의 **주소** 등을 통상적인 방법으로 **확인**할 수 **없는** 경우
2. 송달이 **불가능**한 경우

→ *1호 또는 2호에 해당하면 공고*

④ 상대방 있는 행정처분은 특별한 규정이 없는 한 의사표시에 관한 일반법리에 따라 상대방에게 고지되어야 효력이 발생하고, 상대방 있는 행정처분이 상대방에게 고지되지 아니한 경우에는 상대방이 다른 경로를 통해 행정처분의 내용을 알게 되었다고 하더라도 행정처분의 효력이 발생한다고 볼 수 없다(대판 2019.8.9. 2019두38656).

정답 ①

04 행정행위의 효력발생요건에 관한 설명으로 가장 옳지 않은 것은? (다툼이 있는 경우 판례에 의함)

〈2017 서울시 9급〉

① 행정행위의 효력발생요건으로서의 도달은 상대방이 그 내용을 현실적으로 알 필요까지는 없고, 다만 알 수 있는 상태에 놓여짐으로써 충분하다.

② 교부에 의한 송달은 수령확인서를 받고 문서를 교부함으로써 하며, 송달하는 장소에서 송달받을 자를 만나지 못한 경우에는 그 사무원·피용자 또는 동거인으로서 사리를 분별할 지능이 있는 사람에게 문서를 교부할 수 있다.

③ 정보통신망을 이용한 송달은 송달받을 자의 동의 여부와 상관없이 허용된다.

④ 판례는 내용증명우편이나 등기우편과는 달리 보통우편의 방법으로 발송되었다는 사실만으로는 그 우편물이 상당한 기간 내에 도달하였다고 추정할 수 없고, 송달의 효력을 주장하는 측에서 증거에 의하여 이를 입증하여야 한다고 본다.

해설

① 행정처분의 효력발생요건으로서의 도달이란 처분상대방이 처분서의 내용을 현실적으로 알았을 필요까지는 없고 처분상대방이 알 수 있는 상태에 놓임으로써 충분하다(대판 2017.3.9. 2016두60577).

② **행정절차법 제14조 (송달)**

제2항 교부에 의한 송달은 수령확인서를 받고 문서를 교부함으로써 하며, 송달하는 장소에서 송달받을 자를 만나지 못한 경우에는 그 사무원·피용자 또는 동거인으로서 사리를 분별할 지능이 있는 사람(이하 이 조에서 "사무원 등"이라 한다)에게 문서를 교부할 수 있다. 다만, 문서를 송달받을 자 또는 그 사무원 등이 정당한 사유 없이 송달받기를 거부하는 때에는 그 사실을 수령확인서에 적고, 문서를 송달할 장소에 놓아둘 수 있다.

③ **행정절차법 제14조 (송달)**

제3항 정보통신망을 이용한 송달은 송달받을 자가 **동의**하는 경우에만 한다. 이 경우 송달받을 자는 송달받을 전자우편주소 등을 지정하여야 한다.

④ 내용증명우편이나 등기우편과는 달리, 보통우편의 방법으로 발송되었다는 사실만으로는 그 우편물이 상당한 기간 내에 도달하였다고 추정할 수 없고, 송달의 효력을 주장하는 측에서 증거에 의하여 이를 입증하여야 한다(대판 2009.12.10., 2007두20140).

정답 ③

Ⅶ. 행정행위의 효력

01 **행정행위의 효력에 대한 설명으로 옳지 않은 것은? (다툼이 있는 경우 판례에 의함)** 〈2019 국가직 9급〉

① 과·오납세금반환청구소송에서 민사법원은 그 선결문제로서 과세처분의 무효 여부를 판단할 수 있다.

② 행정처분이 위법임을 이유로 국가배상을 청구하기 위한 전제로서 그 처분이 취소되어야만 하는 것은 아니다.

③ 영업허가취소처분이 청문절차를 거치지 않았다 하여 행정심판에서 취소되었더라도 그 허가취소처분 이후 취소재결시까지 영업했던 행위는 무허가영업에 해당한다.

④ 건물 소유자에게 소방시설 불량사항을 시정·보완하라는 명령을 구두로 고지한 것은 「행정절차법」에 위반한 것으로 하자가 중대·명백하여 당연무효이다.

해설

① 민사소송에 있어서 어느 행정처분의 당연무효 여부가 선결문제로 되는 때에는 민사법원은 이를 판단하여 당연무효임을 전제로 판결할 수 있고 반드시 행정소송 등의 절차에 의하여 그 취소나 무효확인을 받아야 하는 것은 아니다(대판 2010.4.8, 2009다90092).

② 위법한 행정대집행이 완료되면 그 처분의 무효확인 또는 취소를 구할 소의 이익은 없다 하더라도, 미리 그 행정처분의 취소판결이 있어야만 그 행정처분의 위법임을 이유로 한 손해배상 청구를 할 수 있는 것은 아니다(대판 1972.4.28, 72다337).

→ *국가배상 요건을 갖추면 얼마든지 국가배상청구소송 제기O*

③ 영업의 금지를 명한 영업허가취소처분 자체가 나중에 행정쟁송절차에 의하여 취소되었다면 그 영업허가취소처분은 그 처분시에 소급하여 효력을 잃게 되며, 그 영업허가취소처분에 복종할 의무가 원래부터 없었음이 확정되었다고 봄이 타당하고, 영업허가취소처분이 장래에 향하여서만 효력을 잃게 된다고 볼 것은 아니므로 그 영업허가취소처분 이후의 영업행위를 무허가영업이라고 볼 수는 없다(대판 1993.6.25, 93도277).

④ 집합건물 중 일부 구분건물의 소유자인 피고인이 관할 소방서장으로부터 소방시설 불량사항에 관한 시정보완명령을 받고도 따르지 아니하였다는 내용으로 기소된 사안에서, 담당 소방공무원이 행정처분인 위 명령을 **구술**로 고지한 것은 행정절차법 제24조를 위반한 것으로 하자가 중대하고 명백하여 **당연무효**이고, 무효인 명령에 따른 의무위반이 생기지 아니하는 이상 피고인에게 명령 위반을 이유로 소방시설 설치유지 및 안전관리에 관한 법률 제48조의2 제1호에 따른 행정형벌을 부과할 수 없다(대판 2011.11.10, 2011도11109).

정답 ③

02 행정행위의 효력에 대한 설명으로 옳지 않은 것은? (다툼이 있는 경우 판례에 의함) 〈2019 지방직 9급〉

① 민사소송에 있어서 어느 행정처분의 당연무효 여부가 선결문제로 되는 때에는 당해 소송의 수소법원은 이를 판단하여 그 행정처분의 무효확인판결을 할 수 있다.

② 과세처분의 하자가 단지 취소할 수 있는 정도에 불과할 때에는 과세관청이 이를 스스로 취소하거나 행정쟁송절차에 의하여 취소되지 않는 한 그로 인한 조세의 납부가 부당이득이 된다고 할 수 없다.

③ 구「소방시설 설치·유지 및 안전관리에 관한 법률」 제9조에 의한 소방시설 등의 설치 또는 유지·관리에 대한 명령이 행정처분으로서 하자가 있어 무효인 경우에는 명령에 따른 의무위반이 생기지 아니하므로, 명령 위반을 이유로 행정형벌을 부과할 수 없다.

④ 행정처분이 불복기간의 경과로 인하여 확정될 경우, 그 확정력은 처분으로 인하여 법률상 이익을 침해받은 자가 처분의 효력을 더 이상 다툴 수 없다는 의미일 뿐 판결에 있어서와 같은 기판력이 인정되는 것은 아니다.

해설

① 민사소송에 있어서 어느 행정처분의 당연무효 여부가 선결문제로 되는 때에는 당해 민사법원은 이를 판단하여 당연무효임을 전제로 판결할 수 있고 반드시 행정소송 등의 절차에 의하여 그 취소나 무효확인을 받아야 하는 것은 아니다(대판 2010.4.8. 2009다90092).

그러나 이 경우 **민사법원**은 무효임을 전제로 판결할 수 있을 뿐이지 **무효확인판결**을 할 수는 **없다**.

→ ∵ (행정법원에) 무효확인소송을 제기 - 행정법원이 무효확인판결 가능

② 조세의 과오납이 부당이득이 되기 위하여는 납세 또는 조세의 징수가 실체법적으로나 절차법적으로 전혀 법률상의 근거가 없거나 과세처분의 하자가 중대하고 명백하여 당연무효이어야 하고, 과세처분의 하자가 단지 취소할 수 있는 정도에 불과할 때에는 과세관청이 이를 스스로 취소하거나 항고소송절차에 의하여 취소되지 않는 한 그로 인한 조세의 납부가 부당이득이 된다고 할 수 없다(대판 1994.11.11. 94다28000).

③ 소방시설 설치유지 및 안전관리에 관한 법률 제9조에 의한 소방시설 등의 설치 또는 유지·관리에 대한 명령을 정당한 사유 없이 위반한 자는 같은 법 제48조의2 제1호에 의하여 행정형벌에 처해지는데, 위 명령이 행정처분으로서 하자가 있어 무효인 경우에는 명령에 따른 의무위반이 생기지 아니하므로 행정형벌을 부과할 수 없다(대판 2011.11.10. 2011도11109).

④ 일반적으로 행정처분이나 행정심판 재결이 불복기간의 경과로 인하여 확정될 경우 그 확정력은, 그 처분으로 인하여 법률상 이익을 침해받은 자가 당해 처분이나 재결의 효력을 더 이상 다툴 수 없다는 의미일 뿐, 더 나아가 판결에 있어서와 같은 기판력이 인정되는 것은 아니어서 그 처분의 기초가 된 사실관계나 법률적 판단이 확정되고 당사자들이나 법원이 이에 기속되어 모순되는 주장이나 판단을 할 수 없게 되는 것은 아니다(대판 2004.7.8. 2002두11288).

정답 ①

03 행정행위의 공정력과 선결문제에 대한 설명으로 옳지 않은 것은? (다툼이 있는 경우 판례에 의함)

〈2018 국가직 7급〉

① 처분의 효력 유무가 민사소송의 선결문제로 되어 당해 소송의 수소법원이 이를 심리·판단하는 경우 수소법원은 필요하다고 인정할 때에는 직권으로 증거조사를 할 수 있고, 당사자가 주장하지 아니한 사실에 대하여도 판단할 수 있다.

② 처분의 효력 유무가 당사자소송의 선결문제인 경우, 당사자소송의 수소법원은 이를 심사하여 하자가 중대·명백한 경우에는 처분이 무효임을 전제로 판단할 수 있고, 또한 단순한 취소사유에 그칠 때에도 처분의 효력을 부인할 수 있다.

③ 취소소송에 당해 처분과 관련되는 부당이득반환청구소송이 병합되어 제기된 경우, 부당이득반환청구가 인용되기 위해서는 그 소송절차에서 판결에 의해 당해 처분이 취소되면 충분하고 그 처분의 취소가 확정되어야 하는 것은 아니다.

④ 행정청이 침해적 행정처분인 시정명령을 하면서 사전통지를 하거나 의견제출 기회를 부여하지 않아 시정명령이 절차적 하자로 위법하다면, 그 시정명령을 위반한 사람에 대하여는 시정명령위반죄가 성립하지 않는다.

해설

① **행정소송법 제11조 (선결문제)**

제1항 처분 등의 효력 유무 또는 존재 여부가 민사소송의 선결문제로 되어 당해 민사소송의 수소법원이 이를 심리·판단하는 경우에는 제17조, 제25조, **제26조** 및 제33조의 규정을 준용한다.

행정소송법 제26조 (직권심리)

법원은 필요하다고 인정할 때에는 직권으로 증거조사를 할 수 있고, 당사자가 주장하지 아니한 사실에 대하여도 판단할 수 있다.

② 처분의 효력 유무가 당사자소송의 선결문제인 경우, **당사자소송의 수소법원**은 이를 심사하여 하자가 중대·명백한 경우에는 처분이 무효임을 전제로 판단할 수 있지만 **하자가 취소사유에 그칠 경우에는** (당사자소송의 수소법원은 처분에 대해서 권한 있는 기관이 아니므로) **처분의 효력을 부인할 수 없다**.

③ 행정소송법 제10조는 처분의 취소를 구하는 취소소송에 당해 처분과 관련되는 부당이득반환소송을 관련 청구로 병합할 수 있다고 규정하고 있는바, 이 조항을 둔 취지에 비추어보면, 취소소송에 병합할 수 있는 당해 처분과 관련되는 부당이득반환소송에는 당해 처분의 취소를 선결문제로 하는 부당이득반환청구가 포함되고, 이러한 부당이득반환청구가 인용되기 위해서는 그 소송절차에서 판결에 의해 당해 처분이 취소되면 충분하고 그 처분의 취소가 확정되어야 하는 것은 아니라고 보아야 한다(대판 2009.4.9. 2008두23153).

④ 피고인 갑 주식회사의 대표이사 피고인 을이 개발제한구역 내에 무단으로 고철을 쌓아놓은 행위 등에 대하여 관할관청으로부터 원상복구를 명하는 시정명령을 받고도 이행하지 아니하였다고 하여 개발제한구역의 지정 및 관리에 관한 특별조치법 위반으로 기소된 사안에서, 관할관청이 침해적 행정처분인 시정명령을 하면서 적법한 사전통지를 하거나 의견제출기회를 부여하지 않았고 이를 정당화할 사유도 없어 시정명령은 절차적 하자가 있어 위법하므로, 피고인 을에 대하여 시정명령위반죄가 성립하지 않는다(대판 2017.9.21. 2017도7321).

정답 ②

04 행정행위의 효력에 대한 설명으로 옳은 것은? (다툼이 있는 경우 판례에 의함) 〈2018 지방직 7급〉

① 과세대상이 아닌 것을 세무공무원이 직무상 과실로 과세대상으로 오인하여 과세처분을 행함으로 인하여 손해가 발생된 경우, 동 과세처분이 취소되지 아니하였다 하더라도 국가는 이로 인한 손해를 배상할 책임이 있다.

② 과세처분의 하자가 취소할 수 있는 사유인 경우 과세관청이 이를 스스로 취소하거나 항고소송절차에 의하여 취소되지 아니하여도 해당 조세의 납부는 부당이득이 된다.

③ 행정행위의 불가변력은 해당 행정행위에 대해서 뿐만 아니라 그 대상을 달리하는 동종의 행정행위에 대해서도 인정된다.

④ 행정처분이나 행정심판 재결이 불복기간의 경과로 인하여 확정될 경우 확정력은 처분으로 인하여 법률상 이익을 침해받은 자가 처분이나 재결의 효력을 더 이상 다툴 수 없다는 의미에서 판결에 있어서와 같은 기판력이 인정된다.

해설

① 물품세 과세대상이 아닌 것을 세무공무원이 직무상 과실로 과세대상으로 오인하여 과세처분을 행함으로 인하여 손해가 발생된 경우에는, 동 과세처분이 취소되지 아니하였다 하더라도, 국가는 이로 인한 손해를 배상할 책임이 있다(대판 1979.4.10. 79다262).

② 조세의 과오납이 부당이득이 되기 위하여는 납세 또는 조세의 징수가 실체법적으로나 절차법적으로 전혀 법률상의 근거가 없거나 과세처분의 하자가 중대하고 명백하여 당연무효이어야 하고, 과세처분의 하자가 단지 취소할 수 있는 정도에 불과할 때에는 과세관청이 이를 스스로 취소하거나 항고소송절차에 의하여 취소되지 않는 한 그로 인한 조세의 납부가 부당이득이 된다고 할 수 없다(대판 1994.11.11. 94다28000).

③ 국민의 권리와 이익을 옹호하고 법적안정을 도모하기 위하여 특정한 행위에 대하여는 행정청이 라 하여도 이것을 자유로이 취소, 변경 및 철회할 수 없다는 행정행위의 불가변력은 당해 행정행위에 대하여서만 인정되는 것이고, 동종의 행정행위라 하더라도 그 대상을 달리할 때에는 이를 인정할 수 없다(대판 1974.12.10. 73누129).

④ 행정처분이나 행정심판 재결이 불복기간의 경과로 인하여 확정될 경우 확정력은 처분으로 인하여 법률상 이익을 침해받은 자가 처분이나 재결의 효력을 더 이상 다툴 수 없다는 의미일 뿐 판결에 있어서와 같은 기판력이 인정되는 것은 아니어서 처분의 기초가 된 사실관계나 법률적 판단이 확정되고 당사자들이나 법원이 이에 기속되어 모순되는 주장이나 판단을 할 수 없게 되는 것은 아니다(대판 1993.4.13. 92누17181).

정답 ①

05 행정행위의 존속력에 관한 설명으로 옳지 않은 것은? (다툼이 있는 경우 판례에 의함)

〈2021 소방공채〉

① 불가변력은 처분청에 미치는 효력이고, 불가쟁력은 상대방 및 이해관계인에게 미치는 효력이다.
② 불가쟁력이 생긴 경우에도 국가배상청구를 할 수 있다.
③ 불가변력이 있는 행위가 당연히 불가쟁력을 발생시키는 것은 아니다.
④ 불가쟁력은 실체법적 효력만 있고, 절차법적 효력은 전혀 가지고 있지 않다.

해설

① 불가쟁력은 행정행위의 상대방 및 이해관계인에 대해서 발생하는 효력이고 불가변력은 행정주체·행정청에 대해서 발생하는 효력이다.

② 불가쟁력이 발생한 행정행위(취소사유에 해당하는 행정행위)인 경우도 위법성이 치유되어 적법해지는 것은 아니고 기본적으로 위법하므로 (배상청구권이 시효로 소멸하지 않는 한) 국가배상청구를 할 수 있다.

③ 불가쟁력과 불가변력은 서로 무관하다. 따라서 불가쟁력이 발생한 행정행위도 불가변력이 발생하지 않는 한 행정청이 이를 취소 또는 철회할 수 있다. 또한 불가변력이 발새한 행정행위도 불가쟁력이 발생하지 않는 한 상대방 및 이해관계인은 쟁송을 제기할 수 있다.

④ 불가쟁력은 절차법적 효력이고, 불가변력은 실체법적 효력이다.

정답 ④

06 행정법상의 행정행위와 관련된 설명으로 가장 옳지 않은 것은? 〈2018 서울시 7급〉

① 부관의 사후변경은, 법률에 명문의 규정이 있거나 그 변경이 미리 유보되어 있는 경우 또는 상대방의 동의가 있는 경우에 한하여 허용되는 것이 원칙이지만, 사정변경으로 인하여 당초에 부담을 부가한 목적을 달성할 수 없게 된 경우에도 그 목적달성에 필요한 범위 내에서 예외적으로 허용된다.

② 도로점용허가의 점용기간은 행정행위의 본질적인 요소에 해당한다고 볼 것이어서 부관인 점용기간을 정함에 있어서 위법사유가 있다면 이로써 도로점용허가 처분 전부가 위법하게 된다.

③ 민사소송에 있어서 어느 행정처분의 당연무효 여부가 선결문제로 되는 때에는 이를 판단하여 당연무효임을 전제로 판결할 수는 없고, 반드시 행정소송 등의 절차에 의하여 그 취소나 무효확인을 받아야 한다.

④ 일반적으로 행정처분이나 행정심판 재결이 불복기간의 경과로 확정될 경우 그 확정력은, 처분으로 법률상 이익을 침해받은 자가 당해 처분이나 재결의 효력을 더 이상 다툴 수 없다는 의미일 뿐, 판결과 같은 기판력이 인정되는 것은 아니다.

해설

① 행정처분에 이미 부담이 부가되어 있는 상태에서 그 의무의 범위 또는 내용 등을 변경하는 부관의 사후변경은, 법률에 명문의 규정이 있거나 그 변경이 미리 유보되어 있는 경우 또는 상대방의 동의가 있는 경우에 한하여 허용되는 것이 원칙이지만, 사정변경으로 인하여 당초에 부담을 부가한 목적을 달성할 수 없게 된 경우에도 그 목적달성에 필요한 범위 내에서 예외적으로 허용된다(대판 1997.5.30. 97누2627).

② 도로점용허가의 점용기간은 행정행위의 본질적인 요소에 해당한다고 볼 것이어서 부관인 점용기간을 정함에 있어서 위법사유가 있다면 이로써 도로점용허가 처분 전부가 위법하게 된다(대판 1985.7.9. 84누604).

③ 민사소송에 있어서 어느 행정처분의 당연무효 여부가 선결문제로 되는 때에는 이를 판단하여 당연무효임을 전제로 판결할 수 있고 반드시 행정소송 등의 절차에 의하여 그 취소나 무효확인을 받아야 하는 것은 아니다(대판 1972.10.10. 71다2279).

④ 행정처분이나 행정심판 재결이 불복기간의 경과로 인하여 확정될 경우 확정력은 처분으로 인하여 법률상 이익을 침해받은 자가 처분이나 재결의 효력을 더 이상 다툴 수 없다는 의미일 뿐 판결에 있어서와 같은 기판력이 인정되는 것은 아니어서 처분의 기초가 된 사실관계나 법률적 판단이 확정되고 당사자들이나 법원이 이에 기속되어 모순되는 주장이나 판단을 할 수 없게 되는 것은 아니다(대판 1993.4.13. 92누17181).

정답 ③

07 다음 중 선결문제에 대한 기술로 옳지 않은 것은? (단, 다툼이 있는 경우 판례에 의함)

〈2017 사회복지〉

① 위법한 행정대집행이 완료되면 그 처분의 무효확인 또는 취소를 구할 소의 이익은 없다 하더라도, 미리 그 행정처분의 취소판결이 있어야만 그 처분의 위법임을 이유로 한 손해배상청구를 할 수 있다.

② 조세의 과오납으로 인한 부당이득반환청구소송에서 행정행위가 당연무효가 아닌 경우 민사법원은 그 처분의 효력을 부인할 수 없다.

③ 연령미달의 결격자가 타인의 이름으로 운전면허시험에 응시·합격하여 교부받은 운전면허는 당연무효가 아니라 취소되지 않는 한 유효하므로 피고인의 운전행위는 무면허운전에 해당하지 않는다.

④ 민사소송에 있어서 어느 행정처분의 당연무효여부가 선결문제로 되는 때에는 이를 판단하여 당연무효임을 전제로 판결할 수 있고, 반드시 행정소송 등의 절차에 의하여 그 취소나 무효확인을 받아야 하는 것은 아니다.

해설

① 위법한 행정대집행이 완료되면 그 처분의 무효확인 또는 취소를 구할 소의 이익은 없다 하더라도, 미리 그 행정처분의 취소판결이 있어야만, 그 행정처분의 위법임을 이유로 한 손해배상청구를 할 수 있는 것은 아니다(대판 1972.4.28. 72다337).

② 과세처분이 당연무효라고 볼 수 없는 한 과세처분에 취소할 수 있는 위법사유가 있다 하더라도 그 과세처분은 행정행위의 공정력 또는 집행력에 의하여 그것이 적법하게 취소되기 전까지는 유효하다 할 것이므로, 민사소송절차에서 (민사법원은) 그 과세처분의 효력을 부인할 수 없다(대판 1999.8.20. 99다20179).

③ 연령미달의 결격자인 피고인이 그의 형인 소외인의 이름으로 운전면허시험에 응시·합격하여 교부받은 운전면허는 당연무효가 아니고 도로교통법 제65조 제3호의 사유에 해당함에 불과하여 취소되지 않는 한 유효하므로 피고인의 운전행위는 무면허운전에 해당하지 아니한다(대판 1982.6.8. 80도2646).

④ 민사소송에 있어서 어느 행정처분의 당연무효 여부가 선결문제로 되는 때에는 이를 판단하여 당연무효임을 전제로 판결할 수 있고 반드시 행정소송 등의 절차에 의하여 그 취소나 무효확인을 받아야 하는 것은 아니다(대판 2010.4.8. 2009다90092).

정답 ①

08 행정행위에 대한 설명으로 옳은 것은? (다툼이 있는 경우 판례에 의함) 〈2019 지방직 7급〉

① 확약에는 공정력이나 불가쟁력과 같은 효력이 인정되는 것은 아니라고 하더라도, 일단 확약이 있은 후에 사실적·법률적 상태가 변경되었다고 하여 행정청의 별다른 의사표시 없이 확약이 실효된다고 할 수 없다.

② 영업허가를 취소하는 처분에 대해 불가쟁력이 발생하였더라도 이후 사정변경을 이유로 그 허가취소의 변경을 요구하였으나 행정청이 이를 거부한 경우라면, 그 거부는 원칙적으로 항고소송의 대상이 되는 처분이다.

③ 영업허가취소처분이 나중에 항고소송을 통해 취소되었다면 그 영업허가취소처분 이후의 영업행위를 무허가영업이라 할 수 없다.

④ 행정처분에 대해 불가쟁력이 발생한 경우 이로 인해 그 처분의 기초가 된 사실관계나 법률적 판단이 확정되는 것이므로 처분의 당사자는 당초 처분의 기초가 된 사실관계나 법률관계와 모순되는 주장을 할 수 없다.

해설

① **행정청**이 상대방에게 장차 어떤 처분을 하겠다고 확약 또는 공적인 의사표명을 하였다고 하더라도, 그 자체에서 상대방으로 하여금 언제까지 처분의 발령을 신청을 하도록 유효기간을 두었는데도 그 기간 내에 상대방의 신청이 없었다거나 확약 또는 공적인 의사표명이 있은 후에 사실적·법률적 상태가 변경되었다면, 그와 같은 확약 또는 공적인 의사표명은 **행정청의 별다른 의사표시를 기다리지 않고 실효**된다(대판 1996. 8.20. 95누10877).

② 행정청이 국민의 신청에 대하여 한 거부행위가 항고소송의 대상이 되는 행정처분으로 되려면, 행정청의 행위를 요구할 법규상 또는 조리상의 신청권이 국민에게 있어야 하고, 이러한 **신청권의 근거 없이 한 국민의 신청을 행정청이 받아들이지 아니한 경우에는 그 거부로 인하여 신청인의 권리나 법적 이익에 어떤 영향을 주는 것이 아니므로 이를 항고소송의 대상이 되는 행정처분이라 할 수 없다**. 그리고 **제소기간이 이미 도과하여 불가쟁력이 생긴 행정처분**에 대하여는 개별 법규에서 그 변경을 요구할 신청권을 규정하고 있거나 관계 법령의 해석상 그러한 신청권이 인정될 수 있는 등 특별한 사정이 없는 한 국민에게 그 행정처분의 변경을 구할 신청권이 있다 할 수 없다(대판 2007.4.26. 2005두11104).

③ 영업의 금지를 명한 영업허가취소처분 자체가 나중에 행정쟁송절차에 의하여 취소되었다면 그 영업허가취소처분은 그 처분시에 소급하여 효력을 잃게 되며, 그 영업허가취소처분에 복종할 의무가 원래부터 없었음이 확정되었다고 봄이 타당하고, 영업허가취소처분이 장래에 향하여서만 효력을 잃게 된다고 볼 것은 아니므로 그 영업허가취소처분 이후의 영업행위를 무허가영업이라고 볼 수는 없다(대판 1993.6.25. 93도277).

④ 행정처분이나 행정심판 재결이 불복기간의 경과로 인하여 확정될 경우 확정력은 처분으로 인하여 법률상 이익을 침해받은 자가 처분이나 재결의 효력을 더 이상 다툴 수 없다는 의미일 뿐 **판결에 있어서와 같은 기판력이 인정되는 것은 아니어서** 처분의 기초가 된 사실관계나 법률적 판단이 확정되고 당사자들이나 법원이 이에 기속되어 모순되는 주장이나 판단을 할 수 없게 되는 것은 아니다(대판 1993.4.13. 92누17181).

정답 ③

Ⅷ. 행정행위의 하자

01 **행정행위의 하자의 승계에 대한 설명으로 옳지 않은 것은? (다툼이 있는 경우 판례에 의함)**

〈2018 국가직 9급〉

① 구「부동산 가격공시 및 감정평가에 관한 법률」상 선행처분인 표준지공시지가의 결정에 하자가 있는 경우에 그 하자는 보상금 산정을 위한 수용재결에 승계된다.

②「국토의 계획 및 이용에 관한 법률」상 도시·군계획시설결정과 실시계획인가는 동일한 법률효과를 목적으로 하는 것이므로 선행처분인 도시·군계획시설결정의 하자는 실시계획인가에 승계된다.

③「행정대집행법」상 선행처분인 계고처분의 하자는 대집행영장 발부통보처분에 승계된다.

④「도시 및 주거환경정비법」상 사업시행계획에 관한 취소사유인 하자는 관리처분계획에 승계되지 않는다.

해설

① 표준지공시지가결정은 이를 기초로 한 수용재결 등과는 별개의 독립된 처분으로서 서로 독립하여 별개의 법률효과를 목적으로 하지만, 표준지공시지가는 이를 인근 토지의 소유자나 기타 이해관계인에게 개별적으로 고지하도록 되어 있는 것이 아니어서 인근 토지의 소유자 등이 표준지공시지가결정 내용을 알고 있었다고 전제하기가 곤란할 뿐만 아니라, 결정된 표준지공시지가가 공시될 당시 보상금 산정의 기준이 되는 표준지의 인근 토지를 함께 공시하는 것이 아니어서 인근 토지 소유자는 보상금 산정의 기준이 되는 표준지가 어느 토지인지를 알 수 없으므로, 인근 토지 소유자가 표준지의 공시지가가 확정되기 전에 이를 다투는 것은 불가능하다. 더욱이 장차 어떠한 수용재결 등 구체적인 불이익이 현실적으로 나타나게 되었을 경우에 비로소 권리구제의 길을 찾는 것이 우리 국민의 권리의식임을 감안하여 볼 때, 인근 토지소유자 등으로 하여금 결정된 표준지공시지가를 기초로 하여 장차 토지보상 등이 이루어질 것에 대비하여 항상 토지의 가격을 주시하고 표준지공시지가결정이 잘못된 경우 정해진 시정절차를 통하여 이를 시정하도록 요구하는 것은 부당하게 높은 주의의무를 지우는 것이고, 위법한 표준지공시지가결정에 대하여 그 정해진 시정절차를 통하여 시정하도록 요구하지 않았다는 이유로 위법한 표준지공시지가를 기초로 한 수용재결 등 후행 행정처분에서 표준지공시지가결정의 위법을 주장할 수 없도록 하는 것은 수인한도를 넘는 불이익을 강요하는 것으로서 국민의 재산권과 재판받을 권리를 보장한 헌법의 이념에도 부합하는 것이 아니다. 따라서 표준지공시지가결정이 위법한 경우에는 그 자체를 행정소송의 대상이 되는 행정처분으로 보아 그 위법 여부를 다툴 수 있음은 물론, 수용보상금의 증액을 구하는 소송에서도 선행처분으로서 그 수용대상 토지 가격 산정의 기초가 된 비교표준지공시지가결정의 위법을 독립한 사유로 주장할 수 있다(대판 2008.8.21, 2007두13845).

② 도시·군계획시설결정과 실시계획인가는 도시·군계획시설사업을 위하여 이루어지는 단계적 행정절차에서 별도의 요건과 절차에 따라 별개의 법률효과를 발생시키는 독립적인 행정처분이다. 그러므로 선행처분인 도시·군계획시설결정에 하자가 있더라도 그것이 당연무효가 아닌 한 원칙적으로 후행처분인 실시계획인가에 승계되지 않는다(대판 2017.7.18, 2016두49938).

③ 대집행의 계고, 대집행영장에 의한 통지, 대집행의 실행, 대집행에 요한 비용의 납부명령 등은 타인이 대신하여 행할 수 있는 행정의무의 이행을 의무자의 비용부담하에 확보하고자 하는, 동일한 행정목적을 달성하기 위하여 단계적인 일련의 절차로 연속하여 행하여지는 것으로서, 서로 결합하여 하나의 법률효과를 발생시키는 것이므로, 선행처분인 계고처분이 하자가 있는 위법한 처분이라면, 비록 그 하자가 중대하고도 명백한 것이 아니어서 당연무효의 처분이라고 볼 수 없고 행정소송으로 효력이 다투어지지도 아니하여 이미 불가쟁력이 생겼으며, 후행처분인 대집행영장발부통보처분 자체에는 아무런 하자가 없다고 하더라도, 후행처분인 대집행영장발부통보처분의 취소를 청구하는 소송에서 청구원인으로 선행처분인 계고처분이 위법한 것이기 때문에 그 계고처분을 전제로 행하여진 대집행영장발부통보처분도 위법한 것이라는 주장을 할 수 있다(대판 1996.2.9., 95누12507).

④ 사업시행계획과 관리처분계획은 서로 독립하여 별개의 법적 효과를 발생시키는 것으로서 사업시행계획의 수립에 관한 취소사유인 하자가 관리처분계획에 승계되지 아니하므로, 위 취소사유를 들어 관리처분계획의 적법 여부를 다툴 수는 없다(대판 2012.8.23., 2010두13463).

정답 ②

02 판례가 행정행위의 하자의 승계를 인정한 것을 모두 고른 것은? 〈2017 서울시 9급〉

ㄱ. 행정대집행에서의 계고와 대집행영장의 통지
ㄴ. 안경사시험합격취소처분과 안경사면허취소처분
ㄷ. 개별공시지가결정과 과세처분
ㄹ. 일제강점하 반민족행위 진상규명에 관한 특별법에 따른 친일반민족행위자 결정과 독립유공자 예우에 관한 법률에 의한 법적용 배제결정
ㅁ. 공무원의 직위해제처분과 면직처분
ㅂ. 건물철거명령과 대집행계고처분
ㅅ. 과세처분과 체납처분

① ㄱ, ㄴ, ㄷ, ㄹ
② ㄱ, ㄷ, ㄹ, ㅅ
③ ㄱ, ㄹ, ㅁ, ㅅ
④ ㄴ, ㄷ, ㄹ, ㅁ

해설

ㄱ, ㄴ, ㄷ, ㄹ **(하자의 승계○)**
ㅁ, ㅂ, ㅅ **(하자의 승계X)**

정답 ①

03 갑은 재산세 부과의 근거가 되는 개별공시지가와 그 산정의 기초가 되는 표준지공시지가가 위법하게 산정되었다고 주장한다. 이에 대한 설명으로 옳은 것만을 모두 고르면? (다툼이 있는 경우 판례에 의함) *〈2019 국가직 7급〉*

ㄱ. 취소사유에 해당하는 하자가 있는 표준지공시지가결정에 대한 취소소송의 제소기간이 지난 경우, 갑은 개별토지가격결정을 다투는 소송에서 그 개별토지가격 산정의 기초가 된 표준지공시지가의 위법성을 다툴 수 있다.

ㄴ. 갑은 개별공시지가결정에 대하여 곧바로 행정소송을 제기하거나 「부동산 가격공시에 관한 법률」에 따른 이의신청과 「행정심판법」에 따른 행정심판청구 중 어느 하나만을 거쳐 행정소송을 제기할 수 있을 뿐만 아니라, 이의신청을 하여 그 결과 통지를 받은 후 다시 행정심판을 거쳐 행정소송을 제기할 수도 있다.

ㄷ. 개별공시지가 산정업무 담당공무원 등이 그 직무상 의무에 위반하여 현저하게 불합리한 개별공시지가가 결정되도록 함으로써 갑의 재산권을 침해한 경우 상당인과관계가 인정되는 범위에서 그 손해에 대하여 그 담당공무원 등이 속한 지방자치단체가 배상책임을 지게 된다.

ㄹ. 갑이 개별공시지가결정에 따라 부과된 재산세를 납부한 후 이미 납부한 재산세에 대한 부당이득반환을 구하는 민사소송을 제기한 경우, 민사법원은 재산세부과처분에 취소사유의 하자가 있음을 이유로 재산세부과처분의 효력을 부인하고 그 납세액의 반환을 명하는 판결을 내릴 수 있다.

① ㄱ, ㄴ ② ㄱ, ㄹ
③ ㄴ, ㄷ ④ ㄷ, ㄹ

해설

ㄱ. 표준지로 선정된 토지의 공시지가에 대하여 불복하기 위하여는「지가공시 및 토지 등의 평가에 관한 법률 제8조 제1항」소정의 이의절차를 거쳐 처분청을 상대로 공시지가결정의 취소를 구하는 행정소송을 제기하여야 하고, 그러한 절차를 밟지 아니한 채 개별 토지가격 결정을 다투는 소송에서 개별 토지가격 산정의 기초가 된 표준지 공시지가의 위법성을 다툴 수는 없다(대판 1996.5.10, 95누9808).

ㄴ. 개별공시지가에 대하여 이의가 있는 자는 곧바로 행정소송을 제기하거나 부동산 가격공시 및 감정평가에 관한 법률에 따른 이의신청과 행정심판법에 따른 행정심판청구 중 어느 하나만을 거쳐 행정소송을 제기할 수 있을 뿐 아니라, 이의신청을 하여 그 결과 통지를 받은 후 다시 행정심판을 거쳐 행정소송을 제기할 수도 있다고 보아야 하고, 이 경우 행정소송의 제소기간은 그 행정심판 재결서 정본을 송달받은 날부터 기산한다(대판 2010.1.28. 2008두19987).

ㄷ. 개별공시지가 산정업무를 담당하는 공무원으로서는 당해 토지의 실제 이용상황 등 토지특성을 정확하게 조사하고 당해 토지와 토지이용상황이 유사한 비교표준지를 선정하여 그 특성을 비교하는 등 법령 및 '개별공시지가의 조사·산정 지침'에서 정한 기준과 방법에 의하여 개별공시지가를 산정하고, 산정지가의 검증을 의뢰받은 감정평가업자나 시·군·구 부동산평가위원회로서는 위 산정지가 또는 검증지가가 위와 같은 기준과 방법에 의하여 제대로 산정된 것인지 여부를 검증, 심의함으로써 **적정한 개별공시지가가 결정·공시되도록 조치할 직무상의 의무**가 있고, **이러한 직무상 의무는 단순히 공공 일반의 이익을 위한 것이거나 행정기관 내부의 질서를 규율하기 위한 것이 아니고 전적으로 또는 부수적으로 국민 개개인의 재산권 보장을 목적으로 하여 규정된 것**이라고 봄이 상당하다. 따라서 개별공시지가 산정업무 담당공무원 등이 그 직무상 의무에 위반하여 현저하게 불합리한 개별공시지가가 결정되도록 함으로써 국민 개개인의 재산권을 침해한 경우에는 그 손해에 대하여 상당인과관계 있는 범위 내에서 그 담당공무원 등이 소속된 지방자치단체가 배상책임을 지게 된다(대판 2010.7.22. 2010다13527).

ㄹ. 행정처분이 위법하더라도 하자가 중대하고 명백하여 당연무효라고 보아야 할 사유가 있는 경우를 제외하고는 그 하자를 이유로 무단히 그 효과를 부정하지 못한다. **행정처분의 하자가 취소사유에 불과한 때에는 취소되지 않는 한 그 행정처분이 계속 유효하다고 할 것**이므로 민사소송절차에서 부당이득반환청구를 심리하는 법원이 행정처분의 효력을 부인하고 행정처분에 따라 부과·징수한 조세나 부담금 등의 금원을 법률상 원인 없는 이득이라고 판단할 수 없다(헌재 2010.2.25. 2007헌바131).

정답 ③

04 행정처분의 이유제시에 대한 설명으로 옳지 않은 것은? (다툼이 있는 경우 판례에 의함)

〈2018 지방직 9급〉

① 당초 행정처분의 근거로 제시한 이유가 실질적인 내용이 없는 경우에도 행정소송의 단계에서 행정처분의 사유를 추가할 수 있다.

② 행정처분의 이유제시가 아예 결여되어 있는 경우에 이를 사후적으로 추완하거나 보완하는 것은 늦어도 당해 행정처분에 대한 쟁송이 제기되기 전에는 행해져야 위법성이 치유될 수 있다.

③ 당사자가 신청하는 허가 등을 거부하는 처분을 하면서 당사자가 그 근거를 알 수 있을 정도로 이유를 제시했다면 처분의 근거와 이유를 구체적으로 명시하지 않았더라도 당해 처분이 위법한 것은 아니다.

④ 이유제시에 하자가 있어 당해 처분을 취소하는 판결이 확정된 경우에 처분청이 그 이유제시의 하자를 보완하여 종전의 처분과 동일한 내용의 처분을 하는 것은 종전의 처분과는 별개의 처분을 하는 것이다.

해설

① 행정처분의 취소를 구하는 항고소송에서는 처분청이 당초 처분의 근거로 제시한 사유와 기본적 사실관계에서 동일성이 없는 별개의 사실을 들어 처분사유로 주장할 수 없다. 피고(처분청)는 이 사건 소송에서 '이 사건 산업단지 안에 새로운 폐기물시설부지를 마련할 시급한 필요가 없다.'는 점을 이 사건 거부처분의 사유로 추가하였다. 그러나 피고(처분청)가 당초 처분의 근거로 제시한 사유가 실질적인 내용이 없다고 보는 이상, 추가 사유는 그와 기본적 사실관계가 동일한지 여부를 판단할 대상조차 없는 것이므로, 결국 소송단계에서 처분사유를 추가하여 주장할 수 없다(대판 2017.8.29, 2016두44186).

② 과세처분시 납세고지서에 과세표준, 세율, 세액의 산출근거 등이 누락된 경우에는 늦어도 과세처분에 대한 불복여부의 결정 및 불복신청에 편의를 줄 수 있는 **상당한 기간 내에 보정행위를 하여야 그 하자가 치유된다**(대판 1983.7.26, 82누420).

→ 하자의 추완이나 보완은 *당사자A의 방어권 보장에 문제가 될 수 있기 때문에* ***행정소송의 제기 전에 함 → 쟁송제기이전시설이 다수설·판례의 입장***

③ 행정절차법 제23조 제1항은 행정청은 처분을 하는 때에는 당사자에게 그 근거와 이유를 제시하여야 한다고 규정하고 있는바, 일반적으로 당사자가 근거규정 등을 명시하여 신청하는 인·허가 등을 거부하는 처분을 함에 있어 당사자가 그 근거를 알 수 있을 정도로 상당한 이유를 제시한 경우에는 당해 처분의 근거 및 이유를 구체적 조항 및 내용까지 명시하지 않았더라도 그로 말미암아 그 처분이 위법한 것이 된다고 할 수 없다(대판 2002.5.17. 2000두 8912).

④ 과세의 절차 내지 형식에 위법이 있어 과세처분을 취소하는 판결이 확정되었을 때는 그 확정판결의 기판력은 거기에 적시된 절차내지 형식의 위법사유에 한하여 미치는 것이므로 과세관청은 그 위법사유를 보완하여 다시 새로운 과세처분을 할 수 있고 그 새로운 과세처분은 확정판결에 의하여 취소된 종전의 과세처분과는 별개의 처분이라 할 것이어서 확정판결의 기판력에 저촉되는 것이 아니다(대판 1987.2.10. 86누91).

정답 ①

05 행정행위의 하자에 대한 설명으로 옳은 것은? (다툼이 있는 경우 판례에 의함) 〈2020 소방공채〉

① 하자 있는 행정행위의 치유는 원칙적으로 허용되나, 국민의 권리나 이익을 침해하지 않는 범위 내에서 인정된다.

② 행정소송에서 행정처분의 위법 여부는 행정처분이 있을 때의 법령과 사실상태를 기준으로 하여 판단하여야 하고 처분 후 법령의 개폐나 사실상태의 변동이 있다면 그러한 법령의 개폐나 사실상태의 변동에 의하여 처분의 위법성이 치유될 수 있다.

③ 법률관계나 사실관계에 대하여 그 법률의 규정을 적용할 수 없다는 법리가 명백히 밝혀지지 아니하여 그 해석에 다툼의 여지가 있는 경우에, 행정관청이 이를 잘못 해석하여 행정처분을 하였다면 그 처분의 하자는 객관적으로 명백하다고 볼 것이나, 중대한 것은 아니므로 이를 이유로 무효를 주장할 수는 없다.

④ 「도시 및 주거환경정비법」상 주택재건축사업의 추진위원회가 조합을 설립하고자 하는 때에는 토지소유자 등이 일정 수 이상 동의하여야 하는데, 조합설립인가처분이 이러한 요건을 충족하지 못한 상태에서 이루어졌다면 그러한 처분은 위법하고, 토지소유자 등의 추가동의서가 추후에 제출되어 법정요건을 갖추었다 할지라도 설립인가처분의 위법성이 치유되는 것은 아니다.

해설

① 하자 있는 행정행위의 치유는 행정행위의 성질이나 법치주의의 관점에서 볼 때 원칙적으로 허용될 수 없는 것이고 예외적으로 행정행위의 무용한 반복을 피하고 당사자의 법적 안정성을 위해 이를 허용하는 때에도 국민의 권리나 이익을 침해하지 않는 범위에서 구체적 사정에 따라 합목적적으로 인정하여야 할 것이다(대판 1992.5.8. 91누13274).

② 행정처분의 위법 여부를 판단하는 기준 시점에 대하여 판결시가 아니라 처분시라고 하는 의미는 행정처분이 있을 때의 법령과 사실상태를 기준으로 하여 위법 여부를 판단할 것이며 처분 후 법령의 개폐나 사실상태의 변동에 영향을 받지 않는다는 뜻이다(대판 1995.11.10. 95누8461).

③ 법률관계나 사실관계에 대하여는 그 법률의 규정을 적용할 수 없다는 법리가 명백히 밝혀져 그 해석에 다툼의 여지가 없음에도 행정청이 위 규정을 적용하여 처분을 한 때에는 그 하자가 중대하고도 명백하다고 할 것이나, 그 법률관계나 사실관계에 대하여 그 법률의 규정을 적용할 수 없다는 법리가 명백히 밝혀지지 아니하여 그 해석에 다툼의 여지가 있는 때에는 행정관청이 이를 잘못 해석하여 행정처분을 하였더라도 이는 그 처분 요건사실을 오인한 것에 불과하여 그 **하자가 명백**하다고 할 수 **없다**(대판 2009.9.24. 2009두2825).

④ 주택재개발정비사업조합 설립추진위원회가 주택재개발정비사업조합 설립인가처분의 취소소송에 대한 1심 판결 이후 정비구역 내 토지 등 소유자의 4분의 3을 초과하는 조합설립동의서(추가동의서)를 새로 받았다고 하더라도, 위 설립인가처분의 하자가 치유된다고 볼 수 없다(대판 2010.8.26. 2010두2579).

정답 ④

06 행정행위의 하자에 관한 설명으로 옳지 않은 것은? (다툼이 있는 경우 판례에 의함) 〈2021 소방공채〉

① 행정처분의 대상이 되는 법률관계나 사실관계가 있는 것으로 오인할 만한 객관적인 사정이 있고 사실관계를 정확히 조사하여야만 그 대상이 되는지 여부가 밝혀질 수 있는 경우에는 비록 그 하자가 중대하더라도 명백하지 않아 무효로 볼 수 없다.

② 조례 제정권의 범위를 벗어나 국가사무를 대상으로 한 무효인 조례의 규정에 근거하여 지방자치단체의 장이 행정처분을 한 경우 그 행정처분은 하자가 중대하나, 명백하지는 아니하므로 당연무효에 해당하지 아니한다.

③ 보충역편입처분에 하자가 있다고 할지라도 그것이 중대하고 명백하지 않는 한, 그 하자를 이유로 공익근무요원소집처분의 효력을 다툴 수 없다.

④ 부동산에 관한 취득세를 신고하였으나 부동산매매계약이 해제됨에 따라 소유권 취득의 요건을 갖추지 못한 경우에는 그 하자가 중대하지만 외관상 명백하지 않아 무효는 아니며 취소할 수 있는 데 그친다.

해설

① 과세요건을 오인한 과세처분에 있어, 과세대상이 되는 법률관계나 사실관계가 있는 것으로 오인할 만한 객관적인 사정이 있고 사실관계를 정확히 조사하여야만 과세대상이 되는지 여부가 밝혀질 수 있는 경우라면, 그 하자는 외관상 명백하다고 할 수 없으므로 과세대상의 법률관계 내지 사실관계를 오인한 과세처분은 비록 그 하자가 중대하다 하더라도 당연무효로 볼 수 없다(대판 1995.11.21. 94다44248).

② 조례 제정권의 범위를 벗어나 국가사무를 대상으로 한 무효인 서울특별시행정권한위임조례의 규정에 근거하여 구청장이 건설업영업정지처분을 한 경우, 그 처분은 결과적으로 적법한 위임 없이 권한 없는 자에 의하여 행하여진 것과 마찬가지가 되어 그 하자가 중대하나, 지방자치단체의 사무에 관한 조례와 규칙은 조례가 보다 상위규범이라고 할 수 있고, 또한 헌법 제107조 제2항의 "규칙"에는 지방자치단체의 조례와 규칙이 모두 포함되는 등 이른바 규칙의 개념이 경우에 따라 상이하게 해석되는 점 등에 비추어 보면 위 처분의 위임 과정의 하자가 객관적으로 명백한 것이라고 할 수 없으므로 이로 인한 하자는 결국 당연무효사유는 아니라고 봄이 상당하다(대판 1995.7.11. 94누4615).

③ 보충역편입처분에 하자가 있다고 할지라도 그것이 당연무효라고 볼만한 특단의 사정이 없는 한 그 위법을 이유로 공익근무요원소집처분의 효력을 다툴 수 없다(대판 2002.12.10. 2001두5422).

④ **부동산에 관한 취득세를 신고하였으나 부동산매매계약이 해제됨에 따라 소유권 취득의 요건을 갖추지 못한 경우 취득세 신고행위**는 납세의무자와 과세관청 사이에 이루어지는 것으로서 취득세 신고행위의 존재를 신뢰하는 제3자의 보호가 특별히 문제되지 않아 그 신고행위를 당연무효로 보더라도 법적 안정성이 크게 저해되지 않는 반면, 과세요건 등에 관한 중대한 하자가 있고 그 법적 구제수단이 국세에 비하여 상대적으로 미비함에도 위법한 결과를 시정하지 않고 납세의무자에게 그 신고행위로 인한 불이익을 감수시키는 것이 과세행정의 안정과 그 원활한 운영의 요청을 참작하더라도 납세의무자의 권익구제 등의 측면에서 현저하게 부당하다고 볼 만한 특별한 사정이 있는 때에는 예외적으로 이와 같은 하자 있는 신고행위가 당연무효라고 함이 타당하다(대판 2009.2.12. 2008두11716).

정답 ④

07 무효인 행정행위에 대한 설명으로 옳은 것은? (다툼이 있는 경우 판례에 의함) *〈2020 국가직 7급〉*

① 무효인 행정행위에 대해서 무효선언을 구하는 의미의 취소소송을 제기하는 경우 취소소송의 제소요건을 구비하여야 한다.

② 행정행위의 무효사유를 판단하는 기준으로서의 명백성은 행정행위의 법적 안정성 확보를 통하여 행정의 원활한 수행을 도모하는 한편, 그 행정행위를 유효한 것으로 믿은 제3자나 공공의 신뢰를 보호하여야 할 필요가 있는 경우에 보충적으로 요구된다.

③ 무효인 행정행위에 대해서 사정판결을 할 수 있다.

④ 거부처분에 대한 무효확인판결에는 간접강제가 인정된다.

해설

① 행정처분의 **당연무효를 선언하는 의미에서 취소를 구하는 행정소송**을 제기한 경우에도 제소기간의 준수 등 취소소송의 제소요건을 갖추어야 한다(대판 1993.3.12. 92누11039).

② **[다수의견]** 하자 있는 행정처분이 당연무효가 되기 위하여는 **그 하자가 법규의 중요한 부분을 위반한 중대한 것으로서 객관적으로 명백한 것**이어야 하며 하자가 중대하고 명백한 것인지 여부를 판별함에 있어서는 그 법규의 목적, 의미, 기능 등을 목적론적으로 고찰함과 동시에 구체적 사안 자체의 특수성에 관하여도 합리적으로 고찰함을 요한다. **<중대명백설>**

[반대의견] 행정행위의 무효사유를 판단하는 기준으로서의 **명백성**은 행정처분의 법적 안정성 확보를 통하여 행정의 원활한 수행을 도모하는 한편 그 행정처분을 유효한 것으로 믿은 제3자나 공공의 신뢰를 보호하여야 할 필요가 있는 경우에 **보충적으로 요구되는 것**으로서, 그와 같은 필요가 없거나 하자가 워낙 중대하여 그와 같은 필요에 비하여 처분 상대방의 권익을 구제하고 위법한 결과를 시정할 필요가 훨씬 더 큰 경우라면 그 하자가 명백하지 않더라도 그와 같이 중대한 하자를 가진 행정처분은 당연무효라고 보아야 한다(대판 1995.7.11. 94누4615). **<명백성보충요건설>**

행정행위의 무효사유를 판단하는 기준으로서의 명백성은 행정행위의 법적 안정성 확보를 통하여 행정의 원활한 수행을 도모하는 한편, 그 행정행위를 유효한 것으로 믿은 제3자나 공공의 신뢰를 보호하여야 할 필요가 있는 경우에 보충적으로 요구된다.

③ **당연무효의 행정처분을 소송목적물로 하는 행정소송**에서는 존치시킬 효력이 있는 행정행위가 없기 때문에 행정소송법 제28조 소정의 사정판결을 할 수 없다(대판 1996.3.22. 95누5509).

④ 행정소송법 제38조 제1항이 무효확인 판결에 관하여 취소판결에 관한 규정을 준용함에 있어서 같은 법 제30조 제2항을 준용한다고 규정하면서도 같은 법 제34조는 이를 준용한다는 규정을 두지 않고 있으므로, 행정처분에 대하여 무효확인 판결이 내려진 경우에는 그 행정처분이 거부처분인 경우에도 행정청에 판결의 취지에 따른 재처분의무가 인정될 뿐 그에 대하여 간접강제까지 허용되는 것은 아니라고 할 것이다(대결 1998.12.24. 98무37).

→ 무효확인판결은 간접강제가 인정X

정답 ①

08 **행정행위의 하자에 대한 설명으로 옳지 않은 것은? (다툼이 있는 경우 판례에 의함)** *〈2019 지방직 9급〉*

① 구「환경영향평가법」상 환경영향평가를 실시하여야 할 사업에 대하여 환경영향평가를 거치지 아니하였음에도 승인 등 처분을 한 경우, 그 처분은 당연무효이다.

② 적법한 권한 위임 없이 세관출장소장에 의하여 행하여진 관세부과처분은 그 하자가 중대하기는 하지만 객관적으로 명백하다고 할 수 없어 당연무효는 아니다.

③ 행정청이 사전에 교통영향평가를 거치지 아니한 채 '건축허가 전까지 교통영향평가 심의필증을 교부받을 것'을 부관으로 붙여서 한 '실시계획변경 승인 및 공사시행변경 인가 처분'은 그 하자가 중대하고 객관적으로 명백하여 당연무효이다.

④ 징계처분이 중대하고 명백한 하자 때문에 당연무효의 것이라면 징계처분을 받은 자가 이를 용인하였다 하여 그 하자가 치유되는 것은 아니다.

해설

① 환경영향평가를 거쳐야 할 대상사업에 대하여 환경영향평가를 거치지 아니하였음에도 불구하고 승인 등 처분이 이루어진다면 이러한 행정처분의 하자는 법규의 중요한 부분을 위반한 중대한 것이고 객관적으로도 명백한 것이라고 하지 않을 수 없어, 이와 같은 행정처분은 당연무효이다(대판 2006.6.30. 2005두14363).

② 세관출장소장에게 관세부과처분을 할 권한이 있다고 객관적으로 오인할 여지가 다분하다고 인정되므로 결국 적법한 권한 위임 없이 세관출장소장에 의하여 행해진 관세부과처분은 그 하자가 중대하기는 하지만 객관적으로 명백하다고 할 수는 없어 당연무효는 아니라고 보아야 할 것이다(대판 2004.11.26. 2003두2403).

③ 교통영향평가는 환경영향평가와 그 취지 및 내용, 대상사업의 범위, 사전 주민의견수렴절차 생략 여부 등에 차이가 있고 그 후 교통영향평가가 교통영향분석·개선대책으로 대체된 점, 행정청은 교통영향평가를 배제한 것이 아니라 **'건축허가 전까지 교통영향평가 심의필증을 교부받을 것'을 부관**으로 하여 **실시계획변경 및 공사시행변경 인가 처분**을 한 점 등에 비추어, 행정청이 사전에 교통영향평가를 거치지 아니한 채 위와 같은 부관을 붙여서 한 위 처분에 중대하고 명백한 흠이 있다고 할 수 없으므로 이를 무효로 보기는 어렵다(대판 2010.2.25. 2009두102).

④ 징계처분이 중대하고 명백한 흠 때문에 당연무효의 것이라면 징계처분을 받은 자가 이를 용인하였다 하여 그 흠이 치료되는 것은 아니다(대판 1989.12.12. 88누8869).

정답 ③

09 〈보기〉의 행정행위의 하자와 행정소송 상호 간의 관계에 관한 설명으로 옳은 것을 모두 고른 것은?

〈2019 서울시 9급〉

〈보 기〉

ㄱ. 취소사유 있는 영업정지처분에 대한 취소소송의 제소기간이 도과한 경우 처분의 상대방은 국가배상청구소송을 제기하여 재산상 손해의 배상을 구할 수 있다.

ㄴ. 취소사유 있는 과세처분에 의하여 세금을 납부한 자는 과세처분취소소송을 제기하지 않은 채 곧바로 부당이득반환청구소송을 제기하더라도 납부한 금액을 반환받을 수 있다.

ㄷ. 파면처분을 당한 공무원은 그 처분에 취소사유인 하자가 존재하는 경우 파면처분취소소송을 제기하여야 하고 곧바로 공무원지위확인소송을 제기할 수 없다.

ㄹ. 무효인 과세처분에 의하여 세금을 납부한 자는 납부한 금액을 반환받기 위하여 부당이득반환청구소송을 제기하지 않고 곧바로 과세처분무효확인소송을 제기할 수 있다.

① ㄱ, ㄴ　　② ㄷ, ㄹ

③ ㄱ, ㄷ, ㄹ　　④ ㄴ, ㄷ, ㄹ

해설

ㄱ. 취소사유에 해당하는 행정행위는 기본적으로 위법한 행정행위인데, 행정의 능률성 등을 근거로 제소기간이 도과하는 경우에 해당하면 다툴 수 없게 만드는 힘이 불가쟁력이다. 따라서 불가쟁력이 발생한 행정행위도 위법성이 치유되어 적법해지는 것은 아니고 기본적으로 위법하므로 (배상청구권이 시효로 소멸하지 않는 한) 국가배상청구를 할 수 있다.

ㄴ. 취소사유가 있는 과세처분이라 할지라도 공정력이 인정되므로 권한 있는 기관에 의해 취소되기 전까지는 일응 유효하다. 따라서 취소사유 있는 처분의 상대방은 (**처분이 취소되기 전까지는 처분이 유효**하므로)곧바로 부당이득반환청구소송을 제기할 수 없다.

ㄷ. **처분성 있는 행정작용**을 대상으로 하는 소송은 항고소송(취소소송)이고, 당사자소송으로 이를 다툴 수는 없다.

→ ***파면처분 : 파면처분취소소송O / 공무원지위확인소송(당사자소송)X***

ㄹ. 행정처분의 근거 법률에 의하여 보호되는 직접적이고 구체적인 이익이 있는 경우에는 행정소송법 제35조에 규정된 '무효확인을 구할 법률상 이익'이 있다고 보아야 하고, 이와 별도로 무효확인소송의 보충성이 요구되는 것은 아니므로 무효확인소송을 제기함에 앞서서 행정처분의 무효를 전제로 한 이행소송 등과 같은 직접적인 구제수단이 있는지 여부를 따질 필요가 없다고 해석함이 상당하다(대판 2008.3.20, 2007두6342).

정답 ③

10 행정행위의 직권취소 및 철회에 대한 설명으로 옳은 것만을 모두 고르면? (다툼이 있는 경우 판례에 의함) *〈2020 지방직 7급〉*

ㄱ. 과세관청은 세금부과처분을 취소한 처분에 취소원인인 하자가 있다는 이유로 취소처분을 다시 취소함으로써 원부과처분을 소생시킬 수 있다.
ㄴ. 행정처분을 한 행정청은 원래의 처분을 존속시킬 필요가 없게 된 사정변경이 생겼거나 중대한 공익상의 필요가 생긴 경우 이를 철회할 별도의 법적 근거가 없다 하더라도 별개의 행정행위로 이를 철회할 수 있다.
ㄷ. 보건복지부장관이 어린이집에 대한 평가인증이 이루어진 이후에 새로이 발생한 사유를 들어 「영유아보육법」 제30조 제5항에 따라 평가인증을 철회하는 처분을 하면서도, 그 평가인증의 효력을 과거로 소급하여 상실시키기 위해서는, 특별한 사정이 없는 한 「영유아보육법」 제30조 제5항과는 별도의 법적 근거가 필요하다.
ㄹ. 면허의 취소처분에는 그 근거가 되는 법령이나 취소권 유보의 부관 등을 명시하여야 함은 물론 처분을 받은 자가 어떠한 위반사실에 대하여 당해 처분이 있었는지를 알 수 있을 정도로 사실을 적시할 것을 요하지만, 이와 같은 취소처분의 근거와 위반사실의 적시를 빠뜨린 하자는 피처분자가 처분 당시 그 취지를 알고 있었거나 그 후 알게 되었다면 그 하자는 치유될 수 있다.

① ㄱ, ㄴ　　② ㄱ, ㄹ
③ ㄴ, ㄷ　　④ ㄷ, ㄹ

해설

ㄱ. 국세기본법상 부과의 취소에 위법사유가 있다고 하더라도 당연무효가 아닌 한 일단 유효하게 성립하여 부과처분을 확정적으로 상실시키는 것이므로, 과세관청은 부과의 취소를 다시 취소함으로써 원부과처분을 소생시킬 수는 없고 납세의무자에게 종전의 과세대상에 대한 납부의무를 지우려면 다시 법률에서 정한 부과절차에 좇아 동일한 내용의 새로운 처분을 하는 수밖에 없다(대판 1995.3.10. 94누7027).

ㄴ. 행정행위를 한 처분청은 비록 그 **처분 당시에 별다른 하자가 없었고**, 또 그 **처분 후에 이를 철회할 별도의 법적 근거가 없다 하더라도** 원래의 처분을 존속시킬 필요가 없게 된 사정변경이 생겼거나 또는 중대한 공익상의 필요가 발생한 경우에는 그 효력을 상실케 하는 별개의 행정행위로 이를 철회할 수 있다(대판 2004.11.26. 2003두10251·10268).

ㄷ. 영유아보육법 제30조 제5항 제3호에 따른 평가인증의 취소는 평가인증 당시에 존재하였던 하자가 아니라 그 이후에 새로이 발생한 사유로 평가인증의 효력을 소멸시키는 경우에 해당하므로, 법적 성격은 평가인증의 '철회'에 해당한다. 그런데 행정청이 평가인증을 철회하면서 그 효력을 철회의 효력발생일 이전으로 소급하게 하면, 철회 이전의 기간에 평가인증을 전제로 지급한 보조금 등의 지원이 그 근거를 상실하게 되어 이를 반환하여야 하는 법적 불이익이 발생한다. 이는 장래를 향하여 효력을 소멸시키는 철회가 예정한 법적 불이익의 범위를 벗어나는 것이다. 이처럼 행정청이 평가인증이 이루어진 이후에 새로이 발생한 사유를 들어 영유아보육법 제30조 제5항에 따라 평가인증을 철회하는 처분을 하면서도, 평가인증의 효력을 **과거로 소급하여 상실**시키기 위해서는, 특별한 사정이 없는 한 영유아보육법 제30조 제5항과는 **별도의 법적 근거**가 필요하다(대판 2018.6.28, 2015두58195).

ㄹ. 면허의 취소처분에는 그 근거가 되는 법령이나 취소권 유보의 부관 등을 명시하여야 함은 물론 처분을 받은 자가 어떠한 위반사실에 대하여 당해 처분이 있었는지를 알 수 있을 정도로 사실을 적시할 것을 요하며, 이와 같은 취소처분의 근거와 위반사실의 적시를 빠뜨린 하자는 피처분자가 처분 당시 그 취지를 알고 있었다거나 그 후 알게 되었다 하여도 치유될 수 없다고 할 것이다(대판 1990.9.11. 90누1786).

정답 ③

11 행정행위의 직권취소에 대한 설명으로 옳은 것은? (다툼이 있는 경우 판례에 의함) *〈2019 국가직 7급〉*

① 법률에서 직권취소에 대한 근거를 두고 있는 경우에는 이해관계인이 처분청에 대하여 위법을 이유로 행정행위의 취소를 요구할 신청권을 갖는다고 보아야 한다.

② 행정행위를 한 행정청은 그 행정행위에 하자가 있는 경우에는 원칙적으로 별도의 법적 근거가 없더라도 스스로 그 행정행위를 직권으로 취소할 수 있다.

③ 직권취소는 행정행위의 성립상의 하자를 이유로 하는 것이므로, 개별법에 특별한 규정이 없는 한 「행정절차법」에 따른 절차규정이 적용되지 않는다.

④ 행정행위의 위법 여부에 대하여 취소소송이 이미 진행 중인 경우 처분청은 위법을 이유로 그 행정행위를 직권취소할 수 없다.

해설

①, ② 행정처분을 한 처분청은 그 처분에 하자가 있는 경우에는 원칙적으로 별도의 법적 근거가 없더라도 스스로 이를 직권으로 취소할 수 있지만, 그와 같이 직권취소를 할 수 있다는 사정만으로 이해관계인에게 처분청에 대하여 **그 취소를 요구할 신청권**이 부여된 것으로 볼 수는 **없으므로**, 처분청이 위와 같이 법규상 또는 조리상의 신청권이 없이 한 이해관계인의 복구준공통보 등의 취소신청을 거부하더라도, 그 거부행위는 항고소송의 대상이 되는 처분에 해당하지 않는다(대판 2006.6.30. 2004두701).

③ 수익적 행정행위의 직권취소는 권익을 제한하는 처분이므로 「행정절차법」상 사전통지 및 의견청취의 대상이 된다.

④ 변상금 부과처분에 대한 취소소송이 진행 중이라도 그 부과권자로서는 위법한 처분을 스스로 취소하고 그 하자를 보완하여 다시 적법한 부과처분을 할 수도 있다(대판 2006.2.10. 2003두5686).

정답 ②

12 **행정행위의 취소와 철회에 대한 설명으로 옳은 것만을 모두 고르면? (다툼이 있는 경우 판례에 의함)** *〈2018 지방직 9급〉*

ㄱ. 행정행위를 한 처분청은 처분 당시에 별다른 하자가 없었고, 또 그 처분 후에 이를 철회할 별도의 법적 근거가 없다면 사정변경을 이유로 그 효력을 상실케 하는 별개의 행정행위로 이를 철회할 수 없다.

ㄴ. 「국세기본법」상 상속세부과처분의 취소에 하자가 있는 경우, 부과의 취소의 취소에 대하여는 법률이 명문으로 그 취소요건이나 그에 대한 불복절차에 대하여 따로 규정을 두고 있지 않더라도 과세관청은 부과의 취소를 다시 취소함으로써 원부과처분을 소생시킬 수 있다.

ㄷ. 행정청이 여러 종류의 자동차운전면허를 취득한 자에 대해 그 운전면허를 취소하는 경우, 취소사유가 특정 면허에 관한 것이 아니고 다른 면허와 공통된 것이거나 운전면허를 받은 사람에 관한 것일 경우에는 여러 면허를 전부 취소할 수 있다.

ㄹ. 국세감액결정 처분은 이미 부과된 과세처분에 하자가 있음을 이유로 사후에 이를 일부 취소하는 처분이고, 취소의 효력은 판결 등에 의한 취소이거나 과세관청의 직권에 의한 취소이거나에 관계없이 그 부과처분이 있었을 당시로 소급하여 발생한다.

① ㄱ, ㄴ
② ㄱ, ㄹ
③ ㄴ, ㄷ
④ ㄷ, ㄹ

해설

ㄱ. 행정행위를 한 처분청은 처분 당시에 행정처분에 **별다른 하자가 없었고 처분 후 취소할 별도의 법적 근거가 없더라도** 원래의 처분을 존속시킬 필요가 없게 된 **사정변경**이 생겼거나 또는 중대한 공익상의 필요가 발생한 경우에는 그 효력을 상실케 하는 별개의 행정행위로 이를 취소할 수 있다(대판 1989.4.11, 88누4782).

ㄴ. 국세기본법상 상속세부과처분의 취소에 하자가 있는 경우의 부과의 취소의 취소에 대하여는 법률이 명문으로 그 취소요건이나 그에 대한 불복절차에 대하여 따로 규정을 둔 바도 없으므로, 설사 부과의 취소에 위법사유가 있다고 하더라도 당연무효가 아닌 한 일단 유효하게 성립하여 부과처분을 확정적으로 상실시키는 것이므로, 과세관청은 부과의 취소를 다시 취소함으로써 원부과처분을 소생시킬 수는 없고 납세의무자에게 종전의 과세대상에 대한 납부의무를 지우려면 다시 법률에서 정한 부과절차에 좇아 동일한 내용의 새로운 처분을 하는 수밖에 없다(대판 1995.3.10, 94누7027).

→ *원칙적으로 행정처분의* ***(직권)취소의 (직권)취소는 인정X*** *∵ 법적 안정성*

ㄷ. 한 사람이 여러 종류의 자동차운전면허를 취득하는 경우뿐 아니라 이를 취소 또는 정지하는 경우에도 서로 별개의 것으로 취급하는 것이 원칙이고, 다만 자동차운전면허 취소사유가 특정 면허에 관한 것이 아니고 다른 면허와 공통된 것이거나 운전면허를 받은 사람에 관한 것일 경우에는 여러 면허를 **전부 취소**할 수도 있다(대판 2012.5.24, 2012두1891).

ㄹ. 국세감액결정 처분은 이미 부과된 과세처분에 하자가 있음을 이유로 사후에 이를 일부 취소하는 처분이므로, 취소의 효력은 그 취소된 국세 부과처분이 있었을 당시에 소급하여 발생하는 것이고, 이는 판결 등에 의한 취소이거나 과세관청의 직권에 의한 취소이거나에 따라 차이가 있는 것이 아니다(대판 1995.9.15, 94다16045).

→ *쟁송취소이든 직권취소이든* ***취소의 효력은 소급해서 무효****가 되는 것이 원칙*

정답 ④

13 **갑에 대한 과세처분 이후 조세부과의 근거가 되었던 법률에 대해 헌법재판소의 위헌결정이 있었고, 위헌결정 이후에 그 조세채권의 집행을 위해 갑의 재산에 대해 압류처분이 있었다. 이에 대한 설명으로 옳은 것은? (다툼이 있는 경우 판례에 의함)** *〈2019 국가직 7급〉*

① 갑이 압류처분에 대해 무효확인소송을 제기하였다가 취소소송으로 소의 종류를 변경하는 경우, 제소기간의 준수 여부는 취소소송으로 변경되는 때를 기준으로 한다.

② 갑이 압류처분에 대해 무효확인소송을 제기하였다가 압류처분에 대한 취소소송을 추가로 병합하는 경우, 무효확인의 소가 취소소송 제소기간 내에 제기됐더라도 취소청구의 소의 추가 병합이 제소기간을 도과했다면 병합된 취소청구의 소는 부적법하다.

③ 위헌결정 당시 이미 과세처분에 불가쟁력이 발생하여 조세채권이 확정된 경우에도 갑의 재산에 대한 압류처분은 무효이다.

④ 갑은 압류처분에 대해 무효확인소송을 제기하려면 무효확인심판을 거쳐야 한다.

해설

① **행정소송법 제21조 제1항** 법원은 취소소송을 당해 처분 등에 관계되는 사무가 귀속하는 국가 또는 공공단체에 대한 당사자소송 또는 취소소송외의 항고소송으로 변경하는 것이 상당하다고 인정할 때에는 청구의 기초에 변경이 없는 한 사실심의 변론종결시까지 원고의 신청에 의하여 결정으로써 소의 변경을 허가할 수 있다.

행정소송법 제21조 제4항 제1항의 규정에 의한 허가결정에 대하여는 제14조 제2항·제4항 및 제5항의 규정을 준용한다.

행정소송법 제14조 제4항 제1항의 규정에 의한 결정이 있은 때에는 새로운 피고에 대한 소송은 **처음에 소를 제기한 때에 제기된 것으로 본다**.

② 행정처분의 무효확인을 구하는 소에는 특단의 사정이 없는 한 그 취소를 구하는 취지도 포함되어 있다고 보아야 하는 점 등에 비추어 볼 때, 동일한 행정처분에 대하여 무효확인의 소를 제기하였다가 그 후 그 처분의 취소를 구하는 소를 추가적으로 병합한 경우, 주된 청구인 무효확인의 소가 적법한 제소기간 내에 제기되었다면 추가로 병합된 취소청구의 소도 적법하게 제기된 것으로 봄이 상당하다(대판 2005.12.23. 2005두3554).

→ *무효확인의 소가 취소소송 제소기간 내에 제기되었다면 취소청구의 소의 추가 병합이 제소기간을 도과했더라도 병합된 취소청구의 소도 적법*

③ 조세 부과의 근거가 되었던 법률규정이 위헌으로 선언된 경우, 비록 그에 기한 과세처분이 위헌결정 전에 이루어졌고, 과세처분에 대한 제소기간이 이미 경과하여 조세채권이 확정되었으며, 조세채권의 집행을 위한 체납처분의 근거규정 자체에 대하여는 따로 위헌결정이 내려진 바 없다고 하더라도, 위와 같은 위헌결정 이후에 조세채권의 집행을 위한 새로운 체납처분에 착수하거나 이를 속행하는 것은 더 이상 허용되지 않고, 나아가 이러한 위헌결정의 효력에 위배하여 이루어진 체납처분은 그 사유만으로 하자가 중대하고 객관적으로 명백하여 당연무효라고 보아야 한다(대판 2012.2.16. 2010두10907).

④ 필요적 행정심판전치주의는 취소소송, 부작위위법확인소송에서는 예외적으로 인정되지만 무효확인소송에서는 절대적 무효의 성질상 언제든지 무효를 확인받을 수 있으므로 인정되지 않는다. 따라서 무효확인심판을 거치지 않고 무효확인소송을 제기할 수 있다.

정답 ③

14 위헌법률에 근거한 처분의 효력에 대한 설명으로 옳지 않은 것은? (다툼이 있는 경우 판례에 의함)

〈2018 지방직 9급〉

① 위헌인 법률에 근거한 행정처분이 당연무효인지의 여부는 위헌결정의 소급효와는 별개의 문제로서 취소소송의 제기기간을 경과하여 확정력이 발생한 행정처분에는 위헌결정의 소급효가 미치지 않는다.

② 근거법률의 위헌결정 이전에 이미 부담금 부과처분과 압류처분 및 이에 기한 압류등기가 이루어지고 각 처분이 확정된 경우에는 기존의 압류등기나 교부청구로도 다른 사람에 의하여 개시된 경매절차에서 배당을 받을 수 있다.

③ 어느 행정처분에 대하여 그 행정처분의 근거가 된 법률이 위헌이라는 이유로 무효확인청구의 소가 제기된 경우, 다른 특별한 사정이 없는 한 법원으로서는 그 법률이 위헌인지 여부에 대하여는 판단할 필요 없이 그 무효확인청구를 기각하여야 한다.

④ 행정처분 자체의 효력이 쟁송기간 경과 후에도 존속 중인 경우, 그 행정처분이 위헌인 법률에 근거하여 내려졌고 그 목적달성을 위해 필요한 후행 행정처분이 아직 이루어지지 않았다면 그 하자가 중대하여 그 구제가 필요한 경우에 대하여서는 쟁송기간 경과 후라도 무효확인을 구할 수 있다.

해설

① 가. 법률에 근거하여 행정처분이 발하여진 후에 헌법재판소가 그 행정처분의 근거가 된 법률을 위헌으로 결정하였다면 결과적으로 행정처분은 법률의 근거가 없이 행하여진 것과 마찬가지가 되어 하자가 있는 것이 되나, 하자 있는 행정처분이 당연무효가 되기 위하여는 그 하자가 중대할 뿐만 아니라 명백한 것이어야 하는데, 일반적으로 법률이 헌법에 위반된다는 사정이 헌법재판소의 위헌결정이 있기 전에는 객관적으로 명백한 것이라고 할 수는 없으므로 헌법재판소의 위헌결정 전에 행정처분의 근거되는 당해 법률이 헌법에 위반된다는 사유는 특별한 사정이 없는 한 그 행정처분의 취소소송의 전제가 될 수 있을 뿐 당연무효사유는 아니라고 봄이 상당하다.

나. 위헌인 법률에 근거한 행정처분이 당연무효인지의 여부는 위헌결정의 소급효와는 별개의 문제로서, 위헌결정의 소급효가 인정된다고 하여 위헌인 법률에 근거한 행정처분이 당연무효가 된다고는 할 수 없고, 오히려 이미 취소소송의 제기기간을 경과하여 **확정력**이 발생한 행정처분에는 위헌결정의 소급효가 미치지 않는다고 보아야 한다(대판 1994.10.28, 92누9463).

② 근거법률의 위헌결정 이전에 이미 부담금 부과처분과 압류처분 및 이에 기한 압류등기가 이루어지고 위 각 처분이 확정되었다고 하여도, 위헌결정 이후에는 별도의 행정처분인 매각처분, 분배처분 등 후속 체납처분 절차를 진행할 수 없는 것은 물론이고, 기존의 압류등기나 교부청구만으로는 다른 사람에 의하여 개시된 경매절차에서 배당을 받을 수도 없다(대판 2002.7.12, 2002두3317).

③ 어느 행정처분에 대하여 그 행정처분의 근거가 된 법률이 위헌이라는 이유로 무효확인청구의 소가 제기된 경우에는 다른 특별한 사정이 없는 한 법원으로서는 그 법률이 위헌인지 여부에 대하여는 판단할 필요 없이 그 무효확인청구를 기각하여야 한다(대판 1994.10.28, 92누9463).

④ 행정처분의 집행이 이미 종료되었고 그것이 번복될 경우 법적 안정성을 크게 해치게 되는 경우에는 후에 행정처분의 근거가 된 법규가 헌법재판소에서 위헌으로 선고된다고 하더라도 그 행정처분이 당연무효가 되지는 않음이 원칙이라고 할 것이나, 행정처분 자체의 효력이 쟁송기간 경과 후에도 존속 중인 경우, 특히 그 처분이 위헌법률에 근거하여 내려진 것이고 그 행정처분의 목적달성을 위하여서는 후행 행정처분이 필요한데 후행 행정처분은 아직 이루어지지 않은 경우와 같이 그 행정처분을 무효로 하더라도 법적 안정성을 크게 해치지 않는 반면에 그 하자가 중대하여 그 구제가 필요한 경우에 대하여서는 그 예외를 인정하여 이를 당연무효사유로 보아서 쟁송기간 경과 후에라도 무효확인을 구할 수 있는 것이라고 봐야 할 것이다(헌재 1994.6.30, 92헌바23).

정답 ②

15 행정행위의 하자에 대한 설명으로 가장 옳지 않은 것은? 〈2018 서울시 7급〉

① 선행 도시계획시설사업시행자 지정처분이 당연무효이면 후행처분인 실시계획인가처분도 당연무효이다.

② 과세처분 이후 조세 부과의 근거가 되었던 법률규정에 대하여 위헌결정이 내려진 후에 행한 처분의 집행은 당연무효이다.

③ 재건축주택조합설립인가처분 당시 동의율을 충족하지 못한 하자는 후에 추가동의서가 제출되었다는 사정만으로 치유될 수 없다.

④ 출생연월일 정정으로 특례노령연금 수급요건을 충족하지 못하게 된 자에 대하여 지급결정을 소급적으로 직권취소하고, 이미 지급된 급여를 환수하는 처분은 위법하다.

해설

① 선행처분과 후행처분이 서로 독립하여 별개의 법률효과를 목적으로 하는 때에도 선행처분이 당연무효이면 선행처분의 하자를 이유로 후행처분의 효력을 다툴 수 있다. 도시계획시설사업의 시행자가 작성한 실시계획을 인가하는 처분은 도시계획시설사업 시행자에게 도시계획시설사업의 공사를 허가하고 수용권을 부여하는 처분으로서 선행처분인 도시계획시설사업시행자 지정 처분이 처분 요건을 충족하지 못하여 당연무효인 경우에는 사업시행자 지정 처분이 유효함을 전제로 이루어진 후행처분인 실시계획 인가처분도 무효라고 보아야 한다(대판2017.7.11. 2016두35120).

② 조세부과의 근거가 되었던 법률규정이 위헌으로 선언된 경우, 비록 그에 기한 과세처분이 위헌결정 전에 이루어졌고, 과세처분에 대한 제소기간이 이미 경과하여 조세채권이 확정되었으며, 조세채권의 집행을 위한 체납처분의 근거규정 자체에 대하여는 따로 위헌결정이 내려진 바 없다고 하더라도, 위와 같은 위헌결정 이후에 조세채권의 집행을 위한 새로운 체납처분에 착수하거나 이를 속행하는 것은 더 이상 허용되지 않고, 나아가 이러한 위헌결정의 효력에 위배하여 이루어진 체납처분은 그 사유만으로 하자가 중대하고 객관적으로 명백하여 당연무효라고 보아야 한다(대판 2012.2.16. 2010두10907).

③ 재건축주택조합설립인가처분 당시 동의율을 충족하지 못한 하자는 후에 추가동의서가 제출되었다는 사정만으로 치유될 수 없다(대판 2013.7.11. 2011두27544).

④ 행정처분을 한 처분청은 처분의 성립에 하자가 있는 경우 별도의 법적 근거가 없더라도 직권으로 이를 취소할 수 있다고 봄이 원칙이므로, 국민연금법이 정한 수급요건을 갖추지 못하였음에도 연금 지급결정이 이루어진 경우에는 이미 지급된 급여 부분에 대한 환수처분과 별도로 지급결정을 취소할 수 있다. 다만 이처럼 연금 지급결정을 취소하는 처분과 그 처분에 기초하여 잘못 지급된 급여액에 해당하는 금액을 환수하는 처분이 적법한지를 판단하는 경우 비교·교량할 각 사정이 동일하다고는 할 수 없으므로, 연금 지급결정을 취소하는 처분이 적법하다고 하여 환수처분도 반드시 적법하다고 판단하여야 하는 것은 아니다.(대판 2017.3.30. 2015두43971).

정답 ④

16 행정행위의 하자에 대한 판례의 입장으로 옳지 않은 것은? 〈2018 지방직 9급〉

① 친일반민족행위자로 결정한 최종발표와 그에 따라 그 유가족에 대하여 한 「독립유공자 예우에 관한 법률」 적용배제자 결정은 별개의 법률효과를 목적으로 하는 처분이다.

② 무권한의 행위는 원칙적으로 무효라고 할 것이므로, 5급 이상의 국가정보원 직원에 대해 임면권자인 대통령이 아닌 국가정보원장이 행한 의원면직처분은 당연무효에 해당한다.

③ 「국가유공자 등 예우 및 지원에 관한 법률」에 따른 여러 개의 상이에 대한 국가유공자요건비해당처분에 대한 취소소송에서 그 중 일부 상이만이 국가유공자요건이 인정되는 상이에 해당하는 경우, 국가유공자요건비해당처분 중 그 요건이 인정되는 상이에 대한 부분만을 취소하여야 한다.

④ 위법하게 구성된 폐기물처리시설 입지선정위원회가 의결을 한 경우, 그에 터잡아 이루어진 폐기물처리시설 입지결정처분의 하자는 무효사유로 본다.

해설

① 가. 두 개 이상의 행정처분을 **연속적**으로 하는 경우 선행처분과 후행처분이 서로 독립하여 별개의 법률효과를 목적으로 하는 때에는 선행처분에 불가쟁력이 생겨 그 효력을 다툴 수 없게 된 경우에는 선행처분의 하자가 중대하고 명백하여 당연무효인 경우를 제외하고는 선행처분의 하자를 이유로 후행처분의 효력을 다툴 수 없는 것이 원칙이다. 그러나 선행처분과 후행처분이 서로 독립하여 별개의 효과를 목적으로 하는 경우에도 선행처분의 불가쟁력이나 구속력이 그로 인하여 불이익을 입게 되는 자에게 수인한도를 넘는 가혹함을 가져오며, 그 결과가 당사자에게 예측가능한 것이 아닌 경우에는 국민의 재판받을 권리를 보장하고 있는 헌법의 이념에 비추어 선행처분의 후행처분에 대한 구속력은 인정될 수 없다.

나. 甲을 친일반민족행위자로 결정한 친일반민족행위진상규명위원회(이하 '진상규명위원회'라 한다)의 최종발표(선행처분)에 따라 지방보훈지청장이 독립유공자 예우에 관한 법률(이하 '독립유공자법'이라 한다) 적용 대상자로 보상금 등의 예우를 받던 甲의 유가족 乙 등에 대하여 독립유공자법 적용배제자 결정(후행처분)을 한 사안에서, 이 사안은 선행처분과 후행처분은 서로 독립하여 별개의 법률효과를 목적으로 하는 것으로 진상규명위원회가 甲의 친일반민족행위자 결정 사실을 통지하지 않아 乙은 후행처분이 있기 전까지 선행처분의 사실을 알지 못하였고, 후행처분인 지방보훈지청장의 독립유공자법 적용배제결정이 자신의 법률상 지위에 직접적인 영향을 미치는 행정처분이라고 생각했을 뿐, 통지를 받지도 않은 진상규명위원회의 친일반민족행위자 결정처분이 자신의 법률상 지위에 영향을 주는 독립된 행정처분이라고 생각하기는 쉽지 않았을 것으로 보여, 乙이 선행처분에 대하여 일제강점하 반민족행위진상규명에 관한 특별법에 의한 이의신청절차를 밟거나 후행처분에 대한 것과 별개로 행정심판이나 행정소송을 제기하지 않았다고 하여 선행처분의 하자를 이유로 후행처분의 효력을 다툴 수 없게 하는 것은 乙에게 수인한도를 넘는 불이익을 주고 그 결과가 乙에게 예측가능한

것이라고 할 수 없어 선행처분의 후행처분에 대한 구속력을 인정할 수 없으므로 선행처분의 위법을 이유로 후행처분의 효력을 다툴 수 있음에도, 이와 달리 본 원심판결에 법리를 오해한 위법이 있다(대판 2013.3.14, 2012두6964).

② 가. 행정청의 권한에는 사무의 성질 및 내용에 따르는 제약이 있고, 지역적·대인적으로 한계가 있으므로 이러한 권한의 범위를 넘어서는 권한유월의 행위는 무권한 행위로서 원칙적으로 무효라고 할 것이나, 행정청의 공무원에 대한 의원면직처분은 공무원의 사직의사를 수리하는 소극적 행정행위에 불과하고, 당해 공무원의 사직의사를 확인하는 확인적 행정행위의 성격이 강하며 재량의 여지가 거의 없기 때문에 의원면직처분에서의 행정청의 권한유월 행위를 다른 일반적인 행정행위에서의 그것과 반드시 같이 보아야 할 것은 아니다.

나. 5급 이상의 국가정보원직원에 대한 의원면직처분이 임면권자인 대통령이 아닌 국가정보원장에 의해 행해진 것으로 위법하더라도, 나아가 국가정보원직원의 명예퇴직원 내지 사직서 제출이 직위해제 후 1년여에 걸친 국가정보원장 측의 종용에 의한 것이었다는 사정을 감안한다 하더라도 그러한 하자가 중대한 것이라고 볼 수는 없으므로, 대통령의 내부결재가 있었는지에 관계없이 당연무효는 아니다(대판 2007.7.26, 2005두15748).

→ *해당 의원면직처분은 위법하지만 하자가 중대하지는 않으므로 당연무효는 아니고 취소사유에 불과*

③ 국가유공자 등 예우 및 지원에 관한 법률 제4조 제1항 제6호, 제6조의3 제1항, 제6조의4 등 관련 법령의 해석상, 여러 개의 상이에 대한 국가유공자 요건 비해당결정처분에 대한 취소소송에서 그 중 일부 상이에 대해서만 국가유공자 요건이 인정될 경우에는 비해당결정처분 중 요건이 인정되는 상이에 대한 부분만을 취소하여야 하고, 비해당결정처분 전부를 취소할 것은 아니다(대판 2016.8.30, 2014두46034).

④ 구 폐기물처리시설 설치촉진 및 주변지역 지원 등에 관한 법률에 정한 입지선정위원회가 그 구성방법 및 절차에 관한 같은 법 시행령의 규정에 위배하여 군수와 주민대표가 선정·추천한 전문가를 포함시키지 않은 채 임의로 구성되어 의결을 한 경우, 그에 터잡아 이루어진 폐기물처리시설 입지결정처분의 하자는 중대한 것이고 객관적으로도 명백하므로 무효사유에 해당한다(대판 2007.4.12, 2006두20150).

정답 ②

17 행정청의 침익적 행위에 대한 판례의 입장으로 옳지 않은 것은? 〈2019 국가직 7급〉

① 「국민연금법」상 연금 지급결정을 취소하는 처분과 그 처분에 기초하여 잘못 지급된 급여액에 해당하는 금액을 환수하는 처분이 적법한지를 판단하는 경우 비교·교량할 각 사정이 상이하다고는 할 수 없으므로, 연금 지급결정을 취소하는 처분이 적법하다면 환수처분도 적법하다고 판단하여야 한다.

② 세무조사가 과세자료의 수집 등의 본연의 목적이 아니라 부정한 목적을 위하여 행하여진 것이라면 세무조사에 중대한 위법사유가 있는 경우에 해당하고, 이러한 세무조사에 의하여 수집된 과세자료를 기초로 한 과세처분 역시 위법하다.

③ 과세관청이 과세예고 통지 후 과세전적부심사 청구나 그에 대한 결정이 있기 전에 과세처분을 한 경우, 특별한 사정이 없는 한 그 과세처분은 절차상 하자가 중대·명백하여 당연무효이다.

④ 건축주 등이 장기간 시정명령을 이행하지 아니하였으나 그 기간 중에 시정명령의 이행 기회가 제공되지 아니하였다가 뒤늦게 이행 기회가 제공된 경우, 이행 기회가 제공되지 아니한 과거의 기간에 대한 이행강제금까지 한꺼번에 부과하였다면 그러한 이행강제금 부과처분은 하자가 중대·명백하여 당연무효이다.

해설

① 행정처분을 한 처분청은 처분의 성립에 하자가 있는 경우 별도의 법적 근거가 없더라도 직권으로 이를 취소할 수 있다고 봄이 원칙이므로, 국민연금법이 정한 수급요건을 갖추지 못하였음에도 연금 지급결정이 이루어진 경우에는 이미 지급된 급여 부분에 대한 환수처분과 별도로 지급결정을 취소할 수 있다. 이 경우에도 이미 부여된 국민의 기득권을 침해하는 것이므로 취소권의 행사는 지급결정을 취소할 공익상의 필요보다 상대방이 받게 될 불이익 등이 막대한 경우에는 재량권의 한계를 일탈한 것으로서 위법하다고 보아야 한다. 다만 이처럼 「국민연금법」상 연금 지급결정을 취소하는 처분과 그 처분에 기초하여 잘못 지급된 급여액에 해당하는 금액을 환수하는 처분이 적법한지를 판단하는 경우 비교·교량할 각 사정이 동일하다고는 할 수 없으므로, 연금 지급결정을 취소하는 처분이 적법하다고 하여 환수처분도 반드시 적법하다고 판단하여야 하는 것은 아니다(대판 2017.3.30. 2015두43971).

② 세무조사가 과세자료의 수집 또는 신고내용의 정확성 검증이라는 본연의 목적이 아니라 부정한 목적을 위하여 행하여진 것이라면 이는 세무조사에 중대한 위법사유가 있는 경우에 해당하고 이러한 세무조사에 의하여 수집된 과세자료를 기초로 한 과세처분 역시 위법하다(대판 2016.12.15. 2016두47659).

③ 과세예고 통지 후 과세전적부심사 청구나 그에 대한 결정이 있기도 전에 과세처분을 하는 것은 원칙적으로 과세전적부심사 이후에 이루어져야 하는 과세처분을 그보다 앞서 함으로써 과세전적부심사 제도 자체를 형해화시킬 뿐만 아니라 과세전적부심사 결정과 과세처분 사이의 관계 및 불복절차를 불분명하게 할 우려가 있으므로, 그와 같은 과세처분은 납세자의 절차적 권리를 침해하는 것으로서 절차상 하자가 중대하고도 명백하여 무효이다(대판 2016.12.27. 2016두49228).

④ 비록 건축주 등이 장기간 시정명령을 이행하지 아니하였더라도, 그 기간 중에는 시정명령의 이행 기회가 제공되지 아니하였다가 뒤늦게 시정명령의 이행 기회가 제공된 경우라면, 시정명령의 이행 기회 제공을 전제로 한 1회분의 이행강제금만을 부과할 수 있고, 시정명령의 이행 기회가 제공되지 아니한 과거의 기간에 대한 이행강제금까지 한꺼번에 부과할 수는 없다. 그리고 이를 위반하여 이루어진 이행강제금 부과처분은 과거의 위반행위에 대한 제재가 아니라 행정상의 간접강제 수단이라는 이행강제금의 본질에 반하여 구 건축법 제80조 제1항, 제4항 등 법규의 중요한 부분을 위반한 것으로서, 그러한 하자는 중대할 뿐만 아니라 객관적으로도 명백하다(대판 2016.7.14. 2015두46598).

정답 ①

18 행정행위의 취소에 대한 설명으로 옳은 것만을 모두 고르면? (다툼이 있는 경우 판례에 의함)

〈2019 지방직 9급〉

ㄱ. 「산업재해보상보험법」상 각종 보험급여 등의 지급결정을 변경 또는 취소하는 처분과 처분에 터 잡아 잘못 지급된 보험급여액에 해당하는 금액을 징수하는 처분이 적법한지를 판단하는 경우, 지급결정을 변경 또는 취소하는 처분이 적법하다면 그에 터 잡은 징수처분도 적법하다고 판단해야 한다.
ㄴ. 권한없는 행정기관이 한 당연무효인 행정처분을 취소할 수 있는 권한은 당해 행정처분을 한 처분청에게 속하고, 당해 행정처분을 할 수 있는 적법한 권한을 가지는 행정청에게 그 취소권이 귀속되는 것이 아니다.
ㄷ. 수익적 처분이 상대방의 허위 기타 부정한 방법으로 인하여 행하여졌다면 상대방은 그 처분이 그와 같은 사유로 인하여 취소될 것임을 예상할 수 없었다고 할 수 없으므로, 이러한 경우에까지 상대방의 신뢰를 보호하여야 하는 것은 아니다.

① ㄱ, ㄴ
② ㄱ, ㄷ
③ ㄴ, ㄷ
④ ㄱ, ㄴ, ㄷ

해설

ㄱ. 산재보상법상 각종 보험급여 등의 지급결정을 변경 또는 취소하는 처분과 처분에 터 잡아 잘못 지급된 보험급여액에 해당하는 금액을 징수하는 처분이 적법한지를 판단하는 경우 비교·교량할 각 사정이 동일하다고는 할 수 없으므로, 지급결정을 변경 또는 취소하는 처분이 적법하다고 하여 그에 터 잡은 징수처분도 반드시 적법하다고 판단해야 하는 것은 아니다(대판 2014.7.24. 2013두27159).
→ *처분별로 비교·교량할 사정이 동일X*

ㄴ. 권한없는 행정기관이 한 당연무효인 행정처분을 취소할 수 있는 권한은 **당해 행정처분을 한 처분청**에게 속하고, 당해 행정처분을 할 수 있는 적법한 권한을 가지는 행정청에게 그 취소권이 귀속되는 것이 아니다(대판 1984.10.10, 84누463).
→ *직권취소 : 자신이 한 것을 자신이 거둬들인다!*

ㄷ. 일반적으로 행정상의 법률관계에 있어서 행정청의 행위에 대하여 신뢰보호의 원칙이 적용되기 위하여는 행정청의 견해표명이 정당하다고 신뢰한 데에 대하여 그 개인에게 귀책사유가 없어야 한다. 그 개인의 귀책사유라 함은 행정청의 견해표명의 하자가 상대방 등 관계자의 사실은폐나 기타 **사위**의 방법에 의한 신청행위 등 부정행위에 기인한 것이거나 그러한 부정행위가 없더라도 하자가 있음을 알았거나 중대한 과실로 알지 못한 경우 등을 의미한다고 해석함이 상당하고, 귀책사유의 유무는 상대방과 그로부터 신청행위를 위임받은 수임인 등 관계자 모두를 기준으로 판단하여야 한다(대판 2008.1.17. 2006두10931).

정답 ③

19 행정청이 행하는 행정처분에 대한 설명으로 옳은 것을 〈보기〉에서 모두 고른 것은? *〈2018 서울시 7급〉*

ㄱ. 일반적으로 조례가 법률 등 상위법령에 위배된다는 사정은 그 조례의 규정을 위법하여 무효라고 선언한 대법원의 판결이 선고되지 아니한 상태에서는 그 조례 규정의 위법 여부가 해석상 다툼의 여지가 없을 정도로 명백하였다고 인정되지 아니하는 이상 객관적으로 명백한 것이라 할 수 없으므로, 이러한 조례에 근거한 행정처분의 하자는 취소사유에 해당 할 뿐 무효사유가 된다고 볼 수는 없다.

ㄴ. 하자 있는 행정행위의 치유는 행정행위의 성질이나 법치주의의 관점에서 볼 때 원칙적으로 허용될 수 없는 것이고, 예외적으로 행정행위의 무용한 반복을 피하고 당사자의 법적 안정성을 위해 이를 허용하는 때에도 국민의 권리나 이익을 침해하지 않는 범위에서 구체적 사정에 따라 합목적적으로 인정하여야 한다.

ㄷ. 행정처분을 한 처분청은 그 처분의 성립에 하자가 있는 경우 이를 취소할 별도의 법적근거가 없다고 하더라도 직권으로 이를 취소할 수 있다.

ㄹ. 행정행위를 한 처분청이 그 행위에 하자가 있어 수익적 행정처분을 취소할 때에는 이를 취소하여야 할 공익상의 필요와 그 취소로 인하여 당사자가 입게 될 기득권과 신뢰보호 및 법률생활 안정의 침해 등 불이익을 비교·교량한 후 공익상의 필요가 당사자가 입을 불이익을 정당화할 만큼 강한 경우에 한하여 취소할 수 있다.

ㅁ. 행정행위를 한 처분청은 그 처분 당시에 그 행정처분에 별다른 하자가 없었고 또 그 처분 후에 이를 철회 또는 변경할 별도의 법적 근거가 없다 하더라도 원래의 처분을 그대로 존속시킬 필요가 없게 된 사정변경이 생겼거나 또는 중대한 공익상의 필요가 발생한 경우에는 별개의 행정행위로 이를 철회하거나 변경할 수 있다.

① ㄴ, ㄷ ② ㄱ, ㄹ, ㅁ

③ ㄴ, ㄷ, ㄹ ④ ㄱ, ㄴ, ㄷ, ㄹ, ㅁ

해설

ㄱ. 일반적으로 조례가 법률 등 상위법령에 위배된다는 사정은 그 조례의 규정을 위법하여 무효라고 선언한 대법원의 판결이 선고되지 아니한 상태에서는 그 조례 규정의 위법 여부가 해석상 다툼의 여지가 없을 정도로 명백하였다고 인정되지 아니하는 이상 객관적으로 명백한 것이라 할 수 없으므로, 이러한 조례에 근거한 행정처분의 하자는 취소사유에 해당할 뿐 무효사유가 된다고 볼 수는 없다(대판 2009.10.29. 2007두26285).

ㄴ. 하자 있는 행정행위의 치유는 행정행위의 성질이나 법치주의의 관점에서 볼 때 원칙적으로 허용될 수 없는 것이고 예외적으로 행정행위의 무용한 반복을 피하고 당사자의 법적 안정성을 위해 이를 허용하는 때에도 국민의 권리나 이익을 침해하지 않는 범위에서 구체적 사정에 따라 합목적적으로 인정하여야 할 것이다(대판 1992.5.8. 91누13274).

ㄷ. 행정처분을 한 처분청은 그 처분의 성립에 하자가 있는 경우 이를 취소할 별도의 법적 근거가 없다고 하더라도 직권으로 이를 취소할 수 있는바, 지방병무청장은 군의관의 신체등 위판정이 금품수수에 따라 위법 또는 부당하게 이루어졌다고 인정하는 경우에는 그 위법 또는 부당한 신체등위판정을 기초로 자신이 한 병역처분을 직권으로 취소할 수 있다(대판2002.5.28. 2001두9653).

ㄹ. 행정처분에 하자가 있음을 이유로 처분청이 이를 취소하는 경우에도 그 처분이 국민에게 권리나 이익을 부여하는 수익적 처분인 때에는 그 처분을 취소하여야 할 공익상의 필요와 그 취소로 인하여 당사자가 입게 될 불이익을 비교교량한 후 공익상의 필요가 당사자가 입을 불이익을 정당화할 만큼 강한 경우에 한하여 취소할 수 있는 것이지만, 그 처분의 하자가 당사자의 사실은폐나 기타 사위의 방법에 의한 신청행위에 기인한 것이라면 당사자는 그 처분에 의한 이익이 위법하게 취득되었음을 알아 그 취소가능성도 예상하고 있었다고 할 것이므로, 그 자신이 위 처분에 관한 신뢰이익을 원용할 수 없음은 물론 행정청이 이를 고려하지 아니하였다고 하여도 재량권의 남용이 되지 아니한다(대판 1996.10.25. 95누14190).

ㅁ. 행정행위를 한 처분청은 그 처분 당시에 그 행정처분에 별다른 하자가 없었고 또 그 처분 후에 이를 취소할 별도의 법적 근거가 없다 하더라도 원래의 처분을 그대로 존속시킬 필요가 없게 된 사정변경이 생겼거나 또는 중대한 공익상의 필요가 발생한 경우에는 별개의 행정행위로 이를 철회하거나 변경할 수 있다(대판 1992.1.17. 91누3130).

정답 ④

20 **행정행위의 하자에 관한 설명으로 옳은 것은? (단, 다툼이 있는 경우 판례에 따름)** *〈2017 교육행정〉*

① 무효인 행정행위에는 공정력과 불가쟁력이 발생한다.

② 당연무효인 징계처분의 하자는 징계를 받은 자의 용인으로 치유된다.

③ 적법한 권한 위임 없이 세관출장소장이 한 관세부과처분은 당연무효이다.

④ 취소소송의 제기기간을 경과하여 확정력이 발생한 행정처분에는 위헌결정의 소급효가 미치지 않는다.

해설

① 공정력과 불가쟁력 등은 (행정행위의 효력이 있다는 것을 전제로 한) 행정행위의 효력의 종류이므로 효력이 없는 무효인 행정행위에서는 인정할 수 없다.

② 원고의 군사기밀 누설행위가 일반사면령에 의하여 사면되었는데도 이를 이유로 파면처분을 한 것은 그 흠이 중대하고 명백하여 당연무효라 할 것이고, 징계처분을 받은 원고가 그 하자의 존재를 알면서도 형사상의 소추를 면하기 위하여 이를 용인하였다 하더라도 무효인 이 사건 징계처분의 흠이 치유되는 것은 아니다(대판 1989.12.12, 88누8869).

③ 세관출장소장에게 관세부과처분에 관한 권한이 위임되었다고 볼만한 법령상의 근거가 없는데도 피고가 이 사건 처분을 한 것은 결국, 적법한 위임 없이 권한 없는 자가 행한 처분으로서 그 하자가 중대하다고 할 것이나, 세관출장소장 명의로 관세부과처분 및 증액경정처분이 이루어져 왔는데, 그동안 세관출장소장에게 관세부과처분에 관한 권한이 있는지 여부에 관하여 아무런 이의제기가 없었던 점 등에 비추어 보면, 세관출장소장에게 관세부과처분을 할 권한이 있다고 객관적으로 오인할 여지가 다분하다고 인정되므로 결국 적법한 권한 위임 없이 세관출장소장이 한 관세부과처분은 그 하자가 중대하기는 하지만 객관적으로 명백하다고 할 수는 없어 당연무효는 아니라고 보아야 할 것이다(대판 2004.11.26, 2003두2403).

④ 위헌인 법률에 근거한 행정처분이 당연무효인지의 여부는 위헌결정의 소급효와는 별개의 문제로서, 위헌결정의 소급효가 인정된다고 하여 위헌인 법률에 근거한 행정처분이 당연무효가 된다고는 할 수 없고, 오히려 이미 취소소송의 제기기간을 경과하여 확정력이 발생한 행정처분에는 위헌결정의 소급효가 미치지 않는다고 보아야 한다(대판 1994.10.28, 92누9463).

정답 ④

21 행정행위의 하자에 대한 설명으로 옳은 것은? (다툼이 있는 경우 판례에 의함) 〈2017 국회직 8급〉

① 행정심판전치주의는 무효확인소송에는 적용되지만 취소소송에는 적용되지 않는다.

② 대법원은 무효와 취소의 구별기준에 대해서 중대명백설을 취하고 있으나, 반대의견으로 객관적 명백성설이 제시된 판례도 존재한다.

③ 판례는 권한유월의 행위는 무권한의 행위로서 원칙적으로 취소사유로 보면서도 의원면직처분에서의 권한유월은 확인적 행정행위의 성격을 갖고 있기 때문에 원칙적으로 무효사유로 보아야 한다는 입장이다.

④ 판례는 민원사무를 처리하는 행정기관이 민원1회 방문처리제를 시행하는 절차의 일환으로 민원사항의 심의·조정 등을 위한 민원조정위원회를 개최하면서 민원인에게 회의일정 등을 사전에 통지하지 아니하였다면 취소사유가 존재한다는 입장이다.

⑤ 판례는 환경영향평가를 거쳐야 할 대상사업에 대하여 이를 거치지 아니하였음에도 불구하고 승인 등 처분이 이루어졌다면 이는 당연무효라는 입장이다.

해설

① 행정심판전치주의는 취소소송에는 적용되지만 무효확인소송에는 적용되지 않는다.

② 대법원은 무효와 취소의 구별기준에 대해서 중대명백설을 취하고 있으나, 반대의견으로 명백성 보충요건설이 제시된 판례도 존재한다.

③ 행정청의 권한에는 사무의 성질 및 내용에 따르는 제약이 있고, 지역적·대인적으로 한계가 있으므로 이러한 권한의 범위를 넘어서는 권한유월의 행위는 무권한 행위로서 원칙적으로 무효라고 할 것이나, 행정청의 공무원에 대한 의원면직처분은 공무원의 사직의사를 수리하는 소극적 행정행위에 불과하고, 당해 공무원의 사직의사를 확인하는 확인적 행정행위의 성격이 강하며 재량의 여지가 거의 없기 때문에 의원면직처분에서의 행정청의 권한유월행위를 다른 일반적인 행정행위에서의 그것과 반드시 같이 보아야 할 것은 아니다. 따라서 5급 이상의 국가정보원 직원에 대한 **의원면직처분**이 임면권자인 대통령이 아닌 국가정보원장에 의해 행해진 것으로 위법하고, 나아가 국가정보원 직원의 명예퇴직원 내지 사직서제출이 직위해제 후 1년여에 걸친 국가정보원장 측의 종용에 의한 것이었다는 사정을 감안한다 하더라도 그러한 하자가 중대한 것이라고 볼 수는 없으므로, 대통령의 내부결재가 있었는지에 관계없이 당연무효는 아니라고 할 것이다(대판 2007.7.26. 2005두15748).

④ 민원사무를 처리하는 행정기관이 민원1회 방문처리제를 시행하는 절차의 일환으로 민원사항의 심의·조정 등을 위한 민원조정위원회를 개최하면서 민원인에게 회의일정 등을 사전에 통지하지 아니하였다 하더라도, 이러한 사정만으로 곧바로 민원사항에 대한 행정기관의 장의 거부처분에 취소사유에 이를 정도의 흠이 존재한다고 보기는 어렵다. 다만 행정기관의 장의 거부처분이 재량행위인 경우에, 위와 같은 사전통지의 흠결로 민원인에게 의견진술의 기회를 주지 아니한 결과

민원조정위원회의 심의 과정에서 고려대상에 마땅히 포함시켜야 할 사항을 누락하는 등 재량권의 불행사 또는 해태로 볼 수 있는 구체적 사정이 있다면, 거부처분은 재량권을 일탈·남용한 것으로서 위법하다(대판 2015.8.27. 2013두1560).

⑤ 환경영향평가를 거쳐야 할 대상사업에 대하여 환경영향평가를 거치지 아니하였음에도 불구하고 승인 등 처분이 이루어진다면, 이러한 행정처분의 하자는 법규의 중요한 부분을 위반한 중대한 것이고 객관적으로도 명백한 것이라고 하지 않을 수 없어, 이와 같은 행정처분은 당연무효이다 (대판 2006.6.30. 2005두14363).

정답 ⑤

22 〈보기〉에 대한 설명으로 옳지 않은 것은? (다툼이 있는 경우 판례에 의함) *〈2017 국회직 8급〉*

〈보 기〉

甲은 녹지지역의 용적률 제한을 충족하지 못한다는 점을 숨기고 마치 그 제한을 충족하는 것처럼 가장하여 관할 행정청 A에게 건축허가를 신청하였고, A는 사실관계에 대하여 명확한 확인을 하지 아니한 채 甲에게 건축허가를 하였다. 그 후 A는 甲의 건축허가신청이 위와 같은 제한을 충족하지 못한다는 사실을 알게 되자 甲에 대한 건축허가를 직권으로 취소하였다.

① A의 건축허가취소는 강학상 철회가 아니라 직권취소에 해당한다.
② 甲이 건축허가에 관한 자신의 신뢰이익을 원용하는 것은 허용되지 아니한다.
③ 건축 관계 법령상 명문의 취소근거규정이 없다고 하더라도 그 점만을 이유로 A의 건축허가취소가 위법하게 되는 것은 아니다.
④ 만약 甲으로부터 건축허가신청을 위임받은 乙이 건축허가를 신청한 경우라면, 사실은폐나 기타 사위의 방법에 의한 건축허가 신청행위가 있었는지 여부는 甲과 乙 모두를 기준으로 판단하여야 한다.
⑤ A는 甲의 신청 내용에 구애받지 아니하고 조사 및 검토를 거쳐 관련 법령에 정한 기준에 따라 허가조건의 충족 여부를 제대로 따져 허가 여부를 결정하여야 함에도 불구하고 자신의 잘못으로 건축허가를 한 것이므로 A의 건축허가취소는 위법하다.

해설

① 행정행위의 취소는 일단 유효하게 성립한 행정행위를 그 행위에 위법 또는 부당한 하자가 있음을 이유로 소급하여 그 효력을 소멸시키는 별도의 행정처분이고, 행정행위의 철회는 적법요건을 구비하여 완전히 효력을 발하고 있는 행정행위를 사후적으로 그 행위의 효력의 전부 또는 일부를 장래에 향해 소멸시키는 행정처분이다. 그러므로 행정행위의 취소사유는 행정행위의 성립 당시에 존재하였던 하자(원시적 사유)를 말하고, 철회사유는 행정행위가 성립된 이후에 새로이 발생한

것으로서 행정행위의 효력을 존속시킬 수 없는 사유(후발적 사유)를 말한다(대판 2014.10.27. 2012두11959).

→ *해당 사례의 건축허가의 취소는 철회X / 취소O*

② 수익적 행정처분의 하자가 당사자의 사실은폐나 기타 사위의 방법에 의한 신청행위에 기인한 것이라면 당사자는 처분에 의한 이익이 위법하게 취득되었음을 알아 취소가능성도 예상하고 있었다 할 것이므로, 그 자신이 처분에 관한 신뢰이익을 원용할 수 없음은 물론 행정청이 이를 고려하지 아니하였더라도 재량권의 남용이 되지 아니한다(대판 2014.11.27. 2013두16111).

③ 행정행위를 한 처분청은 그 행위에 하자가 있는 경우에는 별도의 법적 근거가 없더라도 스스로 이를 취소할 수 있고, 다만 수익적 행정처분을 취소할 때에는 이를 취소하여야 할 공익상의 필요와 취소로 인하여 당사자가 입게 될 기득권과 신뢰보호 및 법률생활 안정의 침해 등 불이익을 비교·교량한 후 공익상의 필요가 당사자가 입을 불이익을 정당화할 만큼 강한 경우에 한하여 취소할 수 있다(대판 2014.11.27. 2013두16111).

④ 당사자의 사실은폐나 기타 사위의 방법에 의한 신청행위가 있었는지 여부는 행정청의 상대방과 그로부터 신청행위를 위임받은 수임인 등 관계자 모두를 기준으로 판단하여야 한다(대판 2014.11.27. 2013두16111).

⑤ 허가권자가 신청 내용에 구애받지 아니하고 조사 및 검토를 거쳐 관련 법령에 정한 기준에 따라 허가조건의 충족 여부를 제대로 따져 허가 여부를 결정하여야 하는 것은 맞지만, 그렇다고 신청인 측에서 의도적으로 법령에 정한 각종 규제를 탈법적인 방법으로 회피하려고 하는 것을 정당화할 수는 없다(대판 2014.11.27. 2013두16111).

정답 ⑤

23 다음 중 무효인 행정행위에 해당하는 것을 모두 고른 것은? (다툼이 있는 경우 판례에 의함)

〈2017 지방직 7급〉

ㄱ. 「환경영향평가법」상 환경영향평가를 실시하여야 할 사업에 대하여 환경영향평가를 거치지 않고 행한 승인처분

ㄴ. 과세처분의 근거가 되었던 법률규정에 대해 위헌결정이 내려진 이후 당해 처분의 집행을 위해 행한 체납처분

ㄷ. 「행정절차법」상 청문절차를 거쳐야 하는 처분임에도 청문절차를 결여한 처분

ㄹ. 「택지개발촉진법」상 택지개발예정지구를 지정함에 있어 거쳐야 하는 관계중앙행정기관의 장과의 협의를 거치지 않은 택지개발예정지구 지정처분

① ㄱ, ㄴ ② ㄱ, ㄹ
③ ㄴ, ㄷ ④ ㄷ, ㄹ

해설

ㄱ. 환경영향평가를 거쳐야 할 대상사업에 대하여 환경영향평가를 거치지 아니하였음에도 불구하고 승인 등 처분이 이루어진다면, 사전에 환경영향평가를 함에 있어 평가대상지역 주민들의 의견을 수렴하고 그 결과를 토대로 하여 환경부장관과의 협의내용을 사업계획에 미리 반영시키는 것 자체가 원천적으로 봉쇄되는바, 이렇게 되면 환경파괴를 미연에 방지하고 쾌적한 환경을 유지·조성하기 위하여 환경영향평가제도를 둔 입법 취지를 달성할 수 없게 되는 결과를 초래할 뿐만 아니라 환경영향평가대상지역 안의 주민들의 직접적이고 개별적인 이익을 근본적으로 침해하게 되므로, 이러한 행정처분의 하자는 법규의 중요한 부분을 위반한 중대한 것이고 객관적으로도 명백한 것이라고 하지 않을 수 없어, 이와 같은 행정처분은 당연무효이다(대판 2006.6.30. 2005두14363).

ㄴ. 조세 부과의 근거가 되었던 법률규정이 위헌으로 선언된 경우, 비록 그에 기한 과세처분이 위헌결정 전에 이루어졌고, 과세처분에 대한 제소기간이 이미 경과하여 조세채권이 확정되었으며, 조세채권의 집행을 위한 체납처분의 근거규정 자체에 대하여는 따로 위헌결정이 내려진 바 없다고 하더라도, 위와 같은 위헌결정 이후에 조세채권의 집행을 위한 새로운 체납처분에 착수하거나 이를 속행하는 것은 더 이상 허용되지 않고, 나아가 이러한 위헌결정의 효력에 위배하여 이루어진 체납처분은 그 사유만으로 하자가 중대하고 객관적으로 명백하여 당연무효라고 보아야 한다(대판 2012.2.16. 2010두10907).

ㄷ. 행정청이 특히 침해적 행정처분을 할 때 그 처분의 근거 법령 등에서 청문을 실시하도록 규정하고 있다면, 행정절차법 등 관련 법령상 청문을 실시하지 않아도 되는 예외적인 경우에 해당하지 않는 한 반드시 청문을 실시하여야 하며, 그러한 절차를 결여한 처분은 위법한 처분으로서 취소사유에 해당한다(대판 2007.11.16. 2005두15700).

ㄹ. 구 택지개발촉진법에 의하면, 택지개발은 택지개발예정지구의 지정(제3조), 택지개발계획의 승인(제8조), 이에 기한 수용재결 등의 순서로 이루어지는바, 위 각 행위는 각각 단계적으로 별개의 법률효과가 발생되는 독립한 행정처분이어서 선행처분에 불가쟁력이 생겨 그 효력을 다툴 수 없게 된 경우에는 선행처분에 위법사유가 있다고 할지라도 그것이 당연무효의 사유가 아닌 한 선행처분의 하자가 후행처분에 승계되는 것은 아니라고 할 것인데, 같은 법 제3조에서 건설부장관이 택지개발예정지구를 지정함에 있어 미리 관계중앙행정기관의 장과 협의를 하라고 규정한 의미는 그의 자문을 구하라는 것이지 그 의견을 따라 처분을 하라는 의미는 아니라 할 것이므로 이러한 협의를 거치지 아니하였다고 하더라도 이는 위 지정처분을 취소할 수 있는 원인이 되는 하자 정도에 불과하고 위 지정처분이 당연무효가 되는 하자에 해당하는 것은 아니다(대판 2000.10.13. 99두653).

정답 ①

24 행정행위의 하자에 대한 다음의 설명 중 옳지 않은 것은? (다툼이 있는 경우 판례에 의함)

〈2017 서울시 7급〉

① 건축물에 대한 철거명령의 하자가 중대·명백하다면 그 후행행위인 건축물 철거 대집행계고처분 역시 당연무효이다.

② 과세처분이 조세부과처분의 근거법령에 대한 위헌결정 전에 이루어졌고 과세처분의 제소기간이 경과하여 조세채권이 확정되었더라도 그 위헌결정 이후 조세채권의 새로운 체납처분에 착수하거나 이를 속행하는 것은 허용되지 않는다.

③ 취소소송의 제기기간을 경과하여 불가쟁력이 발생한 행정처분에도 위헌결정의 소급효가 미친다.

④ 환경영향평가법상 환경영향평가를 거쳐야 할 대상사업에 대하여 환경영향평가를 거치지 않고 해당 사업에 승인처분을 하였다면 그 하자는 중대·명백한 것으로 그 행정처분은 당연무효이다.

해설

① 대체적 작위의무를 부과하는 행정처분(건물철거명령)과 대집행절차 사이에서는 부과처분이 당연무효가 아닌 한 하자의 승계가 인정되지 않는다. 그러나 선행처분인 철거명령이 당연무효인 경우에는 후행처분인 철거대집행 계고처분도 당연무효이다. 적법한 건축물에 대한 철거명령은 그 하자가 중대하고 명백하여 당연무효라고 할 것이고, 그 후행행위인 건축물철거대집행계고처분 역시 당연무효라고 할 것이다(대판 1999.4.27. 97누6780).

② 행정처분이 있은 후에 그 처분의 근거가 된 법률이 위헌으로 결정된 경우 그 처분의 집행이나 집행력을 유지하기 위한 행위는 위헌결정의 기속력에 위반되어 허용되지 아니한다(대판 2002.8.23. 2001두2959).

③ 위헌인 법률에 근거한 행정처분이 당연무효인지의 여부는 위헌결정의 소급효와는 별개의 문제로서, 위헌결정의 소급효가 인정된다고 하여 위헌인 법률에 근거한 행정처분이 당연무효가 된다고는 할 수 없고, 오히려 이미 취소소송의 제기기간을 경과하여 확정력이 발생한 행정처분에는 위헌결정의 소급효가 미치지 않는다고 보아야 한다(대판 1994.10.28. 92누9463).

④ 환경영향평가를 거쳐야 할 대상사업에 대하여 환경영향평가를 거치지 아니하였음에도 불구하고 승인 등 처분이 이루어진다면, 사전에 환경영향평가를 함에 있어 평가대상지역주민들의 의견을 수렴하고 그 결과를 토대로 하여 환경부장관과의 협의내용을 사업계획에 미리 반영시키는 것 자체가 원천적으로 봉쇄되는바, 이렇게 되면 환경파괴를 미연에 방지하고 쾌적한 환경을 유지·조성하기 위하여 환경영향평가제도를 둔 입법 취지를 달성할 수 없게 되는 결과를 초래할 뿐만 아니라 환경영향평가대상지역 안의 주민들의 직접적이고 개별적인 이익을 근본적으로 침해하게 되므로, 이러한 행정처분의 하자는 법규의 중요한 부분을 위반한 중대한 것이고 객관적으로도 명백한 것이라고 하지 않을 수 없어, 이와 같은 행정처분은 당연무효이다(대판 2006.6.30. 2005두14363).

정답 ③

25 **행정행위에 대한 판례의 내용으로 옳지 않은 것은? (다툼이 있는 경우 판례에 의함)** 〈2015 국가직 9급〉

① 침익적 행정행위를 한 처분청은 그 행위에 하자가 있는 경우에 별도의 법적 근거가 없더라도 스스로 이를 취소할 수 있다.

② 허가에 붙은 기한이 그 허가된 사업의 성질상 부당하게 짧은 경우에는 이를 그 허가 자체의 존속기간이 아니라 그 허가 조건의 존속기간으로 보고 그 기한이 도래함으로써 그 조건의 개정을 고려한다.

③ 건설업자가 시공자격 없는 자에게 전문공사를 하도급한 행위에 대하여 과징금부과처분을 하는 경우, 구체적인 부과기준에 대하여 처분시의 법령이 행위시의 법령보다 불리하게 개정 되었고 어느 법령을 적용할 것인지에 대하여 특별한 규정이 없다면 행위시의 법령을 적용하여야 한다.

④ 헌법재판소가 법률을 위헌으로 결정하였다면 이러한 결정이 있은 후 그 법률을 근거로 한 행정처분은 중대한 하자이기는 하나 명백한 하자는 아니므로 당연무효는 아니다.

해설

① 행정행위를 한 처분청은 그 행위에 흠이 있는 경우 별도의 법적 근거가 없더라도 스스로 이를 취소할 수 있고, 다만 수익적 행정처분을 취소할 때에는 이를 취소하여야 할 공익상의 필요와 그 취소로 인하여 당사자가 입게 될 기득권과 신뢰보호 및 법률생활 안정의 침해 등 불이익을 비교·교량한 후 공익상의 필요가 당사자가 입을 불이익을 정당화할 만큼 강한 경우에 한하여 취소할 수 있다(대판 2010.11.11. 2009두14934).

② 일반적으로 행정처분에 효력기간이 정하여져 있는 경우에는 그 기간의 경과로 그 행정처분의 효력은 상실되고, 다만 허가에 붙은 기한이 그 허가된 사업의 성질상 부당하게 짧은 경우에는 이를 그 허가 자체의 존속기간이 아니라 그 허가조건의 존속기간으로 보아 그 기한이 도래함으로써 그 조건의 개정을 고려한다는 뜻으로 해석할 수는 있지만, 그와 같은 경우라 하더라도 그 허가기간이 연장되기 위하여는 그 종기가 도래하기 전에 그 허가기간의 연장에 관한 신청이 있어야 하며, 만일 그러한 연장신청이 없는 상태에서 허가기간이 만료하였다면 그 허가의 효력은 상실된다(대판 2007.10.11, 2005두12404).

③ **구 건설업법 시행 당시**에 건설업자가 도급받은 건설공사 중 전문공사를 그 전문공사를 시공할 자격 없는 자에게 하도급한 행위에 대하여 **건설산업기본법 시행 이후**에 과징금 부과처분을 하는 경우, **과징금의 부과상한**은 건설산업기본법 부칙 제5조 제1항에 의하여 피적용자에게 유리하게 개정된 건설산업기본법 제82조 제2항에 따르되, **구체적인 부과기준**에 대하여는 처분시의 시행령이 행위시의 시행령보다 불리하게 개정되었고 어느 시행령을 적용할 것인지에 대하여 특별한 규정이 없으므로, 행위시의 시행령을 적용하여야 한다(대판 2002.12.10, 2001두3228).

← 당사자A의 불법행위에 대해서 침익적 행정처분을 하는 경우, 당사자A에게 유리한 법령을 기준으로 부과해야한다는 의미

④ 법률이 위헌으로 결정된 후 그 법률에 근거하여 발령되는 행정처분은 위헌결정의 기속력에 반하므로 그 하자가 중대하고 명백하여 당연무효가 된다(대판 2002.6.28. 2001두1925).

정답 ④

26 甲은 「영유아보육법」에 따라 보건복지부장관의 평가인증을 받아 어린이집을 설치·운영하고 있다. 甲은 어린이집을 운영하면서 부정한 방법으로 보조금을 교부받아 사용하였고, 보건복지부장관은 이를 근거로 관련 법령에 따라 평가인증을 취소하였다. 이에 대한 설명으로 옳은 것은? (다툼이 있는 경우 판례에 의함) *〈2019 국가직 9급〉*

① 평가인증의 취소는 강학상 철회에 해당하며, 행정청이 평가인증취소처분을 하면서 별도의 법적 근거 없이도 평가인증의 효력을 취소사유 발생일로 소급하여 상실시킬 수 있다.
② 평가인증의 취소는 강학상 취소에 해당하며, 행정청이 평가인증취소처분을 하면서 별도의 법적 근거 없이는 평가인증의 효력을 취소사유 발생일로 소급하여 상실시킬 수 없다.
③ 평가인증의 취소는 강학상 철회에 해당하며, 행정청이 평가인증취소처분을 하면서 별도의 법적 근거 없이는 평가인증의 효력을 취소사유 발생일로 소급하여 상실시킬 수 없다.
④ 평가인증의 취소는 강학상 취소에 해당하며, 행정청이 평가인증취소처분을 하면서 별도의 법적 근거 없이도 평가인증의 효력을 취소사유 발생일로 소급하여 상실시킬 수 있다.

해설

가. 항고소송에서 행정처분의 위법 여부는 행정처분이 있을 때의 법령과 사실 상태를 기준으로 판단하여야 한다. 이는 처분 후에 생긴 법령의 개폐나 사실 상태의 변동에 영향을 받지 않는다는 뜻이지, 처분 당시 존재하였던 자료나 행정청에 제출되었던 자료만으로 위법 여부를 판단한다는 의미는 아니다. 따라서 법원은 행정처분 당시 행정청이 알고 있었던 자료뿐만 아니라 사실심 변론종결 당시까지 제출된 모든 자료를 종합하여 처분 당시 존재하였던 객관적 사실을 확정하고 그 사실에 기초하여 처분의 위법 여부를 판단할 수 있다.

나. 행정행위의 '취소'는 일단 유효하게 성립한 행정행위를 그 행위에 위법한 하자가 있음을 이유로 소급하여 효력을 소멸시키는 별도의 행정처분을 의미함이 원칙이다. 반면, 행정행위의 '철회'는 적법요건을 구비하여 완전히 효력을 발하고 있는 행정행위를 사후적으로 효력의 전부 또는 일부를 장래에 향해 소멸시키는 별개의 행정처분이다. 그리고 행정행위의 '**취소사유**'는 원칙적으로 **행정행위의 성립 당시에 존재하였던 하자**를 말하고, '**철회사유**'는 **행정행위가 성립된 이후에 새로이 발생한 것**으로서 행정행위의 효력을 존속시킬 수 없는 사유를 말한다.

다. 영유아보육법 제30조 제5항 제3호에 따른 평가인증의 취소는 평가인증 당시에 존재하였던 하자가 아니라 그 이후에 새로이 발생한 사유로 평가인증의 효력을 소멸시키는 경우에 해당하므로, 법적 성격은 평가인증의 '철회'에 해당한다. 그런데 행정청이 평가인증을 철회하면서 그 효력을 철회의 효력발생일 이전으로 소급하게 하면, 철회 이전의 기간에 평가인증을 전제로 지급한 보조금 등의 지원이 그 근거를 상실하게 되어 이를 반환하여야 하는 법적 불이익이 발생한다. 이는 장래를 향하여 효력을 소멸시키는 철회가 예정한 법적 불이익의 범위를 벗어나는 것이다. 이처럼 행정청이 평가인증이 이루어진 이후에 새로이 발생한 사유를 들어 영유아보육법 제30조 제5항에 따라 평가인증을 철회하는 처분을 하면서도, 평가인증의 효력을 과거로 소급하여 상실시키기 위해서는, 특별한 사정이 없는 한 영유아보육법 제30조 제5항과는 별도의 법적 근거가 필요하다(대판 2018.6.28, 2015두58195).

정답 ③

제2절 행정행위의 부관

01 행정행위의 부관에 대한 설명으로 옳은 것은? (다툼이 있는 경우 판례에 의함) *〈2021 국가직 9급〉*

① 행정처분과 부관 사이에 실제적 관련성이 있다고 볼 수 없는 경우, 공무원이 공법상의 제한을 회피할 목적으로 행정처분의 상대방과 사이에 사법상 계약을 체결하는 형식을 취하였더라도 법치행정의 원리에 반하는 것으로서 위법하다고 볼 수 없다.

② 처분 당시 법령을 기준으로 처분에 부가된 부담이 적법 하였더라도, 처분 후 부담의 전제가 된 주된 행정처분의 근거 법령이 개정됨으로써 행정청이 더 이상 부관을 붙일 수 없게 되었다면 그때부터 부담의 효력은 소멸한다.

③ 부담의 이행으로서 하게 된 사법상 매매 등의 법률행위는 부담을 붙인 행정처분과는 별개의 법률행위이므로, 그 부담의 불가쟁력의 문제와는 별도로 법률행위가 사회질서 위반이나 강행규정에 위반되는지 여부 등을 따져보아 그 법률행위의 유효 여부를 판단하여야 한다.

④ 허가에 붙은 기한이 그 허가된 사업의 성질상 부당하게 짧아서 이 기한이 허가 자체의 존속기간이 아니라 허가조건의 존속기간으로 해석되는 경우에는 허가 여부의 재량권을 가진 행정청은 허가조건의 개정만을 고려할 수 있고, 그 후 당초의 기한이 상당 기간 연장되어 그 기한이 부당하게 짧은 경우에 해당하지 않게 된 때라도 더 이상의 기간연장을 불허가할 수는 없다.

해설

① 공무원이 인·허가 등 수익적 행정처분을 하면서 상대방에게 그 처분과 관련하여 이른바 부관으로서 부담을 붙일 수 있다 하더라도, 그러한 부담은 법치주의와 사유재산 존중, 조세법률주의 등 헌법의 기본원리에 비추어 비례의 원칙이나 부당결부의 원칙에 위반되지 않아야만 적법한 것인바, 행정처분과 부관 사이에 실제적 관련성이 있다고 볼 수 없는 경우 공무원이 위와 같은 공법상의 제한을 회피할 목적으로 행정처분의 상대방과 사이에 사법상 계약을 체결하는 형식을 취하였다면 이는 법치행정의 원리에 반하는 것으로서 위법하다(대판 2009.12.10. 2007다63966).

② 행정청이 수익적 행정처분을 하면서 부가한 부담의 위법 여부는 처분 당시 법령을 기준으로 판단하여야 하고, 부담이 처분 당시 법령을 기준으로 적법하다면 처분 후 부담의 전제가 된 주된 행정처분의 근거 법령이 개정됨으로써 행정청이 더 이상 부관을 붙일 수 없게 되었다 하더라도 곧바로 위법하게 되거나 그 효력이 소멸하게 되는 것은 아니다(대판 2009.2.12. 2005다65500).

③ 부담의 이행으로서 하게 된 사법상 매매 등의 법률행위는 부담을 붙인 행정처분과는 어디까지나 별개의 법률행위이므로 그 부담의 불가쟁력의 문제와는 별도로 법률행위가 사회질서 위반이나 강행규정에 위반되는지 여부 등을 따져보아 그 법률행위의 유효 여부를 판단하여야 한다(대판 2009.6.25. 2006다18174).

④ 일반적으로 행정처분에 효력기간이 정하여져 있는 경우에는 그 기간의 경과로 그 행정처분의 효력은 상실되며, 다만 허가에 붙은 기한이 그 허가된 사업의 성질상 부당하게 짧은 경우에는 이를 그 허가 자체의 존속기간이 아니라 그 허가조건의 존속기간으로 보아 그 기한이 도래함으로써 그 조건의 개정을 고려한다는 뜻으로 해석할 수 있지만, 이와 같이 당초에 붙은 기한을 허가 자체의 존속기간이 아니라 허가조건의 존속기간으로 보더라도 그 후 당초의 기한이 상당 기간 연장되어 연장된 기간을 포함한 존속기간 전체를 기준으로 볼 경우 더 이상 허가된 사업의 성질상 부당하게 짧은 경우에 해당하지 않게 된 때에는 관계 법령의 규정에 따라 허가 여부의 재량권을 가진 행정청으로서는 그 때에도 허가조건의 개정만을 고려하여야 하는 것은 아니고 재량권의 행사로서 더 이상의 기간연장을 불허가할 수도 있는 것이며, 이로써 허가의 효력은 상실된다(대판 2004.3.25. 2003두12837).

정답 ③

02 행정행위의 부관에 대한 설명으로 옳은 것은? (다툼이 있는 경우 판례에 의함) 〈2020 지방직 9급〉

① 부관 중에서 부담은 주된 행정행위로부터 분리될 수 있다 할지라도 부담 그 자체는 독립된 행정행위가 아니므로 주된 행정행위로부터 분리하여 쟁송의 대상이 될 수 없다.

② 기부채납받은 행정재산에 대한 사용·수익허가에서 공유재산의 관리청이 정한 사용·수익허가의 기간은 그 허가의 효력을 제한하기 위한 행정행위의 부관으로서, 이러한 사용·수익허가의 기간에 대해서는 독립하여 행정소송을 제기할 수 있다.

③ 지방국토관리청장이 일부 공유수면매립지를 국가 또는 지방자치단체에 귀속처분한 것은 법률효과의 일부를 배제하는 부관을 붙인 것이므로 이러한 행정행위의 부관은 독립하여 행정쟁송 대상이 될 수 없다.

④ 행정청이 부담을 부가하기 이전에 상대방과 협의하여 부담의 내용을 협약의 형식으로 미리 정한 경우에는 행정처분을 하면서 이를 부담으로 부가할 수 없다.

해설

① 행정행위의 부관 중에서도 행정행위에 부수하여 그 행정행위의 상대방에게 일정한 의무를 부과하는 행정청의 의사표시인 부담의 경우에는 다른 부관과는 달리 행정행위의 불가분적인 요소가 아니고 그 존속이 본체인 행정행위의 존재를 전제로 하는 것일 뿐이므로 부담 그 자체로서 행정쟁송의 대상이 될 수 있다(대판 1992.1.21. 91누1264).

② **행정행위의 부관은 부담인 경우를 제외하고는 독립하여 행정소송의 대상이 될 수 없는바**, 기부 채납받은 행정재산에 대한 사용·수익허가에서 공유재산의 관리청이 정한 사용·수익허가의 **기간**은 그 허가의 효력을 제한하기 위한 행정행위의 부관으로서 이러한 사용·수익허가의 **기간**에 대해서는 독립하여 행정소송을 제기할 수 **없다**(대판 2001.6.15. 99두509).

③ 행정행위의 부관은 부담의 경우를 제외하고는 독립하여 행정소송의 대상이 될 수 없는 것인바, 행정청이 한 공유수면매립준공인가 중 매립지 일부에 대하여 한 국가귀속처분은 매립준공인가를 함에 있어서 매립의 면허를 받은 자의 매립지에 대한 소유권취득을 규정한 공유수면매립법 제14조의 효과 일부를 배제하는 부관을 붙인 것이므로 이러한 행정행위의 부관에 대하여는 독립하여 행정소송의 대상으로 삼을 수 없다(대판 1991.12.13. 90누8503). *<2019 지방직 9급>*

④ 수익적 행정처분에 있어서는 법령에 특별한 근거규정이 없다고 하더라도 그 부관으로서 부담을 붙일 수 있고, 그와 같은 부담은 행정청이 행정처분을 하면서 일방적으로 부가할 수도 있지만 부담을 부가하기 이전에 상대방과 협의하여 부담의 내용을 협약의 형식으로 미리 정한 다음 행정처분을 하면서 이를 부가할 수도 있다(대판 2009.2.12. 2005다65500).

정답 ③

03 행정행위의 부관에 대한 설명으로 옳지 않은 것은? (다툼이 있는 경우 판례에 의함) *〈2019 국가직 9급〉*

① 사정변경으로 당초에 부담을 부가한 목적을 달성할 수 없게 된 경우에도 그 목적달성에 필요한 범위 내에서 예외적으로 부담의 사후변경이 허용된다.

② 행정처분에 부담인 부관을 붙인 경우, 부관이 무효라면 부담의 이행으로 이루어진 사법상 매매행위도 당연히 무효가 된다.

③ 기속행위에 대해서는 법령상 특별한 근거가 없는 한 부관을 붙일 수 없고, 가사 부관을 붙였다고 하더라도 이는 무효이다.

④ 도로점용허가의 점용기간을 정함에 있어 위법사유가 있다면 도로점용허가처분 전부가 위법하게 된다.

해설

① 행정처분에 이미 부담이 부가되어 있는 상태에서 그 의무의 범위 또는 내용 등을 변경하는 부관의 사후변경은, **법률에 명문의 규정**이 있거나 그 **변경이 미리 유보되어 있는 경우** 또는 **상대방의 동의**가 있는 경우에 **한하여 허용**되는 것이 **원칙**이지만, **사정변경**으로 인하여 당초에 부담을 부가한 목적을 달성할 수 없게 된 경우에도 그 목적달성에 필요한 범위 내에서 **예외**적으로 **허용된다**(대판 1997.5.30, 97누2627).

→ 부담의 사후변경 : 원칙 3가지 / 예외 1가지

② 행정처분에 부담인 부관을 붙인 경우 부관의 무효화에 의하여 본체인 행정처분 자체의 효력에도 영향이 있게 될 수는 있지만, 그 처분을 받은 사람이 부담의 이행으로 사법상 매매 등의 법률행위를 한 경우에는 그 부관은 특별한 사정이 없는 한 법률행위를 하게 된 동기 내지 연유로 작용하였을 뿐이므로 이는 법률행위의 취소사유가 될 수 있음은 별론으로 하고 그 법률행위 자체를 당연히 무효화하는 것은 아니다(대판 2009.6.25. 2006다18174).

③ 일반적으로 기속행위나 기속적 재량행위에는 부관을 붙일 수 없고 가사 부관을 붙였다 하더라도 **무효**이다(대판 1995.6.13., 94다56883).

④ 도로점용허가의 점용기간은 **행정행위의 본질적인 요소**에 해당한다고 볼 것이어서 부관인 점용기간을 정함에 있어서 위법사유가 있다면 이로써 도로점용허가 처분 전부가 위법하게 된다(대판 1985.7.9. 84누604).

정답 ②

04 행정행위의 부관에 대한 설명으로 옳지 않은 것은? (다툼이 있는 경우 판례에 의함) 〈2019 지방직 9급〉

① 도로점용허가의 점용기간은 행정행위의 본질적인 요소에 해당한다고 볼 것이어서 부관인 점용기간을 정함에 있어서 위법사유가 있다면 이로써 도로점용허가처분 전부가 위법하게 된다.

② 부담이 처분 당시 법령을 기준으로 적법하다면 처분 후 부담의 전제가 된 주된 행정처분의 근거 법령이 개정됨으로써 행정청이 더 이상 부관을 붙일 수 없게 되었다 하더라도 곧바로 위법하게 되거나 그 효력이 소멸하게 되는 것은 아니다.

③ 기선선망어업의 허가를 하면서 운반선, 등선 등 부속선을 사용할 수 없도록 제한한 부관은 그 어업허가의 목적 달성을 사실상 어렵게 하여 그 본질적 효력을 해하는 것이다.

④ 공유수면매립준공인가처분을 하면서 매립지 일부에 대하여 한 국가 및 지방자치단체에의 귀속처분은 부관 중 부담에 해당하므로 독립하여 행정소송 대상이 될 수 있다.

해설

① 도로점용허가의 점용기간은 행정행위의 본질적인 요소에 해당한다고 볼 것이어서 부관인 점용기간을 정함에 있어서 위법사유가 있다면 이로써 도로점용허가 처분 전부가 위법하게 된다고 할 것이다(대판 1985.7.9. 84누604).

② 행정청이 수익적 행정처분을 하면서 부가한 부담의 위법 여부는 처분 당시 법령을 기준으로 판단하여야 하고, 부담이 처분 당시 법령을 기준으로 적법하다면 처분 후 부담의 전제가 된 주된 행정처분의 근거 법령이 개정됨으로써 행정청이 더 이상 부관을 붙일 수 없게 되었다 하더라도 곧바로 위법하게 되거나 그 효력이 소멸하게 되는 것은 아니다(대판 2009.2.12. 2005다65500).

③ 기선선망어업의 허가를 하면서 운반선, 등선 등 부속선을 사용할 수 없도록 제한한 부관은 그 어업허가의 목적달성을 사실상 어렵게 하여 그 본질적 효력을 해하는 것일 뿐만 아니라 수산업법 시행령의 규정에도 어긋나는 것이며, 더우기 어업조정이나 기타 공익상 필요하다고 인정되는 사정이 없는 이상 위법한 것이다(대판 1990.4.27. 89누6808).

④ 행정행위의 부관은 부담의 경우를 제외하고는 독립하여 행정소송의 대상이 될 수 없는 것인바, 지방국토관리청장이 일부 공유수면매립지에 대하여 한 국가 또는 직할시 귀속처분은 매립준공인가를 함에 있어서 매립의 면허를 받은 자의 매립지에 대한 소유권취득을 규정한 공유수면매립법 제14조의 효과 일부를 배제하는 부관을 붙인 것이고, 이러한 행정행위의 부관은 위 법리와 같이 독립하여 행정소송 대상이 될 수 없다(대판 1993.10.8, 93누2032).

→ *일부 공유수면매립지에 한 귀속처분 : 법률효과의 일부배제O / 부담X ∴ 독립하여 행정소송 대상X*

정답 ④

05 **갑은 개발제한구역 내에서의 건축허가를 관할 행정청인 을에게 신청하였고, 을은 갑에게 일정 토지의 기부채납을 조건으로 이를 허가하였다. 이에 대한 설명으로 옳은 것은? (다툼이 있는 경우 판례에 의함)** *〈2019 지방직 7급〉*

① 특별한 규정이 없다면 갑에 대한 건축허가는 기속행위로서 건축허가를 하면서 기부채납조건을 붙인 것은 위법하다.

② 갑이 부담인 기부채납조건에 대하여 불복하지 않았고, 이를 이행하지도 않은 채 기부채납조건에서 정한 기부채납기한이 경과하였다면 이로써 갑에 대한 건축허가는 효력을 상실한다.

③ 기부채납조건이 중대하고 명백한 하자로 인하여 무효라 하더라도 갑의 기부채납 이행으로 이루어진 토지의 증여는 그 자체로 사회질서 위반이나 강행규정 위반 등의 특별한 사정이 없는 한 유효하다.

④ 건축허가 자체는 적법하고 부담인 기부채납조건만이 취소사유에 해당하는 위법성이 있는 경우, 갑은 기부채납조건부 건축허가처분 전체에 대하여 취소소송을 제기할 수 있을 뿐이고 기부채납조건만을 대상으로 취소소송을 제기할 수 없다.

해설

① 개발제한구역 내에서는 구역지정의 목적상 건축물의 건축 및 공작물의 설치 등 개발행위가 원칙적으로 금지되고, 다만 구체적인 경우에 이러한 구역지정의 목적에 위배되지 아니할 경우 예외적으로 허가에 의하여 그러한 행위를 할 수 있게 되어 있음이 그 규정의 체제와 문언상 분명하고, 이러한 예외적인 개발행위의 허가는 상대방에게 수익적인 것이 틀림이 없으므로 그 법률적 성질은 재량행위 내지 자유재량행위에 속하는 것이고, 이러한 재량행위에 있어서는 관계 법령에 명시적

인 금지규정이 없는 한 행정목적을 달성하기 위하여 조건이나 기한, 부담 등의 부관을 붙일 수 있다(대판 2004.3.25. 2003두12837).

② 부담부 행정행위는 부담을 불이행하더라도 별도로 철회를 하지 않는 한 당연히 효력이 소멸하는 것은 아니지만 해제조건은 조건이 성취되면 행정행위의 효력이 당연히 소멸한다.

③ 행정처분에 부담인 부관을 붙인 경우 부관의 무효화에 의하여 본체인 행정처분 자체의 효력에도 영향이 있게 될 수는 있지만, 그 처분을 받은 사람이 부담의 이행으로 사법상 매매 등의 법률행위를 한 경우에는 그 부관은 특별한 사정이 없는 한 법률행위를 하게 된 동기 내지 연유로 작용하였을 뿐이므로 이는 법률행위의 취소사유가 될 수 있음은 별론으로 하고 그 법률행위 자체를 당연히 무효화하는 것은 아니다(대판 2009.6.25. 2006다18174).

④ 행정행위의 부관은 행정행위의 일반적인 효력이나 효과를 제한하기 위하여 의사표시의 주된 내용에 부가되는 종된 의사표시이지 그 자체로서 직접 법적 효과를 발생하는 독립된 처분이 아니므로 현행 행정쟁송제도 아래서는 부관 그 자체만을 독립된 쟁송의 대상으로 할 수 없는 것이 원칙이나 행정행위의 부관 중에서도 행정행위에 부수하여 그 행정행위의 상대방에게 일정한 의무를 부과하는 행정청의 의사표시인 부담의 경우에는 다른 부관과는 달리 행정행위의 불가분적인 요소가 아니고 그 존속이 본체인 행정행위의 존재를 전제로 하는 것일 뿐이므로 **부담 그 자체로서 행정쟁송의 대상**이 될 수 있다(대판 1992.1.21. 91누1264).

정답 ③

06 행정행위의 부관에 대한 설명으로 가장 옳지 않은 것은? *〈2019 서울시 9급〉*

① 처분 전에 미리 상대방과 협의하여 부담의 내용을 협약의 형식으로 정한 다음 처분을 하면서 해당 부관을 붙이는 것도 가능하다.

② 부관이 처분 당시의 법령으로는 적법하였으나 처분 후 근거법령이 개정되어 더 이상 부관을 붙일 수 없게 되었다면 당초의 부관도 소급하여 효력이 소멸한다.

③ 처분을 하면서 처분과 관련한 소의 제기를 금지하는 내용의 부제소특약을 부관으로 붙이는 것은 허용되지 않는다.

④ 부당결부금지 원칙에 위반하여 허용되지 않는 부관을 행정처분과 상대방 사이의 사법상 계약의 형식으로 체결하는 것은 허용되지 않는다.

해설

① 부담은 행정청이 행정처분을 하면서 일방적으로 부가할 수도 있지만 부담을 부가하기 **이전에** 상대방과 협의하여 부담의 내용을 협약의 형식으로 **미리** 정한 다음 행정처분을 하면서 이를 부가할 수도 있다(대판 2009.2.12. 2005다65500).

② 행정청이 수익적 행정처분을 하면서 부가한 부담의 위법 여부는 처분 당시 법령을 기준으로 판단하여야 하고, 부담이 처분 당시 법령을 기준으로 적법하다면 처분 후 부담의 전제가 된 주된 행정처분의 근거 법령이 개정됨으로써 행정청이 더 이상 부관을 붙일 수 없게 되었다 하더라도 곧바로 위법하게 되거나 그 효력이 소멸하게 되는 것은 아니다(대판 2009.2.12. 2005다65500).

③ 지방자치단체장이 도매시장법인의 대표이사에 대하여 위 지방자치단체장이 개설한 농수산물도매시장의 도매시장법인으로 다시 지정함에 있어서 그 지정조건으로 '지정기간 중이라도 개설자가 농수산물 유통정책의 방침에 따라 도매시장법인 이전 및 지정취소 또는 폐쇄 지시에도 일체 소송이나 손실보상을 청구할 수 없다.'라는 부관을 붙였으나, 그 중 부제소특약에 관한 부분은 당사자가 임의로 처분할 수 없는 공법상의 권리관계를 대상으로 하여 사인의 국가에 대한 공권인 소권을 당사자의 합의로 포기하는 것으로서 허용될 수 없다(대판 1998.8.21. 98두8919).

→ *부제소특약(소를 제기할 수 없다는 특별한 계약)은 헌법상 재판청구권의 침해에 해당하므로 인정X*

④ 행정처분과 부관 사이에 실제적 관련성이 있다고 볼 수 없는 경우 공무원이 위와 같은 **공법상의 제한을 회피할 목적**으로 행정처분의 상대방과 사이에 **사법상 계약을 체결**하는 형식을 취하였다면 이는 법치행정의 원리에 반하는 것으로서 **위법**하다(대판 2009.12.10. 2007다63966).

정답 ②

07 행정행위의 부관에 대한 설명으로 가장 옳은 것은? *〈2019 서울시 7급〉*

① 기속행위 행정처분에 부담인 부관을 붙인 경우 그 부관은 무효이므로 그 처분을 받은 사람이 그 부담의 이행으로서 하게 된 증여의 의사표시 자체도 당연히 무효가 된다.

② 행정처분과 실제적 관련성이 없어 부관으로 붙일 수 없는 부담을 사법상 계약의 형식으로 행정처분의 상대방에게 부과하였더라도 법치행정의 원리에 반하지 않는다.

③ 부담을 부가한 처분을 한 후에 부담의 전제가 된 주된 행정처분의 근거 법령이 개정됨으로써 행정청이 더 이상 부관을 붙일 수 없게 되었다면 그 부담은 곧바로 효력이 소멸된다.

④ 사정변경으로 인하여 당초에 부담을 부가한 목적을 달성할 수 없는 경우에 그 목적달성에 필요한 범위 내에서 부관의 사후변경은 허용될 수 있다.

해설

① 기속행위 내지 기속적 재량행위 행정처분에 부담인 부관을 붙인 경우 일반적으로 그 부관은 무효라 할 것이고 그 부관의 무효화에 의하여 본체인 행정처분 자체의 효력에도 영향이 있게 될 수는 있지만, 그러한 사유는 그 처분을 받은 사람이 그 부담의 이행으로서의 증여의 의사표시를 하게 된

동기 내지 연유로 작용하였을 뿐이므로 취소사유가 될 수 있음은 별론으로 하여도 그 의사표시 자체를 당연히 무효화하는 것은 아니다(대판 1998.12.22. 98다51305).

② 행정처분과 부관 사이에 실제적 관련성이 있다고 볼 수 없는 경우 공무원이 위와 같은 **공법상의 제한을 회피할 목적**으로 행정처분의 상대방과 사이에 **사법상 계약을 체결**하는 형식을 취하였다면 이는 법치행정의 원리에 반하는 것으로서 **위법**하다(대판 2009.12.10. 2007다63966).

③ 행정청이 수익적 행정처분을 하면서 부가한 부담의 위법 여부는 처분 당시 법령을 기준으로 판단하여야 하고, 부담이 처분 당시 법령을 기준으로 적법하다면 처분 후 부담의 전제가 된 주된 행정처분의 근거 법령이 개정됨으로써 행정청이 더 이상 부관을 붙일 수 없게 되었다 하더라도 곧바로 위법하게 되거나 그 효력이 소멸하게 되는 것은 아니다(대판 2009.2.12. 2005다65500).

④ 행정처분에 이미 부담이 부가되어 있는 상태에서 그 의무의 범위 또는 내용 등을 변경하는 부관의 사후변경은, 법률에 명문의 규정이 있거나 그 변경이 미리 유보되어 있는 경우 또는 상대방의 동의가 있는 경우에 한하여 허용되는 것이 원칙이지만, 사정변경으로 인하여 당초에 부담을 부가한 목적을 달성할 수 없게 된 경우에도 그 목적달성에 필요한 범위 내에서 예외적으로 허용된다(대판 1997.5.30. 97누2627).

정답 ④

08 행정행위의 부관에 대한 설명으로 가장 적절하지 않은 것은? (다툼이 있는 경우 판례에 의함)

〈2018 경행경채 3차〉

① 공유수면매립면허와 같은 재량적 행정행위에는 법률상의 근거가 없다고 하더라도 부관을 붙일 수 있다.

② 행정청이 관리처분계획에 대한 인가여부를 결정할 때에는 그 관리처분계획에 구「도시 및 주거환경정비법」 제48조 및 구「도시 및 주거환경정비법 시행령」 제50조에 규정된 사항이 포함되어 있는지, 그 계획의 내용이 구「도시 및 주거환경정비법」 제48조 제2항의 기준에 부합하는지 여부 등을 심사 확인하여 그 인가 여부를 결정할 수 있고, 기부채납과 같은 다른 조건도 붙일 수 있다.

③ 수익적 행정처분에 있어서는 법령에 특별한 근거규정이 없다고 하더라도 그 부관으로서 부담을 붙일 수 있고, 그와 같은 부담은 행정청이 행정처분을 하면서 일방적으로 부가할 수도 있지만 부담을 부가하기 이전에 상대방과 협의하여 부담의 내용을 협약의 형식으로 미리 정한 다음 행정처분을 하면서 이를 부가할 수도 있다.

④ 구「수산업법」 제15조에 의하여 어업의 면허 또는 허가에 붙이는 부관은 그 성질상 허가된 어업의 본질적 효력을 해하지 않는 한도의 것이어야 하고 허가된 어업의 내용 또는 효력 등에 대하여는 행정청이 임의로 제한 또는 조건을 붙일 수 없다.

해설

① 공유수면매립면허와 같은 재량적 행정행위에는 법률상의 근거가 없다고 하더라도 부관을 붙일 수 있다(대판 1982.12.28. 80다731).

② **관리처분계획** 및 **그에 대한** 인가처분의 의의와 성질, 그 근거가 되는 **도시정비법**과 **그 시행령**상의 위와 같은 규정들에 비추어 보면, 행정청이 관리처분계획에 대한 인가 여부를 결정할 때에는 그 **관리처분계획**에 **도시정비법** 제48조 및 **그 시행령** 제50조에 규정된 사항이 포함되어 있는지, 그 계획의 내용이 **도시정비법** 제48조 제2항의 기준에 부합하는지 여부 등을 심사·확인하여 그 인가 여부를 결정할 수 있을 뿐 기부채납과 같은 다른 조건을 붙일 수는 없다고 할 것이다(대판 2007.7.12. 2007두6663). ← **지엽적 판례**

→ ***관리처분계획에 관한 개별적인 판례입니다. 해당 문제도 나머지 선택지를 다 알아서 2번으로 답을 체크해야 하는 문제였습니다. 관리처분계획 및 관련 도시정비법 및 시행령에 근거하여 해당 인가는 부관을 붙일 수가 없습니다. 관리처분이라는 것이 그만큼 신중하고 객관적으로 이루어져 하기 때문에 그렇습니다. 행정계획의 마지막 마무리이자 도시정비와 관련되므로 안전성이 중시되니까요.***

→ *<**비교 판례(일반적인 판례)**> 공익법인의 기본재산의 처분에 관한 공익법인의 설립·운영에 관한 법률 제11조 제3항의 규정은 강행규정으로서 이에 위반하여 주무관청의 허가를 받지 않고 기본재산을 처분하는 것은 무효라 할 것인데, **공익법인의 기본재산 처분에 대한 허가**에 부관을 붙인 경우 그 처분허가의 법률적 성질이 형성적 행정행위로서의 인가에 해당한다고 하여 조건으로서의 부관의 부과가 허용되지 아니한다고 볼 수는 없다(대판 2005.9.28. 2004다50044).*

∵ ***공익법인의 기본재산 처분에 대한 허가는 인가(보충행위) ∴ 인가는 수익적 행정행위이므로 원칙적으로 재량행위이고 재량행위는 부관의 부과가 허용O***

③ 수익적 행정처분에 있어서는 법령에 특별한 근거규정이 없다고 하더라도 그 부관으로서 부담을 붙일 수 있고, 그와 같은 부담은 행정청이 행정처분을 하면서 일방적으로 부가할 수도 있지만 부담을 부가하기 이전에 상대방과 협의하여 부담의 내용을 협약의 형식으로 미리 정한 다음 행정처분을 하면서 이를 부가할 수도 있다(대판 2009.2.12. 2005다65500).

④ 수산업법 제15조에 의하여 어업의 면허 또는 허가에 붙이는 부관은 그 **성질상 허가된 어업의 본질적 효력을 해하지 않는 한도의 것**이어야 하고 허가된 어업의 내용 또는 효력 등에 대하여는 행정청이 임의로 제한 또는 조건을 붙일 수 없다고 보아야 할 것이다(대판 1990.4.27. 89누6808).

정답 ②

09 **행정청이 법률의 근거 규정 없이도 할 수 있는 조치로 옳은 것만을 모두 고른 것은? (다툼이 있는 경우 판례에 의함)** *〈2018 국가직 9급〉*

ㄱ. 하자 있는 처분을 직권으로 취소하는 것
ㄴ. 재량권이 인정되는 영역에서 재량권 행사의 기준이 되는 지침을 제정하는 것
ㄷ. 중대한 공익상의 필요가 발생하여 처분을 철회하는 것
ㄹ. 사정변경으로 인하여 처분에 부가되어 있는 부담의 목적을 달성할 수 없게 되어 부담의 내용을 변경하는 것

① ㄱ, ㄴ
② ㄷ, ㄹ
③ ㄱ, ㄷ, ㄹ
④ ㄱ, ㄴ, ㄷ, ㄹ

해설

ㄱ. 도시계획시설사업의 사업자 지정이나 실시계획의 인가처분을 한 관할청은 도시계획시설사업의 시행자 지정이나 실시계획 인가처분에 하자가 있는 경우, 별도의 법적 근거가 없더라도 스스로 이를 취소할 수 있다(대판 2014.7.10, 2013두702).

ㄴ. 지침 등의 행정규칙은 법률유보의 원칙이 적용되지 않는다.

ㄷ. 행정행위를 한 처분청은 그 처분 당시에 그 행정처분에 별다른 하자가 없었고 또 그 처분 후에 이를 취소할 별도의 법적 근거가 없다 하더라도 원래의 처분을 그대로 존속시킬 필요가 없게 된 사정변경이 생겼거나 또는 중대한 공익상의 필요가 발생한 경우에는 별개의 행정행위로 이를 철회하거나 변경할 수 있다(대판 2017.3.15, 2014두41190).

ㄹ. 행정처분에 이미 부담이 부가되어 있는 상태에서 그 의무의 범위 또는 내용 등을 변경하는 부관의 사후변경은, 법률에 명문의 규정이 있거나 그 변경이 미리 유보되어 있는 경우 또는 상대방의 동의가 있는 경우에 한하여 허용되는 것이 원칙이지만, 사정변경으로 인하여 당초에 부담을 부가한 목적을 달성할 수 없게 된 경우에도 그 목적달성에 필요한 범위 내에서 예외적으로 허용된다(대판 1997.5.30, 97누2627).

정답 ④

10 행정행위의 부관에 대한 설명으로 옳지 않은 것은? (다툼이 있는 경우 판례에 의함) 〈2018 지방직 9급〉

① 행정행위의 부관은 법령이 직접 행정행위의 조건이나 기한 등을 정한 경우와 구별되어야 한다.

② 재량행위에는 법령상의 제한에 근거한 것이 아니라 하더라도 공익상 필요에 의하여 부관을 붙일 수 있다.

③ 허가에 붙은 기한이 그 허가된 사업의 성질상 부당하게 짧은 경우에 그 기한은 허가조건의 존속기간이 아니라 허가 자체의 존속기간으로 보아야 한다.

④ 부담은 독립하여 항고소송의 대상이 될 수 있으며, 부담부 행정행위는 부담의 이행여부를 불문하고 효력이 발생한다.

해설

① 법정부관은 법령에 의해 직접 부과되는 것으로 법규 그 자체이므로 행정청의 의사에 의해 부과되는 부관 즉 행정행위의 부관이 아니다. 법정부관의 예로는 인감증명 유효기간, 운전면허 유효기간, 어업면허 유효기간 등이 있다. 법정부관에는 부관의 한계에 관한 일반원칙이 적용되지 않는다.

② 재량행위에 있어서는 법령상의 근거가 없다고 하더라도 부관을 붙일 수 있는데, 그 부관의 내용은 적법하고 이행가능하여야 하며 비례의 원칙 및 평등의 원칙에 적합하고 행정처분의 본질적 효력을 해하지 아니하는 한도의 것이어야 한다(대판 1997.3.14. 96누16698).

③ 허가에 붙은 기한이 그 허가된 사업의 성질상 부당하게 짧은 경우에는 이를 그 허가 자체의 존속기간이 아니라 그 허가조건의 존속기간으로 보아 그 기한이 도래함으로써 그 조건의 개정을 고려한다는 뜻으로 해석할 수는 있지만, 그와 같은 경우라 하더라도 그 허가기간이 연장되기 위하여는 그 종기가 도래하기 전에 그 허가기간의 연장에 관한 신청이 있어야 하며, 만일 그러한 연장신청이 없는 상태에서 허가기간이 만료하였다면 그 허가의 효력은 상실된다(대판 2007.10.11, 2005두12404).

④ 부담은 다른 부관과는 달리 독립하여 항고소송의 대상이 될 수 있다. 그리고 부담부 행정행위는 부담을 불이행하더라도 별도로 철회를 하지 않는 한 당연히 효력이 소멸하는 것은 아니지만 해제조건은 조건이 성취되면 행정행위의 효력이 당연히 소멸한다(대판 1992.1.21, 91누1264).

정답 ③

11 행정행위의 부관에 대한 설명으로 옳지 않은 것은? (다툼이 있는 경우 판례에 의함) 〈2018 국가직 7급〉

① 법령에 특별한 근거규정이 없는 한 기속행위에는 부관을 붙일 수 없고 기속행위에 붙은 부관은 무효이다.

② 행정처분과의 실제적 관련성이 없어 부관으로 붙일 수 없는 부담은 사법상 계약의 형식으로도 부과할 수 없다.

③ 취소소송에 의하지 않으면 권리구제를 받을 수 없는 경우에는, 부담이 아닌 부관이라 하더라도 그 부관만을 대상으로 취소소송을 제기하는 것이 허용된다.

④ 부관의 일종인 사후부담은, 법률에 명문의 규정이 있거나 그것이 미리 유보되어 있는 경우 또는 상대방의 동의가 있는 경우에 허용되는 것이 원칙이다.

해설

① 일반적으로 기속행위나 기속적 재량행위에는 부관을 붙일 수 없고 가사 부관을 붙였다 하더라도 무효이다(대판 1995.6.13. 94다56883).

② 공무원이 인·허가 등 수익적 행정처분을 하면서 상대방에게 그 처분과 관련하여 이른바 부관으로서 부담을 붙일 수 있다 하더라도, 그러한 부담은 법치주의와 사유재산 존중, 조세법률주의 등 헌법의 기본원리에 비추어 비례의 원칙이나 부당결부금지의 원칙에 위배되지 않아야만 적법한 것인바, 행정처분과 부관 사이에 실제적 관련성이 있다고 볼 수 없는 경우 공무원이 위와 같은 공법상의 제한을 회피할 목적으로 행정처분의 상대방과 사이에 사법상 계약을 체결하는 형식을 취하였다면 이는 법치행정의 원리에 반하는 것으로서 위법하다고 보지 않을 수 없다(대판 2010.14.28 2007도9331).

③ 행정행위의 부관은 행정행위의 일반적인 효력이나 효과를 제한하기 위하여 의사표시의 주된 내용에 부가되는 종된 의사표시이지 그 자체로서 직접 법적 효과를 발생하는 독립된 처분이 아니므로 현행 행정쟁송제도 아래서는 부관 그 자체만을 독립된 쟁송의 대상으로 할 수 없는 것이 원칙이나 행정행위의 부관 중에서도 행정행위에 부수하여 그 행정행위의 상대방에게 일정한 의무를 부과하는 행정청의 의사표시인 **부담**의 경우에는 다른 부관과는 달리 행정행위의 불가분적인 요소가 아니고 그 존속이 본체인 행정행위의 존재를 전제로 하는 것일 뿐이므로 부담 그 자체로서 행정쟁송의 대상이 될 수 있다(대판 1992.1.21. 91누1264).

④ 행정처분이 발하여진 후 새로운 부담을 부가하거나 이미 부가되어 있는 부담의 범위 또는 내용 등을 변경하는 이른바 사후부담은, 법률에 명문의 규정이 있거나 그것이 미리 유보되어 있는 경우 또는 상대방의 동의가 있는 경우에 허용되는 것이 원칙이다(대판 1997.5.30. 97누2627).

정답 ③

12 행정행위의 부관에 대한 설명으로 옳은 것만을 모두 고르면? (다툼이 있는 경우 판례에 의함)

〈2018 지방직 7급〉

ㄱ. 행정청은 수익적 행정처분으로서 재량행위인 주택재건축 사업시행 인가에 대하여 법령상의 제한에 근거한 것이 아니라 하더라도 공익상 필요 등에 의하여 필요한 범위 내에서 조건(부담)을 부과할 수 있다.

ㄴ. 행정청이 수익적 행정처분을 하면서 사전에 상대방과 체결한 협약상의 의무를 부담으로 부가하였는데 부담의 전제가 된 주된 행정처분의 근거 법령이 개정되어 행정청이 더 이상 부관을 붙일 수 없게 된 경우, 위 협약의 효력이 곧바로 소멸하게 되는 것은 아니다.

ㄷ. 허가에 붙은 기한이 그 허가된 사업의 성질상 부당하게 짧은 경우에는 이를 그 허가자체의 존속기간이 아니라 그 허가조건의 존속기간으로 본다.

ㄹ. 행정청이 종교단체에 대하여 기본재산전환인가를 함에 있어 인가조건을 부가하고 그 불이행시 인가를 취소할 수 있도록 한 경우, 인가조건의 의미는 인가처분에 대한 철회권을 유보한 것이다.

① ㄱ, ㄷ ② ㄷ, ㄹ

③ ㄱ, ㄴ, ㄹ ④ ㄱ, ㄴ, ㄷ, ㄹ

해설

ㄱ. 주택재건축사업시행의 인가는 상대방에게 권리나 이익을 부여하는 효과를 가진 이른바 수익적 행정처분으로서 법령에 행정처분의 요건에 관하여 일의적으로 규정되어 있지 아니한 이상 행정청의 재량행위에 속하므로, 처분청으로서는 법령상의 제한에 근거한 것이 아니라 하더라도 공익상 필요 등에 의하여 필요한 범위 내에서 여러 조건(부담)을 부과할 수 있다(대판 2007.7.12. 2007두6663).

ㄴ. 행정청이 수익적 행정처분을 하면서 부가한 부담의 위법 여부는 처분 당시 법령을 기준으로 판단하여야 하고, 부담이 처분 당시 법령을 기준으로 적법하다면 처분 후 부담의 전제가 된 주된 행정처분의 근거 법령이 개정됨으로써 행정청이 더 이상 부관을 붙일 수 없게 되었다 하더라도 곧바로 위법하게 되거나 그 효력이 소멸하게 되는 것은 아니다. 따라서 행정처분의 상대방이 수익적 행정처분을 얻기 위하여 행정청과 사이에 행정처분에 부가할 부담에 관한 협약을 체결하고 행정청이 수익적 행정처분을 하면서 협약상의 의무를 부담으로 부가하였으나 부담의 전제가 된 주된 행정처분의 근거 법령이 개정됨으로써 행정청이 더 이상 부관을 붙일 수 없게 된 경우에도 곧바로 협약의 효력이 소멸하는 것은 아니다(대판 2009.2.12. 2005다65500).

ㄷ. 일반적으로 행정처분에 효력기간이 정하여져 있는 경우에는 그 기간의 경과로 그 행정처분의 효력은 상실되고, 다만 허가에 붙은 기한이 그 허가된 사업의 성질상 부당하게 짧은 경우에는 이를 그 허가 자체의 존속기간이 아니라 그 허가조건의 존속기간으로 보아 그 기한이 도래함으로써

그 조건의 개정을 고려한다는 뜻으로 해석할 수는 있지만, 그와 같은 경우라 하더라도 그 허가기간이 연장되기 위하여는 그 종기가 도래하기 전에 그 허가기간의 연장에 관한 신청이 있어야 하며, 만일 그러한 연장신청이 없는 상태에서 허가기간이 만료하였다면 그 허가의 효력은 상실된다(대판 2007.10.11. 2005두12404).

ㄹ. 행정청이 종교단체에 대하여 기본재산전환인가를 함에 있어 인가조건을 부가하고 그 불이행시 인가를 취소할 수 있도록 한 경우, 인가조건의 의미는 철회권을 유보한 것이다(대판 2003.5.30. 2003다6422).

정답 ④

13 부관에 대한 행정쟁송에 관한 설명으로 옳지 않은 것은? (다툼이 있는 경우 판례에 의함)

〈2017 서울시 9급〉

① 부담이 아닌 부관은 독립하여 행정소송의 대상이 될 수 없으므로 이의 취소를 구하는 소송에 대하여는 각하판결을 하여야 한다.

② 위법한 부관에 대하여 신청인이 부관부행정행위의 변경을 청구하고, 행정청이 이를 거부한 경우 동 거부처분의 취소를 구하는 소송을 제기할 수 있다.

③ 기부채납 받은 행정재산에 대한 사용·수익허가에서 공유재산의 관리청이 정한 사용·수익허가의 기간은 그 허가의 효력을 제한하기 위한 행정행위의 부관으로서 이러한 사용·수익허가의 기간에 대해서는 독립하여 행정소송을 제기할 수 있다.

④ 토지소유자가 토지형질변경행위허가에 붙은 기부채납의 부관에 따라 토지를 국가나 지방자치단체에 기부채납(증여)한 경우, 기부채납의 부관이 당연무효이거나 취소되지 아니한 이상 토지소유자는 위 부관으로 인하여 증여계약의 중요부분에 착오가 있음을 이유로 증여계약을 취소할 수 없다.

해설

①, ③ 행정행위의 부관은 부담인 경우를 제외하고는 독립하여 행정소송의 대상이 될 수 없는바, 기부채납받은 행정재산에 대한 사용·수익허가에서 공유재산의 관리청이 정한 사용·수익허가의 기간은 그 허가의 효력을 제한하기 위한 행정행위의 부관으로서 이러한 사용·수익허가의 기간에 대해서는 독립하여 행정소송을 제기할 수 없다(대판 2001.6.15. 99두509).

→ *법원은 각하판결을 하여야 함*

② 기선선망어업의 허가를 하면서 운반선, 등선 등 부속선을 사용할 수 없도록 제한한 부관은 **위법**한 것이라고 할 것이고, 나아가 이 부관을 삭제하여 등선과 운반선을 사용할 수 있도록 하여 달라는 내용의 원고의 어업허가사항변경신청을 불허가한 행정청의 처분 역시 위법하다고 보아야 할 것이다(대판 1990.4.27. 89누6808).

→ 부관이 위법한 경우 신청인이 부관부행정행위의 변경을 청구하고 행정청이 이를 거부한 경우 동 거부처분의 취소를 구하는 소송을 제기할 수 있음

④ 토지소유자가 토지형질변경행위허가에 붙은 기부채납의 부관에 따라 토지를 국가나 지방자치단체에 기부채납(증여)한 경우, 기부채납의 부관이 당연무효이거나 취소되지 아니한 이상 토지소유자는 위 부관으로 인하여 증여계약의 중요부분에 착오가 있음을 이유로 증여계약을 취소할 수 없다(대판 1999.5.25. 98다53134).

정답 ③

14 행정행위의 부관에 대한 설명으로 옳지 않은 것은? (다툼이 있는 경우 판례에 의함) 〈2020 소방공채〉

① 사정변경으로 인하여 당초에 부담을 부가한 목적을 달성할 수 없게 된 경우에도 부관의 사후변경은 그 목적달성에 필요한 범위 내에서 예외적으로 허용된다는 것이 판례의 태도이다.

② 행정행위의 부관의 유형 중에서 장래의 불확실한 사실에 의해서 행정행위의 효력을 소멸시키는 것은 해제조건이다.

③ 지방국토관리청장이 일부 공유수면매립지에 대하여 한 국가 또는 직할시(현 광역시) 귀속처분은 법률효과의 일부배제에 해당하는 것으로 행정행위의 부관의 유형으로 볼 수 없다는 것이 판례의 태도이다.

④ 부담과 조건의 구별이 명확하지 않은 경우에는 부담으로 보는 것이 행정행위의 상대방에게 유리하다고 본다.

해설

① 행정처분에 이미 부담이 부가되어 있는 상태에서 그 의무의 범위 또는 내용 등을 변경하는 **부관의 사후변경**은, 법률에 명문의 규정이 있거나 그 변경이 미리 유보되어 있는 경우 또는 상대방의 동의가 있는 경우에 한하여 허용되는 것이 원칙이지만, **사정변경**으로 인하여 당초에 부담을 부가한 목적을 달성할 수 없게 된 경우에도 그 목적달성에 필요한 범위 내에서 **예외**적으로 허용된다(대판 1997.5.30. 97누2627).

② (일정한 기간 안에 공사에 착수할 것을 조건으로 하는 공유수면매립면허처럼) 일단 행정행위의 효력은 발생하고 조건이 성취되면 그것을 기화로 당해 행정행위의 효력이 소멸되는 것을 해제조건이라고 한다.

③ 지방국토관리청장이 일부 공유수면매립지에 대하여 한 국가 또는 직할시 귀속처분은 매립준공인가를 함에 있어서 매립의 면허를 받은 자의 매립지에 대한 소유권취득을 규정한 공유수면매립법 제14조의 효과 일부를 배제(**법률효과의 일부배제**)하는 **부관**을 붙인 것이고, 이러한 행정행위의 부관은 위 법리와 같이 독립하여 행정소송 대상이 될 수 없다(대판 1993.10.8. 93누2032).

④ 부담은 실정법상 조건으로 표시되기 때문에 부담과 조건의 구별은 실제로 어렵다. 따라서 부담과 조건의 구별이 힘들 때에는 상대방에게 유리한 부담으로 해석해야 한다고 보는 것이 다수설·판례의 입장이다.

→ ∵ *최소침해의 원칙*

정답 ③

15 행정행위의 부관에 대한 기술로 옳은 것은? (단, 다툼이 있는 경우 판례에 의함) 〈2017 사회복지〉

① 허가에 붙은 기한이 부당하게 짧은 경우에는 허가기간의 연장신청이 없는 상태에서 허가기간이 만료하였더라도 그 후에 허가기간 연장신청을 하였다면 허가의 효력은 상실되지 않는다.

② 부관은 주된 행정행위에 부가된 종된 규율로서 독자적인 존재를 인정할 수 없으므로 사정변경으로 인해 당초 부담을 부가한 목적을 달성할 수 없게 된 경우라도 부담의 사후변경은 허용될 수 없다.

③ 무효인 부담이 붙은 행정행위의 상대방이 그 부담의 이행으로 사법상 법률행위를 한 경우에 그 사법상 법률행위 자체가 당연무효로 되는 것은 아니다.

④ 행정행위에 부가된 허가기간은 그 자체로서 항고소송의 대상이 될 수 없을 뿐만 아니라 그 기간의 연장신청의 거부에 대하여도 항고소송을 청구할 수 없다.

해설

① 허가에 붙은 기한이 그 허가된 사업의 성질상 부당하게 짧은 경우에는 이를 그 허가자체의 존속기간이 아니라 그 허가조건의 존속기간으로 보아 그 기한이 도래함으로써 그 조건의 개정을 고려한다는 뜻으로 해석할 수는 있지만, 그와 같은 경우라 하더라도 그 허가기간이 연장되기 위하여는 그 종기가 도래하기 전에 그 허가기간의 연장에 관한 신청이 있어야 하며, 만일 그러한 연장신청이 없는 상태에서 허가기간이 만료하였다면 그 허가의 효력은 상실된다(대판 2007.10.11, 2005두12404).

② 부관의 사후변경은 법률에 명문 규정이 있거나 그 변경이 미리 유보되어 있는 경우 또는 상대방의 동의가 있는 경우에 한하여 허용되는 것이 원칙이지만, 사정변경으로 인하여 당초에 부담을 부가한 목적을 달성할 수 없게 된 경우에도 그 목적달성에 필요한 범위 내에서 예외적으로 허용된다(대판 1997.5.30, 97누2627).

③ 행정처분에 부담인 부관을 붙인 경우 부관의 무효화에 의하여 본체인 행정처분 자체의 효력에도 영향이 있게 될 수는 있지만, 그 처분을 받은 사람이 부담의 이행으로 사법상 매매 등의 법률행위를 한 경우에는 그 부관은 특별한 사정이 없는 한 법률행위를 하게 된 동기 내지 연유로 작용하였을 뿐이므로 이는 법률행위의 취소사유가 될 수 있음은 별론으로 하고 그 법률행위 자체를 당연히 무효화하는 것은 아니다(대판 2009.6.25, 2006다18174).

→ 행정처분에 붙인 부담이 무효인 경우에도 부담의 이행으로 한 사법상 법률행위가 당연히 무효가 되는 것은 아니다.

④ 종전의 허가가 기한의 도래로 실효한 이상 원고가 종전 허가의 유효기간이 지나서 신청한 기간연장신청은 그에 대한 종전의 허가처분을 전제로 하여 단순히 그 유효기간을 연장하여 주는 행정처분을 구하는 것이라기보다는 종전의 허가처분과는 별도의 새로운 허가를 내용으로 하는 행정처분을 구하는 것이라고 보아야 할 것이어서, 이러한 경우 허가권자는 이를 새로운 허가신청으로 보아 법의 관계 규정에 의하여 허가요건의 적합 여부를 새로이 판단하여 그 허가여부를 결정하여야 할 것이다(대판 1995.11.10. 94누11866).

→ (옳은 지문) 행정행위에 부가된 허가기간은 그 자체로서 항고소송의 대상이 될 수 없다.

∵ 허가기간은 기한에 해당 ∴ 기한은 처분성X ∴ 항고소송X

→ (틀린 지문) 그 기간의 연장신청의 거부에 대하여도 항고소송을 청구할 수 없다.

∵ 허가의 기간연장신청은 당사자A가 별도의 새로운 허가를 내용으로 하는 행정처분을 구하는 것

∴ 이를 행정청이 거부한 경우에는 행정처분(허가)을 거부한 것이므로 처분성O ∴ 항고소송O

정답 ③

16 〈보기〉에 대한 설명으로 옳지 않은 것은? (다툼이 있는 경우 판례에 의함) *〈2017 국회직 8급〉*

〈보 기〉

행정청 A는 甲에 대하여 주택건설사업계획 승인처분을 하면서 사업부지 중 일부를 공공시설용 토지로 기부채납할 것을 부관으로 하였고, 甲은 그 부관의 이행으로 토지에 대한 소유권이전등기를 마쳤다.

① 행정청 A는 법령에 특별한 근거가 없더라도 甲에 대하여 부관을 붙일 수 있다.

② 甲은 기부채납 부관에 대하여서 독립하여 취소소송을 제기할 수 있다.

③ 甲에 대한 기부채납 부관이 무효가 되더라도 그 부담의 이행으로 한 소유권이전등기가 당연히 무효가 되는 것은 아니다.

④ 甲에 대한 기부채납 부관이 제소기간의 도과로 불가쟁력이 발생한 이후에는 그 부담의 이행으로 한 소유권이전등기의 효력을 다툴 수 없다.

⑤ 위 기부채납 부관이 처분과 실체적 관련성이 없어 부관으로 붙일 수 없는 경우, 사법상 계약의 형식으로 甲에게 토지이전 의무를 부과할 수는 없다.

해설

① 구「주택건설촉진법」 제33조에 의한 주택건설사업계획의 승인은 상대방에게 권리나 이익을 부여하는 효과를 수반하는 이른바 수익적 행정처분으로서 법령에 행정처분의 요건에 관하여 일의적으로 규정되어 있지 아니한 이상 행정청의 재량행위에 속한다(대판 2007.5.10. 2005두13315). 그런데 재량행위에 있어서는 법령상의 근거가 없다고 하더라도 부관을 붙일 수 있다(대판 1997.3.14. 96누16698).

② 주택건설사업계획승인처분을 하면서 사업부지 중 일부를 공공시설용 토지로 기부채납할 것을 부관으로 붙인 경우 그 부관은 일반적으로 부담에 해당한다. 그런데 부담의 경우에는 다른 부관과는 달리 행정행위의 불가분적인 요소가 아니고 그 존속이 본체인 행정행위의 존재를 전제로 하는 것일 뿐이므로 부담 그 자체로서 행정 쟁송의 대상이 될 수 있다(대판 1992.1.21. 91누1264).

③ 행정처분에 붙인 부담인 부관이 무효가 되었다고 하여 그 부담의 이행으로 한 사법상 법률행위도 당연히 무효가 되는 것은 아니다. 즉 행정처분에 부담인 부관을 붙인 경우 부관의 무효화에 의하여 본체인 행정처분 자체의 효력에도 영향이 있게 될 수는 있지만, 그 처분을 받은 사람이 부담의 이행으로 사법상 매매 등의 법률행위를 한 경우에는 그 부관은 특별한 사정이 없는 한 법률행위를 하게 된 동기 내지 연유로 작용하였을 뿐이므로 이는 법률행위의 취소사유가 될 수 있음은 별론으로 하고 그 법률행위 자체를 당연히 무효화하는 것은 아니다(대판 2009.6.25. 2006다18174).

④ 행정처분에 붙인 부담인 부관이 제소기간 도과로 불가쟁력이 생긴 경우에도 그 부담의 이행으로 한 사법상 법률행위의 효력을 다툴 수 있다. 즉 행정처분에 붙은 부담인 부관이 제소기간의 도과로 확정되어 이미 불가쟁력이 생겼다면 그 하자가 중대하고 명백하여 당연무효로 보아야 할 경우 외에는 누구나 그 효력을 부인할 수 없을 것이지만, 부담의 이행으로서 하게 된 사법상 매매 등의 법률행위는 부담을 붙인 행정처분과는 어디까지나 별개의 법률행위이므로 그 부담의 불가쟁력의 문제와는 별도로 법률행위가 사회질서 위반이나 강행규정에 위반되는지 여부 등을 따져보아 그 법률행위의 유효 여부를 판단하여야 한다(대판 2009.6.25. 2006다18174).

⑤ 공무원이 인·허가 등 수익적 행정처분을 하면서 상대방에게 그 처분과 관련하여 이른바 부관으로서 부담을 붙일 수 있다 하더라도, 그러한 부담은 법치주의와 사유재산 존중, 조세법률주의 등 헌법의 기본원리에 비추어 비례의 원칙이나 부당결부금지의 원칙에 위배되지 않아야만 적법한 것인바, 행정처분과 부관 사이에 실제적 관련성이 있다고 볼 수 없는 경우 공무원이 위와 같은 공법상의 제한을 회피할 목적으로 행정처분의 상대방과 사이에 사법상 계약을 체결하는 형식을 취하였다면 이는 법치행정의 원리에 반하는 것으로서 위법하다고 보지 않을 수 없다(대판 2010.1.28. 2007도9331 ; 대판 2009.12.10. 2007다63966).

정답 ④

제1절 확 약

01 행정청의 확약에 대한 설명으로 옳은 것은? (다툼이 있는 경우 판례에 의함) *〈2018 국가직 9급〉*

① 행정청의 확약은 위법하더라도 중대명백한 하자가 있어 당연무효가 아닌 한 취소되기 전까지는 유효한 것으로 통용된다.

② 재량행위에 대해 상대방에게 확약을 하려면 확약에 대한 법적 근거가 있어야 한다.

③ 행정청이 상대방에게 확약을 한 후에 사실적·법률적 상태가 변경 되었다면 확약은 행정청의 별다른 의사표시가 없더라도 실효된다.

④ 행정청의 확약에 대해 법률상 이익이 있는 제3자는 확약에 대해 취소소송으로 다툴 수 있다.

해설

① 확약은 처분성이 없으므로 행정행위의 효력인 공정력이 적용되지 않는다.

② 법률에 의해서 재량이 부여된 경우 관할 행정청은 재량의 범주 내에서 자유롭게 행위를 할 수 있다. 따라서 재량행위가 인정된 이상 재량의 범주 내에서 자유롭게 행위를 할 수 있으므로 재량행위에 대한 확약이 별도로 법적 근거가 있을 필요가 없다.

③ 행정청이 상대방에게 장차 어떤 처분을 하겠다고 확약 또는 공적인 의사표명을 하였다고 하더라도, 그 자체에서 상대방으로 하여금 언제까지 처분의 발령을 신청을 하도록 유효기간을 두었는데도 그 기간 내에 상대방의 신청이 없었다거나 확약 또는 공적인 의사표명이 있은 후에 사실적·법률적 상태가 변경되었다면, 그와 같은 확약 또는 공적인 의사표명은 행정청의 별다른 의사표시를 기다리지 않고 실효된다(대판 1996.8.20, 95누1087).

④ 확약은 처분성이 없으므로 취소소송의 대상이 될 수 없다.

정답 ③

제2절 공법상 계약

01 공법상 계약에 대한 설명으로 옳지 않은 것은? (다툼이 있는 경우 판례에 의함) *〈2021 국가직 9급〉*

① 행정청이 자신과 상대방 사이의 법률관계를 일방적인 의사표시로 종료시켰다고 하더라도 곧바로 그 의사표시가 행정청으로서 공권력을 행사하여 행하는 행정처분이라고 단정할 수는 없고, 관계 법령이 상대방의 법률관계에 관하여 구체적으로 어떻게 규정하고 있는지에 따라 개별적으로 판단하여야 한다.

② 채용계약상 특별한 약정이 없는 한, 지방계약직공무원에 대하여 「지방공무원법」, 「지방공무원 징계 및 소청 규정」에 정한 징계절차에 의하지 않고서는 보수를 삭감할 수 없다.

③ 중소기업 정보화지원사업에 대한 지원금출연협약의 해지 및 환수통보는 공법상 계약에 따른 의사표시가 아니라 행정청이 우월한 지위에서 행하는 공권력의 행사로서 행정처분이다.

④ 계약직공무원 채용계약해지는 국가 또는 지방자치단체가 대등한 지위에서 행하는 의사표시로서 처분이 아니므로 「행정절차법」에 의하여 근거와 이유를 제시하여야 하는 것은 아니다.

해설

① 행정청이 자신과 상대방 사이의 근로관계를 일방적인 의사표시로 종료시켰다고 하더라도 곧바로 그 의사표시가 행정청으로서 공권력을 행사하여 행하는 행정처분이라고 단정할 수는 없고, 관계 법령이 상대방의 근무관계에 관하여 구체적으로 어떻게 규정하고 있는지에 따라 그 의사표시가 항고소송의 대상이 되는 행정처분에 해당하는 것인지 아니면 공법상 계약관계의 일방 당사자로서 대등한 지위에서 행하는 의사표시인지 여부를 개별적으로 판단하여야 한다. 이러한 법리는 공법상 근무관계의 형성을 목적으로 하는 채용계약의 체결 과정에서 행정청의 일방적인 의사표시로 계약이 성립하지 아니하게 된 경우에도 마찬가지이다(대판 2014.4.24. 2013두6244).

② 「근로기준법」 등의 입법 취지, 「지방공무원법」과 「지방공무원 징계 및 소청 규정」의 여러 규정에 비추어 볼 때, 채용계약상 특별한 약정이 없는 한, 지방계약직공무원에 대하여 「지방공무원법」, 「지방공무원 징계 및 소청 규정」에 정한 징계절차에 의하지 않고서는 보수를 삭감할 수 없다고 봄이 상당하다(대판 2008.6.12. 2006두16328).

→ *지방계약직공무원에 대한 보수삭감 = 징계처분 중 감봉처분*

③ 중소기업기술정보진흥원장이 甲 주식회사와 중소기업 정보화지원사업 지원대상인 사업의 지원에 관한 협약을 체결하였는데, 협약이 甲 회사에 책임이 있는 사업실패로 해지되었다는 이유로 협약에서 정한 대로 지급받은 정부지원금을 반환할 것을 통보한 사안에서, **중소기업 정보화지원사업에 따른 지원금 출연을 위하여 중소기업청장이 체결하는 협약**은 공법상 대등한 당사자 사이의 의사표시의 합치로 성립하는 공법상 계약에 해당하는 점, 구 중소기업 기술혁신 촉진법 제32조 제1항은 제10조가 정한 기술혁신사업과 제11조가 정한 산학협력 지원사업에 관하여 출연한 사업비의 환수에 적용될 수 있을 뿐 이와 근거 규정을 달리하는 중소기업 정보화지원사업에 관하여 출연한 지원금에 대하여는 적용될 수 없고 달리 지원금 환수에 관한 구체적인 법령상 근거가 없는 점 등을 종합하면, 협약의 해지 및 그에 따른 환수통보는 공법상 계약에 따라 행정청이 대등한 당사자의 지위에서 하는 의사표시로 보아야 하고, 이를 행정청이 우월한 지위에서 행하는 공권력의 행사로서 행정처분에 해당한다고 볼 수는 없다(대판 2015.8.27. 2015두41449).

④ **계약직공무원 채용계약해지의 의사표시**는 일반공무원에 대한 징계처분과는 달라서 항고소송의 대상이 되는 처분 등의 성격을 가진 것으로 인정되지 아니하고, 일정한 사유가 있을 때에 국가 또는 지방자치단체가 채용계약 관계의 한쪽 당사자로서 대등한 지위에서 행하는 의사표시로 취급되는 것으로 이해되므로, 이를 징계해고 등에서와 같이 그 징계사유에 한하여 효력 유무를 판단하여야 하거나, 행정처분과 같이 행정절차법에 의하여 근거와 이유를 제시하여야 하는 것은 아니다(대판 2002.11.26. 2002두5948).

정답 ③

02 공법상 계약에 대한 설명으로 옳은 것은? (다툼이 있는 경우 판례에 의함) *〈2020 지방직 7급〉*

① 지방자치단체가 사인과 체결한 자원회수시설에 대한 위탁운영협약은 사법상 계약에 해당하므로 그에 관한 다툼은 민사소송의 대상이 된다.

② 구「사회간접자본시설에 대한 민간투자법」에 근거한 서울 - 춘천 간 고속도로 민간투자시설사업의 사업시행자 지정은 공법상 계약에 해당한다.

③ 과학기술기본법령상 사업 협약의 해지 통보는 대등 당사자의 지위에서 형성된 공법상 계약을 계약당사자의 지위에서 종료시키는 의사표시에 해당한다.

④ A광역시립합창단원으로서 위촉기간이 만료되는 자들의 재위촉신청에 대하여 A광역시문화예술회관장이 실기와 근무성적에 대한 평정을 실시하여 재위촉을 하지 아니한 것은 항고소송의 대상이 되는 불합격처분에 해당한다.

해설

① 갑 지방자치단체가 사인인 을 회사 등에 자원회수시설의 운영을 위탁하고 그 위탁운영 비용을 지급하는 것을 내용으로 하는 용역계약(자원회수시설 위탁운영협약)은 상호 대등한 입장에서 당사자의 합의에 따라 체결한 사법상 계약에 해당한다(대판 2019.10.17. 2018두60588).

② **선행처분**인 **서울-춘천 간 고속도로 민간투자시설사업의 사업시행자 지정처분**의 무효를 이유로 그 후행처분인 도로구역결정처분의 취소를 구하는 소송에서, 선행처분인 사업시행자 지정처분을 무효로 할 만큼 중대하고 명백한 하자가 없다(대판 2009.4.23. 2007두13159).

③ **과학기술기본법령**상 사업 협약의 해지 통보는 단순히 대등 당사자의 지위에서 형성된 공법상계약을 계약당사자의 지위에서 종료시키는 의사표시에 불과한 것이 아니라 행정청이 우월적 지위에서 **연구개발비의 회수 및 관련자에 대한 국가연구개발사업 참여제한** 등의 법률상 효과를 발생시키는 **행정처분**에 해당한다(대판 2014.12.11. 2012두 28704).

④ **광주광역시문화예술회관장의 단원 위촉**은 공법상의 근무관계의 설정을 목적으로 하여 광주광역시와 단원이 되고자 하는 자 사이에 대등한 지위에서 의사가 합치되어 성립하는 **공법상 근로계약**에 해당한다고 보아야 할 것이므로, 광주광역시문화예술회관장이 실기와 근무성적에 대한 평정을 실시하여 재위촉을 하지 아니한 것을 항고소송의 대상이 되는 불합격처분이라고 할 수는 없다(대판 2001.12.11. 2001두7794).

정답 ①

03 행정계약에 대한 판례의 입장으로 옳지 않은 것은? 〈2018 국가직 9급〉

① 계약직공무원 채용계약해지의 의사표시는 일반공무원에 대한 징계처분과는 다르지만, 「행정절차법」의 처분절차에 의하여 근거와 이유를 제시하여야 한다.

② 구「중소기업 기술혁신 촉진법」상 중소기업 정보화지원사업의 일환으로 중소기업기술정보진흥원장이 甲 주식회사와 중소기업 정보화지원사업에 관한 협약을 체결한 후 甲 주식회사의 협약 불이행으로 인해 사업실패가 초래된 경우, 중소기업기술진흥 원장이 협약에 따라 甲에 대해 행한 협약의 해지 및 지급받은 정부지원금의 환수통보는 행정처분에 해당하지 않는다.

③ 구「도시계획법」상 도시계획사업의 시행자가 그 사업에 필요한 토지를 협의취득하는 행위는 사경제주체로서 행하는 사법상의 법률행위이므로 행정소송의 대상이 되지 않는다.

④「지방공무원법」상 지방전문직공무원 채용계약에서 정한 채용 기간이 만료한 경우에는 채용계약의 갱신이나 기간연장 여부는 기본적으로 지방자치단체장의 재량이다.

해설

① 계약직공무원에 관한 현행 법령의 규정에 비추어 볼 때, 계약직공무원 채용계약해지의 의사표시는 일반공무원에 대한 징계처분과는 달라서 항고소송의 대상이 되는 처분 등의 성격을 가진 것으로 인정되지 아니하고, 일정한 사유가 있을 때에 국가 또는 지방자치단체가 채용계약 관계의 한쪽 당사자로서 대등한 지위에서 행하는 의사표시로 취급되는 것으로 이해되므로, 이를 징계해고 등에서와 같이 그 징계사유에 한하여 효력 유무를 판단하여야 하거나, 행정처분과 같이 행정절차법에 의하여 근거와 이유를 제시하여야 하는 것은 아니다(대판 2002.11.26, 2002두5948). ← ***행정절차법에는 공법상계약 규정X***

② 중소기업기술정보진흥원장이 甲 주식회사와 중소기업 정보화지원사업 지원대상인 사업의 지원에 관한 협약을 체결하였는데, 협약이 甲 회사에 책임이 있는 사업실패로 해지되었다는 이유로 협약에서 정한 대로 지급받은 정부지원금을 반환할 것을 통보한 사안에서, 중소기업 정보화지원사업에 따른 지원금 출연을 위하여 중소기업청장이 체결하는 협약은 공법상 대등한 당사자 사이의 의사표시의 합치로 성립하는 공법상 계약에 해당하는 점, 구 중소기업 기술혁신 촉진법 제32조 제1항은 제10조가 정한 기술혁신사업과 제11조가 정한 산학협력 지원사업에 관하여 출연한 사업비의 환수에 적용될 수 있을 뿐 이와 근거 규정을 달리하는 중소기업 정보화지원사업에 관하여 출연한 지원금에 대하여는 적용될 수 없고 달리 지원금 환수에 관한 구체적인 법령상 근거가 없는 점 등을 종합하면, 협약의 해지 및 그에 따른 환수통보는 공법상 계약에 따라 행정청이 대등한 당사자의 지위에서 하는 의사표시로 보아야 하고, 이를 행정청이 우월한 지위에서 행하는 공권력의 행사로서 행정처분에 해당한다고 볼 수는 없다(대판 2015.8.27, 2015두41449).

③ 도시계획사업의 시행자가 그 사업에 필요한 토지를 협의취득하는 행위는 사경제주체로서 행하는 사법상의 법률행위에 지나지 않으며 공권력의 주체로서 우월한 지위에서 행하는 공법상의 행정처분이 아니므로 행정소송의 대상이 되지 않는다(대판 1992.10.27, 91누3871).

④ 지방공무원법과 지방전문직공무원규정 등 관계법령의 규정내용에 비추어 보면, 지방전문직공무원 채용계약에서 정한 채용기간이 만료한 경우 채용계약을 갱신하거나 채용기간을 연장할 것인지 여부는 지방자치단체장의 재량에 맡겨져 있는 것으로 보아야 할 것이므로 지방전문직공무원 채용계약에서 정한 기간이 형식적인 것에 불과하고 그 채용계약은 기간의 약정이 없는 것이라고 볼 수 없다(대판 1993.9.14, 92누4611).

정답 ①

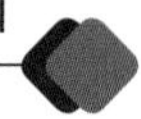

04 다음 내용 중 괄호 안에 알맞은 것은? 〈2017 교육행정〉

(　　)은/는 공법상의 법률관계의 변경을 가져오는 행정주체를 한쪽 당사자로 하는 양 당사자 사이의 반대방향의 의사표시의 합치를 말한다.

① 행정처분
② 공법상 계약
③ 사법상 계약
④ 공법상 합동행위

해설

공법상 계약이란 복수당사자 사이에 반대방향의 의사표시의 합치에 의하여 공법적 효과의 발생을 그 목적으로 하는 공법행위를 말한다. 공법상 계약은 비권력적 행위이자 법적인 행위이다.

→ *해당 보기에서 공법상의 법률관계 그리고 반대방향의 의사표시 등을 통해서 공법상 계약을 언급하는 것임을 알 수 있다.*

정답 ②

05 공법상 계약에 대한 설명으로 옳은 것은? (다툼이 있는 경우 판례에 의함) 〈2020 소방공채〉

① 중소기업기술정보진흥원장과 '갑' 주식회사가 체결한 중소기업 정보화지원사업을 위한 협약의 해지 및 그에 따른 환수통보는 공법상 당사자소송에 의한다.
② 계약의 해지의사표시를 하기 위해서는 「행정절차법」에 따라 근거와 이유를 제시하여야 한다.
③ 계약에 의한 의무불이행에 대해서는 원칙적으로 「행정대집행법」이 적용된다.
④ 계약에 관하여는 「행정절차법」에 명문의 규정을 두고 있다.

해설

① **중소기업기술정보진흥원장**이 甲 주식회사와 중소기업 정보화지원사업 지원대상인 사업의 지원에 관한 협약을 체결하였는데, 협약이 甲 회사에 책임이 있는 사업실패로 해지되었다는 이유로 협약에서 정한 대로 지급받은 정부지원금을 반환할 것을 통보한 사안에서, 협약의 해지 및 그에 따른 환수통보는 공법상 계약에 따라 행정청이 대등한 당사자의 지위에서 하는 의사표시로 보아야 하고, 이를 행정청이 우월한 지위에서 행하는 공권력의 행사로서 행정처분에 해당한다고 볼 수는 없다(대판 2015.8.27. 2015두41449).
② 공법상 계약의 해지 의사표시는 공법상 계약과 관련된 사항이지 처분이 아니므로 행정절차법의 적용대상이 되지 않는다.

③ **행정대집행법 제2조 (대집행과 그 비용징수)**

법률(법률의 위임에 의한 명령, 지방자치단체의 조례를 포함한다. 이하 같다)**에 의하여 직접 명령**되었거나 또는 **법률에 의거한 행정청의 명령**에 의한 행위로서 타인이 대신하여 행할 수 있는 행위를 **의무자가 이행하지 아니하는 경우** 다른 수단으로써 그 이행을 확보하기 곤란하고 또한 그 불이행을 방치함이 심히 공익을 해할 것으로 인정될 때에는 당해 행정청은 스스로 의무자가 하여야 할 행위를 하거나 또는 제삼자로 하여금 이를 하게 하여 그 비용을 의무자로부터 징수할 수 있다.

→ *계약을 의무자가 이행하지 아니하는 경우는 포함X ∵ 계약은 명령이 아님*

④ 행정절차법에는 **공법상 계약**에 관한 명시적인 규정이 **없다**.

정답 ①

06 공법상 계약에 대한 설명으로 옳지 않은 것은? (다툼이 있는 경우 판례에 의함) 〈2017 국가직 7급〉

①「지방자치단체를 당사자로 하는 계약에 관한 법률」에 따라, 지방자치단체가 당사자가 되는 이른바 공공계약은 본질적인 내용이 사인 간의 계약과 다를 바가 없다.

② 공법상 채용계약에 대한 해지의 의사표시는 공무원에 대한 징계처분과 달라서「행정절차법」에 의하여 그 근거와 이유를 제시하여야 하는 것은 아니다.

③ 택시회사들의 자발적 감차와 그에 따른 감차보상금의 지급 및 자발적 감차 조치의 불이행에 따른 행정청의 직권 감차명령을 내용으로 하는 택시회사들과 행정청 간의 합의는 대등한 당사자 사이에서 체결한 공법상 계약에 해당하므로, 그에 따른 감차명령은 행정청이 우월한 지위에서 행하는 공권력의 행사로 볼 수 없다.

④ 공법상계약의 무효확인을 구하는 당사자소송의 청구는 당해 소송에서 추구하는 권리구제를 위한 다른 직접적인 구제방법이 있는 이상 소송요건을 구비하지 못한 위법한 청구이다.

해설

①「지방자치단체를 당사자로 하는 계약에 관한 법률」에 따라 지방자치단체가 당사자가 되는 이른바 공공계약은 사경제 주체로서 상대방과 대등한 위치에서 체결하는 사법상 계약으로서 본질적인 내용은 사인 간의 계약과 다를 바가 없으므로, 그에 관한 법령에 특별한 정함이 있는 경우를 제외하고는 사적 자치와 계약자유의 원칙 등 사법의 원리가 그대로 적용된다(대결 2012.9.20. 2012마1097).

② 계약직공무원에 관한 현행 법령의 규정에 비추어 볼 때, 계약직공무원 채용계약해지의 의사표시는 일반공무원에 대한 징계처분과는 달라서 항고소송의 대상이 되는 처분 등의 성격을 가진 것으로 인정되지 아니하고, 일정한 사유가 있을 때에 국가 또는 지방자치단체가 채용계약 관계의 한쪽 당사자로서 대등한 지위에서 행하는 의사표시로 취급되는 것으로 이해되므로, 이를 징계해고 등에서와 같이 그 징계사유에 한하여 효력 유무를 판단하여야 하거나, 행정처분과 같이 행정절차법에 의하여 근거와 이유를 제시하여야 하는 것은 **아니다**(대판 2002.11.26. 2002두5948).

③ 가. 여객자동차 운수사업법(이하 '여객자동차법'이라 한다)에 의하면, 운송사업자에 대한 면허에 붙인 조건을 위반한 경우 감차 등이 따르는 사업계획변경명령(이하 '감차명령'이라 한다)을 할 수 있는데, 감차명령의 사유가 되는 '면허에 붙인 조건을 위반한 경우'에서 '조건'에는 운송사업자가 준수할 일정한 의무를 정하고 이를 위반할 경우 감차명령을 할 수 있다는 내용의 '부관'도 포함된다. 그리고 부관은 면허 발급 당시에 붙이는 것뿐만 아니라 면허 발급 이후에 붙이는 것도 법률에 명문의 규정이 있거나 변경이 미리 유보되어 있는 경우 또는 상대방의 동의가 있는 경우 등에는 특별한 사정이 없는 한 허용된다. 따라서 관할 행정청은 면허 발급 이후에도 운송사업자의 동의하에 여객자동차운송사업의 질서 확립을 위하여 운송사업자가 준수할 의무를 정하고 이를 위반할 경우 감차명령을 할 수 있다는 내용의 면허 조건을 붙일 수 있고, 운송사업자가 조건을 위반하였다면 여객자동차법에 따라 감차명령을 할 수 있으며, 감차명령은 행정소송법 제2조 제1항 제1호가 정한 처분으로서 항고소송의 대상이 된다.

나. 택시회사들이 자발적인 감차 조치를 이행하지 않을 경우 피고가 직권감차명령을 할 수 있다는 내용의 합의는 여객자동차법이 정한 '면허조건'을 원고들(택시기사들)의 동의하에 사후적으로 붙인 것으로서, 이러한 면허조건을 위반하였음을 이유로 한 직권감차 통보는 피고인 익산시장이 우월적 지위에서 여객자동차법 에 따라 원고들에게 일정한 법적 효과를 발생하게 하는 것이므로 항고소송의 대상이 되는 처분에 해당한다고 보아야 하고, 단순히 대등한 당사자의 지위에서 형성된 공법상 계약에 근거한 의사표시에 불과한 것으로는 볼 수 없다(대판 2016.11.24, 2016두45028).

④ 지방자치단체와 채용계약에 의하여 채용된 계약직공무원은 이미 채용기간이 만료되어 소송 결과에 의해 법률상 그 직위가 회복되지 않는 이상 채용계약 해지의 의사표시의 무효확인만으로는 당해 소송에서 추구하는 권리구제의 기능이 있다고 할 수 없고, 침해된 급료지급청구권이나 사실상의 명예를 회복하는 수단은 바로 급료의 지급을 구하거나 명예훼손을 전제로 한 손해배상을 구하는 등의 **이행청구소송**으로 직접적인 권리구제방법이 있는 이상 **무효확인소송**은 적절한 권리구제수단이라 할 수 없어 확인소송의 또 다른 소송요건을 구비하지 못하고 있다 할 것이며, 위와 같이 직접적인 권리구제의 방법이 있는 이상 무효확인 소송을 허용하지 않는다고 해서 당사자의 권리구제를 봉쇄하는 것도 아니다(대판 2008.6.12., 2006두16328).

→ *당사자소송의 경우 확인소송의 보충성(최후수단성)O*
BUT 항고소송의 경우 확인소송의 보충성(최후수단성)X

정답 ③

07 공법상 계약에 대한 설명으로 옳지 않은 것은? (다툼이 있는 경우 판례에 의함) 〈2017 지방직 7급〉

① 「공익사업을 위한 토지 등의 취득 및 보상에 관한 법률」상 협의취득계약은 공법상 계약이 아니라 사법상 매매계약에 해당한다.

② 구「중소기업기술혁신 촉진법」상 중소기업 정보화지원사업에 따른 지원금 출연을 위하여 중소기업청장이 체결하는 협약은 공법상 계약에 해당한다.

③ 공법상 계약의 해지의 의사표시에 있어서는 특별한 규정이 없는 한 「행정절차법」에 의하여 근거와 이유를 제시하여야 한다.

④ 구「산업집적활성화 및 공장설립에 관한 법률」에 따른 산업단지 입주계약의 해지통보는 행정청인 관리권자로부터 관리업무를 위탁받은 한국산업단지공단이 우월적 지위에서 그 상대방에게 일정한 법률상 효과를 발생하게 하는 것으로서 항고소송의 대상이 되는 행정처분에 해당한다.

해설

① 구 공공용지의 취득 및 손실보상에 관한 특례법에 따른 토지 등의 협의취득은 공공사업에 필요한 토지 등을 그 소유자와의 협의에 의하여 취득하는 것으로서 공공기관이 사경제주체로서 행하는 사법상 매매 내지 사법상 계약의 실질을 가지는 것이므로, 그 협의취득시 건물소유자가 매매대상 건물에 대한 철거의무를 부담하겠다는 취지의 약정을 하였다고 하더라도 이러한 철거의무는 공법상의 의무가 될 수 없고, 이 경우에도 행정대집행법을 준용하여 대집행을 허용하는 별도의 규정이 없는 한 위와 같은 철거의무는 행정대집행법에 의한 대집행의 대상이 되지 않는다(대판 2006.10.13. 2006두7096).

② 중소기업기술정보진흥원장이 갑 주식회사와 중소기업 정보화지원사업 지원대상인 사업의 지원에 관한 협약을 체결하였는데, 협약이 갑 회사에 책임이 있는 사업실패로 해지되었다는 이유로 협약에서 정한 대로 지급받은 정부지원금을 반환할 것을 통보한 사안에서, 중소기업 정보화지원사업에 따른 지원금 출연을 위하여 중소기업청장이 체결하는 협약은 공법상 대등한 당사자 사이의 의사표시의 합치로 성립하는 공법상 계약에 해당하는 점, 구 중소기업 기술혁신 촉진법 제32조 제1항은 제10조가 정한 기술혁신사업과 제11조가 정한 산학협력 지원사업에 관하여 출연한 사업비의 환수에 적용될 수 있을 뿐 이와 근거 규정을 달리하는 중소기업 정보화지원사업에 관하여 출연한 지원금에 대하여는 적용될 수 없고 달리 지원금 환수에 관한 구체적인 법령상 근거가 없는 점 등을 종합하면, 협약의 해지 및 그에 따른 환수통보는 공법상 계약에 따라 행정청이 대등한 당사자의 지위에서 하는 의사표시로 보아야 하고, 이를 행정청이 우월한 지위에서 행하는 공권력의 행사로서 행정처분에 해당한다고 볼 수는 없다(대판 2015.8.27. 2015두41449).

③ 계약직공무원 채용계약해지의 의사표시는 일반공무원에 대한 징계처분과는 달라서 항고소송의 대상이 되는 처분 등의 성격을 가진 것으로 인정되지 아니하고, 일정한 사유가 있을 때에 국가 또는 지방자치단체가 채용계약 관계의 한쪽 당사자로서 대등한 지위에서 행하는 의사표시로 취급되는 것으로 이해되므로, 이를 징계해고 등에서와 같이 그 징계사유에 한하여 효력 유무를 판단하여야 하거나, 행정처분과 같이 행정절차법에 의하여 근거와 이유를 제시하여야 하는 것은 아니다(대판 2002.11.26. 2002두41449).

④ 구 산업직접활성화 및 공장설립에 관한 법률의 여러 규정에서 알 수 있는 피고의 지위, 입주계약해지의 절차, 그 해지통보에 수반되는 법적 의무 및 그 의무를 불이행한 경우의 형사적 내지 행정적 제재 등을 종합적으로 고려하면, 같은 법 제42조 제1항 제5호에 따른 산업단지 입주계약의 해지통보는 단순히 대등한 당사자의 지위에서 형성된 공법상 계약을 계약당사자의 지위에서 종료시키는 의사표시에 불과하다고 볼 것이 아니라 행정청인 관리권자로부터 관리업무를 위탁받은 피고(한국산업단지)가 우월적 지위에서 원고에게 일정한 법률상 효과를 발생하게 하는 것으로서 항고소송의 대상이 되는 행정처분에 해당한다고 할 것이다(대판 2011.6.30. 2010두23859).

정답 ③

08 공법상 계약에 관한 설명으로 가장 옳지 않은 것은? (다툼이 있는 경우 판례에 의함)

〈2017 서울시 7급〉

① 시립무용단원의 채용계약과 공중보건의사 채용계약은 공법상 계약에 해당한다.
② 일반적으로 공법상 계약은 법규에 저촉되지 않는 한 자유로이 체결할 수 있으며 법률의 근거도 필요하지 않다.
③ 공법상 계약의 일방 당사자인 행정청이 계약위반행위를 한다면 타방 당사자인 주민 또는 국민은 행정소송 중 당사자소송으로써 권리구제를 받을 수 있다.
④ 공법상 계약도 공행정작용이므로 「행정절차법」이 적용된다.

해설

① 서울특별시립무용단원이 가지는 지위가 공무원과 유사한 것이라면, 서울특별시립무용단 단원의 위촉은 공법상의 계약이라고 할 것이고, 따라서 그 단원의 해촉에 대하여는 공법상의 당사자소송으로 그 무효확인을 청구할 수 있다(대판 1995.12.22. 95누4636).

전문직공무원인 공중보건의사의 채용계약 해지의 의사표시는 관할 도지사가 채용계약 관계의 한쪽 당사자로서 대등한 지위에서 행하는 의사표시로 취급하고 있는 것으로 이해되므로, 공중보건의사 채용계약 해지의 의사표시에 대하여는 대등한 당사자간의 소송형식인 공법상의 당사자소송으로 그 의사표시의 무효확인을 청구할 수 있는 것이지, 이를 항고소송의 대상이 되는 행정처분이라는 전제하에서 그 취소를 구하는 항고소송을 제기할 수는 없다(대판 1996.5.31. 95누10617).

② 법령에 명시적인 근거가 없더라도 행정청은 자유롭게 공법상 계약을 체결할 수 있다는 견해가 다수설이다.

③ 공법상 계약으로 인한 권리·의무관계에 다툼이 있는 경우 공법상의 법률관계에 관한 소송으로서 행정소송인 당사자소송으로 다루어져야 한다.

→ *공법상 계약은 처분성X*

④ **행정절차법 제3조 (적용 범위)**

제1항 처분, 신고, 행정상 입법예고, 행정예고 및 행정지도의 절차(이하 "행정절차"라 한다)에 관하여 다른 법률에 특별한 규정이 있는 경우를 제외하고는 이 법에서 정하는 바에 따른다.

→ *행정절차법은 공법상 계약·행정계획 절차에 관한 규정은 없다.*

정답 ④

제3절 행정상 사실행위

제4절 행정지도

01 행정지도에 관한 설명으로 옳지 않은 것은? (다툼이 있는 경우 판례에 의함) *〈2021 소방공채〉*

① 행정지도란 행정기관이 그 소관 사무의 범위에서 일정한 행정목적을 실현하기 위하여 특정인에게 일정한 행위를 하거나 하지 아니하도록 지도, 권고, 조언 등을 하는 행정작용을 말한다.

② 행정지도 중 규제적·구속적 행정지도의 경우에는 법적 근거가 필요하다는 견해가 있다.

③ 교육인적자원부장관(현 교육부장관)의 (구)공립대학 총장들에 대한 학칙시정요구는 고등교육법령에 따른 것으로, 그 법적 성격은 대학총장의 임의적인 협력을 통하여 사실상의 효과를 발생시키는 행정지도의 일종으로 헌법소원의 대상이 되는 공권력의 행사로 볼 수 없다.

④ 행정지도가 강제성을 띠지 않은 비권력적 작용으로서 행정지도의 한계를 일탈하지 아니하였다면, 그로 인해 상대방에게 어떤 손해가 발생하였다고 해도 행정기관은 그에 대한 손해배상책임이 없다.

해설

① **행정절차법 제2조 (정의)**

3. "행정지도"란 행정기관이 그 소관 사무의 범위에서 일정한 행정목적을 실현하기 위하여 특정인에게 일정한 행위를 하거나 하지 아니하도록 지도, 권고, 조언 등을 하는 행정작용을 말한다.

② 행정지도 중 규제적·구속적 행정지도의 경우에는 법적 근거가 필요하다는 견해(절충설)가 있다.

③ 교육인적자원부장관의 대학총장들에 대한 이 사건 학칙시정요구는 고등교육법 제6조 제2항, 동법시행령 제4조 제3항에 따른 것으로서 그 법적 성격은 대학총장의 임의적인 협력을 통하여 사실상의 효과를 발생시키는 행정지도의 일종이지만, 그에 따르지 않을 경우 일정한 불이익조치를 예정하고 있어 사실상 상대방에게 그에 따를 의무를 부과하는 것과 다를 바 없으므로 단순한 행정지도로서의 한계를 넘어 규제적·구속적 성격을 상당히 강하게 갖는 것으로서 헌법소원의 대상이 되는 공권력의 행사라고 볼 수 있다(헌재 2003.6.26, 2002헌마337).

④ 행정지도가 강제성을 띠지 않은 비권력적 작용으로서 행정지도의 한계를 일탈하지 아니하였다면, 그로 인하여 상대방에게 어떤 손해가 발생하였다 하더라도 행정기관은 그에 대한 손해배상책임이 없다(대판 2008.9.25. 2006다18228).

정답 ③

02 행정지도에 대한 설명으로 옳지 않은 것은? (다툼이 있는 경우 판례에 의함) 〈2019 국가직 9급〉

① 행정지도는 상대방의 의사에 반하여 부당하게 강요하여서는 안 된다.

② 행정지도는 작용법적 근거가 필요하지 않으므로, 비례원칙과 평등원칙에 구속되지 않는다.

③ 교육인적자원부장관의 대학총장들에 대한 학칙시정요구는 법령에 따른 것으로 행정지도의 일종이지만, 단순한 행정지도로서의 한계를 넘어 헌법소원의 대상이 되는 공권력의 행사라고 볼 수 있다.

④ 세무당국이 주류제조회사에 대하여 특정 업체와의 주류거래를 일정기간 중지하여 줄 것을 요청한 행위는 권고적 성격의 행위로서 행정처분이라고 볼 수 없다.

해설

① **행정절차법 제48조 제1항** 행정지도는 그 목적 달성에 필요한 최소한도에 그쳐야 하며, 행정지도의 상대방의 의사에 반하여 부당하게 강요하여서는 아니 된다.

② 행정지도는 비권력적이기는 하지만 행정작용이므로, 행정작용에 통용되는 행정법의 일반원칙의 적용을 당연히 받는다. 따라서 행정법의 일반원칙인 비례원칙과 평등원칙에 구속된다.

③ 교육인적자원부장관의 대학총장들에 대한 학칙시정요구는 고등교육법 제6조 제2항, 동법시행령 제4조 제3항에 따른 것으로서 그 법적 성격은 대학총장의 임의적인 협력을 통하여 사실상의 효과를 발생시키는 행정지도의 일종이지만, 그에 따르지 않을 경우 일정한 불이익조치를 예정하고 있어 사실상 상대방에게 그에 따를 의무를 부과하는 것과 다를 바 없으므로 단순한 행정지도로서의 한계를 넘어 규제적·구속적 성격을 상당히 강하게 갖는 것으로서 헌법소원의 대상이 되는 공권력의 행사라고 볼 수 있다(헌재 2003.6.26, 2002헌마337).

④ 항고소송의 대상이 되는 행정처분은 행정청의 공법상의 행위로서 상대방 또는 기타 관계자들의 법률상 지위에 직접적으로 법률적인 변동을 일으키는 행위를 말하는 것이므로 세무당국이 소외 회사에 대하여 원고와의 주류거래를 일정기간 중지하여 줄 것을 요청한 행위는 권고 내지 협조를 요청하는 권고적 성격의 행위로서 소외 회사나 원고의 법률상의 지위에 직접적인 법률상의 변동을 가져오는 행정처분이라고 볼 수 없는 것이므로 항고소송의 대상이 될 수 없다(대판 1980.10.27, 80누395).

정답 ②

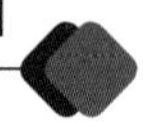

03 「행정절차법」상 행정지도에 관한 설명으로 옳은 것은? (단, 다툼이 있는 경우 판례에 따름)

〈2017 교육행정〉

① 행정지도는 반드시 문서로 하여야 한다.

② 행정기관은 행정지도에 따르지 아니하였다는 이유로 불이익한 조치를 할 수 있다.

③ 행정지도를 하는 자는 그 상대방에게 그 행정지도의 취지 및 내용과 신분을 밝혀야 한다.

④ 구 교육인적자원부장관의 국·공립대학총장들에 대한 학칙시정요구는 행정지도이므로 헌법소원의 대상인 공권력의 행사로 볼 수 없다.

해설

① **행정절차법 제49조 (행정지도의 방식)**

제2항 행정지도가 **말**로 이루어지는 경우에 상대방이 제1항의 사항을 적은 서면의 교부를 요구하면 그 행정지도를 하는 자는 직무 수행에 특별한 지장이 없으면 이를 교부하여야 한다.

→ *행정지도는 말로도 가능*

② **행정절차법 제48조 (행정지도의 원칙)**

제2항 행정기관은 행정지도의 상대방이 행정지도에 따르지 아니하였다는 것을 이유로 불이익한 조치를 하여서는 아니 된다.

③ **행정절차법 제49조 (행정지도의 방식)**

제1항 행정지도를 하는 자는 그 상대방에게 그 행정지도의 취지 및 내용과 신분을 밝혀야 한다.

④ 교육인적자원부장관의 대학총장들에 대한 이 사건 학칙시정요구는 고등교육법 제6조 제2항, 동법시행령 제4조 제3항에 따른 것으로서 그 법적 성격은 대학총장의 임의적인 협력을 통하여 사실상의 효과를 발생시키는 행정지도의 일종이지만, 그에 따르지 않을 경우 일정한 불이익조치를 예정하고 있어 사실상 상대방에게 그에 따를 의무를 부과하는 것과 다를 바 없으므로 단순한 행정지도로서의 한계를 넘어 규제적·구속적 성격을 상당히 강하게 갖는 것으로서 헌법소원의 대상이 되는 공권력의 행사라고 볼 수 있다(헌재 2003.6.26. 2002헌마337).

정답 ③

04 행정지도에 대한 설명으로 옳은 것은? (다툼이 있는 경우 판례에 의함) 〈2017 국회직 8급〉

① 「국가배상법」이 정하는 손해배상청구의 요건인 '공무원의 직무'에는 비권력작용인 행정지도는 포함되지 아니한다.

② 강제성을 띠지 아니한 행정지도로 인하여 손해가 발생한 경우에 행정청은 손해배상책임이 있다.

③ 행정지도는 비권력적 사실행위이므로 행정지도가 그 한계를 넘어 규제적·구속적 성격을 강하게 갖는 경우라 하여 헌법소원의 대상이 되는 공권력의 행사에 해당한다고 볼 수는 없다.

④ 「행정절차법」에 따르면 행정지도의 상대방은 해당 행정지도의 내용에 관하여서 뿐만 아니라 그 방식에 관하여도 행정기관에 의견을 제출할 수 있다.

⑤ 「행정절차법」은 행정지도는 반드시 서면으로 하여야 하고 그 서면에는 행정지도의 취지·내용을 기재하도록 규정함으로써 행정지도의 명확성을 요구하고 있다.

해설

① 「국가배상법」이 정한 배상청구의 요건인 '공무원의 직무'에는 권력적 작용만이 아니라 행정지도와 같은 비권력적 작용도 포함되며, 단지 행정주체가 사경제주체로서 하는 활동만이 제외된다(대판 1998.7.10. 96다38971).

② 행정지도가 강제성을 띠지 않은 비권력적 작용으로서 행정지도의 한계를 일탈하지 아니하였다면, 그로 인하여 상대방에게 어떤 손해가 발생하였다 하더라도 행정기관은 그에 대한 손해배상책임이 없다(대판 2008.9.25, 2006다18228).

→ 행정지도는 비권력적 사실행위 ∴ 행정지도의 한계를 일탈하지 않으면 위법X
∴ 국가배상의 요건 충족X

③ 단순한 행정지도로서의 한계를 넘어 규제적·구속적 성격을 상당히 강하게 갖는 경우, 헌법소원의 대상이 되는 공권력의 행사라고 볼 수 있다(헌재 2003.6.26, 2002헌마337).

④ **행정절차법 제50조 (의견제출)**

행정지도의 상대방은 해당 행정지도의 방식·내용 등에 관하여 행정기관에 의견제출을 할 수 있다.

⑤ **행정절차법 제49조 (행정지도의 방식)**

제1항 행정지도를 하는 자는 그 상대방에게 그 행정지도의 취지 및 내용과 신분을 밝혀야 한다.

제2항 행정지도가 **말**로 이루어지는 경우에 상대방이 제1항의 사항을 적은 서면의 교부를 요구하면 그 행정지도를 하는 자는 직무 수행에 특별한 지장이 없으면 이를 교부하여야 한다.

→ 행정지도는 말로도 가능

정답 ④

05 행정지도에 대한 내용으로 옳지 않은 것은? 〈2020 소방공채〉

① 행정기관은 상대방이 행정지도에 따르지 아니하였다는 이유로 불이익 조치를 하여서는 아니 된다.
② 행정절차에 소요되는 비용은 원칙적으로 행정청이 부담하도록 규정되어 있다.
③ 행정지도의 상대방은 당해 행정지도의 방식·내용 등에 관하여 행정기관에 의견을 제출할 수 없다.
④ 행정지도는 그 목적달성에 필요한 최소한도에 그쳐야 한다.

해설

① **행정절차법 제48조 (행정지도의 원칙)**
제2항 행정기관은 행정지도의 상대방이 행정지도에 따르지 아니하였다는 것을 이유로 불이익한 조치를 하여서는 아니 된다.
② **행정절차법 제54조 (비용의 부담)**
행정절차에 드는 비용은 행정청이 부담한다. 다만, 당사자 등이 자기를 위하여 스스로 지출한 비용은 그러하지 아니하다.
③ **행정절차법 제50조 (의견제출)**
행정지도의 상대방은 해당 행정지도의 방식·내용 등에 관하여 행정기관에 의견제출을 할 수 있다.
④ **행정절차법 제48조 (행정지도의 원칙)**
제1항 행정지도는 그 목적 달성에 필요한 **최소한도**에 그쳐야 하며, 행정지도의 상대방의 의사에 반하여 **부당하게 강요**하여서는 **아니** 된다.
→ 과잉금지의 원칙

정답 ③

06 다음 설명 중 옳지 않은 것은? (다툼이 있는 경우 판례에 의함) 〈2020 소방공채〉

① 일정한 행정목적을 실현하기 위하여 상대방인 국민에게 임의적인 협력을 요청하는 비권력적 사실행위를 행정지도라 한다.
② 행정지도를 하는 자는 그 상대방에게 그 행정지도의 취지 및 내용을 밝혀야 하지만 신분은 생략할 수 있다.
③ 상대방의 의사에 반하여 부당하게 강요하는 행정지도는 위법하다.
④ 행정지도에는 법률의 근거가 필요하지 않다는 것이 판례의 태도이다.

해설

① **행정절차법 제2조 (정의)**

이 법에서 사용하는 용어의 뜻은 다음과 같다.

3. "행정지도"란 행정기관이 그 소관 사무의 범위에서 일정한 행정목적을 실현하기 위하여 특정인에게 일정한 행위를 하거나 하지 아니하도록 지도, 권고, 조언 등을 하는 행정작용을 말한다.

→ *행정지도는 법적 효과의 발생을 목적으로 하는 행위가 아니라, 상대방의 임의적 협력을 전제로 하는 비권력적 사실행위이다.*

② **행정절차법 제49조 (행정지도의 방식)**

제1항 행정지도를 하는 자는 그 상대방에게 그 행정지도의 취지 및 내용과 신분을 밝혀야 한다.

③ **행정절차법 제48조 (행정지도의 원칙)**

제1항 행정지도는 그 목적 달성에 필요한 **최소한도**에 그쳐야 하며, 행정지도의 상대방의 의사에 반하여 **부당하게 강요**하여서는 **아니** 된다.

→ *과잉금지의 원칙*

④ 행정지도는 비권력 사실행위에 불과하고 행정지도에 따를 것인지의 여부가 상대방의 임의적 결정에 달려 있기 때문에 법률유보의 원칙은 적용되지 않는다는 것이 판례의 입장이다.

정답 ②

제5절 행정계획

01 행정계획에 대한 설명으로 옳지 않은 것은? (다툼이 있는 경우 판례에 의함) *〈2021 국가직 9급〉*

① 구「도시계획법」상 도시기본계획은 도시의 기본적인 공간구조와 장기발전방향을 제시하는 종합계획으로서 도시계획입안의 지침이 되므로 일반 국민에 대한 직접적인 구속력은 없다.

② 장래 일정한 기간 내에 관계 법령이 규정하는 시설 등을 갖추어 일정한 행정처분을 구하는 신청을 할 수 있는 법률상 지위에 있는 자의 국토이용계획변경신청을 거부하는 것이 실질적으로 당해 행정처분 자체를 거부하는 결과가 되는 경우라도, 구「국토이용관리법」상 주민이 국토이용계획의 변경에 대하여 신청을 할 수 있다는 규정이 없으므로 그 신청인에게 국토이용계획변경을 신청할 권리가 인정된다고 볼 수 없다.

③ 구속력 없는 행정계획안이나 행정지침이라도 국민의 기본권에 직접적으로 영향을 끼치고 법령의 뒷받침에 의하여 그대로 실시될 것이 틀림없을 것으로 예상되는 때에는 예외적으로 헌법소원의 대상이 된다.

④ 도시계획의 결정·변경 등에 대한 권한행정청은 이미 도시계획이 결정·고시된 지역에 대하여도 다른 내용의 도시계획을 결정·고시할 수 있고, 이 때에 후행 도시계획에 선행 도시계획과 양립할 수 없는 내용이 포함되어 있다면 특별한 사정이 없는 한 선행 도시계획은 후행 도시계획과 같은 내용으로 변경된다.

해설

① 도시**기본**계획은 도시의 기본적인 공간구조와 장기발전방향을 제시하는 종합계획으로서 그 계획에는 토지이용계획, 환경계획, 공원녹지계획 등 장래의 도시개발의 일반적인 방향이 제시되지만, 그 계획은 도시계획입안의 **지침**이 되는 것에 불과하여 일반 국민에 대한 직접적인 구속력은 없는 것이다(대판 2002.10.11. 2000두8226).

② 구 국토이용관리법상 주민이 국토이용계획의 변경에 대하여 신청을 할 수 있다는 규정이 없을 뿐만 아니라, 국토건설종합계획의 효율적인 추진과 국토이용질서를 확립하기 위한 국토이용계획은 장기성, 종합성이 요구되는 행정계획이어서 원칙적으로는 그 계획이 일단 확정된 후에 어떤 사정의 변동이 있다고 하여 그러한 사유만으로는 지역주민이나 일반 이해관계인에게 일일이 그 계획의 변경을 신청할 권리를 인정하여 줄 수는 없을 것이지만, 장래 일정한 기간 내에 관계 법령이 규정하는 시설 등을 갖추어 일정한 행정처분을 구하는 신청을 할 수 있는 법률상 지위에 있는 자의 **국토이용계획변경신청**을 **거부**하는 것이 **실질적으로 당해 행정처분 자체를 거부하는 결과가 되는 경우**에는 **예외적**으로 그 신청인에게 국토이용계획변경을 신청할 권리가 인정된다고 봄이 상당하므로, 이러한 신청에 대한 거부행위는 항고소송의 대상이 되는 **행정처분**에 해당한다(대판 2003.9.23. 2001두10936).

③ 구속력 없는 행정계획안이나 행정지침이라도 국민의 기본권에 직접적으로 영향을 끼치고 법령의 뒷받침에 의하여 그대로 실시될 것이 틀림없을 것으로 예상되는 때에도 예외적으로 헌법소원의 대상이 된다(헌재 2016.10.27. 2013헌마576).

④ 도시계획의 결정·변경 등에 관한 권한을 가진 행정청은 이미 도시계획이 결정·고시된 지역에 대하여도 다른 내용의 도시계획을 결정·고시할 수 있고, 이 때에 후행 도시계획에 선행 도시계획과 서로 양립할 수 없는 내용이 포함되어 있다면, 특별한 사정이 없는 한 선행 도시계획은 후행 도시계획과 같은 내용으로 변경되는 것이다(대판 2000.9.8. 99두11257).

정답 ②

02 인·허가 의제에 대한 설명으로 옳지 않은 것은? (다툼이 있는 경우 판례에 의함) 〈2021 국가직 9급〉

① 주택건설사업계획 승인권자가 구「주택법」에 따라 도시·군관리계획 결정권자와 협의를 거쳐 관계 주택건설사업계획을 승인하면 도시·군관리계획결정이 이루어진 것으로 의제되고, 이러한 협의 절차와 별도로 「국토의 계획 및 이용에 관한 법률」 등에서 정한 도시·군관리계획 입안을 위한 주민 의견청취절차를 거칠 필요는 없다.

② 건축물의 건축이 「국토의 계획 및 이용에 관한 법률」상 개발행위에 해당할 경우 그 건축의 허가권자는 국토계획법령의 개발행위허가기준을 확인하여야 하므로, 국토계획법상 건축물의 건축에 관한 개발행위허가가 의제되는 건축허가신청이 국토계획법령이 정한 개발행위허가기준에 부합하지 아니하면 허가권자로서는 이를 거부할 수 있다.

③ 「건축법」에서 관련 인·허가 의제 제도를 둔 취지는 인·허가 의제사항 관련 법률에 따른 각각의 인.허가 요건에 관한 일체의 심사를 배제하려는 것이 아니다.

④ 주택건설사업계획 승인처분에 따라 의제된 인·허가가 위법함을 다투고자 하는 이해관계인은, 주택건설사업계획 승인처분의 취소를 구해야지 의제된 인·허가의 취소를 구해서는 아니되며, 의제된 인·허가는 주택건설사업계획 승인처분과 별도로 항고소송의 대상이 되는 처분에 해당하지 않는다.

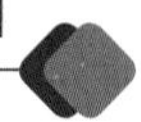

해설

① 주택건설사업계획 승인권자가 구 주택법 제17조 제3항에 따라 도시·군관리계획 결정권자와 협의를 거쳐 관계 주택건설사업계획을 승인하면 같은 조 제1항 제5호에 따라 도시·군관리계획결정이 이루어진 것으로 의제되고, 이러한 협의 절차와 별도로 국토의 계획 및 이용에 관한 법률 제28조 등에서 정한 도시·군관리계획 입안을 위한 주민 의견청취 절차를 거칠 필요는 없다(대판 2018.11.29. 2016두38792).

② 건축물의 건축이 국토계획법상 개발행위에 해당할 경우 그에 대한 건축허가를 하는 허가권자는 건축허가에 배치·저촉되는 관계 법령상 제한 사유의 하나로 국토계획법령의 개발행위허가기준을 확인하여야 하므로, 국토계획법상 건축물의 건축에 관한 개발행위허가가 의제되는 건축허가 신청이 국토계획법령이 정한 개발행위허가기준에 부합하지 아니하면 허가권자로서는 이를 거부할 수 있다(대판 2016.8.24. 2016두35762).

③ 건축법에서 인허가의제 제도를 둔 취지는, 인허가의제사항과 관련하여 건축허가의 관할 행정청으로 창구를 단일화하고 절차를 간소화하며 비용과 시간을 절감함으로써 국민의 권익을 보호하려는 것이지, 인허가의제사항 관련 법률에 따른 각각의 인허가 요건에 관한 일체의 심사를 배제하려는 것으로 보기는 어려우므로, 도시계획시설인 주차장에 대한 건축허가신청을 받은 행정청으로서는 건축법상 허가 요건뿐 아니라 국토의 계획 및 이용에 관한 법령이 정한 도시계획시설사업에 관한 실시계획인가 요건도 충족하는 경우에 한하여 이를 허가해야 한다(대판 2015.7.9. 2015두39590).

④ 의제된 인허가는 통상적인 인허가와 동일한 효력을 가지므로, 적어도 '부분 인허가 의제'가 허용되는 경우에는 그 효력을 제거하기 위한 법적 수단으로 의제된 인허가의 취소나 철회가 허용될 수 있고, 이러한 직권 취소·철회가 가능한 이상 그 의제된 인허가에 대한 쟁송취소 역시 허용된다. 따라서 주택건설사업계획 승인처분에 따라 의제된 인허가가 위법함을 다투고자 하는 이해관계인은, 주택건설사업계획 승인처분의 취소를 구할 것이 아니라 의제된 인허가의 취소를 구하여야 하며, 의제된 인허가는 주택건설사업계획 승인처분과 별도로 항고소송의 대상이 되는 처분에 해당한다(대판 2018.11.29. 2016두38792).

정답 ④

03 행정계획에 대한 설명으로 옳지 않은 것은? (다툼이 있는 경우 판례에 의함) *<2020 지방직 9급>*

① 도시계획구역 내 토지 등을 소유하고 있는 사람과 같이 당해 도시계획시설결정에 이해관계가 있는 주민은 도시시설계획의 입안권자 내지 결정권자에게 도시시설계획의 입안 내지 변경을 요구할 수 있는 법규상 또는 조리상의 신청권이 있다.

② 구「국토이용관리법」상의 국토이용계획은 그 계획이 일단 확정된 후에 어떤 사정의 변동이 있다고 하여 지역주민이나 일반 이해관계인에게 일일이 그 계획의 변경을 신청할 권리를 인정하여 줄 수 없다.

③ 장래 일정한 기간 내에 관계 법령이 규정하는 시설 등을 갖추어 일정한 행정처분을 구하는 신청을 할 수 있는 법률상 지위에 있는 자의 국토이용계획변경신청을 거부하는 것이 실질적으로 당해 행정처분 자체를 거부하는 결과가 되는 경우에는 항고소송의 대상이 되는 처분에 해당한다.

④ 문화재보호구역 내의 토지소유자가 문화재보호구역의 지정해제를 신청하는 경우에는 그 신청인에게 법규상 또는 조리상 행정계획 변경을 신청할 권리가 인정되지 않는다.

해설

① 도시계획구역 내 토지 등을 소유하고 있는 사람과 같이 당해 도시계획시설결정에 이해관계가 있는 주민으로서는 도시시설계획의 **입안권자** 내지 결정권자에게 도시시설계획의 **입안** 내지 변경을 요구할 수 있는 법규상 또는 조리상의 신청권이 있고, 이러한 신청에 대한 거부행위는 항고소송의 대상이 되는 행정처분에 해당한다(대판 2015.3.26. 2014두42742).

② **구「국토이용관리법」상** 주민이 국토이용계획의 변경에 대하여 신청을 할 수 있다는 규정이 없을 뿐만 아니라, 국토건설종합계획의 효율적인 추진과 국토이용질서를 확립하기 위한 국토이용계획은 장기성, 종합성이 요구되는 행정계획에 있어서는 그 계획이 일단 확정된 후에 어떤 사정의 변동이 있다고 하여 지역주민이나 일반 이해관계인에게 일일이 그 계획의 변경을 청구할 권리를 인정하여 줄 수도 없는 것이라고 할 것이므로, 토지 소유자의 신청을 행정청이 거부 내지 반려하였다고 하여 그 거부 내지 반려한 행위를 가지고 항고소송의 대상이 되는 행정처분이라고 볼 수는 없다(대판 1995.4.28. 95누627).

③ 장래 일정한 기간 내에 관계 법령이 규정하는 시설 등을 갖추어 일정한 행정처분을 구하는 신청을 할 수 있는 법률상 지위에 있는 자의 **국토이용계획변경신청**을 **거부**하는 것이 **실질적으로 당해 행정처분 자체를 거부하는 결과가 되는 경우**에는 **예외적**으로 그 신청인에게 국토이용계획변경을 신청할 권리가 인정된다고 봄이 상당하므로, 이러한 신청에 대한 거부행위는 항고소송의 대상이 되는 **행정처분**에 해당한다(대판 2003.9.23. 2001두10936).

④ 문화재보호구역 내에 있는 토지소유자 등으로서는 해당 보호구역의 지정해제를 요구할 수 있는 법규상 또는 조리상의 신청권이 있다고 할 것이고, 이러한 신청에 대한 거부행위는 항고소송의 대상이 되는 행정처분에 해당한다(대판 2004.4.27. 2003두8821).

정답 ④

04 **인·허가의제에 대한 설명으로 옳지 않은 것은? (다툼이 있는 경우 판례에 의함)** *〈2018 국가직 7급〉*

① 인·허가의제는 행정청의 소관사항과 관련하여 권한행사의 변경을 가져오므로 법령의 근거를 필요로 한다.

② 「국토의 계획 및 이용에 관한 법률」상의 개발행위허가가 의제되는 건축허가신청이 동 법령이 정한 개발행위허가기준에 부합하지 아니하면, 행정청은 건축허가를 거부할 수 있다.

③ 주된 인·허가에 관한 사항을 규정하고 있는 법률에서 주된 인·허가가 있으면 다른 법률에 의한 인·허가를 받은 것으로 의제한다는 규정을 둔 경우, 주된 인·허가가 있으면 다른 법률에 의하여 인·허가를 받았음을 전제로 하는 그 다른 법률의 모든 규정들까지 적용되는 것은 아니다.

④ A허가에 대해 B허가가 의제되는 것으로 규정된 경우, A불허가처분을 하면서 B불허가사유를 들고 있으면 A불허가처분과 별개로 B불허가처분도 존재한다.

해설

① 인·허가의제제도는 하나의 승인을 받으면 다른 법률에서 규정하고 있는 허가, 인가, 특허 등을 받은 것으로 보는 제도를 의미하기 때문에 행정기관의 권한에 변경을 초래하므로 개별 법률의 명시적인 근거가 있는 경우에만 허용된다.

② 건축물의 건축이 국토계획법상 개발행위에 해당할 경우 그에 대한 건축허가를 하는 허가권자는 건축허가에 배치·저촉되는 관계 법령상 제한 사유의 하나로 국토계획법령의 개발행위허가기준을 확인하여야 하므로, 국토계획법상 건축물의 건축에 관한 개발행위허가가 의제되는 건축허가신청이 국토계획법령이 정한 개발행위허가기준에 부합하지 아니하면 허가권자로서는 이를 거부할 수 있고, 이는 건축법 제16조 제3항에 의하여 개발행위허가의 변경이 의제되는 건축허가사항의 변경허가에서도 마찬가지이다(대판 2016.8.24. 2016두35762).

③ 주된 인·허가에 관한 사항을 규정하고 있는 甲법률에서 주된 인·허가가 있으면 乙법률에 의한 인·허가를 받은 것으로 의제한다는 규정을 둔 경우에는, 주된 인·허가가 있으면 乙법률에 의한 인·허가가 있는 것으로 보는데 그치는 것이고, 그에서 더 나아가 乙법률에 의하여 인·허가를 받았음을 전제로 한 乙법률의 모든 규정들까지 적용되는 것은 아니다(대판2004.7.22. 2004다19715).

④ 건축허가권자가 건축불허가처분을 하면서 그 처분사유로 건축불허가 사유뿐만 아니라 구소방법 제8조 제1항에 따른 소방서장의 건축부동의 사유를 들고 있다고 하여 그 건축불허가처분 외에 별개로 건축부동의처분이 존재하는 것이 아니므로, 그 건축불허가처분을 받은 사람은 그 건축불허가처분에 관한 쟁송에서 건축법상의 건축불허가 사유뿐만 아니라 소방서장의 부동의 사유에 관하여도 다툴 수 있다(대판 2004.10.15. 2003두6573).

정답 ④

05 행정계획에 대한 설명으로 옳지 않은 것은? (다툼이 있는 경우 판례에 의함) 〈2018 국가직 7급〉

① 「국토의 계획 및 이용에 관한 법률」에 따른 도시기본계획은 일반 국민에 대한 직접적인 구속력은 인정되지 않지만, 도시의 장기적 개발방향과 미래상을 제시하는 도시계획 입안의 지침이 되기에 행정청에 대한 직접적인 구속력은 인정된다.

② 관계법령에 추상적인 행정목표와 절차만이 규정되어 있을 뿐 행정계획의 내용에 관하여 별다른 규정을 두고 있지 아니하는 경우에, 행정주체는 구체적인 행정계획의 입안·결정에 관하여 비교적 광범위한 형성의 자유를 가진다.

③ 비구속적 행정계획안이나 행정지침이라도 국민의 기본권에 직접적으로 영향을 끼치고, 앞으로 법령의 뒷받침에 의하여 그대로 실시될 것이 틀림없을 것으로 예상될 수 있을 때에는, 공권력행위로서 헌법소원의 대상이 될 수 있다.

④ 행정주체가 행정계획을 입안·결정함에 있어서 행정계획에 관련되는 자들의 이익을 공익과 사익 사이에서는 물론이고 공익 상호 간과 사익 상호 간에도 정당하게 비교교량하여야 한다.

해설

① 도시기본계획은 도시의 기본적인 공간구조와 장기발전방향을 제시하는 종합계획으로서 그 계획에는 토지이용계획, 환경계획, 공원녹지계획 등 장래의 도시개발의 일반적인 방향이 제시되지만, 그 계획은 도시계획입안의 지침이 되는 것에 불과하여 **일반 국민**에 대한 직접적인 구속력은 없는 것이다(대판 2002.10.11. 2000두8226).
도시기본계획은 도시의 장기적 개발방향과 미래상을 제시하는 도시계획 입안의 지침이 되는 장기적·종합적인 개발계획으로서 **행정청**에 대한 직접적인 구속력은 없다(대판 2007.4.12. 2005두1893).

② 행정계획이라 함은 행정에 관한 전문적·기술적 판단을 기초로 하여 도시의 건설·정비·개량 등과 같은 특정한 행정목표를 달성하기 위하여 서로 관련되는 행정수단을 종합·조정함으로써 장래의 일정한 시점에 있어서 일정한 질서를 실현하기 위한 활동기준으로 설정된 것으로서, 도시계획법 등 관계 법령에는 추상적인 행정목표와 절차만이 규정되어 있을 뿐 행정계획의 내용에 대하여는 별다른 규정을 두고 있지 아니하므로 행정주체는 구체적인 행정계획을 입안·결정함에 있어서 비교적 광범위한 형성의 자유를 가진다(대판 1996.11.29. 96누8567).

③ 비구속적 행정계획안이나 행정지침이라도 국민의 기본권에 직접적으로 영향을 끼치고, 앞으로 법령의 뒷받침에 의하여 그대로 실시될 것이 틀림없을 것으로 예상될 수 있을 때에는, 공권력행위로서 예외적으로 헌법소원의 대상이 될 수 있다(헌재 2000.6.1. 99헌마538).

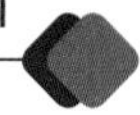

④ 행정주체가 구체적인 행정계획을 입안·결정할 때에 가지는 비교적 광범위한 형성의 자유는 무제한적인 것이 아니라 행정계획에 관련되는 자들의 이익을 공익과 사익 사이에서는 물론이고 공익 상호 간과 사익 상호 간에도 정당하게 비교교량하여야 한다는 제한이 있는 것이므로, 행정주체가 행정계획을 입안·결정하면서 이익형량을 전혀 행하지 않거나 이익형량의 고려 대상에 마땅히 포함시켜야 할 사항을 빠뜨린 경우 또는 이익형량을 하였으나 정당성과 객관성이 결여된 경우에는 행정계획결정은 형량에 하자가 있어 위법하게 된다(대판 2012.1.12. 2010두5806).

정답 ①

06 행정계획에 관한 설명으로 옳은 것은? (단, 다툼이 있는 경우 판례에 따름) 〈2017 교육행정〉

① 「행정절차법」은 계획확정절차에 관한 일반법이다.
② '4대강 살리기 마스터플랜'은 행정처분에 해당한다.
③ 행정주체가 행정계획을 결정할 때 광범위한 형성의 자유가 인정되지 않는다.
④ 구「도시계획법」상 도시계획안의 공고 및 공람절차에 하자가 있는 도시계획결정은 위법하다.

해설

① 행정절차법에는 행정계획확정에 관한 절차를 규율하고 있지 않다.
② 국토해양부, 환경부, 문화체육관광부, 농림수산부, 식품부가 합동으로 2009.6.8. 발표한 '4대강 살리기 마스터플랜' 등은 4대강 정비사업과 주변 지역의 관련 사업을 체계적으로 추진하기 위하여 수립한 종합계획이자 '4대강 살리기 사업'의 기본방향을 제시하는 계획으로서, 행정기관 내부에서 사업의 기본방향을 제시하는 것일 뿐, 국민의 권리·의무에 직접 영향을 미치는 것이 아니어서 행정처분에 해당하지 않는다(대판 2011.4.21. 2010무111).
③ 도시계획법 등 관계 법령에는 추상적인 행정목표와 절차만이 규정되어 있을 뿐 행정계획의 내용에 대하여는 별다른 규정을 두고 있지 아니하므로 행정주체는 구체적인 행정계획을 입안·결정함에 있어서 비교적 광범위한 형성의 자유를 가진다(대판 1996.11.29, 96누8567).
④ 도시계획법 제16조의2 제2항 및 동 시행령 제14조의2 제6항·제7항·제8항의 규정을 종합하여 보면 공람·공고절차를 위배한 도시계획변경결정은 위법하다고 아니할 수 없고 행정처분에 위와 같은 법률이 보장한 절차의 흠결이 있는 위법사유가 존재하는 이상 그 내용에 있어 재량권의 범위 내이고 변경될 가능성이 없다 하더라도 그 행정처분은 위법하다(대판 1988.5.24, 87누388).

정답 ④

07 행정계획에 대한 설명으로 옳은 것을 〈보기〉에서 모두 고르면? (다툼이 있는 경우 판례에 의함)

〈2017 국회직 8급〉

〈보 기〉

ㄱ. 장래 일정한 기간 내에 관계 법령이 규정하는 시설 등을 갖추어 일정한 행정처분을 구하는 신청을 할 수 있는 법률상 지위에 있는 자의 국토이용계획변경신청을 거부하는 것이 실질적으로 당해 행정처분 자체를 거부하는 결과가 되는 경우에는 그 신청인에게 국토이용계획을 신청할 권리가 인정된다고 보아야 하므로, 이러한 신청에 대한 거부행위는 행정처분에 해당한다.

ㄴ. 구「도시계획법」 제12조의 도시관리계획(현「국토의 계획 및 이용에 관한 법률」 제30조의 도시·군관리계획) 결정의 경우 도시관리계획구역 안의 토지나 건물 소유자의 토지형질변경, 건축물의 신축·개축 또는 증축 등 권리행사가 일정한 제한을 받게 되므로 항고소송의 대상이 되는 처분에 해당한다.

ㄷ. 인·허가의제에서 계획확정기관이 의제되는 인·허가의 실체적 및 절차적 요건에 기속되는지 여부가 문제되는데, 인·허가의 실체적 요건 및 절차적 요건 모두에 기속된다고 보는 것이 일반적이다.

ㄹ. 도시계획의 결정·변경 등에 관한 권한을 가진 행정청은 이미 도시계획이 결정·고시된 지역에 대하여도 다른 내용의 도시계획을 결정·고시할 수 있고, 이 때에 후행 도시계획에 선행 도시계획과 서로 양립할 수 없는 내용이 포함되어 있다면, 특별한 사정이 없는 한 선행 도시계획은 후행 도시계획과 같은 내용으로 변경되는 것이나, 후행 도시계획의 결정을 하는 행정청이 선행 도시계획의 결정·변경 등에 관한 권한을 가지고 있지 아니한 경우에 선행 도시계획과 서로 양립할 수 없는 내용이 포함된 후행 도시계획결정을 하는 것은 취소사유에 해당한다.

① ㄱ, ㄴ
② ㄱ, ㄹ
③ ㄴ, ㄷ
④ ㄱ, ㄴ, ㄷ
⑤ ㄱ, ㄴ, ㄹ

해설

ㄱ. 구「국토이용관리법」(현「국토의 계획 및 이용에 관한 법률」)상 주민이 국토이용계획의 변경에 대하여 신청을 할 수 있다는 규정이 없을 뿐만 아니라, 국토건설종합계획의 효율적인 추진과 국토이용질서를 확립하기 위한 국토이용계획은 장기성·종합성이 요구되는 행정계획이어서 원칙적으로는 그 계획이 일단 확정된 후에 어떤 사정의 변동이 있다고 하여 그러한 사유만으로는 지역주민이나 일반 이해관계인에게 일일이 그 계획의 변경을 신청할 권리를 인정하여 줄 수는 없을 것이지만, 장래 일정한 기간 내에 관계 법령이 규정하는 시설 등을 갖추어 일정한 행정처분을

구하는 신청을 할 수 있는 법률상 지위에 있는 자의 국토이용계획변경신청을 거부하는 것이 실질적으로 당해 행정처분 자체를 거부하는 결과가 되는 경우에는 예외적으로 그 신청인에게 국토이용계획변경을 신청할 권리가 인정된다고 봄이 상당하므로, 이러한 신청에 대한 거부행위는 항고소송의 대상이 되는 행정처분에 해당한다(대판 2003.9.23. 2001두10936).

ㄴ. 구「도시계획법」 제12조 소정의 도시관리계획(현「국토의 계획 및 이용에 관한 법률」 제30조의 도시·군 관리계획) 결정이 고시되면 도시관리계획구역 안의 토지나 건물 소유자의 토지형질변경, 건축물의 신축·개축 또는 증축 등 권리행사가 일정한 제한을 받게 되는바, 이런 점에서 볼 때 고시된 도시관리계획결정은 특정 개인의 권리 내지 법률상의 이익을 개별적으로 구체적으로 규제하는 효과를 가져오게 하는 행정청의 처분이라 할 것이고, 이는 행정소송의 대상이 된다(대판 1982.3.9. 80누105).

ㄷ. 행정계획에서의 집중효의 범위는 실체집중은 인정되지 않고 절차집중만이 인정된다는 것이 다수설과 판례의 입장이다.

건설부장관(국토교통부장관)이 구 주택건설촉진법 제33조에 따라 관계기관의 장과의 협의를 거쳐 사업계획승인을 한 이상 같은 조 제4항의 허가·인가·결정·승인 등이 있는 것으로 볼 것이고, 그 절차와 별도로 도시계획법 제12조 등 소정의 중앙도시계획위원회의 의결이나 주민의 의견청취 등 절차를 거칠 필요는 없다(대판 1992.11.10. 92누1162).

ㄹ. 도시계획의 결정·변경 등에 관한 권한을 가진 행정청은 이미 도시계획이 결정·고시된 지역에 대하여도 다른 내용의 도시계획을 결정·고시할 수 있고, 이 때에 후행 도시계획에 선행 도시계획과 서로 양립할 수 없는 내용이 포함되어 있다면, 특별한 사정이 없는 한 선행 도시계획은 후행 도시계획과 같은 내용으로 변경되는 것이나, 후행 도시계획의 결정을 하는 행정청이 선행 도시계획의 결정·변경 등에 관한 권한을 가지고 있지 아니한 경우에 선행 도시계획과 서로 양립할 수 없는 내용이 포함된 후행 도시계획결정을 하는 것은 아무런 권한 없이 선행 도시계획결정을 폐지하고, 양립할 수 없는 새로운 내용이 포함된 후행 도시계획결정을 하는 것으로서, 선행 도시계획결정의 폐지 부분은 권한 없는 자에 의하여 행해진 것으로서 무효이고, 같은 대상지역에 대하여 선행 도시계획결정이 적법하게 폐지되지 아니한 상태에서 그 위에 다시 한 후행 도시계획결정 역시 위법하고, 그 하자는 중대하고도 명백하여 다른 특별한 사정이 없는 한 무효라고 보아야 한다(대판 2000.9.8. 99두11257).

정답 ①

08 행정계획에 대한 다음의 설명 중 옳지 않은 것은? (다툼이 있는 경우 판례에 의함) 〈2017 서울시 7급〉

① 후행도시계획을 결정하는 행정청이 선행도시계획의 결정·변경에 관한 권한을 가지고 있지 아니한 경우 선행도시계획과 양립할 수 없는 후행도시계획결정은 취소사유에 해당한다.

② 행정주체가 행정계획을 입안 . 결정하면서 이익형량을 전혀 행하지 않거나 이익형량의 고려대상에 포함시켜야 할 사항을 누락하거나 또는 이익형량의 정당성과 객관성이 결여된 경우 그 행정계획은 형량하자로 위법하다.

③ 도시계획구역 내 토지 등을 소유하고 있는 주민에게는 입안권자에게 도시계획입안을 요구할 수 있는 법규상 또는 조리상 신청권이 인정되며, 신청에 대한 거부행위는 항고소송의 대상이 된다.

④ 비구속적 행정계획이라도 국민의 기본권에 직접적으로 영향을 끼치고, 법령의 뒷받침에 의하여 그대로 실시될 것이 확실하게 예상될 수 있을 때에는 헌법소원의 대상이 될 수 있다.

해설

① 도시계획의 결정·변경 등에 관한 권한을 가진 행정청은 이미 도시계획이 결정·고시된 지역에 대하여도 다른 내용의 도시계획을 결정·고시할 수 있고, 이 때에 후행 도시계획에 선행 도시계획과 서로 양립할 수 없는 내용이 포함되어 있다면, 특별한 사정이 없는 한 선행 도시계획은 후행 도시계획과 같은 내용으로 변경되는 것이나, 후행 도시계획의 결정을 하는 행정청이 선행 도시계획의 결정·변경 등에 관한 권한을 가지고 있지 아니한 경우에 선행 도시계획과 서로 양립할 수 없는 내용이 포함된 후행 도시계획결정을 하는 것은 아무런 권한 없이 선행 도시계획결정을 폐지하고, 양립할 수 없는 새로운 내용이 포함된 후행 도시계획결정을 하는 것으로서, 선행 도시계획결정의 폐지 부분은 권한 없는 자에 의하여 행해진 것으로서 무효이고, 같은 대상지역에 대하여 선행 도시계획결정이 적법하게 폐지되지 아니한 상태에서 그 위에 다시 한 후행 도시계획결정 역시 위법하고, 그 하자는 중대하고도 명백하여 다른 특별한 사정이 없는 한 무효라고 보아야 한다(대판 2000.9.8. 99두11257).

② 관계 법령에는 추상적인 행정목표와 절차만이 규정되어 있을 뿐 행정계획의 내용에 관하여는 별다른 규정을 두고 있지 아니하므로 행정주체는 구체적인 행정계획을 입안·결정함에 있어서 비교적 광범위한 형성의 자유를 가지는 것이지만, 행정주체가 가지는 이와 같은 형성의 자유는 무제한적인 것이 아니라 그 행정계획에 관련되는 자들의 이익을 공익과 사익 사이에서는 물론이고 공익 상호간과 사익 상호간에도 정당하게 비교교량하여야 한다는 제한이 있으므로, 행정주체가 행정계획을 입안·결정함에 있어서 이익형량을 전혀 행하지 아니하거나 이익형량의 고려 대상에 마땅히 포함시켜야 할 사항을 누락한 경우 또는 이익형량을 하였으나 정당성과 객관성이 결여된 경우에는 그 행정계획결정은 형량에 하자가 있어 위법하게 된다(대판 2007.4.12. 2005두1893).

③ 도시계획구역 내 토지 등을 소유하고 있는 주민은 입안권자에게 도시계획입안을 요구할 수 있는 법규상 또는 조리상의 신청권이 있으며, 도시계획입안 신청에 대한 거부행위는 항고소송의 대상이 되는 행정처분에 해당한다(대판 2004.4.28, 2003두1806).

④ 그 자체로서는 법적 구속력이나 외부효과가 발생하지 않는 비구속적 행정계획안의 경우 헌법소원의 대상이 되는 공권력 행사로 볼 수 없다. 그러나 비구속적 행정계획안이나 행정지침이라도 국민의 기본권에 직접적으로 영향을 끼치고, 앞으로 법령의 뒷받침에 의하여 그대로 실시될 것이 틀림없을 것으로 예상될 수 있을 때에는, 예외적으로 공권력 행사로서 헌법소원의 대상이 될 수 있다(헌재 2000.6.1, 99헌마538).

정답 ①

09 **건축법에는 건축허가를 받으면 국토의 계획 및 이용에 관한 법률 에 의한 토지의 형질변경허가도 받은 것으로 보는 조항이 있다. 이 조항의 적용을 받는 甲이 토지의 형질을 변경하여 건축물을 건축하고자 건축허가신청을 하였다. 이에 대한 설명으로 옳은 것은? (다툼이 있는 경우 판례에 의함)**

〈2015 국가직 9급〉

① 甲은 건축허가절차 외에 형질변경허가절차를 별도로 거쳐야 한다.

② 건축불허가처분을 하면서 건축불허가 사유 외에 형질변경 불허가 사유를 들고 있는 경우, 甲은 건축불허가처분취소 청구소송에서 형질변경불허가 사유에 대하여도 다툴 수 있다.

③ 건축불허가처분을 하면서 건축불허가 사유 외에 형질변경 불허가 사유를 들고 있는 경우, 그 건축불허가처분 외에 별개로 형질변경불허가처분이 존재한다.

④ 甲이 건축불허가처분에 관한 쟁송과는 별개로 형질변경불허가 처분취소소송을 제기하지 아니한 경우 형질변경불허가 사유에 관하여 불가쟁력이 발생한다.

해설

① 인·허가의제제도는 하나의 인·허가를 받으면 다른 인가·허가·특허·신고·등록 등을 받은 것으로 보는 제도를 말한다. 따라서 개별 법률에 의해서 인·허가의제제도가 인정되는 경우 민원인은 주된 하나의 인·허가만 담당기관에 신청하면 되고 의제를 원하는 인·허가 절차를 별도로 거칠 필요는 없다.

②, ③, ④

구 건축법상 건축허가를 받은 경우에는 구 도시계획법상 토지의 형질변경허가나 농지법상 농지전용허가 등을 받은 것으로 보며, 한편 건축허가권자가 건축허가를 하고자 하는 경우 당해 용도·규모 또는 형태의 건축물을 그 건축하고자 하는 대지에 건축하는 것이 건축법 관련 규정이나 같은 도시계획법 제4조, 농지법 제36조 등 관계 법령의 규정에 적합한지의 여부를 검토하여야 하는 것일 뿐, 건축불허가처분을 하면서 그 처분사유로 건축불허가 사유뿐만 아니라 형질변경불허가 사유나 농지전용불허가 사유를 들고 있다고 하여 그 건축불허가처분 외에 별개로 형질변경불허가처분이나 농지전용불허가처분이 존재하는 것이 아니므로, 그 건축불허가처분을 받은 사람은 그 건축불허가처분에 관한 쟁송에서 건축법상의 건축불허가 사유뿐만 아니라 같은 도시계획법상의 형질변경불허가 사유나 농지법상의 농지전용불허가 사유에 관하여도 다툴 수 있는 것이지, 그 건축불허가처분에 관한 쟁송과는 별개로 형질변경불허가처분이나 농지전용불허가처분에 관한 쟁송을 제기하여 이를 다투어야 하는 것은 아니며, 그러한 쟁송을 제기하지 아니하였어도 형질변경불허가 사유나 농지전용불허가 사유에 관하여 불가쟁력이 생기지 아니한다(대판 2001.1.16, 99두10988). ← ***의제된 인·허가에 대해서 별도로 소송을 제기할 수는 없음***

정답 ②

제3편 행정절차법

제1장 행정절차

제1절 행정절차

01 **「행정절차법」에 대한 설명으로 옳지 않은 것은?** *〈2021 소방공채〉*

① 공청회는 다른 법령 등에서 공청회를 개최하도록 규정하고 있는 경우 또는 당해 처분의 영향이 광범위하여 널리 의견을 수렴할 필요가 있다고 행정청이 인정하는 경우에 개최된다.

② 행정응원을 위하여 파견된 직원은 당해 직원의 복무에 관하여 다른 법령 등에 특별한 규정이 없는 한, 응원을 요청한 행정청의 지휘·감독을 받는다.

③ 행정응원에 소요되는 비용은 응원을 요청한 행정청이 부담하며, 그 부담금액 및 부담방법은 응원을 행하는 행정청의 결정에 의한다.

④ 송달이 불가능하여 관보, 공보 등에 공고한 경우에는 다른 법령 등에 특별한 규정이 있는 경우를 제외하고 공고일부터 14일이 경과한 때에 그 효력이 발생한다. 다만, 긴급히 시행하여야 할 특별한 사유가 있어 효력 발생 시기를 달리 정해 공고한 경우에는 그에 따른다.

해설

① **행정절차법 제22조 (의견청취)**

제2항 행정청이 처분을 할 때 다음 각 호의 어느 하나에 해당하는 경우에는 공청회를 개최한다.

1. 다른 법령 등에서 공청회를 개최하도록 규정하고 있는 경우
2. 해당 처분의 영향이 광범위하여 널리 의견을 수렴할 필요가 있다고 행정청이 인정하는 경우
3. 국민생활에 큰 영향을 미치는 처분으로서 대통령령으로 정하는 처분에 대하여 대통령령으로 정하는 수 이상의 당사자 등이 공청회 개최를 요구하는 경우

② **행정절차법 제8조 (행정응원)**

제5항 행정응원을 위하여 파견된 직원은 **응원을 요청한 행정청의 지휘·감독**을 받는다. 다만, 해당 직원의 복무에 관하여 다른 법령 등에 특별한 규정이 있는 경우에는 그에 따른다.

③ **행정절차법 제8조 (행정응원)**

제6항 행정응원에 드는 비용은 응원을 요청한 행정청이 부담하며, 그 부담금액 및 부담방법은 응원을 요청한 행정청과 응원을 하는 행정청이 **협의**하여 **결정**한다.

④ **행정절차법 제14조 (송달)**

다음 각 호의 어느 하나에 해당하는 경우에는 송달받을 자가 알기 쉽도록 관보, 공보, 게시판, 일간신문 중 **하나 이상**에 공고하고 **인터넷**에도 공고하여야 한다.

1. 송달받을 자의 주소 등을 통상적인 방법으로 확인할 수 없는 경우
2. 송달이 **불가능**한 경우

행정절차법 제15조 (송달의 효력 발생)

제14조 제4항의 경우에는 다른 법령 등에 특별한 규정이 있는 경우를 제외하고는 공고일부터 14일이 지난 때에 그 효력이 발생한다. 다만, 긴급히 시행하여야 할 특별한 사유가 있어 효력 발생 시기를 달리 정하여 공고한 경우에는 그에 따른다.

정답 ③

02 「행정절차법」상 처분의 사전통지 및 의견청취 등에 대한 설명으로 옳은 것은? (다툼이 있는 경우 판례에 의함) *〈2020 지방직 9급〉*

① 고시의 방법으로 불특정 다수인을 상대로 권익을 제한하는 처분을 할 경우 당사자는 물론 제3자에게도 의견제출의 기회를 주어야 한다.

② 청문은 다른 법령 등에서 규정하고 있는 경우 이외에 행정청이 필요하다고 인정하는 경우에도 실시할 수 있으나, 공청회는 다른 법령 등에서 규정하고 있는 경우에만 개최할 수 있다.

③ 행정청이 당사자에게 의무를 과하거나 권익을 제한하는 처분을 하는 경우에는 처분의 사전통지를 하여야 하는데, 이때의 처분에는 신청에 대한 거부처분도 포함된다.

④ 행정청이 당사자와 사이에 도시계획사업시행 관련 협약을 체결하면서 청문 실시를 배제하는 조항을 두었더라도, 이와 같은 협약의 체결로 청문 실시 규정의 적용을 배제할 만한 법령상 규정이 없는 한, 이러한 협약이 체결되었다고 하여 청문을 실시하지 않아도 되는 예외적인 경우에 해당한다고 할 수 없다.

해설

① '고시'의 방법으로 불특정 다수인을 상대로 의무를 부과하거나 권익을 제한하는 처분은 성질상 의견제출의 기회를 주어야 하는 상대방을 특정할 수 없으므로, 이와 같은 처분에 있어서까지 구 행정절차법 제22조 제3항에 의하여 그 상대방에게 의견제출의 기회를 주어야 한다고 해석할 것은 아니다(대판 2014.10.27. 2012두7745).

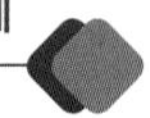

② **행정절차법 제22조 (의견청취)**

제1항 행정청이 처분을 할 때 다음 각 호의 어느 하나에 해당하는 경우에는 청문을 한다.

1. 다른 법령 등에서 청문을 하도록 규정하고 있는 경우
2. 행정청이 필요하다고 인정하는 경우
3. 다음 각 목의 처분 시 제21조 제1항 제6호에 따른 의견제출기한 내에 당사자 등의 신청이 있는 경우

가. 인허가 등의 취소

나. 신분·자격의 박탈

다. 법인이나 조합 등의 설립허가의 취소

제2항 행정청이 처분을 할 때 다음 각 호의 어느 하나에 해당하는 경우에는 공청회를 개최한다.

1. 다른 법령 등에서 공청회를 개최하도록 규정하고 있는 경우
2. 해당 처분의 영향이 광범위하여 널리 의견을 수렴할 필요가 있다고 행정청이 인정하는 경우
3. 국민생활에 큰 영향을 미치는 처분으로서 대통령령으로 정하는 처분에 대하여 대통령령으로 정하는 수 이상의 당사자 등이 공청회 개최를 요구하는 경우

③ **신청에 따른 처분이 이루어지지 아니한 경우에는 아직 당사자에게 권익이 부과되지 아니하였으므로** 특별한 사정이 없는 한 **신청에 대한 거부처분이라고 하더라도 직접 당사자의 권익을 제한하는 것은 아니어서** 신청에 대한 거부처분을 여기에서 말하는 '당사자의 권익을 제한하는 처분'에 해당한다고 할 수 없는 것이어서 처분의 사전통지대상이 된다고 할 수 없다(대판 2003.11.28. 2003두674).

④ 행정청이 당사자와 사이에 도시계획사업의 시행과 관련한 협약을 체결하면서 관계 법령 및 행정절차법에 규정된 청문의 실시 등 의견청취절차를 배제하는 조항을 두었다고 하더라도, 위와 같은 협약의 체결로 청문의 실시에 관한 규정의 적용을 배제할 수 있다고 볼 만한 법령상의 규정이 없는 한, 이러한 협약이 체결되었다고 하여 청문의 실시에 관한 규정의 적용이 배제된다거나 청문을 실시하지 않아도 되는 예외적인 경우에 해당한다고 할 수 없다(대판 2004.7.8. 2002두8350).

정답 ④

03 행정절차에 대한 판례의 입장으로 옳지 않은 것은? 〈2019 국가직 7급〉

① 당사자가 신청하는 허가 등을 거부하는 처분을 하면서 당사자가 그 근거를 알 수 있을 정도로 이유를 제시한 경우에는 처분의 근거와 이유를 구체적으로 명시하지 않았더라도 그로 말미암아 그 처분이 위법하다고 볼 수는 없다.

② 구「폐기물처리시설 설치촉진 및 주변지역 지원 등에 관한 법률」상 입지선정위원회가 동법 시행령의 규정에 위배하여 군수와 주민대표가 선정·추천한 전문가를 포함시키지 않은 채 임의로 구성되어 의결을 한 경우에, 이에 터잡아 이루어진 폐기물처리시설 입지결정처분은 당연무효가 된다.

③「공무원연금법」상 퇴직연금 지급정지 사유기간 중 수급자에게 지급된 퇴직연금의 환수결정은 당사자에게 의무를 과하는 처분으로, 퇴직연금의 환수결정에 앞서 당사자에게 의견진술의 기회를 주지 아니하면「행정절차법」에 반한다.

④ 납세고지서에 세액산출근거 등의 기재사항이 누락되었거나 과세표준과 세액의 계산명세서가 첨부되지 않은 납세고지의 하자는 납세의무자가 그 나름대로 산출근거를 알고 있다거나 사실상 이를 알고서 쟁송에 이르렀다 하더라도 치유되지 않는다.

해설

① 행정절차법 제23조 제1항은 행정청은 처분을 하는 때에는 당사자에게 그 근거와 이유를 제시하여야 한다고 규정하고 있는바, 일반적으로 당사자가 근거규정 등을 명시하여 신청하는 인·허가 등을 거부하는 처분을 함에 있어 당사자가 그 근거를 알 수 있을 정도로 상당한 이유를 제시한 경우에는 당해 처분의 근거 및 이유를 구체적 조항 및 내용까지 명시하지 않았더라도 그로 말미암아 그 처분이 위법한 것이 된다고 할 수 없다(대판 2002.5.17, 2000두8912).

② 구「폐기물처리시설 설치촉진 및 주변지역 지원 등에 관한 법률」에 정한 입지선정위원회가 그 구성방법 및 절차에 관한 같은 법 시행령의 규정에 위배하여 군수와 주민대표가 선정·추천한 전문가를 포함시키지 않은 채 임의로 구성되어 의결을 한 경우, 그에 터잡아 이루어진 폐기물처리시설 입지결정처분의 하자는 중대한 것이고 객관적으로도 명백하므로 무효사유에 해당한다(대판 2007.4.12, 2006두20150).

③ 퇴직연금의 환수결정은 당사자에게 의무를 과하는 처분이기는 하나, 관련 법령에 따라 당연히 환수금액이 정하여지는 것이므로, 퇴직연금의 환수결정에 앞서 당사자에게 의견진술의 기회를 주지 아니하여도 행정절차법 제22조 제3항이나 신의칙에 어긋나지 아니한다(대판 2000.11.28., 99두5443).

④ 납세고지서에 세액산출근거 등의 기재사항이 누락되었거나 과세표준과 세액의 계산명세서가 첨부되지 않았다면 적법한 납세의 고지라고 볼 수 없으며, 위와 같은 납세고지의 하자는 납세의무자가 그 나름대로 산출근거를 알고 있다거나 사실상 이를 알고서 쟁송에 이르렀다 하더라도 치유되지 않는다(대판 2002.11.13. 2001두1543).

정답 ③

04 「행정절차법」상 사전통지와 의견제출에 대한 판례의 입장으로 옳은 것은? 〈2019 국가직 9급〉

① 공매를 통하여 체육시설을 인수한 자의 체육시설업자 지위승계 신고를 수리하는 경우, 종전 체육시설업자에게 사전에 통지하여 의견제출 기회를 주어야 한다.

② 고시의 방법으로 불특정 다수인을 상대로 권익을 제한하는 처분을 하는 경우, 상대방에게 사전에 통지하여 의견제출 기회를 주어야 한다.

③ 용도를 무단변경한 건물의 원상복구를 명하는 시정명령 및 계고처분을 하는 경우, 사전에 통지할 필요가 없다.

④ 항만시설 사용허가신청에 대하여 거부처분을 하는 경우, 사전에 통지하여 의견제출 기회를 주어야 한다.

해설

① 공매 등의 절차에 따라 문화체육관광부령으로 정하는 주요한 유원시설업 시설의 전부 또는 체육시설업의 시설 기준에 따른 필수시설을 인수함으로써 유원시설업자 또는 체육시설업자의 지위를 승계한 자가 관계 행정청에 이를 신고하여 행정청이 수리하는 경우에는 종전 유원시설업자에 대한 허가는 효력을 잃고, 종전 체육시설업자는 적법한 신고를 마친 체육시설업자의 지위를 부인당할 불안정한 상태에 놓이게 된다. 따라서 행정청이 구 관광진흥법 또는 구 체육시설법의 규정에 의하여 유원시설업자 또는 체육시설업자 지위승계신고를 수리하는 처분은 종전 유원시설업자 또는 체육시설업자의 권익을 제한하는 처분이고, 종전 유원시설업자 또는 체육시설업자는 그 처분에 대하여 직접 그 상대가 되는 자에 해당한다고 보는 것이 타당하므로, 행정청이 그 신고를 수리하는 처분을 할 때에는 행정절차법 규정에서 정한 당사자에 해당하는 종전 유원시설업자 또는 체육시설업자에 대하여 위 규정에서 정한 행정절차를 실시하고 처분을 하여야 한다(대판 2012.12.13, 2011두29144).

② '고시'의 방법으로 불특정 다수인을 상대로 의무를 부과하거나 권익을 제한하는 처분은 성질상 의견제출의 기회를 주어야 하는 상대방을 특정할 수 없으므로, 이와 같은 처분에 있어서까지 구 행정절차법 제22조 제3항에 의하여 그 상대방에게 의견제출의 기회를 주어야 한다고 해석할 것은 아니다(대판 2014.10.27. 2012두7745).

③ 가. 피고 소속 공무원 소외인이 위 현장조사에 앞서 원고에게 전화로 통지한 것은 행정조사의 통지이지 원상복구를 명하는 시정명령에 대한 사전통지로 볼 수 없다. 그리고 위 소외인이 현장조사 당시 위반경위에 관하여 원고에게 의견진술기회를 부여하였다 하더라도, 시정명령이 현장조사 바로 다음 날 이루어진 사정에 비추어 보면, 의견제출에 필요한 상당한 기간을 고려하여 의견제출기한이 부여되었다고 보기도 어렵다.

나. 그리고 현장조사에서 원고가 위반사실을 시인하였다거나 위반경위를 진술하였다는 사정만으로는 행정절차법 제21조 제4항 제3호가 정한 '의견청취가 현저히 곤란하거나 명백히 불필요하다고 인정될 만한 상당한 이유가 있는 경우'로서 처분의 사전통지를 하지 아니하여도 되는 경우에 해당한다고 볼 수도 없다.

다. 따라서 행정청인 피고가 침해적 행정처분인 시정명령을 하면서 원고에게 행정절차법에 따른 적법한 사전통지를 하거나 의견제출의 기회를 부여하였다고 볼 수 없다(대판 2016.10.27, 2016두 41811).

→ *행정청은 (용도를 무단변경한 건물의 원상복구를 명하는) 시정명령 및 계고처분 등 침해적 행정처분을 하는 경우 상대방에게 적법한 사전통지 및 의견제출의 기회를 주어야 함*

④ 가. 신청에 따른 처분이 이루어지지 아니한 경우에는 아직 당사자에게 권익이 부과되지 아니하였으므로, 특별한 사정이 없는 한 신청에 대한 거부처분이라고 하더라도 직접 당사자의 권익을 제한하는 것은 아니어서 '당사자의 권익을 제한하는 처분'에 해당한다고 할 수 없고, 따라서 처분의 사전통지대상이나 의견청취대상이 된다고 할 수 없다.

나. 원고에게 항만시설인 해당 대지의 사용을 불허한 처분은 당사자에게 권리나 이익을 부여하는 효과를 수반하는 이른바 수익적 행위를 구하는 원고의 신청에 대한 거부처분에 해당할 뿐, 행정절차법 제21조에서 말하는 당사자의 권익을 제한하는 처분에 해당한다고 볼 수 없다. 따라서 같은 취지에서 이 거부처분에 행정절차법 제21조에 따른 사전통지나 의견제출 절차를 거치지 않은 위법이 없다(대판 2017.11.23. 2014두1628).

정답 ①

05 행정절차에 대한 설명으로 옳은 것은? (다툼이 있는 경우 판례에 의함) 〈2019 지방직 9급〉

① 공정거래위원회의 시정조치 및 과징금납부명령에 「행정절차법」 소정의 의견청취절차 생략사유가 존재하면 공정거래위원회는 「행정절차법」을 적용하여 의견청취절차를 생략할 수 있다.

② 묘지공원과 화장장의 후보지를 선정하는 과정에서 추모공원건립추진협의회가 후보지 주민들의 의견을 청취하기 위하여 그 명의로 개최한 공청회는 「행정절차법」에서 정한 절차를 준수하여야 하는 것은 아니다.

③ 구「공중위생법」상 유기장업허가취소처분을 함에 있어서 두 차례에 걸쳐 발송한 청문통지서가 모두 반송되어 온 경우, 처분의 상대방이 청문일시에 불출석하였다는 이유로 청문을 거치지 않고 한 침해적 행정처분은 적법하다.

④ 구「광업법」에 근거하여 처분청이 광업용 토지수용을 위한 사업인정을 하면서 토지소유자와 토지에 관한 권리를 가진 자의 의견을 들은 경우 처분청은 그 의견에 기속된다.

해설

① 행정절차법 제3조 제2항, 같은 법 시행령 제2조 제6호에 의하면 공정거래위원회의 의결·결정을 거쳐 행하는 사항에는 행정절차법의 적용이 제외되게 되어 있으므로, 설사 공정거래위원회의 시정조치 및 과징금납부명령에 행정절차법 소정의 의견청취절차 생략사유가 존재한다고 하더라도, 공정거래위원회는 행정절차법을 적용하여 의견청취절차를 생략할 수는 없다(대판 2001.5.8. 2000두10212).

② 묘지공원과 화장장의 후보지를 선정하는 과정에서 서울특별시, 비영리법인, 일반 기업 등이 공동발족한 **협의체**인 추모공원건립추진협의회가 후보지 주민들의 의견을 청취하기 위하여 그 명의로 개최한 공청회는 행정청이 도시계획시설결정을 하면서 개최한 공청회가 아니므로, 위 공청회의 개최에 관하여 행정절차법에서 정한 절차를 준수하여야 하는 것은 아니다(대판 2007.4.12. 2005두1893).

③ '의견청취가 현저히 곤란하거나 명백히 불필요하다고 인정될 만한 상당한 이유가 있는지 여부'는 당해 행정처분의 성질에 비추어 판단하여야 하는 것이지, 청문통지서의 반송 여부, 청문통지의 방법 등에 의하여 판단할 것은 아니며, 또한 행정처분의 상대방이 통지된 청문일시에 불출석하였다는 이유만으로 행정청이 관계 법령상 그 실시가 요구되는 청문을 실시하지 아니한 채 침해적 행정처분을 할 수는 없을 것이므로, 행정처분의 상대방에 대한 청문통지서가 반송되었다거나, 행정처분의 상대방이 청문일시에 불출석하였다는 이유로 청문을 실시하지 아니하고 한 침해적 행정처분은 **위법**하다(대판 2001.4.13. 2000두3337).

④ 광업법 제88조 제2항에서 처분청이 같은 법조 제1항의 규정에 의하여 광업용 토지수용을 위한 사업인정을 하고자 할 때에 토지소유자와 토지에 관한 권리를 가진 자의 의견을 들어야 한다고 한 것은 그 사업인정 여부를 결정함에 있어서 소유자나 기타 권리자가 의견을 반영할 기회를 주어 이를 참작하도록 하고자 하는 데 있을 뿐, 처분청이 그 의견에 기속되는 것은 아니다(대판 1995.12.22. 95누30).

정답 ②

06 「행정절차법」상 의견청취절차에 대한 설명으로 옳은 것만을 모두 고르면? (다툼이 있는 경우 판례에 의함) *〈2019 지방직 7급〉*

ㄱ. 의견제출제도는 당사자에게 의무를 부과하거나 권익을 제한하는 경우에 적용되고 수익적 행위나 수익적 행위의 신청에 대한 거부에는 적용이 없으며, 일반처분의 경우에도 적용이 없다.
ㄴ. 처분의 상대방에게 이익이 되며 제3자의 권익을 침해하는 이중효과적 행정행위는 「행정절차법」상 사전통지·의견제출의 대상이 된다.
ㄷ. 「공무원연금법」상 퇴직연금의 환수결정은 당사자에게 의무를 과하는 처분이므로, 퇴직연금의 환수결정에 앞서 당사자에게 「행정절차법」상의 의견진술의 기회를 주지 아니한 경우 당해 처분은 「행정절차법」 위반이다.
ㄹ. 행정청과 당사자 사이에 청문의 실시 등 의견청취절차를 배제하는 협약이 있었다 하더라도, 이와 같은 협약의 체결로 청문의 실시에 관한 규정의 적용을 배제할 수 있다고 볼 만한 법령상의 규정이 없는 한, 청문의 실시에 관한 규정의 적용이 배제되지 않으며 청문을 실시하지 않아도 되는 예외적인 경우에 해당하지 아니한다.

① ㄱ, ㄴ　　② ㄱ, ㄹ
③ ㄴ, ㄷ　　④ ㄷ, ㄹ

해설

ㄱ. 행정절차법 제22조 (의견청취)

제3항 행정청이 **당사자에게 의무를 부과하거나 권익을 제한하는 처분**을 할 때 제1항 또는 제2항의 경우 외에는 **당사자 등**에게 의견제출의 기회를 주어야 한다.

→ 행정절차법 제2조 제4호 "당사자 등"이란 다음 각 목의 자를 말한다.

가. 행정청의 처분에 대하여 직접 그 상대가 되는 당사자

나. 행정청이 직권으로 또는 신청에 따라 행정절차에 참여하게 한 이해관계인

→ ∴ 의견청취절차에 참가 : 이해관계인X / 행정청의 직권 또는 신청에 따라 행정절차에 참여하게 한 이해관계인O

ㄴ. 행정절차법 제21조 (처분의 사전 통지)

제1항 행정청은 **당사자에게 의무를 부과하거나 권익을 제한하는 처분**을 하는 경우에는 미리 다음 각 호의 사항을 **당사자 등**에게 통지하여야 한다.

행정절차법 제22조 (의견청취)

제3항 행정청이 **당사자에게 의무를 부과하거나 권익을 제한하는 처분**을 할 때 제1항 또는 제2항의 경우 외에는 **당사자 등**에게 의견제출의 기회를 주어야 한다.

→ *행정절차법 제2조 제4호 **"당사자 등"**이란 다음 각 목의 자를 말한다.*

가. 행정청의 처분에 대하여 직접 그 상대가 되는 당사자

나. 행정청이 직권으로 또는 신청에 따라 행정절차에 참여하게 한 이해관계인

ㄷ. 공무원연금법상 **퇴직연금의 환수결정**은 당사자에게 의무를 과하는 처분이기는 하나, 관련 법령에 따라 당연히 환수금액이 정하여지는 것이므로, 퇴직연금의 환수결정에 앞서 당사자에게 의견진술의 기회를 주지 아니하여도 행정절차법 제22조 제3항이나 신의칙에 어긋나지 아니한다 (대판 2000.11.28. 99두5443).

ㄹ. 행정청이 당사자와 사이에 도시계획사업의 시행과 관련한 협약을 체결하면서 관계 법령 및 행정절차법에 규정된 청문의 실시 등 의견청취절차를 배제하는 조항을 두었다고 하더라도, 국민의 행정참여를 도모함으로써 행정의 공정성·투명성 및 신뢰성을 확보하고 국민의 권익을 보호한다는 행정절차법의 목적 및 청문제도의 취지 등에 비추어 볼 때, 위와 같은 협약의 체결로 청문의 실시에 관한 규정의 적용을 배제할 수 있다고 볼 만한 법령상의 규정이 없는 한, 이러한 협약이 체결되었다고 하여 청문의 실시에 관한 규정의 적용이 배제된다거나 청문을 실시하지 않아도 되는 예외적인 경우에 해당한다고 할 수 **없다**(대판 2004.7. 8. 2002두8350).

→ *행정절차법상 의견청취절차는 강행규정O*

정답 ②

07 「행정절차법」 상 행정절차에 관한 설명 중 가장 옳지 않은 것은? *〈2019 서울시 9급〉*

① 지방의회의 의결을 거치거나 동의 또는 승인을 받아 행하는 사항에 대해서는 행정절차법이 적용되지 않는다.

② 고시 등 불특정다수인을 상대로 의무를 부과하거나 권익을 제한하는 처분의 경우, 그 상대방에게 의견 제출의 기회를 주어야 하는 것은 아니다.

③ 신청에 따른 처분이 이루어지지 않은 경우에는 특별한 사정이 없는 한 사전통지의 대상이 된다고 할 수 없다.

④ 인허가 등을 취소하는 경우에는 개별 법령상 청문을 하도록 하는 근거 규정이 없고 의견제출기한 내에 당사자 등의 신청이 없는 경우에도 청문을 하여야 한다.

해설

① **행정절차법 제3조 (적용 범위)**

제2항 이 법은 다음 각 호의 어느 하나에 해당하는 사항에 대하여는 적용하지 아니한다.

1. 국회 또는 지방의회의 **의결**을 거치거나 **동의** 또는 **승인**을 받아 행하는 사항

② '**고시**'의 방법으로 불특정 다수인을 상대로 의무를 부과하거나 권익을 제한하는 처분은 성질상 의견제출의 기회를 주어야 하는 **상대방을 특정할 수 없으므로**, 이와 같은 처분에 있어서까지 구 행정절차법 제22조 제3항에 의하여 그 상대방에게 의견제출의 기회를 주어야 한다고 해석할 것은 아니다(대판 2014. 10.27. 2012두7745).

③ 행정절차법 제21조 제1항은 행정청은 당사자에게 의무를 과하거나 권익을 제한하는 처분을 하는 경우에는 미리 처분의 제목, 당사자의 성명 또는 명칭과 주소, 처분하고자 하는 원인이 되는 사실과 처분의 내용 및 법적 근거, 그에 대하여 의견을 제출할 수 있다는 뜻과 의견을 제출하지 아니하는 경우의 처리방법, 의견제출기관의 명칭과 주소, 의견제출기한 등을 당사자 등에게 통지하도록 하고 있는바, 신청에 따른 처분이 이루어지지 아니한 경우에는 아직 당사자에게 권익이 부과되지 아니하였으므로 특별한 사정이 없는 한 신청에 대한 거부처분이라고 하더라도 직접 당사자의 권익을 제한하는 것은 아니어서 신청에 대한 거부처분을 여기에서 말하는 '당사자의 권익을 제한하는 처분'에 해당한다고 할 수 없는 것이어서 처분의 사전통지대상이 된다고 할 수 없다(대판 2003.11.28. 2003두674).

④ **행정절차법 제22조 (의견청취)**

제1항 행정청이 처분을 할 때 다음 각 호의 어느 하나에 해당하는 경우에는 청문을 한다.

1. 다른 법령 등에서 청문을 하도록 규정하고 있는 경우
2. 행정청이 필요하다고 인정하는 경우
3. 다음 각 목의 처분 시 제21조 제1항 제6호에 따른 의견제출기한 내에 당사자 등의 신청이 있는 경우

가. 인허가 등의 취소

나. 신분·자격의 박탈

다. 법인이나 조합 등의 설립허가의 취소

정답 ④

08 **「행정절차법」에 따른 행정절차에 대한 설명으로 가장 옳은 것은?** *〈2019 서울시 7급〉*

① 의견청취절차를 배제하는 내용의 협약이 체결되었다면, 청문실시에 관한 규정의 적용이 배제되거나 청문을 실시하지 않아도 되는 예외적인 경우에 해당한다.

② 법령에 따라 당연히 환수금액이 정해지더라도 퇴직연금의 환수결정에 앞서 당사자에게 의견진술의 기회를 주어야 한다.

③ 공무원 직위해제처분에 대해서는 사전통지 등에 관한 「행정절차법」의 규정이 적용되지 않는다.

④ 행정청이 '고시'의 방법으로 불특정 다수인을 상대로 의무를 부과하거나 권익을 제한하는 처분을 한 경우에도 상대방에게 의견제출의 기회를 주어야 한다.

해설

① 행정청이 당사자와 사이에 도시계획사업의 시행과 관련한 협약을 체결하면서 관계 법령 및 행정절차법에 규정된 청문의 실시 등 의견청취절차를 배제하는 조항을 두었다고 하더라도, 국민의 행정참여를 도모함으로써 행정의 공정성·투명성 및 신뢰성을 확보하고 국민의 권익을 보호한다는 행정절차법의 목적 및 청문제도의 취지 등에 비추어 볼 때, 위와 같은 협약의 체결로 청문의 실시에 관한 규정의 적용을 배제할 수 있다고 볼 만한 법령상의 규정이 없는 한, 이러한 협약이 체결되었다고 하여 청문의 실시에 관한 규정의 적용이 배제된다거나 청문을 실시하지 않아도 되는 예외적인 경우에 해당한다고 할 수 **없다**(대판 2004.7. 8. 2002두8350).

→ 행정절차법상 의견청취절차는 강행규정O

② 공무원연금법상 **퇴직연금의 환수결정**은 당사자에게 의무를 과하는 처분이기는 하나, 관련 법령에 따라 당연히 환수금액이 정하여지는 것이므로, 퇴직연금의 환수결정에 앞서 당사자에게 의견진술의 기회를 주지 아니하여도 행정절차법 제22조 제3항이나 신의칙에 어긋나지 아니한다(대판 2000.11.28. 99두5443).

③ 국가공무원법상 직위해제처분은 구 행정절차법 제3조 제2항 제9호, 구 행정절차법 시행령 제2조 제3호에 의하여 당해 행정작용의 성질상 행정절차를 거치기 곤란하거나 불필요하다고 인정되는 사항 또는 행정절차에 준하는 절차를 거친 사항에 해당하므로, 처분의 사전통지 및 의견청취 등에 관한 행정절차법의 규정이 별도로 적용되지 않는다(대판 2014.5.16. 2012두26180).

④ '**고시**'의 방법으로 불특정 다수인을 상대로 의무를 부과하거나 권익을 제한하는 처분은 성질상 의견제출의 기회를 주어야 하는 **상대방을 특정할 수 없으므로**, 이와 같은 처분에 있어서까지 구 행정절차법 제22조 제3항에 의하여 그 상대방에게 의견제출의 기회를 주어야 한다고 해석할 것은 아니다(대판 2014. 10.27. 2012두7745).

정답 ③

09 「행정절차법」상 행정절차에 대한 설명으로 옳지 않은 것은? 〈2018 국가직 9급〉

① 단순·반복적인 처분 또는 경미한 처분으로서 당사자가 그 이유를 명백히 알 수 있는 경우라 하더라도 처분 후 당사자가 요청하는 경우에는 행정청은 그 근거와 이유를 제시하여야 한다.

② 행정청이 당사자에게 의무를 과하거나 권익을 제한하는 처분을 하는 경우라도 당사자가 명백히 의견진술의 기회를 포기한다는 뜻을 표시한 경우에는 의견청취를 하지 않을 수 있다.

③ 행정청은 대통령령을 입법예고하는 경우에는 이를 국회 소관 상임위원회에 제출하여야 한다.

④ 인허가 등의 취소 또는 신분·자격의 박탈, 법인이나 조합 등의 설립허가의 취소 시 의견제출기한 내에 당사자등의 신청이 있는 경우에 공청회를 개최한다.

해설

① 행정절차법 제23조 (처분의 이유 제시)

제1항 행정청은 처분을 할 때에는 다음 각 호의 어느 하나에 해당하는 경우를 제외하고는 당사자에게 그 근거와 이유를 제시하여야 한다.

1. 신청 내용을 모두 그대로 인정하는 처분인 경우
2. 단순·반복적인 처분 또는 경미한 처분으로서 당사자가 그 이유를 명백히 알 수 있는 경우
3. 긴급히 처분을 할 필요가 있는 경우

제2항 행정청은 제1항 제2호 및 제3호의 경우에 처분 후 **당사자가 요청**하는 경우에는 그 근거와 이유를 제시하여야 한다.

② 행정절차법 제22조 (의견청취)

제3항 행정청이 **당사자에게 의무를 부과하거나 권익을 제한하는 처분**을 할 때 제1항 또는 제2항의 경우 **외**에는 **당사자 등**에게 의견제출의 기회를 주어야 한다.

제4항 제1항부터 제3항까지의 규정에도 불구하고 제21조 제4항 각 호의 어느 하나에 해당하는 경우와 당사자가 의견진술의 기회를 포기한다는 뜻을 명백히 표시한 경우에는 의견청취를 하지 아니할 수 있다.

③ 행정절차법 제42조 (예고방법)

제2항 행정청은 **대통령령**을 **입법예고**하는 경우 국회 소관 상임위원회에 이를 **제출하여야 한다**.

④ 행정절차법 제22조 (의견청취)

제1항 행정청이 처분을 할 때 다음 각 호의 어느 하나에 해당하는 경우에는 청문을 한다.

1. 다른 법령 등에서 청문을 하도록 규정하고 있는 경우
2. 행정청이 필요하다고 인정하는 경우
3. 다음 각 목의 처분 시 제21조 제1항 제6호에 따른 의견제출기한 내에 당사자 등의 **신청**이 **있는 경우**

가. 인허가 등의 취소
나. **신분·자격의 박탈**
다. 법인이나 조합 등의 설립허가의 취소
제2항 행정청이 처분을 할 때 다음 각 호의 어느 하나에 해당하는 경우에는 공청회를 개최한다.
1. 다른 법령 등에서 공청회를 개최하도록 규정하고 있는 경우
2. 해당 처분의 영향이 광범위하여 널리 의견을 수렴할 필요가 있다고 행정청이 인정하는 경우
3. 국민생활에 큰 영향을 미치는 처분으로서 대통령령으로 정하는 처분에 대하여 대통령령으로 정하는 수 이상의 당사자 등이 공청회 개최를 요구하는 경우

정답 ④

10 행정절차 및 「행정절차법」에 대한 설명으로 옳은 것은? (다툼이 있는 경우 판례에 의함)

〈2018 국가직 7급〉

① 처분의 사전통지 및 의견청취 등에 관한 「행정절차법」 규정은 「국가공무원법」상 직위해제처분에 대해서는 적용되지만, 「군인사법」상 진급선발취소처분에 대해서는 적용되지 않는다.
② 자격의 박탈을 내용으로 하는 처분의 상대방은 처분의 근거법률에 청문을 하도록 규정되어 있지 않더라도 「행정절차법」에 따라 청문을 신청할 수 있다.
③ 행정처분의 이유로 제시한 수개의 처분사유 중 일부가 위법하면, 다른 처분사유로써 그 처분의 정당성이 인정되더라도 그 처분은 위법하다.
④ 행정청은 건축신고를 받은 날부터 5일 이내에 신고수리 여부 또는 민원 처리 관련 법령에 따른 처리기간의 연장 여부를 신고인에게 통지하여야 하고, 그 기간 내에 통지하지 아니하면 그 기간이 끝난 날의 다음 날에 신고를 수리한 것으로 본다.

해설

① 국가공무원법상 직위해제처분은 구 행정절차법 제3조 제2항 제9호, 구 행정절차법 시행령 제2조 제3호에 의하여 당해 행정작용의 성질상 행정절차를 거치기 곤란하거나 불필요하다고 인정되는 사항 또는 행정절차에 준하는 절차를 거친 사항에 해당하므로, 처분의 사전통지 및 의견청취 등에 관한 행정절차법의 규정이 별도로 적용되지 않는다(대판 2014.5.16. 2012두26108).
군인사법령에 의하여 진급예정자명단에 포함된 자에 대하여 의견제출의 기회를 부여하지 아니한 채 진급선발을 취소하는 처분을 한 것이 절차상 하자가 있어 위법하다(대판 2007.9.21. 2006두20631).

② **행정절차법 제22조 (의견청취)**

제1항 행정청이 처분을 할 때 다음 각 호의 어느 하나에 해당하는 경우에는 청문을 한다.

1. 다른 법령 등에서 청문을 하도록 규정하고 있는 경우
2. 행정청이 필요하다고 인정하는 경우
3. 다음 각 목의 처분 시 제21조 제1항 제6호에 따른 의견제출기한 내에 당사자 등의 **신청**이 **있는** 경우

가. 인허가 등의 취소

나. **신분·자격의 박탈**

다. 법인이나 조합 등의 설립허가의 취소

③ 행정처분에 있어 수개의 처분사유 중 일부가 적법하지 않다고 하더라도 다른 처분사유로써 그 처분의 정당성이 인정되는 경우에는 그 처분을 위법하다고 할 수 없다(대판 2013.10.24. 2013두963).

④ **건축법 제14조 (건축신고)**

제3항 특별자치시장·특별자치도지사 또는 시장·군수·구청장은 제1항에 따른 신고를 받은 날부터 5일 이내에 신고수리 여부 또는 민원 처리 관련 법령에 따른 처리기간의 연장 여부를 신고인에게 통지하여야 한다. 다만, 이 법 또는 다른 법령에 따라 심의, 동의, 협의, 확인 등이 필요한 경우에는 20일 이내에 통지하여야 한다.

→ ***건축신고***는 *수리간주 규정X*

건축법 제21조 (착공신고)

제3항 허가권자는 제1항 본문에 따른 신고를 받은 날부터 3일 이내에 신고수리 여부 또는 민원 처리 관련 법령에 따른 처리기간의 연장 여부를 신고인에게 통지하여야 한다.

제4항 허가권자가 제3항에서 정한 기간 내에 신고수리 여부 또는 민원 처리 관련 법령에 따른 처리기간의 연장 여부를 신고인에게 통지하지 아니하면 그 기간이 끝난 날의 다음 날에 신고를 수리한 것으로 본다.

→ ***착공신고***는 *수리간주 규정O*

정답 ②

11 행정절차법상 행정절차에 대한 설명으로 옳은 것은? (다툼이 있는 경우 판례에 의함)

〈2018 지방직 7급〉

① 법령에 의해 당연히 퇴직연금 환수금액이 결정되는 경우에도 퇴직연금의 환수결정은 당사자에게 의무를 과하는 처분이기 때문에, 퇴직연금의 환수결정에 앞서 당사자에게 의견진술의 기회를 주어야 한다.

② 행정절차법은 당사자에게 의무를 부과하거나 당사자의 권익을 제한하는 처분을 하는 경우에 대해서만 그 근거와 이유를 제시하도록 규정하고 있다.

③ 국가공무원법상 직위해제처분에는 처분의 사전통지 및 의견청취 등에 관한 행정절차법의 규정이 별도로 적용되지 않는다.

④ 청문은 행정청이 어떠한 처분을 하기 전에 당사자 등의 의견을 직접 듣는 절차일 뿐, 증거를 조사하는 절차는 아니다.

해설

① 공무원연금관리공단의 퇴직연금의 환수결정은 당사자에게 의무를 과하는 처분이기는 하나, 관련 법령에 따라 당연히 환수금액이 정하여지는 것이므로, 퇴직연금의 환수결정에 앞서 당사자에게 의견진술의 기회를 주지 아니하여도 행정절차법 제22조 제3항이나 신의칙에 어긋나지 아니한다(대판 2000.11.28, 99두5443).

② **행정절차법 제23조 (처분의 이유 제시)**

제1항 행정청은 처분을 할 때에는 다음 각 호의 어느 하나에 해당하는 경우를 제외하고는 당사자에게 그 근거와 이유를 제시하여야 한다.

1. 신청 내용을 모두 그대로 인정하는 처분인 경우
2. 단순·반복적인 처분 또는 경미한 처분으로서 당사자가 그 이유를 명백히 알 수 있는 경우
3. 긴급히 처분을 할 필요가 있는 경우

제2항 행정청은 제1항 제2호 및 제3호의 경우에 처분 후 **당사자가 요청**하는 경우에는 그 근거와 이유를 제시하여야 한다.

③ 국가공무원법상 직위해제처분은 (구)행정절차법 제3조 제2항 제9호, (구)행정절차법 시행령 제2조 제3호에 의하여 당해 행정작용의 성질상 행정절차를 거치기 곤란하거나 불필요하다고 인정되는 사항 또는 행정절차에 준하는 절차를 거친 사항에 해당하므로, 처분의 사전통지 및 의견청취 등에 관한 행정절차법의 규정이 별도로 적용되지 않는다(대판 2014.5.16. 2012두26180).

④ 청문은 행정청이 어떠한 처분을 하기 전에 당사자 등의 의견을 직접 듣는 절차이며 증거를 조사하는 절차도 포함된다.

정답 ③

12 행정절차에 대한 설명으로 가장 옳지 않은 것은? 〈2018 서울시 7급〉

① 귀속재산을 불하받은 자가 사망한 후에 불하처분 취소처분을 수불하자의 상속인에게 송달한 때에는 그 상속인에 대하여 다시 그 불하처분을 취소한다는 새로운 행정처분을 한 것으로 본다.
② 당사자가 처분의 근거를 알 수 있을 정도로 상당한 이유를 제시할 뿐 그 구체적 조항 및 내용까지 명시하지 않으면, 해당 처분은 위법하다.
③ 경미한 처분으로서 당사자가 그 이유를 명백히 알 수 있는 경우에는 당사자에게 그 근거와 이유를 제시하지 아니할 수 있다.
④ 납세자가 아닌 제3자의 재산을 대상으로 한 압류처분은 당연무효이다.

해설

① 귀속재산을 불하받은 자가 사망한 후에 그 수불하자 대하여 한 그 불하처분은 사망자에 대한 행정처분이므로 무효이지만 그 취소처분을 수불하자의 상속인에게 송달한 때에는 그 송달시에 그 상속인에 대하여 다시 그 불하처분을 취소한다는 새로운 행정처분을 한 것이라고 할 것이다(대판 1969.1.21. 68누190).

② 행정절차법 제23조 제1항은 행정청은 처분을 하는 때에는 당사자에게 그 근거와 이유를 제시하여야 한다고 규정하고 있는바, 일반적으로 당사자가 근거규정 등을 명시하여 신청하는 인·허가 등을 거부하는 처분을 함에 있어 당사자가 그 근거를 알 수 있을 정도로 상당한 이유를 제시한 경우에는 당해 처분의 근거 및 이유를 구체적 조항 및 내용까지 명시하지 않았더라도 그로 말미암아 그 처분이 위법한 것이 된다고 할 수 없다(대판 2002.5.17. 2000두8912).

③ **행정절차법 제23조 (처분의 이유 제시)**

제1항 행정청은 처분을 할 때에는 다음 각 호의 어느 하나에 해당하는 경우를 제외하고는 당사자에게 그 근거와 이유를 제시하여야 한다.

1. 신청 내용을 모두 그대로 인정하는 처분인 경우
2. 단순·반복적인 처분 또는 경미한 처분으로서 당사자가 그 이유를 명백히 알 수 있는 경우
3. 긴급히 처분을 할 필요가 있는 경우

④ 과세관청이 납세자에 대한 체납처분으로서 제3자의 소유 물건을 압류하고 공매하더라도 그 처분으로 인하여 제3자가 소유권을 상실하는 것이 아니고, 체납처분으로서 압류의 요건을 규정하는 국세징수법 제24조 각 항의 규정을 보면 어느 경우에나 압류의 대상을 납세자의 재산에 국한하고 있으므로, 납세자가 아닌 제3자의 재산을 대상으로 한 압류처분은 그 처분의 내용이 법률상 실현될 수 없는 것이어서 당연무효이다(대판 2006.4.13. 2005두15151).

정답 ②

13 「행정절차법」상 행정절차에 대한 설명으로 옳은 것은? 〈2020 소방공채〉

① 행정청은 처분을 할 때 필요하다고 인정하는 경우에 청문을 할 수 있다.
② 행정청은 해당 처분의 영향이 광범위하여 널리 의견을 수렴할 필요가 있다고 인정하는 경우에 청문을 실시할 수 있다.
③ 행정청이 당사자에게 의무를 부과하거나 권익을 제한하는 처분을 함에 있어 청문이나 공청회를 거치지 않은 경우에는 당사자에게 의견제출의 기회를 주어야 한다.
④ 행정청이 처분을 할 때에는 긴급히 처분을 할 경우를 제외하고는 모든 경우에 있어 당사자에게 그 근거와 이유를 제시하여야 한다.

해설

①, ② **행정절차법 제22조 (의견청취)**

제1항 행정청이 처분을 할 때 다음 각 호의 어느 하나에 해당하는 경우에는 청문을 한다.

1. 다른 법령 등에서 청문을 하도록 규정하고 있는 경우
2. 행정청이 필요하다고 인정하는 경우
3. 다음 각 목의 처분 시 제21조 제1항 제6호에 따른 의견제출기한 내에 당사자 등의 **신청**이 **있는** 경우

가. 인허가 등의 취소
나. **신분·자격의 박탈**
다. 법인이나 조합 등의 설립허가의 취소

→ ∴ *법인이나 조합 등의 설립허가의 취소의 경우 당사자 등의 신청*이 있어야 함

③ **행정절차법 제22조 (의견청취)**

제3항 행정청이 **당사자에게 의무를 부과하거나 권익을 제한하는 처분**을 할 때 제1항(청문) 또는 제2항(공청회)의 경우 **외**에는 **당사자 등**에게 의견제출의 기회를 주어야 한다.

④ **행정절차법 제23조 (처분의 이유 제시)**

제1항 행정청은 처분을 할 때에는 다음 각 호의 어느 하나에 해당하는 경우를 제외하고는 당사자에게 그 근거와 이유를 제시하여야 한다.

1. 신청 내용을 모두 그대로 인정하는 처분인 경우
2. 단순·반복적인 처분 또는 경미한 처분으로서 당사자가 그 이유를 명백히 알 수 있는 경우
3. 긴급히 처분을 할 필요가 있는 경우

정답 ③

14 「행정절차법」에서 규정하는 '당사자 등'에 대한 설명으로 가장 옳은 것은? 〈2018 서울시 7급〉

① 행정청이 직권으로 행정절차에 참여하게 한 이해관계인은 당사자 등에 해당하지 않는다.
② 법인이 아닌 재단은 당사자 등이 될 수 없다.
③ 다수의 대표자가 있는 경우 그 중 1인에 대한 행정청의 통지는 모든 당사자 등에게 효력이 있다.
④ 당사자 등은 당사자 등의 형제자매를 대리인으로 선임할 수 있다.

해설

① 행정절차법 제2조 (정의)

이 법에서 사용하는 용어의 뜻은 다음과 같다.

4. "**당사자 등**"이란 다음 각 목의 자를 말한다.

가. 행정청의 처분에 대하여 직접 그 상대가 되는 당사자

나. 행정청이 직권으로 또는 신청에 따라 행정절차에 참여하게 한 이해관계인

② 행정절차법 제9조 (당사자 등의 자격)

다음 각 호의 어느 하나에 해당하는 자는 행정절차에서 당사자 등이 될 수 있다.

1. 자연인
2. 법인, 법인이 아닌 사단 또는 재단(이하 "법인 등"이라 한다)
3. 그 밖에 다른 법령 등에 따라 권리·의무의 주체가 될 수 있는 자

③ 행정절차법 제11조 (대표자)

제6항 다수의 대표자가 있는 경우 그 중 1인에 대한 행정청의 행위는 모든 당사자 등에게 효력이 있다. 다만, 행정청의 **통지**는 대표자 **모두**에게 하여야 그 효력이 있다.

④ 행정절차법 제12조 (대리인)

제1항 당사자 등은 다음 각 호의 어느 하나에 해당하는 자를 대리인으로 선임할 수 있다.

1. 당사자 등의 배우자, 직계 존속·비속 또는 형제자매

정답 ④

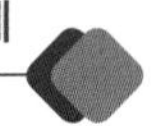

15 현행 「행정절차법」의 적용과 관련하여 가장 옳지 않은 것은? (다툼이 있는 경우 판례에 의함)

〈2017 서울시 9급〉

① 「행정절차법」은 행정절차에 관한 일반법이지만, '국회 또는 지방의회의 의결을 거치거나 동의 또는 승인을 얻어 행하는 사항'에 대하여는 「행정절차법」의 적용이 배제된다.

② 행정과정에 대한 국민의 참여와 행정의 공정성, 투명성 및 신뢰성을 확보하고 국민의 권익을 보호함을 목적으로 하는 「행정절차법」의 입법목적과 「행정절차법」제3조 제2항 제9호의 규정 내용 등에 비추어 보면, 공무원 인사관계 법령에 의한 처분에 관한 사항에 대하여 「행정절차법」의 적용이 배제된다.

③ 대법원에 따르면 「행정절차법」 적용이 제외되는 의결·결정에 대해서는 「행정절차법」을 적용하여 의견청취절차를 생략할 수는 없다.

④ 「행정절차법」은 「국세기본법」과는 달리 행정청에 대해서만 신의성실의 원칙에 따를 것을 규정하고 있다.

해설

① **행정절차법 제3조 (적용 범위)**

제2항 이 법은 다음 각 호의 어느 하나에 해당하는 사항에 대하여는 적용하지 아니한다.

1. 국회 또는 지방의회의 **의결**을 거치거나 **동의** 또는 **승인**을 받아 행하는 사항
2. 법원 또는 군사법원의 재판에 의하거나 그 집행으로 행하는 사항
3. 헌법재판소의 심판을 거쳐 행하는 사항
4. 각급 선거관리위원회의 의결을 거쳐 행하는 사항
5. 감사원이 감사위원회의의 결정을 거쳐 행하는 사항
6. 형사(刑事), 행형(行刑) 및 보안처분 관계 법령에 따라 행하는 사항
7. 국가안전보장·국방·외교 또는 통일에 관한 사항 중 행정절차를 거칠 경우 국가의 중대한 이익을 현저히 해칠 우려가 있는 사항
8. 심사청구, 해양안전심판, 조세심판, 특허심판, 행정심판, 그 밖의 불복절차에 따른 사항
9. 「병역법」에 따른 징집·소집, 외국인의 출입국·난민인정·귀화, 공무원 인사 관계 법령에 따른 징계와 그 밖의 처분, 이해 조정을 목적으로 하는 법령에 따른 알선·조정·중재(仲裁)·재정(裁定) 또는 그 밖의 처분 등 해당 행정작용의 성질상 행정절차를 거치기 곤란하거나 거칠 필요가 없다고 인정되는 사항과 행정절차에 준하는 절차를 거친 사항으로서 대통령령으로 정하는 사항

② 행정과정에 대한 국민의 참여와 행정의 공정성, 투명성 및 신뢰성을 확보하고 국민의 권익을 보호함을 목적으로 하는 행정절차법의 입법목적과 **행정절차법 제3조 제2항 제9호**의 규정 내용 등에 비추어 보면, **공무원 인사관계 법령에 의한 처분에 관한 사항 전부에 대하여 행정절차법의 적용이 배제되는 것이 아니라** 성질상 행정절차를 거치기 곤란하거나 불필요하다고 인정되는 처분이나 행정절차에 준하는 절차를 거치도록 하고 있는 처분의 경우에만 행정절차법의 적용이 배제된다(대판 2007.9.21. 2006두20631).

③ 행정절차법 제3조 제2항, 같은 법 시행령 제2조 제6호에 의하면 **공정거래위원회의 의결·결정을 거쳐 행하는 사항에는 행정절차법의 적용이 제외**되게 되어 있으므로, 설사 공정거래위원회의 시정조치 및 과징금납부명령에 행정절차법 소정의 의견청취절차 생략사유가 존재한다고 하더라도, 공정거래위원회는 행정절차법을 적용하여 의견청취절차를 생략할 수는 없다(대판 2001.05.08. 2000두10212).

④ **행정절차법 제4조 (신의성실 및 신뢰보호)**
제1항 행정청은 직무를 수행할 때 **신의**(信義)에 따라 **성실**히 하여야 한다.
국세기본법 제15조 (신의·성실)
납세자가 그 의무를 이행할 때에는 **신의**에 따라 **성실**하게 하여야 한다. 세무공무원이 직무를 수행할 때에도 또한 같다.

정답 ②

16 「행정절차법」상 행정절차에 관한 설명으로 옳은 것은? (단, 다툼이 있는 경우 판례에 따름)

〈2017 교육행정〉

① 「행정절차법」은 행정예고와 공법상 계약에 관하여 규정하고 있다.
② 신청에 대한 거부처분은 특별한 사정이 없는 한 처분의 사전통지대상이 되지 않는다.
③ 행정처분의 상대방이 청문일시에 불출석하였다는 이유로 청문을 실시하지 않은 침해적 행정처분은 적법하다.
④ 행정청과 당사자 사이에 협약의 체결로 청문의 실시 등 의견청취절차를 배제한 경우 청문의 실시에 관한 규정의 적용이 배제된다.

해설

① 행정절차법 제3조 제1항 처분, 신고, 행정상 입법예고, 행정예고 및 행정지도의 절차(이하 "행정절차"라 한다)에 관하여 다른 법률에 특별한 규정이 있는 경우를 제외하고는 이 법에서 정하는 바에 따른다.
→ *행정절차법은 <**행정예고**에 관한 규정O / **공법상 계약**에 관한 규정X>*

② 신청에 따른 처분이 이루어지지 아니한 경우에는 아직 당사자에게 권익이 부과되지 아니하였으므로 특별한 사정이 없는 한 신청에 대한 거부처분이라고 하더라도 직접 당사자의 권익을 제한하는 것은 아니어서 신청에 대한 거부처분을 여기에서 말하는 '당사자의 권익을 제한하는 처분'에 해당한다고 할 수 없는 것이어서 처분의 사전통지대상이 된다고 할 수 없다(대판 2003.11.28, 2003두674).

③ 행정처분의 상대방이 통지된 청문일시에 불출석하였다는 이유만으로 행정청이 관계 법령상 그 실시가 요구되는 청문을 실시하지 아니한 채 침해적 행정처분을 할 수는 없을 것이므로, 행정처분의 상대방에 대한 청문통지서가 반송되었다거나, 행정처분의 상대방이 청문일시에 불출석하였다는 이유로 청문을 실시하지 아니하고 한 침해적 행정처분은 위법하다(대판 2001.4.13, 2000두3337).

④ 행정청이 당사자와 사이에 도시계획사업의 시행과 관련한 협약을 체결하면서 관계 법령 및 행정절차법에 규정된 청문의 실시 등 의견청취절차를 배제하는 조항을 둔 경우, 협약의 체결로 청문의 실시에 관한 규정의 적용을 배제할 수 있다고 볼 만한 법령상의 규정이 없는 한, 이러한 협약이 체결되었다고 하여 청문의 실시에 관한 규정의 적용이 배제되거나 청문을 실시하지 않아도 되는 예외적인 경우에 해당한다고 할 수 없다(대판 2004.7.8, 2002두8350).

정답 ②

17 「행정절차법」에 관한 설명 중 옳지 않은 것은? (단, 다툼이 있는 경우 판례에 의함) 〈2017 사회복지〉

① 특별한 사정이 없는 한 신청에 대한 거부처분은 처분의 사전통지 대상이 아니다.

② 대통령에 의한 한국방송공사 사장의 해임에는 「행정절차법」이 적용된다.

③ 고시의 방법으로 불특정한 다수인을 상대로 의무를 부과하거나 권익을 제한하는 처분도 상대방에게 의견제출의 기회를 주어야 한다.

④ 불이익처분의 직접 상대방인 당사자도 아니고 행정청이 참여하게 한 이해관계인도 아닌 제3자에 대해서는 사전통지에 관한 규정이 적용되지 않는다.

해설

① 신청에 따른 처분이 이루어지지 아니한 경우에는 아직 당사자에게 권익이 부과되지 아니하였으므로 특별한 사정이 없는 한 신청에 대한 거부처분이라고 하더라도 직접 당사자의 권익을 제한하는 것은 아니어서 신청에 대한 거부처분을 여기에서 말하는 '당사자의 권익을 제한하는 처분'에 해당한다고 할 수 없는 것이어서 처분의 사전통지대상이 된다고 할 수 없다(대판 2003.11.28, 2003두674).

→ *공무원임용신청에 대한 거부는 특별한 사정이 없는 한 행정절차법 제21조의 처분의 사전통지 대상X*

② 한국방송공사의 적자구조 만성화에 대한 경영상 책임이 인정되는 데다 대통령이 감사원의 한국방송공사에 대한 감사에 따른 해임제청 요구 및 한국방송공사 이사회의 해임제청결의에 따라 해임처분을 하게 된 것인 점 등에 비추어 대통령에게 주어진 한국방송공사 사장 해임에 관한 재량권 일탈·남용의 하자가 존재한다고 하더라도 그것이 중대·명백하지 않아 당연무효 사유에 해당하지 않고, 해임처분 과정에서 상대방이 처분 내용을 사전에 통지받거나 그에 대한 의견제출 기회 등을 받지 못했고 해임처분 시 법적 근거 및 구체적 해임 사유를 제시받지 못하였으므로 해임처분이 행정절차법에 위배되어 위법하지만, 절차나 처분형식의 하자가 중대하고 명백하다고 볼 수 없어 취소사유에 해당한다(대판 2012.2.23, 2011두5001).

③ 구 행정절차법 제22조 제3항에 따라 행정청이 의무를 부과하거나 권익을 제한하는 처분을 할 때 의견제출의 기회를 주어야 하는 '당사자'는 '행정청의 처분에 대하여 직접 그 상대가 되는 당사자'를 의미한다. 그런데 '고시'의 방법으로 불특정 다수인을 상대로 의무를 부과하거나 권익을 제한하는 처분은 성질상 의견제출의 기회를 주어야 하는 상대방을 특정할 수 없으므로, 이와 같은 처분에 있어서까지 구 행정절차법 제22조 제3항에 의하여 그 상대방에게 의견제출의 기회를 주어야 한다고 해석할 것은 아니다(대판 2014.10.27, 2012두7745).

④ **행정절차법 제2조 (정의)**

이 법에서 사용하는 용어의 뜻은 다음과 같다.

4. "**당사자 등**"이란 다음 각 목의 자를 말한다.

가. 행정청의 처분에 대하여 직접 그 상대가 되는 당사자

나. 행정청이 직권으로 또는 신청에 따라 행정절차에 참여하게 한 이해관계인

행정절차법 제21조 (처분의 사전 통지)

제1항 행정청은 **당사자에게 의무를 부과하거나 권익을 제한하는 처분**을 하는 경우에는 미리 다음 각 호의 사항을 **당사자 등**에게 통지하여야 한다.

정답 ③

18 행정절차에 대한 설명으로 옳은 것은? (다툼이 있는 경우 판례에 의함) *〈2017 국회직 8급〉*

① 행정절차에는 당사자주의가 적용되므로 행정청은 당사자가 제출한 증거나 당사자의 증거신청에 구속된다.

② 환경영향평가법령에서 요구하는 환경영향평가절차를 거쳤더라도 그 내용이 부실한 경우, 부실의 정도가 환경영향평가를 하지 아니한 것과 마찬가지인 정도가 아니라면 이는 취소사유에 해당한다.

③ 행정처분의 직접 상대방이 아닌 제3자라도 법적 보호이익이 있는 자는 당연히 행정절차법상 당사자에 해당한다.

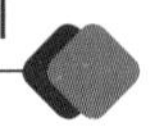

④ 기속행위의 경우에도 행정처분의 절차상 하자만으로 독자적인 취소사유가 된다.

⑤ 행정처분이 절차의 하자를 이유로 취소된 경우, 적법한 절차를 갖추더라도 이전의 처분과 동일한 내용의 처분을 다시 하는 것은 기속력에 위반되어 허용되지 않는다.

해설

① **행정절차법 제33조 (증거조사)**

제1항 청문 주재자는 **직권**으로 또는 당사자의 **신청**에 따라 필요한 조사를 할 수 있으며, 당사자 등이 주장하지 아니한 사실에 대하여도 조사할 수 있다.

② 환경영향평가법령에서 정한 환경영향평가를 거쳐야 할 대상사업에 대하여 그러한 환경영향평가를 거치지 아니하였음에도 승인 등 처분을 하였다면 그 처분은 위법하다 할 것이나, 그러한 절차를 거쳤다면, 비록 그 환경영향평가의 내용이 다소 부실하다 하더라도, 그 부실의 정도가 환경영향평가제도를 둔 입법취지를 달성할 수 없을 정도이어서 환경영향평가를 하지 아니한 것과 다를 바 없는 정도의 것이 아닌 이상, 그 부실은 당해 승인 등 처분에 재량권 일탈·남용의 위법이 있는지 여부를 판단하는 하나의 요소로 됨에 그칠 뿐, 그 부실로 인하여 당연히 당해 승인 등 처분이 위법하게 되는 것이 아니다(대판 2006.3.16. 2006두330).

③ 「행정절차법」 제2조 제4호에 의하면 "당사자 등"이란 행정청의 처분에 대하여 직접 그 상대가 되는 당사자, 행정청이 직권으로 또는 신청에 따라 행정절차에 참여하게 한 이해관계인을 말한다.

④ 판례는 기속행위인 「국세징수법」상의 과세처분과 재량행위인 「식품위생법」상의 영업정지처분에 대하여 절차상의 하자를 이유로 취소를 인정하였다.

→ *행정처분이 기속행위인지 재량행위인지를 불문하고 해당 처분이 실체법상으로는 적법하더라도 절차법상의 하자만으로 독립된 취소사유가 된다.*

⑤ 행정처분이 실체적 위법사유로 인해 취소판결이 내려져 확정된 경우에는 그 기속력에 의해 행정청은 동일한 사실관계에서 동일한 당사자에 대하여 동일한 내용의 처분을 할 수 없다. 그러나 절차상의 하자(절차위반)를 이유로 취소판결이 내려진 경우, 그 판결의 기속력은 확정판결에 적시된 절차 내지 형식의 위법사유에 한하여 미치는 것이므로 행정청은 그 위법사유를 보완하여 다시 새로운 처분을 할 수 있고 그 새로운 처분은 확정판결에 의하여 취소된 종전의 처분과는 별개의 처분이라 할 것이어서 확정판결의 기속력에 저촉되는 것이 아니다(대판 1987.2.10. 86누91).

정답 ④

19 「행정절차법」상의 사전통지절차에 대한 설명으로 옳지 않은 것은? (다툼이 있는 경우 판례에 의함)

〈2017 국가직 7급〉

① 처분의 사전통지가 적용되는 제3자는 '행정청이 직권 또는 신청에 따라 행정절차에 참여하게 한 이해관계인'으로 한정된다.

② 공기업 사장에 대한 해임처분 과정에서 처분 내용을 사전에 통지받지 못했고 해임처분 시 법적 근거 및 구체적 해임 사유를 제시받지 못하였다면, 그 해임처분은 위법하지만 당연 무효는 아니다.

③ 처분상대방이 이미 행정청에 위반사실을 시인하였다는 사정은 사전통지의 예외가 적용되는 '의견청취가 현저히 곤란하거나 명백히 불필요하다고 인정될 만한 상당한 이유가 있는 경우'에 해당한다.

④ 특별한 사정이 없는 한 신청에 대한 거부처분은 '당사자의 권익을 제한하는 처분'에 해당한다고 할 수 없는 것이어서 처분의 사전통지대상이 된다고 할 수 없다.

해설

① 행정절차법 제2조 (정의)

이 법에서 사용하는 용어의 뜻은 다음과 같다.

4. "당사자 등"이란 다음 각 목의 자를 말한다.

가. 행정청의 처분에 대하여 직접 그 상대가 되는 당사자

나. 행정청이 직권으로 또는 신청에 따라 행정절차에 참여하게 한 이해관계인

행정절차법 제21조 (처분의 사전 통지)

제1항 행정청은 **당사자에게 의무를 부과하거나 권익을 제한하는 처분**을 하는 경우에는 미리 다음 각 호의 사항을 **당사자 등**에게 통지하여야 한다.

② 해임처분 과정에서 처분 내용을 사전에 통지받거나 그에 대한 의견제출 기회 등을 받지 못했고 해임처분 시 법적 근거 및 구체적 해임 사유를 제시받지 못하였으므로 해임처분이 행정절차법에 위배되어 위법하지만, 절차나 처분형식의 하자가 중대하고 명백하다고 볼 수 없어 역시 당연무효가 아닌 취소 사유에 해당한다(대판 2012.2.23. 2011두5001).

③ '해당 처분의 성질상 의견청취가 현저히 곤란하거나 명백히 불필요하다고 인정될 만한 상당한 이유가 있는 경우' 등에 한하여 처분의 사전통지나 의견청취를 하지 아니할 수 있다. 따라서 행정청이 침해적 행정처분을 하면서 당사자에게 사전통지를 하거나 의견제출의 기회를 주지 아니하였다면, 사전통지나 의견제출의 예외적인 경우에 해당하지 아니하는 한, 처분은 위법하여 취소를 면할 수 없다. 그리고 여기에서 '의견청취가 현저히 곤란하거나 명백히 불필요하다고 인정될 만한 상당한 이유가 있는 경우'에 해당하는지는 해당 행정처분의 성질에 비추어 판단하여야 하며, 처분상대방이 이미 행정청에 위반사실을 시인하였다거나 처분의 사전통지 이전에 의견을 진술할 기회가 있었다는 사정을 고려하여 판단할 것은 아니다(대판 2016.10.27. 2016두41811).

④ 신청에 따른 처분이 이루어지지 아니한 경우에는 아직 당사자에게 권익이 부과되지 아니하였으므로 특별한 사정이 없는 한 신청에 대한 거부처분이라고 하더라도 직접 당사자의 권익을 제한하는 것은 아니어서 신청에 대한 거부처분을 여기에서 말하는 '당사자의 권익을 제한하는 처분'에 해당한다고 할 수 없는 것이어서 처분의 사전통지대상이 된다고 할 수 없다(대판 2003.11.28. 2003두674).

정답 ③

20 「행정절차법」상 처분의 이유 제시 및 의견제출절차에 대한 판례의 입장으로 옳지 않은 것은?

〈2017 지방직 7급〉

① 고시 등 불특정 다수인을 상대로 의무를 부과하거나 권익을 제한하는 처분에 있어서는 그 상대방에게 의견제출의 기회를 주어야 하는 것은 아니다.

② 가산세 부과처분에 관해서는 「국세기본법」이나 개별 세법 어디에도 그 납세고지의 방식 등에 관하여 따로 정한 규정이 없으므로, 가산세의 종류와 세액의 산출근거 등을 전혀 밝히지 않고 가산세의 합계액만을 기재한 경우 그 부과처분은 위법하지 않다.

③ 행정청이 토지형질변경허가신청을 불허하는 근거규정으로 '도시계획법 시행령 제20조'를 명시하지 아니하고 '도시계획법' 이라고만 기재하였으나, 신청인이 자신의 신청이 개발제한구역의 지정 목적에 현저히 지장을 초래하는 것이라는 이유로 구「도시계획법 시행령」 제20조제1항제2호에 따라 불허된 것임을 알 수 있었던 경우에는 그 불허처분이 위법하지 않다.

④ 불이익처분의 직접 상대방인 당사자 또는 행정청이 참여하게 한 이해관계인이 아닌 제3자에 대하여는 의견제출에 관한 「행정절차법」의 규정이 적용되지 아니한다.

해설

① '고시'의 방법으로 불특정 다수인을 상대로 의무를 부과하거나 권익을 제한하는 처분은 성질상 의견제출의 기회를 주어야 하는 상대방을 특정할 수 없으므로, 이와 같은 처분에 있어서까지 구 행정절차법 제22조 제3항에 의하여 그 상대방에게 의견제출의 기회를 주어야 한다고 해석할 것은 아니다(대판 2014.10.27. 2012두7745).

② 가산세는 본세와 함께 부과하면서 세액만 병기하고, 더구나 가산세의 종류가 여러 가지인 경우에도 그 합계액만 표시하는 것이 오랜 과세관행처럼 되어 있었다. 하지만 가산세라고 하여 적법절차 원칙의 법정신을 완화하여 적용할 합당한 근거는 어디에도 없다. 가산세 역시 본세와 마찬가지 수준으로 그 형식과 내용을 갖추어 세액의 산출근거 등을 밝혀서 고지하여야 하고, 납세고지서를 받는 납세의무자가 따로 법률 규정을 확인하거나 과세관청에 문의해 보지 않고도 무슨 가산세가 부과되었고 세액이 그렇게 된 산출근거가 무엇인지 알 수 있도록 해야 한다. 가산세는 통상 본세와 함께 부과되고 가산세의 과세표준은 본세의 세액이나 과세표준 등을 기초로 산출되는 경우가 많으므로, 가산세의 산출근거 등을 납세고지서에 밝혀 표시하도록 한다고 하여 과세관청의 부담이 감내할 수 없을 정도로 늘어나는 것도 아니다. 그러므로 가산세 부과처분이라고 하여 그 종류와 세액의 산출근거 등을 전혀 밝히지 않고 가산세의 합계액만을 기재한 경우에는 그 부과처분은 위법함을 면할 수 없다(대판 2012.10.18. 2010두12347).

③ 행정청이 토지형질변경허가신청을 불허하는 근거규정으로 '도시계획법시행령 제20조'를 명시하지 아니하고 '도시계획법'이라고만 기재하였으나, 신청인이 자신의 신청이 개발제한구역의 지정목적에 현저히 지장을 초래하는 것이라는 이유로 구 도시계획법시행령 제20조 제1항 제2호에 따라 불허된 것임을 알 수 있었던 경우, 그 불허처분이 위법하지 아니하다(대판 2002.5.17. 2000두8912).

④ 불이익처분의 직접 상대방인 당사자 또는 행정청이 참여하게 한 이해관계인이 아닌 제3자에 대하여는 사전통지 및 의견제출에 관한 행정절차법 제21조, 제22조가 적용되지 않는다(대판 2009.4.23. 2008두686).

정답 ②

21 「행정절차법」상의 내용으로 옳은 것은? 〈2017 서울시 7급〉

① 「행정절차법」은 「행정심판법」, 「행정소송법」과 마찬가지로 처분의 개념을 정의하고 있고, 그 내용도 동일하다.

② 행정청은 긴급히 처분을 할 필요가 있는 경우 당사자에게 처분의 근거와 이유를 제시하지 않아도 되지만, 처분 후에는 당사자의 요청이 없어도 그 근거와 이유를 제시하여야 한다.

③ 행정청이 전자문서로 처분을 함에 있어서 반드시 당사자 등의 동의가 필요한 것은 아니다.

④ 입법예고기간은 예고할 때 정하되, 특별한 사정이 없으면 자치법규의 입법예고기간은 15일 이상으로 한다.

해설

① **행정절차법 제2조 (정의)**

이 법에서 사용하는 용어의 뜻은 다음과 같다.

2. "처분"이란 행정청이 행하는 구체적 사실에 관한 법 집행으로서의 공권력의 행사 또는 그 거부와 그 밖에 이에 준하는 행정작용(行政作用)을 말한다.

행정심판법 제2조 (정의)

이 법에서 사용하는 용어의 뜻은 다음과 같다.

1. "처분"이란 행정청이 행하는 구체적 사실에 관한 법집행으로서의 공권력의 행사 또는 그 거부, 그 밖에 이에 준하는 행정작용을 말한다.

행정소송법 제2조 (정의)

제1항 이 법에서 사용하는 용어의 정의는 다음과 같다.

1. "처분 등"이라 함은 행정청이 행하는 구체적 사실에 관한 법집행으로서의 공권력의 행사 또는 그 거부와 그 밖에 이에 준하는 행정작용(이하 "처분"이라 한다) 및 행정심판에 대한 재결을 말한다.

→ *행정절차법, 행정기본법, 행정심판법, 행정소송법 모두 처분의 개념을 정의O / 내용도 동일O*

② **행정절차법 제23조 (처분의 이유 제시)**

제1항 행정청은 처분을 할 때에는 다음 각 호의 어느 하나에 해당하는 경우를 제외하고는 당사자에게 그 근거와 이유를 제시하여야 한다.

1. 신청 내용을 모두 그대로 인정하는 처분인 경우
2. 단순·반복적인 처분 또는 경미한 처분으로서 당사자가 그 이유를 명백히 알 수 있는 경우
3. 긴급히 처분을 할 필요가 있는 경우

제2항 행정청은 제1항 제2호 및 제3호의 경우에 처분 후 **당사자가 요청**하는 경우에는 그 근거와 이유를 제시하여야 한다.

→ *∴ 행정청은 신청 내용을 모두 그대로 인정하는 처분인 경우(제1호), 처분 후 당사자가 요청하는 경우에도 그 근거와 이유를 제시할 필요X*

③ **행정절차법 제24조 (처분의 방식)**

제1항 행정청이 처분을 할 때에는 다른 법령 등에 특별한 규정이 있는 경우를 제외하고는 문서로 하여야 하며, 전자문서로 하는 경우에는 당사자 등의 동의가 있어야 한다. 다만, 신속히 처리할 필요가 있거나 사안이 경미한 경우에는 말 또는 그 밖의 방법으로 할 수 있다. 이 경우 당사자가 요청하면 지체 없이 처분에 관한 문서를 주어야 한다.

④ **행정절차법 제43조 (예고기간)**

입법예고기간은 예고할 때 정하되, 특별한 사정이 없으면 40일(자치법규는 20일) 이상으로 한다.

정답 ①

제2장 정보공개

제1절 정보공개제도

01 정보공개에 대한 판례의 입장으로 옳지 않은 것은? *〈2021 국가직 9급〉*

① 국민의 알 권리의 내용에는 일반 국민 누구나 국가에 대하여 보유·관리하고 있는 정보의 공개를 청구할 수 있는 이른바 일반적인 정보공개청구권이 포함된다.

② 정보공개청구권은 법률상 보호되는 구체적인 권리이므로 청구인이 공공기관에 대하여 정보공개를 청구하였다가 거부처분을 받은 것 자체가 법률상 이익의 침해에 해당한다.

③「공공기관의 정보공개에 관한 법률」상 공개청구의 대상이 되는 정보란 공공기관이 직무상 작성 또는 취득하여 현재 보유·관리하고 있는 원본인 문서만을 의미한다.

④ 정보공개가 신청된 정보를 공공기관이 보유·관리하고 있지 아니한 경우에는 특별한 사정이 없는 한 정보공개거부처분의 취소를 구할 법률상의 이익이 없다.

해설

① **국민의 알 권리**, 특히 국가정보에의 접근의 권리는 우리 헌법상 기본적으로 표현의 자유와 관련하여 인정되는 것으로 그 권리의 내용에는 일반 국민 누구나 국가에 대하여 보유·관리하고 있는 정보의 공개를 청구할 수 있는 이른바 일반적인 정보공개청구권이 포함된다(대판 1999.9.21. 97누5114).

② 정보공개청구권은 법률상 보호되는 구체적인 권리이므로 청구인이 공공기관에 대하여 정보공개를 청구하였다가 거부처분을 받은 것 자체가 법률상 이익의 침해에 해당한다(대판 2003.12.12. 2003두8050).

③ 공공기관의 정보공개에 관한 법률상 공개청구의 대상이 되는 정보란 공공기관이 직무상 작성 또는 취득하여 현재 보유·관리하고 있는 문서에 한정되는 것이기는 하나, 그 문서가 반드시 원본일 필요는 없다(대판 2006.5.25. 2006두3049).

④ 정보공개제도는 공공기관이 보유·관리하는 정보를 그 상태대로 공개하는 제도라는 점 등에 비추어 보면, 정보공개를 구하는 자가 공개를 구하는 정보를 행정기관이 보유·관리하고 있을 상당한 개연성이 있다는 점을 입증함으로써 족하다 할 것이지만, 공공기관이 그 정보를 보유·관리하고 있지 아니한 경우에는 특별한 사정이 없는 한 정보공개거부처분의 취소를 구할 법률상의 이익이 없다(대판 2014.6.12. 2013두4309).

정답 ③

02 정보공개청구에 대한 설명으로 옳은 것은? (다툼이 있는 경우 판례에 의함) 〈2020 지방직 9급〉

① 공공기관이 공개청구의 대상이 된 정보를 공개는 하되, 청구인이 신청한 공개방법 이외의 방법으로 공개하기로 하는 결정을 한 경우 이는 정보공개방법만을 달리 한 것이므로 일부 거부처분이라 할 수 없다.

② 「공공기관의 정보공개에 관한 법률」에 의하면 "다른 법률 또는 법률에서 위임한 명령에 의하여 비밀 또는 비공개 사항으로 규정된 정보"는 이를 공개하지 아니할 수 있다고 규정하고 있는바, 여기에서 '법률에 의한 명령'은 정보의 공개에 관하여 법률의 구체적인 위임 아래 제정된 법규명령(위임명령)을 의미한다.

③ 국민의 알권리를 두텁게 보호하기 위해 「공공기관의 정보공개에 관한 법률」 제9조 제1항 제6호 본문의 규정에 따라 비공개대상이 되는 정보는 이름·주민등록번호 등 '개인식별정보'로 한정된다.

④ 공개청구의 대상이 되는 정보가 이미 다른 사람에게 공개되어 널리 알려져 있다거나 인터넷 등을 통하여 공개되어 인터넷 검색 등을 통하여 쉽게 알 수 있다면 행정청의 정보비공개 결정이 정당화될 수 있다.

해설

① 공공기관이 공개청구의 대상이 된 정보를 공개는 하되, 청구인이 신청한 공개방법 이외의 방법으로 공개하기로 하는 결정을 하였다면, 이는 정보공개청구 중 정보공개방법에 관한 부분에 대하여 일부 거부처분을 한 것이고, 청구인은 그에 대하여 항고소송으로 다툴 수 있다(대판 2016.11.10. 2016두44674).

② 공공기관의 정보공개에 관한 법률 제9조 제1항 본문은 "공공기관이 보유·관리하는 정보는 공개대상이 된다."고 규정하면서 그 단서 제1호에서는 "다른 법률 또는 법률이 위임한 명령(국회규칙·대법원규칙·중앙선거관리위원회규칙·대통령령 및 조례에 한한다)에 의하여 비밀 또는 비공개 사항으로 규정된 정보"는 이를 공개하지 아니할 수 있다고 규정하고 있는바, 그 입법 취지는 비밀 또는 비공개 사항으로 다른 법률 등에 규정되어 있는 경우는 이를 존중함으로써 법률 간의 마찰을 피하기 위한 것이고, 여기에서 '법률에 의한 명령'은 **정보의 공개에 관하여 법률의 구체적인 위임** 아래 제정된 법규명령(위임명령)을 의미한다(대판 2010.6.10. 2010두2913).

③ 정보공개법 제9조 제1항 제6호 본문의 규정에 따라 비공개대상이 되는 정보에는 구「공공기관의 정보공개에 관한 법률」의 이름·주민등록번호 등 정보 형식이나 유형을 기준으로 비공개대상정보에 해당하는지를 판단하는 '개인식별정보'뿐만 아니라 그 외에 정보의 내용을 구체적으로 살펴 '개인에 관한 사항의 공개로 개인의 내밀한 내용의 비밀 등이 알려지게 되고, 그 결과 인격적·정신적 내면생활에 지장을 초래하거나 자유로운 사생활을 영위할 수 없게 될 위험성이 있는 정보'도 포함된다(대판 2012.6.18. 2011두2361).

④ 공개청구의 대상이 되는 정보가 이미 다른 사람에게 공개되어 널리 알려져 있다거나 인터넷 등을 통하여 공개되어 인터넷검색 등을 통하여 쉽게 알 수 있다는 사정만으로는 소의 이익이 없다거나 비공개결정이 정당화될 수 없다(대판 2010.12.23. 2008두13101).

정답 ②

03 정보공개에 대한 판례의 입장으로 옳은 것은? *〈2019 국가직 7급〉*

① 공공기관이 정보공개청구권자가 신청한 공개방법 이외의 방법으로 정보를 공개하기로 하는 결정을 하였다면, 정보공개청구자는 이에 대하여 항고소송으로 다툴 수 있다.

② 공개청구된 정보가 이미 인터넷을 통해 공개되어 인터넷검색으로 쉽게 접근할 수 있는 경우는 비공개사유가 된다.

③ 공개청구된 정보를 공공기관이 한때 보유·관리하였으나 후에 그 정보가 담긴 문서가 정당하게 폐기되어 존재하지 않게 된 경우, 정보 보유·관리 여부의 입증책임은 정보공개청구자에게 있다.

④ 정보공개를 청구한 목적이 손해배상소송에 제출할 증거자료를 획득하기 위한 것이었고 그 소송이 이미 종결되었다면, 그러한 정보공개청구는 권리남용에 해당한다.

해설

① 공공기관이 공개청구의 대상이 된 정보를 공개는 하되, 청구인이 신청한 공개방법 이외의 방법으로 공개하기로 하는 결정을 하였다면, 이는 정보공개청구 중 정보공개방법에 관한 부분에 대하여 일부 거부처분을 한 것이고, 청구인은 그에 대하여 항고소송으로 다툴 수 있다(대판 2016.11.10, 2016두44674).

② 공개청구의 대상이 되는 정보가 이미 다른 사람에게 공개되어 널리 알려져 있다거나 인터넷 등을 통하여 공개되어 인터넷검색 등을 통하여 쉽게 알 수 있다는 사정만으로는 소의 이익이 없다거나 비공개결정이 정당화될 수 없다(대판 2010.12.23, 2008두13101).

③ 공개청구자는 그가 공개를 구하는 정보를 공공기관이 보유·관리하고 있을 상당한 개연성이 있다는 점에 대하여 입증할 책임이 있으나, 공개를 구하는 정보를 공공기관이 한때 보유·관리하였으나 후에 그 정보가 담긴 문서들이 폐기되어 존재하지 않게 된 것이라면 그 정보를 더 이상 보유·관리하고 있지 않다는 점에 대한 증명책임은 **공공기관**에 있다(대판 2013.1.24., 2010두18918).

④ 손해배상소송에 제출할 증거자료를 획득하기 위한 목적으로 정보공개를 청구한 경우, 오로지 상대방을 괴롭힐 목적으로 정보공개를 구하고 있다는 등의 특별한 사정이 없는 한, 권리남용에 해당하지 아니한다(대판 2004.9.23. 2003두1370).

정답 ①

04 「공공기관의 정보공개에 관한 법률」상 정보공개에 대한 설명으로 옳은 것은? (다툼이 있는 경우 판례에 의함) *〈2019 국가직 9급〉*

① 공개청구된 정보가 인터넷을 통하여 공개되어 인터넷 검색을 통하여 쉽게 알 수 있다는 사정만으로 비공개결정이 정당화될 수는 없다.
② 정보공개 청구 후 20일이 경과하도록 정보공개 결정이 없는 경우, 이의신청은 허용되나 행정심판청구는 허용되지 않는다.
③ 정보의 공개 및 우송 등에 드는 비용은 정보공개청구를 받은 행정청이 부담한다.
④ 행정소송의 재판기록 일부의 정보공개청구에 대한 비공개결정은 전자문서로 통지할 수 없다.

해설

① 공개청구의 대상이 되는 정보가 이미 다른 사람에게 공개되어 널리 알려져 있다거나 인터넷 등을 통하여 공개되어 인터넷검색 등을 통하여 쉽게 알 수 있다는 사정**만**으로는 소의 이익이 없다거나 **비공개결정이 정당화될 수 없다**(대판 2010.12.23, 2008두13101).

② **공공기관의 정보공개에 관한 법률 18조 (이의신청)**

제1항 청구인이 정보공개와 관련한 공공기관의 비공개 결정 또는 부분 공개 결정에 대하여 **불복**이 있거나 정보공개 청구 후 **20일**이 경과하도록 정보공개 결정이 **없는** 때에는 공공기관으로부터 정보공개 여부의 결정 통지를 받은 날 또는 정보공개 청구 후 20일이 경과한 날부터 **30일 이내**에 해당 공공기관에 문서로 이의신청을 할 수 있다.

공공기관의 정보공개에 관한 법률 19조 (행정심판)

제1항 청구인이 정보공개와 관련한 공공기관의 결정에 대하여 **불복**이 있거나 정보공개 청구 후 **20일**이 경과하도록 정보공개 결정이 **없는** 때에는 「행정심판법」에서 정하는 바에 따라 행정심판을 청구할 수 있다. 이 경우 국가기관 및 지방자치단체 외의 공공기관의 결정에 대한 감독행정기관은 관계 중앙행정기관의 장 또는 지방자치단체의 장으로 한다.

→ *결정에 대하여 불복 또는 정보공개 청구 후 20일이 경과하도록 결정이 없다면 이의신청O / 행정심판O*

③ **공공기관의 정보공개에 관한 법률 제17조 (비용 부담)**

제1항 정보의 공개 및 우송 등에 드는 비용은 실비(實費)의 범위에서 **청구인**이 부담한다.

④ 甲이 재판기록 일부의 정보공개를 청구한 데 대하여 서울행정법원장이 민사소송법 제162조를 이유로 소송기록의 정보를 비공개한다는 결정을 전자문서로 통지한 사안에서, 비공개결정 당시 정보의 비공개결정은 구 공공기관의 정보공개에 관한 법률 제13조 제4항에 의하여 전자문서로 통지할 수 **있다**(대판 2014.4.10, 2012두17384).

정답 ①

05 정보공개에 대한 판례의 입장으로 옳은 것은? *〈2019 지방직 9급〉*

① 지방자치단체의 업무추진비 세부항목별 집행내역 및 그에 관한 증빙서류에 포함된 개인에 관한 정보는 「공공기관의 정보공개에 관한 법률」 소정의 '공개하는 것이 공익을 위하여 필요하다고 인정되는 정보'에 해당하여 공개대상이 된다.

② 학교환경위생구역 내 금지행위(숙박시설) 해제결정에 관한 학교환경위생정화위원회의 회의록에 기재된 발언내용에 대한 해당 발언자의 인적사항 부분에 관한 정보는 「공공기관의 정보공개에 관한 법률」 소정의 비공개대상정보에 해당하지 않는다.

③ 「보안관찰법」 소정의 보안관찰 관련 통계자료는 「공공기관의 정보공개에 관한 법률」 소정의 비공개대상정보에 해당하지 않는다.

④ 학교폭력대책자치위원회가 피해학생의 보호를 위한 조치, 가해학생에 대한 조치, 학교폭력과 관련된 분쟁의 조정 등에 관하여 심의한 결과를 기재한 회의록은 「공공기관의 정보공개에 관한 법률」 소정의 비공개대상 정보에 해당한다.

해설

① 지방자치단체의 업무추진비 세부항목별 집행내역 및 그에 관한 증빙서류에 포함된 개인에 관한 정보는 특별한 사정이 없는 한 그 개인의 사생활 보호라는 관점에서 보더라도 위와 같은 정보가 공개되는 것은 바람직하지 않으며 위 정보의 비공개에 의하여 보호되는 이익보다 공개에 의하여 보호되는 이익이 우월하다고 단정할 수도 없으므로, 이는 '공개하는 것이 공익을 위하여 필요하다고 인정되는 정보'에 해당하지 않는다고 봄이 상당하다(대판 2003.3.11. 2001두6425).

② 학교환경위생구역 내 금지행위(숙박시설) 해제결정에 관한 학교환경위생정화위원회의 회의록에 기재된 발언내용에 대한 해당 발언자의 인적사항 부분에 관한 정보는 「공공기관의 정보공개에 관한 법률」 제7조 제1항 제5호 소정의 비공개대상에 해당한다(대판 2003.8.22. 2002두12946).

③ 「보안관찰법」 소정의 보안관찰 관련 통계자료는 「공공기관의 정보공개에 관한 법률」 제7조 제1항 제2호 소정의 공개될 경우 국가안전보장·국방·통일·외교관계 등 국가의 중대한 이익을 해할 우려가 있는 정보, 또는 제3호 소정의 공개될 경우 국민의 생명·신체 및 재산의 보호 기타 공공의 안전과 이익을 현저히 해할 우려가 있다고 인정되는 정보에 해당한다(대판 2004.1.8. 2001두8254).

④ 학교폭력대책자치위원회가 피해학생의 보호를 위한 조치, 가해학생에 대한 조치, 학교폭력과 관련된 분쟁의 조정 등에 관하여 심의한 결과를 기재한 회의록은 정보공개법 제9조 제1항 제5호의 '공개될 경우 업무의 공정한 수행에 현저한 지장을 초래한다고 인정할 만한 상당한 이유가 있는 정보'에 해당한다고 보아야 할 것이다(대판 2010.6.10, 2010두2913).

정답 ④

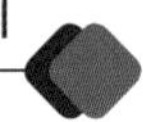

06 「공공기관의 정보공개에 관한 법률」에 따른 정보공개제도에 관한 설명으로 가장 옳은 것은?

〈2019 서울시 9급〉

① 정보공개청구권자인 '모든 국민'에는 자연인 외에 법인, 권리능력 없는 사단·재단도 포함되므로 지방자치단체도 포함된다.

② 공개청구의 대상정보가 이미 다른 사람에게 널리 알려져 있거나 인터넷 검색을 통해 쉽게 알 수 있는 경우에는 비공개결정을 할 수 있다.

③ 정보를 취득 또는 활용할 의사가 전혀 없이 사회통념상 용인될 수 없는 부당이득을 얻으려는 목적의 정보공개청구는 권리남용행위로서 허용되지 않는다.

④ 공개청구된 정보가 제3자와 관련이 있는 경우 행정청은 제3자에게 통지하여야 하고 의견을 들을 수 있으나, 제3자가 비공개를 요청할 권리를 갖지는 않는다.

해설

① 공공기관의 정보공개에 관한 법률은 국민을 정보공개청구권자로, 지방자치단체를 국민에 대응하는 정보공개의무자로 상정하고 있다고 할 것이므로, 지방자치단체는 공공기관의 정보공개에 관한 법률 제5조에서 정한 정보공개청구권자인 '국민'에 해당되지 아니한다(서울행법 2005.10.12. 2005구합10484).

② 공개청구의 대상이 되는 정보가 이미 다른 사람에게 공개되어 널리 알려져 있다거나 인터넷 등을 통하여 공개되어 **인터넷검색** 등을 통하여 쉽게 알 수 있다는 사정만으로는 소의 이익이 없다거나 비공개결정이 정당화될 수 없다(대판 2010.12.23. 2008두13101).

③ 실제로는 해당 정보를 취득 또는 활용할 의사가 전혀 없이 정보공개 제도를 이용하여 사회통념상 용인될 수 없는 **부당한 이득**을 얻으려 하거나, 오로지 공공기관의 담당공무원을 괴롭힐 목적으로 정보공개청구를 하는 경우처럼 권리의 남용에 해당하는 것이 명백한 경우에는 정보공개청구권의 행사를 허용하지 아니하는 것이 옳다(대판 2014.12.24, 2014두9349).

④ **공공기관의 정보공개에 관한 법률 제11조 (정보공개 여부의 결정)**

제3항 공공기관은 공개 청구된 공개 대상 정보의 전부 또는 일부가 제3자와 관련이 있다고 인정할 때에는 그 사실을 제3자에게 **지체 없이** 통지하여야 하며, 필요한 경우에는 그의 의견을 들을 수 있다.

공공기관의 정보공개에 관한 법률 제21조 (제3자의 비공개 요청 등)

제1항 제11조 제3항에 따라 공개 청구된 사실을 통지받은 제3자는 그 통지를 받은 날부터 3일 이내에 해당 공공기관에 대하여 **자신과 관련된 정보를 공개하지 아니할 것을 요청**할 수 있다.

정답 ③

07 **「공공기관의 정보공개에 관한 법률」상 정보공개에 대한 설명으로 옳지 않은 것은? (다툼이 있는 경우 판례에 의함)** *〈2018 지방직 9급〉*

① 공개될 경우 부동산 투기로 특정인에게 이익 또는 불이익을 줄 우려가 있다고 인정되는 정보는 비공개대상에 해당한다.

② 공개청구의 대상이 되는 정보가 인터넷에 공개되어 인터넷 검색 등을 통하여 쉽게 알 수 있다면 정보공개청구권자는 공개거부처분의 취소를 구할 법률상의 이익이 없다.

③ 불기소처분기록 중 피의자신문조서 등에 기재된 피의자 등의 인적사항 이외의 진술내용이 개인의 사생활의 비밀 또는 자유를 침해할 우려가 인정된다면 비공개대상에 해당한다.

④ 정보공개거부처분취소소송에서 공개를 거부한 정보에 비공개대상 부분과 공개가 가능한 부분이 혼합되어 있는 경우, 공개청구의 취지에 어긋나지 아니하는 범위 안에서 두 부분을 분리할 수 있다면 법원은 청구취지의 변경이 없더라도 공개가 가능한 정보에 관한 부분만의 일부취소를 명할 수 있다.

해설

① **공공기관의 정보공개에 관한 법률 제9조 (비공개 대상 정보)**

제1항 공공기관이 보유·관리하는 정보는 공개 대상이 된다. 다만, 다음 각 호의 어느 하나에 해당하는 정보는 공개하지 **아니**할 수 있다.

8. 공개될 경우 **부동산 투기, 매점매석** 등으로 특정인에게 이익 또는 불이익을 줄 우려가 있다고 인정되는 정보

② 공개청구의 대상이 되는 정보가 이미 다른 사람에게 공개되어 널리 알려져 있다거나 인터넷 등을 통하여 공개되어 인터넷검색 등을 통하여 쉽게 알 수 있다는 사정만으로는 소의 이익이 없다거나 비공개결정이 정당화될 수 없다(대판 2010.12.23, 2008두13101).

→ *해당 정보가 인터넷검색 등을 통하여 쉽게 알 수 있다고 하더라도 정보공개청구권자는 공개거부처분 취소소송을 제기할 수 있음*

③ 공공기관의 정보공개에 관한 법률 제9조 제1항 제6호 본문은 "해당 정보에 포함되어 있는 성명·주민등록번호 등 개인에 관한 사항으로서 공개될 경우 사생활의 비밀 또는 자유를 침해할 우려가 있다고 인정되는 정보"를 비공개대상정보의 하나로 규정하고 있다. 여기에서 말하는 비공개대상정보에는 성명·주민등록번호 등 '개인식별정보'뿐만 아니라 그 외에 정보의 내용에 따라 '개인에 관한 사항의 공개로 인하여 개인의 내밀한 내용의 비밀 등이 알려지게 되고, 그 결과 인격적·정신적 내면생활에 지장을 초래하거나 자유로운 사생활을 영위할 수 없게 될 위험성이 있는 정보'도 포함된다. 따라서 불기소처분 기록이나 내사기록 중 피의자신문조서 등 조서에 기재된 피의자 등의 인적사항 이외의 진술내용 역시 개인의 사생활의 비밀 또는 자유를 침해할 우려가 인정되는 경우에는 비공개대상정보에 해당한다(대판 2017.9.7, 2017두44558).

④ 법원이 행정청의 정보공개거부처분의 위법 여부를 심리한 결과, 공개를 거부한 정보에 비공개대상정보에 해당하는 부분과 공개가 가능한 부분이 혼합되어 있고 공개청구의 취지에 어긋나지 아니하는 범위 안에서 **두 부분을 분리할 수 있음을 인정할 수 있을 때**에는, 위 정보 중 공개가 가능한 부분을 특정하고 판결의 주문에 행정청의 위 거부처분 중 공개가 가능한 정보에 관한 부분만을 취소(**일부취소**)한다고 표시하여야 한다(대판 2003.3.11, 2001두6425).

정답 ②

08 **「공공기관의 정보공개에 관한 법률」에 대한 설명으로 옳지 않은 것은? (다툼이 있는 경우 판례에 의함)** *〈2018 국가직 7급〉*

① 공공기관이 공개청구대상 정보를 신청한 공개방법 이외의 방법으로 공개하는 결정을 한 경우, 정보공개청구 중 정보공개방법 부분에 대하여 일부 거부처분을 한 것이다.

② 정보비공개결정 취소소송에서 공공기관이 청구정보를 증거로 법원에 제출하여 법원을 통하여 그 사본을 청구인에게 교부되게 하여 정보를 공개하게 된 경우에는 비공개결정의 취소를 구할 소의 이익이 소멸한다.

③ 통일에 관한 사항으로서 공개될 경우 국가의 중대한 이익을 현저히 해칠 우려가 있다고 인정되는 정보는 비공개대상정보에 해당한다.

④ 공개하는 것이 공익을 위하여 필요한 경우로서 법령에 따라 국가가 업무의 일부를 위탁 또는 위촉한 개인의 성명·직업은, 공개되면 사생활의 비밀 또는 자유가 침해될 우려가 있다고 인정되더라도 공개대상정보에 해당한다.

해설

① 청구인에게는 특정한 공개방법을 지정하여 정보공개를 청구할 수 있는 법령상 신청권이 있다. 따라서 공공기관이 공개청구의 대상이 된 정보를 공개는 하되, 청구인이 신청한 공개방법 이외의 방법으로 공개하기로 하는 결정을 하였다면, 이는 정보공개청구 중 정보공개방법에 관한 부분에 대하여 일부 거부처분을 한 것이고, 청구인은 그에 대하여 항고소송으로 다툴 수 있다(대판 2016.11.10. 016두44674).

② 청구인이 정보공개거부처분의 취소를 구하는 소송에서 공공기관이 청구정보를 증거 등으로 법원에 제출하여 법원을 통하여 그 사본을 청구인에게 교부 또는 송달하게 하여 결과적으로 청구인에게 정보를 공개하는 셈이 되었다고 하더라도, 이러한 우회적인 방법은 법이 예정하고 있지 아니한 방법으로서 법에 의한 공개라고 볼 수는 없으므로, 당해 문서의 비공개결정의 취소를 구할 소의 이익은 소멸되지 않는다고 할 것이다(대판 2004.3.26. 2002두6583).

③, ④ **공공기관의 정보공개에 관한 법률 제9조-(비공개 대상 정보)**

제1항 공공기관이 보유·관리하는 정보는 공개 대상이 된다. 다만, 다음 각 호의 어느 하나에 해당하는 정보는 공개하지 **아니**할 수 있다.

2. **국가안전보장·국방·통일·외교관계** 등에 관한 사항으로서 공개될 경우 국가의 중대한 이익을 현저히 해칠 우려가 있다고 인정되는 정보

6. 해당 정보에 포함되어 있는 성명·주민등록번호 등 「개인정보 보호법」 제2조 제1호에 따른 개인정보로서 공개될 경우 사생활의 비밀 또는 자유를 침해할 우려가 있다고 인정되는 정보. 다만, 다음 각 목에 열거한 사항은 제외한다.

정답 ②

09 「공공기관의 정보공개에 관한 법률」상 정보공개에 관한 설명으로 옳지 않은 것은? 〈2018 소방공채〉

① 공공기관은 제10조에 따라 정보공개의 청구를 받으면 그 청구를 받은 날부터 30일 이내에 공개 여부를 결정하여야 한다.

② 정보의 공개 및 우송 등에 드는 비용은 실비(實費)의 범위에서 청구인이 부담한다.

③ 행정안전부장관은 전년도의 정보공개 운영에 관한 보고서를 매년 정기국회 개회 전까지 국회에 제출하여야 한다.

④ 지방자치단체는 그 소관 사무에 관하여 법령의 범위에서 정보공개에 관한 조례를 정할 수 있다.

해설

① **공공기관의 정보공개에 관한 법률 제11조 (정보공개 여부의 결정)**

제1항 공공기관은 제10조에 따라 정보공개의 청구를 받으면 그 청구를 받은 날부터 **10일 이내**에 공개 여부를 결정하여야 한다.

② **공공기관의 정보공개에 관한 법률 제17조 (비용 부담)**

제1항 정보의 공개 및 우송 등에 드는 비용은 실비(實費)의 범위에서 **청구인**이 부담한다.

③ **공공기관의 정보공개에 관한 법률 제26조 (국회에의 보고)**

제1항 행정안전부장관은 전년도의 정보공개 운영에 관한 보고서를 매년 정기국회 개회 **전**까지 국회에 **제출하여야 한다**.

④ **공공기관의 정보공개에 관한 법률 제4조 (적용범위)**

제2항 지방자치단체는 그 소관 사무에 관하여 법령의 범위에서 정보공개에 관한 **조례**를 정할 수 있다.

정답 ①

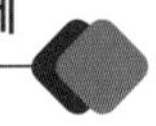

10 「공공기관의 정보공개에 관한 법률」에 대한 설명으로 가장 옳은 것은? 〈2018 서울시 7급〉

① 정보공개청구의 거부에 대해서는 의무이행심판을 제기할 수 없다.

② 검찰보존사무규칙에서 정한 기록의 열람·등사의 제한은 「공공기관의 정보공개에 관한 법률」에 의한 비공개대상에 해당한다.

③ 법인 등의 경영·영업상 비밀은 사업활동에 관한 일체의 비밀사항을 의미한다.

④ 국가정보원이 직원에게 지급하는 현금급여 및 월초수당에 대한 정보는 비공개대상에 해당하지 아니한다.

해설

① **행정심판법 제13조 (청구인 적격)**

제3항 의무이행심판은 처분을 신청한 자로서 행정청의 거부처분 또는 부작위에 대하여 일정한 처분을 구할 법률상 이익이 있는 자가 청구할 수 있다.

② 검찰보존사무규칙은 비록 법무부령으로 되어 있으나, 그 중 불기소사건기록 등의 열람·등 사에 대하여 제한하고 있는 부분은 위임 근거가 없어 행정기관 내부의 사무처리준칙으로서 행정규칙에 불과하므로, 위 규칙에 의한 열람·등사의 제한을 구 정보공개법 제7조 제1항 제1호의 '다른 법률 또는 법률에 의한 명령에 의하여 비공개사항으로 규정된 경우'에 해당한다고 볼 수 없다(대판 2004.3.12. 2003두13816).

③ 비공개대상정보로 정하고 있는 '법인 등의 경영·영업상 비밀'은 '타인에게 알려지지 아니함이 유리한 사업활동에 관한 일체의 정보' 또는 '사업활동에 관한 일체의 비밀사항'을 의미하는 것이고, 공개 여부는 공개를 거부할 만한 정당한 이익이 있는지 여부에 따라 결정되어야 한다(대판 2014.7.24. 2012두12303).

④ 국가정보원이 그 직원에게 지급하는 현금급여 및 월초수당에 관한 정보는 국가정보원 예산집행 내역의 일부를 구성하는 것이므로, 위 현금급여 및 월초수당에 관한 정보는 국가정보원법 제12조에 의하여 비공개 사항으로 규정된 정보로서 공공기관의 정보공개에 관한 법률 제9조 제1항 제1호의 비공개대상정보인 '다른 법률에 의하여 비공개 사항으로 규정된 정보'에 해당한다고 보아야 하고, 위 현금급여 및 월초수당이 근로의 대가로서의 성격을 가진다거나 정보공개청구인이 해당 직원의 배우자라고 하여 달리 볼 것은 아니다(대판 2010.12.23. 2010두14800).

정답 ③

11 「공공기관의 정보공개에 관한 법률」에 관한 설명으로 가장 옳지 않은 것은? (다툼이 있는 경우 판례에 의함) *〈2017 서울시 9급〉*

① 이해관계자인 당사자에게 문서열람권을 인정하는 행정절차법상의 정보공개와는 달리 「공공기관의 정보공개에 관한 법률」은 모든 국민에게 정보공개청구를 허용한다.

② 행정정보공개의 출발점은 국민의 알권리인데, 알권리 자체는 헌법상으로 명문화되어 있지 않음에도 불구하고, 우리 헌법재판소는 초기부터 국민의 알권리를 헌법상의 기본권으로 인정하여 왔다.

③ 재건축사업계약에 의하여 조합원들에게 제공될 무상보상평수 산출내역은 법인 등의 영업상 비밀에 관한 사항이 아니며 비공개대상정보에 해당되지 않는다.

④ 판례는 '특별법에 의하여 설립된 특수법인'이라는 점만으로 정보공개의무를 인정하고 있으며, 다시금 해당 법인의 역할과 기능에서 정보공개의무를 지는 공공기관에 해당하는지 여부를 판단하지 않는다.

해설

① **공공기관의 정보공개에 관한 법률 제5조 (정보공개 청구권자)**

제1항 모든 국민은 정보의 공개를 청구할 권리를 가진다.

행정절차법 제37조 (문서의 열람 및 비밀유지)

제1항 당사자 등은 청문의 통지가 있는 날부터 청문이 끝날 때까지 행정청에 해당 사안의 조사결과에 관한 문서와 그 밖에 해당 처분과 관련되는 문서의 열람 또는 복사를 요청할 수 있다. 이 경우 행정청은 다른 법령에 따라 공개가 제한되는 경우를 제외하고는 그 요청을 거부할 수 없다.

② 헌법상 행정의 공개에 대하여서는 명문규정을 두고 있지 않지만 "알 권리"의 생성기반을 살펴볼 때 이 권리의 핵심은 정부가 보유하고 있는 정보에 대한 국민의 "알 권리", 즉 국민의 정부에 대한 일반적 정보공개를 구할 권리(청구권적 기본권)라고 할 것이며, 이러한 "알 권리"의 실현은 법률의 제정이 뒤따라 이를 구체화시키는 것이 충실하고도 바람직하지만, 그러한 법률이 제정되어 있지 않다고 하더라도 불가능한 것은 아니고 헌법 제21조(표현의 자유)에 의해 직접 보장될 수 있다고 하는 것이 헌법재판소의 확립된 판례인 것이다(헌재 1991.5.13, 90헌마133).

③ **아파트재건축주택조합의 조합원들에게 제공될 무상보상평수의 사업수익성 등을 검토한 자료**가 공공기관의 정보공개에 관한 법률 제9조 제1항 제7호(법인·단체 또는 개인(이하 "법인 등"이라 한다)의 경영상·영업상 비밀에 관한 사항으로서 공개될 경우 법인 등의 정당한 이익을 현저히 해칠 우려가 있다고 인정되는 정보)인 비공개대상정보에 해당하지 않는다(대판 2006.1.13. 2003두9459).

④ 어느 법인이 공공기관의 정보공개에 관한 법률 제2조 제3호, 같은 법 시행령 제2조 제4호에 따라 정보를 공개할 의무가 있는 '특별법에 의하여 설립된 특수법인'에 해당하는지 여부는, 국민의

알 권리를 보장하고 국정에 대한 국민의 참여와 국정운영의 투명성을 확보하고자 하는 위 법의 입법목적을 염두에 두고, 해당 법인에게 부여된 업무가 국가행정업무이거나 이에 해당하지 않더라도 그 업무 수행으로써 추구하는 이익이 해당 법인 내부의 이익에 그치지 않고 공동체 전체의 이익에 해당하는 공익적 성격을 갖는지 여부를 중심으로 개별적으로 판단하되, 해당 법인의 설립근거가 되는 법률이 법인의 조직구성과 활동에 대한 행정적 관리·감독 등에서 민법이나 상법 등에 의하여 설립된 일반 법인과 달리 규율한 취지, 국가나 지방자치단체의 해당 법인에 대한 재정적 지원·보조의 유무와 그 정도, 해당 법인의 공공적 업무와 관련하여 국가기관·지방자치단체 등 다른 공공기관에 대한 정보공개청구와는 별도로 해당 법인에 대하여 직접 정보공개청구를 구할 필요성이 있는지 여부 등을 종합적으로 고려해야 한다(대판 2010.12.23. 2008두13101).

정답 ④

12 공공기관의 정보공개에 관한 설명으로 옳은 것은? (단, 다툼이 있는 경우 판례에 따름)

〈2017 교육행정〉

① 외국인의 정보공개청구권은 인정될 여지가 없다.

② 정보공개청구의 대상이 되는 문서는 반드시 원본이어야 한다.

③ 권리능력이 없는 사단·재단은 설립 목적을 불문하고 정보공개청구권을 가진다.

④ 정보공개청구권자가 공공기관에 대하여 정보공개를 청구하였다가 거부처분을 받은 것 자체는 법률상 이익의 침해에 해당하지 않는다.

해설

① **공공기관의 정보공개에 관한 법률 제5조 (정보공개 청구권자)**

제2항 외국인의 정보공개 청구에 관하여는 대통령령으로 정한다.

공공기관의 정보공개에 관한 법률 시행령 제3조 (외국인의 정보공개 청구)

법 제5조 제2항에 따라 정보공개를 청구할 수 있는 외국인은 다음 각 호의 어느 하나에 해당하는 자로 한다.

1. 국내에 일정한 주소를 두고 거주하거나 학술·연구를 위하여 일시적으로 체류하는 사람
2. 국내에 사무소를 두고 있는 법인 또는 단체

② **공공기관의 정보공개에 관한 법률 제13조 (정보공개 여부 결정의 통지)**

제4항 공공기관은 제1항에 따라 정보를 공개하는 경우에 그 정보의 원본이 더럽혀지거나 파손될 우려가 있거나 그 밖에 상당한 이유가 있다고 인정할 때에는 그 정보의 사본·복제물을 공개할 수 있다.

③, ④ 공공기관의 정보공개에 관한 법률 제5조 제1항은 "모든 국민은 정보의 공개를 청구할 권리를 가진다"고 규정하고 있는데, 여기에서 말하는 국민에는 자연인은 물론 법인, 권리능력 없는 사단·재단도 포함되고, 법인, 권리능력 없는 사단·재단 등의 경우에는 설립목적을 불문하며, 한편 정보공개청구권은 법률상 보호되는 구체적인 권리이므로 청구인이 공공기관에 대하여 정보공개를 청구하였다가 거부처분을 받은 것 자체가 법률상 이익의 침해에 해당한다(대판 2003.12.12, 2003두8050).

정답 ③

13 **「공공기관의 정보공개에 관한 법률」(이하 '정보공개법'이라 함)에 대한 판례의 설명으로 옳지 않은 것은?** *〈2017 국회직 8급〉*

① 정보공개청구를 거부하는 처분이 있은 후 대상 정보가 폐기되었다든가 하여 공공기관이 그 정보를 보유·관리하지 아니하게 된 경우에는 특별한 사정이 없는 한 정보공개거부처분의 취소를 구할 법률상의 이익이 없다.

② 「공직자윤리법」상의 등록의무자가 구 공직자윤리법 시행규칙 제12조에 따라 제출한 '자신의 재산등록사항의 고지를 거부한 직계존비속의 본인과의 관계, 성명, 고지거부사유, 서명'이 기재 되어 있는 문서는 정보공개법상의 비공개 대상 정보에 해당한다.

③ 정보공개를 구하는 정보를 공공기관이 한때 보유·관리하였으나 후에 그 정보가 담긴 문서들이 폐기되어 존재하지 않게 된 것이라면 그 정보를 더 이상 보유·관리하고 있지 아니하다는 점에 대한 증명책임은 공공기관에 있다.

④ 정보공개법 제13조 제2항에서 규정한 정보의 사본 또는 복제물의 교부를 제한할 수 있는 사유에 해당하지 아니하는 한 정보공개청구자가 선택한 공개방법에 따라 공개하여야 하므로 공공기관은 정보공개방법을 선택할 재량권이 없다.

⑤ 공공기관은 정보공개청구를 거부할 경우에도 대상이 된 정보의 내용을 구체적으로 확인·검토하여 어느 부분이 어떠한 법익 또는 기본권과 충돌되어 정보공개법 제9조 제1항 몇 호에서 정하고 있는 비공개사유에 해당하는지를 주장·입증하여야 하며, 그에 이르지 아니한 채 개괄적인 사유만 들어 공개를 거부하는 것은 허용되지 아니한다.

해설

①, ③ 공공기관의 정보공개에 관한 법률(이하 '정보공개법'이라고 한다)에서 말하는 공개대상 정보는 정보 그 자체가 아닌 정보공개법 제2조 제1호에서 예시하고 있는 매체 등에 기록된 사항을 의미하고, 공개대상 정보는 원칙적으로 공개를 청구하는 자가 정보공개법 제10조 제1항 제2호에 따라 작성한 정보공개청구서의 기재내용에 의하여 특정되며, 만일 공개청구자가 특정한 바와 같은 정보를 공공기관이 보유·관리하고 있지 않은 경우라면 특별한 사정이 없는 한 해당 정보에 대한 공개거부처분에 대하여는 취소를 구할 법률상 이익이 없다. 이와 관련하여 공개청구자는 그가 공개를 구하는 정보를 공공기관이 보유·관리하고 있을 상당한 개연성이 있다는 점에 대하여 입증할 책임이 있으나, 공개를 구하는 정보를 공공기관이 한때 보유·관리하였으나 후에 그 정보가 담긴 문서들이 폐기되어 존재하지 않게 된 것이라면 그 정보를 더 이상 보유·관리하고 있지 않다는 점에 대한 증명책임은 공공기관에 있다(대판 2013.1.24. 2010두18918).

② 구 공공기관의 정보공개에 관한 법률과 구 공직자윤리법의 관련 규정들을 종합하여 보면, 구 공직자윤리법에 의한 '등록사항' 중 같은 법 제10조 제1항 및 제2항에 의하여 공개하여야 할 등록사항을 제외한 나머지 등록사항은 같은 법 제10조 제3항 또는 제14조의 규정에 의한 법령비정보(法令秘情報)에 해당한다. 그런데 위 규정들의 내용 및 공직자윤리법의 목적, 입법 취지 등을 종합하여 보면, 등록의무자 본인 및 그 배우자와 직계존비속이 소유하는 재산의 종류와 가액 및 고지거부사실(직계존비속이 자신의 재산등록사항의 고지를 거부하는 경우 그 고지거부사실 자체는 등록할 재산에 대응하는 것이므로 등록사항으로 보아야 한다)은 구 공직자윤리법에 의한 등록사항에 해당하나, 그 밖에 등록의무자의 배우자 및 직계존비속의 존부와 그 인적사항 및 고지거부자의 고지거부사유는 그 등록사항에 해당하지 않는다. 따라서 **공직자윤리법상의 등록의무자가 제출한 '자신의 재산등록사항의 고지를 거부한 직계존비속의 본인과의 관계, 성명, 고지거부사유, 서명(날인)'이 기재되어 있는 구 공직자윤리법 시행규칙 제12조 관련 [별지 14호 서식]의 문서**는 구 공직자윤리법에 의한 등록사항이 아니므로, 같은 법 제10조 제3항 및 제14조의 각 규정에 의하여 열람복사가 금지되거나 누설이 금지된 정보가 아니고, 나아가 구 공공기관의 정보공개에 관한 법률 제7조 제1항 제1호에 정한 법령비정보에도 해당하지 않는다(대판 2007.12.13. 2005두13117).

④ 「공공기관의 정보공개에 관한 법률」 제2조 제2항, 제3조, 제5조, 제8조 제1항, 「같은 법 시행령」 제14조, 「같은 법 시행규칙」 제2조 [별지 제1호 서식] 등의 각 규정을 종합하면, 정보공개를 청구하는 자가 공공기관에 대해 정보의 사본 또는 출력물의 교부의 방법으로 공개방법을 선택하여 정보공개청구를 한 경우에 공개청구를 받은 공공기관으로서는 「같은 법」 제8조 제2항에서 규정한 정보의 사본 또는 복제물의 교부를 제한할 수 있는 사유에 해당하지 않는 한 정보공개청구자가 선택한 공개방법에 따라 정보를 공개하여야 하므로 그 공개방법을 선택할 재량권이 없다고 해석함이 상당하다(대판 2003.12.12. 2003두8050).

⑤ 국민으로부터 보유·관리하는 정보에 대한 공개를 요구받은 **공공기관**으로서는 법 제7조 제1항 각 호에서 정하고 있는 비공개사유에 해당하지 않는 한 이를 공개하여야 하고, 이를 거부하는 경우라 할지라도 대상이 된 정보의 내용을 구체적으로 확인·검토하여 어느 부분이 어떠한 법익 또는 기본권과 충돌되어 법 제7조 제1항 몇 호에서 정하고 있는 비공개사유에 해당하는지를 주장·입증하여야만 하며, 그에 이르지 아니한 채 개괄적인 사유만을 들어 공개를 거부하는 것은 허용되지 아니한다(대판 2007.2.8. 2006두4899).

정답 ②

14 정보공개에 대한 설명으로 옳지 않은 것은? (다툼이 있는 경우 판례에 의함) 〈2017 국가직 7급〉

① 「공공기관의 정보공개에 관한 법률」상 공개청구의 대상이 되는 정보는 반드시 원본일 필요는 없고 사본도 가능하다.

② 공개를 구하는 정보를 공공기관이 한때 보유·관리하였으나 후에 그 정보가 담긴 문서들이 폐기되어 존재하지 않게 된 것이라면 그 정보를 더 이상 보유·관리하고 있지 아니하다는 점에 대한 입증책임은 공공기관에 있다.

③ 정보에의 접근·수집·처리의 자유는 자유권적 성질과 청구권적 성질을 공유하는 것으로서 헌법 제21조에 의하여 직접 보장되는 권리이다.

④ 「공공기관의 정보공개에 관한 법률」 제9조 제1항 제4호의 '진행 중인 재판에 관련된 정보'에 해당한다는 사유로 정보공개를 거부하기 위해서는 그 정보가 진행 중인 재판의 소송기록 그 자체에 포함된 내용이어야 한다.

해설

① 공공기관의 정보공개에 관한 법률상 공개청구의 대상이 되는 정보란 공공기관이 직무상 작성 또는 취득하여 현재 보유·관리하고 있는 문서에 한정되는 것이기는 하나, 그 문서가 반드시 원본일 필요는 없다(대판 2006.5.25. 2006두3049).

② 정보공개제도는 공공기관이 보유·관리하는 정보를 그 상태대로 공개하는 제도로서 공개를 구하는 정보를 공공기관이 보유·관리하고 있을 상당한 개연성이 있다는 점에 대하여 원칙적으로 공개청구자에게 증명책임이 있다고 할 것이지만, 공개를 구하는 정보를 공공기관이 한 때 보유·관리하였으나 후에 그 정보가 담긴 문서 등이 폐기되어 존재하지 않게 된 것이라면 그 정보를 더 이상 보유·관리하고 있지 아니하다는 점에 대한 증명책임은 공공기관에게 있다(대판 2004.12.9. 2003두12707).

③ 국민의 '알권리', 즉 정보에의 접근·수집·처리의 자유는 자유권적 성질과 청구권적 성질을 공유하는 것으로서 헌법 제21조에 의하여 직접 보장되는 권리이고, 그 구체적 실현을 위하여 제정된 공공기관의 정보공개에 관한 법률도 제3조에서 공공기관이 보유·관리하는 정보를 원칙적으로 공개하도록 하여 정보공개의 원칙을 천명하고 있고, 위 법 제9조가 예외적인 비공개사유를 열거하고 있는 점에 비추어 보면, 국민으로부터 보유·관리하는 정보에 대한 공개를 요구받은 공공기관으로서는 위 법 제9조 제1항 각 호에서 정하고 있는 비공개사유에 해당하지 않는 한 이를 공개하여야 하고, 이를 거부하는 경우라 할지라도 대상이 된 정보의 내용을 구체적으로 확인·검토하여 어느 부분이 어떠한 법익 또는 기본권과 충돌되어 위 각 호의 어디에 해당하는지를 주장·증명하여야만 하며, 여기에 해당하는지 여부는 비공개에 의하여 보호되는 업무수행의 공정성 등의 이익과 공개에 의하여 보호되는 국민의 알권리의 보장과 국정에 대한 국민의 참여 및 국정운영의 투명성 확보 등의 이익을 비교·교량하여 구체적인 사안에 따라 개별적으로 판단하여야 한다(대판 2009.12.10. 2009두12785).

④ 법원 이외의 공공기관이 정보공개법 제9조 제1항 제4호에서 정한 '진행 중인 재판에 관련된 정보'에 해당한다는 사유로 정보공개를 거부하기 위하여는 반드시 그 정보가 진행 중인 재판의 소송기록 자체에 포함된 내용일 필요는 없다(대판 2012.4.12. 2010두24913).

정답 ④

15 「공공기관의 정보공개에 관한 법률」에 대한 설명으로 옳지 않은 것은? (다툼이 있는 경우 판례에 의함) *〈2017 지방직 7급〉*

① 정보공개청구권은 국민의 알 권리에 근거한 헌법상 기본권이므로, 권리남용을 이유로 정보공개를 거부하는 것은 허용되지 아니한다.

② 정보공개청구권을 가지는 국민에는 자연인은 물론 법인, 권리능력 없는 사단·재단도 포함되고, 법인, 권리능력 없는 사단·재단 등의 경우에는 설립목적을 불문한다.

③ 정보공개청구권은 법률상 보호되는 구체적인 권리이므로 청구인이 공공기관에 대하여 정보공개를 청구하였다가 거부처분을 받은 것 자체가 법률상 이익의 침해에 해당한다.

④ 공개청구의 대상이 되는 정보가 이미 다른 사람에게 공개되어 널리 알려져 있다거나 인터넷 등을 통하여 공개되어 인터넷 검색 등을 통하여 쉽게 알 수 있다는 사정만으로는 비공개결정이 정당화될 수 없다.

해설

① 국민의 정보공개청구는 정보공개법 제9조에 정한 비공개 대상 정보에 해당하지 아니하는 한 원칙적으로 폭넓게 허용되어야 하지만, 실제로는 해당 정보를 취득 또는 활용할 의사가 전혀 없이 정보공개 제도를 이용하여 사회통념상 용인될 수 없는 부당한 이득을 얻으려 하거나, 오로지 공공기관의 담당공무원을 괴롭힐 목적으로 정보공개청구를 하는 경우처럼 권리의 남용에 해당하는 것이 명백한 경우에는 정보공개청구권의 행사를 허용하지 아니하는 것이 옳다(대판 2014.12.24. 2014두9349).

② 공공기관의 정보공개에 관한 법률 제6조 제1항은 "모든 국민은 정보의 공개를 청구할 권리를 가진다."고 규정하고 있는데, 여기에서 말하는 국민에는 자연인은 물론 법인, 권리능력 없는 사단·재단도 포함되고, 법인, 권리능력 없는 사단·재단 등의 경우에는 설립목적을 불문하며, 한편 정보공개청구권은 법률상 보호되는 구체적인 권리이므로 청구인이 공공기관에 대하여 정보공개를 청구하였다가 거부처분을 받은 것 자체가 법률상 이익의 침해에 해당한다(대판 200312.12 2003두8050).

③ 정보공개청구권은 법률상 보호되는 구체적인 권리이므로 청구인이 공공기관에 대하여 정보공개를 청구하였다가 거부처분을 받은 것 자체가 법률상 이익의 침해에 해당한다고 할 것이고, 거부처분을 받은 것 이외에 추가로 어떤 법률상의 이익을 가질 것을 요구하는 것은 아니다(대판 2004.9.23. 2003두1370).

④ 공개청구의 대상이 되는 정보가 이미 다른 사람에게 공개되어 널리 알려져 있다거나 인터넷 등을 통하여 공개되어 인터넷검색 등을 통하여 쉽게 알 수 있다는 사정만으로는 소의 이익이 없다거나 비공개결정이 정당화될 수 없다(대판 2011.12.23. 2008두13101).

정답 ①

제3장 개인정보보호

제1절 개인정보보호제도

01 개인정보의 보호에 대한 판례의 설명으로 옳은 것만을 모두 고르면? 〈2021 국가직 9급〉

ㄱ. 개인정보자기결정권의 보호대상이 되는 개인정보는 반드시 개인의 내밀한 영역에 속하는 정보에 국한되지 않고 공적 생활에서 형성되었거나 이미 공개된 개인 정보까지 포함한다.
ㄴ. 이미 공개된 개인정보를 정보주체의 동의가 있었다고 객관적으로 인정되는 범위 내에서 처리를 할 때는 정보주체의 별도의 동의는 불필요하다고 보아야 하고, 별도의 동의를 받지 아니하였다고 하여 「개인정보 보호법」을 위반한 것으로 볼 수 없다.
ㄷ. 개인정보 처리위탁에 있어 수탁자는 정보제공자의 관리·감독 아래 위탁받은 범위 내에서만 개인정보를 처리하게 되지만, 위탁자로부터 위탁사무 처리에 따른 대가를 지급받는 이상 개인정보 처리에 관하여 독자적인 이익을 가지므로, 그러한 수탁자는 「개인정보 보호법」 제17조에 의해 개인정보처리자가 정보주체의 개인정보를 제공할 수 있는 '제3자'에 해당한다.
ㄹ. 인터넷 포털사이트 등의 개인정보 유출사고로 주민등록번호가 불법 유출 되어 그 피해자가 주민등록번호 변경을 신청했으나 구청장이 거부 통지를 한 사안에서, 피해자의 의사와 무관하게 주민등록번호가 유출된 경우에는 조리상 주민등록번호의 변경요구신청권을 인정함이 타당하다.

① ㄱ, ㄷ　　② ㄴ, ㄹ
③ ㄱ, ㄴ, ㄷ　　④ ㄱ, ㄴ, ㄹ

해설

ㄱ. 개인정보자기결정권의 보호대상이 되는 개인정보는 개인의 신체, 신념, 사회적 지위, 신분 등과 같이 인격주체성을 특징짓는 사항으로서 개인의 동일성을 식별할 수 있게 하는 일체의 정보를 의미하며, 반드시 개인의 내밀한 영역에 속하는 정보에 국한되지 않고 공적 생활에서 형성되었거나 이미 공개된 개인정보까지도 포함한다(대판 2016.3.10. 2012다105482).

ㄴ. 이미 공개된 개인정보를 정보주체의 동의가 있었다고 객관적으로 인정되는 범위 내에서 수집·이용·제공 등 처리를 할 때는 정보주체의 별도의 동의는 불필요하다고 보아야 하고, 별도의 동의를 받지 아니하였다고 하여 개인정보 보호법 제15조나 제17조를 위반한 것으로 볼 수 없다(대판 2016.8.17. 2014다235080).

ㄷ. 개인정보 보호법 제26조와 정보통신망법 제25조에서 말하는 개인정보의 '처리위탁'은 본래의 개인정보 수집·이용 목적과 관련된 위탁자 본인의 업무 처리와 이익을 위하여 개인정보가 이전되는 경우를 의미한다. 개인정보 처리위탁에 있어 수탁자는 위탁자로부터 위탁사무 처리에 따른 대가를 지급받는 것 외에는 개인정보 처리에 관하여 독자적인 이익을 가지지 않고, 정보제공자의 관리·감독 아래 위탁받은 범위 내에서만 개인정보를 처리하게 되므로, 개인정보 보호법 제17조와 정보통신망법 제24조의2에 정한 '**제3자**'에 해당하지 **않는다**(대판 2017.4.7. 2016도13263).

ㄹ. 甲 등이 인터넷 포털사이트 등의 개인정보 유출사고로 자신들의 주민등록번호 등 개인정보가 불법 유출되자 이를 이유로 관할 구청장에게 주민등록번호를 변경해 줄 것을 신청하였으나 구청장이 '주민등록번호가 불법 유출된 경우 주민등록법상 변경이 허용되지 않는다'는 이유로 주민등록번호 변경을 거부하는 취지의 통지를 한 사안에서, 피해자의 의사와 무관하게 주민등록번호가 유출된 경우에는 조리상 주민등록번호의 변경을 요구할 신청권을 인정함이 타당하고, 구청장의 주민등록번호 변경신청 거부행위는 항고소송의 대상이 되는 행정처분에 해당한다(대판 2017.6.15. 2013두2945).

정답 ④

02 「개인정보 보호법」상 개인정보 단체소송에 대한 설명으로 옳지 않은 것은? 〈2021 소방공채〉

① 단체소송의 원고는 변호사를 소송대리인으로 선임하여야 한다.
② 단체소송에 관하여 「개인정보 보호법」에 특별한 규정이 없는 경우에는 「민사소송법」을 적용한다.
③ 법원은 개인정보처리자가 분쟁조정위원회의 조정을 거부하지 않을 경우에만, 결정으로 단체소송을 허가한다.
④ 단체소송의 절차에 관하여 필요한 사항은 대법원규칙으로 정한다.

해설

① **개인정보보호법 제53조 (소송대리인의 선임)**
단체소송의 원고는 **변호사**를 소송대리인으로 **선임하여야 한다**.

② **개인정보보호법 제57조 (「민사소송법」의 적용 등)**
제1항 단체소송에 관하여 이 법에 특별한 규정이 없는 경우에는 「민사소송법」을 적용한다.

③ **개인정보보호법 제55조 (소송허가요건 등)**

제1항 법원은 다음 각 호의 요건을 모두 갖춘 경우에 한하여 결정으로 **단체소송을 허가**한다.

1. 개인정보처리자가 분쟁조정위원회의 조정을 거부하거나 조정결과를 수락하지 아니하였을 것
2. 제54조에 따른 소송허가신청서의 기재사항에 흠결이 없을 것

④ **개인정보보호법 제57조 (「민사소송법」의 적용 등)**

제3항 단체소송의 절차에 관하여 필요한 사항은 대법원규칙으로 정한다.

정답 ③

03 **「개인정보 보호법」상 개인정보 보호에 대한 설명으로 옳지 않은 것은? (다툼이 있는 경우 판례에 의함)** *〈2018 국가직 9급〉*

① 헌법재판소는 개인정보자기결정권을 사생활의 비밀과 자유, 일반적 인격권 등을 이념적 기초로 하는 독자적 기본권으로서 헌법에 명시되지 않은 기본권으로 보고 있다.

② 「개인정보 보호법」에는 개인정보 단체소송을 제기할 수 있는 단체에 대한 제한을 두고 있지 않으므로 법인격이 있는 단체라면 어느 단체든지 권리침해 행위의 금지·중지를 구하는 소송을 제기할 수 있다.

③ 개인정보처리자의 「개인정보 보호법」 위반행위로 손해를 입은 정보주체는 개인정보처리자에게 손해배상을 청구할 수 있고, 그 개인정보처리자는 고의 또는 과실이 없음을 입증하지 않으면 책임을 면할 수 없다.

④ 「개인정보 보호법」은 집단분쟁조정제도에 대하여 규정하고 있다.

해설

① 개인정보자기결정권의 헌법상 근거로는 헌법 제17조의 사생활의 비밀과 자유, 헌법 제10조 제1문의 인간의 존엄과 가치 및 행복추구권에 근거를 둔 일반적 인격권 또는 위 조문들과 동시에 우리 헌법의 자유민주적 기본질서 규정 또는 국민주권원리와 민주주의원리 등을 고려할 수 있으나, 개인정보자기결정권으로 보호하려는 내용을 위 각 기본권들 및 헌법원리들 중 일부에 완전히 포섭시키는 것은 불가능하다고 할 것이므로, 그 헌법적 근거를 굳이 어느 한 두개에 국한시키는 것은 바람직하지 않은 것으로 보이고, 오히려 개인정보자기결정권은 이들을 이념적 기초로 하는 독자적 기본권으로서 헌법에 명시되지 아니한 기본권이라고 보아야 할 것이다(헌재 2005.5.26, 99헌마513).

② **제51조 (단체소송의 대상 등)**

다음 각 호의 어느 하나에 해당하는 단체는 개인정보처리자가 제49조에 따른 집단분쟁조정을 거부하거나 집단분쟁조정의 결과를 수락하지 아니한 경우에는 법원에 권리침해 행위의 금지·중지를 구하는 소송(이하 "단체소송"이라 한다)을 제기할 수 있다.

1. 「소비자기본법」 제29조에 따라 공정거래위원회에 등록한 소비자단체로서 다음 각 목의 요건을 모두 갖춘 단체

가. 정관에 따라 상시적으로 정보주체의 권익증진을 주된 목적으로 하는 단체일 것

나. 단체의 정회원수가 1천명 이상일 것

다. 「소비자기본법」 제29조에 따른 등록 후 3년이 경과하였을 것

2. 「비영리민간단체 지원법」 제2조에 따른 비영리민간단체로서 다음 각 목의 요건을 모두 갖춘 단체

가. 법률상 또는 사실상 동일한 침해를 입은 100명 이상의 정보주체로부터 단체소송의 제기를 요청받을 것

나. 정관에 개인정보 보호를 단체의 목적으로 명시한 후 최근 3년 이상 이를 위한 활동실적이 있을 것

다. 단체의 상시 구성원수가 5천명 이상일 것

라. 중앙행정기관에 등록되어 있을 것

← *∴「개인정보보호법」에는 개인정보 단체소송을 제기할 수 있는 단체에 대한 제한을 두고 있다.*

③ **개인정보보호법 제39조 (손해배상책임)**

제1항 정보주체는 개인정보처리자가 이 법을 위반한 행위로 손해를 입으면 개인정보처리자에게 손해배상을 청구할 수 있다. 이 경우 그 개인정보처리자는 **고의 또는 과실**이 **없음**을 **입증**하지 **아니**하면 책임을 **면할 수 없다**.

→ *(손해배상의 경우) 개인정보처리자가 입증책임O / 정보주체가 입증책임X*

④ **개인정보보호법 제49조 제49조 (집단분쟁조정)**

제1항 국가 및 지방자치단체, 개인정보 보호단체 및 기관, 정보주체, 개인정보처리자는 정보주체의 피해 또는 권리침해가 다수의 정보주체에게 같거나 비슷한 유형으로 발생하는 경우로서 대통령령으로 정하는 사건에 대하여는 분쟁조정위원회에 일괄적인 분쟁조정(이하 "집단분쟁조정"이라 한다)을 의뢰 또는 신청할 수 있다.

정답 ②

04 개인정보 보호법에 대한 설명으로 옳지 않은 것은? (다툼이 있는 경우 판례에 의함) 〈2018 지방직 7급〉

① 시장·군수 또는 구청장이 개인의 지문정보를 수집하고, 경찰청장이 이를 보관·전산화하여 범죄수사 목적에 이용하는 것은 모두 개인정보자기결정권을 제한하는 것이다.

② 개인정보자기결정권의 보호대상이 되는 개인정보는 개인의 신체, 신념, 사회적 지위, 신분 등과 같이 개인의 인격주체성을 특징짓는 사항으로서 그 개인의 동일성을 식별할 수 있는 일체의 정보이고, 이미 공개된 개인정보는 포함하지 않는다.

③ 개인정보 보호법을 위반한 개인정보처리자의 행위로 손해를 입은 정보주체가 개인정보처리자에게 손해배상을 청구한 경우, 그 개인정보처리자는 고의 또는 과실이 없음을 입증하지 아니하면 책임을 면할 수 없다.

④ 법인의 정보는 개인정보 보호법의 보호대상이 아니다.

해설

① 개인의 고유성·동일성을 나타내는 지문은 그 정보주체를 타인으로부터 식별 가능하게 하는 개인정보이므로, 시장·군수 또는 구청장이 개인의 지문정보를 수집하고, 경찰청장이 이를 보관·전산화하여 범죄수사 목적에 이용하는 것은 모두 개인정보자기결정권을 제한하는 것이다. 그러나 주민등록법 제17조의8 제2항상의 지문날인제도는 법률에 근거가 없는 것으로서 법률유보의 원칙에 위배되는 것으로 볼 수 없고, 과잉금지의 원칙에 위배하여 청구인들의 개인정보자기결정권을 침해하였다고 볼 수 없다(헌재 2005.5.26. 99헌마513).

② 인간의 존엄과 가치, 행복추구권을 규정한 헌법 제10조 제1문에서 도출되는 일반적 인격권 및 헌법 제17조의 사생활의 비밀과 자유에 의하여 보장되는 개인정보자기결정권은 자신에 관한 정보가 언제 누구에게 어느 범위까지 알려지고 또 이용되도록 할 것인지를 정보주체가 스스로 결정할 수 있는 권리이다. 개인정보자기결정권의 보호대상이 되는 개인정보는 개인의 신체, 신념, 사회적 지위, 신분 등과 같이 개인의 인격주체성을 특징짓는 사항으로서 개인의 동일성을 식별할 수 있게 하는 일체의 정보이고, 반드시 개인의 내밀한 영역에 속하는 정보에 국한되지 아니하며 공적 생활에서 형성되었거나 이미 공개된 개인정보까지 포함한다. 또한 개인정보를 대상으로 한 조사·수집·보관·처리·이용 등의 행위는 모두 원칙적으로 개인정보자기결정권에 대한 제한에 해당한다(대판 2016.8.17. 2014다235080).

③ **개인정보보호법 제39조 (손해배상책임)**

제1항 정보주체는 개인정보처리자가 이 법을 위반한 행위로 손해를 입으면 개인정보처리자에게 손해배상을 청구할 수 있다. 이 경우 그 개인정보처리자는 **고의 또는 과실**이 **없음**을 **입증**하지 **아니**하면 책임을 **면할 수 없다**.

→ *(손해배상의 경우) 개인정보처리자가 입증책임O / 정보주체가 입증책임X*

④ 개인정보 보호법 제2조 (정의)

이 법에서 사용하는 용어의 뜻은 다음과 같다.

1. "개인정보"란 **살아 있는** 개인에 관한 정보로서 다음 각 목의 어느 하나에 해당하는 정보를 말한다.

가. 성명, 주민등록번호 및 영상 등을 통하여 개인을 알아볼 수 있는 정보

나. 해당 정보만으로는 특정 개인을 알아볼 수 없더라도 다른 정보와 쉽게 결합하여 알아볼 수 있는 정보. 이 경우 쉽게 결합할 수 있는지 여부는 다른 정보의 입수 가능성 등 개인을 알아보는 데 소요되는 시간, 비용, 기술 등을 합리적으로 고려하여야 한다.

다. 가목 또는 나목을 제1호의2에 따라 가명처리함으로써 원래의 상태로 복원하기 위한 추가 정보의 사용·결합 없이는 특정 개인을 알아볼 수 없는 정보(이하 "가명정보"라 한다)

→ *「개인정보보호법」상 살아 있는 개인의 정보만 보호대상O ∴ 법인의 정보는 보호대상X*

정답 ②

05 「개인정보보호법」의 내용으로 가장 옳지 않은 것은? *〈2018 서울시 7급〉*

① 개인정보는 살아 있는 개인에 관한 정보로서 성명, 주민등록번호 및 영상 등을 통하여 개인을 알아볼 수 있는 정보이며, 해당 정보만으로는 특정 개인을 알아볼 수 없다면, 다른 정보와 쉽게 결합하여 그 개인을 알아볼 수 있는 경우라도 개인정보라 할 수 없다.

② 개인정보처리자는 법령상 의무를 준수하기 위하여 불가피한 경우에는 개인정보를 수집할 수 있으며 그 수집 목적의 범위 내에서 이용할 수 있다.

③ 개인정보처리자로부터 개인정보를 제공받은 자는 정보주체로부터 별도의 동의를 받은 경우나 다른 법률에 특별한 규정이 있는 경우를 제외하고는 개인정보를 제공받은 목적 외의 용도로 이용하거나 이를 제3자에게 제공하여서는 아니된다.

④ 개인정보처리자의 고의 또는 중대한 과실로 인하여 개인정보가 유출된 경우로서 정보주체에게 손해가 발생한 때에는 법원은 그 손해액의 3배를 넘지 아니하는 범위에서 손해배상액을 정할 수 있다.

해설

① 개인정보 보호법 제2조 (정의)

이 법에서 사용하는 용어의 뜻은 다음과 같다.

1. "개인정보"란 **살아 있는** 개인에 관한 정보로서 다음 각 목의 어느 하나에 해당하는 정보를 말한다.

가. 성명, 주민등록번호 및 영상 등을 통하여 개인을 알아볼 수 있는 정보

나. 해당 정보만으로는 특정 개인을 알아볼 수 없더라도 다른 정보와 쉽게 결합하여 알아볼 수 있는 정보. 이 경우 쉽게 결합할 수 있는지 여부는 다른 정보의 입수 가능성 등 개인을 알아보는 데 소요되는 시간, 비용, 기술 등을 합리적으로 고려하여야 한다.

다. 가목 또는 나목을 제1호의2에 따라 가명처리함으로써 원래의 상태로 복원하기 위한 추가 정보의 사용·결합 없이는 특정 개인을 알아볼 수 없는 정보(이하 "가명정보"라 한다)

② **개인정보보호법 제15조 (개인정보의 수집·이용)**

제1항 개인정보처리자는 다음 각 호의 어느 하나에 해당하는 경우에는 개인정보를 수집할 수 있으며 그 수집 목적의 범위에서 이용할 수 있다.

2. 법률에 특별한 규정이 있거나 **법령상 의무를 준수하기 위하여 불가피한** 경우

③ **개인정보보호법 제19조 (개인정보를 제공받은 자의 이용·제공 제한)**

개인정보처리자로부터 개인정보를 제공받은 자는 다음 각 호의 어느 하나에 해당하는 경우를 **제외**하고는 개인정보를 제공받은 목적 외의 용도로 이용하거나 이를 제3자에게 제공하여서는 아니 된다.

1. 정보주체로부터 별도의 동의를 받은 경우
2. 다른 법률에 특별한 규정이 있는 경우

④ **개인정보보호법 제39조 (손해배상책임)**

제3항 개인정보처리자의 **고의** 또는 **중대한 과실**로 인하여 개인정보가 **분실·도난·유출·위조·변조** 또는 **훼손**된 경우로서 정보주체에게 손해가 발생한 때에는 법원은 그 손해액의 **3배**를 넘지 아니하는 범위에서 손해배상액을 정할 수 있다. 다만, 개인정보처리자가 고의 또는 중대한 과실이 없음을 증명한 경우에는 그러하지 아니하다.

정답 ①

06 「개인정보 보호법」의 내용으로 옳은 것은? *〈2017 사회복지〉*

① 개인정보처리자가 「개인정보 보호법」을 위반한 행위로 손해를 입힌 경우 정보주체는 손해배상을 청구할 수 있는데, 이때 개인정보처리자가 고의·과실이 없음에 대한 입증책임을 진다.

② 개인정보는 살아있는 개인뿐만 아니라 사망자의 성명, 주민등록번호 및 영상 등을 통하여 개인을 알아볼 수 있는 정보도 포함한다.

③ 「개인정보 보호법」의 대상정보의 범위에는 공공기관.법인.단체에 의하여 처리되는 정보가 포함되고, 개인에 의해서 처리되는 정보는 포함되지 않는다.

④ 개인정보처리자는 개인정보가 유출되었음을 알게 되었을 때에는 지체 없이 방송통신위원회 위원장에게 신고하여야 한다.

해설

① **개인정보보호법 제39조 (손해배상책임)**

정보주체는 개인정보처리자가 이 법을 위반한 행위로 손해를 입으면 개인정보처리자에게 손해배상을 청구할 수 있다. 이 경우 그 개인정보처리자는 **고의 또는 과실**이 **없음**을 **입증**하지 **아니**하면 책임을 **면할 수 없다**.

→ (손해배상의 경우) 개인정보처리자가 입증책임O / 정보주체가 입증책임X

②, ③ **개인정보보호법 제2조 (정의)**

이 법에서 사용하는 용어의 뜻은 다음과 같다.

1. "개인정보"란 **살아 있는** 개인에 관한 정보로서 다음 각 목의 어느 하나에 해당하는 정보를 말한다.

가. 성명, 주민등록번호 및 영상 등을 통하여 개인을 알아볼 수 있는 정보

나. 해당 정보만으로는 특정 개인을 알아볼 수 없더라도 다른 정보와 쉽게 결합하여 알아볼 수 있는 정보. 이 경우 쉽게 결합할 수 있는지 여부는 다른 정보의 입수 가능성 등 개인을 알아보는 데 소요되는 시간, 비용, 기술 등을 합리적으로 고려하여야 한다.

다. 가목 또는 나목을 제1호의2에 따라 가명처리함으로써 원래의 상태로 복원하기 위한 추가 정보의 사용·결합 없이는 특정 개인을 알아볼 수 없는 정보(이하 "가명정보"라 한다)

5. "개인정보처리자"란 업무를 목적으로 개인정보파일을 운용하기 위하여 스스로 또는 다른 사람을 통하여 개인정보를 처리하는 **공공기관, 법인, 단체 및 개인** 등을 말한다.

④ **개인정보보호법 제34조 (개인정보 유출 통지 등)**

제1항 개인정보처리자는 개인정보가 유출되었음을 알게 되었을 때에는 지체 없이 해당 정보주체에게 다음 각 호의 사실을 알려야 한다.

1. 유출된 개인정보의 항목
2. 유출된 시점과 그 경위
3. 유출로 인하여 발생할 수 있는 피해를 최소화하기 위하여 정보주체가 할 수 있는 방법 등에 관한 정보
4. 개인정보처리자의 대응조치 및 피해 구제절차
5. 정보주체에게 피해가 발생한 경우 신고 등을 접수할 수 있는 담당부서 및 연락처

→ 해당 정보주체에게 통지O BUT 방송통신위원회 위원장에게 신고할 의무X

정답 ①

제4편 행정상의 의무이행확보수단

제1장 개설

01 행정의 실효성 확보수단의 예와 그 법적 성질의 연결이 옳지 않은 것은? (다툼이 있는 경우 판례에 의함) *〈2021 국가직 9급〉*

①「건축법」에 따른 이행강제금의 부과 - 집행벌
②「식품위생법」에 따른 영업소 폐쇄 - 직접강제
③「공유재산 및 물품 관리법」에 따른 공유재산 원상복구명령의 강제적 이행 - 즉시강제
④「부동산등기 특별조치법」에 따른 과태료의 부과 - 행정벌

해설

① **이행강제금**이란 의무의 불이행이 있는 경우에 그 의무자에게 금전적 부담을 줌으로써 의무의 이행을 간접적으로 강제하기 위하여 과하는 금전이라고 정의하며, **집행벌**이라고도 한다.
② 직접강제는 매우 실효적이나 개인의 권익을 침해하는 성격이 가장 강하여 일반적 수단으로는 인정되지 아니하고, **개별법**에서 강제퇴거, 영업소폐쇄, 강제출국조치 등을 규정하고 있다.
③ 지방자치단체장은 **행정대집행**의 방법으로 공유재산에 설치한 시설물을 철거할 수 있고, 이러한 행정대집행의 절차가 인정되는 경우에는 민사소송의 방법으로 시설물의 철거를 구하는 것은 허용되지 아니한다(대판 2017.4.13. 2013다207941).
④ 행정벌에는 행정형벌과 행정질서벌이 있다. 행정형벌은 형법에 규정되어 있는 형벌이 과해지는 행정벌을 말하며, **행정질서벌**은 형법에 규정되어 있지 않은 **과태료가 가해지는 행정벌**을 말한다.

정답 ③

제2장 행정강제

제1절 행정상 강제집행

01 「행정대집행법」상 대집행과 이행강제금에 대한 甲과 乙의 대화 중 乙의 답변이 옳지 않은 것은? (다툼이 있는 경우 판례에 의함) 〈2021 국가직 9급〉

① 甲 : 행정대집행의 절차가 인정되는 경우에도 행정청이 민사상 강제집행수단을 이용할 수 있나요?
乙 : 행정대집행의 절차가 인정되어 실현할 수 있는 경우에는 따로 민사소송의 방법을 이용할 수 없습니다.

② 甲 : 대집행의 적용대상은 무엇인가요?
乙 : 대집행은 공법상 대체적 작위의무의 불이행이 있는 경우에 행할 수 있습니다.

③ 甲 : 행정청은 대집행의 대상이 될 수 있는 것에 대하여 이행강제금을 부과할 수도 있나요?
乙 : 행정청은 개별사건에 있어서 위법건축물에 대하여 대집행과 이행강제금을 선택적으로 활용할 수 있습니다.

④ 甲 : 만약 이행강제금을 부과받은 사람이 사망하였다면 이행강제금의 납부의무는 상속인에게 승계되나요?
乙 : 이행강제금의 납부의무는 상속의 대상이 되므로, 상속인이 납부의무를 승계합니다.

해설

① 관계 법령상 행정대집행의 절차가 인정되어 행정청이 행정대집행의 방법으로 건물의 철거 등 대체적 작위의무의 이행을 실현할 수 있는 경우에는 따로 민사소송의 방법으로 그 의무의 이행을 구할 수 없다(대판 2017.4.28. 2016다213916).

② 대집행은 **공법상 대체적 작위의무**의 불이행이 있는 경우 적용된다.

③ 현행 건축법상 위법건축물에 대한 이행강제수단으로 대집행과 이행강제금(제83조 제1항)이 인정되고 있는데, 양 제도는 각각의 장·단점이 있으므로 행정청은 개별사건에 있어서 위반내용, 위반자의 시정의지 등을 감안하여 대집행과 이행강제금을 선택적으로 활용할 수 있으며, 이처럼 그 합리적인 재량에 의해 선택하여 활용하는 이상 중첩적인 제재에 해당한다고 볼 수 없다(헌재 2004.2.26. 2001헌바80).

④ 구 건축법상 이행강제금 납부의무는 상속인 기타의 사람에게 승계될 수 없는 일신전속적인 성질의 것이므로 이미 사망한 사람에게 이행강제금을 부과하는 내용의 처분이나 결정은 당연무효이고, 이행강제금을 부과받은 사람의 이의에 의하여 비송사건절차법에 의한 재판절차가 개시된 후에 그 이의한 사람이 사망한 때에는 사건 자체가 목적을 잃고 절차가 종료한다(대결 2006.12.8. 2006마470).

정답 ④

02 행정상 강제집행에 대한 설명으로 옳지 않은 것은? (다툼이 있는 경우 판례에 의함) 〈2021 소방공채〉

① 대집행은 비금전적인 대체적 작위의무를 의무자가 이행하지 않는 경우 행정청이 스스로 의무자가 행하여야 할 행위를 하거나 제3자로 하여금 행하게 하는 것으로, 그 대집행의 대상은 공법상 의무에만 한정하지 않는다.

② 행정청이 대집행에 대한 계고를 함에 있어서 의무자가 스스로 이행하지 아니하는 경우 대집행할 행위의 내용과 범위가 구체적으로 특정되어야 하지만, 그 내용 및 범위는 대집행계고서에 의해서만 특정되어야 하는 것은 아니고 그 처분 전후에 송달된 문서나 기타 사정을 종합하여 이를 특정할 수 있으면 족하다.

③ 비상시 또는 위험이 절박한 경우에 있어 당해 행위의 급속한 실시를 요하여 대집행영장에 의한 통지절차를 취할 여유가 없을 때에는 이 절차를 거치지 아니하고 대집행할 수 있다.

④ 개발제한구역 내의 건축물에 대하여 허가를 받지 않고 한 용도변경행위에 대한 형사처벌과 「건축법」 제83조 제1항에 의한 시정명령 위반에 대한 이행강제금 부과는 이중처벌에 해당하지 아니한다.

해설

① 구 공공용지의 취득 및 손실보상에 관한 특례법에 의한 협의취득시 건물소유자가 협의취득대상 건물에 대하여 약정한 철거의무는 공법상 의무가 아닐 뿐만 아니라, 공익사업을 위한 토지 등의 취득 및 보상에 관한 법률 제89조에서 정한 행정대집행법의 대상이 되는 '이 법 또는 이 법에 의한 처분으로 인한 의무'에도 해당하지 아니하므로 위 철거의무에 대한 강제적 이행은 행정대집행법상 대집행의 방법으로 실현할 수 없다(대판 2006.10.13. 2006두7096).

→ *대집행은 공법상 대체적 작위의무의 불이행을 요건으로 함*

② 행정청이 행정대집행법 제3조 제1항에 의한 대집행계고를 함에 있어서는 의무자가 스스로 이행하지 아니하는 경우에 대집행할 행위의 내용 및 범위가 구체적으로 특정되어야 하나, 그 행위의 내용 및 범위는 반드시 대집행계고서에 의하여서만 특정되어야 하는 것이 아니고 계고처분 전후에 송달된 문서나 기타 사정을 종합하여 행위의 내용이 특정되면 족하다(대판 1994.10.28. 94누5144).

③ **행정대집행법 제3조 (대집행의 절차)**

제3항 비상시 또는 위험이 절박한 경우에 있어서 당해 행위의 급속한 실시를 요하여 전2항에 규정한 수속을 취할 여유가 없을 때에는 그 수속을 거치지 아니하고 대집행을 할 수 있다.

→ *계고·통지 등을 생략하고 대집행O*

④ 개발제한구역 내의 건축물에 대하여 허가를 받지 않고 한 용도변경행위에 대한 형사처벌과 건축법 제83조 제1항에 의한 시정명령 위반에 대한 **이행강제금의 부과**는 그 처벌 내지 제재대상이 되는 기본적 사실관계로서의 행위를 달리하며, 또한 그 보호법익과 목적에서도 차이가 있으므로 이중처벌에 해당한다고 할 수 없다(대결 2005.8.19. 2005마30).

정답 ①

03 행정상 강제집행 중 대집행에 대한 설명으로 옳지 않은 것은? (다툼이 있는 경우 판례에 의함)

〈2020 지방직 9급〉

① 대집행의 대상은 원칙적으로 대체적 작위의무에 한하며, 부작위의무위반의 경우 대체적 작위의무로 전환하는 규정을 두고 있지 아니하는 한 대집행의 대상이 되지 않는다.

② 행정청이 계고를 함에 있어 의무자가 스스로 이행하지 아니하는 경우 대집행의 내용과 범위가 구체적으로 특정되어야 하며, 대집행의 내용과 범위는 반드시 대집행 계고서에 의해서만 특정되어야 한다.

③ 대집행을 함에 있어 계고요건의 주장과 입증책임은 처분행정청에 있는 것이지, 의무불이행자에 있는 것이 아니다.

④ 대집행 비용은 원칙상 의무자가 부담하며 행정청은 그 비용액과 납기일을 정하여 의무자에게 문서로 납부를 명하여야 한다.

해설

① 단순한 **부작위의무의 위반**, 즉 관계 법령에 정하고 있는 절대적 금지나 허가를 유보한 상대적 금지를 위반한 경우에는 당해 법령에서 그 위반자에 대하여 위반에 의하여 생긴 유형적 결과의 시정을 명하는 행정처분의 권한을 인정하는 규정(예컨대, 건축법 제69조, 도로법 제74조, 하천법 제67조, 도시공원법 제20조, 옥외광고물등관리법 제10조 등)을 두고 있지 아니한 이상, 법치주의의 원리에 비추어 볼 때 위와 같은 **부작위의무**로부터 그 의무를 위반함으로써 생긴 결과를 시정하기 위한 **작위의무**를 당연히 끌어낼 수는 **없으며**, 또 위 **금지규정**(특히 허가를 유보한 상대적 금지규정)으로부터 **작위의무**, 즉 위반결과의 시정을 명하는 권한이 당연히 추론(推論)되는 것도 **아니다**(대판 1996.6.28. 96누4374).

② 행정청이 행정대집행법 제3조 제1항에 의한 대집행계고를 함에 있어서는 의무자가 스스로 이행하지 아니하는 경우에 대집행할 행위의 내용 및 범위가 구체적으로 특정되어야 하나, 그 행위의 내용 및 범위는 반드시 대집행계고서에 의하여서만 특정되어야 하는 것이 아니고 계고처분 전후에 송달된 문서나 기타 사정을 종합하여 행위의 내용이 특정되면 족하다(대판 1994.10.28. 94누5144).

③ 건축허가 조건에 위배하여 증축한 것이어서 건축법상 철거할 의무가 있는 건물이라 하더라도 행정대집행법 제3조 및 제2조의 규정에 비추어 보면, 다른 방법으로는 그 이행의 확보가 어렵고 그 불이행을 방치함이 심히 공익을 해치는 것으로 인정될 때에 한하여 그 철거의무를 대집행하기 위한 계고처분이 허용된다 할 것이고 이러한 요건의 주장과 입증책임은 처분행정청에 있다할 것이다(대판 1982.5.11. 81누232).

④ **행정대집행법 제5조 (비용납부명령서)**
대집행에 요한 비용의 징수에 있어서는 실제에 요한 비용액과 그 납기일을 정하여 의무자에게 문서로써 그 납부를 명하여야 한다.

정답 ②

04 행정강제에 대한 설명으로 옳은 것은? (다툼이 있는 경우 판례에 의함) 〈2019 국가직 9급〉

① 행정대집행의 방법으로 건물철거의무이행을 실현할 수 있는 경우, 철거의무자인 건물 점유자의 퇴거의무를 실현하려면 퇴거를 명하는 별도의 집행권원이 있어야 하고, 철거 대집행 과정에서 부수적으로 건물 점유자들에 대한 퇴거조치를 할 수는 없다.

② 즉시강제란 법령 또는 행정처분에 의한 선행의 구체적 의무의 불이행으로 인한 목전의 급박한 장해를 제거할 필요가 있는 경우에 행정기관이 즉시 국민의 신체 또는 재산에 실력을 행사하여 행정상의 필요한 상태를 실현하는 작용을 말한다.

③ 공법인이 대집행권한을 위탁받아 공무인 대집행 실시에 지출한 비용을 「행정대집행법」에 따라 강제징수할 수 있음에도 민사소송절차에 의하여 상환을 청구하는 것은 허용되지 않는다.

④ 이행강제금은 심리적 압박을 통하여 간접적으로 의무이행을 확보하는 수단인 행정벌과는 달리 의무이행의 강제를 직접적인 목적으로 하므로, 강학상 직접강제에 해당한다.

해설

① 행정청이 행정대집행의 방법으로 건물철거의무의 이행을 실현할 수 있는 경우에는 건물철거 대집행 과정에서 부수적으로 건물의 점유자들에 대한 퇴거 조치를 할 수 있고, 점유자들이 적법한 행정대집행을 위력을 행사하여 방해하는 경우 형법상 공무집행방해죄가 성립하므로, 필요한 경우에는 '경찰관 직무집행법'에 근거한 위험발생 방지조치 또는 형법상 공무집행방해죄의 범행방지 내지 현행범체포의 차원에서 경찰의 도움을 받을 수도 있다(대판 2017.4.28, 2016다213916).

② 행정상 즉시강제란 눈앞의 급박한 행정상 장해를 제거할 필요가 있으나 미리 의무를 부과할 시간적 여유가 없을 때 또는 그 성질상 의무를 명해서는 목적달성이 곤란할 경우에 직접 국민의 신체 또는 재산에 실력을 가하여 행정상 필요한 상태를 실현하는 행정작용으로서, 권력적 사실행위로서의 성질을 갖는다.

→ *즉시강제는 의무의 부과가 전제X*

③ 대한주택공사가 구 대한주택공사법 및 구 대한주택공사법 시행령에 의하여 대집행권한을 위탁받아 공무인 대집행을 실시하기 위하여 지출한 비용을 행정대집행법 절차에 따라 국세징수법의 예에 의하여 징수할 수 있음에도 민사소송절차에 의하여 그 비용의 상환을 청구한 사안에서, 행정대집행법이 대집행비용의 징수에 관하여 민사소송절차에 의한 소송이 아닌 간이하고 경제적인 특별구제절차를 마련해 놓고 있으므로, 위 청구는 소의 이익이 없어 부적법하다(대판 2011.9.8, 2010다48240).

④ 이행강제금이란 의무자에게 금전적 부담(심리적 압박)을 줌으로써 **의무의 이행을 간접적으로 강제**하기 위하여 과하는 금전을 의미한다.

정답 ③

05 행정대집행에 관한 설명으로 옳지 않은 것은? (다툼이 있는 경우 판례에 의함) *〈2021 소방공채〉*

① 대집행의 근거법으로는 대집행에 관한 일반법인 「행정대집행법」과 대집행에 관한 개별법 규정이 있다.

② 대집행의 요건을 충족한 경우에 행정청이 대집행을 할 것인지 여부에 관해서 소수설은 재량행위로 보나, 다수설과 판례는 기속행위로 본다.

③ 대집행의 절차인 '대집행의 계고'의 법적 성질은 준법률행위적 행정행위이므로 계고 그 자체가 독립하여 항고소송의 대상이나, 2차 계고는 새로운 철거의무를 부과하는 것이 아니고 대집행기한의 연기 통지에 불과하므로 행정처분으로 볼 수 없다는 판례가 있다.

④ 계고처분의 후속절차인 대집행에 위법이 있다고 하여 그와 같은 후속절차에 위법성이 있다는 점을 들어 선행절차인 계고처분이 부적법하다는 사유로 삼을 수는 없다.

해설

① 대집행의 근거법으로는 대집행에 관한 일반법인 「행정대집행법」과 대집행에 관한 개별법 규정(「공익사업을 위한 토지 등의 취득 및 보상에 관한 법률」, 「도로교통법」 등)이 있다.

② 대집행의 요건을 충족한 경우에 행정청이 대집행을 할 것인지 여부에 관해서 **다수설과 판례**는 **재량행위**로 보나, 소수설은 기속행위로 본다.

③ 행정대집행법상의 건물철거의무는 제1차 철거명령 및 계고처분으로서 발생하였고 제2차, 제3차의 계고처분은 새로운 철거의무를 부과한 것이 아니고 다만 대집행기한의 연기통지에 불과하므로 행정처분이 아니다(대판 1994.10.28. 94누5144).

④ 계고처분의 후속절차인 대집행에 위법이 있다고 하더라도, 그와 같은 후속절차에 위법성이 있다는 점을 들어 선행절차인 계고처분이 부적법하다는 사유로 삼을 수는 없다(대판 1997.2.14. 96누15428).

→ *하자의 승계가 거꾸로는 안 됨*

정답 ②

06 행정대집행에 대한 설명으로 옳지 않은 것은? (다툼이 있는 경우 판례에 의함) *〈2019 지방직 9급〉*

① 구 대한주택공사가 대집행권한을 위탁받아 공무인 대집행을 실시하기 위하여 지출한 비용을 「행정대집행법」 절차에 따라 「국세징수법」의 예에 의하여 징수할 수 있음에도 민사소송절차에 의하여 그 비용의 상환을 구하는 청구는 소의 이익이 없어 부적법하다.

② 건물의 점유자가 철거의무자일 때에는 건물철거의무에 퇴거의무도 포함되어 있는 것이어서 별도로 퇴거를 명하는 집행권원이 필요하지 않다.

③ 철거명령에서 주어진 일정기간이 자진철거에 필요한 상당한 기간이라고 하여도 그 기간 속에는 계고시에 필요한 '상당한 이행기간'이 포함되어 있다고 볼 수 없다.

④ 대집행계고처분 취소소송의 변론이 종결되기 전에 대집행영장에 의한 통지절차를 거쳐 사실행위로서 대집행의 실행이 완료된 경우에는 계고처분의 취소를 구할 법률상의 이익이 없다.

해설

① 대한주택공사가 구 대한주택공사법 및 구 대한주택공사법 시행령에 의하여 대집행권한을 위탁받아 공무인 대집행을 실시하기 위하여 지출한 비용을 행정대집행법 절차에 따라 국세징수법의 예에 의하여 징수할 수 있음에도 민사소송절차에 의하여 그 비용의 상환을 청구한 사안에서, 행정대집행법이 대집행비용의 징수에 관하여 민사소송절차에 의한 소송이 아닌 간이하고 경제적인 특별구제절차를 마련해 놓고 있으므로, 민사소송절차에 의하여 그 비용의 상환을 청구는 소의 이익이 없어 부적법하다(대판 2011.9.8. 2010다48240).

② 건물의 점유자가 철거의무자일 때에는 건물철거의무에 퇴거의무도 포함되어 있는 것이어서 별도로 퇴거를 명하는 집행권원이 필요하지 않다(대판 2017.4.28. 2016다213916).

③ 철거명령에서 주어진 일정기간이 **자진철거에 필요한 상당한 기간**이라면 그 기간 속에는 계고시에 필요한 **'상당한 이행기간'**도 포함되어 있다고 보아야 할 것이다(대판 1992.6.12. 91누13564).

④ 대집행계고처분 취소소송의 변론종결 전에 대집행영장에 의한 통지절차를 거쳐 사실행위로서 대집행의 실행이 완료된 경우에는 행위가 위법한 것이라는 이유로 손해배상이나 원상회복 등을 청구하는 것은 별론으로 하고 처분의 취소를 구할 법률상 이익은 없다(대판 1993.6.8. 93누6164).

정답 ③

07 대집행에 관한 설명으로 가장 옳지 않은 것은? 〈2019 서울시 9급〉

① 건물의 점유자가 철거의무자일 때에는 건물철거의무에 퇴거의무도 포함되어 있는 것이어서 별도로 퇴거를 명하는 집행권원이 필요하지 않다.

② 구「토지수용법」상 피수용자 등이 기업자에 대하여 부담하는 수용대상 토지의 인도의무는 특별한 사정이 없는 한 「행정대집행법」에 의한 대집행의 대상이 될 수 없다.

③ 민사소송절차에 따라 민법 제750조에 기한 손해배상으로서 대집행비용의 상환을 구하는 청구는 소의 이익이 없어 부적법하다.

④ 해가 지기 전에 대집행에 착수한 경우라고 할지라도 해가 진 후에는 대집행을 할 수 없다.

해설

① 건물의 점유자가 철거의무자일 때에는 건물철거의무에 퇴거의무도 포함되어 있는 것이어서 별도로 퇴거를 명하는 집행권원이 필요하지 않다(대판 2017.4.28. 2016다213916).

② 피수용자 등이 기업자에 대하여 부담하는 수용대상 토지의 인도의무에 관한 구 토지수용법 제63조, 제64조, 제77조 규정에서의 '인도'에는 명도도 포함되는 것으로 보아야 하고, 이러한 명도의무는 그것을 강제적으로 실현하면서 직접적인 실력행사가 필요한 것이지 대체적 작위의무라고 볼 수 없으므로 특별한 사정이 없는 한 행정대집행법에 의한 대집행의 대상이 될 수 있는 것이 아니다(대판 2005.8.19. 2004다2809).

③ 행정대집행법이 대집행비용의 징수에 관하여 민사소송절차에 의한 소송이 아닌 간이하고 경제적인 특별구제절차를 마련해 놓고 있으므로, 민사소송절차에 따라 민법 제750조에 기한 손해배상으로서 대집행비용의 상환을 구하는 청구는 소의 이익이 없어 부적법하다(대판 2011.9.8. 2010다48240).

④ **행정대집행법 제4조 (대집행의 실행 등)**

제1항 행정청은 해가 뜨기 전이나 해가 진 후에는 대집행을 하여서는 아니 된다. 다만, 다음 각 호의 어느 하나에 해당하는 경우에는 그러하지 아니하다.

1. 의무자가 동의한 경우
2. 해가 지기 전에 대집행을 착수한 경우
3. 해가 뜬 후부터 해가 지기 전까지 대집행을 하는 경우에는 대집행의 목적 달성이 불가능한 경우
4. 그 밖에 비상시 또는 위험이 절박한 경우

정답 ④

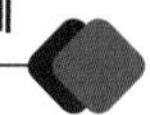

08 **행정청이 별도의 법령상의 근거 없이도 할 수 있는 행위를 모두 고르면? (다툼이 있는 경우 판례에 의함)** *〈2019 지방직 7급〉*

ㄱ. 수익적 행정처분인 재량행위를 하면서 침익적 성격의 부관을 부가하는 행위
ㄴ. 부관인 부담의 불이행을 이유로 수익적 행정행위를 철회하는 행위
ㄷ. 부작위의무를 위반함으로써 생긴 결과를 시정하기 위한 작위의무를 명하는 행위
ㄹ. 철거명령의 위반을 이유로 행정대집행을 하면서 철거의무자인 점유자에 대해 퇴거명령을 하는 행위

① ㄱ, ㄴ
② ㄴ, ㄷ
③ ㄷ, ㄹ
④ ㄱ, ㄴ, ㄹ

해설

ㄱ. 수익적 행정처분에 있어서는 법령에 특별한 근거규정이 없다고 하더라도 그 부관으로서 부담을 붙일 수 있고, 그와 같은 부담은 행정청이 행정처분을 하면서 일방적으로 부가할 수도 있지만 부담을 부가하기 이전에 상대방과 협의하여 부담의 내용을 협약의 형식으로 미리 정한 다음 행정처분을 하면서 이를 부가할 수도 있다(대판 2009.2.12. 2008다56262).

ㄴ. 부담부 행정처분에 있어서 처분의 상대방이 부담(의무)을 이행하지 아니한 경우에 처분행정청으로서는 이를 들어 당해 처분을 취소(철회)할 수 있는 것이다(대판 1989.10.24. 89누2431).

ㄷ. 단순한 **부작위의무의 위반**, 즉 관계 법령에 정하고 있는 절대적 금지나 허가를 유보한 상대적 금지를 위반한 경우에는 당해 법령에서 그 위반자에 대하여 위반에 의하여 생긴 유형적 결과의 시정을 명하는 행정처분의 권한을 인정하는 규정(**법령상의 근거** 예컨대, 건축법 제69조, 도로법 제74조, 하천법 제67조, 도시공원법 제20조, 옥외광고물등관리법 제10조 등)을 **두고 있지 아니한 이상**, 법치주의의 원리에 비추어 볼 때 위와 같은 **부작위의무**로부터 그 의무를 위반함으로써 생긴 결과를 시정하기 위한 **작위의무**를 당연히 끌어낼 수는 **없으며**, 또 위 **금지규정**(특히 허가를 유보한 상대적 금지규정)으로부터 작위의무, 즉 위반결과의 시정을 명하는 권한이 당연히 추론(推論)되는 것도 **아니다**(대판 1996.6.28. 96누4374).

ㄹ. 관계 법령상 행정대집행의 절차가 인정되어 **행정청이 행정대집행의 방법으로 건물의 철거 등 대체적 작위의무의 이행을 실현**할 수 있는 경우에는 따로 민사소송의 방법으로 그 의무의 이행을 구할 수 없다. 한편 건물의 점유자가 철거의무자일 때에는 건물철거의무에 퇴거의무도 **포함**되어 있는 것이어서 **별도로 퇴거를 명하는 집행권원**이 필요하지 **않다**(대판 2017.4.28. 2016다213916).

→ *행정청은 (건물을 점유하고 있는 철거의무자들에게) 건물퇴거를 구하는 소송 등 별도의 소를 제기할 필요X*

정답 ④

09 「행정대집행법」상 행정대집행에 대한 설명으로 옳지 않은 것은? (다툼이 있는 경우 판례에 의함)

〈2018 국가직 9급〉

① 퇴거의무 및 점유인도의무의 불이행은 행정대집행의 대상이 되지 않는다.

② 건물철거명령 및 철거대집행계고를 한 후에 이에 불응하자 다시 제2차, 제3차의 계고를 하였다면 철거의무는 처음에 한 건물철거명령 및 철거대집행계고로 이미 발생하였고 그 이후에 한 제2차, 제3차의 계고는 새로운 철거의무를 부과한 것이 아니라 대집행 기한을 연기하는 통지에 불과하다.

③ 관계 법령에서 금지규정 및 그 위반에 대한 벌칙규정은 두고 있으나 금지규정 위반행위에 대한 시정명령의 권한에 대해서는 규정하고 있지 않은 경우에 그 금지규정 및 벌칙규정은 당연히 금지규정 위반행위로 인해 발생한 유형적 결과를 시정하게 하는 것도 예정하고 있다고 할 것이어서 금지규정 위반으로 인한 결과의 시정을 명하는 권한도 인정하고 있는 것으로 해석된다.

④ 대집행계고를 함에 있어서는 의무자가 스스로 이행하지 않는 경우에 대집행할 행위의 내용 및 범위가 구체적으로 특정되어야 하는데 그 내용과 범위는 대집행 계고서뿐만 아니라 계고처분 전후에 송달된 문서나 기타 사정 등을 종합하여 특정될 수 있다.

해설

① 도시공원시설인 매점의 관리청이 그 공동점유자 중의 1인에 대하여 소정의 기간 내에 위 매점으로부터 퇴거하고 이에 부수하여 그 판매 시설물 및 상품을 반출하지 아니할 때에는 이를 대집행하겠다는 내용의 계고처분은 그 주된 목적이 매점의 원형을 보존하기 위하여 점유자가 설치한 불법 시설물을 철거하고자 하는 것이 아니라, 매점에 대한 점유자의 점유를 배제하고 그 점유이전을 받는 데 있다고 할 것인데, 이러한 의무는 그것을 강제적으로 실현함에 있어 직접적인 실력행사가 필요한 것이지 대체적 작위의무에 해당하는 것은 아니어서 직접강제의 방법에 의하는 것은 별론으로 하고 행정대집행법에 의한 대집행의 대상이 되는 것은 아니다(대판 1998.10.23, 97누157).

② 건물의 소유자에게 위법건축물을 일정기간까지 철거할 것을 명함과 아울러 불이행할 때에는 대집행한다는 내용의 철거대집행 계고처분을 고지한 후 이에 불응하자 다시 제2차, 제3차 계고서를 발송하여 일정기간까지의 자진철거를 촉구하고 불이행하면 대집행을 한다는 뜻을 고지하였다면 행정대집행법상의 건물철거의무는 제1차 철거명령 및 계고처분으로서 발생하였고 제2차, 제3차의 계고처분은 새로운 철거의무를 부과한 것이 아니고 다만 대집행기한의 연기통지에 불과하므로 행정처분이 아니다(대판 1994.10.28, 94누5144).

③ 행정대집행법 제2조는 대집행의 대상이 되는 의무를 "법률(법률의 위임에 의한 명령, 지방자치단체의 조례를 포함한다.)에 의하여 직접 명령되었거나 또는 법률에 의거한 행정청의 명령에 의한 행위로서 타인이 대신하여 행할 수 있는 행위"라고 규정하고 있으므로, 대집행계고처분을 하기 위하여는 법령에 의하여 직접 명령되거나 법령에 근거한 행정청의 명령에 의한 의무자의 대체적 작위의무 위반행위가 있어야 한다. 따라서 단순한 부작위의무의 위반, 즉 관계 법령에 정하고 있는 절대적 금지나 허가를 유보한 상대적 금지를 위반한 경우에는 당해 법령에서 그 위반자에 대하여 위반에 의하여 생긴 유형적 결과의 시정을 명하는 행정처분의 권한을 인정하는 규정(예컨대, 건축법 제69조, 도로법 제74조, 하천법 제67조, 도시공원법 제20조, 옥외광고물등 관리법 제10조 등)을 두고 있지 아니한 이상, 법치주의의 원리에 비추어 볼 때 위와 같은 부작위의무로부터 그 의무를 위반함으로써 생긴 결과를 시정하기 위한 작위의무를 당연히 끌어낼 수는 없으며, 또 위 금지규정(특히 허가를 유보한 상대적 금지규정)으로부터 작위의무, 즉 위반결과의 시정을 명하는 권한이 당연히 추론(推論)되는 것도 아니다(대판 1996.6.28, 96누4374).

← *원칙적으로 부작위의무로부터 작위의무 도출X ∴부작위의무는 행정대집행의 대상X*

④ 행정대집행법상 대집행계고를 함에 있어서는 의무자가 스스로 이행하지 아니하는 경우에 대집행할 행위의 내용 및 범위가 구체적으로 특정되어야 하지만, 그 행위의 내용 및 범위는 반드시 대집행계고서에 의하여서만 특정되어야 하는 것이 아니고 계고처분 전후에 송달된 문서나 기타 사정을 종합하여 행위의 내용이 특정되거나 대집행 의무자가 그 이행의무의 범위를 알 수 있으면 족하다(대판 1997.2.14., 96누15428).

정답 ③

10 행정대집행에 대한 설명으로 옳은 것을 모두 고른 것은? (다툼이 있는 경우 판례에 의함)

〈2017 지방직 7급〉

ㄱ. 토지나 건물의 명도는 대집행의 대상이 된다.

ㄴ. 대집행권한을 위탁받아 공무인 대집행을 실시하기 위하여 지출한 비용은 「행정대집행법」의 절차에 따라 「국세징수법」의 예에 의하여 징수할 수 있다.

ㄷ. 비상시 또는 위험이 절박한 경우에 있어서 당해 행위의 급속한 실시를 요하여 대집행영장에 의한 통지절차를 취할 여유가 없을 때에는 그 절차를 거치지 아니하고 대집행을 할 수 있다.

ㄹ. 행정대집행의 절차가 인정되는 경우에는 따로 민사소송의 방법으로 의무이행을 구할 수는 없다.

ㅁ. 공유재산대부계약이 적법하게 해지되었음에도 불구하고 공유재산의 점유자가 그 지상물을 점유하고 있는 경우, 지방자치단체의 장은 원상회복을 위해 행정대집행의 방법으로 그 지상물을 철거시킬 수는 없다.

① ㄱ, ㄴ, ㄷ ② ㄴ, ㄷ, ㄹ
③ ㄷ, ㄹ, ㅁ ④ ㄱ, ㄹ, ㅁ

해설

ㄱ. 구 토지수용법 제63조, 제64조, 제77조 규정에서의 '인도'에는 명도도 포함되는 것으로 보아야 하고, 이러한 명도의무는 그것을 강제적으로 실현하면서 직접적인 실력행사가 필요한 것이지 대체적 작위의무라고 볼 수 없으므로 특별한 사정이 없는 한 행정대집행법에 의한 대집행의 대상이 될 수 있는 것이 아니다(대판 2005.8.19. 2004다2809).

ㄴ. 대한주택공사의 법인격 및 대집행권한 수탁에 따른 지위, 행정대집행의 목적, 내용 및 비용징수 등에 관한 각 규정 취지 등을 종합하면, 대한주택공사가 법 및 시행령에 의하여 대집행권한을 위탁받아 공무인 대집행을 실시하기 위하여 지출한 비용은 행정대집행법의 절차에 따라 국세징수법의 예에 의하여 징수할 수 있다(대판 2011.9.8. 2010다48240).

ㄷ. **행정대집행법 제3조 (대집행의 절차)**

제3항 비상시 또는 위험이 절박한 경우에 있어서 당해 행위의 급속한 실시를 요하여 재고 내지 대집행영장의 통지의 수속을 취할 여유가 없을 때에는 **그 수속을 거치지 아니하고** 대집행을 할 수 있다.

ㄹ. 관계 법령상 행정대집행의 절차가 인정되어 행정청이 행정대집행의 방법으로 건물의 철거 등 대체적 작위의무의 이행을 실현할 수 있는 경우에는 따로 민사소송의 방법으로 그 의무의 이행을 구할 수 없다(대판 2017.4.28. 2016다213916).

ㅁ. 공유재산의 점유자가 그 공유재산에 관하여 대부계약 외 달리 정당한 권원이 있다는 자료가 없는 경우 그 대부계약이 적법하게 해지된 이상 그 점유자의 공유재산에 대한 점유는 정당한 이유 없는 점유라 할 것이고, 따라서 지방자치단체의 장은 지방재정법 제85조에 의하여 행정대집행의 방법으로 그 지상물을 철거시킬 수 있다(대판 2001.10.12. 2001두4078).

정답 ②

11 **행정강제에 대한 설명으로 옳지 않은 것은? (다툼이 있는 경우 판례에 의함)** *〈2018 지방직 9급〉*

① 관계 법령상 행정대집행의 절차가 인정되어 행정청이 행정대집행의 방법으로 건물의 철거 등 대체적 작위의무의 이행을 실현할 수 있는 경우에는 따로 민사소송의 방법으로 그 의무의 이행을 구할 수 없다.

② 「국세징수법」 상 체납자 등에 대한 공매통지는 체납자 등의 법적 지위나 권리·의무에 직접적인 영향을 주는 행정처분에 해당하지 아니하므로 공매통지가 적법하지 아니한 경우에도 그에 따른 공매처분이 위법하게 되는 것은 아니다.

③ 이행강제금 납부의무는 상속인 기타의 사람에게 승계될 수 없는 일신전속적인 성질의 것이므로 이미 사망한 사람에게 이행강제금을 부과하는 내용의 처분이나 결정은 당연무효이다.

④ 행정청이 행정대집행의 방법으로 건물철거의무의 이행을 실현할 수 있는 경우, 점유자들이 적법한 행정대집행을 위력을 행사하여 방해한다면 「형법」 상 공무집행방해죄의 범행방지 차원에서 경찰의 도움을 받을 수도 있다.

해설

① 관계 법령상 행정대집행의 절차가 인정되어 행정청이 행정대집행의 방법으로 건물의 철거 등 대체적 작위의무의 이행을 실현할 수 있는 경우에는 **따로 민사소송**의 방법으로 그 의무의 **이행**을 구할 수 없다(대판 2017.4.28, 2016다213916).

→ 강제집행의 경우에는 행정청에게 다양한 권한X ∵ 국민의 기본권 침해와 밀접한 관련

∴ 행정상 강제집행(행정대집행 등)을 할 수 있으면 민사상 강제집행은 인정X

② 체납자 등에 대한 공매통지는 국가의 강제력에 의하여 진행되는 공매에서 체납자 등의 권리 내지 재산상의 이익을 보호하기 위하여 법률로 규정한 절차적 요건이라고 보아야 하며, 공매처분을 하면서 체납자 등에게 공매통지를 하지 않았거나 공매통지를 하였더라도 그것이 적법하지 아니한 경우에는 절차상의 흠이 있어 그 공매처분은 **위법**하다(대판 2008.11.20, 2007두18154).

③ 이행강제금 납부의무는 상속인 기타의 사람에게 승계될 수 없는 일신전속적인 성질의 것이므로 이미 사망한 사람에게 이행강제금을 부과하는 내용의 처분이나 결정은 **당연무효**이고, 이행강제금을 부과받은 사람의 이의에 의하여 비송사건절차법에 의한 재판절차가 개시된 후에 그 이의한 사람이 사망한 때에는 사건 자체가 목적을 잃고 절차가 종료한다(대판 2006.12.8, 2006마470).

④ 행정청이 행정대집행의 방법으로 건물철거의무의 이행을 실현할 수 있는 경우에는 건물철거 대집행 과정에서 부수적으로 건물의 점유자들에 대한 퇴거 조치를 할 수 있고, 점유자들이 적법한 행정대집행을 위력을 행사하여 방해하는 경우 **형법상 공무집행방해죄가 성립**하므로, 필요한 경우에는 '경찰관 직무집행법'에 근거한 위험발생 방지조치 또는 형법상 공무집행방해죄의 범행방지 내지 현행범체포의 차원에서 경찰의 도움을 받을 수도 있다(대판 2017.4.28, 2016다213916).

정답 ②

12 대집행에 대한 설명으로 옳지 않은 것은? (다툼이 있는 경우 판례에 의함) 〈2015 국가직 9급〉

① 건축물의 철거와 토지의 명도는 대집행의 대상이 된다.

② 부작위의무를 규정한 금지규정에서 작위의무명령권이 당연히 도출되지는 않는다.

③ 계고는 행정처분으로서 항고소송의 대상이 된다.

④ 대집행이 완료되어 취소소송을 제기할 수 없는 경우에도 국가배상청구는 가능하다.

해설

① 피수용자 등이 기업자에 대하여 부담하는 수용대상 토지의 인도의무에 관한 구 토지수용법 제63조, 제64조, 제77조 규정에서의 '인도'에는 명도도 포함되는 것으로 보아야 하고, 이러한 명도의무는 그것을 강제적으로 실현하면서 직접적인 실력행사가 필요한 것이지 대체적 작위의무라고 볼 수 없으므로 특별한 사정이 없는 한 행정대집행법에 의한 대집행의 대상이 될 수 있는 것이 아니다(대판 2005.8.19, 2004다2809).

← *건축물의 철거는 대집행의 대상O / 토지의 명도는 대집행의 대상X*

② 단순한 부작위의무의 위반, 즉 관계 법령에 정하고 있는 절대적 금지나 허가를 유보한 상대적 금지를 위반한 경우에는 당해 법령에서 그 위반자에 대하여 위반에 의하여 생긴 유형적 결과의 시정을 명하는 행정처분의 권한을 인정하는 규정을 두고 있지 아니한 이상, 법치주의의 원리에 비추어 볼 때 위와 같은 부작위의무로부터 그 의무를 위반함으로써 생긴 결과를 시정하기 위한 작위의무를 당연히 끌어낼 수는 없으며, 또 위 금지규정(특히 허가를 유보한 상대적 금지규정)으로부터 작위의무, 즉 위반결과의 시정을 명하는 권한이 당연히 추론되는 것도 아니라고 할 것이다(대판 1996.6.28, 96누4374).

<사실관계>

원고는 아들인 소외 임국재 명의로 소외 유원건설 주식회사로부터 인천 남구 용현동 557의 1 유원용현아파트의 유치원건물을 분양받고 위 임국재 명의로 인천남부교육구청장으로부터 유치원 설립인가를 받아 이 사건 유치원을 경영하면서, 위 유치원의 남쪽에 접하고 아파트단지 내 도로에 둘러쌓인 삼각형 모양의 이 사건 토지(당초 유원용현아파트 주민들의 휴식공간으로 사용하기 위하여 설치된 조경시설이다)의 수목을 임의로 제거하고 그 곳에 어린이 놀이시설을 설치한 다음 단지 내 도로와 위 유치원을 차단하는 철제울타리를 설치하였다. 이에 일부 아파트주민들이 위 시설을 철거하여 달라는 민원을 제기하자 피고(인천광역시 남구청장)가 1995. 4. 13.과 같은 해 6. 8. 원고에 대하여 주택건설촉진법 등 위반을 이유로 원상복구를 지시하였고, 원고가 이에 응하지 아니하자 같은 해 7. 10. 동일한 이유로 같은 달 15.까지 원상복구할 것을 명하고 만일 위 기한까지 이행하지 않을 때에는 피고가 이를 집행하거나 제3자로 하여금 집행하게 하고 이에 따른 비용은 원고로부터 징수하겠다는 내용의 이 사건 계고처분을 하였다.

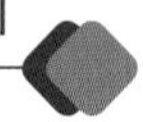

③ 대집행의 계고는 다른 수단으로써 이행을 확보하기 곤란하고, 또한 그 불이행을 방치함이 심히 공익을 해하는 것으로 인정되는 경우에 행정청이 그의 우월적인 입장에서 의무자에게 대하여 상당한 이행기한을 정하고 그 기한 내에 이행을 하지 않을 경우에는 대집행을 한다는 의사를 통지하는 준법률적 행정행위라 할 것이며, 항고소송의 대상이 된다(대판 1966.10.31, 66누25).

④ 위법한 행정대집행이 완료되면 그 처분의 무효확인 또는 취소를 구할 소의 이익은 없다 하더라도, 미리 그 행정처분의 취소판결이 있어야만, 그 행정처분의 위법임을 이유로 한 손해배상 청구를 할 수 있는 것은 아니다(대판 1972.4.28, 72다337).

정답 ①

13 **행정의 실효성 확보수단으로서 이행강제금에 대한 설명으로 옳지 않은 것은? (다툼이 있는 경우 판례에 의함)** *〈2020 지방직 9급〉*

① 이행강제금은 침익적 강제수단이므로 법적 근거를 요한다.
② 형사처벌과 이행강제금은 병과될 수 있다.
③ 대체적 작위의무 위반에 대해서는 이행강제금이 부과될 수 없다.
④ 「건축법」상 이행강제금은 반복하여 부과·징수될 수 있다.

해설

① 이행강제금은 위법건축물에 대하여 시정명령 이행시까지 지속적으로 부과함으로써 건축물의 안전과 기능, 미관을 향상시켜 공공복리의 증진을 도모하는 시정명령 이행확보 수단으로서, 국민의 자유와 권리를 제한한다는 의미에서 행정상 간접강제의 일종인 이른바 침익적 행정행위에 속하므로 그 부과요건, 부과대상, 부과금액, 부과회수 등이 법률로써 엄격하게 정하여져야 하고, 위 이행강제금 부과의 전제가 되는 시정명령도 그 요건이 법률로써 엄격하게 정해져야 한다(헌재 2000.3.30. 98헌가8).

② 건축법 제78조에 의한 무허가 건축행위에 대한 형사처벌과 건축법 제83조 제1항에 의한 시정명령 위반에 대한 이행강제금의 부과는 그 처벌 내지 제재대상이 되는 기본적 사실관계로서의 행위를 달리하며, 또한 그 보호법익과 목적에서도 차이가 있으므로 헌법 제13조 제1항이 금지하는 이중처벌에 해당한다고 할 수 없다(헌재 2004.2.26. 2001헌바80).

③ 전통적으로 행정대집행은 대체적 작위의무에 대한 강제집행수단으로, 이행강제금은 부작위의무나 비대체적 작위의무에 대한 강제집행수단으로 이해되어 왔으나, 이는 이행강제금제도의 본질에서 오는 제약은 아니며, 이행강제금은 대체적 작위의무의 위반에 대하여도 부과될 수 있다(헌재 2004.2.26. 2001헌바80).

④ **건축법 제80조 (이행강제금)**

제5항 허가권자는 최초의 시정명령이 있었던 날을 기준으로 하여 1년에 2회 이내의 범위에서 해당 지방자치단체의 조례로 정하는 횟수만큼 그 시정명령이 이행될 때까지 반복하여 제1항 및 제2항에 따른 이행강제금을 부과·징수할 수 있다.

정답 ③

14 이행강제금에 대한 설명으로 옳지 않은 것은? (다툼이 있는 경우 판례에 의함) 〈2019 지방직 9급〉

① 이행강제금은 과거의 의무불이행에 대한 제재의 기능을 지니고 있으므로, 이행강제금이 부과되기 전에 의무를 이행한 경우에도 시정명령에서 정한 기간을 지나서 이행한 경우라면 이행강제금을 부과할 수 있다.

② 「건축법」상 허가권자는 이행강제금을 부과하기 전에 이행강제금을 부과·징수한다는 뜻을 미리 문서로써 계고하여야 한다.

③ 「건축법」상 이행강제금 납부의 최초 독촉은 징수처분으로서 항고소송의 대상이 되는 행정처분이 될 수 있다.

④ 부작위의무나 비대체적 작위의무 뿐만 아니라 대체적 작위의무의 위반에 대하여도 이행강제금을 부과할 수 있다.

해설

① 건축법상의 이행강제금은 시정명령의 불이행이라는 과거의 위반행위에 대한 제재가 **아니라**, 의무자에게 시정명령을 받은 의무의 이행을 명하고 그 이행기간 안에 의무를 이행하지 않으면 이행강제금이 부과된다는 사실을 고지함으로써 의무자에게 심리적 압박을 주어 의무의 이행을 간접적으로 강제하는 행정상의 간접강제 수단에 해당한다. 이러한 이행강제금의 본질상 시정명령을 받은 의무자가 이행강제금이 부과되기 전에 그 의무를 이행한 경우에는 비록 시정명령에서 정한 기간을 지나서 이행한 경우라도 이행강제금을 부과할 수 없다(대판 2018.1.25. 2015두35116).

② **건축법 제80조 (이행강제금)**

제3항 허가권자는 제1항 및 제2항에 따른 이행강제금을 부과하기 전에 제1항 및 제2항에 따른 이행강제금을 부과·징수한다는 뜻을 미리 문서로써 계고(戒告)하여야 한다.

③ **건축법**상 이행강제금 부과처분을 받은 자가 이행강제금을 기한 내에 납부하지 아니한 때에는 그 납부를 독촉할 수 있으며, 납부독촉에도 불구하고 이행강제금을 납부하지 않으면 체납절차에 의하여 이행강제금을 징수할 수 있고, 이때 이행강제금 납부의 최초 독촉은 징수처분으로서 항고소송의 대상이 되는 행정처분이 될 수 있다(대판 2009.12.24. 2009두14507).

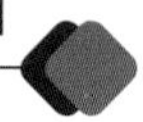

④ 이행강제금은 부작위의무나 비대체적 작위의무 위반의 경우뿐만 아니라 대체적 작위의무 위반에 대하여도 부과될 수 있는 것이다(헌재 2011.10.25. 2009헌바140).

정답 ①

15 **행정의 실효성 확보수단에 대한 설명으로 옳은 것만을 모두 고르면? (다툼이 있는 경우 판례에 의함)** *〈2018 국가직 7급〉*

ㄱ. 「건축법」상의 이행강제금과 관련하여, 시정명령을 받은 의무자가 시정명령에서 정한 기간을 지나서 시정명령을 이행한 경우, 이행강제금이 부과되기 전에 그 이행이 있었다하더라도 시정명령상의 기간을 준수하지 않은 이상 이행강제금을 부과하는 것은 정당하다.
ㄴ. 과징금 부과처분의 경우 원칙적으로 위반자의 고의·과실을 요하지 아니하나, 위반자의 의무 해태를 탓할 수 없는 정당한 사유가 있는 등의 특별한 사정이 있는 경우에는 이를 부과할 수 없다.
ㄷ. 「건축법」상 위법 건축물에 대하여 행정청은 대집행과 이행강제금을 선택적으로 활용할 수 있으며, 이러한 선택적 활용이 중첩적 제재에 해당한다고 볼 수 없다.
ㄹ. 「질서위반행위규제법」에 의한 과태료부과처분은 처분의 상대방이 이의제기하지 않은 채 납부기간까지 과태료를 납부하지 않으면 「도로교통법」상 통고처분과 마찬가지로 그 효력을 상실한다.

① ㄷ
② ㄴ, ㄷ
③ ㄱ, ㄴ, ㄹ
④ ㄴ, ㄷ, ㄹ

해설

ㄱ. 건축법상의 이행강제금은 시정명령의 불이행이라는 과거의 위반행위에 대한 제재가 아니라, 의무자에게 시정명령을 받은 의무의 이행을 명하고 그 이행기간 안에 의무를 이행하지 않으면 이행강제금이 부과된다는 사실을 고지함으로써 의무자에게 심리적 압박을 주어 의무의 이행을 간접적으로 강제하는 행정상의 간접강제 수단에 해당한다. 이러한 이행강제금의 본질상 시정명령을 받은 의무자가 이행강제금이 부과되기 전에 그 의무를 이행한 경우에는 비록 시정명령에서 정한 기간을 지나서 이행한 경우라도 이행강제금을 부과할 수 없다(대판 2018.1.25. 2015두35116).

ㄴ. 과징금부과처분은 제재적 행정처분으로서 여객자동차 운수사업에 관한 질서를 확립하고 여객의 원활한 운송과 여객자동차 운수사업의 종합적인 발달을 도모하여 공공복리를 증진한다는 행정목적의 달성을 위하여 행정법규 위반이라는 객관적 사실에 착안하여 가하는 제재이므로 반드시 현실적인 행위자가 아니라도 법령상 책임자로 규정된 자에게 부과되고 원칙적으로 위반자의 고의·과실을 요하지 아니하나, 위반자의 의무 해태를 탓할 수 없는 정당한 사유가 있는 등의 특별한 사정이 있는 경우에는 이를 부과할 수 없다(대판 2014.10.15. 2013두5005).

ㄷ. 개별사건에 있어서 위반내용, 위반자의 시정의지 등을 감안하여 허가권자는 행정대집행과 이행강제금을 선택적으로 활용할 수 있고, 행정대집행과 이행강제금 부과가 동시에 이루어지는 것이 아니라 허가권자의 합리적인 재량에 의해 선택하여 활용하는 이상 이를 중첩적인 제재에 해당한다고 볼 수 없다(헌재 2011.10.25. 25009헌바140).

ㄹ. **질서위반행위규제법 제20조 (이의제기)**

제1항 행정청의 과태료 부과에 불복하는 당사자는 제17조 제1항에 따른 과태료 부과 통지를 받은 날부터 **60**일 이내에 해당 행정청에 **서면**으로 **이의제기**를 할 수 있다.

제2항 제1항에 따른 **이의제기**가 있는 경우에는 행정청의 과태료 부과처분은 그 **효력을 상실**한다.

→ *∴ 과태료 부과처분은 처분성X ∵ 국민의 권리·의무에 확정적으로 영향X*

정답 ②

16 이행강제금에 관한 설명으로 옳지 않은 것은? (단, 다툼이 있는 경우 판례에 따름) *〈2017 교육행정〉*

① 형사처벌과 이행강제금의 병과는 이중처벌에 해당하지 않는다.

② 이행강제금은 장래에 의무이행을 확보하기 위한 강제수단이다.

③ 구「건축법」상 이행강제금 납부의무는 일신전속적인 성질을 갖는다.

④ 장기미등기자가 등기신청의무의 이행기간이 지나서 등기신청을 한 경우에도 이행강제금을 부과할 수 있다.

해설

① 무허가 건축행위에 대한 형사처벌과 시정명령 위반에 대한 이행강제금의 부과는 그 처벌 내지 제재대상이 되는 기본적 사실관계로서의 행위를 달리하며, 그 보호법익과 목적에서도 차이가 있으므로 양자를 병과하더라도 이중처벌에 해당한다고 할 수 없다(헌재 2004.2.26. 2001헌바80 ; 대판 2005.8.19. 2005마30).

② 이행강제금이란 일정한 기한까지 의무자가 이행하지 않는 경우에는 일정액수의 금전이 부과될 것임을 의무자에게 미리 계고함으로써 심리적 압박에 의하여 장래에 향하여 행정상 의무이행을 확보하려는 강제집행수단이다.

③ (구)건축법상의 이행강제금은 (구)건축법의 위반행위에 대하여 시정명령을 받은 후 시정기간 내에 당해 시정명령을 이행하지 아니한 건축주 등에 대하여 부과되는 간접강제의 일종으로서 그 이행강제금 납부의무는 상속인 기타의 사람에게 승계될 수 없는 일신전속적인 성질의 것이므로 이미 사망한 사람에게 이행강제금을 부과하는 내용의 처분이나 결정은 당연무효이고, 이행강제금을 부과받은 사람의 이의에 의하여 재판절차가 개시된 후에 그 이의한 사람이 사망한 때에는 사건 자체가 목적을 잃고 절차가 종료한다(대판 2006.12.8. 2006마470).

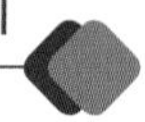

④ 부동산실명법의 내용, 체계 및 취지 등을 종합해 보면, 장기미등기자에 대하여 부과되는 이행강제금은 소유권이전등기신청의무 불이행이라는 과거의 사실에 대한 제재인 과징금과 달리, 장기미등기자에게 등기신청의무를 이행하지 아니하면 이행강제금이 부과된다는 심리적 압박을 주어 그 의무의 이행을 간접적으로 강제하는 행정상의 간접강제 수단에 해당한다. 따라서 장기미등기자가 이행강제금 부과 전에 등기신청의무를 이행하였다면 이행강제금의 부과로써 이행을 확보하고자 하는 목적은 이미 실현된 것이므로 부동산실명법 제6조 제2항에 규정된 기간이 지나서 등기신청의무를 이행한 경우라 하더라도 이행강제금을 부과할 수 없다고 보아야 한다(대판 2016.6.23. 2015두36454).

정답 ④

17 판례의 입장으로 옳지 않은 것은? 〈2019 지방직 7급〉

① 「건축법」상 이행강제금은 행정상의 간접강제 수단에 해당하므로, 시정명령을 받은 의무자가 이행강제금이 부과되기 전에 그 의무를 이행한 경우에는 비록 시정명령에서 정한 기간을 지나서 이행한 경우라도 이행강제금을 부과할 수 없다.

② 지방자치단체가 체결하는 이른바 '공공계약'이 사경제의 주체로서 상대방과 대등한 위치에서 체결하는 사법상 계약에 해당하는 경우, 그 계약에는 법령에 특별한 정함이 있는 경우 외에는 사적 자치와 계약자유의 원칙 등 사법의 원리가 그대로 적용된다.

③ 「교육공무원법」에 따라 승진후보자명부에 포함되어 있던 후보자를 승진심사에 의해 승진임용인사발령에서 제외하는 행위는 항고소송의 대상인 처분으로 보아야 한다.

④ 허가에 타법상의 인·허가가 의제되는 경우, 의제된 인·허가는 통상적인 인·허가와 동일한 효력을 가질 수 없으므로 '부분 인·허가 의제'가 허용되는 경우라도 그에 대한 쟁송취소는 허용될 수 없다.

해설

① 이행강제금의 본질상 시정명령을 받은 의무자가 이행강제금이 부과되기 전에 그 의무를 이행한 경우에는 비록 시정명령에서 정한 기간을 지나서 이행한 경우라도 이행강제금을 부과할 수 없다(대판 2018.1.25. 2015두35116).

② **지방자치단체**가 일방 당사자가 되는 이른바 '**공공계약**'이 사경제의 주체로서 상대방과 대등한 위치에서 체결하는 **사법상 계약**에 해당하는 경우 그에 관한 법령에 특별한 정함이 있는 경우를 제외하고는 사적 자치와 계약자유의 원칙 등 사법의 원리가 그대로 적용된다(대판 2018.2.13. 2014두11328).

③ **교육공무원법**상 승진후보자 명부에 의한 승진심사 방식으로 행해지는 승진임용에서 승진후보자 명부에 포함되어 있던 후보자를 승진임용인사발령에서 제외하는 행위는 불이익처분으로서 항고소송의 대상인 처분에 해당한다고 보아야 한다(대판 2018.3.27. 2015두47492).

④ **의제된 인허가는 통상적인 인허가와 동일한 효력**을 가지므로, 적어도 '부분 인허가 의제'가 허용되는 경우에는 그 효력을 제거하기 위한 법적 수단으로 의제된 인허가의 취소나 철회가 허용될 수 있고, 이러한 직권 취소·철회가 가능한 이상 그 의제된 인허가에 대한 쟁송취소 역시 허용된다(대판 2018.11.29. 2016두38792).

정답 ④

18 행정상 강제징수에 관한 설명으로 옳지 않은 것은? 〈2017 사회복지〉

① 행정상의 금전급부의무를 이행하지 않는 경우를 대상으로 한다.

② 독촉만으로는 시효중단의 효과가 발생하지 않는다.

③ 매각은 원칙적으로 공매에 의하나 예외적으로 수의계약에 의할 수도 있다.

④ 판례에 따르면 공매행위는 행정행위에 해당된다.

해설

① 행정상 강제징수란 공법상 금전급부의무를 불이행한 경우에 행정청이 의무자의 재산에 실력을 가하여 강제적으로 그 의무가 이행된 것과 같은 상태를 실현하는 작용을 말한다.

② 독촉은 체납처분의 전제요건이며 시효중단사유가 된다.

③ 세무서장은 통화를 제외한 모든 재산을 **원칙적**으로 **공매**를 통해 매각하여야 하여야 하고 **예외적**으로 **수의계약**으로 매각할 수 있다.

④ 과세관청이 체납처분으로서 행하는 공매는 우월한 공권력의 행사로서 행정소송의 대상이 되는 공법상의 행정처분이며 공매에 의하여 재산을 매수한 자는 그 공매처분이 취소된 경우에 그 취소처분의 위법을 주장하여 행정소송을 제기할 법률상 이익이 있다(대판 1984.9.25. 84누201).

정답 ②

19 행정의 실효성 확보수단에 대한 기술로 옳은 것은? (단, 다툼이 있는 경우 판례에 의함)

〈2017 사회복지〉

① 「공익사업을 위한 토지 등의 취득 및 보상에 관한 법률」상의 수용대상 토지의 명도의무는 강제적으로 실현할 필요가 인정되므로 대체적 작위의무에 해당한다.

② 철거명령과 철거대집행 계고처분을 이미 했음에도 그 후에 제2차, 제3차 계고처분을 하였다면, 최종적인 제3차 계고처분에 대하여 항고소송을 제기해야 한다.

③ 구「건축법」상 이행강제금을 부과받은 자의 이의에 의해 「비송사건절차법」에 의한 재판절차가 개시된 후에 그 이의한 자가 사망했다면 그 재판절차는 종료된다.

④ 「국세징수법」상 공매처분을 하면서 체납자에게 공매통지를 하였다면 공매통지가 적법하지 않다 하더라도 공매처분에 절차상 하자가 있다고 할 수는 없다.

해설

① (구)토지수용법상 피수용자 등이 기업자에 대하여 부담하는 수용대상 토지의 인도의무는 행정대집행법에 의한 대집행의 대상이 될 수 있는 것이 아니다(대판 2005.8.19, 2004다2809).

② 위법건축물에 대한 철거명령 및 계고처분에 불응하자 행한 제2차·제3차 계고처분은 새로운 철거의무를 부과한 것이 아니고 대집행기한의 연기통지에 불과하므로 행정처분에 해당하지 아니한다(대판 1994.10.28, 94누5144).

③ 이행강제금을 부과받은 사람의 이의에 의하여 비송사건절차법에 의한 재판절차가 개시된 후에 그 이의한 사람이 사망한 때에는 사건자체가 목적을 잃고 절차가 종료한다(대판 2006.12.8, 2006마470).

④ 가. 체납자 등에 대한 공매통지는 국가의 강제력에 의하여 진행되는 공매에서 체납자등의 권리 내지 재산상의 이익을 보호하기 위하여 법률로 규정한 절차적 요건이다.

나. 공매처분을 하면서 체납자 등에게 공매통지를 하지 않았거나 공매통지를 하였더라도 그것이 적법하지 아니한 경우에는 절차상의 흠이 있어 그 공매처분이 위법하게 된다.

다. 공매통지 자체가 그 상대방인 체납자 등의 법적 지위나 권리·의무에 직접적인 영향을 주는 행정처분에 해당하는 것은 아니다(대판 2011.3.24, 2010두25527).

→ *체납자 등은* ***공매통지의 결여나 위법을 들어*** *공매처분의 취소 등을 구할 수 O BUT* ***공매통지 자체는*** *처분성이 없으므로 항고소송의 대상으로 삼아 그 취소 등을 구할 수 X*

정답 ③

20 행정상 강제집행에 대한 설명으로 옳은 것은? (다툼이 있는 경우 판례에 의함) 〈2017 국가직 7급〉

① 행정법관계에서는 강제력의 특질이 인정되므로 행정법상의 의무를 명하는 명령권의 근거규정은 동시에 그 의무 불이행에 대한 행정상 강제집행의 근거가 될 수 있다.

② 관계 법령에 위반하여 장례식장 영업을 하고 있는 자의 장례식장 사용 중지 의무는 「행정대집행법」 제2조의 규정에 따른 대집행의 대상이 된다.

③ 「국토의 계획 및 이용에 관한 법률」에 의해 이행명령을 받은 의무자가 이행명령에서 정한 기간을 지나서 그 명령을 이행한 경우, 의무불이행에 대한 이행강제금을 새로이 부과할 수 있다.

④ 「국세징수법」상 체납자에 대한 공매통지는 국가의 강제력에 의하여 진행되는 공매에서 체납자의 권리 내지 재산상의 이익을 보호하기 위하여 법률로 규정한 절차적 요건으로, 이를 이행하지 않은 경우 그 공매처분은 위법하다.

해설

① 행정상 강제집행에서는 행정법상의 의무를 명하는 명령권의 근거규정과는 별도로 그 의무 불이행에 대한 강제집행의 근거규정도 필요하다.

② '장례식장 사용중지 의무'가 원고 이외의 '타인이 대신'할 수도 없고, 타인이 대신하여 '행할 수 있는 행위'라고도 할 수 없는 비대체적 부작위 의무에 대한 것이므로, 그 자체로 위법함이 명백하다(대판 2005.9.28. 2005두7464).

③ 국토의 계획 및 이용에 관한 법률(이하 '국토계획법'이라고 한다) 제124조의2 제5항이 이행명령을 받은 자가 그 명령을 이행하는 경우에 새로운 이행강제금의 부과를 즉시 중지하도록 규정한 것은 이행강제금의 본질상 이행강제금 부과로 이행을 확보하고자 한 목적이 이미 실현된 경우에는 그 이행강제금을 부과할 수 없다는 취지를 규정한 것으로서, 이에 의하여 부과가 중지되는 '새로운 이행강제금'에는 국토계획법 제124조의2 제3항의 규정에 의하여 반복 부과되는 이행강제금뿐만 아니라 이행명령 불이행에 따른 최초의 이행강제금도 포함된다. 따라서 이행명령을 받은 의무자가 그 명령을 이행한 경우에는 이행명령에서 정한 기간을 지나서 이행한 경우라도 최초의 이행강제금을 부과할 수 없다(대판 2014.12.11. 2013두15750).

④ 체납자 등에 대한 공매통지는 국가의 강제력에 의하여 진행되는 공매에서 체납자 등의 권리 내지 재산상의 이익을 보호하기 위하여 법률로 규정한 절차적 요건이라고 보아야 하며, 공매처분을 하면서 체납자 등에게 공매통지를 하지 않았거나 공매통지를 하였더라도 그것이 적법하지 아니한 경우에는 절차상의 흠이 있어 그 공매처분이 위법하게 되는 것이지만, 공매통지 자체가 그 상대방인 체납자 등의 법적 지위나 권리·의무에 직접적인 영향을 주는 행정처분에 해당한다고 할 것은 아니므로 다른 특별한 사정이 없는 한 체납자 등은 공매통지의 결여나 위법을 들어 공매처분의 취소 등을 구할 수 있는 것이지 공매통지 자체를 항고소송의 대상으로 삼아 그 취소 등을 구할 수는 없다(대판 2011.3.24. 2010두25527).

정답 ④

21 행정강제수단에 대한 설명으로 옳지 않은 것은? (다툼이 있는 경우 판례에 의함) 〈2020 소방공채〉

① 행정기관은 법령 등에서 행정조사를 규정하고 있는 경우에 한하여 행정조사를 실시할 수 있지만 조사대상자의 자발적인 협조를 얻어 실시하는 경우에는 그러하지 아니하다.

② 화재진압작업을 위해서 화재발생현장에 불법주차차량을 제거하는 것은 급박성을 이유로 법적 근거가 없더라도 최후수단으로서 실행이 가능하다.

③ 해가 지기 전에 대집행을 착수한 경우에는 야간에 대집행 실행이 가능하다.

④ 「건축법」상 이행강제금 납부의 최초 독촉은 항고소송의 대상이 되는 행정처분에 해당한다는 것이 판례의 태도이다.

해설

① **행정조사기본법 제5조 (행정조사의 근거)**

행정기관은 **법령 등에서 행정조사를 규정**하고 있는 경우에 **한하여** 행정조사를 실시할 수 있다. 다만, 조사대상자의 **자발적인 협조를 얻어 실시하는 행정조사**의 경우에는 그러하지 **아니**하다.

→ *행정조사 실시는 개별법상 법적 근거O*

→ *자발적 협조에 의한 행정조사는 법적 근거X*

② 「소방기본법」상 **소방장애물의 제거**, 소방대상물에 대한 강제처분, 물건의 파기 등은 **즉시강제**에 해당한다. 행정상 즉시강제는 법률에 명시적으로 규정된 경우에만 인정된다.

③ **행정대집행법 제4조 (대집행의 실행 등)**

제1항 행정청(제2조에 따라 대집행을 실행하는 제3자를 포함한다. 이하 이 조에서 같다)은 해가 뜨기 전이나 해가 진 후에는 대집행을 하여서는 아니 된다. 다만, 다음 각 호의 어느 하나에 해당하는 경우에는 그러하지 **아니**하다.

1. 의무자가 동의한 경우
2. 해가 지기 전에 대집행을 착수한 경우
3. 해가 뜬 후부터 해가 지기 전까지 대집행을 하는 경우에는 대집행의 목적 달성이 불가능한 경우
4. 그 밖에 비상시 또는 위험이 절박한 경우

④ 건축법상 이행강제금 납부의 최초 독촉은 징수처분으로서 항고소송의 대상이 되는 행정처분이 될 수 있다(대판 2009.12.24. 2009두14507).

정답 ②

22 행정의 실효성 확보수단에 대한 설명으로 옳은 것은? (다툼이 있는 경우 판례에 의함)

〈2015 국가직 9급〉

① 행정상 강제집행이 법률에 규정되어 있는 경우에도 민사상 강제집행은 인정된다.

② 「건축법」상의 이행강제금은 간접강제의 일종으로서 그 이행강제금 납부의무는 일신전속적인 성질의 것이므로 이미 사망한 사람에게 이행강제금을 부과하는 내용의 처분은 당연무효이다.

③ 이행강제금은 형벌과 병과될 경우 이중처벌금지원칙에 반한다.

④ 이행강제금은 비대체적 작위의무 위반에만 부과될 뿐 대체적 작위의무의 위반에는 부과될 수 없다.

해설

① 행정대집행의 절차가 인정되는 경우에는 따로 민사소송의 방법으로 피고들에 대하여 시설물의 철거를 구하는 것은 허용되지 않는다고 할 것이다(대판 2000.5.12, 99다18909).

② 구 건축법상의 이행강제금은 구 건축법의 위반행위에 대하여 시정명령을 받은 후 시정기간 내에 당해 시정명령을 이행하지 아니한 건축주 등에 대하여 부과되는 간접강제의 일종으로서 그 이행강제금 납부의무는 상속인 기타의 사람에게 승계될 수 없는 일신전속적인 성질의 것이므로 이미 사망한 사람에게 이행강제금을 부과하는 내용의 처분이나 결정은 당연무효이다(대판 2006.12.8, 2006마470).

③ 건축법 제108조에 의한 무허가 건축행위에 대한 형사처벌과 건축법 제80조 제1항에 의한 시정명령 위반에 대한 이행강제금의 부과는 그 처벌 내지 제재대상이 되는 기본적 사실관계로서의 행위를 달리하며, 또한 그 보호법익과 목적에서도 차이가 있으므로 헌법 제13조 제1항이 금지하는 이중처벌에 해당한다고 할 수 없다(헌재 2004.2.26, 2001헌바80).

④ 전통적으로 행정대집행은 대체적 작위의무에 대한 강제집행수단으로, 이행강제금은 부작위의무나 비대체적 작위의무에 대한 강제집행수단으로 이해되어 왔으나, 이는 이행강제금제도의 본질에서 오는 제약은 아니며, 이행강제금은 대체적 작위의무의 위반에 대하여도 부과될 수 있다(헌재 2004.2.26, 2001헌바80).

정답 ②

제2절 행정상 즉시강제

01 행정상 즉시강제에 대한 설명으로 옳지 않은 것은? (다툼이 있는 경우 판례에 의함) 〈2021 국가직 9급〉

① 행정상 즉시강제는 국민의 권리침해를 필연적으로 수반하므로, 이에 대해서는 항상 영장주의가 적용된다.

② 행정상 즉시강제는 직접강제와는 달리 행정상 강제집행에 해당하지 않는다.

③ 구「음반·비디오물 및 게임물에 관한 법률」상 불법게임물에 대한 수거 및 폐기 조치는 행정상 즉시강제에 해당한다.

④ 다른 수단으로는 행정목적을 달성할 수 없는 경우에만 허용되며, 이 경우에도 최소한으로만 실시하여야 한다.

해설

① 사전영장주의원칙은 인신보호를 위한 헌법상의 기속원리이기 때문에 인신의 자유를 제한하는 국가의 모든 영역(예컨대, 행정상의 즉시강제)에서도 존중되어야 하고 다만 사전영장주의를 고수하다가는 도저히 그 목적을 달성할 수 없는 지극히 예외적인 경우에만 형사절차에서와 같은 예외가 인정된다고 할 것이다(대판 1995.6.30. 93추83).

② **행정상 즉시강제**란 행정강제의 일종으로서 목전의 급박한 행정상 장해를 제거할 필요가 있는 경우에, 미리 의무를 명할 시간적 여유가 없을 때 또는 그 성질상 의무를 명하여 가지고는 목적달성이 곤란할 때에, 직접 국민의 신체 또는 재산에 실력을 가하여 행정상 필요한 상태를 실현하는 작용이며, 법령 또는 행정처분에 의한 선행의 구체적 의무의 존재와 그 불이행을 전제로 하는 행정상 강제집행과 구별된다(헌재 2002.10.31. 2000헌가12).

③ 불법게임물은 불법현장에서 이를 즉시 수거하지 않으면 증거인멸의 가능성이 있고, 그 사행성으로 인한 폐해를 막기 어려우며, 대량으로 복제되어 유통될 가능성이 있어, 불법게임물에 대하여 관계당사자에게 수거·폐기를 명하고 그 불이행을 기다려 직접강제 등 행정상의 강제집행으로 나아가는 원칙적인 방법으로는 목적달성이 곤란하다고 할 수 있으므로, 이 사건 법률조항(불법게임물에 대한 수거 및 폐기 조치 관련 행정상 즉시강제)의 설정은 위와 같은 급박한 상황에 대처하기 위한 것으로서 그 불가피성과 정당성이 인정된다(헌재 2002.10.31. 2000헌가12).

④ 행정강제는 행정상 강제집행을 원칙으로 하며, 법치국가적 요청인 예측가능성과 법적 안정성에 반하고, 기본권 침해의 소지가 큰 권력작용인 행정상 즉시강제는 어디까지나 예외적인 강제수단이라고 할 것이다. 이러한 **행정상 즉시강제**는 엄격한 실정법상의 근거를 필요로 할 뿐만 아니라, 그 발동에 있어서는 법규의 범위 안에서도 다시 행정상의 장해가 목전에 급박하고, 다른 수단으로는 행정목적을 달성할 수 없는 경우이어야 하며, 이러한 경우에도 그 행사는 필요 최소한도에 그쳐야 함을 내용으로 하는 조리상의 한계에 기속된다(헌재 2002.10.31. 2000헌가12).

정답 ①

제3장 행정조사

제1절 행정조사

01 행정조사에 관한 설명으로 옳은 것(○)과 옳지 않은 것(×)을 바르게 표기한 것은? (다툼이 있는 경우 판례에 의함) *〈2021 소방공채〉*

ㄱ. 행정조사는 그 실효성 확보를 위해 수시조사를 원칙으로 한다.
ㄴ. 「행정절차법」은 행정조사절차에 관한 명문의 규정을 일부 두고 있다.
ㄷ. (구)「국세기본법」에 따른 금지되는 재조사에 기초한 과세처분은 특별한 사정이 없는 한 위법하다.
ㄹ. 우편물 통관검사절차에서 이루어지는 우편물의 개봉, 시료채취, 성분분석 등의 검사는 행정조사의 성격을 가지는 것으로 압수·수색영장 없이 진행되었다고 해도 특별한 사정이 없는 한 위법하다고 볼 수 없다.

	ㄱ	ㄴ	ㄷ	ㄹ
①	×	×	○	○
②	×	○	×	○
③	○	×	○	×
④	×	○	○	○

해설

ㄱ. **행정조사기본법 제7조 (조사의 주기)**

행정조사는 법령 등 또는 행정조사운영계획으로 정하는 바에 따라 **정기적으로 실시**함을 **원칙**으로 한다. 다만, 다음 각 호 중 어느 하나에 해당하는 경우에는 **수시조사**를 할 수 있다.

1. 법률에서 수시조사를 규정하고 있는 경우
2. 법령 등의 위반에 대하여 혐의가 있는 경우
3. 다른 행정기관으로부터 법령 등의 위반에 관한 혐의를 통보 또는 이첩 받은 경우
4. 법령 등의 위반에 대한 신고를 받거나 민원이 접수된 경우
5. 그 밖에 행정조사의 필요성이 인정되는 사항으로서 대통령령으로 정하는 경우

ㄴ. 행정절차법은 행정예고에 관한 규정은 있지만 공법상 계약·행정계획·행정조사 절차에 관한 일반적인 규정은 없다.

ㄷ. 구 국세기본법에 따라 금지되는 재조사에 기하여 과세처분을 하는 것은 단순히 당초 과세처분의 오류를 경정하는 경우에 불과하다는 등의 특별한 사정이 없는 한 그 자체로 위법하고, 이는 과세관청이 그러한 재조사로 얻은 과세자료를 과세처분의 근거로 삼지 않았다거나 이를 배제하고서도 동일한 과세처분이 가능한 경우라고 하여 달리 볼 것은 아니다(대판 2017.12.13. 2016두55421).

ㄹ. 우편물 통관검사절차에서 이루어지는 우편물의 개봉, 시료채취, 성분분석 등의 검사는 수출입물품에 대한 적정한 통관 등을 목적으로 한 행정조사의 성격을 가지는 것으로서 수사기관의 강제처분이라고 할 수 없으므로, 압수·수색영장 없이 우편물의 개봉, 시료채취, 성분분석 등 검사가 진행되었다 하더라도 특별한 사정이 없는 한 위법하다고 볼 수 없다(대판 2013.9.26. 2013도7718).

정답 ①

02 행정조사에 대한 설명으로 옳지 않은 것은? 〈2020 소방공채〉

① 행정조사는 법령 등의 준수를 유도하기보다는 법령 등의 위반에 대한 처벌에 중점을 두어야 한다.
② 행정조사는 조사대상자의 자발적 협조를 얻어서 실시하는 경우에는 개별 법령의 근거규정이 없어도 할 수 있다.
③ 행정기관의 장은 법령 등에서 규정하고 있는 조사사항을 조사대상자로 하여금 스스로 신고하도록 하는 자율신고제도를 운영할 수 있다.
④ 조사원이 조사목적을 달성하기 위하여 시료채취를 하는 경우에는 그 시료의 소유자 및 관리자의 정상적인 경제활동을 방해하지 아니하는 범위 안에서 최소한도로 하여야 한다.

해설

① **행정조사기본법 제4조 (행정조사의 기본원칙)**
제4항 행정조사는 **법령 등의 위반에 대한 처벌**보다는 **법령 등을 준수하도록 유도**하는 데 **중점**을 두어야 한다.

② **행정조사기본법 제5조 (행정조사의 근거)**
행정기관은 **법령 등에서 행정조사를 규정**하고 있는 경우에 **한하여** 행정조사를 실시할 수 있다. 다만, 조사대상자의 **자발적인 협조를 얻어 실시하는 행정조사**의 경우에는 그러하지 **아니**하다.
→ *행정조사 실시는 개별법상 법적 근거O*
→ *자발적 협조에 의한 행정조사는 법적 근거X*

③ **행정조사기본법 제25조 (자율신고제도)**
제1항 행정기관의 장은 법령 등에서 규정하고 있는 조사사항을 조사대상자로 하여금 **스스로 신고하도록 하는 제도**를 **운영할 수 있다**.
→ *(행정기관의 장은) 자율신고제도를 운영할 수 있음O / 자율신고제도를 운영할 의무X*

④ **행정조사기본법 제12조 (시료채취)**
제1항 조사원이 조사목적의 달성을 위하여 시료채취를 하는 경우에는 그 시료의 소유자 및 관리자의 정상적인 경제활동을 방해하지 아니하는 범위 안에서 **최소한도**로 하여야 한다.

정답 ①

03 행정조사에 대한 설명으로 옳지 않은 것은? (다툼이 있는 경우 판례에 의함) 〈2018 국가직 9급〉

① 「행정조사기본법」에 따르면, 행정기관은 법령 등에서 행정조사를 규정하고 있는 경우에 한하여 행정조사를 실시할 수 있지만 조사대상자가 자발적으로 협조하는 경우에는 법령 등에서 행정조사를 규정하고 있지 않더라도 행정조사를 실시할 수 있다.

② 「행정조사기본법」에 따르면, 행정조사를 실시하는 경우 조사 개시 7일 전까지 조사대상자에게 출석요구서, 보고요구서·자료제출요구서, 현장출입조사서를 서면으로 통지하여야 하나, 조사대상자의 자발적인 협조를 얻어 행정조사를 실시하는 경우에는 미리 서면으로 통지하지 않고 행정조사의 개시와 동시에 이를 조사대상자에게 제시할 수 있다.

③ 헌법 제12조 제1항에서 규정하고 있는 적법절차의 원칙은 형사소송절차에 국한되지 않고 모든 국가작용 전반에 대하여 적용되는 원칙이므로 세무공무원의 세무조사권의 행사에서도 적법절차의 원칙은 준수되어야 한다.

④ 행정조사는 처분성이 인정되지 않으므로 세무조사결정이 위법하더라도 이에 대해서는 항고소송을 제기할 수 없다.

해설

① **행정조사기본법 제5조 (행정조사의 근거)**

행정기관은 **법령 등에서 행정조사를 규정**하고 있는 경우에 **한하여** 행정조사를 실시할 수 있다. 다만, 조사대상자의 **자발적인 협조를 얻어 실시하는 행정조사**의 경우에는 그러하지 **아니**하다.

→ *행정조사 실시는 개별법상 법적 근거O*

→ *자발적 협조에 의한 행정조사는 법적 근거X*

② **행정조사기본법 제17조 (조사의 사전통지)**

제1항 행정조사를 실시하고자 하는 행정기관의 장은 제9조에 따른 **출석요구서**, 제10조에 따른 **보고요구서·자료제출요구서** 및 제11조에 따른 **현장출입조사서**(이하 "**출석요구서 등**"이라 한다)를 **조사개시 7일 전**까지 조사대상자에게 **서면**으로 통지하여야 한다. 다만, 다음 각 호의 어느 하나에 **해당**하는 경우에는 행정조사의 **개시와 동시**에 출석요구서 등을 조사대상자에게 제시하거나 행정조사의 목적 등을 조사대상자에게 구두로 통지할 수 있다.

1. 행정조사를 실시하기 전에 관련 사항을 미리 통지하는 때에는 증거인멸 등으로 행정조사의 목적을 달성할 수 없다고 판단되는 경우
2. 「통계법」 제3조 제2호에 따른 지정통계의 작성을 위하여 조사하는 경우
3. 제5조 단서에 따라 조사대상자의 **자발적인 협조**를 얻어 실시하는 행정조사의 경우

③ 헌법 제12조 제1항에서 규정하고 있는 적법절차의 원칙은 형사소송절차에 국한되지 아니하고 모든 국가작용 전반에 대하여 적용된다. 세무조사는 국가의 과세권을 실현하기 위한 행정조사의 일종으로서 과세자료의 수집 또는 신고내용의 정확성 검증 등을 위하여 필요불가결하며, 종국적으로는 조세의 탈루를 막고 납세자의 성실한 신고를 담보하는 중요한 기능을 수행한다. 이러한 세무공무원의 세무조사권의 행사에서도 적법절차의 원칙은 마땅히 준수되어야 한다(대판 2014.6.26. 2012두911).

④ 부과처분을 위한 과세관청의 질문조사권이 행해지는 세무조사결정이 있는 경우 납세의무자는 세무공무원의 과세자료 수집을 위한 질문에 대답하고 검사를 수인하여야 할 법적 의무를 부담하게 되는 점, 세무조사는 기본적으로 적정하고 공평한 과세의 실현을 위하여 필요한 최소한의 범위 안에서 행하여져야 하고, 더욱이 동일한 세목 및 과세기간에 대한 재조사는 납세자의 영업의 자유 등 권익을 심각하게 침해할 뿐만 아니라 과세관청에 의한 자의적인 세무조사의 위험마저 있으므로 조세공평의 원칙에 현저히 반하는 예외적인 경우를 제외하고는 금지될 필요가 있는 점, 납세의무자로 하여금 개개의 과태료 처분에 대하여 불복하거나 조사 종료 후의 과세처분에 대하여만 다툴 수 있도록 하는 것보다는 그에 앞서 세무조사결정에 대하여 다툼으로써 분쟁을 조기에 근본적으로 해결할 수 있는 점 등을 종합하면, 세무조사결정은 납세의무자의 권리·의무에 직접 영향을 미치는 공권력의 행사에 따른 행정작용으로서 항고소송의 대상이 된다(대판 2011.3.10. 2009두23617).

정답 ④

04 「행정조사기본법」상 행정조사에 대한 설명으로 옳은 것은? *〈2018 지방직 9급〉*

① 행정조사를 행하는 행정기관에는 법령 및 조례·규칙에 따라 행정권한이 있는 기관뿐만 아니라 그 권한을 위임 또는 위탁받은 법인.단체 또는 그 기관이나 개인이 포함된다.

② 「행정조사기본법」은 행정조사 실시를 위한 일반적인 근거규범으로서 행정기관은 다른 법령 등에서 따로 행정조사를 규정하고 있지 않더라도 「행정조사기본법」을 근거로 행정조사를 실시할 수 있다.

③ 조사대상자가 조사대상 선정기준에 대한 열람을 신청한 경우에 행정기관은 그 열람이 당해 행정조사업무를 수행할 수 없을 정도로 조사활동에 지장을 초래한다는 이유로 열람을 거부할 수 없다.

④ 정기조사 또는 수시조사를 실시한 행정기관의 장은 조사대상자의 자발적인 협조를 얻어 실시하는 경우가 아닌 한, 동일한 사안에 대하여 동일한 조사대상자를 재조사하여서는 아니 된다.

해설

① 행정조사기본법 제2조 (정의)

이 법에서 사용하는 용어의 정의는 다음과 같다.

2. "행정기관"이란 법령 및 조례·규칙(이하 "법령 등"이라 한다)에 따라 행정권한이 있는 기관과 그 권한을 위임 또는 위탁받은 법인·단체 또는 그 기관이나 개인을 말한다.

→ *행정조사법상 행정기관은 (권한을) 위임·위탁받은 법인·단체·기관·개인을 포함O*

② 행정조사기본법 제5조 (행정조사의 근거)

행정기관은 **법령 등에서 행정조사를 규정**하고 있는 경우에 **한하여** 행정조사를 실시할 수 있다. 다만, 조사대상자의 **자발적인 협조를 얻어 실시하는 행정조사**의 경우에는 그러하지 **아니**하다.

→ *행정조사 실시는 개별법상 법적 근거O*

→ *자발적 협조에 의한 행정조사는 법적 근거X*

③ 행정조사기본법 제8조 (조사대상의 선정)

제3항 행정기관의 장이 제2항에 따라 **열람신청**을 받은 때에는 다음 각 호의 어느 하나에 해당하는 경우를 **제외**하고 신청인이 조사대상 선정기준을 열람할 수 있도록 하여야 한다.

1. 행정기관이 당해 행정조사업무를 수행할 수 없을 정도로 조사활동에 지장을 초래하는 경우

→ *(업무수행을 할 수 없을 정도로) 조사활동에 지장을 초래하면 열람신청 거부O*

2. 내부고발자 등 제3자에 대한 보호가 필요한 경우

④ 행정조사기본법 제15조 (중복조사의 제한)

제1항 제7조에 따라 정기조사 또는 수시조사를 실시한 행정기관의 장은 **동일한 사안에 대하여 동일한 조사대상자를 재조사** 하여서는 **아니** 된다. 다만, 당해 행정기관이 이미 조사를 받은 조사대상자에 대하여 위법행위가 의심되는 **새로운 증거**를 확보한 경우에는 그러하지 **아니**하다.

정답 ①

05 **행정조사 및 「행정조사기본법」에 대한 설명으로 옳은 것(○)과 옳지 않은 것(×)을 바르게 연결한 것은? (다툼이 있는 경우 판례에 의함)** *〈2018 국가직 7급〉*

ㄱ. 우편물 통관검사절차에서 이루어지는 우편물의 개봉, 시료채취, 성분분석 등의 검사는 수출입 물품에 대한 적정한 통관 등을 목적으로 한 행정조사의 성격을 가지는 것으로서 수사기관의 강제처분이라고 할 수 없다.
ㄴ. 조사원이 현장조사 중에 자료·서류·물건 등을 영치하는 경우에 조사대상자의 생활이나 영업이 사실상 불가능하게 될 우려가 있는 때에는 조사원은 증거인멸의 우려가 있는 경우가 아니라면 사진촬영 등의 방법으로 영치에 갈음할 수 있다.
ㄷ. 행정기관의 장이 조사대상자의 자발적인 협조를 얻어 행정조사를 실시하고자 하는 경우 조사대상자는 문서·전화·구두 등의 방법으로 당해 행정조사를 거부할 수 있다.
ㄹ. 조사대상자가 행정조사의 실시를 거부하거나 방해하는 경우 「행정조사기본법」상의 명문규정에 의하여 조사대상자의 신체와 재산에 대해 실력을 행사할 수 있다.

	ㄱ	ㄴ	ㄷ	ㄹ		ㄱ	ㄴ	ㄷ	ㄹ
①	○	○	○	×	②	○	×	○	×
③	×	×	○	○	④	○	○	×	×

해설

ㄱ. 우편물 통관검사절차에서 이루어지는 우편물의 개봉, 시료채취, 성분분석 등의 검사는 수출입물품에 대한 적정한 통관 등을 목적으로 한 행정조사의 성격을 가지는 것으로서 수사기관의 강제처분이라고 할 수 없으므로, 압수·수색영장 없이 우편물의 개봉, 시료채취, 성분분석 등 검사가 진행되었다 하더라도 특별한 사정이 없는 한 위법하다고 볼 수 없다(대판2013.9.26. 20135도7718).

ㄴ. **행정조사기본법 제13조 (자료 등의 영치)**

제2항 조사원이 제1항에 따라 자료 등을 영치하는 경우에 조사대상자의 생활이나 영업이 사실상 불가능하게 될 우려가 있는 때에는 조사원은 자료 등을 **사진으로 촬영**하거나 **사본을 작성**하는 등의 방법으로 **영치에 갈음**할 수 있다. 다만, **증거인멸**의 우려가 있는 자료 등을 영치하는 경우에는 그러하지 **아니**하다.

ㄷ. **행정조사기본법 제20조 (자발적인 협조에 따라 실시하는 행정조사)**

제1항 행정기관의 장이 제5조 단서에 따라 조사대상자의 자발적인 협조를 얻어 행정조사를 실시하고자 하는 경우 조사대상자는 **문서·전화·구두** 등의 방법으로 당해 **행정조사를 거부**할 수 있다.

ㄹ. 행정조사기본법상 실력행사에 관한 규정은 존재하지 않으며, 조사대상자가 행정조사의 실시를 거부하거나 방해하는 경우에는 공무집행방해죄로 해결을 하여야 한다.

정답 ①

06 행정조사에 관한 설명으로 옳지 않은 것은? (다툼이 있는 경우 판례에 의함) 〈2018 소방공채〉

① 시료채취로 조사대상자에게 손실을 입힌 경우 그 손실보상에 관한 명문규정이 있다.

② 「행정절차법」은 행정조사에 관한 명문의 규정을 마련하고 있다.

③ 행정조사의 성격을 가지는 우편물의 개봉, 시료채취, 성분분석 등의 검사는 압수·수색영장 없이 가능하다.

④ 세무조사결정은 납세의무자의 권리, 의무에 직접 영향을 미치는 공권력의 행사에 따른 행정작용으로서 항고소송의 대상이 된다.

해설

① **행정조사기본법 제12조 (시료채취)**

제2항 행정기관의 장은 제1항에 따른 **시료채취**로 조사대상자에게 손실을 입힌 때에는 대통령령으로 정하는 절차와 방법에 따라 그 손실을 보상하여야 한다.

② **행정절차법 제3조 (적용 범위)**

제1항 처분, 신고, 행정상 입법예고, 행정예고 및 행정지도의 절차(이하 "행정절차"라 한다)에 관하여 다른 법률에 특별한 규정이 있는 경우를 제외하고는 이 법에서 정하는 바에 따른다.

→ *행정절차법은 공법상 계약·행정계획·행정조사 절차에 관한 규정은 없다.*

③ 우편물 통관검사절차에서 이루어지는 우편물의 개봉, 시료채취, 성분분석 등의 검사는 수출입물품에 대한 적정한 통관 등을 목적으로 한 행정조사의 성격을 가지는 것으로서 수사기관의 강제처분이라고 할 수 없으므로, 압수·수색영장 없이 우편물의 개봉, 시료채취, 성분분석 등 검사가 진행되었다 하더라도 특별한 사정이 없는 한 위법하다고 볼 수 없다(대판 2013.9.26. 2013도7718).

④ 세무조사결정은 납세의무자의 권리·의무에 직접 영향을 미치는 공권력의 행사에 따른 행정작용으로서 항고소송의 대상이 된다(대판 2011.3.10. 2009두23617).

정답 ②

07 행정조사에 대한 설명으로 가장 옳지 않은 것은? 〈2018 서울시 7급〉

① 행정기관의 장은 법령 등에 특별한 규정이 있는 경우를 제외하고는 행정조사의 결과를 확정한 날로부터 7일 이내에 그 결과를 조사대상자에게 통지하여야 한다.

② 행정기관의 장은 당해 행정기관이 이미 조사를 받은 조사대상자에 대하여 위법행위가 의심되는 새로운 증거를 확보하는 경우에는 재조사할 수 있다.

③ 「지방세기본법」은 지방자치단체장의 세무조사권에 대한 남용금지를 규정하고 있다.

④ 지방자치단체장의 세무조사결정은 납세의무자의 권리·의무에 간접적 영향을 미치는 행정작용으로서 항고소송의 대상이 되지 않는다.

해설

① **행정조사기본법 제24조 (조사결과의 통지)**

행정기관의 장은 법령 등에 특별한 규정이 있는 경우를 제외하고는 **행정조사의 결과를 확정한 날부터 7일** 이내에 그 결과를 조사대상자에게 통지하여야 한다.

② **행정조사기본법 제15조 (중복조사의 제한)**

제1항 제7조에 따라 정기조사 또는 수시조사를 실시한 행정기관의 장은 **동일한 사안에 대하여 동일한 조사대상자를 재조사** 하여서는 **아니** 된다. 다만, 당해 행정기관이 이미 조사를 받은 조사대상자에 대하여 위법행위가 의심되는 **새로운 증거**를 확보한 경우에는 그러하지 **아니**하다.

③ **지방세기본법 제80조 (조사권의 남용 금지)**

제1항 지방자치단체의 장은 적절하고 공평한 과세의 실현을 위하여 필요한 최소한의 범위에서 세무조사를 하여야 하며, 다른 목적 등을 위하여 조사권을 남용해서는 아니 된다.

④ 부과처분을 위한 과세관청의 질문조사권이 행해지는 세무조사결정이 있는 경우 납세의무자는 세무공무원의 과세자료 수집을 위한 질문에 대답하고 검사를 수인하여야 할 법적 의무를 부담하게 되는 점, 세무조사는 기본적으로 적정하고 공평한 과세의 실현을 위하여 필요한 최소한의 범위 안에서 행하여져야 하고, 더욱이 동일한 세목 및 과세기간에 대한 재조사는 납세자의 영업의 자유 등 권익을 심각하게 침해할 뿐만 아니라 과세관청에 의한 자의적인 세무조사의 위험마저 있으므로 조세공평의 원칙에 현저히 반하는 예외적인 경우를 제외하고는 금지될 필요가 있는 점, 납세의무자로 하여금 개개의 과태료 처분에 대하여 불복하거나 조사 종료 후의 과세처분에 대하여만 다툴 수 있도록 하는 것보다는 그에 앞서 세무조사결정에 대하여 다툼으로써 분쟁을 조기에 근본적으로 해결할 수 있는 점 등을 종합하면, 세무조사결정은 납세의무자의 권리·의무에 직접 영향을 미치는 공권력의 행사에 따른 행정작용으로서 항고소송의 대상이 된다(대판 2011.3.10. 2009두23617).

정답 ④

08 행정조사에 관한 설명으로 옳은 것은? 〈2017 서울시 9급〉

① 행정조사는 사실행위의 형식으로만 가능하다.

② 조사대상자의 자발적 협조가 있을지라도 법령 등에서 행정조사를 규정하고 있어야 실시가 가능하다.

③ 조사대상자의 동의가 있는 경우 해가 뜨기 전이나 해가 진 뒤에도 현장조사가 가능하다.

④ 자발적인 협조에 따라 실시하는 행정조사에 대하여 조사대상자가 조사에 응할 것인지에 대한 응답을 하지 아니하는 경우에는 법령 등에 특별한 규정이 없는 한 그 조사에 동의한 것으로 본다.

해설

① 행정조사에는 보고서요구명령, 정부서류제출명령, 출두명령 등 행정행위의 형식을 취하는 것이 있지만, 주로 질문, 출입검사, 실시조사, 진찰, 검진 등 사실행위의 형식을 취한다.

② **행정조사기본법 제5조 (행정조사의 근거)**

행정기관은 **법령 등에서 행정조사를 규정**하고 있는 경우에 **한하여** 행정조사를 실시할 수 있다. 다만, 조사대상자의 **자발적인 협조를 얻어 실시하는 행정조사**의 경우에는 그러하지 **아니**하다.

→ *행정조사 실시는 개별법상 법적 근거O*

→ *자발적 협조에 의한 행정조사는 법적 근거X*

③ **행정조사기본법 제11조 (현장조사)**

제2항 제1항에 따른 **현장조사**는 해가 뜨기 전이나 해가 진 뒤에는 할 수 없다. 다만, 다음 각 호의 어느 하나에 해당하는 경우에는 그러하지 **아니**하다.

1. 조사대상자(대리인 및 관리책임이 있는 자를 포함한다)가 **동의**한 경우
2. 사무실 또는 사업장 등의 업무시간에 행정조사를 실시하는 경우
3. 해가 뜬 후부터 해가 지기 전까지 행정조사를 실시하는 경우에는 조사목적의 달성이 불가능하거나 증거인멸로 인하여 조사대상자의 법령 등의 위반 여부를 확인할 수 없는 경우

④ **행정조사기본법 제20조 (자발적인 협조에 따라 실시하는 행정조사)**

제1항 행정기관의 장이 제5조 단서에 따라 조사대상자의 자발적인 협조를 얻어 행정조사를 실시하고자 하는 경우 조사대상자는 **문서·전화·구두** 등의 방법으로 당해 **행정조사를 거부**할 수 있다.

제2항 제1항에 따른 행정조사에 대하여 조사대상자가 조사에 응할 것인지에 대한 **응답**을 하지 **아니**하는 경우에는 법령 등에 특별한 규정이 없는 한 그 **조사를 거부**한 것으로 **본다**.

→ *자발적 협조에 의한 행정조사 : (조사대상자의) 미응답은 조사거부로 간주*

정답 ③

09 행정조사에 대한 설명으로 옳은 것을 〈보기〉에서 모두 고르면? *〈2017 국회직 8급〉*

〈보 기〉

ㄱ. 행정조사가 사인에게 미치는 중요한 사항인 경우에는 설령 비권력적 행정조사라고 하더라도 중요사항유보설에 의하면 법률의 근거를 필요로 한다.

ㄴ. 행정기관의 장은 법령 등에서 규정하고 있는 조사사항을 조사대상자로 하여금 스스로 신고하도록 하는 제도를 운영할 의무가 있다.

ㄷ. 「행정절차법」은 행정조사절차에 관한 명문의 규정을 두고 있다.

ㄹ. 판례에 의하면 우편물 통관검사절차에서 이루어지는 우편물의 개봉·시료채취·성분분석 등의 검사는 행정조사의 성격을 가지므로 압수·수색영장 없이 진행되어도 특별한 사정이 없는 한 위법하지 않다.

ㅁ. 판례에 의하면 세무조사결정은 납세의무자의 권리·의무에 직접 영향을 미치는 것이 아니라 행정 내부의 행위로서 항고소송의 대상이 아니다.

① ㄹ
② ㄱ, ㄴ
③ ㄱ, ㄹ
④ ㄱ, ㄴ
⑤ ㄷ, ㄹ, ㅁ

해설

ㄱ. 중요사항유보설에 의하면 비권력적 행정조사라도 사인에게 미치는 중요한 사항인 경우에는 법률상 근거가 있어야 한다.

ㄴ. **행정조사기본법 제25조 (자율신고제도)**

제1항 행정기관의 장은 법령 등에서 규정하고 있는 조사사항을 조사대상자로 하여금 **스스로 신고하도록 하는 제도를 운영할 수 있다**.

→ (행정기관의 장은) 자율신고제도를 운영할 수 있음O / 자율신고제도를 운영할 의무X

ㄷ. 「행정절차법」은 행정조사에 관한 명문의 규정을 두고 있지 않다.

ㄹ. 우편물 통관검사절차에서 이루어지는 우편물의 개봉, 시료채취, 성분분석 등의 검사는 수출입물품에 대한 적정한 통관 등을 목적으로 한 행정조사의 성격을 가지는 것으로서 수사기관의 강제처분이라고 할 수 없으므로, 압수·수색영장 없이 우편물의 개봉, 시료채취, 성분분석 등 검사가 진행되었다 하더라도 특별한 사정이 없는 한 위법하다고 볼 수 없다(대판 2013.9.26. 2013도7718).

ㅁ. 부과처분을 위한 과세관청의 질문조사권이 행해지는 세무조사결정은 납세의무자의 권리·의무에 직접 영향을 미치는 공권력의 행사에 따른 행정작용으로서 항고소송의 대상이 된다(대판 2011.3.10. 2009두23617).

정답 ③

제1절 행정형벌

01 행정벌에 대한 설명으로 옳지 않은 것은? (다툼이 있는 경우 판례에 의함) *〈2019 국가직 9급〉*

① 과실범을 처벌한다는 명문의 규정이 없더라도 행정형벌법규의 해석에 의하여 과실행위도 처벌한다는 뜻이 도출되는 경우에는 과실범도 처벌될 수 있다.

② 통고처분에 따른 범칙금을 납부한 후에 동일한 사건에 대하여 다시 형사처벌을 하는 것이 일사부재리의 원칙에 반하는 것은 아니다.

③ 과태료는 행정질서벌에 해당할 뿐 형벌이라고 할 수 없어 죄형법정주의의 규율대상에 해당하지 아니한다.

④ 과태료를 부과하는 근거 법령이 개정되어 행위 시의 법률에 의하면 과태료 부과대상이었지만 재판 시의 법률에 의하면 부과대상이 아니게 된 때에는 특별한 사정이 없는 한 과태료를 부과할 수 없다.

해설

① 행정상의 단속을 주안으로 하는 법규라 하더라도 **명문규정이 있거나 해석상 과실범도 벌할 뜻이 명확한 경우**를 제외하고는 형법의 원칙에 따라 고의가 있어야 벌할 수 있다.

→ *해석상 과실범 처벌의 의사가 명확하면 과실범 처벌 가능*

② 통고처분에 의해서 부과된 범칙금을 납부하면 과벌절차는 종료되며 동일한 사건에 대해서 다시 처벌받지 않는다. 따라서 일사부재리의 원칙의 적용을 받는다.

→ *통고처분은 간이특별절차에 해당 BUT 과벌절차이므로 다시 처벌받는 것은 허용X*

③ 죄형법정주의는 무엇이 범죄이며 그에 대한 형벌이 어떠한 것인가는 국민의 대표로 구성된 입법부가 제정한 법률로써 정하여야 한다는 원칙인데, 부동산등기특별조치법 제11조 제1항 본문 중 제2조 제1항에 관한 부분이 정하고 있는 과태료는 행정상의 질서유지를 위한 행정질서벌에 해당할 뿐 형벌이라고 할 수 없어 죄형법정주의의 규율대상에 해당하지 아니한다(헌재 1998.5.28, 96헌바83).

④ **질서위반행위규제법 제3조 제1항** 질서위반행위의 성립과 과태료 처분은 행위 시의 법률에 따른다.
질서위반행위규제법 제3조 제2항 질서위반행위 후 법률이 변경되어 그 행위가 질서위반행위에 해당하지 아니하게 되거나 과태료가 변경되기 전의 법률보다 가볍게 된 때에는 법률에 특별한 규정이 없는 한 변경된 법률을 적용한다.

정답 ②

02 행정법에 대한 설명으로 가장 옳지 않은 것은? 〈2019 서울시 9급〉

① 법인의 독자적인 책임에 관한 규정이 없이 단순히 종업원이 업무에 관한 범죄행위를 하였다는 이유만으로 법인에게 형사처벌을 과하는 것은 책임주의 원칙에 반한다.

② 죄형법정주의 원칙 등 형벌법규의 해석 원리는 행정형벌에 관한 규정을 해석할 때에도 적용되어야 한다.

③ 양벌규정에 의해 영업주가 처벌되기 위해서는 종업원의 범죄가 성립하거나 처벌이 이루어져야 함이 전제조건이 되어야 한다.

④ 지방자치단체 소속 공무원이 자치사무를 수행하던 중 법 위반행위를 한 경우 지방자치단체는 같은 법의 양벌규정에 따라 처벌되는 법인에 해당한다.

해설

① 종업원 등이 저지른 행위의 결과에 대한 법인의 독자적인 책임에 관하여 전혀 규정하지 않은 채, 단순히 법인이 고용한 종업원 등이 업무에 관하여 범죄행위를 하였다는 이유만으로 법인에 대하여 형사처벌을 과하고 있는 바, 이는 다른 사람의 범죄에 대하여 그 책임 유무를 묻지 않고 형벌을 부과함으로써 법치국가의 원리 및 죄형법정주의로부터 도출되는 책임주의원칙에 반한다(헌재 2011.12.29. 2011헌가28).

② 형벌법규의 해석은 엄격하여야 하고 명문규정의 의미를 피고인에게 불리한 방향으로 지나치게 확장 해석하거나 유추 해석하는 것은 **죄형법정주의의 원칙**에 어긋나는 것으로서 허용되지 않으며, 이러한 법해석의 원리는 그 형벌법규의 적용대상이 행정법규가 규정한 사항을 내용으로 하고 있는 경우에 그 행정법규(행정형벌)의 규정을 해석하는 데에도 마찬가지로 적용된다(대판 2010.12.9. 2010도4946).

③ 양벌규정에 의한 영업주의 처벌은 금지위반행위자인 종업원의 처벌에 종속하는 것이 아니라 독립하여 그 자신의 종업원에 대한 선임감독상의 과실로 인하여 처벌되는 것이므로 종업원의 범죄성립이나 처벌이 영업주 처벌의 전제조건이 될 필요는 없다(대판 2006.2.24., 2005도7673).

④ 국가가 본래 그의 사무의 일부를 지방자치단체의 장에게 위임하여 그 사무를 처리하게 하는 기관위임사무의 경우에는 지방자치단체는 국가기관의 일부로 볼 수 있는 것이지만, 지방자치단체가 그 고유의 자치사무를 처리하는 경우에는 지방자치단체는 국가기관의 일부가 아니라 국가기관과는 별도의 독립한 공법인이므로, 지방자치단체 소속 공무원이 지방자치단체 고유의 자치사무를 수행하던 중 도로법 제81조 내지 제85조의 규정에 의한 위반행위를 한 경우에는 지방자치단체는 도로법 제86조의 양벌규정에 따라 처벌대상이 되는 법인에 해당한다(대판 2005.11.10. 2004도2657).

정답 ③

03 행정벌에 대한 설명으로 옳은 것은? (다툼이 있는 경우 판례에 의함) 〈2019 국가직 7급〉

① 지방자치단체가 그 고유의 자치사무를 처리하는 경우 지방자치단체는 양벌규정에 의한 처벌대상이 되지 않는다.

② 「관세법」상 통고처분은 상대방의 임의의 승복을 그 발효요건으로 하기 때문에 그 자체만으로는 통고이행을 강제하거나 상대방에게 아무런 권리의무를 형성하지 않는다.

③ 질서위반행위 후 법률이 변경되어 그 행위가 질서위반행위에 해당하지 아니하게 된 때에는 법률에 특별한 규정이 없는 한 변경되기 전의 법률을 적용한다.

④ 스스로 심신장애 상태를 일으켜 질서위반행위를 한 자에 대하여는 과태료를 감경한다.

해설

① 국가가 본래 그의 사무의 일부를 지방자치단체의 장에게 위임하여 그 사무를 처리하게 하는 기관위임사무의 경우에는 지방자치단체는 국가기관의 일부로 볼 수 있는 것이지만, 지방자치단체가 그 고유의 자치사무를 처리하는 경우에는 지방자치단체는 국가기관의 일부가 아니라 국가기관과는 별도의 독립한 공법인이므로, 지방자치단체 소속 공무원이 지방자치단체 고유의 자치사무를 수행하던 중 도로법 제81조 내지 제85조의 규정에 의한 위반행위를 한 경우에는 **지방자치단체**는 도로법 제86조의 **양벌규정에 따라 처벌대상이 되는 법인**에 해당한다(대판 2005.11.10., 2004도2657).

② **통고처분**은 상대방의 임의의 승복을 그 발효요건으로 하기 때문에 그 자체만으로는 통고이행을 강제하거나 상대방에게 아무런 권리의무를 형성하지 않으므로 행정심판이나 행정소송의 대상으로서의 **처분성을 부여할 수 없고**, 통고처분에 대하여 이의가 있으면 통고내용을 이행하지 않음으로써 고발되어 형사재판절차에서 통고처분의 위법·부당함을 얼마든지 다툴 수 있다(헌재 1998.5.28., 96헌바4).

③ **질서위반행위규제법 제3조 제2항** 질서위반행위 후 법률이 변경되어 그 행위가 질서위반행위에 해당하지 아니하게 되거나 과태료가 변경되기 전의 법률보다 가볍게 된 때에는 법률에 특별한 규정이 없는 한 **변경된 법률**을 적용한다.

④ **질서위반행위규제법 제10조 제1항** 심신(心神)장애로 인하여 행위의 옳고 그름을 판단할 능력이 없거나 그 판단에 따른 행위를 할 능력이 없는 자의 질서위반행위는 **과태료를 부과하지 아니한다**.
질서위반행위규제법 제10조 제2항 심신장애로 인하여 제1항에 따른 능력이 미약한 자의 질서위반행위는 **과태료를 감경한다**.
질서위반행위규제법 제10조 제3항 스스로 심신장애 상태를 일으켜 질서위반행위를 한 자에 대하여는 제1항 및 제2항을 적용하지 아니한다.
→ *∴ 스스로 심신장애 상태를 일으켜 질서위반행위를 한 자에 대하여도 과태료를 부과한다.*

정답 ②

04 사업주 甲에게 고용된 종업원 乙이 영업행위 중 행정법규를 위반한 경우 행정벌의 부과에 대한 설명으로 옳은 것은? (다툼이 있는 경우 판례에 의함) *〈2018 지방직 9급〉*

① 위 위반행위에 대해 내려진 시정명령에 따르지 않았다는 이유로 乙이 과태료 부과처분을 받고 이를 납부하였다면, 당초의 위반행위를 이유로 乙을 형사처벌할 수 없다.

② 행위자 외에 사업주를 처벌한다는 명문의 규정이 없더라도 관계규정의 해석에 의해 과실 있는 사업주도 벌할 뜻이 명확한 경우에는 乙 외에 甲도 처벌할 수 있다.

③ 甲의 처벌을 규정한 양벌규정이 있는 경우에도 乙이 처벌을 받지 않는 경우에는 甲만 처벌할 수 없다.

④ 乙의 위반행위가 과태료 부과대상인 경우에 乙이 자신의 행위가 위법하지 아니한 것으로 오인하였다면 乙에 대해서 과태료를 부과할 수 없다.

해설

① 행정법상의 질서벌인 과태료의 부과처분과 형사처벌은 그 성질이나 목적을 달리하는 별개의 것이므로 행정법상의 질서벌인 과태료를 납부한 후에 형사처벌을 한다고 하여 이를 일사부재리의 원칙에 반하는 것이라고 할 수는 없다(대판 1996.4.12, 96도158).

→ 과태료와 행정형벌은 병과 가능

② 사업주 등을 처벌한다는 규정이 없는 경우에도 사업주의 책임을 인정하는 것은 죄형법정주의에 반한다. 다만, 명문의 규정이 없는 경우에도 **관계규정의 해석**에 의해 사업주 등도 벌할 뜻이 명확한 경우에는 종업원 외에 사업주도 처벌할 수 있다(헌재 2009.7.30, 2008헌가10).

③ 양벌규정에 의한 영업주의 처벌은 금지위반행위자인 종업원의 처벌에 종속하는 것이 아니라 독립하여 그 자신(영업주)의 종업원에 대한 선임감독상의 과실로 인하여 처벌되는 것이므로 종업원의 범죄성립이나 처벌이 영업주 처벌의 전제조건이 될 필요는 없다(대판 2006.2.24. 2005도7673).

④ **질서위반행위규제법 제8조 (위법성의 착오)**

자신의 행위가 위법하지 아니한 것으로 **오인**하고 행한 질서위반행위는 그 오인에 **정당한 이유**가 있는 때에 **한하여** 과태료를 부과하지 아니한다.

정답 ②

05 행정벌에 대한 설명으로 옳지 않은 것은? (다툼이 있는 경우 판례에 의함) *〈2017 국가직 7급〉*

① 명문의 규정이 없더라도 관련 행정형벌법규의 해석에 따라 과실행위도 처벌한다는 뜻이 명확한 경우에는 과실행위를 처벌할 수 있다.

② 영업주에 대한 양벌규정이 존재하는 경우, 영업주의 처벌은 금지위반행위자인 종업원의 범죄성립이나 처벌을 전제로 하지 않는다.

③ 통고처분에 의해 범칙금을 납부한 경우, 그 납부의 효력에 따라 다시 벌 받지 아니하게 되는 행위사실은 범칙금 통고의 이유에 기재된 당해 범칙행위 자체에 한정될 뿐, 그 범칙행위와 동일성이 인정되는 범칙행위에는 미치지 않는다.

④ 「질서위반행위규제법」에 의하면 행정청은 질서위반행위가 종료된 날부터 5년이 경과한 경우에는 해당 질서위반행위에 대하여 과태료를 부과할 수 없다.

해설

① 행정상의 단속을 주안으로 하는 **행정형벌법규**라 하더라도 '**명문규정이 있거나 해석상 과실범도 벌할 뜻이 명확한 경우**'를 제외하고는 형법의 원칙에 따라 '고의'가 있어야 **벌할 수 있다**(대판 2010.2.11. 2009도9807).

② 양벌규정에 의한 영업주의 처벌은 금지위반행위자인 종업원의 처벌에 종속하는 것이 아니라 독립하여 그 자신의 종업원에 대한 선임감독상의 과실로 인하여 처벌되는 것이므로 종업원의 범죄성립이나 처벌이 영업주 처벌의 전제조건이 될 필요는 없다(대판 2006.2.24. 2005도7673).

③ 범칙금의 납부에 따라 확정판결에 준하는 효력이 인정되는 범위는 범칙금 통고의 이유에 기재된 당해 범칙행위 자체 및 범칙행위와 동일성이 인정되는 범칙행위에 한정된다. 따라서 범칙행위와 같은 시간과 장소에서 이루어진 행위라 하더라도 범칙행위의 동일성을 벗어난 형사범죄행위에 대하여는 범칙금의 납부에 따라 확정판결에 준하는 일사부재리의 효력이 미치지 아니한다(대판 2012.9.13. 2012도6612).

④ **질서위반행위규제법 제19조 (과태료 부과의 제척기간)**

제1항 행정청은 **질서위반행위가 종료된 날**(**다수인이 질서위반행위에 가담**한 경우에는 **최종행위가 종료된 날**을 말한다)부터 **5년**이 경과한 경우에는 해당 질서위반행위에 대하여 **과태료를 부과할 수 없다**.

정답 ③

06 행정의 실효성 확보수단에 대한 설명으로 옳은 것은? (다툼이 있는 경우 판례에 의함)

〈2017 서울시 7급〉

① 행정벌에 대하여 명문규정이 없는 경우에도 법령의 입법목적이나 제반 관계규정의 취지 등을 고려하여 과실범을 처벌할 수 있다는 것이 대법원의 입장이다.

② 대법원은 행정법규 위반에 대하여 가하는 제재조치로서의 행정처분에도 특별한 경우가 아닌 한 고의 또는 과실을 그 요건으로 한다고 판시하였다.

③ 양벌규정의 대상이 되는 법인에 국가는 포함되지 않지만 기관위임사무를 행하는 지방자치단체는 포함된다.

④ 통고처분은 실체법상 행정행위이므로 「행정쟁송법」상의 처분이 되고 취소소송의 대상이 된다.

해설

① 구 대기환경보전법의 입법목적이나 제반 관계규정의 취지 등을 고려하면, 법정의 배출허용기준을 초과하는 배출가스를 배출하면서 자동차를 운행하는 행위를 처벌하는 위 법 제57조 제6호의 규정은 자동차의 운행자가 그 자동차에서 배출되는 배출가스가 소정의 운행 자동차 배출허용기준을 초과한다는 점을 실제로 인식하면서 운행한 고의범의 경우는 물론 과실로 인하여 그러한 내용을 인식하지 못한 과실범의 경우도 함께 처벌하는 규정이다(대판 1993.9.10, 선고, 92도1136).

② 구 여객자동차 운수사업법 제88조 제1항의 과징금 부과처분은 제재적 행정처분으로서 여객자동차 운수사업에 관한 질서를 확립하고 여객의 원활한 운송과 여객자동차 운수사업의 종합적인 발달을 도모하여 공공복리를 증진한다는 행정목적의 달성을 위하여 행정법규 위반이라는 객관적 사실에 착안하여 가하는 제재이므로 반드시 현실적인 행위자가 아니라도 법령상 책임자로 규정된 자에게 부과되고 원칙적으로 위반자의 고의·과실을 요하지 아니하나, 위반자의 의무 해태를 탓할 수 없는 정당한 사유가 있는 등의 특별한 사정이 있는 경우에는 이를 부과할 수 없다(대판 2014.10.15, 2013두5005).

③ 국가가 본래 그의 사무의 일부를 지방자치단체의 장에게 위임하여 처리하게 하는 기관위임사무의 경우 지방자치단체는 국가기관의 일부로 볼 수 있고, 지방자치단체가 그 고유의 자치사무를 처리하는 경우 지방자치단체는 국가기관의 일부가 아니라 국가기관과는 별도의 독립한 공법인으로서 양벌규정에 의한 처벌대상이 되는 법인에 해당한다. 또한, 법령상 지방자치단체의 장이 처리하도록 하고 있는 사무가 자치사무인지, 기관위임사무에 해당하는지 여부를 판단하는 때에는 그에 관한 법령의 규정 형식과 취지를 우선 고려하여야 하며, 그 외에도 그 사무의 성질이 전국적으로 통일적인 처리가 요구되는 사무인지 여부나 그에 관한 경비부담과 최종적인 책임귀속의 주체 등도 아울러 고려하여 판단하여야 한다(대판 2009.6.11. 2008도6530).

→ (형벌권의 주체인) 국가나 국가의 기관위임사무를 수행하는 지방자치단체는 양벌규정에 의한 처벌대상X

∵ 형벌권의 주체O / 형벌권의 객체(대상)X

→ 자치사무를 처리하는 지방자치단체는 양벌규정에 의한 처벌대상O

④ 도로교통법상 경찰서장의 통고처분은 행정소송의 대상이 되는 행정처분이 아니므로 그 처분의 취소를 구하는 행정소송은 부적법하다(대판 1995.6.29. 95누4674).

정답 ①

07 행정의 실효성 확보수단에 대한 설명으로 옳은 것은? (다툼이 있는 경우 판례에 의함)

〈2020 소방공채〉

① 「건축법」상 이행강제금은 형벌에 해당하므로 이중처벌금지의 원칙이 적용된다.

② 양벌규정에 의한 영업주의 처벌은 금지위반행위자인 종업원의 처벌에 종속되는 것이다.

③ 「도로교통법」상 경찰서장의 통고처분은 항고소송의 대상이 되는 처분이다.

④ 건물철거의무에 퇴거의무도 포함되어 있어 건물철거 대집행 과정에서 부수적으로 건물의 점유자들에 대한 퇴거조치를 할 수 있다.

해설

① 이행강제금은 형벌이 아니라 장래의 의무이행의 확보를 위한 강제수단일 뿐이어서 범죄에 대하여 국가가 형벌권을 실행한다고 하는 과벌에 해당하지 아니하므로 헌법 제13조 제1항이 금지하는 이중처벌금지의 원칙이 적용될 여지가 없다(헌재 2011.10.25. 2009헌바140).

② **양벌규정**에 의한 영업주의 처벌은 금지위반행위자인 종업원의 처벌에 종속하는 것이 아니라 독립하여 그 자신의 종업원에 대한 **선임감독상의 과실**로 인하여 처벌되는 것이므로 종업원의 범죄성립이나 처벌이 영업주 처벌의 전제조건이 될 필요는 없다(대판 2006.2.24. 2005도7673).

③ 도로교통법에서 규정하는 경찰서장의 통고처분은 행정소송의 대상이 되는 행정처분이 아니므로 그 처분의 취소를 구하는 소송은 부적법하다(대판 1995.6.29. 95누4674).

④ 건물의 점유자가 철거의무자일 때에는 건물철거의무에 퇴거의무도 포함되어 있는 것이어서 별도로 퇴거를 명하는 집행권원이 필요하지 않다. 행정청이 행정대집행의 방법으로 건물철거의무의 이행을 실현할 수 있는 경우에는 건물철거 대집행 과정에서 부수적으로 건물의 점유자들에 대한 퇴거 조치를 할 수 있다(대판 2017.4.28. 2016다213916).

정답 ④

제2절 행정질서벌

01 행정벌에 대한 설명으로 옳지 않은 것은? (다툼이 있는 경우 판례에 의함) *⟨2021 소방공채⟩*

① 과태료는 행정상의 질서유지를 위한 행정질서벌에 해당할 뿐 형벌이라 할 수 없어 죄형법정주의의 규율대상에 해당하지 않는다.

② 행정형벌은 행정법상 의무위반에 대한 제재로 과하는 처벌로 법인이 법인으로서 행정법상 의무자인 경우 그 의무위반에 대하여 형벌의 성질이 허용하는 한도 내에서 그 법인을 처벌하는 것은 당연하며, 행정범에 관한 한 법인의 범죄능력을 인정함이 일반적이나, 지방자치단체와 같은 공법인의 경우는 범죄능력 및 형벌능력 모두 부정된다.

③ 과태료 재판은 이유를 붙인 결정으로써 하며, 결정은 당사자와 검사에게 고지함으로써 효력이 발생하고, 당사자와 검사는 과태료 재판에 대하여 즉시항고할 수 있으며 이 경우 항고는 집행정지의 효력이 있다.

④ 행정청이 질서위반행위에 대하여 과태료를 부과하고자 하는 때에는 미리 당사자에게 과태료 부과의 원인이 되는 사실, 과태료 금액 및 적용법령 등을 통지하고 10일 이상의 기간을 정하여 의견을 제출할 기회를 주어야 한다.

해설

① 과태료는 행정상의 질서유지를 위한 행정질서벌에 해당할 뿐 형벌이라고 할 수 없어 죄형법정주의의 규율대상에 해당하지 아니한다(헌재 1998.5.28. 96헌바83).

② 지방자치단체가 그 고유의 자치사무를 처리하는 경우에는 지방자치단체는 국가기관의 일부가 아니라 국가기관과는 별도의 독립한 공법인이므로, 지방자치단체 소속 공무원이 지방자치단체 고유의 자치사무를 수행하던 중 도로법 제81조 내지 제85조의 규정에 의한 위반행위를 한 경우에는 **지방자치단체**는 도로법 제86조의 양벌규정에 따라 **처벌대상이 되는 법인**에 해당한다(대판 2005.11.10. 2004도2657).

③ **질서위반행위규제법 제36조 (재판)**

제1항 과태료 재판은 이유를 붙인 결정으로써 한다.

질서위반행위규제법 제37조 (결정의 고지)

제1항 결정은 당사자와 검사에게 고지함으로써 효력이 생긴다.

질서위반행위규제법 제38조 (항고)

제1항 당사자와 검사는 과태료 재판에 대하여 즉시항고를 할 수 있다. 이 경우 항고는 집행정지의 효력이 있다.

④ **질서위반행위규제법 제16조 (사전통지 및 의견 제출 등)**

제1항 행정청이 질서위반행위에 대하여 과태료를 부과하고자 하는 때에는 **미리** 당사자(제11조 제2항에 따른 고용주 등을 포함한다. 이하 같다)에게 대통령령으로 정하는 사항을 **통지**하고, **10일** 이상의 기간을 정하여 **의견을 제출**할 기회를 주어야 한다. 이 경우 지정된 기일까지 의견 제출이 없는 경우에는 의견이 없는 것으로 본다.

정답 ②

02 「질서위반행위규제법」의 내용에 대한 설명으로 옳은 것은? 〈2019 지방직 9급〉

① 지방자치단체의 조례상의 의무를 위반하여 과태료를 부과하는 행위는 질서위반행위에 해당되지 않는다.

② 법원의 과태료 재판이 확정된 후 법률이 변경되어 그 행위가 질서위반행위에 해당하지 아니하게 된 때에는 변경된 법률에 특별한 규정이 없는 한 과태료의 집행을 면제한다.

③ 과태료는 행정청의 과태료 부과처분이 있은 후 3년간 징수하지 아니하면 시효로 인하여 소멸한다.

④ 행정청의 과태료 부과에 대한 이의제기는 과태료 부과처분의 효력에 영향을 주지 아니한다.

해설

① **질서위반행위규제법 제2조 (정의)**

이 법에서 사용하는 용어의 뜻은 다음과 같다.

제1호 "질서위반행위"란 법률(지방자치단체의 조례를 **포함**한다. 이하 같다)상의 의무를 위반하여 **과태료를 부과**하는 행위를 말한다.

② **질서위반행위규제법 제3조 (법 적용의 시간적 범위)**

제3항 행정청의 과태료 처분이나 법원의 과태료 재판이 확정된 후 법률이 변경되어 그 행위가 질서위반행위에 해당하지 아니하게 된 때에는 변경된 법률에 특별한 규정이 없는 한 과태료의 징수 또는 집행을 **면제**한다.

③ **질서위반행위규제법 제15조 (과태료의 시효)**

제1항 과태료는 행정청의 과태료 부과처분이나 법원의 과태료 재판이 확정된 후 **5년**간 징수하지 아니하거나 집행하지 아니하면 **시효**로 인하여 **소멸**한다.

④ **질서위반행위규제법 제20조 (이의제기)**

제2항 제1항에 따른 **이의제기**가 있는 경우에는 행정청의 과태료 부과처분은 그 **효력을 상실**한다.

정답 ②

03 「질서위반행위규제법」에 관한 설명으로 가장 옳은 것은? 〈2019 서울시 9급〉

① 민법상의 의무를 위반하여 과태료를 부과하는 행위는 「질서위반행위규제법」상 질서위반행위에 해당한다.

② 하나의 행위가 2 이상의 질서위반행위에 해당하는 경우에는 각 질서위반행위에 대하여 정한 과태료를 합산하여 부과한다.

③ 과태료는 행정청의 과태료 부과처분이나 법원의 과태료 재판이 확정된 후 3년간 징수하지 아니하거나 집행하지 아니하면 시효로 인하여 소멸한다.

④ 과태료 사건은 다른 법령에 특별한 규정이 있는 경우를 제외하고는 당사자의 주소지의 지방법원 또는 그 지원의 관할로 한다.

해설

① **질서위반행위규제법 제2조 (정의)**

이 법에서 사용하는 용어의 뜻은 다음과 같다.

1. "질서위반행위"란 법률(지방자치단체의 조례를 **포함**한다. 이하 같다)상의 의무를 위반하여 **과태료를 부과**하는 행위를 말한다. 다만, 다음 각 목의 어느 하나에 해당하는 행위를 제외한다.

가. 대통령령으로 정하는 **사법**(私法)상·**소송법**상 의무를 위반하여 과태료를 부과하는 행위

나. 대통령령으로 정하는 법률에 따른 징계사유에 해당하여 과태료를 부과하는 행위

질서위반행위규제법 시행령 제2조 (질서위반행위에서 제외되는 행위)

제1항 「질서위반행위규제법」 제2조 제1호 가목에서 "대통령령으로 정하는 **사법**(私法)상·**소송법**상 의무를 위반하여 과태료를 부과하는 행위"란 「**민법**」, 「**상법**」 등 사인(私人) 간의 법률관계를 규율하는 법 또는 「민사소송법」, 「가사소송법」, 「민사집행법」, 「형사소송법」, 「민사조정법」 등 분쟁 해결에 관한 절차를 규율하는 법률상의 의무를 위반하여 과태료를 부과하는 행위를 말한다.

② **질서위반행위규제법 제13조 (수개의 질서위반행위의 처리)**

제1항 **하나의 행위가 2 이상의 질서위반행위에 해당**하는 경우에는 각 질서위반행위에 대하여 정한 과태료 중 **가장 중한 과태료**를 부과한다.

→ *하나의 행위가 2 이상의 질서위반행위에 해당 : 과태료 합산X / 가장 중한 과태료O*

③ **질서위반행위규제법 제15조 (과태료의 시효)**

제1항 과태료는 행정청의 과태료 부과처분이나 법원의 과태료 재판이 확정된 후 **5년**간 징수하지 아니하거나 집행하지 아니하면 **시효**로 인하여 **소멸**한다.

④ **질서위반행위규제법 제25조 (관할 법원)**

과태료 사건은 다른 법령에 특별한 규정이 있는 경우를 제외하고는 당사자의 **주소지의 지방법원 또는 그 지원**의 관할로 한다.

정답 ④

04 **질서위반행위규제법에 대한 설명으로 옳지 않은 것은? (다툼이 있는 경우 판례에 의함)**

〈2018 지방직 7급〉

① 질서위반행위 후 법률이 변경되어 그 행위가 질서위반행위에 해당하지 아니하게 된 경우, 법률에 특별한 규정이 없는 한 질서위반행위의 성립은 행위 시의 법률에 따른다.

② 당사자가 행정청의 과태료 부과에 불복하여 이의제기를 한 경우, 행정청의 과태료 부과처분은 그 효력을 상실한다.

③ 신분에 의하여 성립하는 질서위반행위에 신분이 없는 자가 가담한 때에는 신분이 없는 자에 대하여도 질서위반행위가 성립한다.

④ 질서위반행위를 한 자가 자신의 책임 없는 사유로 위반행위에 이르렀다고 주장하는 경우 법원으로서는 그 내용을 살펴 행위자에게 고의나 과실이 있는지를 따져보아야 한다.

해설

① **질서위반행위규제법 제3조 (법 적용의 시간적 범위)**

제2항 **질서위반행위 후 법률이 변경**되어 그 행위가 **질서위반행위에 해당하지 아니하게 되거나 과태료가 변경되기 전의 법률보다 가볍게 된 때**에는 법률에 특별한 규정이 없는 한 **변경된 법률을 적용**한다.

→ *변경되기 전 법률을 적용X / 변경된 법률을 적용O*

② **질서위반행위규제법 제20조 (이의제기)**

제1항 행정청의 과태료 부과에 불복하는 당사자는 제17조 제1항에 따른 과태료 부과 통지를 받은 날부터 60일 이내에 해당 행정청에 **서면**으로 **이의제기**를 할 수 있다.

제2항 제1항에 따른 **이의제기**가 있는 경우에는 행정청의 과태료 부과처분은 그 **효력을 상실**한다.

→ *∴ 과태료 부과처분은 처분성X ∵ 국민의 권리·의무에 확정적으로 영향X*

제3항 당사자는 행정청으로부터 제21조 제3항에 따른 통지를 받기 전까지는 행정청에 대하여 서면으로 이의제기를 철회할 수 있다.

③ **질서위반행위규제법 제12조 (다수인의 질서위반행위 가담)**

제2항 신분에 의하여 성립하는 질서위반행위에 신분이 없는 자가 가담한 때에는 **신분이 없는 자**에 대하여도 **질서위반행위가 성립**한다.

④ 질서위반행위규제법은 과태료의 부과대상인 질서위반행위에 대하여도 책임주의 원칙을 채택하여 제7조에서 "고의 또는 과실이 없는 질서위반행위는 과태료를 부과하지 아니한다."고 규정하고 있으므로, 질서위반행위를 한 자가 자신의 책임 없는 사유로 위반행위에 이르렀다고 주장하는 경우 법원으로서는 그 내용을 살펴 행위자에게 고의나 과실이 있는지를 따져보아야 한다(대판 2011.7.14, 2011마364).

정답 ①

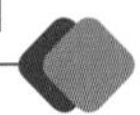

05 행정질서벌에 관한 설명으로 옳지 않은 것은? *〈2018 소방공채〉*

① 「질서위반행위규제법」은 고의 또는 과실이 없는 질서위반행위는 과태료를 부과하지 않는다고 규정한다.

② 당사자와 검사는 과태료 재판에 대하여 즉시항고를 할 수 있다. 이 경우 항고는 집행정지의 효력이 있다.

③ 신분에 의하여 성립하는 질서위반행위에 신분이 없는 자가 가담한 때에는 신분이 없는 자에 대하여는 질서위반행위가 성립하지 않는다.

④ 신분에 의하여 과태료를 감경 또는 가중하거나 과태료를 부과하지 아니하는 때에는, 그 신분의 효과는 신분이 없는 자에게는 미치지 아니한다.

해설

① **질서위반행위규제법 제7조 (고의 또는 과실)**
고의 또는 과실이 없는 질서위반행위는 과태료를 부과하지 아니한다.
→ *고의·과실은 과태료 부과요건*

② **질서위반행위규제법 제38조 (항고)**
제1항 당사자와 검사는 과태료 재판에 대하여 즉시항고를 할 수 있다. 이 경우 항고는 집행정지의 효력이 있다.

③, ④ **질서위반행위규제법 제12조 (다수인의 질서위반행위 가담)**
제2항 신분에 의하여 성립하는 질서위반행위에 신분이 없는 자가 가담한 때에는 **신분이 없는 자**에 대하여도 **질서위반행위가 성립**한다.
제3항 신분에 의하여 과태료를 감경 또는 가중하거나 과태료를 부과하지 아니하는 때에는 그 **신분의 효과**는 **신분이 없는 자**에게는 미치지 **아니**한다.

정답 ③

06 다음 설명 중 옳지 않은 것은? (다툼이 있는 경우 판례에 의함) *〈2020 소방공채〉*

① 「질서위반행위규제법」상의 질서위반행위는 고의 또는 과실이 있는 경우에 과태료를 부과할 수 있다.

② 질서위반행위의 성립은 행위 시의 법률을 따르고 과태료 처분은 판결 시의 법률에 따른다.

③ 행정청은 질서위반행위가 발생하였다는 합리적 의심이 있어 그에 대한 조사가 필요하다고 인정하는 경우에 법정조사권을 행사할 수 있다.

④ 행정질서벌인 과태료는 형벌이 아니므로 행정질서벌에는 형법총칙이 적용되지 않는다.

해설

① **질서위반행위규제법 제7조 (고의 또는 과실)**

고의 또는 과실이 없는 질서위반행위는 과태료를 부과하지 아니한다.

→ *고의·과실은 과태료 부과요건*

② **질서위반행위규제법 제3조 (법 적용의 시간적 범위)**

제1항 질서위반행위의 성립과 과태료 처분은 **행위 시의 법률**에 따른다.

→ *처분 시의 법률X / 재판 시의 법률X / 행위 시의 법률O*

③ **질서위반행위규제법 제22조 (질서위반행위의 조사)**

제1항 행정청은 질서위반행위가 발생하였다는 합리적 의심이 있어 그에 대한 조사가 필요하다고 인정할 때에는 대통령령으로 정하는 바에 따라 다음 각 호의 조치를 할 수 있다. ← ***법정조사권 행사***

1. 당사자 또는 참고인의 출석 요구 및 진술의 청취
2. 당사자에 대한 보고 명령 또는 자료 제출의 명령

④ 과태료는 행정상의 질서유지를 위한 행정질서벌에 해당할 뿐 형벌이라고 할 수 없어 형법총칙이 적용되지 않는다.

정답 ②

07 「질서위반행위규제법」의 내용으로 가장 옳은 것은? *〈2018 서울시 7급〉*

① 지방자치단체의 조례상의 의무를 위반하여 과태료를 부과하는 행위는 질서위반행위에 해당되지 않는다.
② 법원의 과태료 재판이 확정된 후 법률이 변경되어 그 행위가 질서위반행위에 해당하지 아니하게 된 때에는 변경된 법률에 특별한 규정이 없는 한 과태료의 징수 또는 집행을 면제한다.
③ 과태료는 행정청의 과태료 부과처분이 있은 후 3년간 징수하지 아니하면 시효로 인하여 소멸한다.
④ 과태료 부과에 대한 이의제기는 과태료 부과처분의 효력에 영향을 주지 아니한다.

해설

① **질서위반행위규제법 제2조 (정의)**

이 법에서 사용하는 용어의 뜻은 다음과 같다.

1. "질서위반행위"란 법률(지방자치단체의 조례를 **포함**한다. 이하 같다)상의 의무를 위반하여 **과태료를 부과**하는 행위를 말한다. 다만, 다음 각 목의 어느 하나에 해당하는 행위를 **제외**한다.

가. 대통령령으로 정하는 **사법**(私法)상·**소송법**상 의무를 위반하여 과태료를 부과하는 행위

나. 대통령령으로 정하는 법률에 따른 징계사유에 해당하여 과태료를 부과하는 행위

② **질서위반행위규제법 제3조 (법 적용의 시간적 범위)**

제3항 **행정청의 과태료 처분이나 법원의 과태료 재판이 확정된 후 법률이 변경**되어 그 행위가 **질서위반행위에 해당하지 아니하게 된 때**에는 변경된 법률에 특별한 규정이 없는 한 **과태료의 징수 또는 집행을 면제**한다.

③ **질서위반행위규제법 제15조 (과태료의 시효)**

제1항 과태료는 행정청의 과태료 부과처분이나 법원의 과태료 재판이 확정된 후 **5년**간 징수하지 아니하거나 집행하지 아니하면 **시효**로 인하여 **소멸**한다.

④ **질서위반행위규제법 제20조 (이의제기)**

제1항 행정청의 과태료 부과에 불복하는 당사자는 제17조 제1항에 따른 과태료 부과 통지를 받은 날부터 **60**일 이내에 해당 행정청에 **서면**으로 **이의제기**를 할 수 있다.

제2항 제1항에 따른 **이의제기**가 있는 경우에는 행정청의 과태료 부과처분은 그 **효력을 상실**한다.

→ *∴ 과태료 부과처분은 처분성X ∵ 국민의 권리·의무에 확정적으로 영향X*

정답 ②

08 질서위반행위와 과태료처분에 관한 설명으로 옳은 것은? 〈2017 서울시 9급〉

① 과태료의 부과.징수, 재판 및 집행 등의 절차에 관하여 「질서위반행위규제법」과 타 법률이 달리 규정하고 있는 경우에는 후자를 따른다.

② 하나의 행위가 2 이상의 질서위반행위에 해당하는 경우에는 각 질서위반행위에 대하여 정한 과태료 중 가장 중한 과태료를 부과하는 것이 원칙이다.

③ 과태료는 행정질서유지를 위한 의무 위반이라는 객관적 사실에 대하여 과하는 제재이므로 과태료 부과에는 고의, 과실을 요하지 않는다.

④ 과태료에는 소멸시효가 없으므로 행정청의 과태료처분이나 법원의 과태료재판이 확정된 이상 일정한 시간이 지나더라도 그 처벌을 면할 수는 없다.

해설

① **질서위반행위규제법 제5조 (다른 법률과의 관계)**

과태료의 부과·징수, 재판 및 집행 등의 절차에 관한 **다른 법률의 규정 중 이 법의 규정에 저촉되는 것은 이 법으로 정하는 바에 따른다**.

② 질서위반행위규제법 제13조 (수개의 질서위반행위의 처리)

제1항 **하나의 행위가 2 이상의 질서위반행위에 해당**하는 경우에는 각 질서위반행위에 대하여 정한 과태료 중 **가장 중한 과태료**를 부과한다.

→ *하나의 행위가 2 이상의 질서위반행위에 해당 : 과태료 합산X / 가장 중한 과태료O*

③ 질서위반행위규제법 제7조 (고의 또는 과실)

고의 또는 과실이 없는 질서위반행위는 과태료를 부과하지 아니한다.

→ *고의·과실은 과태료 부과요건*

④ 질서위반행위규제법 제15조 (과태료의 시효)

제1항 과태료는 행정청의 과태료 부과처분이나 법원의 과태료 재판이 확정된 후 **5년**간 징수하지 아니하거나 집행하지 아니하면 **시효**로 인하여 **소멸**한다.

정답 ②

09 「질서위반행위규제법」상 과태료에 관한 내용으로 옳지 않은 것은? 〈2017 교육행정〉

① 2인 이상이 질서위반행위에 가담한 때에는 각자가 질서위반행위를 한 것으로 본다.

② 법률에 따르지 아니하고는 어떤 행위도 질서위반행위로 과태료를 부과하지 아니한다.

③ 당사자는 과태료 재판에 대하여 즉시항고할 수 있으나 이 경우의 항고는 집행정지의 효력이 없다.

④ 과태료는 행정청의 과태료 부과처분이 확정된 후 5년간 징수하지 아니하면 시효로 인하여 소멸한다.

해설

① 질서위반행위규제법 제12조 (다수인의 질서위반행위 가담)

제1항 **2인 이상**이 질서위반행위에 가담한 때에는 **각자가 질서위반행위**를 한 것으로 **본다**.

② 질서위반행위규제법 제6조 (질서위반행위 법정주의)

법률에 따르지 아니하고는 어떤 행위도 질서위반행위로 과태료를 부과하지 아니한다.

③ 질서위반행위규제법 제38조 (항고)

제1항 당사자와 검사는 과태료 재판에 대하여 즉시항고를 할 수 있다. 이 경우 항고는 집행정지의 효력이 있다.

④ 질서위반행위규제법 제15조 (과태료의 시효)

제1항 과태료는 행정청의 과태료 부과처분이나 법원의 과태료 재판이 확정된 후 **5년**간 징수하지 아니하거나 집행하지 아니하면 **시효**로 인하여 **소멸**한다.

정답 ③

10 행정벌에 대한 설명으로 옳지 않은 것은? (다툼이 있는 경우 판례에 의함) 〈2017 국회직 8급〉

① 행정형벌의 과벌절차로서의 통고처분은 행정소송의 대상이 되는 행정처분이 아니다.

② 고의 또는 과실이 없는 질서위반행위는 과태료를 부과하지 아니한다.

③ 과태료의 부과는 서면으로 하여야 한다. 이때 당사자가 동의하는 경우에는 전자문서도 여기서의 서면에 포함된다.

④ 과태료의 부과·징수의 절차에 관해 질서위반행위규제법 의 규정에 저촉되는 다른 법률의 규정이 있는 경우에는 그 다른 법률의 규정이 정하는 바에 따른다.

⑤ 자신의 행위가 위법하지 아니한 것으로 오인하고 행한 질서위반행위는 그 오인에 정당한 이유가 있는 때에 한하여 과태료를 부과하지 아니한다.

해설

① **통고처분**은 상대방의 임의의 승복을 그 발효요건으로 하기 때문에 그 자체만으로는 통고이행을 강제하거나 상대방에게 아무런 권리의무를 형성하지 않으므로 행정심판이나 행정소송의 대상으로서의 **처분성**을 부여할 수 **없다**(헌재 1998.5.28. 96헌바4).

통고처분은 행정소송의 대상이 되는 **행정처분**이 **아니므로** 그 처분의 취소를 구하는 소송은 부적법하다(대판 1995.6.29. 95누4674).

② **질서위반행위규제법 제7조**

고의 또는 과실이 없는 질서위반행위는 과태료를 부과하지 아니한다.

→ *고의·과실은 과태료 부과요건*

③ **질서위반행위규제법 제17조 (과태료의 부과)**

제1항 행정청은 제16조의 의견 제출 절차를 마친 후에 **서면**(당사자가 **동의**하는 경우에는 **전자문서를 포함**한다. 이하 이 조에서 같다)**으로 과태료를 부과**하여야 한다.

④ **질서위반행위규제법 제5조**

과태료의 부과·징수, 재판 및 집행 등의 절차에 관한 **다른 법률의 규정 중 이 법의 규정에 저촉**되는 것은 **이 법으로 정하는 바에 따른다**.

⑤ **질서위반행위규제법 제8조**

자신의 행위가 위법하지 아니한 것으로 **오인**하고 행한 질서위반행위는 그 오인에 **정당한 이유**가 있는 때에 **한하여** 과태료를 부과하지 아니한다.

정답 ④

11 행정벌에 대한 설명으로 옳은 것으로만 묶은 것은? (다툼이 있는 경우 판례에 의함) 〈2020 지방직 9급〉

ㄱ. 행정청의 과태료 부과에 불복하는 자는 서면으로 이의제기를 할 수 있으나, 이의제기가 있더라도 과태료 부과처분은 그 효력을 유지한다.
ㄴ. 「도로교통법」상 범칙금 통고처분은 항고소송의 대상이 되는 행정처분에 해당하지 않는다.
ㄷ. 과징금은 어떤 경우에도 영업정지에 갈음하여 부과할 수 없다.
ㄹ. 「질서위반행위규제법」에 따른 과태료는 행정청의 과태료 부과처분이나 법원의 과태료 재판이 확정된 후 5년간 징수하지 아니하거나 집행하지 아니하면 시효로 소멸한다.

① ㄱ, ㄴ ② ㄱ, ㄷ
③ ㄴ, ㄷ ④ ㄴ, ㄹ

해설

ㄱ. **질서위반행위규제법 제20조 (이의제기)**

제1항 행정청의 과태료 부과에 불복하는 당사자는 제17조 제1항에 따른 과태료 부과 통지를 받은 날부터 60일 이내에 해당 행정청에 **서면**으로 **이의제기**를 할 수 있다.

제2항 제1항에 따른 **이의제기**가 있는 경우에는 행정청의 과태료 부과처분은 그 **효력을 상실**한다.

→ *∴ 과태료 부과처분은 처분성X ∵ 국민의 권리·의무에 확정적으로 영향X*

ㄴ. 「도로교통법」상 범칙금 통고처분은 항고소송의 대상이 되는 행정처분에 해당하지 않는다(대판 1995.6.29. 95누4674).

ㄷ. 변형된 과징금이란 의무위반행위가 사업의 인·허가 등의 철회·정지사유에 해당하지만 그 사업이 다수인의 일상생활에 필요불가결한 사업인 경우 인·허가 등을 철회·정지하는 대신 사업 자체는 존속시키되 해당 사업으로부터 발생되는 이익을 박탈함으로써 의무이행을 확보하는 금전적 제재를 의미한다. 즉 변형된 과징금은 공공성이 강한 사업에 대해 영업정지 등의 처분이 있을 경우, 국민은 현저한 생활상의 불편을 겪기 때문에 개별법에서 인정하고 있다.

대기환경보전법 제37조 (과징금 처분)

제1항 환경부장관 또는 시·도지사는 다음 각 호의 어느 하나에 해당하는 배출시설을 설치·운영하는 사업자에 대하여 제36조에 따라 조업정지를 명하여야 하는 경우로서 그 조업정지가 주민의 생활, 대외적인 신용·고용·물가 등 국민경제, 그 밖에 공익에 현저한 지장을 줄 우려가 있다고 인정되는 경우 등 그 밖에 대통령령으로 정하는 경우에는 조업정지처분을 갈음하여 2억원 이하의 과징금을 부과할 수 있다.

ㄹ. **질서위반행위규제법 제15조 (과태료의 시효)**

제1항 과태료는 행정청의 과태료 부과처분이나 법원의 과태료 재판이 확정된 후 **5년**간 징수하지 아니하거나 집행하지 아니하면 **시효**로 인하여 **소멸**한다.

정답 ④

제5장 새로운 실효성 확보수단

제1절 금전상의 제재

01 〈보기〉의 법률규정에 대한 설명으로 가장 옳지 않은 것은? *〈2019 서울시 9급〉*

〈보 기〉

여객자동차 운수사업법 제88조(과징금 처분) ① 국토교통부장관 또는 시·도지사는 여객자동차 운수사업자가 제49조의6 제1항 또는 제85조 제1항 각 호의 어느 하나에 해당하여 사업정지처분을 하여야 하는 경우에 그 사업정지 처분이 그 여객자동차 운수사업을 이용하는 사람들에게 심한 불편을 주거나 공익을 해칠 우려가 있는 때에는 그 사업정지 처분을 갈음하여 5천만원 이하의 과징금을 부과·징수할 수 있다.

① 과징금 부과처분은 제재적 행정처분이므로 현실적인 행위자에 부과하여야 하며 위반자의 고의·과실을 요한다.
② 사업정지처분을 내릴 것인지 과징금을 부과할 것인지는 통상 행정청의 재량에 속한다.
③ 과징금 부과처분에는 원칙적으로 행정절차법이 적용된다.
④ 과징금은 행정목적 달성을 위하여, 행정법규 위반이라는 객관적 사실에 착안하여 부과된다.

해설

①, ④ 구 여객자동차 운수사업법 제88조 제1항의 과징금부과처분은 제재적 행정처분으로서 여객자동차 운수사업에 관한 질서를 확립하고 여객의 원활한 운송과 여객자동차 운수사업의 종합적인 발달을 도모하여 공공복리를 증진한다는 행정목적의 달성을 위하여 행정법규 위반이라는 객관적 사실에 착안하여 가하는 제재이므로 반드시 현실적인 행위자가 아니라도 법령상 책임자로 규정된 자에게 부과되고 원칙적으로 위반자의 고의·과실을 요하지 아니하나, 위반자의 의무 해태를 탓할 수 없는 정당한 사유가 있는 등의 특별한 사정이 있는 경우에는 이를 부과할 수 없다고 보아야 한다(대판 2014.10.15. 2013두5005).

② 자동차운수사업 면허조건 등에 위반한 사업자에 대하여 **행정청**이 행정제재수단으로서 사업정지를 명할 것인지, 과징금을 부과할 것인지, 과징금을 부과키로 하였다면 그 금액은 얼마로 할 것인지 등에 관하여 재량권이 부여되어 있다(대판 1993.7.27. 93누1077).

③ **과징금 부과처분**은 **침익적 처분**에 해당하므로 행정절차법이 적용된다.

정답 ①

02 행정의 실효성 확보수단에 대한 설명으로 옳지 않은 것은? (다툼이 있는 경우 판례에 의함)

〈2018 국가직 9급〉

① 재량행위인 과징금부과처분이 해당 법령이 정한 한도액을 초과하여 부과된 경우 이러한 과징금부과처분은 법이 정한 한도액을 초과하여 위법하므로 법원으로서는 그 전부를 취소할 수밖에 없고, 그 한도액을 초과한 부분만 취소할 수는 없다.

② 세법상 가산세를 부과할 때 납세자에게 조세납부를 거부 또는 지연하는데 고의 또는 과실이 있었는지는 원칙적으로 고려하지 않지만, 납세의무자의 의무해태를 탓할 수 없는 정당한 사유가 있는 경우에는 가산세를 부과할 수 없다.

③ 「건축법」상 이행강제금은 시정명령의 불이행이라는 과거의 위반행위에 대한 제재이므로, 건축주가 장기간 시정명령을 이행하지 않았다면 그 기간 중에 시정명령의 이행 기회가 제공되지 않았다가 뒤늦게 이행 기회가 제공된 경우라 하더라도 이행 기회가 제공되지 않은 과거의 기간에 대한 이행강제금까지 한꺼번에 부과할 수 있다.

④ 질서위반행위에 대하여 과태료를 부과하는 근거 법령이 개정되어 행위 시의 법률에 의하면 과태료 부과대상이었지만 재판 시의 법률에 의하면 부과대상이 아니게 된 때에는 개정 법률의 부칙 등에서 행위 시의 법률을 적용하도록 명시하는 등 특별한 사정이 없는 한 재판 시의 법률을 적용하여야 한다.

해설

① 자동차운수사업면허조건 등을 위반한 사업자에 대하여 행정청이 행정제재수단으로 사업 정지를 명할 것인지, 과징금을 부과할 것인지, 과징금을 부과키로 한다면 그 금액은 얼마로 할 것인지에 관하여 재량권이 부여되었다 할 것이므로 과징금부과처분이 법이 정한 한도액을 초과하여 위법할 경우 법원으로서는 그 전부를 취소할 수밖에 없고, 그 한도액을 초과한 부분이나 법원이 적정하다고 인정되는 부분을 초과한 부분만을 취소할 수 없다(금 1,000,000원을 부과한 당해 처분 중 금 100,000원을 초과하는 부분은 재량권 일탈·남용으로 위법하다며 그 일부분만을 취소한 원심판결을 **파기**한 사례)(대판 1998.4.10. 98두2270).

② 세법상 가산세는 과세권의 행사 및 조세채권의 실현을 용이하게 하기 위하여 납세자가 정당한 이유 없이 법에 규정된 신고, 납세 등 각종 의무를 위반한 경우에 개별세법이 정하는 바에 따라 부과되는 행정상의 제재로서 납세자의 고의, 과실은 고려되지 않는 반면, 납세의무자가 그 의무를 알지 못한 것이 무리가 아니었다고 할 수 있어 그를 정당시할 수 있는 사정이 있거나 그 의무의 이행을 당사자에게 기대하는 것이 무리라고 하는 사정이 있을 때 등 그 의무해태를 탓할 수 없는 정당한 사유가 있는 경우에는 이를 부과할 수 없고, 납세의무자가 세무공무원의 잘못된 설명을 믿고 그 신고납부의무를 이행하지 아니하였다 하더라도 그것이 관계 법령에 어긋나는 것임이 명백한 때에는 그러한 사유만으로 정당한 사유가 있다고 볼 수 없다(대판 1993.11.23, 93누15939).

③ 건축주 등이 장기간 시정명령을 이행하지 아니하였더라도, 그 기간 중에는 시정명령의 이행 기회가 제공되지 아니하였다가 뒤늦게 시정명령의 이행 기회가 제공된 경우라면, 시정명령의 이행 기회 제공을 전제로 한 1회분의 이행강제금만을 부과할 수 있고, 시정명령의 이행 기회가 제공되지 아니한 과거의 기간에 대한 이행강제금까지 한꺼번에 부과할 수는 없다. 그리고 이를 위반하여 이루어진 이행강제금 부과처분은 과거의 위반행위에 대한 제재가 아니라 행정상의 간접강제 수단이라는 이행강제금의 본질에 반하여 구 건축법 제80조 제1항, 제4항 등 법규의 중요한 부분을 위반한 것으로서, 그러한 하자는 중대할 뿐만 아니라 객관적으로도 명백하다(대판 2016.7.14, 2015두46598).

→ *이행강제금은 장래의 의무이행을 확보하기 위한 것 VS 행정벌은 과거의 위반에 대한 제재*

④ 질서위반행위규제법은 '질서위반행위의 성립과 과태료 처분은 행위 시의 법률에 따른다'고 하면서도(제3조 제1항), '질서위반행위 후 법률이 변경되어 그 행위가 질서위반행위에 해당하지 아니하게 되거나 과태료가 변경되기 전의 법률보다 가볍게 된 때에는 법률에 특별한 규정이 없는 한 변경된 법률을 적용한다'고 규정하고 있다(제3조 제2항). 따라서 질서위반행위에 대하여 과태료를 부과하는 근거 법령이 개정되어 행위 시의 법률에 의하면 과태료 부과대상이었지만 재판 시의 법률에 의하면 부과대상이 아니게 된 때에는 개정 법률의 부칙 등에서 행위 시의 법률을 적용하도록 명시하는 등 특별한 사정이 없는 한 재판 시의 법률을 적용하여야 하므로 과태료를 부과할 수 없다(대결 2017.4.7, 2016마1626).

정답 ③

03 과징금에 대한 설명으로 옳은 것은? (다툼이 있는 경우 판례에 의함) 〈2018 지방직 9급〉

① 과징금은 원칙적으로 행위자의 고의·과실이 있는 경우에 부과한다.

② 과징금부과처분의 기준을 규정하고 있는 구「청소년보호법 시행령」 제40조 [별표 6]은 행정규칙의 성질을 갖는다.

③ 부과관청이 추후에 부과금 산정 기준이 되는 새로운 자료가 나올 경우 과징금액이 변경될 수도 있다고 유보하며 과징금을 부과했다면, 새로운 자료가 나온 것을 이유로 새로이 부과처분을 할 수 있다.

④ 자동차운수사업면허조건 등을 위반한 사업자에 대한 과징금 부과처분이 법이 정한 한도액을 초과하여 위법한 경우 법원은 그 처분 전부를 취소하여야 한다.

해설

① 구 여객자동차 운수사업법 제88조 제1항의 과징금부과처분은 제재적 행정처분으로서 여객자동차 운수사업에 관한 질서를 확립하고 여객의 원활한 운송과 여객자동차 운수사업의 종합적인 발달을 도모하여 공공복리를 증진한다는 행정목적의 달성을 위하여 행정법규 위반이라는 객관적 사실에 착안하여 가하는 제재이므로 반드시 현실적인 행위자가 아니라도 법령상 책임자로 규정된 자에게 부과되고 원칙적으로 위반자의 고의·과실을 요하지 아니하나, 위반자의 의무 해태를 탓할 수 없는 정당한 사유가 있는 등의 특별한 사정이 있는 경우에는 이를 부과할 수 없다(대판 2014.10.15, 2013두5005).

② 구 청소년보호법 제49조 제1항 및 제2항에 따른 같은 법 시행령 제40조 [별표 6]의 위반행위의 종별에 따른 과징금처분기준은 **법규명령**이기는 하나 모법의 위임규정의 내용과 취지 및 헌법상의 과잉금지의 원칙과 평등의 원칙 등에 비추어 같은 유형의 위반행위라 하더라도 그 규모나 기간·사회적 비난 정도·위반행위로 인하여 다른 법률에 의하여 처벌받은 다른 사정·행위자의 개인적 사정 및 위반행위로 얻은 불법이익의 규모 등 여러 요소를 종합적으로 고려하여 사안에 따라 적정한 과징금의 액수를 정하여야 할 것이므로 그 수액은 정액이 아니라 최고한도액이다(대판 2001.3.9, 99두5207).

③ 구 독점규제 및 공정거래에 관한 법률 제23조 제1항의 규정에 위반하여 불공정거래행위를 한 사업자에 대하여 같은 법 제24조의2 제1항의 규정에 의하여 부과되는 과징금은 행정법상의 의무를 위반한 자에 대하여 당해 위반행위로 얻게 된 경제적 이익을 박탈하기 위한 목적으로 부과하는 금전적인 제재로서, 같은 법이 규정한 범위 내에서 그 부과처분 당시까지 부과관청이 확인한 사실을 기초로 일의적으로 확정되어야 할 것이고, 그렇지 아니하고 부과관청이 과징금을 부과하면서 추후에 부과금 산정 기준이 되는 새로운 자료가 나올 경우에는 과징금액이 변경될 수도 있다고 유보한다든지, 실제로 추후에 새로운 자료가 나왔다고 하여 새로운 부과처분을 할 수는 없다 할 것인바, 왜냐하면 과징금의 부과와 같이 재산권의 직접적인 침해를 가져오는 처분을 변경하려면 법령에 그 요건 및 절차가 명백히 규정되어 있어야 할 것인데, 위와 같은 변경처분에 대한 법령상의 근거규정이 없고, 이를 인정하여야 할 합리적인 이유 또한 찾아 볼 수 없기 때문이다(대판 1999.5.28, 99두1571).

④ 자동차운수사업 면허조건 등에 위반한 사업자에 대하여 행정청이 행정제재수단으로서 사업정지를 명할 것인지, 과징금을 부과할 것인지, 과징금을 부과키로 하였다면 그 금액은 얼마로 할 것인지 등에 관하여 재량권이 부여되어 있다 할 것이고, 과징금 최고한도액 5,000,000원의 부과처분만으로는 적절치 않다고 여길 경우 사업정지쪽을 택할 수도 있다 할 것이므로 과징금 부과처분이 법이 정한 한도액을 초과하여 위법할 경우 법원으로서는 그 전부를 취소할 수밖에 없고, 그 한도액을 초과한 부분이나 법원이 적정하다고 인정되는 부분을 초과한 부분만을 취소할 수는 없다(대판 1993.7.27, 93누1077).

정답 ④

04 행정의 실효성 확보수단에 대한 설명으로 옳은 것만을 모두 고르면? (다툼이 있는 경우 판례에 의함) *〈2019 국가직 9급〉*

ㄱ. 조세부과처분에 취소사유인 하자가 있는 경우 그 하자는 후행 강제징수절차인 독촉·압류·매각·청산절차에 승계된다.
ㄴ. 세법상 가산세는 과세권 행사 및 조세채권 실현을 용이하게 하기 위하여 납세자가 정당한 이유 없이 법에 규정된 신고, 납세 등의 의무를 위반한 경우에 개별세법에 따라 부과하는 행정상 제재로서, 납세자의 고의·과실은 고려되지 아니하고 법령의 부지·착오 등은 그 의무위반을 탓할 수 없는 정당한 사유에 해당하지 아니한다.
ㄷ. 세무공무원이 체납처분을 하기 위하여 질문·검사 또는 수색을 하거나 재산을 압류할 때에는 그 신분을 표시하는 증표를 지니고 이를 관계자에게 보여 주어야 한다.
ㄹ. 구「국세징수법」상 가산금은 국세를 납부기한까지 납부하지 아니하면 과세청의 확정절차 없이도 법률에 의하여 당연히 발생하는 것이므로 가산금의 고지는 항고소송의 대상이 되는 처분이라고 볼 수 없다.

① ㄱ, ㄴ　　② ㄴ, ㄷ
③ ㄷ, ㄹ　　④ ㄴ, ㄷ, ㄹ

해설

ㄱ. 조세의 부과처분과 압류 등의 체납처분은 별개의 행정처분으로서 독립성을 가지므로 부과처분에 하자가 있더라도 그 부과처분이 취소되지 아니하는 한 그 부과처분에 의한 체납처분은 위법이라고 할 수는 없지만, 체납처분은 부과처분의 집행을 위한 절차에 불과하므로 그 부과처분에 중대하고도 명백한 하자가 있어 무효인 경우에는 그 부과처분의 집행을 위한 체납처분도 무효라 할 것이다(대판 1987.9.22, 87누383).
→ 조세부과처분과 체납처분은 하자의 승계X

ㄴ. 세법상 가산세는 과세권의 행사 및 조세채권의 실현을 용이하게 하기 위하여 납세자가 정당한 이유 없이 법에 규정된 신고, 납세 등 각종 의무를 위반한 경우에 법이 정하는 바에 따라 부과하는 행정상 제재로서 납세자의 고의·과실은 고려되지 아니하고 법령의 부지·착오 등은 그 의무위반을 탓할 수 없는 정당한 사유에 해당하지 아니한다(대판 2004.6.24, 2002두10780).

ㄷ. **구 국세징수법 제25조** 세무공무원이 체납처분을 하기 위하여 질문·검사 또는 수색을 하거나 재산을 압류할 때에는 그 신분을 표시하는 증표를 지니고 이를 관계자에게 보여 주어야 한다.

ㄹ. 국세징수법 제21조, 제22조가 규정하는 가산금 또는 중가산금은 국세를 납부기한까지 납부하지 아니하면 과세청의 확정절차 없이도 **법률 규정에 의하여 당연히 발생**하는 것이므로 가산금 또는 중가산금의 고지가 항고소송의 대상이 되는 처분이라고 볼 수 없다(대판 2005.6.10, 2005다15482).

정답 ④

05 **행정의 실효성 확보수단에 대한 설명으로 옳은 것만을 모두 고르면? (다툼이 있는 경우 판례에 의함)** 〈2018 지방직 7급〉

ㄱ. 시정명령이란 행정법령의 위반행위로 초래된 위법상태의 제거 내지 시정을 명하는 행정행위를 말하는 것으로서, 그 위법행위의 결과가 더 이상 존재하지 않는다면 시정명령을 할 수 없다.
ㄴ. 납세의무자가 세무공무원의 잘못된 설명을 믿고 신고납부의무를 이행하지 아니하였다하더라도 그것이 관계 법령에 어긋나는 것임이 명백한 때에는 그러한 사유만으로는 가산세를 부과할 수 없는 정당한 사유가 있는 경우에 해당한다고 할 수 없다.
ㄷ. 행정법규 위반에 대하여 가하는 제재조치(영업정지처분)는 반드시 현실적인 행위자가 아니라도 법령상 책임자로 규정된 자에게 부과되고, 특별한 사정이 없는 한 위반자에게 고의나 과실이 없더라도 부과할 수 있다.
ㄹ. 행정청의 재량권이 부여되어 있는 과징금부과처분이 법이 정한 한도액을 초과하여 위법할 경우, 법원으로서는 그 한도액을 초과한 부분이나 법원이 적정하다고 인정되는 부분을 초과한 부분만을 취소할 수 있다.

① ㄱ, ㄷ　　② ㄴ, ㄹ
③ ㄱ, ㄴ, ㄷ　　④ ㄱ, ㄷ, ㄹ

해설

ㄱ. 공정거래위원회가 하도급거래 공정화에 관한 법률 제25조 제1항에 의한 시정명령을 하는 경우에는 단순히 하도급대금의 발생 및 지급지연과 같은 제13조 등의 위반행위가 있었는가를 확인함에 그쳐서는 안 되고, 나아가 그 위반행위로 인한 결과가 그 당시까지 계속되고 있는지를 확인하여 비록 법 위반행위가 있었더라도 하도급대금 채무의 불발생 또는 변제, 상계, 정산 등 사유 여하를 불문하고 위반행위의 결과가 더 이상 존재하지 아니한다면, 그 결과의 시정을 명하는 내용의 시정명령을 할 여지는 없다고 보아야 한다(대판 2010.1.14. 2009두11843).
ㄴ. 납세의무자가 단순히 세무공무원의 잘못된 설명을 듣고 신고납부의무를 이행하지 아니하였다하더라도 그것이 관계 법령에 어긋나는 것임이 명백한 때에는 그러한 사유만으로 정당한 사유가 있다고 볼 수 없다(대판 1997.8.22. 96누15404).
ㄷ. 행정법규 위반에 대한 제재조치는 행정목적의 달성을 위하여 행정법규 위반이라는 객관적 사실에 착안하여 가하는 제재이므로, 반드시 현실적인 행위자가 아니라도 법령상 책임자로 규정된 자에게 부과되고, 특별한 사정이 없는 한 위반자에게 고의나 과실이 없더라도 부과할 수 있다(대판 2017.5.11. 2014두8773).

ㄹ. 자동차운수사업면허조건 등을 위반한 사업자에 대하여 행정청이 행정제재수단으로 사업정지를 명할 것인지, 과징금을 부과할 것인지, 과징금을 부과키로 한다면 그 금액은 얼마로 할 것인지에 관하여 재량권이 부여되었다 할 것이므로, 과징금부과처분이 법이 정한 한도액을 초과하여 위법할 경우 법원으로서는 그 전부를 취소할 수밖에 없고, 그 한도액을 초과한 부분이나 법원이 적정하다고 인정되는 부분을 초과한 부분만을 취소할 수 없다(대판 1998.4.10, 98두2270).

정답 ③

06 **행정의 실효성확보수단으로서 금전상 제재에 대한 설명으로 옳은 것만을 모두 고른 것은? (다툼이 있는 경우 판례에 의함)** *〈2017 지방직 7급〉*

ㄱ. 구「독점규제 및 공정거래에 관한 법률」 제24조의2에 의한 부당내부거래행위에 대한 과징금은 부당내부거래 억지라는 행정목적을 실현하기 위하여 그 위반행위에 대한 행정상의 제재금으로서의 기본적 성격에 부당이득 환수적 요소도 부가되어 있는 것으로, 이는 헌법 제13조 제1항에서 금지하는 국가형벌권의 행사로서의 '처벌'에 해당하지 아니한다.
ㄴ. 가산금은 행정법상의 금전급부의무의 불이행에 대한 제재로서 가해지는 금전부담으로, 금전채무의 이행에 대한 간접강제의 효과를 갖는다.
ㄷ. 세법상 가산세는 납세자가 정당한 이유 없이 법에 규정된 신고·납세의무 등을 위반한 경우에 부과되는 행정상 제재로서, 납세의무자가 세무공무원의 잘못된 설명을 믿고 그 신고납부의무를 이행하지 아니한 경우에는 그것이 관계 법령에 어긋나는 것임이 명백하다고 하더라도 정당한 사유가 있는 경우에 해당한다.

① ㄱ
② ㄱ, ㄴ
③ ㄴ, ㄷ
④ ㄱ, ㄴ, ㄷ

해설

ㄱ. 구 독점규제및공정거래에관한법률 제24조의2에 의한 부당내부거래에 대한 과징금은 그 취지와 기능, 부과의 주체와 절차 등을 종합할 때 부당내부거래 억지라는 행정목적을 실현하기 위하여 그 위반행위에 대하여 제재를 가하는 행정상의 제재금으로서의 기본적 성격에 부당이득환수적 요소도 부가되어 있는 것이라 할 것이고, 이를 두고 헌법 제13조 제1항에서 금지하는 국가형벌권 행사로서의 '처벌'에 해당한다고는 할 수 없으므로, 공정거래법에서 형사처벌과 아울러 과징금의 병과를 예정하고 있더라도 이중처벌금지원칙에 위반된다고 볼 수 없다(헌재 2003.7.24. 2001헌가25).

ㄴ. '가산금'이란 조세와 같은 행정법상의 금전급부의무를 납부하지 아니한 것에 대한 제재로서 가해지는 금전부담으로서, 부대세의 일종이고, 조세 등 금전채무의 이행을 확보하기 위한 간접적 강제수단이다.

ㄷ. 세법상 가산세는 과세권의 행사 및 조세채권의 실현을 용이하게 하기 위하여 납세자가 정당한 이유 없이 법에 규정된 신고, 납세 등 각종 의무를 위반한 경우에 개별 세법이 정하는 바에 따라 부과되는 행정상의 제재로서 납세자의 고의, 과실은 고려되지 않는 반면, 납세의무자가 그 의무를 알지 못한 것이 무리가 아니었다고 할 수 있어 그를 정당시할 수 있는 사정이 있거나 그 의무의 이행을 당사자에게 기대하는 것이 무리라고 하는 사정이 있을 때 등 그 의무해태를 탓할 수 없는 정당한 사유가 있는 경우에는 이를 과할 수 없으나, 납세의무자가 세무공무원의 잘못된 설명을 믿고 그 신고납부의무를 이행하지 아니하였다 하더라도 그것이 관계 법령에 어긋나는 것임이 명백한 때에는 그러한 사유만으로 정당한 사유가 있다고 볼 수 **없다**(대판 2003.1.10. 2001두7886).

정답 ②

제2절 공급거부

제3절 행정상 공표 (위반사실의 공표)

제4절 관허사업의 제한

01 영업허가의 양도와 제재처분의 효과 및 제재사유의 승계에 관한 설명으로 가장 옳지 않은 것은? (다툼이 있는 경우 판례에 의함) *〈2017 서울시 9급〉*

① 양도인의 위법행위로 양도인에게 이미 제재처분이 내려진 경우에 영업정지 등 그 제재처분의 효력은 양수인에게 당연히 이전된다.

② 주택건설사업이 양도되었으나 그 변경승인을 받기 이전에 행정청이 양수인에 대하여 양도인에 대한 사업계획승인을 취소하였다는 사실을 통지한 경우 이러한 통지는 양수인의 법률상 지위에 변동을 일으키므로 행정처분이다.

③ 회사분할 시 분할 전 회사에 대한 제재사유가 신설회사에 대하여 승계되지 않으므로 회사의 분할 전 법 위반행위를 이유로 과징금을 부과하는 것은 허용되지 않는다.

④ 양도인이 위법행위를 한 후 제재를 피하기 위하여 영업을 양도한 경우 그 제재사유의 승계에 관하여 명문의 규정이 없는 경우, 위법행위로 인한 제재사유는 항상 인적 사유이고 경찰책임 중 행위책임의 문제라는 논거는 승계부정설의 논거이다.

해설

① 판례에 의하면 양도인의 위법행위로 양도인에게 이미 제재처분이 내려진 경우에 영업정지 등그 제재처분의 효력은 양수인에게 당연히 이전된다고 본다.

② 주택건설촉진법 제33조 제1항, 구 같은법시행규칙 제20조의 각 규정에 의한 주택건설사업계획에 있어서 사업주체변경의 승인은 그로 인하여 사업주체의 변경이라는 공법상의 효과가 발생하는 것이므로, 사실상 내지 사법상으로 주택건설사업 등이 양도·양수되었을지라도 아직 **변경승인을 받기 이전**에는 그 사업계획의 피승인자는 여전히 종전의 사업주체인 양도인이고 양수인이 아니라 할 것이어서, 사업계획승인취소처분 등의 사유가 있는지의 여부와 취소사유가 있다고 하여 행하는 취소처분은 피승인자인 양도인을 기준으로 판단하여 그 양도인에 대하여 행하여져야 할 것이므로 행정청이 주택건설사업의 양수인에 대하여 양도인에 대한 사업계획승인을 취소하였다는 사실을 통지한 것만으로는 양수인의 법률상 지위에 어떠한 변동을 일으키는 것은 아니므로 위 통지는 항고소송의 대상이 되는 행정처분이라고 할 수는 없다(대판 2000.9.26. 99두646).

③ 상법상 신설회사 또는 존속회사가 승계하는 것은 분할하는 회사의 권리와 의무라 할 것인바, 분할하는 회사의 분할 전 법 위반행위를 이유로 과징금이 부과되기 전까지는 단순한 사실행위만 존재할 뿐 그 과징금과 관련하여 분할하는 회사에게 승계의 대상이 되는 어떠한 의무가 있다고 할 수 없고, 특별한 규정이 없는 한 신설회사에 대하여 분할하는 회사의 분할 전 법 위반행위를 이유로 과징금을 부과하는 것은 허용되지 않는다(대판 2007.11.29. 2006두18928).

④ 제재사유의 승계에 관한 명문의 규정이 없는 경우에 대한 학설 중 승계부정설의 논거를 보면, 양도인의 법령위반으로 인한 제재사유는 인적 사유이므로 명문의 규정이 없는 한 양수인에게 이전될 수 없다. 또한 양도인의 위법행위로 인한 제재는 경찰행정법상의 행위책임에 속하는 문제이므로 양도인의 위법행위로 인한 제재사유는 명문의 규정이 없는 한 양수인에게 승계되지 않는다.

정답 ②

제5편 행정구제법

제1장 행정상 손해전보

제1절 행정상 손해배상

01 「국가배상법」상 공무원의 위법한 직무행위로 인한 손해배상에 대한 설명으로 옳은 것은? (다툼이 있는 경우 판례에 의함) *〈2021 국가직 9급〉*

① 일반적으로 공무원이 필요한 지식을 갖추지 못하고 법규의 해석을 그르쳐 행정처분을 하였다면 그가 법률전문가가 아닌 행정직공무원이라고 하여 과실이 없다고는 할 수 없다.

② 국가배상의 요건인 '공무원의 직무'에는 국가나 지방자치단체의 비권력적 작용과 사경제 주체로서 하는 작용이 포함된다.

③ 손해배상책임을 묻기 위해서는 가해 공무원을 특정하여야 한다.

④ 국가가 가해 공무원에 대하여 구상권을 행사하는 경우 국가가 배상한 배상액 전액에 대하여 구상권을 행사하여야 한다.

해설

① 일반적으로 공무원이 직무를 집행함에 있어서 관계법규를 알지 못하거나 필요한 지식을 갖추지 못하여 법규의 해석을 그르쳐 잘못된 행정처분을 하였다면 그가 법률전문가가 아닌 행정직 공무원이라고 하여 과실이 없다고 할 수 없다(대판 1995.10.13. 95다32747).

② 국가배상법이 정한 손해배상청구의 요건인 '공무원의 직무'에는 국가나 지방자치단체의 권력적 작용뿐만 아니라 비권력적 작용도 포함되지만, 단순한 **사경제의 주체**로서 하는 작용은 포함되지 **아니**한다(대판 1999.11.26. 98다47245).

③ 손해배상책임을 묻기 위해서는 **가해공무원**의 **특정**이 반드시 필요한 것이 **아니며**, 누구의 행위인지가 판명되지 않더라도 (주의의무 위반이) 공무원의 행위에 의한 것인 이상 국가는 배상책임을 지게 된다.

④ 국가 또는 지방자치단체의 산하 공무원이 그 직무를 집행함에 당하여 중대한 과실로 인하여 법령에 위반하여 타인에게 손해를 가함으로써 국가 또는 지방자치단체가 손해배상책임을 부담하고, 그 결과로 손해를 입게 된 경우에는 **국가 등**은 당해 공무원의 직무내용, 당해 불법행위의 상황, 손해발생에 대한 당해 공무원의 기여정도, 당해 공무원의 평소 근무태도, 불법행위의 예방이나 손실분산에 관한 국가 또는 지방자치단체의 배려의 정도 등 제반사정을 참작하여 손해의 공평한 분담이라는 견지에서 신의칙상 상당하다고 인정되는 한도 내에서만 당해 공무원에 대하여 구상권을 행사할 수 있다고 봄이 상당하다(대판 1991.5. 10. 91다6764).

정답 ①

02 「국가배상법」에 대한 설명으로 옳지 않은 것은? (다툼이 있는 경우 판례에 의함) 〈2021 소방공채〉

① 판례는 「자동차손해배상 보장법」은 배상책임의 성립요건에 관하여는 「국가배상법」에 우선하여 적용된다고 판시하였다.

② 헌법재판소는 「국가배상법」 제2조 제1항 단서 이중배상금지규정에 대하여 헌법에 위반되지 아니한다고 판시하였다.

③ 생명·신체의 침해로 인한 국가배상을 받을 권리는 양도는 가능하지만, 압류는 하지 못한다.

④ 판례는 「국가배상법」 제5조의 영조물의 설치·관리상의 하자로 인한 손해가 발생한 경우, 피해자의 위자료 청구권이 배제되지 아니한다고 판시하였다.

해설

① **자동차손해배상보장법**의 입법취지에 비추어 볼 때, 같은 법 제3조는 자동차의 운행이 사적인 용무를 위한 것이건 국가 등의 공무를 위한 것이건 구별하지 아니하고 민법이나 국가배상법에 우선하여 적용된다고 보아야 한다(대판 1996.3.8. 94다23876).

② 국가배상법 제2조 제1항 단서는 헌법 제29조 제1항에 의하여 보장되는 국가배상청구권을 헌법 내재적으로 제한하는 헌법 제29조 제2항에 직접 근거하고, 실질적으로 그 내용을 같이하는 것이므로 헌법에 위반되지 아니한다(헌재 1995.12.8. 95헌바3).

③ **국가배상법 제4조 (양도 등 금지)**
생명·신체의 침해로 인한 국가배상을 받을 권리는 **양도**하거나 **압류**하지 **못한다**.

④ 국가배상법 제5조의 영조물의 설치·관리상의 하자로 인한 손해가 발생한 경우 (동법 제3조 제1항·제5항의 해석상) 피해자의 위자료 청구권이 반드시 배제되는 것은 아니다(대판 1990.11.13. 90다카25604).

정답 ③

03 「국가배상법」상 국가배상에 대한 설명으로 옳은 것(○)과 옳지 않은 것(×)을 바르게 연결한 것은? (다툼이 있는 경우 판례에 의함) *〈2019 국가직 9급〉*

ㄱ. 재판에 대하여 불복절차 내지 시정절차 자체가 없는 경우, 부당한 재판으로 인하여 불이익 내지 손해를 입은 사람에게는 배상책임의 요건이 충족되는 한 국가배상책임이 인정될 수 있다.

ㄴ. 국가가 일정한 사항에 관하여 헌법에 의하여 부과되는 구체적인 입법의무를 부담하고 있음에도 불구하고 그 입법에 필요한 상당한 기간이 경과하도록 고의·과실로 입법의무를 이행하지 아니하는 경우, 국가배상책임이 인정될 수 있다.

ㄷ. 직무집행과 관련하여 공상을 입은 군인이 먼저 「국가배상법」상 손해배상을 받은 다음 구「국가유공자 등 예우 및 지원에 관한 법률」상 보훈급여금을 지급청구하는 경우, 국가배상을 받았다는 이유로 그 지급을 거부할 수 없다.

ㄹ. 피해자에게 손해를 직접 배상한 경과실이 있는 공무원은 특별한 사정이 없는 한, 국가의 피해자에 대한 손해배상책임의 범위 내에서 자신이 변제한 금액에 관하여 국가에 대한 구상권을 취득한다.

	ㄱ	ㄴ	ㄷ	ㄹ
①	○	○	×	○
②	×	○	○	×
③	○	×	×	×
④	○	○	○	○

해설

ㄱ. 재판에 대하여 따로 불복절차 또는 시정절차가 마련되어 있는 경우에는 재판의 결과로 불이익 내지 손해를 입었다고 여기는 사람은 그 절차에 따라 자신의 권리 내지 이익을 회복하도록 함이 법이 예정하는 바이므로, 불복에 의한 시정을 구할 수 없었던 것 자체가 법관이나 다른 공무원의 귀책사유로 인한 것이라거나 그와 같은 시정을 구할 수 없었던 부득이한 사정이 있었다는 등의 특별한 사정이 없는 한, 스스로 그와 같은 시정을 구하지 아니한 결과 권리 내지 이익을 회복하지 못한 사람은 원칙적으로 국가배상에 의한 권리구제를 받을 수 없다고 봄이 상당하다고 하겠으나, 재판에 대하여 불복절차 내지 시정절차 자체가 없는 경우에는 부당한 재판으로 인하여 불이익 내지 손해를 입은 사람은 국가배상 이외의 방법으로는 자신의 권리 내지 이익을 회복할 방법이 없으므로, 이와 같은 경우에는 배상책임의 요건이 충족되는 한 국가배상책임을 인정하지 않을 수 없다(대판 2003.7.11, 99다24218).

ㄴ. 국가가 일정한 사항에 관하여 헌법에 의하여 부과되는 구체적인 입법의무를 부담하고 있음에도 불구하고 그 입법에 필요한 상당한 기간이 경과하도록 고의 또는 과실로 이러한 입법의무를 이행하지 아니하는 등 극히 예외적인 사정이 인정되는 사안에 한정하여 **국가배상법 소정의 배상책임이 인정**될 수 있으며, 위와 같은 구체적인 입법의무 자체가 인정되지 않는 경우에는 애당초 부작위로 인한 불법행위가 성립할 여지가 없다(대판 2008.5.29, 2004다33469).

ㄷ. 전투·훈련 등 직무집행과 관련하여 공상을 입은 군인·군무원·경찰공무원 또는 향토예비군대원이 먼저 국가배상법에 따라 손해배상금을 지급받은 다음 보훈보상대상자 지원에 관한 법률(이하 '보훈보상자법'이라 한다)이 정한 보상금 등 보훈급여금의 지급을 청구하는 경우, 국가배상법 제2조 제1항 단서가 명시적으로 '다른 법령에 따라 보상을 지급받을 수 있을 때에는 국가배상법 등에 따른 손해배상을 청구할 수 없다'고 규정하고 있는 것과 달리 보훈보상자법은 국가배상법에 따른 손해배상금을 지급받은 자를 보상금 등 보훈급여금의 지급대상에서 제외하는 규정을 두고 있지 않은 점, 국가배상법 제2조 제1항 단서의 입법 취지 및 보훈보상자법이 정한 보상과 국가배상법이 정한 손해배상의 목적과 산정방식의 차이 등을 고려하면 국가배상법 제2조 제1항 단서가 보훈보상자법 등에 의한 보상을 받을 수 있는 경우 국가배상법에 따른 손해배상청구를 하지 못한다는 것을 넘어 국가배상법상 손해배상금을 받은 경우 보훈보상자법상 보상금 등 보훈급여금의 지급을 금지하는 것으로 해석하기는 어려운 점 등에 비추어, 국가보훈처장은 국가배상법에 따라 손해배상을 받았다는 사정을 들어 보상금 등 보훈급여금의 지급을 거부할 수 없다(대판 2017.2.3, 2015두60075).

ㄹ. 공중보건의인 甲에게 치료를 받던 乙이 사망하자 乙의 유족들이 甲 등을 상대로 손해배상청구의 소를 제기하였고, 甲의 의료과실이 인정된다는 이유로 甲 등의 손해배상책임을 인정한 판결이 확정되어 甲이 乙의 유족들에게 판결금 채무를 지급한 사안에서, 甲은 공무원으로서 직무 수행 중 경과실로 타인에게 손해를 입힌 것이어서 乙과 유족들에 대하여 손해배상책임을 부담하지 아니함에도 乙의 유족들에 대한 패소판결에 따라 그들에게 손해를 배상한 것이고, 이는 민법 제744조의 도의관념에 적합한 비채변제에 해당하여 乙과 유족들의 국가에 대한 손해배상청구권은 소멸하고 국가는 자신의 출연 없이 채무를 면하였으므로, 甲은 국가에 대하여 변제금액에 관하여 구상권을 취득한다(대판 2014.8.20, 2012다54478).

정답 ④

04 국가배상책임에 관한 설명으로 옳지 않은 것은? (다툼이 있는 경우 판례에 의함) *〈2021 소방공채〉*

① 「국가배상법」에서는 공무원 개인의 피해자에 대한 배상책임을 인정하는 명시적인 규정을 두고 있지 않다.

② 공무원증 발급업무를 담당하는 공무원이 대출을 받을 목적으로 다른 공무원의 공무원증을 위조하는 행위는 「국가배상법」 제2조 제1항의 직무집행관련성이 인정되지 않는다.

③ 군교도소 수용자들이 탈주하여 일반 국민에게 손해를 입혔다면 국가는 그로 인하여 피해자들이 입은 손해를 배상할 책임이 있다.

④ 「국가배상법」 제2조 제1항 단서에 의해 군인 등의 국가배상청구권이 제한되는 경우, 공동불법행위자인 민간인은 피해를 입은 군인 등에게 그 손해 전부에 대하여 배상하여야 하는 것은 아니며 자신의 부담 부분에 한하여 손해배상의무를 부담한다.

해설

① **공무원 개인의 책임 범위를 정하는 문제**는 피해자 구제뿐만 아니라 공무원의 위법행위에 대한 억제, 안정된 공무 수행의 보장, 재정 안정 등 서로 상충되는 다양한 가치들을 조정하기 위하여 국가배상법상 어떠한 법적 장치를 마련할 것인가 하는 입법정책의 문제라고 할 것이다. 그러나 이 점에 관하여 국가배상법에 직접적으로 규정한 조항은 없다(대판 1996.2.15. 95다38677).

② 인사업무담당 공무원이 다른 공무원의 공무원증 등을 위조한 행위에 대하여 실질적으로는 직무행위에 속하지 아니한다 할지라도 외관상으로 국가배상법 제2조 제1항의 직무집행관련성이 인정된다(대판 2005. 1.14. 2004다26805).

③ 국가공무원들이 직무상의 의무를 위반한 결과 수용자들이 탈주함으로써 일반 국민에게 손해를 입히는 사건이 발생하였다면, 국가는 그로 인하여 피해자들이 입은 손해를 배상할 책임이 있다(대판 2003.2.14. 2002다62678).

④ 「국가배상법」 제2조 제1항 단서에 의해 군인 등의 국가배상청구권이 제한되는 경우, 공동불법행위자인 민간인은 피해를 입은 군인 등에게 그 손해 전부에 대하여 배상하여야 하는 것은 아니며 **자신의 부담 부분에 한하여** 손해배상의무를 부담한다(대판 2001.2.15. 96다42420).

정답 ②

05 국가배상에 대한 설명으로 옳지 않은 것은? (다툼이 있는 경우 판례에 의함) 〈2020 지방직 9급〉

① 국가배상책임에서의 법령위반은, 인권존중·권력남용금지·신의성실·공서양속 등의 위반도 포함해 널리 그 행위가 객관적인 정당성을 결여하고 있음을 의미한다.

② 공무원에게 부과된 직무상 의무는 전적으로 또는 부수적으로 사회구성원 개인의 안전과 이익을 보호하기 위해 설정된 것이어야 국가배상책임이 인정된다.

③ 배상심의회의 결정은 대외적인 법적 구속력을 가지므로 배상 신청인과 상대방은 그 결정에 항상 구속된다.

④ 판례는 구「국가배상법」(67.3.3. 법률 제1899호) 제3조의 배상액 기준은 배상심의회 배상액 결정의 기준이 될 뿐 배상 범위를 법적으로 제한하는 규정이 아니므로 법원을 기속하지 않는다고 보았다.

해설

① 국가배상책임에 있어서 공무원의 가해행위는 '법령에 위반한' 것이어야 하고, 법령 위반이라 함은 엄격한 의미의 법령 위반뿐만 아니라 인권존중, 권력남용금지, 신의성실, 공서양속 등의 위반도 포함하여 널리 그 행위가 객관적인 정당성을 결여하고 있음을 의미한다고 할 것이다(대판 2009.12.24. 2009다70180 : 대판 2008.6.12. 2007다64365).

② 공무원이 고의 또는 과실로 그에게 부과된 직무상 의무를 위반하였을 경우라고 하더라도 국가는 그러한 직무상의 의무 위반과 피해자가 입은 손해 사이에 **상당인과관계가 인정되는 범위 내에서만 배상책임을 지는 것**이고, 이 경우 상당인과관계가 인정되기 위하여는 공무원에게 부과된 직무상 의무의 내용이 단순히 공공 일반의 이익을 위한 것이거나 행정기관 내부의 질서를 규율하기 위한 것이 아니고 전적으로 또는 부수적으로 사회구성원 개인의 안전과 이익을 보호하기 위하여 설정된 것이어야 한다(대판 2011.9.8. 2011다34521).

③ **국가배상법 제15조 (신청인의 동의와 배상금 지급)**

제1항 배상결정을 받은 신청인은 지체 없이 그 결정에 대한 동의서를 첨부하여 국가나 지방자치단체에 배상금 지급을 청구하여야 한다.

제2항 배상금 지급에 관한 절차, 지급기관, 지급시기, 그 밖에 필요한 사항은 대통령령으로 정한다.

제3항 배상결정을 받은 **신청인**이 배상금 지급을 청구하지 아니하거나 **지방자치단체**가 대통령령으로 정하는 기간 내에 배상금을 지급하지 아니하면 그 결정에 **동의**하지 **아니**한 것으로 본다.

→ *배상 신청인과 상대방 모두 배상심의회의 결정에 동의하지 않을 수 있으므로 그 결정에 항상 구속되는 것은 아니다.*

④ 구 국가배상법(67.3.3. 법률 베1899호) 제3조 제1항과 제3항의 손해배상의 기준은 배상심의회의 배상금지급기준을 정함에 있어서의 하나의 기준을 정한 것에 지나지 아니하는 것이고 이로써 배상액의 상한을 제한한 것으로 볼 수 없다 할 것이며 따라서 법원이 국가배상법에 의한 손해배상액을 산정함에 있어서 그 기준에 구애되는 것이 아니라 할 것이니 이 규정은 국가 또는 공공단체에 대한 손해배상청구권을 규정한 헌법 제26조에 위반된다고 볼 수 없다(대판 1970.1.29. 69다1203).

정답 ③

06 행정상 손해배상에 대한 설명으로 옳은 것은? (다툼이 있는 경우 판례에 의함) 〈2018 국가직 9급〉

① 민간인과 직무집행 중인 군인의 공동불법행위로 인하여 직무집행 중인 다른 군인이 피해를 입은 경우 민간인이 피해 군인에게 자신의 과실비율에 따라 내부적으로 부담할 부분을 초과하여 피해금액 전부를 배상한 경우에 대법원 판례에 따르면 민간인은 국가에 대해 가해 군인의 과실비율에 대한 구상권을 행사할 수 있다.

② 「국가배상법」상 공무원의 직무행위는 객관적으로 직무행위로서의 외형을 갖추고 있어야 할 뿐만 아니라 주관적 공무집행의 의사도 있어야 한다.

③ 국가 또는 지방자치단체가 공무원의 위법한 직무집행으로 발생한 손해에 대해 「국가배상법」에 따라 배상한 경우에 당해 공무원에게 구상권을 행사할 수 있는지에 대해 「국가배상법」은 규정을 두고 있지 않으나, 판례에 따르면 당해 공무원에게 고의 또는 중과실이 인정될 경우 국가 또는 지방자치단체는 그 공무원에게 구상권을 행사할 수 있다.

④ 국가나 지방자치단체는 공무원이 직무를 집행하면서 고의 또는 과실로 위법하게 타인에게 손해를 가한 때에 「국가배상법」상 배상책임을 지고, 공무원의 선임 및 감독에 상당한 주의를 한 경우에도 그 배상책임을 면할 수 없다.

해설

① 민간인과 직무집행중인 군인 등의 공동불법행위로 인하여 직무집행중인 다른 군인 등이 피해를 입은 경우, 민간인의 피해 군인 등에 대한 손해배상의 범위 및 민간인이 피해 군인 등에게 자신의 귀책부분을 넘어서 배상한 경우 국가 등에게 구상권을 행사할 수 없다(대판 2001.2.15. 96다42420).

② 국가배상법 제2조 제1항에서 말하는 "직무를 행함에 당하여"라는 취지는 공무원의 행위의 외관을 객관적으로 관찰하여 공무원의 직무행위로 보여질 때에는 비록 그것이 실질적으로 직무행위이거나 아니거나 또는 행위자의 주관적 의사에 관계없이 그 행위는 공무원의 직무집행행위로 볼 것이요 이러한 행위가 실질적으로 공무집행행위가 아니라는 사정을 피해자가 알았다 하더라도 그것을 "직무를 행함에 당하여"라고 단정하는데 아무런 영향을 미치는 것이 아니다(대판 1966.6.28., 66다781).

③ 국가배상법 제2조 제1항 본문 및 제2항에 언급되어 있다.

국가배상법 제2조 제1항 본문「국가나 지방자치단체는 공무원 또는 공무를 위탁받은 사인(이하 "공무원"이라 한다)이 직무를 집행하면서 고의 또는 과실로 법령을 위반하여 타인에게 손해를 입히거나,「자동차손해배상 보장법」에 따라 손해배상의 책임이 있을 때에는 이 법에 따라 그 손해를 배상하여야 한다.」

국가배상법 제2조 제2항「제1항 본문의 경우에 공무원에게 고의 또는 중대한 과실이 있으면 국가나 지방자치단체는 그 공무원에게 구상(求償)할 수 있다.」

→ 구상권을 행사할 수 있는지가 국가배상법에 명시되어 있다.

④ 국가배상법의 입법취지는 공무원의 직무상 위법행위로 타인에게 손해를 끼친 경우에는 변제자력이 충분한 국가 등에게 선임감독상 과실 여부에 불구하고 손해배상책임을 부담시켜 국민의 재산권을 보장하되, 공무원이 직무를 수행함에 있어 경과실로 타인에게 손해를 입힌 경우에는 그 직무수행상 통상 예기할 수 있는 흠이 있는 것에 불과하므로 이러한 공무원의 행위는 여전히 국가 등의 기관의 행위로 보아 그로 인하여 발생한 손해에 대한 배상책임도 전적으로 국가 등에만 귀속시키고 공무원 개인에게는 그로 인한 책임을 부담시키지 아니하여 공무원의 공무집행의 안정성을 확보하고, 반면에 공무원의 위법행위가 고의·중과실에 기한 경우에는 비록 그 행위가 그의 직무와 관련된 것이라고 하더라도 위와 같은 행위는 그 본질에 있어서 기관행위로서의 품격을 상실하여 국가 등에게 그 책임을 귀속시킬 수 없으므로 공무원 개인에게 불법행위로 인한 손해배상책임을 부담시키되, 다만 이러한 경우에도 그 행위의 외관을 객관적으로 관찰하여 공무원의 직무집행으로 보여질 때에는 피해자인 국민을 두텁게 보호하기 위하여 국가 등이 공무원 개인과 중첩적으로 배상책임을 부담하되 국가 등이 배상책임을 지는 경우에는 공무원 개인에게 구상할 수 있도록 함으로써 궁극적으로 그 책임이 공무원 개인에게 귀속되도록 하려는 것이라고 봄이 합당할 것이다(대판 1996.2.15., 95다38677).

정답 ④

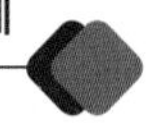

07 국가배상에 대한 설명으로 옳은 것만을 모두 고르면? (다툼이 있는 경우 판례에 의함)

〈2019 지방직 9급〉

ㄱ. 헌법재판소 재판관이 청구기간 내에 제기된 헌법소원심판청구 사건에서 청구기간을 오인하여 각하결정을 한 경우, 이에 대한 불복절차 내지 시정절차가 없는 때에는 국가배상책임을 인정할 수 있다.

ㄴ. 형벌에 관한 법령이 헌법재판소의 위헌결정으로 소급하여 효력을 상실한 경우, 위헌 선언 전 그 법령에 기초하여 수사가 개시되어 공소가 제기되고 유죄판결이 선고되었더라도, 그러한 사정만으로 국가의 손해배상책임이 발생한다고 볼 수 없다.

ㄷ. 법령의 위탁에 의해 지방자치단체로부터 대집행을 수권받은 구 한국토지공사는 지방자치단체의 기관으로서 「국가배상법」 제2조 소정의 공무원에 해당한다.

ㄹ. 취소판결의 기판력은 국가배상청구소송에도 미치므로, 행정처분이 후에 항고소송에서 위법을 이유로 취소된 경우에는 그 기판력에 의하여 당해 행정처분이 곧바로 공무원의 고의 또는 과실에 의한 불법행위를 구성한다고 보아야 한다.

① ㄱ, ㄴ　　② ㄱ, ㄹ

③ ㄴ, ㄷ　　④ ㄷ, ㄹ

해설

ㄱ. 헌법재판소 재판관이 청구기간 내에 제기된 헌법소원심판청구 사건에서 청구기간을 오인하여 각하결정을 한 경우, 이에 대한 불복절차 내지 시정절차가 없는 때에는 국가배상책임(위법성)을 인정할 수 있다(대판 2003.7.11. 99다24218).

ㄴ. 형벌에 관한 법령이 헌법재판소의 위헌결정으로 소급하여 효력을 상실하였거나 법원에서 위헌·무효로 선언된 경우, 그 법령이 위헌으로 선언되기 전에 그 법령에 기초하여 수사가 개시되어 공소가 제기되고 유죄판결이 선고되었더라도, 그러한 사정만으로 수사기관의 직무행위나 법관의 재판상 직무행위가 국가배상법 제2조 제1항에서 말하는 공무원의 고의 또는 과실에 의한 불법행위에 해당하여 국가의 손해배상책임이 발생한다고 볼 수는 없다(대판 2014.10.27. 2013다217962).

ㄷ. **한국토지공사**는 이러한 법령의 위탁에 의하여 대집행을 수권받은 자로서 공무인 대집행을 실시함에 따르는 권리·의무 및 책임이 귀속되는 행정주체의 지위에 있다고 볼 것이지 지방자치단체 등의 기관으로서 국가배상법 제2조 소정의 **공무원**에 해당한다고 볼 것은 **아니다**(대판 2010.1.28. 2007다82950).

ㄹ. 어떠한 행정처분이 후에 항고소송에서 취소되었다고 할지라도 그 기판력에 의하여 당해 행정처분이 곧바로 공무원의 고의 또는 과실로 인한 것으로서 불법행위를 구성한다고 단정할 수는 없는 것이고, 그 행정처분의 담당공무원이 보통 일반의 공무원을 표준으로 하여 볼 때 객관적 주의의무를 결하여 그 행정처분이 객관적 정당성을 상실하였다고 인정될 정도에 이른 경우에 국가배상법 제2조 소정의 국가배상책임의 요건을 충족하였다고 봄이 상당하다(대판 2000.5.12. 99다70600).

정답 ①

08 국가배상에 관한 설명으로 가장 옳지 않은 것은? *〈2019 서울시 9급〉*

① 소방공무원들이 다중이용업소인 주점의 비상구와 피난시설 등에 대한 점검을 소홀히 함으로써 주점의 피난통로 등에 중대한 피난 장애요인이 있음을 발견하지 못하여 업주들에 대한 적절한 지도·감독을 하지 아니한 경우 직무상 의무 위반과 주점 손님들의 사망 사이에 상당인과관계가 인정된다.

② 일본 「국가배상법」이 국가배상청구권의 발생요건 및 상호보증에 관하여 우리나라 「국가배상법」과 동일한 내용을 규정하고 있는 점 등에 비추어 우리나라와 일본 사이에 우리나라 「국가배상법」 제7조가 정하는 상호보증이 있다.

③ 국가배상청구권의 소멸시효 기간이 지났으나 국가가 소멸시효 완성을 주장하는 것이 신의성실의 원칙에 반하는 권리남용으로 허용될 수 없어 배상책임을 이행한 경우에는, 그 소멸시효 완성 주장이 권리남용에 해당하게 된 원인행위와 관련하여 해당 공무원이 그 원인이 되는 행위를 적극적으로 주도하였다는 등의 특별한 사정이 없는 한, 국가가 해당 공무원에게 구상권을 행사하는 것은 신의칙상 허용되지 않는다.

④ 전투·훈련 등 직무집행과 관련하여 공상을 입은 군인 등이 먼저 「국가배상법」에 따라 손해배상금을 지급받은 다음 「보훈보상대상자 지원에 관한 법률」이 정한 보상금 등 보훈급여금의 지급을 청구하는 경우, 보훈지청장은 「국가배상법」에 따라 손해배상을 받았다는 사정을 들어 지급을 거부할 수 있다.

해설

① 소방공무원들이 업주들에 대하여 필요한 지도·감독을 제대로 수행하였더라면 화재 당시 손님들에 대한 대피조치가 보다 신속히 이루어지고 피난통로 안내가 적절히 이루어지는 등으로 甲 등이 대피할 수 있었을 것이고, 甲 등이 대피방향을 찾지 못하다가 복도를 따라 급속히 퍼진 유독가스와 연기로 인하여 단시간에 사망하게 되는 결과는 피할 수 있었을 것인 점 등 화재 당시의 구체적 상황과 甲 등의 사망 경위 등에 비추어 소방공무원들의 직무상 의무 위반과 甲 등의 사망 사이에 상당인과관계가 인정된다(대판 2016.8.25. 2014다225083).

② 일본 국가배상법 제1조 제1항, 제6조가 국가배상청구권의 발생요건 및 상호보증에 관하여 우리나라 국가배상법과 동일한 내용을 규정하고 있는 점 등에 비추어 우리나라와 일본 사이에 국가배상법 제7조가 정하는 **상호보증**이 있다(대판 2015.6.11. 2013다208388).

③ 공무원의 불법행위로 손해를 입은 피해자의 국가배상청구권의 소멸시효 기간이 지났으나 국가가 소멸시효 완성을 주장하는 것이 신의성실의 원칙에 반하는 **권리남용**으로 허용될 수 없어 배상책임을 이행한 경우에는, 소멸시효 완성 주장이 권리남용에 해당하게 된 원인행위와 관련하여 공무원이 원인이 되는 행위를 적극적으로 주도하였다는 등의 특별한 사정이 없는 한, 국가가 공무원에게 구상권을 행사하는 것은 신의칙상 허용되지 않는다(대판 2016.6.10. 2015다217843).

④ 직무집행과 관련하여 공상을 입은 군인 등이 먼저 국가배상법에 따라 손해배상금을 지급받은 다음 구「국가유공자 등 예우 및 지원에 관한 법률」이 정한 보상금 등 보훈급여금의 지급을 청구하는 경우, 국가배상법에 따라 손해배상을 받았다는 이유로 그 지급을 거부할 수 **없다**(대판 2017.2.3. 2014두40012).

정답 ④

09 제시문을 전제로 한 설명으로 옳지 않은 것은? (다툼이 있는 경우 판례에 의함) 〈2018 국가직 9급〉

> 甲이 A시에 공장을 설립하였는데 그 공장이 들어선 이후로 공장 인근에 거주하는 주민들에게 중한 피부질환과 호흡기 질환이 발생하였다. 환경운동실천시민단체와 주민들은 역학 조사를 실시하였고 그 결과에 따라 甲의 공장에서 배출되는 매연물질과 오염물질이 주민들에게 발생한 질환의 원인이라고 판단하고 있다. 주민들은 규제권한이 있는 A시장에게 甲의 공장에 대해 개선조치를 해줄 것을 요청하였으나, A시장은 상당한 기간이 지나도록 아무런 조치를 취하지 않고 있다.

① 관계 법령에서 A시장에게 일정한 조치를 취하여야 할 작위의무를 규정하고 있지 않더라도 甲의 공장에서 나온 매연물질과 오염물질로 인해 질환을 앓게 된 주민들이 많고 그 정도가 심각하여 주민들의 생명, 신체에 가해지는 위험이 절박하고 중대하다고 인정된다면 A시장에게 그러한 위험을 배제하는 조치를 하여야 할 작위의무를 인정할 수 있다.

② 개선조치를 요청한 주민이 A시장을 상대로 개선조치를 해달라는 행정쟁송을 하고자 할 때 가능한 쟁송 유형으로 의무이행심판은 가능하나 의무이행소송은 허용되지 않는다.

③ 甲의 공장에서 배출된 물질 때문에 피해를 입은 주민이 A시장의 부작위를 원인으로 하여 국가배상을 청구한 경우에 국가배상 책임이 인정되기 위해서는 A시장의 작위의무위반이 인정되면 충분하고, A시장이 그와 같은 결과를 예견하여 그 결과를 회피하기 위한 조치를 취할 수 있는 가능성까지 인정되어야 하는 것은 아니다.

④ 부작위위법확인소송에서 A시장의 부작위가 위법하다고 확인한 인용판결이 확정되어도 A시장의 부작위를 원인으로 한 국가배상소송에서 A시장의 부작위가 고의 또는 과실에 의한 불법행위를 구성한다는 점이 곧바로 인정되는 것은 아니다.

해설

①, ③ 공무원의 부작위로 인한 국가배상책임을 인정하기 위하여는 작위에 의한 경우와 마찬가지로 "공무원이 직무를 집행하면서 고의 또는 과실로 법령을 위반하여 타인에게 손해를 입힌 때"라고 하는 국가배상법 제2조 제1항의 요건이 충족되어야 할 것인바, 여기서 '법령을 위반하여'라고 하는 것은 공무원의 작위의무를 명시적으로 규정한 형식적 의미의 법령을 위반한 경우만을 의미하는 것이 아니라, 형식적 의미의 법령에 작위의무가 명시되어 있지 않더라도 국민의 생명·신체·재산 등에 대하여 절박하고 중대한 위험상태가 발생하였거나 발생할 우려가 있어서 국민의 생명 등을 보호하는 것을 본래적 사명으로 하는 국가가 일차적으로 그 위험 배제에 나서지 아니하면 이를 보호할 수 없는 때에 국가나 관련 공무원에 대하여 인정되는 작위의무를 위반한 경우도 포함되어야 할 것이나, 그와 같은 절박하고 중대한 위험상태가 발생하였거나 발생할 우려가 있는 경우가 아닌 한 원칙적으로 관련 법령을 준수하여 직무를 수행한 공무원의 부작위를 가리켜 '고의 또는 과실로 법령을 위반'하였다고 할 수는 없으므로, 공무원의 부작위로 인한 국가배상책임을 인정할 것인지 여부가 문제되는 때에 관련 공무원에 대하여 작위의무를 명하는 법령의 규정이 없다면 공무원의 부작위로 인하여 침해된 국민의 법익 또는 국민에게 발생한 손해가 어느 정도 심각하고 절박한 것인지, 관련 공무원이 그와 같은 결과를 예견하여 그 결과를 회피하기 위한 조치를 취할 수 있는 가능성이 있는지 등을 종합적으로 고려하여 판단하여야 한다(대판 2009.9.24, 2006다82649).

② **행정심판법 제5조 (행정심판의 종류)**

행정심판의 종류는 다음 각 호와 같다.

1. **취소심판** : 행정청의 위법 또는 부당한 처분을 취소하거나 변경하는 행정심판

→ *(거부처분도 처분이므로) 위법·부당한 처분에 위법·부당한 거부처분도 당연히 포함된다.*

2. **무효등확인심판** : 행정청의 처분의 효력 유무 또는 존재 여부를 확인하는 행정심판

3. **의무이행심판** : **당사자의 신청**에 대한 **행정청의 위법 또는 부당한 거부처분이나 부작위**에 대하여 **일정한 처분을 하도록 하는 행정심판**

→ ***행정심판법상 의무이행심판 인정O / 행정소송법상 의무이행소송 인정X***

④ 어떠한 행정처분이 후에 항고소송에서 취소되었다고 할지라도 그 기판력에 의하여 당해 행정처분이 곧바로 공무원의 고의 또는 과실로 인한 것으로서 불법행위를 구성한다고 단정할 수 없는바, 그 이유는 행정청이 관계 법령의 해석이 확립되기 전에 어느 한 설을 취하여 업무를 처리한 것이 결과적으로 위법하게 되어 그 법령의 부당 집행이라는 결과를 빚었다고 하더라도 처분 당시 그와 같은 처리 방법 이상의 것을 성실한 평균적 공무원에게 기대하기 어려웠던 경우라면 특단의 사정이 없는 한 이를 두고 공무원의 과실로 인한 것이라고는 할 수 없기 때문이다(대판 1999.9.17. 96다53413).

정답 ③

10 다음 행정상 손해배상과 관련된 사례에 대한 설명으로 옳은 것은? (다툼이 있는 경우 판례에 의함)

〈2018 지방직 9급〉

(가) 甲은 자동차로 좌로 굽은 내리막 국도 편도 1차로를 달리던 중 커브길에서 앞선 차량을 무리하게 추월하기 위하여 중앙선을 침범하여 반대편 도로를 벗어나 도로 옆 계곡으로 떨어져 중상해를 입었다.
(나) 乙은 자동차로 겨울철 눈이 내린 직후에 산간지역에 위치한 국도를 달리던 중 도로에 생긴 빙판길에 미끄러져 상해를 입었다.

① (가)와 (나) 사례에서 국가가 甲과 乙에게 손해배상책임을 부담할 것인지 여부는 위 도로들이 모든 가능한 경우를 예상하여 고도의 안전성을 갖추었는지 여부에 따라 결정될 것이다.
② (가) 사례에서 만약 반대편 갓길에 차량용 방호울타리가 설치되었다면 甲이 상해를 입지 않았거나 경미한 상해를 입었을 것이므로 그 방호울타리 미설치만으로도 손해배상을 받기에 충분한 요건을 갖추었다고 볼 수 있다.
③ (나) 사례에서 乙은 산악지역의 특성상 빙판길 위험 경고나 위험 표지판이 설치되었다면 주의를 기울여 운행하여 상해를 입지 않았을 것이므로 그 미설치만으로도 국가에 대한 손해배상책임을 묻기에 충분하다.
④ (가)와 (나) 사례에서 만약 도로의 관리상 하자가 인정된다면 비록 그 사고의 원인에 제3자의 행위가 개입되었더라도 甲과 乙은 국가에 대하여 손해배상책임을 물을 수 있다.

해설

① 국가배상법 제5조 제1항에 규정된 '영조물 설치·관리상의 하자'는 공공의 목적에 공여된 영조물이 그 용도에 따라 통상 갖추어야 할 안전성을 갖추지 못한 상태에 있음을 말한다. 그리고 위와 같은 안전성의 구비 여부는 영조물의 설치자 또는 관리자가 그 영조물의 위험성에 비례하여 사회통념상 일반적으로 요구되는 정도의 방호조치의무를 다하였는지를 기준으로 판단하여야 하고, 아울러 그 설치자 또는 관리자의 재정적·인적·물적 제약 등도 고려하여야 한다. 따라서 영조물인 도로의 경우도 그 설치 및 관리에 있어 완전무결한 상태를 유지할 정도의 고도의 안전성을 갖추지 아니하였다고 하여 하자가 있다고 단정할 수는 없고, 그것을 이용하는 자의 상식적이고 질서 있는 이용 방법을 기대한 상대적인 안전성을 갖추는 것으로 족하다(대판 2013.10.24, 2013다208074).

② 좌로 굽은 도로에서 운전자가 무리하게 앞지르기를 시도하여 중앙선을 침범하여 반대편 도로로 미끄러질 경우까지 대비하여 도로 관리자인 지방자치단체가 차량용 방호울타리를 설치하지 않았다고 하여 도로에 통상 갖추어야 할 안전성이 결여된 설치·관리상의 하자가 있다고 보기 어렵다(대판 2013.10.24, 2013다208074).

③ 강설의 특성, 기상적 요인과 지리적 요인, 이에 따른 도로의 상대적 안전성을 고려하면 겨울철 산간지역에 위치한 도로에 강설로 생긴 빙판을 그대로 방치하고 도로상황에 대한 경고나 위험표지판을 설치하지 않았다는 사정만으로 도로관리상의 하자가 있다고 볼 수 없다(대판 2000.4.25, 99다4998).

④ 영조물의 설치 또는 관리상의 하자로 인한 사고라 함은 영조물의 설치 또는 관리상의 하자만이 손해발생의 원인이 되는 경우만을 말하는 것이 아니고, 다른 자연적 사실이나 제3자의 행위 또는 피해자의 행위와 경합하여 손해가 발생하더라도 영조물의 설치 또는 관리상의 하자가 공동원인의 하나가 되는 이상 그 손해는 영조물의 설치 또는 관리상의 하자에 의하여 발생한 것이라고 해석함이 상당하다(대판 1994.11.22, 94다32924).

정답 ④

11 **국가배상법상 공무원의 위법한 직무행위로 인한 손해배상에 대한 설명으로 옳지 않은 것은? (다툼이 있는 경우 판례에 의함)** *〈2018 지방직 7급〉*

① 특별한 사정이 없는 한 일반적으로 공무원이 관계법규를 알지 못하거나 필요한 지식을 갖추지 못하고 법규의 해석을 그르쳐 행정처분을 하였다면 그가 법률전문가가 아닌 행정직 공무원이라도 과실이 있다.

② 헌법재판소 재판관이 잘못된 각하결정을 하여 청구인으로 하여금 본안판단을 받을 기회를 상실하게 하였더라도, 어차피 청구가 기각되었을 것이라는 사정이 있다면 국가배상책임이 인정되지 않는다.

③ 공익근무요원은 국가배상법상 손해배상청구가 제한되는 군인·군무원·경찰공무원 또는 향토예비군대원에 해당한다고 할 수 없다.

④ 인사업무담당 공무원이 다른 공무원증 등을 위조한 행위는 실질적으로 직무행위에 속하지 아니한다 할지라도 외관상으로는 국가배상법상의 직무집행에 해당한다.

해설

① 법령에 대한 해석이 복잡, 미묘하여 워낙 어렵고 이에 대한 학설, 판례조차 귀일되어 있지 않는 등의 특별한 사정이 없는 한 일반적으로 공무원이 관계법규를 알지 못하거나 필요한 지식을 갖추지 못하고 법규의 해석을 그르쳐 행정처분을 하였다면 그가 법률전문가가 아닌 행정직 공무원이라고 하여 과실이 없다고는 할 수 없는바, 서울특별시 중구청장이 미성년자인 남녀의 혼숙행위를 이유로 숙박업 영업허가를 취소하였다면 서울특별시는 국가배상법상의 손해배상책임이 있다(대판 1981.8.25. 80다1598).

② 헌법소원심판을 청구한 원고로서는 헌법재판소 재판관이 일자 계산을 정확하게 하여 본안판단을 할 것으로 기대하는 것이 당연하고, 따라서 헌법재판소 재판관의 위법한 직무집행의 결과 잘못된 각하결정을 함으로써 원고로 하여금 본안판단을 받을 기회를 상실하게 한 이상, 설령 본안판단을 하였더라도 어차피 청구가 기각되었을 것이라는 사정이 있다고 하더라도, 잘못된 판단으로 인하여 헌법소원심판 청구인의 위와 같은 합리적인 기대를 침해한 것이고 이러한 기대는 인격적 이익으로서 보호할 가치가 있다고 할 것이므로, 그 침해로 인한 정신상 고통에 대하여는 위자료를 지급할 의무가 있다고 할 것이다(대판 2003.7.11. 99다24218).

③ 공익근무요원(현 사회복무요원)은 소집되어 군에 복무하지 않는 한 군인이라 할 수 없으므로, 유족이 국가유공자 등 예우 및 지원에 관한 법률에 따른 보상을 받을 수 있다고 하여도 공익근무요원이 국가배상법 제2조 제1항 단서의 규정에 의하여 국가배상법상 손해배상청구가 제한되는 군인 등에 해당하지 않는다(대판 1997.3.28. 97다4036).

④ 울산세관의 통관지원과에서 인사업무를 담당하면서 울산세관 공무원들의 공무원증 및 재직증명서 발급업무를 하는 공무원이 울산세관의 다른 공무원의 공무원증 등을 위조하는 행위는 비록 그것이 실질적으로는 직무행위에 속하지 아니한다 할지라도 적어도 외관상으로는 공무원증과 재직증명서를 발급하는 행위로서 직무집행으로 보여진다(대판 2005.1.14. 2004다26805).

정답 ②

12 국가배상에 대한 설명으로 가장 옳지 않은 것은? 〈2018 서울시 7급〉

① 국가배상청구의 요건인 공무원의 직무에는 비권력적 작용도 포함되며 행정주체가 사경제주체로서 하는 활동도 포함된다.

② 어떠한 행정처분이 후에 항고소송에서 취소되었다고 할지라도 당해 행정처분이 곧바로 공무원의 고의 또는 과실로 인한 것으로서 불법행위를 구성한다고 단정할 수는 없다.

③ 공무원의 직무집행이 법령이 정한 요건과 절차에 따라 이루어진 것이라면 특별한 사정이 없는 한 이는 법령에 적합한 것이고, 그 과정에서 개인의 권리가 침해되는 일이 생긴다고하여 그 법령적합성이 곧바로 부정되는 것은 아니다.

④ 국가배상청구권은 피해자나 그 법정대리인이 그 손해 및 가해자를 안 날로부터 3년간 이를 행사하지 아니하면 시효로 인하여 소멸한다.

해설

① 국가배상청구의 요건인 '공무원의 직무'에는 권력적 작용만이 아니라 비권력적 작용도 포함되며 단지 행정주체가 사경제주체로서 하는 활동만 제외된다(대판 2001.1.5. 98다39060).

② 어떠한 행정처분이 후에 항고소송에서 취소되었다고 할지라도 그 기판력에 의하여 당해 행정처분이 곧바로 공무원의 고의 또는 과실로 인한 것으로서 불법행위를 구성한다고 단정할 수는 없는 것이고, 그 행정처분의 담당공무원이 보통 일반의 공무원을 표준으로 하여 볼 때 객관적 주의의무를 결하여 그 행정처분이 객관적 정당성을 상실하였다고 인정될 정도에 이른 경우에 국가배상법 제2조 소정의 국가배상책임의 요건을 충족하였다고 봄이 상당하다(대판 2000.5.12. 99다70600).

③ 국가배상책임은 공무원의 직무집행이 법령에 위반한 것임을 요건으로 하는 것으로서, 공무원의 직무집행이 법령이 정한 요건과 절차에 따라 이루어진 것이라면 특별한 사정이 없는 한 이는 법령에 적합한 것이고 그 과정에서 개인의 권리가 침해되는 일이 생긴다고 하여 그 법령적합성이 곧바로 부정되는 것은 아니다(대판 2000.11.10. 2000다26807).

④ 민법 제766조 제1항은 "불법행위로 인한 손해배상의 청구권은 피해자나 그 법정대리인이 그 손해 및 가해자를 안 날로부터 3년간 이를 행사하지 아니하면 시효로 인하여 소멸한다"고 규정하고 있는바, 여기서 불법행위의 피해자가 미성년자로 행위능력이 제한된 자인 경우에는 다른 특별한 사정이 없는 한 그 법정대리인이 손해 및 가해자를 알아야 위 조항의 소멸시효가 진행한다고 할 것이다(대판 2010.2.11. 2009다79897).

정답 ①

13 **다음 사안에 관한 설명으로 가장 옳지 않은 것은? (다툼이 있는 경우 판례에 의함)** *〈2017 서울시 9급〉*

> 甲은 공중보건의로 근무하면서 乙을 치료하였는데 그 과정에서 乙은 폐혈증으로 사망하였다. 유족들은 甲을 상대로 손해배상청구의 소를 제기하였고, 甲의 의료상 경과실이 인정된다는 이유로 甲에게 손해배상책임을 인정한 판결이 확정되었다. 이에 甲은 乙의 유족들에게 판결금 채무를 지급하였고, 이후 국가에 대해 구상권을 행사하였다.

① 공중보건의 甲은 국가배상법상의 공무원에 해당한다.
② 공중보건의 甲이 직무수행 중 불법행위로 乙 에게 손해를 입힌 경우 국가 등이 국가배상책임을 부담하는 외에 甲 개인도 고의 또는 중과실이 있다고 한다면 민사상 불법행위로 인한 손해배상책임을 진다.
③ 乙의 유족에게 손해를 직접 배상한 경과실이 있는 공중보건의 甲은 국가에 대하여 자신이변제한 금액에 대하여 구상권을 취득할 수 없다.
④ 공무원의 직무수행 중 불법행위로 인한 배상과 관련하여, 피해자가 공무원에 대해 직접적으로 손해배상을 청구할 수 있는지 여부에 대한 명시적 규정은 국가배상법상으로 존재하지 않는다.

해설

①, ②, ③

가. 공무원이 직무수행 중 불법행위로 타인에게 손해를 입힌 경우에 국가 등이 국가배상책임을 부담하는 외에 공무원 개인도 **고의 또는 중과실**이 있는 경우에는 불법행위로 인한 손해배상책임을 지고, 공무원에게 경과실이 있을 뿐인 경우에는 공무원 개인은 손해배상책임을 부담하지 아니한다. 이처럼 경과실이 있는 공무원이 피해자에 대하여 손해배상책임을 부담하지 아니함에도 피해자에게 손해를 배상하였다면 그것은 채무자 아닌 사람이 타인의 채무를 변제한 경우에 해당하고, 이는 민법 제469조의 '제3자의 변제' 또는 민법 제744조의 '도의관념에 적합한 비채변제'에 해당하여 피해자는 공무원에 대하여 이를 반환할 의무가 없고, 그에 따라 피해자의 국가에 대한 손해배상청구권이 소멸하여 국가는 자신의 출연 없이 채무를 면하게 되므로, 피해자에게 손해를 직접 배상한 **경과실**이 있는 공무원은 특별한 사정이 없는 한 국가에 대하여 국가의 피해자에 대한 손해배상책임의 범위 내에서 공무원이 변제한 금액에 관하여 구상권을 취득한다고 봄이 타당하다.

나. 공중보건의인 갑에게 치료를 받던 을이 사망하자 을의 유족들이 갑 등을 상대로 손해배상청구의 소를 제기하였고, 갑의 의료과실이 인정된다는 이유로 갑 등의 손해배상책임을 인정한 판결이 확정되어 갑이 을의 유족들에게 판결금 채무를 지급한 사안에서, 갑은 공무원으로서 직무 수행 중 **경과실**로 타인에게 손해를 입힌 것이어서 을과 유족들에 대하여 손해배상책임을 부담하지 아니함에도 을의 유족들에 대한 패소판결에 따라 그들에게 손해를 배상한 것이고, 이는 민법 제744조의 도의관념에 적합한 비채변제에 해당하여 을과 유족들의 국가에 대한 손해배상청구권은 소멸하고 국가는 자신의 출연 없이 채무를 면하였으므로, 갑은 국가에 대하여 변제금액에 관하여 **구상권**을 취득한다(대판 2014.8.20. 2012다54478).

④ 공무원의 직무수행 중 불법행위로 인한 배상과 관련하여, 피해자가 공무원에 대해 직접적으로 손해배상을 청구(민사상 손해배상청구) 할 수 있는지 여부에 대한 명시적 규정은 국가배상법상으로 존재하지 않는다.

정답 ③

14 「국가배상법」상 국가배상에 관한 설명으로 옳지 않은 것은? (단, 다툼이 있는 경우 판례에 따름)

〈2017 교육행정〉

① 공무원에는 공무를 위탁받은 사인이 포함된다.
② 국가배상청구소송은 행정소송으로 제기하여야 한다.
③ 공무원의 직무에는 행정주체가 사경제주체로서 하는 활동은 제외된다.
④ 공무원의 직무상 의무 위반과 피해자가 입은 손해 사이에는 상당인과관계가 요구된다.

해설

① **국가배상법 제2조 (배상책임)**

제1항 국가나 지방자치단체는 **공무원 또는 공무를 위탁받은 사인(이하 "공무원"이라 한다)**이 직무를 집행하면서 고의 또는 과실로 법령을 위반하여 타인에게 손해를 입히거나, 「자동차손해배상 보장법」에 따라 손해배상의 책임이 있을 때에는 이 법에 따라 그 손해를 배상하여야 한다.

② 국가배상법은 민법의 특별법으로 분쟁시 민사소송으로 다투어야 한다는 것이 판례의 입장이다.

③ 국가배상법이 정한 배상청구의 요건인 '**공무원의 직무**'에는 권력적 작용만이 아니라 행정지도와 같은 비권력적 작용도 포함되며 단지 행정주체가 사경제주체로서 하는 활동만 제외된다(대판 2004.4.9. 2002다10691).

④ 일반적으로 국가 또는 지방자치단체가 권한을 행사할 때에는 국민에 대한 손해를 방지하여야 하고, 국민의 안전을 배려하여야 하며, 소속 공무원이 전적으로 또는 부수적으로라도 국민 개개인의 안전과 이익을 보호하기 위하여 법령에서 정한 직무상의 의무에 위반하여 국민에게 손해를 가하면 **상당인과관계**가 인정되는 범위 안에서 국가 또는 지방자치단체가 배상책임을 부담하는 것이지만, 공무원이 직무를 수행하면서 그 근거되는 법령의 규정에 따라 구체적으로 의무를 부여받았어도 그것이 국민의 이익과는 관계없이 순전히 행정기관 내부의 질서를 유지하기 위한 것이거나, 또는 국민의 이익과 관련된 것이라도 직접 국민 개개인의 이익을 위한 것이 아니라 전체적으로 공공 일반의 이익을 도모하기 위한 것이라면 그 의무에 위반하여 국민에게 손해를 가하여도 국가 또는 지방자치단체는 배상책임을 부담하지 아니한다(대판 2006.4.14. 2003다41746).

정답 ②

15 국가배상제도에 대한 설명으로 옳은 것은? (단, 다툼이 있는 경우 판례에 의함) *〈2017 사회복지〉*

① 사인이 받은 손해란 생명·신체·재산상의 손해는 인정하지만, 정신상의 손해는 인정하지 않는다.

② 국가배상책임에 있어서 공무원의 행위는 법령에 위반한 것이어야 하고, 법령위반이라 함은 엄격한 의미의 법령 위반뿐만 아니라 인권존중, 권력남용금지, 신의성실 등의 위반도 포함하여 그 행위가 객관적인 정당성을 결여하고 있음을 의미한다.

③ 「국가배상법」이 정한 손해배상청구의 요건인 공무원의 직무에는 권력적 작용뿐만 아니라 비권력적 작용과 단순한 사경제의 주체로서 하는 작용도 포함된다.

④ 부작위로 인한 손해에 대한 국가배상청구는 공무원의 작위의무를 명시한 형식적 의미의 법령에 위배된 경우에 한한다.

해설

① **국가배상법 제3조 (배상기준)**

제5항 사망하거나 신체의 해를 입은 피해자의 직계존속·직계비속 및 배우자, 신체의 해나 그 밖의 해를 입은 피해자에게는 대통령령으로 정하는 기준 내에서 피해자의 사회적 지위, 과실의 정도, 생계 상태, 손해배상액 등을 고려하여 그 정신적 고통에 대한 위자료를 배상하여야 한다.

② 공무원의 행위를 원인으로 한 국가배상책임을 인정하기 위하여는 '공무원이 직무를 집행하면서 고의 또는 과실로 법령을 위반하여 타인에게 손해를 입힌 때'라고 하는 국가배상법 제2조 제1항의 요건이 충족되어야 한다. 여기서 '법령을 위반하여'라고 함은 엄격하게 형식적 의미의 법령에 명시적으로 공무원의 행위의무가 정하여져 있음에도 이를 위반하는 경우만을 의미하는 것은 아니고, 인권존중·권력남용금지·신의성실과 같이 공무원으로서 마땅히 지켜야 할 준칙이나 규범을

지키지 아니하고 위반한 경우를 비롯하여 널리 그 행위가 객관적인 정당성을 결여하고 있는 경우도 포함한다(대판 2015.8.27. 2012다204587).

③ 국가배상법이 정한 배상청구의 요건인 '공무원의 직무'에는 권력적 작용만이 아니라 행정지도와 같은 비권력적 작용도 포함되며 단지 행정주체가 사경제주체로서 하는 활동만 제외된다(대판 2004.4.9, 2002다10691).

④ 국민의 생명, 신체, 재산 등에 대하여 절박하고 중대한 위험상태가 발생하였거나 발생할 우려가 있어서 국민의 생명, 신체, 재산 등을 보호하는 것을 본래적 사명으로 하는 국가가 초법규적·일차적으로 그 위험 배제에 나서지 아니하면 국민의 생명, 신체, 재산 등을 보호할 수 없는 경우 형식적 의미의 법령에 근거가 없더라도 국가나 관련 공무원에 대하여 위험을 배제할 작위의무를 인정할 수 있다(대판 2004.6.25. 2003다69652).

정답 ②

16 **甲은 A시장의 영업허가 취소처분이 위법함을 이유로 국가배상청구소송을 제기하였다. 이에 대한 설명으로 옳은 것은? (다툼이 있는 경우 판례에 의함)** *〈2017 국회직 8급〉*

① 甲의 국가배상청구소송은 공법상 당사자소송에 해당한다.

② 甲의 소송이 인용되려면 미리 영업허가 취소처분에 대한 취소의 인용판결이 있어야 한다.

③ 甲이 국가배상청구소송을 제기한 이후에 영업허가 취소처분에 대한 취소소송을 제기한 경우 그 취소소송은 국가배상청구소송에 병합될 수 있다.

④ A시장의 영업허가 취소사무가 국가사무로서 국가가 실질적인 비용을 부담하는 자인 경우에는 甲은 국가를 상대로 국가배상을 청구하여야 한다.

⑤ A시장의 영업허가 취소처분에 대한 취소소송에서 인용판결이 확정된 이후에도 甲의 국가배상청구소송은 기각될 수 있다.

해설

① 「국가배상법」을 공법으로 보는 통설에 따르면 공법상 당사자소송으로 다루어진다. 그러나 「국가배상법」을 사법으로 보는 판례에 따르면 민사소송으로 다루어진다(대판 1972.10.10. 69다701).

② 미리 그 행정처분의 취소판결이 있어야만 그 행정처분의 위법임을 이유로 한 손해배상청구를 할 수 있는 것은 아니다(대판 1972.4.28. 72다337).

③ **행정소송법 제10조 (관련청구소송의 이송 및 병합)**

제2항 취소소송에는 사실심의 변론종결시까지 관련청구소송을 병합하거나 피고외의 자를 상대로 한 관련청구소송을 취소소송이 계속된 법원에 병합하여 제기할 수 있다.

→ 행정소송법상 취소소송을 제기하면서 또는 제기한 이후에 (사실심변론시까지) 관련청구소송을 병합O / 국가배상청구소송을 제기한 이후에 취소소송을 병합X

④ 지방자치단체의 장이 기관위임된 국가행정사무를 처리하는 경우 그에 소요되는 경비의 실질적·궁극적 부담자는 국가라고 하더라도 당해 지방자치단체는 국가로부터 내부적으로 교부된 금원으로 그 사무에 필요한 경비를 대외적으로 지출하는 자이므로, 이러한 경우 지방자치단체는 「국가배상법」 제6조 제1항 소정의 비용부담자로서 공무원의 불법행위로 인한 같은 법에 의한 손해를 배상할 책임이 있다(대판 1994.12.9. 94다38137).

⑤ 어떠한 행정처분이 후에 항고소송에서 취소되었다고 할지라도 그 기판력에 의하여 당해 행정처분이 곧바로 공무원의 고의 또는 과실로 인한 것으로서 불법행위를 구성한다고 단정할 수는 없다(대판 2012.5.24. 2012다11297).

정답 ⑤

17 「국가배상법」 제2조에 의한 손해배상에 대한 설명으로 옳은 것은? (다툼이 있는 경우 판례에 의함)

〈2017 국가직 7급〉

① 헌법에 의하여 일반적으로 부과된 의무가 있음에도 불구하고 국회가 그 입법을 하지 않고 있다면 「국가배상법」상 배상책임이 인정된다.

② 헌법재판소 재판관이 청구기간을 오인하여 청구기간 내에 제기된 헌법소원심판 청구를 위법하게 각하한 경우, 설령 본안판단을 하였더라도 어차피 청구가 기각되었을 것이라는 사정이 있다면 국가배상책임이 인정될 수 없다.

③ 공무원의 가해행위에 대해 형사상 무죄판결이 있었더라도 그 가해행위를 이유로 국가배상책임이 인정될 수 있다.

④ 배상청구권의 시효와 관련하여 '가해자를 안다는 것'은 피해자나 그 법정대리인이 가해 공무원의 불법행위가 그 직무를 집행함에 있어서 행해진 것이라는 사실까지 인식함을 요구하지 않는다.

해설

① 국가가 일정한 사항에 관하여 헌법에 의하여 부과되는 구체적인 입법의무를 부담하고 있음에도 불구하고 그 입법에 필요한 상당한 기간이 경과하도록 고의 또는 과실로 이러한 입법의무를 이행하지 아니하는 등 극히 예외적인 사정이 인정되는 사안에 한정하여 국가배상법 소정의 배상책임이 인정될 수 있으며, 위와 같은 구체적인 입법의무 자체가 인정되지 않는 경우에는 애당초 부작위로 인한 불법행위가 성립할 여지가 없다(대판 2008.5.29. 2004다33469).

② 헌법소원심판을 청구한 자로서는 헌법재판소 재판관이 일자 계산을 정확하게 하여 본안판단을 할 것으로 기대하는 것이 당연하고, 따라서 헌법재판소 재판관의 위법한 직무집행의 결과 잘못된 각하결정을 함으로써 청구인으로 하여금 본안판단을 받을 기회를 상실하게 한 이상, 설령 본안판단을 하였더라도 어차피 청구가 기각되었을 것이라는 사정이 있다고 하더라도 잘못된 판단으로 인하여 헌법소원심판 청구인의 위와 같은 합리적인 기대를 침해한 것이고 이러한 기대는 인격적 이익으로서 보호할 가치가 있다고 할 것이므로 그 침해로 인한 정신상 고통에 대하여는 위자료를 지급할 의무가 있다(대판 2003.7.11. 99다24218).

③ 경찰관이 범인을 제압하는 과정에서 총기를 사용하여 범인을 사망에 이르게 한 사안에서, 경찰관이 총기사용에 이르게 된 동기나 목적, 경위 등을 고려하여 형사사건에서 무죄판결이 확정되었더라도 당해 경찰관의 과실의 내용과 그로 인하여 발생한 결과의 중대함에 비추어 민사상 불법행위책임을 인정한다(대판 2008.2.1. 2006다6713).

④ 국가배상법 제2조 제1항 본문 전단 규정에 따른 배상책임을 묻는 사건에 대하여는 같은 법 제8조의 규정에 의하여 민법 제766조 제1항 소정의 단기소멸시효제도가 적용되는 것인바, 여기서 가해자를 안다는 것은 피해자나 그 법정대리인이 가해 공무원이 국가 또는 지방자치단체와 공법상 근무관계가 있다는 사실을 알고, 또한 일반인이 당해 공무원의 불법행위가 국가 또는 지방자치단체의 직무를 집행함에 있어서 행해진 것이라고 판단하기에 족한 사실까지 인식하는 것을 의미한다(대판 2008.5.29. 2004다33469).

정답 ③

18 「국가배상법」에 대한 설명으로 옳지 않은 것은? (다툼이 있는 경우 판례에 의함) 〈2017 지방직 7급〉

① 「국가배상법」 제2조 제1항의 공무원의 직무에는 권력적 작용만이 아니라 행정지도와 같은 비권력적 작용도 포함되지만, 행정주체가 사경제주체로서 하는 활동은 제외된다.

② 영조물의 설치·관리상의 하자로 인한 손해의 원인에 대하여 책임을 질 사람이 따로 있는 경우에는 국가지방자치단체는 그 사람에게 구상할 수 있다.

③ 「국가배상법」 제5조 제1항의 '공공의 영조물'이란 국가 또는 지방자치단체에 의하여 공공의 목적에 공여된 유체물 내지 물적 설비로서 국가 또는 지방자치단체가 소유권, 임차권 그 밖의 권한에 기하여 관리하고 있는 경우를 말하는 것으로, 그러한 권원 없이 사실상 관리하고 있는 경우는 포함되지 않는다.

④ 어떠한 행정처분이 후에 항고소송에서 취소되었다고 할지라도 그 판결의 기판력에 의하여 당해 처분이 곧바로 공무원의 고의 또는 과실로 인한 것으로서 불법행위를 구성한다고 단정할 수는 없다.

해설

① 국가배상법이 정한 배상청구의 요건인 '공무원의 직무'에는 권력적 작용만이 아니라 행정지도와 같은 비권력적 작용도 포함되며 단지 행정주체가 사경제주체로서 하는 활동만 제외된다(대판 1998.7.10. 96다38971).

② **국가배상법 제5조 (공공시설 등의 하자로 인한 책임)**

제1항 도로·하천, 그 밖의 공공의 영조물(營造物)의 설치나 관리에 하자가 있기 때문에 타인에게 손해를 발생하게 하였을 때에는 국가나 지방자치단체는 그 손해를 배상하여야 한다. 이 경우 제2조 제1항 단서, 제3조 및 제3조의2를 준용한다.

제2항 제1항을 적용할 때 손해의 원인에 대하여 책임을 질 자가 따로 있으면 국가나 지방자치단체는 그 자에게 구상할 수 있다.

③ 국가배상법 제5조 제1항 소정의 '공공의 영조물'이라 함은 국가 또는 지방자치단체에 의하여 특정 공공의 목적에 공여된 유체물 내지 물적 설비를 말하며, 국가 또는 지방자치단체가 소유권, 임차권 그 밖의 권한에 기하여 관리하고 있는 경우뿐만 아니라 사실상의 관리를 하고 있는 경우도 포함된다(대판 1998.10.23, 98다17381).

④ 어떠한 행정처분이 후에 항고소송에서 취소되었다고 할지라도 그 기판력에 의하여 당해 행정처분이 곧바로 공무원의 고의 또는 과실로 인한 것으로서 불법행위를 구성한다고 단정할 수는 없는 것이고, 그 행정처분의 담당공무원이 보통 일반의 공무원을 표준으로 하여 볼 때 객관적 주의의무를 결하여 그 행정처분이 객관적 정당성을 상실하였다고 인정될 정도에 이른 경우에 국가배상법 제2조가 정한 국가배상책임의 요건을 충족하였다고 봄이 상당할 것이다(대판 2012.5.24. 2012다11297).

정답 ③

19 **국가배상에 관한 다음의 설명 중 옳지 않은 것은? (다툼이 있는 경우 판례에 의함)** 〈2017 서울시 7급〉

① 국가배상책임이 인정되려면 공무원의 직무상 의무위반 행위와 손해 사이에 상당인과관계가 인정되어야 하는데 공무원에게 직무상 의무를 부과한 법령이 단순히 공공의 이익을 위한 것이고 사익을 보호하기 위한 것이 아니라면 상당인과관계가 부인되어 배상책임이 인정되지 않는다.

② 공무를 위탁받아 실질적으로 공무에 종사하고 있더라도 그 위탁이 일시적이고 한정적인 경우에는 「국가배상법」 제2조의 공무원에 해당하지 않는다.

③ 국가배상의 요건 중 법령위반의 의미를 판단하는 데 있어서는 형식적 의미의 법령을 위반한 것뿐만 아니라 인권존중, 권력남용금지, 신의성실과 같이 공무원으로서 당연히 지켜야 할 원칙을 지키지 않은 경우도 포함한다.

④ 어떠한 행정처분이 후에 항고소송에서 취소되었다고 할지라도 그 기판력에 의하여 당해 행정처분이 곧바로 공무원의 고의 또는 과실로 인한 것으로서 불법행위를 구성한다고 볼 수 없다.

해설

① 공무원에게 부과된 직무상의 의무의 내용이 단순히 공공 일반의 이익을 위한 것이거나 행정기관 내부의 질서를 유지하기 위한 것이라면 그 직무위반에 대하여 배상책임이 없다(대판 2001.4.13. 2000다34891).

② 국가배상법 제2조 소정의 '공무원'이라 함은 국가공무원법이나 지방공무원법에 의하여 공무원으로서의 신분을 가진 자에 국한하지 않고, 널리 공무를 위탁받아 실질적으로 공무에 종사하고 있는 일체의 자를 가리키는 것으로서, 공무의 위탁이 일시적이고 한정적인 사항에 관한 활동을 위한 것이어도 달리 볼 것은 아니라고 할 것이다. 지방자치단체가 '교통할아버지 봉사 활동 계획'을 수립한 후 관할 동장으로 하여금 '교통할아버지'를 선정하게 하여 어린이보호, 교통안내, 거리질서 확립 등의 공무를 위탁하여 이를 집행하게 하였다면 '교통할아버지' 활동을 하는 범위 내에서는 국가배상법 제2조에 규정된 지방자치단체의 '공무원'에 해당한다(대판 2001.1.5. 98다39060).

③ 국가배상책임에 있어 공무원의 가해행위는 법령을 위반한 것이어야 하고, 법령을 위반하였다 함은 엄격한 의미의 법령 위반뿐 아니라 인권존중, 권력남용금지, 신의성실과 같이 공무원으로서 마땅히 지켜야 할 준칙이나 규범을 지키지 아니하고 위반한 경우를 포함하여 널리 그 행위가 객관적인 정당성을 결여하고 있음을 뜻하는 것이므로, 경찰관이 범죄수사를 함에 있어 경찰관으로서 의당 지켜야 할 법규상 또는 조리상의 한계를 위반하였다면 이는 법령을 위반한 경우에 해당한다(대판 2005.6.9. 2005다8774).

④ 어떠한 행정처분이 후에 항고소송에서 취소된 사실만으로 당해 행정처분이 곧바로 공무원의 고의 또는 과실로 인한 것으로서 불법행위를 구성한다고 단정할 수는 없다(대판 2007.5.10. 2005다31828).

정답 ②

20 **다음 설명 중 옳지 않은 것은? (다툼이 있는 경우 판례에 의함)** *〈2021 소방공채〉*

① 지방자치단체가 옹벽시설공사를 업체에게 주어 공사를 시행하다가 사고가 일어난 경우, 옹벽이 공사 중이고 아직 완성되지 아니하여 일반 공중의 이용에 제공되지 않았다면 「국가배상법」제5조 소정의 영조물에 해당한다고 할 수 없다.

② 김포공항을 설치·관리함에 있어 항공법령에 따른 항공기 소음기준 및 소음대책을 준수하려는 노력을 하였더라도, 공항이 항공기 운항이라는 공공의 목적에 이용됨에 있어 그와 관련하여 배출하는 소음 등의 침해가 인근 주민들에게 통상의 수인한도를 넘는 피해를 발생하게 하였다면 공항의 설치·관리상에 하자가 있다고 보아야 한다.

③ 가변차로에 설치된 두 개의 신호기에서 서로 모순되는 신호가 들어오는 고장으로 인하여 사고가 발생한 경우, 그 고장이 현재의 기술 수준상 부득이한 것으로 예방할 방법이 없는 것이라면 손해발생의 예견가능성이나 회피가능성이 없어 영조물의 하자를 인정할 수 없다.

④ 영조물 설치자의 재정사정이나 영조물의 사용목적에 의한 사정은, 안전성을 요구하는 데 대한 참작사유는 될지언정 안전성을 결정지을 절대적 요건은 아니다.

해설

① 지방자치단체가 비탈사면인 언덕에 대하여 현장조사를 한 결과 붕괴의 위험이 있음을 발견하고 이를 붕괴위험지구로 지정하여 관리하여 오다가 붕괴를 예방하기 위하여 언덕에 옹벽을 설치하기로 하고 소외 회사에게 옹벽시설공사를 도급 주어 소외 회사가 공사를 시행하다가 깊이 3m의 구덩이를 파게 되었는데, 피해자가 공사현장 주변을 지나가다가 흙이 무너져 내리면서 위 구덩이에 추락하여 상해를 입게된 사안에서, 위 사고 당시 설치하고 있던 옹벽은 소외 회사가 공사를 도급받아 공사 중에 있었을 뿐만 아니라 아직 완성도 되지 아니하여 일반 공중의 이용에 제공되지 않고 있었던 이상 국가배상법 제5조 제1항 소정의 영조물에 해당한다고 할 수 없다(대판 1998.10.23. 98다17381).

② 김포공항을 설치·관리함에 있어 항공법령에 따른 항공기 소음기준 및 소음대책을 준수하려는 노력을 하였더라도, 공항이 항공기 운항이라는 공공의 목적에 이용됨에 있어 그와 관련하여 배출하는 소음 등의 침해가 인근 주민들에게 통상의 수인한도를 넘는 피해를 발생하게 하였다면 공항의 설치·관리상에 하자가 있다고 보아야 한다(대판 2005.1.27. 2003다49566).

③ 가변차로에 설치된 신호등의 용도와 오작동시에 발생하는 사고의 위험성과 심각성을 감안할 때, 만일 **가변차로에 설치된 두 개의 신호기에서 서로 모순되는 신호가 들어오는 고장**을 예방할 방법이 없음에도 그와 같은 신호기를 설치하여 그와 같은 고장을 발생하게 한 것이라면, 그 고장이 자연재해 등 외부요인에 의한 불가항력에 기인한 것이 아닌 한 그 자체로 설치·관리자의 방호조치의무를 다하지 못한 것으로서 신호등이 그 용도에 따라 통상 갖추어야 할 안전성을 갖추지 못한 상태에 있었다고 할 것이고, 따라서 설령 적정전압보다 낮은 저전압이 원인이 되어 위와 같은 오작동이 발생하였고 그 고장은 현재의 기술수준상 부득이한 것이라고 가정하더라도 그와 같은 사정만으로 손해발생의 예견가능성이나 회피가능성이 없어 영조물의 하자를 인정할 수 없는 경우라고 단정할 수 없다(대판 2001.7.27. 2000다56822).

④ 영조물 설치의 「하자」라 함은 영조물의 축조에 불완전한 점이 있어 이 때문에 영조물 자체가 통상 갖추어야 할 완전성을 갖추지 못한 상태에 있음을 말한다고 할 것인바 그 「하자」 유무는 객관적 견지에서 본 안전성의 문제이고 그 설치자의 재정사정이나 영조물의 사용목적에 의한 사정은 안전성을 요구하는데 대한 정도 문제로서 참작사유에는 해당할지언정 안전성을 결정지을 절대적 요건에는 해당하지 아니한다 할 것이다(대판 1967.2.21. 66다1723).

정답 ③

21 국가배상에 대한 판례의 태도로 옳지 않은 것은? *〈2020 소방공채〉*

① 성폭력범죄의 수사를 담당하거나 수사에 관여하는 경찰관이 피해자의 인적사항 등을 공개 또는 누설함으로써 피해자가 손해를 입은 경우, 국가의 배상책임이 인정된다는 것이 판례의 태도이다.

② 음주운전으로 적발된 주취운전자가 도로 밖으로 차량을 이동하겠다며 단속 경찰관으로부터 보관 중이던 차량열쇠를 반환받아 몰래 차량을 운전하여 가던 중 사고를 일으킨 경우, 국가배상책임이 인정되지 않는다는 것이 판례의 태도이다.

③ 지방자치단체장이 설치하여 관할 지방경찰청장에게 관리권한이 위임된 교통신호기의 고장으로 인하여 교통사고가 발생한 경우, 지방자치단체뿐만 아니라 국가도 손해배상책임을 부담한다는 것이 판례의 태도이다.

④ 군수 또는 그 보조 공무원이 농수산부장관으로부터 도지사를 거쳐 군수에게 재위임된 국가사무(기관위임 사무)인 개간허가 및 그 취소사무를 처리함에 있어 고의 또는 과실로 타인에게 손해를 가한 경우, 「국가배상법」 제6조에 의하여 지방자치단체인 군이 비용을 부담한다고 볼 수 있는 경우에 한하여 국가와 함께 손해배상책임을 부담한다.

해설

① 성폭력범죄의 수사를 담당하거나 수사에 관여하는 경찰관이 위와 같은 직무상 의무에 반하여 피해자의 인적사항 등을 공개 또는 누설하였다면 국가는 그로 인하여 피해자가 입은 손해를 배상하여야 한다(대판 2008.6.12. 2007다64365).

② 음주운전으로 적발된 주취운전자가 도로 밖으로 차량을 이동하겠다며 단속경찰관으로부터 보관 중이던 차량열쇠를 반환받아 몰래 차량을 운전하여 가던 중 사고를 일으킨 경우, 국가배상책임이 인정된다(대판 1998.5.8. 97다54482).

③ 지방자치단체장이 설치하여 관할 지방경찰청장에게 관리권한이 위임된 교통신호기의 고장으로 인하여 교통사고가 발생한 경우, 교통신호기를 관리하는 지방경찰청장 산하 경찰관들에 대한 봉급을 부담하는 **국가**도 국가배상법 제6조 제1항(비용부담자 책임)에 의한 배상책임을 부담한다(대판 1999.6.25. 99다11120).

④ **농수산부장관 소관의 국가사무**로 규정되어 있는 **개간허가와 개간허가의 취소사무**는 같은 법 제61조 제1항, 같은 법 시행령 제37조 제1항에 의하여 **도지사에게 위임**되고, 같은 법 제61조 제2항에 근거하여 도지사로부터 하위 지방자치단체장인 **군수에게 재위임**되었으므로 이른바 기관위임사무라 할 것이고, 이러한 경우 군수는 그 사무의 귀속 주체인 국가 산하 행정기관의 지위에서 그 사무를 처리하는 것에 불과하므로, 군수 또는 군수를 보조하는 공무원이 위임사무처리에 있어 고의 또는 과실로 타인에게 손해를 가하였다 하더라도 원칙적으로 군에는 국가배상책임이 없고 그 사무의 귀속 주체인 국가가 손해배상책임을 지는 것이며, 다만 국가배상법 제6조에 의하여 **군**이 비용을 부담한다고 볼 수 있는 경우에 한하여 국가와 함께 손해배상책임을 부담한다(대판 2000.5.12. 99다70600).

정답 ②

제2절 행정상 손실보상

01 **손실보상에 대한 설명으로 옳은 것은? (다툼이 있는 경우 판례에 의함)** *〈2019 지방직 9급〉*

① 「공익사업을 위한 토지 등의 취득 및 보상에 관한 법률」에 의한 잔여지 수용청구를 받아들이지 않은 토지수용위원회의 재결에 대하여 토지소유자가 불복하여 제기하는 소송은 항고소송에 해당한다.

② 「공익사업을 위한 토지 등의 취득 및 보상에 관한 법률」에 따른 사업폐지 등에 대한 보상청구권은 사법상 권리로서 그에 관한 소송은 민사소송절차에 의하여야 한다.

③ 「공익사업을 위한 토지 등의 취득 및 보상에 관한 법률」에 의한 보상합의는 공공기관이 사경제주체로서 행하는 사법상 계약의 실질을 가진다.

④ 공유수면매립면허의 고시가 있는 경우 그 사업이 시행되고 그로 인하여 직접 손실이 발생한다고 할 수 있으므로, 관행어업권자는 공유수면매립면허의 고시를 이유로 손실보상을 청구할 수 있다.

해설

① 잔여지 수용청구권은 손실보상의 일환으로 토지소유자에게 부여되는 권리로서 그 요건을 구비한 때에는 잔여지를 수용하는 토지수용위원회의 재결이 없더라도 그 청구에 의하여 수용의 효과가 발생하는 형성권적 성질을 가지므로, 잔여지 수용청구를 받아들이지 않은 토지수용위원회의 재결에 대하여 토지소유자가 불복하여 제기하는 소송은 위 법 제85조 제2항에 규정되어 있는 '보상금의 증감에 관한 소송'에 해당하여 사업시행자를 피고로 하여야 한다(대판 2010.8.19. 2008두822).

② 사업폐지 등에 대한 보상청구권은 공익사업의 시행 등 적법한 공권력의 행사에 의한 재산상 특별한 희생에 대하여 전체적인 공평부담의 견지에서 공익사업의 주체가 손해를 보상하여 주는 손실보상의 일종으로 공법상 권리임이 분명하므로 그에 관한 쟁송은 민사소송이 아닌 행정소송절차에 의하여야 한다(대판 2012.10.11. 2010다23210).

③ 「공익사업을 위한 토지 등의 취득 및 보상에 관한 법률」에 의한 **보상합의**는 공공기관이 사경제주체로서 행하는 **사법상 계약**의 실질을 가지는 것이다(대판 2013.8.22. 2012다3517).

④ 손실보상은 공공필요에 의한 행정작용에 의하여 사인에게 발생한 특별한 희생에 대한 전보라는 점에서 그 사인에게 특별한 희생이 발생하여야 하는 것은 당연히 요구되는 것이고, 공유수면 매립면허의 고시가 있다고 하여 반드시 그 사업이 시행되고 그로 인하여 손실이 발생한다고 할 수 없으므로, 매립면허 고시 **이후** 매립공사가 **실행**되어 관행어업권자에게 실질적이고 현실적인 피해가 발생한 경우에만 공유수면매립법에서 정하는 손실보상청구권이 발생하였다고 할 것이다(대판 2010.12.9. 2007두6571).

→ 공유수면매립면허의 고시만으로는 손실보상을 청구X

정답 ③

02 **「공익사업을 위한 토지 등의 취득 및 보상에 관한 법률」(이하 '토지보상법'이라 함)에 대한 설명으로 옳지 않은 것은? (다툼이 있는 경우 판례에 의함)** *〈2018 국가직 7급〉*

① 손실보상금에 관한 당사자 간의 합의가 성립하면, 그 합의내용이 토지보상법에서 정하는 손실보상 기준에 맞지 않는다고 하더라도 합의가 적법하게 취소되는 등의 특별한 사정이 없는 한 추가로 토지보상법상 기준에 따른 손실보상금 청구를 할 수 없다.

② 하나의 수용재결에서 여러가지의 토지, 물건, 권리 또는 영업의 손실의 보상에 관하여 심리. 판단이 이루어졌을 때, 피보상자는 재결 전부에 관하여 불복하여야 하고 여러 보상항목들 중 일부에 관해서만 개별적으로 불복할 수는 없다.

③ 토지수용위원회의 수용재결이 있은 후라고 하더라도 토지소유자와 사업시행자가 다시 협의하여 토지 등의 취득, 사용 및 그에 대한 보상에 관하여 임의로 계약을 체결할 수 있다.

④ 사업인정고시가 된 후 사업시행자가 토지를 사용하는 기간이 3년 이상인 경우 토지소유자는 토지수용위원회에 토지의 수용을 청구할 수 있고, 토지수용위원회가 이를 받아들이지 않는 재결을 한 경우에는 사업시행자를 피고로 하여 토지보상법상 보상금의 증감에 관한 소송을 제기할 수 있다.

해설

① 공익사업법에 의한 보상을 하면서 손실보상금에 관한 당사자 간의 합의가 성립하면 그 합의 내용대로 구속력이 있고, 손실보상금에 관한 합의 내용이 공익사업법에서 정하는 손실보상 기준에 맞지 않는다고 하더라도 합의가 적법하게 취소되는 등의 특별한 사정이 없는 한 추가로 공익사업법상 기준에 따른 손실보상금 청구를 할 수는 없다(대판 2013.8.22. 2012다3517).

② 하나의 재결에서 피보상자별로 여러 가지의 토지, 물건, 권리 또는 영업의 손실에 관하여 심리·판단이 이루어졌을 때, 피보상자 또는 사업시행자가 반드시 재결 전부에 관하여 불복하여야 하는 것은 아니며, 여러 보상항목들 중 일부에 관해서만 불복하는 경우에는 그 부분에 관해서만 개별적으로 불복의 사유를 주장하여 행정소송을 제기할 수 있다(대판 2018.5.15. 2017두41221).

③ 일단 토지수용위원회가 수용재결을 하였더라도 사업시행자로서는 수용 또는 사용의 개시일까지 토지수용위원회가 재결한 보상금을 지급 또는 공탁하지 아니함으로써 그 재결의 효력을 상실시킬 수 있는 점, 토지소유자 등은 수용재결에 대하여 이의를 신청하거나 행정소송을 제기하여 보상금의 적정 여부를 다툴 수 있는데, 그 절차에서 사업시행자와 보상금액에 관하여 임의로 합의할 수 있는 점, 공익사업의 효율적인 수행을 통하여 공공복리를 증진시키고, 재산권을 적정하게 보호하려는 토지보상법의 입법목적(제1조)에 비추어 보더라도 수용재결이 있은 후에 사법상 계약의 실질을 가지는 협의취득 절차를 금지해야 할 별다른 필요성을 찾기 어려운 점 등을 종합해 보면, 토지수용위원회의 수용재결이 있은 후라고 하더라도 토지소유자 등과 사업시행자가 다시 협의하여 토지 등의 취득이나 사용 및 그에 대한 보상에 관하여 임의로 계약을 체결할 수 있다고 보아야 한다(대판 2017.4.17. 2016두64241).

④ 공익사업을 위한 토지 등의 취득 및 보상에 관한 법률 제72조는 사업인정고시가 된 후 '토지를 사용하는 기간이 3년 이상인 때(제1호)' 등의 경우 당해 토지소유자는 사업시행자에게 그 토지의 매수를 청구하거나 관할 토지수용위원회에 그 토지의 수용을 청구할 수 있도록 정하고 있다. 위 규정의 문언, 연혁 및 취지 등에 비추어 보면, 위 규정이 정한 수용청구권은 토지보상법 제74조 제1항이 정한 잔여지 수용청구권과 같이 손실보상의 일환으로 토지소유자에게 부여되는 권리로서 그 청구에 의하여 수용효과가 생기는 형성권의 성질을 지니므로, 토지소유자의 토지수용청구를 받아들이지 아니한 토지수용위원회의 재결에 대하여 토지소유자가 불복하여 제기하는 소송은 토지보상법 제85조 제2항에 규정되어 있는 '보상금의 증감에 관한 소송'에 해당하고, 그 피고는 토지수용위원회가 아니라 사업시행자로 하여야 한다(대판 2015.4.9. 2014두46669).

정답 ②

03 **공익사업을 위한 토지 등의 취득 및 보상에 관한 법률에 대한 설명으로 옳지 않은 것은? (다툼이 있는 경우 판례에 의함)** *〈2018 지방직 7급〉*

① 해당 공익사업의 성격, 구체적인 경위나 내용, 원만한 시행을 위한 필요 등 제반 사정을 고려하여, 사업시행자는 법이 정한 이주대책대상자를 포함하여 그 밖의 이해관계인에게까지 넓혀 이주대책 수립 등을 시행할 수 있다.

② 사업인정이란 공익사업을 토지 등을 수용 또는 사용할 사업으로 결정하는 것인데, 사업시행자에게 해당 공익사업을 수행할 의사와 능력이 있어야 한다는 것도 사업인정의 한 요건이라고 보아야 한다.

③ 환매제도는 재산권보장, 원소유자의 보호 및 공평의 원칙에 바탕을 두기에, 환매의 목적물은 토지소유권에 한하지 않고, 토지 이외의 물건이나 토지소유권 이외의 권리 역시 환매의 대상이 될 수 있다.

④ 사업시행자가 공익사업에 필요한 토지를 협의취득하는 행위는 사경제주체로서 행하는 사법상의 법률행위이다.

해설

① 공익사업을 위한 토지 등의 취득 및 보상에 관한 법률(이하 '공익사업법'이라 한다) 및 공익사업을 위한 토지 등의 취득 및 보상에 관한 법률 시행령이 공익사업의 시행으로 인하여 주거용 건축물을 제공함에 따라 생활의 근거를 상실하게 되는 자(이하 '이주대책대상자'라 한다)의 범위를 정하고 이주대책대상자에게 시행할 이주대책 수립·실시 또는 이주정착금의 지급(이하 '이주대책 수립 등'이라 한다)의 내용에 관하여 구체적으로 규정하고 있으므로, 사업시행자는 법이 정한 이주대책대상자를 법령이 예정하고 있는 이주대책 수립 등의 대상에서 임의로 제외해서는 아니 된다.

그렇지만 규정 취지가 사업시행자가 시행하는 이주대책 수립 등의 대상자를 법이 정한 이주대책 대상자로 한정하는 것은 아니므로, 사업시행자는 해당 공익사업의 성격, 구체적인 경위나 내용, 원만한 시행을 위한 필요 등 제반 사정을 고려하여 법이 정한 이주대책대상자를 포함하여 그 밖의 이해관계인에게까지 넓혀 이주대책 수립 등을 시행할 수 있다(대판 2015.7.23, 2012두22911).

② 가. 사업인정이란 공익사업을 토지 등을 수용 또는 사용할 사업으로 결정하는 것으로서 공익사업의 시행자에게 그 후 일정한 절차를 거칠 것을 조건으로 일정한 내용의 수용권을 설정하여 주는 형성행위이므로, 해당 사업이 외형상 토지 등을 수용 또는 사용할 수 있는 사업에 해당한다고 하더라도 사업인정기관으로서는 그 사업이 공용수용을 할 만한 공익성이 있는지의 여부와 공익성이 있는 경우에도 그 사업의 내용과 방법에 관하여 사업인정에 관련된 자들의 이익을 공익과 사익 사이에서는 물론, 공익 상호 간 및 사익 상호 간에도 정당하게 비교·교량하여야 하고, 그 비교·교량은 비례의 원칙에 적합하도록 하여야 한다. 그뿐만 아니라 해당 공익사업을 수행하여 공익을 실현할 의사나 능력이 없는 자에게 타인의 재산권을 공권력적·강제적으로 박탈할 수 있는 수용권을 설정하여 줄 수는 없으므로, 사업시행자에게 해당 공익사업을 수행할 의사와 능력이 있어야 한다는 것도 사업인정의 한 요건이라고 보아야 한다.

나. 공용수용은 헌법상의 재산권 보장의 요청상 불가피한 최소한에 그쳐야 한다는 헌법 제23조의 근본취지에 비추어 볼 때, 사업시행자가 사업인정을 받은 후 그 사업이 공용수용을 할 만한 공익성을 상실하거나 사업인정에 관련된 자들의 이익이 현저히 비례의 원칙에 어긋나게 된 경우 또는 사업시행자가 해당 공익사업을 수행할 의사나 능력을 상실하였음에도 여전히 그 사업인정에 기하여 수용권을 행사하는 것은 수용권의 공익 목적에 반하는 수용권의 남용에 해당하여 허용되지 않는다(대판 2011.1.27. 2009두1051).

③ 환매의 목적물은 토지에 한정되며, 주된 대상은 그 소유권이다. 따라서 토지 이외의 물건(건물, 입목, 토석)이나 토지소유권 이외의 권리는 환매의 대상이 되지 아니한다.

④ 공익사업을 위한 토지 등의 취득 및 보상에 관한 법령에 의한 협의취득은 사법상의 법률행위이므로 당사자 사이의 자유로운 의사에 따라 채무불이행책임이나 매매대금 과부족금에 대한 지급의무를 약정할 수 있다(대판 2012.2.23. 2010다91206).

정답 ③

04 「공익사업을 위한 토지 등의 취득 및 보상에 관한 법률」상 손실보상의 원칙에 관한 설명으로 옳지 않은 것은? 〈2017 서울시 9급〉

① 동일한 사업지역에 보상시기를 달리하는 동일인 소유의 토지 등이 여러 개 있는 경우 토지소유자나 관계인이 요구할 때에는 한꺼번에 보상금을 지급하도록 하여야 한다.

② 공익사업에 필요한 토지 등의 취득 또는 사용으로 인하여 토지소유자나 관계인이 입은 손실은 사업시행자가 보상하여야 한다.

③ 보상액의 산정은 협의에 의한 경우에는 협의 성립 당시의 가격을, 재결에 의한 경우에는 수용 또는 사용의 재결 당시의 가격을 기준으로 한다.

④ 보상액을 산정할 경우에 해당 공익사업으로 인하여 토지 등의 가격이 변동되었을 때에는 이를 고려하여야 한다.

해설

① 공익사업을 위한 토지 등의 취득 및 보상에 관한 법률 제65조 (일괄보상)
사업시행자는 동일한 사업지역에 보상시기를 달리하는 동일인 소유의 토지 등이 여러 개 있는 경우 토지소유자나 관계인이 요구할 때에는 한꺼번에 보상금을 지급하도록 하여야 한다.

② 공익사업을 위한 토지 등의 취득 및 보상에 관한 법률 제61조 (사업시행자 보상)
공익사업에 필요한 토지 등의 취득 또는 사용으로 인하여 토지소유자나 관계인이 입은 손실은 **사업시행자가 보상**하여야 한다.

③, ④ 공익사업을 위한 토지 등의 취득 및 보상에 관한 법률 제67조 (보상액 결정의 기준 시점)
제1항 보상액의 산정은 협의에 의한 경우에는 협의 성립 당시의 가격을, 재결에 의한 경우에는 수용 또는 사용의 재결 당시의 가격을 기준으로 한다.
제2항 보상액을 산정할 경우에 해당 공익사업으로 인하여 토지 등의 가격이 변동되었을 때에는 이를 고려하지 아니한다.
→ *개발이익 배제O*

정답 ④

05 **「공익사업을 위한 토지 등의 취득 및 보상에 관한 법률」상 토지수용에 따른 권리구제에 대한 기술로 옳은 것은? (단, 다툼이 있는 경우 판례에 의함)** *〈2017 사회복지〉*

① 사업폐지에 대한 손실보상청구권은 사법상 권리로서 민사소송 절차에 의해야 한다.

② 농업손실에 대한 보상청구권은 「행정소송법」상 당사자소송에 의해야 한다.

③ 수용재결에 불복하여 이의신청을 거쳐 취소소송을 제기하는 때에는 이의재결을 한 중앙토지수용위원회를 피고로 해야 한다.

④ 잔여지 수용청구를 받아들이지 않는 토지수용위원회의 재결에 대해서는 취소소송을 제기할수 있다.

해설

① 공익사업을 위한 토지 등의 취득 및 보상에 관한 법률 제79조 제2항은 "기타 공익사업의 시행으로 인하여 발생하는 손실의 보상 등에 대하여는 건설교통부령이 정하는 기준에 의한다." 고 규정하고 있고, 그 위임에 따라 공익사업법 시행규칙 제57조는 '사업폐지 등에 대한 보상' 이라는 제목 아래 "공익사업의 시행으로 인하여 건축물의 건축을 위한 건축허가 등 관계법령에 의한 절차를 진행중이던 사업 등이 폐지·변경 또는 중지되는 경우 그 사업 등에 소요된 법정수수료 그 밖의 비용 등의 손실에 대하여는 이를 보상하여야 한다."고 규정하고 있다. 위 규정들에 따른 사업폐지 등에 대한 보상청구권은 공익사업의 시행 등 적법한 공권력의 행사에 의한 재산상의 특별한 희생에 대하여 전체적인 공평부담의 견지에서 공익사업의 주체가 그 손해를 보상하여 주는 손실보상의 일종으로 공법상의 권리임이 분명하므로 그에 관한 쟁송은 민사소송이 아닌 행정소송절차에 의하여야 할 것이다(대판 2012.10.11. 2010다23210).

② 공익사업을 위한 토지 등의 취득 및 보상에 관한 법률 제77조 제2항의 농업손실에 대한 보상청구권은 공익사업의 시행 등 적법한 공권력의 행사에 의한 재산상의 특별한 희생에 대하여 전체적인 공평부담의 견지에서 공익사업의 주체가 그 손해를 보상하여 주는 손실보상의 일종으로 공법상의 권리임이 분명하므로 그에 관한 쟁송은 민사소송이 아닌 행정소송절차에 의하여야 할 것이다(대판 2011.10.13, 2009다43461).

③ 수용재결에 불복하여 취소소송을 제기하는 때에는 이의신청을 거친 경우에도 수용재결을 한 중앙토지수용위원회 또는 지방토지수용위원회를 피고로 하여 수용재결의 취소를 구하여야 한다. 다만 이의신청에 대한 재결 자체에 고유한 위법이 있음을 이유로 하는 경우에는 그 이의재결을 한 중앙토지수용위원회를 피고로 하여 이의재결의 취소를 구할 수 있다고 보아야한다(대판 2010.1.28, 2008두1504).

④ 공익사업을 위한 토지 등의 취득 및 보상에 관한 법률(이하 '토지보상법'이라고 한다) 제72조의 문언, 연혁 및 취지 등에 비추어 보면, 위 규정이 정한 수용청구권은 토지보상법 제74조 제1항이 정한 잔여지 수용청구권과 같이 손실보상의 일환으로 토지소유자에게 부여되는 권리로서 그 청구에 의하여 수용효과가 생기는 형성권의 성질을 지니므로, 토지소유자의 토지수용청구를 받아들이지 아니한 토지수용위원회의 재결에 대하여 토지소유자가 불복하여 제기하는 소송은 토지보상법 제85조 제2항에 규정되어 있는 '보상금의 증감에 관한 소송'에 해당하고, 피고는 토지수용위원회가 아니라 사업시행자로 하여야 한다(대판 2015.4.9. 2014두46669).

정답 ②

06 헌법 제23조 제3항의 공용수용의 요건에 대한 설명으로 옳지 않은 것은? (다툼이 있는 경우 헌법재판소 결정에 의함) *〈2017 국회직 8급〉*

① 헌법 제23조의 근본적 취지는 원칙적으로 모든 국민의 구체적 재산권의 자유로운 이용·수익·처분을 보장하면서 공공필요에 의한 재산권의 수용·사용 또는 제한은 헌법 이 규정하는 요건을 갖춘 경우에만 예외적으로 허용되는 것으로 해석된다.

② 공용수용이 허용될 수 있는 공익사업의 범위는 법률유보 원칙에 따라 법률에서 명확히 규정되어야 한다. 따라서 공공의 이익에 도움이 되는 사업이라도 '공익사업'으로 실정법에 열거되어 있지 아니한 사업은 공용수용이 허용될 수 없다.

③ 재산권의 존속보장과의 조화를 위하여서는 '공공필요'의 요건에 관하여 공익성은 추상적인 공익 일반 또는 국가의 이익 이상의 중대한 공익을 요구하므로 기본권 일반의 제한사유인 '공공복리'보다 넓게 보는 것이 타당하다.

④ 헌법적 요청에 의한 수용이라 하더라도 국민의 재산을 그 의사에 반하여 강제적으로라도 취득하여야 할 정도의 필요성이 인정되어야 하고, 그 필요성이 인정되기 위하여서는 사인의 재산권침해를 정당화할 정도의 공익의 우월성이 인정되어야 한다.

⑤ 사업시행자가 사인인 경우에는 공익의 우월성이 인정되는 것 외에 그 사업시행으로 획득할 수 있는 공익이 현저히 해태되지 아니하도록 보장하는 제도적 규율도 갖추어져 있어야 한다.

해설

① 「헌법」 제23조의 근본취지는 우리 헌법이 사유재산제도의 보장이라는 기조 위에서 원칙적으로 모든 국민의 구체적 재산권의 자유로운 이용·수익·처분을 보장하면서 공공필요에 의한 재산권의 수용·사용 또는 제한은 헌법이 규정하는 요건을 갖춘 경우에만 예외적으로 허용한다는 것으로 해석된다(헌재 2014.10.30. 2011헌바172).

② 공용수용이 허용될 수 있는 공익성을 가진 사업, 즉 공익사업의 범위는 사업시행자와 토지소유자 등의 이해가 상반되는 중요한 사항으로서, 공용수용에 대한 법률유보의 원칙에 따라 법률에서 명확히 규정되어야 한다. 공공의 이익에 도움이 되는 사업이라도 '공익사업'으로 실정법에 열거되어 있지 않은 사업은 공용수용이 허용될 수 없다(헌재 2014.10.30. 2011헌바172).

③ 오늘날 공익사업의 범위가 확대되는 경향에 대응하여 재산권의 존속보장과의 조화를 위해서는, '공공필요'의 요건에 관하여, 공익성은 추상적인 공익 일반 또는 국가의 이익 이상의 중대한 공익을 요구하므로 기본권 일반의 제한사유인 '공공복리'보다 좁게 보는 것이 타당하며, 공익성의 정도를 판단함에 있어서는 공용수용을 허용하고 있는 개별법의 입법목적, 사업내용, 사업이 입법목적에 이바지 하는 정도는 물론, 특히 그 사업이 대중을 상대로 하는 영업인 경우에는 그 사업 시설에 대한 대중의 이용·접근가능성도 아울러 고려하여야 한다(헌재 2014.10.30. 2011헌바172).

④ 공용수용을 허용하고 있는 개별법은 대부분 공익사업을 시행하기 위하여 '필요한 경우'에 토지 등을 수용할 수 있다고 규정하고 있다. 수용은 타인의 재산권을 직접적으로 박탈하는 것일 뿐 아니라, 「헌법」 제10조로부터 도출되는 계약의 자유 내지 피수용자의 거주이전 자유까지 문제될 수 있는 등 사실상 많은 헌법상 가치들의 제약을 초래할 수 있으므로, 헌법적 요청에 의한 수용이라 하더라도 국민의 재산을 그 의사에 반하여 강제적으로라도 취득해야 할 정도의 필요성이 인정되어야 하고, 그 필요성이 인정되기 위해서는 공용수용을 통하여 달성하려는 공익과 그로 인하여 재산권을 침해당하는 사인의 이익 사이의 형량에서 사인의 재산권침해를 정당화할 정도의 공익의 우월성이 인정되어야 한다(헌재 2014.10.30. 2011헌바172).

⑤ 사업시행자가 사인인 경우에는 위와 같은 공익의 우월성이 인정되는 것 외에도 사인은 경제활동의 근본적인 목적이 이윤을 추구하는 일에 있으므로, 그 사업 시행으로 획득할 수 있는 공익이 현저히 해태되지 않도록 보장하는 제도적 규율도 갖추어져 있어야 한다(헌재 2014.10.30. 2011헌바172).

정답 ③

07 행정소송으로 청구할 수 없는 것은? (다툼이 있는 경우 판례에 의함) 〈2017 국가직 7급〉

① 공익사업으로 인하여 영업을 폐지하거나 휴업하는 자의 영업 손실로 인한 보상에 관한 소송
② 동일한 소유자에게 속하는 일단의 건축물의 일부가 수용됨으로써 발생한 잔여 건축물 가격감소 등으로 인한 손실보상에 관한 소송
③ 「공익사업을 위한 토지 등의 취득 및 보상에 관한 법률」상 환매권의 존부에 관한 확인 및 환매금액의 증감을 구하는 소송
④ 잔여지 수용청구를 받아들이지 않은 토지수용위원회의 재결에 불복하여 제기하는 소송

해설

① 공익사업으로 인하여 영업을 폐지하거나 휴업하는 자가 사업시행자에게서 구 공익사업법 제77조 제1항에 따라 영업손실에 대한 보상을 받기 위해서 구 공익사업법 제34조, 제50조 등에 규정된 재결절차를 거친 다음 재결에 대하여 불복이 있는 때에 비로소 구 공익사업법 제83조 내지 제85조에 따라 권리구제를 받을 수 있을 뿐, 이러한 재결절차를 거치지 않은 채 곧바로 사업시행자를 상대로 손실보상을 청구하는 것은 허용되지 않는다고 보는 것이 타당하다(대판 2011.9.29. 2009두10963).

② 토지소유자가 사업시행자로부터 공익사업법 제73조, 제75조의2에 따른 잔여지 또는 잔여 건축물 가격감소 등으로 인한 손실보상을 받기 위해서는 공익사업법 제34조, 제50조 등에 규정된 재결절차를 거친 다음 그 재결에 대하여 불복할 때 비로소 공익사업법 제83조 내지 제85조에 따라 권리구제를 받을 수 있을 뿐이며, 특별한 사정이 없는 한 이러한 재결절차를 거치지 않은 채 곧바로 사업시행자를 상대로 손실보상을 청구하는 것은 허용되지 않는다 할 것이고, 이는 잔여지 또는 잔여 건축물 수용청구에 대한 재결절차를 거친 경우라고 하여 달리 볼 것은 아니다(대판 2014.9.25. 2012두24092).

③ 구 공익사업을 위한 토지 등의 취득 및 보상에 관한 법률 제91조에 규정된 환매권은 상대방에 대한 의사표시를 요하는 형성권의 일종으로서 재판상이든 재판 외이든 위 규정에 따른 기간 내에 행사하면 매매의 효력이 생기는 바, 이러한 환매권의 존부에 관한 확인을 구하는 소송 및 구 공익사업법 제91조 제4항에 따라 환매금액의 증감을 구하는 소송 역시 민사소송에 해당한다(대판 2013.2.28. 2010두22368).

④ 구 공익사업을 위한 토지 등의 취득 및 보상에 관한 법률 제74조 제1항에 규정되어 있는 잔여지 수용청구권은 손실보상의 일환으로 토지소유자에게 부여되는 권리로서 그 요건을 구비한 때에는 잔여지를 수용하는 토지수용위원회의 재결이 없더라도 그 청구에 의하여 수용의 효과가 발생하는 형성권적 성질을 가지므로, 잔여지 수용청구를 받아들이지 아니한 토지수용위원회의 재결에 대하여 토지소유자가 불복하여 제기하는 소송은 공익사업법 제85조 제2항에 규정되어 있는 '보상금의 증감에 관한 소송'에 해당하여 사업시행자를 피고로 하여야 한다(대판 2010.8.19. 2008두822).

정답 ③

제3절 그 밖의 손해전보제도

제4절 공법상 결과제거청구권

제2장 행정심판

제1절 행정심판

01 **「행정심판법」상 행정심판위원회가 취소심판의 청구가 이유가 있다고 인정하는 경우에 행할 수 있는 재결에 해당하지 않는 것은?** *〈2021 국가직 9급〉*

① 처분을 취소하는 재결
② 처분을 할 것을 명하는 재결
③ 처분을 다른 처분으로 변경하는 재결
④ 처분을 다른 처분으로 변경할 것을 명하는 재결

해설

행정심판법 제43조 (재결의 구분)

제3항 위원회는 **취소심판**의 청구가 이유가 있다고 인정하면 처분을 **취소** 또는 다른 처분으로 **변경**하거나 처분을 다른 처분으로 **변경할 것을 피청구인에게 명**한다.

→ *취소심판의 인용재결은 취소재결O / 변경재결O / 변경명령재결O / 취소명령재결X / 처분명령재결(이행명령재결)X*

정답 ②

02 **「행정심판법」상 위원회에 대한 설명으로 옳지 않은 것은?** *〈2021 소방공채〉*

① 중앙행정심판위원회의 비상임위원은 일정한 요건을 갖춘 사람 중에서 중앙행정심판위원회 위원장의 제청으로 국무총리가 성별을 고려하여 위촉한다.
② 중앙행정심판위원회의 회의는 위원장, 상임위원 및 위원장이 회의마다 지정하는 비상임위원을 포함하여 총 15명으로 구성한다.
③ 「행정심판법」 제10조에 의하면, 위원장은 제척신청이나 기피신청을 받으면 제척 또는 기피 여부에 대한 결정을 한다.
④ 중앙행정심판위원회는 위원장 1명을 포함하여 70명 이내의 위원으로 구성한다.

해설

① **행정심판법 제8조 (중앙행정심판위원회의 구성)**

제4항 **중앙행정심판위원회의 비상임위원**은 제7조 제4항 각 호의 어느 하나에 해당하는 사람 중에서 **중앙행정심판위원회 위원장의 제청**으로 **국무총리가 성별을 고려하여 위촉**한다.

② **행정심판법 제8조 (중앙행정심판위원회의 구성)**

제5항 **중앙행정심판위원회의 회의**(제6항에 따른 소위원회 회의는 제외한다)는 위원장, 상임위원 및 위원장이 회의마다 지정하는 비상임위원을 포함하여 총 **9명**으로 구성한다.

③ **행정심판법 제10조 (위원의 제척·기피·회피)**

제6항 **위원장**은 제척신청이나 기피신청을 받으면 제척 또는 기피 여부에 대한 **결정**을 하고, 지체 없이 신청인에게 결정서 정본(正本)을 송달하여야 한다.

④ **행정심판법 제8조 (중앙행정심판위원회의 구성)**

제1항 중앙행정심판위원회는 위원장 1명을 포함하여 70명 이내의 위원으로 구성하되, 위원 중 상임위원은 4명 이내로 한다.

정답 ②

03 「행정심판법」상의 행정심판에 대한 설명으로 옳지 않은 것은? (다툼이 있는 경우 판례에 의함)

〈2020 지방직 9급〉

① 행정청의 부당한 처분을 변경하는 행정심판은 현행법상 허용된다.

② 당사자의 신청에 대한 행정청의 부당한 거부처분에 대하여 일정한 처분을 하도록 하는 행정심판은 현행법상 허용된다.

③ 당사자의 신청에 대한 행정청의 위법한 부작위에 대하여 행정청의 부작위가 위법하다는 것을 확인하는 행정심판은 현행법상 허용되지 않는다.

④ 당사자의 신청에 대한 행정청의 부당한 거부처분을 취소하는 행정심판은 현행법상 허용되지 않는다.

해설

행정심판법 제5조 (행정심판의 종류)

행정심판의 종류는 다음 각 호와 같다.

1. **취소심판** : 행정청의 위법 또는 부당한 처분을 취소하거나 변경하는 행정심판

→ (거부처분도 처분이므로) 부당한 처분에 부당한 거부처분도 당연히 포함된다.

2. **무효등확인심판** : 행정청의 처분의 효력 유무 또는 존재 여부를 확인하는 행정심판
3. **의무이행심판** : 당사자의 신청에 대한 행정청의 위법 또는 부당한 거부처분이나 부작위에 대하여 일정한 처분을 하도록 하는 행정심판

정답 ④

04 행정심판에 대한 설명으로 옳은 것은? *〈2020 지방직 7급〉*

① 「행정심판법」은 당사자심판을 규정하여 당사자소송과 연동시키고 있다.
② 피청구인의 경정은 행정심판위원회에서 결정하며 언제나 당사자의 신청을 전제로 한다.
③ 조정은 당사자가 합의한 사항을 조정서에 기재한 후 당사자가 서명 또는 날인함으로써 완성된다.
④ 법령의 규정에 따라 공고하거나 고시한 처분이 재결로써 취소되거나 변경되면 처분을 한 행정청은 지체 없이 그 처분이 취소 또는 변경되었다는 것을 공고하거나 고시하여야 한다.

해설

① **행정심판법 제5조 (행정심판의 종류)**
행정심판의 종류는 다음 각 호와 같다.
1. **취소심판** : 행정청의 위법 또는 부당한 처분을 취소하거나 변경하는 행정심판
2. **무효등확인심판** : 행정청의 처분의 효력 유무 또는 존재 여부를 확인하는 행정심판
3. **의무이행심판** : 당사자의 신청에 대한 행정청의 위법 또는 부당한 거부처분이나 부작위에 대하여 일정한 처분을 하도록 하는 행정심판

→ *행정심판법에는 **당사자심판X***

② **행정심판법 제17조 (피청구인의 적격 및 경정)**
제2항 청구인이 피청구인을 잘못 지정한 경우에는 위원회는 직권으로 또는 당사자의 신청에 의하여 결정으로써 피청구인을 경정(更正)할 수 있다.

③ **행정심판법 제43조의2 (조정)**
제3항 **조정**은 당사자가 합의한 사항을 조정서에 기재한 후 당사자가 서명 또는 날인하고 **위원회가 이를 확인**함으로써 **성립**한다.

④ **행정심판법 제49조 (재결의 기속력 등)**
제5항 법령의 규정에 따라 공고하거나 고시한 처분이 재결로써 취소되거나 변경되면 처분을 한 행정청은 **지체 없이** 그 처분이 취소 또는 변경되었다는 것을 공고하거나 고시하여야 한다.

정답 ④

05 「행정심판법」상 행정심판에 대한 설명으로 옳지 않은 것은? (다툼이 있는 경우 판례에 의함)

〈2019 국가직 9급〉

① 대통령의 처분 또는 부작위에 대하여는 다른 법률에서 행정심판을 청구할 수 있도록 정한 경우 외에는 행정심판을 청구 할 수 없다.

② 당사자의 신청에 대한 행정청의 부당한 거부처분에 대하여 일정한 처분을 하도록 하는 행정심판의 청구는 현행법상 허용되고 있다.

③ 「행정심판법」에 따른 서류의 송달에 관하여는 「행정절차법」 중 송달에 관한 규정을 준용한다.

④ 행정심판 청구인이 경제적 능력으로 인해 대리인을 선임할 수 없는 경우에는 행정심판위원회에 국선대리인을 선임하여 줄 것을 신청할 수 있다.

해설

① **행정심판법 제3조 제2항** 대통령의 처분 또는 부작위에 대하여는 다른 법률에서 행정심판을 청구할 수 있도록 정한 경우 외에는 행정심판을 청구할 수 없다.

→ *대통령은 행정부의 수반이므로 행정심판위원회(행정청)가 대통령의 결정을 판단X*

② **행정심판법 제5조** 행정심판의 종류는 다음 각 호와 같다.

1. 취소심판 : 행정청의 위법 또는 부당한 처분을 취소하거나 변경하는 행정심판
2. 무효등확인심판 : 행정청의 처분의 효력 유무 또는 존재 여부를 확인하는 행정심판
3. 의무이행심판 : 당사자의 신청에 대한 행정청의 위법 또는 부당한 거부처분이나 부작위에 대하여 일정한 처분을 하도록 하는 행정심판

③ **행정심판법 제57조** 이 법에 따른 서류의 송달에 관하여는 **「민사소송법」중 송달에 관한 규정**을 준용한다.

④ **행정심판법 제18조의2 제1항** 청구인이 경제적 능력으로 인해 대리인을 선임할 수 없는 경우에는 위원회에 국선대리인을 선임하여 줄 것을 신청할 수 있다.

정답 ③

06 「행정심판법」의 내용에 대한 설명으로 옳지 않은 것은? 〈2019 지방직 9급〉

① 행정심판위원회는 필요하면 당사자가 주장하지 아니한 사실에 대하여도 심리할 수 있다.
② 행정심판위원회는 임시처분을 결정한 후에 임시처분이 공공복리에 중대한 영향을 미치는 경우에는 직권으로 또는 당사자의 신청에 의하여 이 결정을 취소할 수 있다.
③ 청구인은 행정심판위원회의 간접강제 결정에 불복하는 경우 그 결정에 대하여 행정소송을 제기할 수 있다.
④ 당사자의 신청을 거부하는 처분에 대한 취소심판에서 인용재결이 내려진 경우, 의무이행심판과 달리 행정청은 재처분의무를 지지 않는다.

해설

① **행정심판법 제39조 (직권심리)**
위원회는 필요하면 당사자가 주장하지 아니한 사실에 대하여도 심리할 수 있다.
→ *행정심판위원회는 보충적 직권심리O*

② **행정심판법 제30조 (집행정지)**
제4항 위원회는 집행정지를 결정한 후에 집행정지가 **공공복리에 중대한 영향을 미치거나 그 정지사유가 없어진 경우**에는 **직권**으로 또는 당사자의 **신청**에 의하여 집행정지 **결정을 취소**할 수 있다.
행정심판법 제31조 제2항 제1항에 따른 **임시처분**에 관하여는 제30조 제3항부터 제7항까지를 준용한다.

③ **행정심판법 제50조의2 (위원회의 간접강제)**
제1항 위원회는 피청구인이 제49조 제2항(제49조 제4항에서 준용하는 경우를 포함한다) 또는 제3항에 따른 처분을 하지 아니하면 **청구인의 신청**에 의하여 **결정**으로 **상당한 기간**을 정하고 피청구인이 그 기간 내에 **이행**하지 **아니**하는 경우에는 그 **지연기간에 따라 일정한 배상을 하도록 명**하거나 **즉시 배상을 할 것을 명**할 수 있다.
제4항 청구인은 제1항 또는 제2항에 따른 결정에 불복하는 경우 그 결정에 대하여 행정소송을 제기할 수 있다.
→ *청구인은 간접강제결정에 대하여 행정소송O*

④ **행정심판법 제49조 (재결의 기속력 등)**
제2항 재결에 의하여 취소되거나 무효 또는 부존재로 확인되는 처분이 당사자의 신청을 거부하는 것을 내용으로 하는 경우에는 그 처분을 한 행정청은 재결의 취지에 따라 다시 이전의 신청에 대한 처분을 하여야 한다.

정답 ④

07 「행정심판법」상 행정심판에 관한 설명으로 가장 옳지 않은 것은? 〈2019 서울시 9급〉

① 무효등확인심판에서는 사정재결이 허용되지 아니한다.

② 거부처분에 대한 취소심판이나 무효등확인심판청구에서 인용재결이 있었음에도 불구하고 피청구인인 행정청이 재결의 취지에 따른 처분을 하지 아니한 경우에는 당사자가 신청하면 행정심판위원회는 기간을 정하여 서면으로 시정을 명하고 그 기간에 이행하지 아니하면 직접 처분을 할 수 있다.

③ 행정청이 처분을 할 때에 처분의 상대방에게 심판청구 기간을 알리지 아니한 경우에는 처분이 있었던 날부터 180일까지가 취소심판이나 의무이행심판의 청구기간이 된다.

④ 종로구청장의 처분이나 부작위에 대한 행정심판청구는 서울특별시 행정심판위원회에서 심리·재결하여야 한다.

해설

① **행정심판법 제44조 (사정재결)**

제1항 위원회는 **심판청구가 이유가 있다**고 인정하는 경우에도 이를 인용(認容)하는 것이 **공공복리에 크게 위배**된다고 인정하면 그 **심판청구를 기각하는 재결**을 할 수 있다. 이 경우 위원회는 재결의 **주문**(主文)에서 그 **처분 또는 부작위가 위법하거나 부당**하다는 것을 구체적으로 밝혀야 한다.

제3항 제1항과 제2항은 **무효등확인심판**에는 **적용**하지 **아니**한다.

→ *무효등확인심판은 사정재결X ∴ 취소심판·의무이행심판은 사정재결O*

② **행정심판법 제49조 (재결의 기속력 등)**

제3항 **당사자의 신청을 거부하거나 부작위로 방치한 처분의 이행을 명하는 재결**이 있으면 행정청은 지체 없이 이전의 신청에 대하여 재결의 취지에 따라 처분을 하여야 한다.

행정심판법 제50조 (위원회의 직접 처분)

제1항 위원회는 피청구인이 **제49조 제3항**에도 불구하고 처분을 하지 아니하는 경우에는 당사자가 신청하면 기간을 정하여 서면으로 시정을 명하고 그 기간에 이행하지 아니하면 직접 처분을 할 수 있다. 다만, 그 처분의 성질이나 그 밖의 불가피한 사유로 위원회가 직접 처분을 할 수 없는 경우에는 그러하지 아니하다.

③ **행정심판법 제27조 (심판청구의 기간)**

제3항 행정심판은 **처분이 있었던 날**부터 **180일**이 지나면 청구하지 못한다. 다만, **정당한 사유**가 있는 경우에는 그러하지 **아니**하다.

제6항 행정청이 심판청구 기간을 알리지 아니한 경우에는 **제3항에 규정된 기간**에 심판청구를 할 수 있다.

→ *행정청이 상대방에게 청구기간 불고지 : 처분이 있었던 날부터 180일까지 청구기간O*

④ **행정심판법 제6조 (행정심판위원회의 설치)**

제3항 다음 각 호의 행정청의 처분 또는 부작위에 대한 심판청구에 대하여는 시·도지사 소속으로 두는 행정심판위원회에서 심리·재결한다.

1. 시·도 소속 행정청
2. 시·도의 관할구역에 있는 **시·군·자치구의 장, 소속 행정청** 또는 **시·군·자치구의 의회**(의장, 위원회의 위원장, 사무국장, 사무과장 등 의회 소속 모든 행정청을 포함한다)

→ *ex) 종로구청장의 처분·부작위에 대한 심판청구는 서울특별시 행정심판위원회에서 심리·재결*

정답 ②

08 행정심판에 대한 설명으로 옳은 것은? (다툼이 있는 경우 판례에 의함) 〈2018 국가직 9급〉

① 행정심판의 재결이 확정되면 피청구인인 행정청을 기속하는 효력이 있고 그 처분의 기초가 된 사실관계나 법률적 판단이 확정되므로 이후 당사자 및 법원은 이에 모순되는 주장이나 판단을 할 수 없다.

② 행정심판에서는 항고소송에서와 달리 처분청이 당초 처분의 근거로 삼은 사유와 기본적 사실관계가 동일성이 인정되지 않는 다른 사유를 처분사유로 추가하거나 변경할 수 있다.

③ 행정심판의 대상과 관련되는 권리나 이익을 양수한 특정승계인은 행정심판위원회의 허가를 받아 청구인의 지위를 승계할 수 있다.

④ 종중이나 교회와 같은 비법인사단은 사단 자체의 명의로 행정심판을 청구할 수 없고 대표자가 청구인이 되어 행정심판을 청구하여야 한다.

해설

① 행정심판의 재결은 피청구인인 행정청을 기속하는 효력을 가지므로 재결청이 취소심판의 청구가 이유 있다고 인정하여 처분청에 처분을 취소할 것을 명하면 처분청으로서는 재결의 취지에 따라 처분을 취소하여야 하지만, 나아가 재결에 판결에서와 같은 기판력이 인정되는 것은 아니어서 재결이 확정된 경우에도 처분의 기초가 된 사실관계나 법률적 판단이 확정되고 당사자들이나 법원이 이에 기속되어 모순되는 주장이나 판단을 할 수 없게 되는 것은 아니다(대판 2015.11.27. 2013다6759).

② 행정처분의 취소를 구하는 항고소송에서 처분청은 당초 처분의 근거로 삼은 사유와 기본적 사실관계가 동일성이 있다고 인정되는 한도 내에서만 다른 사유를 추가 또는 변경할 수 있고, 이러한 기본적 사실관계의 동일성 유무는 처분사유를 법률적으로 평가하기 이전의 구체적 사실에 착안하여 그 기초인 사회적 사실관계가 기본적인 점에서 동일한지에 따라 결정되므로, 추가 또는 변경된 사유가 처분 당시에 이미 존재하고 있었다거나 당사자가 그 사실을 알고 있었다고 하여 당초의 처분사유와 동일성이 있다고 할 수 없다. 그리고 이러한 법리는 행정심판 단계에서도 그대로 적용된다(대판 2014.5.16., 2013두26118).

③ **행정심판법 제16조 (청구인의 지위 승계)**

제5항 심판청구의 대상과 관계되는 권리나 이익을 양수한 자는 위원회의 허가를 받아 청구인의 **지위를 승계**할 수 있다.

④ **행정심판법 제14조 (법인이 아닌 사단 또는 재단의 청구인 능력)**

법인이 아닌 사단 또는 재단으로서 대표자나 관리인이 정하여져 있는 경우에는 그 **사단이나 재단의 이름**으로 심판청구를 할 수 있다.

정답 ③

09 행정심판과 행정소송에 대한 설명으로 옳지 않은 것은? (다툼이 있는 경우 판례에 의함)

〈2018 국가직 9급〉

① 행정심판을 청구하려는 자는 행정심판위원회뿐만 아니라 피청구인인 행정청에도 행정심판청구서를 제출할 수 있으나 행정소송을 제기하려는 자는 법원에 소장을 제출하여야 한다.

② 행정심판에서는 행정청이 상대방에게 심판청구기간을 법정 심판청구기간보다 긴 기간으로 잘못 알린 경우에 그 잘못 알린 기간 내에 심판청구가 있으면 그 심판청구는 법정 심판청구 기간 내에 제기된 것으로 보나 행정소송에서는 그렇지 않다.

③ 「행정심판법」은 「행정소송법」과는 달리 집행정지뿐만 아니라 임시처분도 규정하고 있다.

④ 행정심판에서 행정심판위원회는 행정청의 부작위가 위법, 부당하다고 판단되면 직접 처분을 할 수 있으나 행정소송에서 법원은 행정청의 부작위가 위법한 경우에만 직접 처분을 할 수 있다.

해설

① **행정심판법 제23조 (심판청구서의 제출)**

제1항 행정심판을 청구하려는 자는 제28조에 따라 심판청구서를 작성하여 **피청구인**이나 **위원회**에 제출하여야 한다. 이 경우 피청구인의 수만큼 심판청구서 부본을 함께 제출하여야 한다.

→ 심판청구서는 청구인의 선택에 따라 처분청에 제출 또는 위원회에 제출

→ 행정소송을 제기하려는 자는 행정법원에 소장을 제기하여야 함

② **행정심판법 제27조 (심판청구의 기간)**

제1항 행정심판은 **처분이 있음을 알게 된 날**부터 **90일** 이내에 청구하여야 한다.

→ *처분이 있음을 알게 된 날 = 처분 통지서를 받은 날*

제5항 행정청이 심판청구 기간을 제1항에 규정된 기간보다 긴 기간으로 **잘못 알린** 경우 그 **잘못 알린 기간에 심판청구**가 있으면 그 행정심판은 **제1항에 규정된 기간에 청구**된 것으로 **본다**.

→ *청구기간 오고지의 효과는 **행정심판O / 행정소송X***

행정심판과 행정소송은 그 성질, 불복사유, 제기기간, 판단기관 등에서 본질적인 차이점이 있고, 임의적 전치주의는 당사자가 행정심판과 행정소송의 유·불리를 스스로 판단하여 행정심판을 거칠지 여부를 선택할 수 있도록 한 취지에 불과하므로 어느 쟁송 형태를 취한 이상 그 쟁송에는 그에 관련된 법률 규정만이 적용될 것이지 두 쟁송 형태에 관련된 규정을 통틀어 당사자에게 유리한 규정만이 적용된다고 할 수는 없으며, 행정처분시나 그 이후 행정청으로부터 행정심판 제기기간에 관하여 법정 심판청구기간보다 긴 기간으로 잘못 통지받은 경우에 보호할 신뢰 이익은 그 통지받은 기간 내에 행정심판을 제기한 경우에 한하는 것이지 행정소송을 제기한 경우에까지 확대된다고 할 수 없으므로, 당사자가 행정처분시나 그 이후 행정청으로부터 행정심판 제기기간에 관하여 법정 심판청구기간보다 긴 기간으로 잘못 통지받아 **행정소송법상** 법정 제소기간을 도과하였다고 하더라도, 그것이 당사자가 책임질 수 없는 사유로 인한 것이라고 할 수는 없다(대판 2001.5.8, 2000두6916).

→ *행정심판에서의 불고지 및 오고지는 **행정소송에서는 적용X***

③ **행정심판법 제30조 (집행정지)**

제1항 **심판청구**는 **처분**의 **효력이나 그 집행 또는 절차의 속행**(續行)에 영향을 주지 **아니**한다.

제2항 위원회는 **처분, 처분의 집행 또는 절차의 속행** 때문에 **중대한 손해가 생기는 것을 예방할 필요성이 긴급하다고 인정**할 때에는 **직권**으로 또는 **당사자의 신청**에 의하여 처분의 효력, 처분의 집행 또는 절차의 속행의 전부 또는 일부의 정지(이하 "**집행정지**"라 한다)를 결정할 수 있다. 다만, 처분의 **효력정지**는 처분의 집행 또는 절차의 속행을 정지함으로써 그 목적을 달성할 수 있을 때에는 허용되지 아니한다.

행정심판법 제31조 (임시처분)

제1항 위원회는 처분 또는 부작위가 위법·부당하다고 상당히 의심되는 경우로서 처분 또는 부작위 때문에 당사자가 받을 우려가 있는 중대한 불이익이나 당사자에게 생길 급박한 위험을 막기 위하여 **임시지위**를 정하여야 할 필요가 있는 경우에는 직권으로 또는 당사자의 신청에 의하여 **임시처분**을 결정할 수 있다.

→ *행정소송은 집행정지O / 임시처분X*

④ 행정소송에서 법원은 행정청이 아니므로 직접 처분을 할 수는 없다.

정답 ④

10 「행정심판법」에 대한 설명으로 옳은 것만을 모두 고르면? 〈2018 국가직 7급〉

ㄱ. 재결에 의하여 취소되는 처분이 당사자의 신청을 거부하는 것을 내용으로 하는 경우에는 그 처분을 한 행정청은 재결의 취지에 따라 다시 이전의 신청에 대한 처분을 하여야한다.
ㄴ. 행정심판위원회는 피청구인이 의무이행재결의 취지에 따른 처분을 하지 아니하면 청구인의 신청에 의하여 결정으로 상당한 기간을 정하고 피청구인이 그 기간 내에 이행하지 아니하는 경우에는 그 지연기간에 따라 일정한 배상을 하도록 명하거나 즉시 배상을 할 것을 명할 수 있다.
ㄷ. 행정심판위원회는 심판청구된 행정청의 부작위가 위법·부당하다고 상당히 의심되는 경우로서 당사자가 받을 우려가 있는 중대한 불이익이나 당사자에게 생길 급박한 위험을 막기 위하여 임시지위를 정할 필요가 있는 경우 직권 또는 당사자의 신청에 의하여 임시처분을 결정할 수 있다.
ㄹ. 행정심판위원회는 공공복리에 적합하지 아니하거나 해당 처분의 성질에 반하는 경우가 아니라면 당사자의 권리 및 권한의 범위에서 당사자의 동의를 받아 조정을 할 수 있다.

① ㄱ, ㄴ
② ㄷ, ㄹ
③ ㄱ, ㄴ, ㄷ
④ ㄱ, ㄴ, ㄷ, ㄹ

해설

ㄱ. 행정심판법 제49조 (재결의 기속력 등)

제2항 **재결**에 의하여 취소되거나 무효 또는 부존재로 확인되는 **처분**이 당사자의 신청을 **거부**하는 것을 내용으로 하는 경우에는 그 처분을 한 행정청은 **재결의 취지**에 따라 **다시 이전의 신청에 대한 처분**을 하여야 한다.

→ *거부처분 취소심판·거부처분 무효등확인심판에서 취소재결·확인재결 : 행정청은 재처분의무O*

→ *거부처분에 대한 취소재결·확인재결 : 행정청은 재처분의무O*

ㄴ. 행정심판법 제50조의2 (위원회의 간접강제)

제1항 위원회는 피청구인이 제49조 제2항(제49조 제4항에서 준용하는 경우를 포함한다) 또는 제3항에 따른 처분을 하지 아니하면 **청구인의 신청**에 의하여 **결정**으로 **상당한 기간**을 정하고 피청구인이 그 기간 내에 **이행**하지 **아니**하는 경우에는 그 **지연기간에 따라 일정한 배상을 하도록 명**하거나 **즉시 배상을 할 것을 명**할 수 있다.

ㄷ. 행정심판법 제31조 (임시처분)

제1항 위원회는 처분 또는 부작위가 위법·부당하다고 상당히 의심되는 경우로서 처분 또는 부작위 때문에 당사자가 받을 우려가 있는 중대한 불이익이나 당사자에게 생길 급박한 위험을 막기 위하여 임시지위를 정하여야 할 필요가 있는 경우에는 직권으로 또는 당사자의 신청에 의하여 **임시처분**을 결정할 수 있다.

ㄹ. **행정심판법 제43조의2 (조정)**

제1항 위원회는 당사자의 권리 및 권한의 범위에서 **당사자의 동의**를 받아 심판청구의 신속하고 공정한 해결을 위하여 조정을 할 수 있다. 다만, 그 조정이 공공복리에 적합하지 아니하거나 해당 처분의 성질에 반하는 경우에는 그러하지 아니하다.

정답 ④

11 행정심판에 대한 설명으로 옳지 않은 것은? (다툼이 있는 경우 판례에 의함) *〈2018 지방직 7급〉*

① 행정심판위원회는 피청구인이 거부처분의 취소재결에도 불구하고 처분을 하지 아니하는 경우에는 당사자가 신청하면 기간을 정하여 서면으로 시정을 명하고, 그 기간에 이행하지 아니하면 직접 처분을 할 수 있다.

② 개별공시지가의 결정에 이의가 있는 자가 행정심판을 거쳐 취소소송을 제기하는 경우 취소소송의 제소기간은 그 행정심판재결서 정본을 송달받은 날부터 또는 재결이 있은 날부터 기산한다.

③ 행정처분의 취소를 구하는 항고소송에서 처분청은 당초 처분의 근거로 삼은 사유와 기본적 사실관계가 동일성이 있다고 인정되는 한도 내에서만 다른 사유를 추가 또는 변경할 수 있다는 법리는 행정심판 단계에서도 그대로 적용된다.

④ 행정심판위원회는 당사자의 권리 및 권한의 범위에서 당사자의 동의를 받아 행정심판 청구의 신속하고 공정한 해결을 위하여 조정을 할 수 있으나, 그 조정이 공공복리에 적합하지 아니하거나 해당 처분의 성질에 반하는 경우에는 그러하지 아니하다.

해설

① **행정심판법 제49조 (재결의 기속력 등)**

제3항 당사자의 신청을 **거부하거나 부작위로 방치한 처분**의 **이행을 명하는 재결**이 있으면 행정청은 **지체 없이 이전의 신청**에 대하여 **재결의 취지**에 따라 **처분**을 하여야 한다.

→ *거부처분에 대한 의무이행심판·부작위에 대한 의무이행심판에서 이행명령재결 : 행정청은 재처분의무O*

→ *거부처분의 취소재결에도 불구하고X / 거부처분의 이행명령재결에도 불구하고O*

행정심판법 제50조 (위원회의 직접 처분)

제1항 위원회는 피청구인이 **제49조 제3항**에도 불구하고 ㅓ**처분**을 하지 **아니**하는 경우에는 **당사자가 신청**하면 기간을 정하여 서면으로 시정을 명하고 그 기간에 이행하지 아니하면 **직접 처분**을 할 수 있다. 다만, 그 처분의 성질이나 그 밖의 불가피한 사유로 위원회가 직접 처분을 할 수 없는 경우에는 그러하지 아니하다.

→ *'직접 처분'은 (의무이행심판에서의) 이행명령재결을 전제로 함*

∴ '직접 처분'은 취소심판·무효등확인심판에서는 인정X

② 부동산 가격공시 및 감정평가에 관한 법률 제12조, 행정소송법 제20조 제1항, 행정심판법 제3조 제1항의 규정 내용 및 취지와 아울러 부동산 가격공시 및 감정평가에 관한 법률에 행정심판의 제기를 배제하는 명시적인 규정이 없고 부동산 가격공시 및 감정평가에 관한 법률에 따른 이의신청과 행정심판은 그 절차 및 담당 기관에 차이가 있는 점을 종합하면, 부동산 가격공시 및 감정평가에 관한 법률이 이의신청에 관하여 규정하고 있다고 하여 이를 행정심판법 제3조 제1항에서 행정심판의 제기를 배제하는 '다른 법률에 특별한 규정이 있는 경우'에 해당한다고 볼 수 없으므로, 개별공시지가에 대하여 이의가 있는 자는 곧바로 행정소송을 제기하거나 부동산 가격공시 및 감정평가에 관한 법률에 따른 이의신청과 행정심판법에 따른 행정심판청구 중 어느 하나만을 거쳐 행정소송을 제기할 수 있을 뿐 아니라, 이의신청을 하여 그 결과 통지를 받은 후 다시 행정심판을 거쳐 행정소송을 제기할 수도 있다고 보아야하고, 이 경우 행정소송의 제소기간은 그 행정심판 재결서 정본을 송달받은 날부터 기산한다(대판 2010.1.28. 2008두19987).

③ 행정처분의 취소를 구하는 항고소송에서 처분청은 당초 처분의 근거로 삼은 사유와 기본적 사실관계가 동일성이 있다고 인정되는 한도 내에서만 다른 사유를 추가 또는 변경할 수 있고, 이러한 기본적 사실관계의 동일성 유무는 처분사유를 법률적으로 평가하기 이전의 구체적 사실에 착안하여 그 기초인 사회적 사실관계가 기본적인 점에서 동일한지에 따라 결정되므로, 추가 또는 변경된 사유가 처분 당시에 이미 존재하고 있었다거나 당사자가 그 사실을 알고 있었다고 하여 당초의 처분사유와 동일성이 있다고 할 수 없다. 그리고 이러한 법리는 행정심판 단계에서도 그대로 적용된다(대판 2014.5.16. 2013두26118)

④ **행정심판법 제43조의2 (조정)**

제1항 위원회는 당사자의 권리 및 권한의 범위에서 **당사자의 동의**를 받아 심판청구의 신속하고 공정한 해결을 위하여 조정을 할 수 있다. 다만, 그 조정이 공공복리에 적합하지 아니하거나 해당 처분의 성질에 반하는 경우에는 그러하지 아니하다.

정답 ①

12 **「행정심판법」상 재결에 관한 내용으로 가장 옳은 것은?** *〈2018 서울시 7급〉*

① 재결에 의하여 취소되는 처분이 당사자의 신청을 거부하는 것을 내용으로 하는 경우라도 그 처분을 한 행정청이 재결의 취지에 따라 다시 이전의 신청에 대한 처분을 하여야 할 의무는 없다.

② 행정심판위원회는 재처분의무가 있는 피청구인이 재처분의무를 이행하지 아니하면 지연기간에 따라 일정한 배상을 하도록 명할 수는 있으나 즉시 배상을 할 것을 명할 수는 없다.

③ 행정심판 청구인은 행정심판위원회의 간접강제 결정에 불복하는 경우 그 결정에 대하여 행정소송을 제기할 수 없다.

④ 행정심판청구에 대한 재결이 있으면 그 재결 및 같은 처분 또는 부작위에 대하여 다시 행정심판을 청구할 수 없다.

해설

① **행정심판법 제49조 (재결의 기속력 등)**

제2항 **재결**에 의하여 취소되거나 무효 또는 부존재로 확인되는 **처분**이 당사자의 신청을 **거부**하는 것을 내용으로 하는 경우에는 그 처분을 한 행정청은 **재결의 취지**에 따라 **다시 이전의 신청에 대한 처분**을 하여야 한다.

② **행정심판법 제50조의2 (위원회의 간접강제)**

제1항 위원회는 피청구인이 제49조 제2항(제49조 제4항에서 준용하는 경우를 포함한다) 또는 제3항에 따른 처분을 하지 아니하면 **청구인의 신청**에 의하여 **결정**으로 **상당한 기간**을 정하고 피청구인이 그 기간 내에 **이행**하지 **아니**하는 경우에는 그 **지연기간에 따라 일정한 배상을 하도록 명**하거나 **즉시 배상을 할 것을 명**할 수 있다.

③ **행정심판법 제50조의2 (위원회의 간접강제)**

제4항 청구인은 제1항 또는 제2항에 따른 결정에 불복하는 경우 그 결정에 대하여 행정소송을 제기할 수 있다.

→ *청구인은 간접강제결정에 대하여 행정소송O*

④ **행정심판법 제51조 (행정심판 재청구의 금지)**

심판청구에 대한 **재결**이 있으면 그 재결 및 같은 처분 또는 부작위에 대하여 **다시 행정심판을 청구**할 수 **없다**.

→ *재결은 행정심판의 대상X*

정답 ④

13 「행정심판법」에 따른 행정심판에 관한 설명으로 가장 옳은 것은? (다툼이 있는 경우 판례에 의함)

〈2017 서울시 9급〉

① 취소심판의 인용재결에는 취소재결·변경재결·취소명령재결·변경명령재결이 있다.

② 거부처분은 취소심판의 대상이므로 거부처분의 상대방은 이에 대하여 취소심판만 청구할 수 있다.

③ 행정심판위원회가 처분을 취소하거나 변경하는 재결을 하면, 행정청은 재결의 기속력에 따라 처분을 취소 또는 변경하는 처분을 하여야 하고, 이를 통하여 당해 처분은 처분시에 소급하여 소멸되거나 변경된다.

④ 거부처분취소재결이 있는 경우에는 행정청은 그 재결의 취지에 따라 이전의 신청에 대한 처분을 하여야 하는 것이므로 행정청이 그 재결의 취지에 따른 처분을 하지 아니하고 그 처분과는 양립할 수 없는 다른 처분을 하는 것은 재결의 기속력에 반하여 위법하다.

해설

① **행정심판법 제43조 (재결의 구분)**

제3항 위원회는 **취소심판**의 청구가 이유가 있다고 인정하면 처분을 **취소** 또는 다른 처분으로 **변경**하거나 처분을 다른 처분으로 **변경할 것을 피청구인에게 명**한다.

→ *취소심판의 인용재결은 취소재결O / 변경재결O / 변경명령재결O / 취소명령재결X*

② 위법·부당한 거부처분에 대해서는 **취소심판, 거부처분에 대한 의무이행심판, 무효등확인심판**을 청구할 수 있다.

③ 행정심판법 제32조 제3항에 의하면 재결청은 취소심판의 청구가 이유 있다고 인정되는 때에는 처분을 취소 또는 변경하거나 처분청에게 취소 또는 변경할 것을 명한다고 규정하고 있으므로, 행정심판에 있어서 재결청(행정심판위원회)의 재결 내용이 **처분청의 취소를 명하는 것이 아니라** 처분청의 처분을 스스로 취소하는 것일 때에는 **그 재결의 형성력이 발생하여** 당해 행정처분은 **별도의 행정처분을 기다릴 것 없이** 당연히 취소되어 소멸되는 것이다(대판 1997.5.30. 96누14678).

④ **행정심판법 제49조 (재결의 기속력 등)**

제2항 **재결**에 의하여 취소되거나 무효 또는 부존재로 확인되는 **처분**이 당사자의 신청을 **거부**하는 것을 내용으로 하는 경우에는 그 처분을 한 행정청은 **재결의 취지**에 따라 **다시 이전의 신청에 대한 처분**을 하여야 한다.

→ *거부처분 취소심판·거부처분 무효등확인심판에서 취소재결·확인재결 : 행정청은 재처분의무O*

→ *거부처분에 대한 취소재결·확인재결 : 행정청은 재처분의무O*

정답 ④

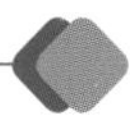

14 「행정심판법」상 행정심판에 관한 설명으로 옳지 않은 것은? 〈2017 교육행정〉

① 무효등확인심판에는 사정재결이 인정되지 아니한다.

② 임시처분은 집행정지로 목적을 달성할 수 있는 경우에는 허용되지 않는다.

③ 행정심판의 재결에 불복하는 경우 그 재결 및 같은 처분 또는 부작위에 대하여 다시 행정심판을 청구할 수 있다.

④ 행정심판위원회는 처분이행명령재결이 있음에도 피청구인이 처분을 하지 않은 경우 당사자의 신청에 의해 기간을 정하여 서면으로 시정을 명하고 그 기간 안에 이행하지 않으면 원칙적으로 직접 처분을 할 수 있다.

해설

① **행정심판법 제44조 (사정재결)**

제3항 제1항과 제2항은 **무효등확인심판**에는 **적용**하지 **아니**한다.

→ *무효등확인심판은 사정재결X ∴ 취소심판·의무이행심판은 사정재결O*

② **행정심판법 제31조 (임시처분)**

제3항 제1항에 따른 **임시처분**은 제30조 제2항에 따른 **집행정지**로 목적을 달성할 수 있는 경우에는 **허용**되지 **아니**한다.

③ **행정심판법 제51조 (행정심판 재청구의 금지)**

심판청구에 대한 **재결**이 있으면 그 재결 및 같은 처분 또는 부작위에 대하여 **다시 행정심판을 청구**할 수 **없다**.

→ *재결은 행정심판의 대상X*

④ **행정심판법 제50조 (위원회의 직접 처분)**

제1항 위원회는 피청구인이 **제49조 제3항**에도 불구하고 **처분**을 하지 **아니**하는 경우에는 **당사자가 신청**하면 기간을 정하여 서면으로 시정을 명하고 그 기간에 이행하지 아니하면 **직접 처분**을 할 수 있다. 다만, 그 처분의 성질이나 그 밖의 불가피한 사유로 위원회가 직접 처분을 할 수 없는 경우에는 그러하지 아니하다.

→ *'직접 처분'은 (의무이행심판에서의) 이행명령재결을 전제로 함*

∴ '직접 처분'은 취소심판·무효등확인심판에서는 인정X

정답 ③

15 행정심판에 대한 설명으로 옳지 않은 것은? 〈2017 사회복지〉

① 판례에 따르면, 처분의 절차적 위법사유로 인용재결이 있었으나 행정청이 절차적 위법사유를 시정한 후 행정청이 종전과 같은 처분을 하는 것은 재결의 기속력에 반한다.

② 사정재결은 무효등확인심판에는 적용되지 아니한다.

③ 당사자의 신청을 거부하거나 부작위로 방치한 처분의 이행을 명하는 재결이 있으면 행정청은 지체 없이 이전의 신청에 대하여 재결의 취지에 따라 처분을 하여야 한다.

④ 행정심판위원회는 필요하면 당사자가 주장하지 않은 사실에 대하여도 심리할 수 있다.

해설

① 과세처분 시 납세고지서에 과세표준, 세율, 세액의 산출근거 등이 누락되어 있어 이러한 절차 내지 형식의 위법을 이유로 과세처분을 취소하는 판결이 확정된 경우에 그 확정판결의 기판력은 확정판결에 적시된 절차 내지 형식의 위법사유에 한하여 미친다고 할 것이므로 과세처분권자가 그 확정판결에 적시된 위법사유를 보완하여 행한 새로운 과세처분은 확정판결에 의하여 취소된 종전의 과세처분과는 별개의 처분으로서 확정판결의 기판력에 저촉되는 것은 아니다(대판 1986.11.11. 85누231).

② **행정심판법 제44조 (사정재결)**

제3항 제1항과 제2항은 **무효등확인심판**에는 **적용**하지 **아니**한다.

→ *무효등확인심판은 사정재결X ∴ 취소심판·의무이행심판은 사정재결O*

③ **행정심판법 제49조 (재결의 기속력 등)**

제2항 **재결**에 의하여 취소되거나 무효 또는 부존재로 확인되는 **처분**이 당사자의 신청을 **거부**하는 것을 내용으로 하는 경우에는 그 처분을 한 행정청은 **재결의 취지**에 따라 **다시 이전의 신청에 대한 처분**을 하여야 한다.

④ **행정심판법 제39조 (직권심리)**

위원회는 필요하면 당사자가 주장하지 아니한 사실에 대하여도 심리할 수 있다.

→ *행정심판위원회는 보충적 직권심리O*

정답 ①

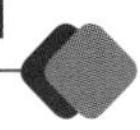

16 행정심판에 대한 설명으로 옳은 것은? (다툼이 있는 경우 판례에 의함) 〈2017 국회직 8급〉

① 거부처분에 대하여서는 의무이행심판을 제기하여야 하며, 취소심판을 제기할 수 없다.
② 행정심판청구서는 피청구인인 행정청을 거쳐 행정심판위원회에 제출하여야 한다.
③ 임시처분은 집행정지로 목적을 달성할 수 있는 경우에는 허용되지 아니한다.
④ 행정심판의 재결에 고유한 위법이 있는 경우에는 재결에 대하여 다시 행정심판을 청구할 수 있다.
⑤ 행정청이 재결의 기속력에도 불구하고 처분명령재결의 취지에 따라 이전의 신청에 대한 처분을 하지 아니하는 때에는 행정심판위원회는 손해배상을 명할 수 있다.

해설

① **행정심판법 제5조 (행정심판의 종류)**
행정심판의 종류는 다음 각 호와 같다.
1. 취소심판 : 행정청의 위법 또는 부당한 처분을 취소하거나 변경하는 행정심판
2. 무효등확인심판 : 행정청의 처분의 효력 유무 또는 존재 여부를 확인하는 행정심판
3. **의무이행심판** : **당사자의 신청**에 대한 **행정청의 위법 또는 부당한 거부처분이나 부작위**에 대하여 **일정한 처분을 하도록 하는 행정심판**
→ *∴ 거부처분에 대해서는 취소심판O / 의무이행심판O*

② **제23조 (심판청구서의 제출)**
제1항 행정심판을 청구하려는 자는 제28조에 따라 심판청구서를 작성하여 **피청구인**이나 **위원회**에 제출하여야 한다. 이 경우 피청구인의 수만큼 심판청구서 부본을 함께 제출하여야 한다.
→ *심판청구서는 청구인의 선택에 따라 처분청에 제출 또는 위원회에 제출*

③ **제31조 (임시처분)**
3항 제1항에 따른 **임시처분**은 제30조 제2항에 따른 **집행정지**로 목적을 달성할 수 있는 경우에는 **허용**되지 **아니**한다.

④ **제51조 (행정심판 재청구의 금지)**
심판청구에 대한 **재결**이 있으면 그 재결 및 같은 처분 또는 부작위에 대하여 **다시 행정심판을 청구**할 수 **없다**.
→ *재결은 행정심판의 대상X*

⑤ **행정심판법 제49조 (재결의 기속력 등)**
제3항 당사자의 신청을 **거부하거나 부작위로 방치한 처분**의 **이행을 명하는 재결**이 있으면 행정청은 **지체 없이 이전의 신청**에 대하여 **재결의 취지**에 따라 **처분**을 하여야 한다.
→ *거부처분에 대한 의무이행심판·부작위에 대한 의무이행심판에서 이행명령재결 : 행정청은 재처분의무O*

행정심판법 제50조의2 (위원회의 간접강제)

제1항 위원회는 피청구인이 제49조 제2항(제49조 제4항에서 준용하는 경우를 포함한다) 또는 **제3항**에 따른 처분을 하지 아니하면 **청구인의 신청**에 의하여 **결정**으로 **상당한 기간**을 정하고 피청구인이 그 기간 내에 **이행**하지 **아니**하는 경우에는 그 **지연기간에 따라 일정한 배상을 하도록 명**하거나 **즉시 배상을 할 것을 명**할 수 있다.

정답 ③, ⑤

17 「행정심판법」 및 「행정소송법」상의 집행정지에 대한 설명으로 옳지 않은 것은? *〈2017 국회직 8급〉*

① 행정심판청구와 취소소송의 제기는 모두 처분의 효력이나 그 집행 또는 절차의 속행에 영향을 주지 아니한다.

② 공공복리에 중대한 영향을 미칠 우려가 있을 때에는 「행정심판법」 및 「행정소송법」상의 집행정지가 모두 허용되지 아니한다.

③ 「행정소송법」은 집행정지결정에 대한 즉시항고에 관하여 규정하고 있는 반면, 「행정심판법」에는 집행정지결정에 대한 즉시항고에 관하여 규정하고 있지 아니하다.

④ 「행정심판법」은 위원회의 심리·결정을 갈음하는 위원장의 직권결정에 관한 규정을 두고 있는 반면, 행정소송법 은 법원의 결정에 갈음하는 재판장의 직권결정에 관한 규정을 두고 있지 아니하다.

⑤ 「행정소송법」이 집행정지의 요건 중 하나로 '중대한 손해'가 생기는 것을 예방할 필요성에 관하여 규정하고 있는 반면, 「행정심판법」은 집행정지의 요건 중 하나로 '회복하기 어려운 손해'를 예방할 필요성에 관하여 규정하고 있다.

해설

① **행정심판법 제30조 (집행정지)**

제1항 **심판청구**는 **처분**의 **효력이나 그 집행 또는 절차의 속행**(續行)에 영향을 주지 **아니**한다.

행정소송법 제23조 (집행정지)

제1항 **취소소송의 제기**는 **처분 등의 효력이나 그 집행 또는 절차의 속행**에 영향을 주지 **아니**한다.

→ *집행부정지가 원칙*

② **행정심판법 제30조 (집행정지)**

제3항 집행정지는 **공공복리에 중대한 영향을 미칠 우려**가 있을 때에는 **허용**되지 **아니**한다.

행정소송법 제23조 (집행정지)

제3항 집행정지는 **공공복리에 중대한 영향을 미칠 우려**가 있을 때에는 **허용**되지 **아니**한다.

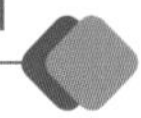

③ **행정소송법 제23조 (집행정지)**

제5항 제2항의 규정에 의한 **집행정지의 결정 또는 기각의 결정**에 대하여는 **즉시항고**할 수 있다. 이 경우 집행정지의 결정에 대한 **즉시항고**에는 **결정의 집행을 정지하는 효력**이 **없다**.

→ *행정심판법에는 집행정지 결정·집행정지 기각결정에 대한 즉시항고규정X*
BUT 행정소송법에는 즉시항고규정O

④ **행정심판법 제30조 (집행정지)**

2항 위원회는 **처분, 처분의 집행 또는 절차의 속행** 때문에 **중대한 손해가 생기는 것을 예방할 필요성이 긴급하다고 인정**할 때에는 **직권**으로 또는 **당사자의 신청**에 의하여 처분의 효력, 처분의 집행 또는 절차의 속행의 전부 또는 일부의 정지(이하 "**집행정지**"라 한다)를 결정할 수 있다. 다만, 처분의 **효력정지**는 처분의 집행 또는 절차의 속행을 정지함으로써 그 목적을 달성할 수 있을 때에는 허용되지 아니한다.

4항 위원회는 집행정지를 결정한 후에 **집행정지가 공공복리에 중대한 영향을 미치거나 그 정지사유가 없어진 경우**에는 직권으로 또는 당사자의 신청에 의하여 **집행정지 결정을 취소**할 수 있다.

6항 제2항과 제4항에도 불구하고 위원회의 심리·결정을 기다릴 경우 중대한 손해가 생길 우려가 있다고 인정되면 **위원장**은 **직권**으로 위원회의 심리·결정을 **갈음**하는 **결정**을 할 수 있다. 이 경우 위원장은 지체 없이 위원회에 그 사실을 보고하고 추인(追認)을 받아야 하며, 위원회의 추인을 받지 못하면 위원장은 집행정지 또는 집행정지 취소에 관한 결정을 취소하여야 한다.

→ *BUT 행정소송법은 법원의 결정에 갈음하는 재판장의 직권결정에 관한 규정X*

⑤ **행정소송법 제23조 (집행정지)**

제2항 취소소송이 제기된 경우에 처분 등이나 그 집행 또는 절차의 속행으로 인하여 생길 회복하기 어려운 손해를 예방하기 위하여 긴급한 필요가 있다고 인정할 때에는 본안이 계속되고 있는 법원은 당사자의 신청 또는 직권에 의하여 처분 등의 효력이나 그 집행 또는 절차의 속행의 전부 또는 일부의 정지(이하 "집행정지"라 한다)를 결정할 수 있다. 다만, 처분의 효력정지는 처분 등의 집행 또는 절차의 속행을 정지함으로써 목적을 달성할 수 있는 경우에는 허용되지 아니한다.

행정심판법 제30조 (집행정지)

제2항 위원회는 처분, 처분의 집행 또는 절차의 속행 때문에 중대한 손해가 생기는 것을 예방할 필요성이 긴급하다고 인정할 때에는 직권으로 또는 당사자의 신청에 의하여 처분의 효력, 처분의 집행 또는 절차의 속행의 전부 또는 일부의 정지(이하 "집행정지"라 한다)를 결정할 수 있다. 다만, 처분의 효력정지는 처분의 집행 또는 절차의 속행을 정지함으로써 그 목적을 달성할 수 있을 때에는 허용되지 아니한다.

→ *행정소송법이 집행정지의 요건 중 하나로 '회복하기 어려운 손해'가 생기는 것을 예방할 필요성에 관하여 규정 / 행정심판법은 집행정지의 요건 중 하나로 '중대한 손해'를 예방할 필요성에 관하여 규정*

정답 ⑤

18 「행정심판법」에 대한 설명으로 옳지 않은 것은? (다툼이 있는 경우 판례에 의함) *〈2017 지방직 7급〉*

① 심판청구에 대하여 일부 인용하는 재결이 있는 경우에도 그 재결 및 같은 처분에 대하여 다시 행정심판을 청구할 수 없다.

② 행정처분이 있음을 안 날부터 90일을 넘겨 행정심판을 청구하였다가 각하재결을 받은 후 그 재결서를 송달받은 날부터 90일 내에 원래의 처분에 대하여 취소소송을 제기한 경우, 취소소송의 제소기간을 준수한 것으로 볼 수 없다.

③ 행정심판의 재결이 확정되었다 하더라도 처분의 기초가 된 사실관계나 법률적 판단이 확정되는 것은 아니므로, 당사자들이나 법원이 이에 기속되어 모순되는 주장이나 판단을 할 수 없게 되는 것은 아니다.

④ 행정청은 당초 처분사유와 기본적 사실관계가 동일하지 아니한 처분사유를 행정소송 계속중에는 추가변경할 수 없으나 행정심판 단계에서는 추가·변경할 수 있다.

해설

① **행정심판법 제51조 (행정심판 재청구의 금지)**
심판청구에 대한 **재결**이 있으면 그 재결 및 같은 처분 또는 부작위에 대하여 **다시 행정심판을 청구할 수 없다**.
→ *재결은 행정심판의 대상X*

② 행정소송법 제18조 제1항, 제20조 제1항, 구 행정심판법 제18조 제1항을 종합해 보면, 행정처분이 있음을 알고 처분에 대하여 곧바로 취소소송을 제기하는 방법을 선택한 때에는 처분이 있음을 안 날부터 90일 이내에 취소소송을 제기하여야 하고, 행정심판을 청구하는 방법을 선택한 때에는 처분이 있음을 안 날부터 90일 이내에 행정심판을 청구하고 행정심판의 재결서를 송달받은 날부터 90일 이내에 취소소송을 제기하여야 한다. 따라서 처분이 있음을 안 날부터 90일 이내에 행정심판을 청구하지도 않고 취소소송을 제기하지도 않은 경우에는 그 후 제기된 취소소송은 제소기간을 경과한 것으로서 부적법하고, 처분이 있음을 안 날부터 90일을 넘겨 청구한 부적법한 행정심판청구에 대한 재결이 있은 후 재결서를 송달받은 날부터 90일 이내에 원래의 처분에 대하여 취소소송을 제기하였다고 하여 취소소송이 다시 제소기간을 준수한 것으로 되는 것은 아니다(대판 2011.11.24. 2011두18786).

③ 행정심판의 재결은 피청구인인 행정청을 기속하는 효력을 가지므로 재결청이 취소심판의 청구가 이유 있다고 인정하여 처분청에 처분을 취소할 것을 명하면 처분청으로서는 재결의 취지에 따라 처분을 취소하여야 하지만, 나아가 **재결에 판결에서와 같은 기판력이 인정되는 것은 아니어서** 재결이 확정된 경우에도 처분의 기초가 된 사실관계나 법률적 판단이 확정되고 당사자들이나 법원이 이에 기속되어 모순되는 주장이나 판단을 할 수 없게 되는 것은 아니다(대판 2015.11.27. 2013다6759).

④ 행정처분의 취소를 구하는 항고소송에서 처분청은 당초 처분의 근거로 삼은 사유와 기본적 사실관계가 동일성이 있다고 인정되는 한도 내에서만 다른 사유를 추가 또는 변경할 수 있고, 이러한 기본적 사실관계의 동일성 유무는 처분사유를 법률적으로 평가하기 이전의 구체적 사실에 착안하여 그 기초인 사회적 사실관계가 기본적인 점에서 동일한지에 따라 결정되므로, 추가 또는 변경된 사유가 처분 당시에 이미 존재하고 있었다거나 당사자가 그 사실을 알고 있었다고 하여 당초의 처분사유와 동일성이 있다고 할 수 없다. 그리고 이러한 법리는 행정심판 단계에서도 그대로 적용된다(대판 2014.5.16. 2013두26118).

정답 ④

제3장 행정소송

제1절 행정쟁송의 의의 및 종류

01 「행정소송법」에서 규정하고 있는 항고소송이 아닌 것은? 〈2020 지방직 9급〉

① 기관소송
② 무효등 확인소송
③ 부작위위법확인소송
④ 취소소송

해설

행정소송법 제4조 (항고소송)

항고소송은 다음과 같이 구분한다.
1. 취소소송 : 행정청의 위법한 처분 등을 취소 또는 변경하는 소송
2. 무효등 확인소송 : 행정청의 처분 등의 효력 유무 또는 존재여부를 확인하는 소송
3. 부작위위법확인소송 : 행정청의 부작위가 위법하다는 것을 확인하는 소송

정답 ①

02 「행정소송법」상 행정소송에 해당하지 않는 것은? (다툼이 있는 경우 판례에 의함) 〈2018 지방직 9급〉

① 행정재산의 사용.수익 허가에 따른 사용료를 미납한 경우에 부과된 가산금의 징수를 다투는 소송
② 행정편의를 위하여 사법상의 금전급부의무의 불이행에 대하여 「국세징수법」상 체납처분에 관한 규정을 준용하는 경우에 체납처분을 다투는 소송
③ 국가나 지방자치단체에 근무하는 청원경찰의 징계처분에 대한 소송
④ 「개발이익환수에 관한 법률」상 개발부담금부과처분이 취소된 경우 그 과오납금의 반환을 청구하는 소송

해설

① 국유재산 등의 관리청이 하는 행정재산의 사용·수익에 대한 허가는 순전히 사경제주체로서 행하는 사법상의 행위가 아니라 관리청이 공권력을 가진 우월적 지위에서 행하는 행정처분으로서 특정인에게 행정재산을 사용할 수 있는 권리를 설정하여 주는 강학상 특허에 해당하는바 이러한

행정재산의 사용·수익 허가에 따른 사용료에 대하여는 국유재산법 제25조 제3항의 규정에 의하여 국세징수법 제21조, 제22조가 규정한 가산금과 중가산금을 징수할 수 있다 할 것이고, 위 가산금과 중가산금은 위 사용료가 납부기한까지 납부되지 않은 경우 미납분에 관한 지연이자의 의미로 부과되는 부대세의 일종이다.
원고는 피고 산하의 국립의료원 부설주차장에 관한 이 사건 위탁관리용역운영계약에 대하여 관리청이 순전히 사경제주체로서 행한 사법상 계약임을 전제로, 가산금에 관한 별도의 약정이 없는 이상 원고에게 가산금을 지급할 의무가 없다고 주장하여 그 부존재의 확인을 구한다는 것이다. 그러나 기록에 의하면, 위 운영계약의 실질은 행정재산인 위 부설주차장에 대한 국유재산법 제24조 제1항에 의한 사용·수익 허가로서 이루어진 것임을 알 수 있으므로, 이는 위 국립의료원이 원고의 신청에 의하여 공권력을 가진 우월적 지위에서 행한 행정처분으로서 특정인에게 행정재산을 사용할 수 있는 권리를 설정하여 주는 강학상 특허에 해당한다 할 것이고 순전히 사경제주체로서 원고와 대등한 위치에서 행한 사법상의 계약으로 보기 어렵다고 할 것이다.
따라서 원고가 그 주장과 같이 이 사건 가산금 지급채무의 부존재를 주장하여 구제를 받으려면, 적절한 행정쟁송절차를 통하여 권리관계를 다투어야 할 것이지, 이 사건과 같이 피고에 대하여 민사소송으로 위 지급의무의 부존재확인을 구할 수는 없는 것이다(대판 2006.3.9, 2004다31074).

② 체납처분은 국민이 국가 또는 지방자치단체에 대하여 부담하고 있는 공법상의 금전급부의무를 이행하지 아니하는 경우에 행정청이 강제적으로 의무가 이행된 것과 같은 상태를 실현하는 것으로 행정상 강제집행에 해당하며 처분성이 있다. 따라서 행정소송의 대상이 된다.

③ 국가나 지방자치단체에 근무하는 청원경찰은 국가공무원법이나 지방공무원법상의 공무원은 아니지만, 다른 청원경찰과는 달리 그 임용권자가 행정기관의 장이고, 국가나 지방자치단체로부터 보수를 받으며, 산업재해보상보험법이나 근로기준법이 아닌 공무원연금법에 따른 재해보상과 퇴직급여를 지급받고, 직무상의 불법행위에 대하여도 민법이 아닌 국가배상법이 적용되는 등의 특질이 있으며 그외 임용자격, 직무, 복무의무 내용 등을 종합하여 볼 때, 그 근무관계를 사법상의 고용계약관계로 보기는 어려우므로 그에 대한징계처분의 시정을 구하는 소는 행정소송의 대상이지 민사소송의 대상이 아니다(대판 1993.7.13, 92다47564).

④ 개발부담금 부과처분이 취소된 이상 그 후의 부당이득으로서의 과오납금 반환에 관한 법률관계는 단순한 민사 관계에 불과한 것이고, 행정소송 절차에 따라야 하는 관계로 볼 수 없다(대판 1995.12.22, 94다51253).

정답 ④

제2절 행정소송의 한계

제3절 취소소송

Ⅰ. 의의

Ⅱ. 성질

Ⅲ. 소송요건

01 **판례에 따를 경우 甲이 제기하는 소송이 적법하게 되기 위한 설명으로 옳은 것은?** *〈2018 국가직 9급〉*

> A시장은 2016. 12. 23.「식품위생법」위반을 이유로 甲에 대하여 3월의 영업정지처분을 하였고, 甲은 2016. 12. 26. 처분서를 송달받았다. 甲은 이에 대해 행정심판을 청구하였고, 행정심판위원회는 2017. 3. 6. "A시장은 甲에 대하여 한 3월의 영업정지 처분을 2월의 영업정지에 갈음하는 과징금부과처분으로 변경하라."라는 일부인용의 재결을 하였으며, 그 재결서 정본은 2017. 3. 10. 甲에게 송달되었다. A시장은 재결취지에 따라 2017. 3. 13. 甲에 대하여 과징금부과처분을 하였다. 甲은 여전히 자신이「식품위생법」위반을 이유로 한 제재를 받을 이유가 없다고 생각하여 취소소송을 제기하려고 한다.

① 행정심판위원회를 피고로 하여 2016. 12. 23. 자 영업정지처분을 대상으로 취소소송을 제기하여야 한다.

② 행정심판위원회를 피고로 하여 2017. 3. 13. 자 과징금부과처분을 대상으로 취소소송을 제기하여야 한다.

③ 과징금부과처분으로 변경된 2016. 12. 23. 자 원처분을 대상으로 2017. 3. 10.부터 90일 이내에 제기하여야 한다.

④ 2017. 3. 13. 자 과징금부과처분을 대상으로 2017. 3. 6.부터 90일 이내에 제기하여야 한다.

해설

후속 변경처분에 의하여 유리하게 변경된 내용의 행정제재인 과징금부과가 위법하다 하여 그 취소를 구하는 이 사건 소송에 있어서 위 청구취지는 이 사건 후속 변경처분에 의하여 당초부터 유리하게 변경되어 존속하는 2002.12.26.자 (본 사안에서는 2016.12.23.자) 과징금부과처분의 취소를 구하고 있는 것으로 보아야 할 것이고, 일부기각(일부인용)의 이행재결에 따른 후속 변경처분에 의하여 변경된 내용의 당초처분의 취소를 구하는 이 사건 소 또한 행정심판재결서 정본을 송달받은 날로부터 90일 이내 제기되어야 한다(대판 2007.4.27, 2004두9302).

→ 본 사안에서는 A시장을 피고로 하여 2016.12.23.자 과징금부과처분(수정된 원처분)을 대상으로 하여 재결서를 송달받은 2017.3.10.부터 90일 이내에 취소소송을 제기하여야 한다.

정답 ③

02 행정소송과 그 피고에 대한 연결이 옳은 것만을 모두 고르면? 〈2018 지방직 9급〉

ㄱ. 대통령의 검사임용처분에 대한 취소소송 - 법무부장관
ㄴ. 국토교통부장관으로부터 권한을 내부위임받은 국토교통부차관이 처분을 한 경우에 그에 대한 취소소송 - 국토교통부차관
ㄷ. 헌법재판소장이 소속직원에게 내린 징계처분에 대한 취소소송 - 헌법재판소 사무처장
ㄹ. 환경부장관의 권한을 위임받은 서울특별시장이 내린 처분에 대한 취소소송 - 서울특별시장

① ㄱ, ㄴ ② ㄷ, ㄹ
③ ㄱ, ㄷ, ㄹ ④ ㄱ, ㄴ, ㄷ, ㄹ

해설

ㄱ. 국가공무원법 제16조 제2항에 언급되어 있다.

국가공무원법 제16조 제2항「제1항에 따른 행정소송을 제기할 때에는 대통령의 처분 또는 부작위의 경우에는 **소속 장관**(대통령령으로 정하는 기관의 장을 포함한다. 이하 같다)을, 중앙선거관리위원회위원장의 처분 또는 부작위의 경우에는 중앙선거관리위원회사무총장을 각각 **피고**로 한다.」

ㄴ. 행정권한의 위임은 행정관청이 법률에 따라 특정한 권한을 다른 행정관청에 이전하여 수임관청의 권한으로 행사하도록 하는 것이어서 권한의 법적인 귀속을 변경하는 것이므로 법률이 위임을 허용하고 있는 경우에 한하여 인정된다 할 것이고, 이에 반하여 행정권한의 내부위임은 법률이 위임을 허용하고 있지 아니한 경우에도 행정관청의 내부적인 사무처리의 편의를 도모하기 위하여 그의 보조기관 또는 하급행정관청으로 하여금 그의 권한을 사실상 행사하게 하는 것이므로, 권한위임의 경우에는 수임관청이 자기의 이름으로 그 권한행사를 할 수 있지만 **내부위임의 경우에는 수임관청은 위임관청의 이름으로만 그 권한을 행사할 수 있을 뿐** 자기의 이름으로는 그 권한을 행사할 수 없다(대판 1995.11.28, 94누6475).

행정관청이 특정한 권한을 법률에 따라 다른 행정관청에 이관한 경우와 달리 내부적인 사무처리의 편의를 도모하기 위하여 그의 보조기관 또는 하급행정관청으로 하여금 그의 권한을 사실상 행하도록 하는 **내부위임의 경우에는 수임관청이 그 위임된 바에 따라 위임관청의 이름으로 권한을 행사**하였다면 **그 처분청은 위임관청**이므로 그 처분의 취소나 무효확인을 구하는 소송의 **피고는 위임관청**으로 삼아야 한다(대판 1995.12.22, 95누14688).

→ *누구의 명의로 처분을 하느냐가 항고소송의 피고적격을 결정한다. ∴ 내부위임은* ***원칙적****으로* ***위임청이 피고****가 된다.*

→ *∴ 국토교통부장관으로부터 권한을 내부위임받은 국토교통부차관이 처분 - 해당 처분에 대한 취소소송의 경우 피고는* ***국토교통부장관***

ㄷ. 헌법재판소법 제17조 제5항에 언급되어 있다.

헌법재판소법 제17조 제5항「헌법재판소장이 한 처분에 대한 행정소송의 피고는 **헌법재판소 사무처장**으로 한다.」

ㄹ. 행정권한의 위임은 행정관청이 법률에 따라 특정한 권한을 다른 행정관청에 이전하여 **수임관청**의 권한으로 행사하도록 하는 것이어서 권한의 법적인 귀속을 변경하는 것이므로 법률이 위임을 허용하고 있는 경우에 한하여 인정된다(대판 1995.11.28, 94누6475).

→ *∴ **권한의 위임은** 내부위임과는 달리 **수임청이 피고**가 된다.*

→ *∴ 환경부장관으로부터 권한을 위임받은 서울특별시장의 처분 - 해당 처분에 대한 취소소송의 경우 피고는 **서울특별시장***

정답 ③

03 행정소송의 당사자에 대한 설명으로 옳지 않은 것은? (다툼이 있는 경우 판례에 의함)

〈2019 지방직 9급〉

① 대리기관이 대리관계를 표시하고 피대리 행정청을 대리하여 행정처분을 한 때에는 피대리 행정청이 피고로 되어야 한다.

②「국가공무원법」에 따른 처분, 그 밖에 본인의 의사에 반한 불리한 처분이나 부작위에 관한 행정소송을 제기할 때에 대통령의 처분 또는 부작위의 경우에는 소속 장관을 피고로 한다.

③ 약제를 제조·공급하는 제약회사는 보건복지부 고시인「약제 급여·비급여 목록 및 급여 상한금액표」중 약제의 상한금액 인하 부분에 대하여 그 취소를 구할 원고적격이 있다.

④ 개발제한구역 안에서의 공장설립을 승인한 처분이 위법하다는 이유로 쟁송취소되었다면, 설령 그 승인처분에 기초한 공장건축허가처분이 잔존하는 경우에도 인근 주민들에게는 공장건축허가처분의 취소를 구할 법률상 이익이 없다.

해설

① 항고소송은 다른 법률에 특별한 규정이 없는 한 원칙적으로 소송의 대상인 행정처분을 외부적으로 행한 행정청을 피고로 하여야 하는 것이고, 다만 대리기관이 대리관계를 표시하고 피대리 행정청을 대리하여 행정처분을 한 때에는 **피대리 행정청**이 **피고**로 되어야 할 것이다(대결 2006.2.23. 2005부4).

② **국가공무원법 제16조 (행정소송과의 관계)**

제1항 제75조에 따른 **처분, 그 밖에 본인의 의사에 반한 불리한 처분이나 부작위(不作爲)에 관한 행정소송**은 소청심사위원회의 심사·결정을 거치지 아니하면 제기할 수 없다.

제2항 제1항에 따른 행정소송을 제기할 때에는 대통령의 처분 또는 부작위의 경우에는 소속 장관(대통령령으로 정하는 기관의 장을 포함한다. 이하 같다)을, 중앙선거관리위원회위원장의 처분 또는 부작위의 경우에는 중앙선거관리위원회사무총장을 각각 피고로 한다.

③ 약제를 제조·공급하는 제약회사는 **보건복지부 고시**인 「약제 급여·비급여 목록 및 급여 상한금액표」 중 **약제의 상한금액 인하 부분**에 대하여 그 취소를 구할 원고적격이 있다(대판 2006.12.21. 2005두16161).

④ 개발제한구역 안에서의 공장설립을 승인한 처분이 위법하다는 이유로 쟁송취소되었다고 하더라도 그 승인처분에 기초한 **공장건축허가처분이 잔존**하는 이상, 공장설립승인처분이 취소되었다는 사정만으로 인근 주민들의 환경상 이익이 침해되는 상태나 침해될 위험이 종료되었다거나 이를 시정할 수 있는 단계가 지나버렸다고 단정할 수는 없고, 인근 주민들은 여전히 공장건축허가처분의 취소를 구할 법률상 이익이 있다고 보아야 한다(대판 2018.7.12. 2015두3485).

정답 ④

04 다음 사례에 관한 설명으로 옳지 않은 것은? (다툼이 있는 경우 판례에 의함) 〈2021 국가직 9급〉

> A도(道) B군(郡)에서 식품접객업을 하는 甲은 청소년에게 술을 팔다가 적발되었다. 「식품위생법」은 위법하게 청소년에게 주류를 제공한 영업자에게 "6개월 이내의 기간을 정하여 그 영업의 전부 또는 일부를 정지할 수 있다."라고 규정하고, 「식품위생법 시행규칙」 [별표 23]은 청소년 주류제공(1차 위반)시 행정처분기준을 '영업정지 2개월'로 정하고 있다. B군수는 甲에게 2개월의 영업정지처분을 하였다.

① 甲은 영업정지처분에 불복하여 A도 행정심판위원회에 행정심판을 청구할 수 있다.
② 甲은 행정심판을 청구하지 않고 영업정지처분에 대한 취소소송을 제기할 수 있다.
③ 「식품위생법 시행규칙」의 행정처분기준은 행정규칙의 형식이나, 「식품위생법」의 내용을 보충하면서 「식품위생법」의 규정과 결합하여 위임의 범위 내에서 대외적인 구속력을 가진다.
④ 甲이 취소소송을 제기하는 경우 법원은 재량권의 일탈·남용이 인정되면 영업정지처분을 취소할 수 있다.

해설

① **행정심판법 제6조 (행정심판위원회의 설치)**

제3항 다음 각 호의 행정청의 처분 또는 부작위에 대한 심판청구에 대하여는 시·도지사 소속으로 두는 행정심판위원회에서 심리·재결한다.

1. 시·도 소속 행정청
2. 시·도의 관할구역에 있는 **시·군·자치구의 장, 소속 행정청** 또는 **시·군·자치구의 의회**(의장, 위원회의 위원장, 사무국장, 사무과장 등 의회 소속 모든 행정청을 포함한다)

② **행정소송법 제18조 (행정심판과의 관계)**

제1항 취소소송은 법령의 규정에 의하여 당해 처분에 대한 행정심판을 제기할 수 있는 경우에도 이를 거치지 아니하고 제기할 수 있다. 다만, 다른 법률에 당해 처분에 대한 행정심판의 재결을 거치지 아니하면 취소소송을 제기할 수 없다는 규정이 있는 때에는 그러하지 아니하다.

③ 구 식품위생법시행규칙 제53조에서 별표 15로 같은 법 제58조에 따른 행정처분의 기준을 정하였다 하더라도, 이는 형식은 부령으로 되어 있으나 성질은 행정기관 내부의 사무처리준칙을 규정한 것에 불과한 것으로서 행정명령의 성질을 가지는 것이지 대외적으로 국민이나 법원을 기속하는 힘이 있는 것은 아니다(대판 1993.6.29. 93누5635).

④ **행정소송법 제27조 (재량처분의 취소)**

행정청의 재량에 속하는 처분이라도 재량권의 한계를 넘거나 그 남용이 있는 때에는 법원은 이를 취소할 수 있다.

정답 ③

05 행정소송의 소송요건 등에 대한 설명으로 옳지 않은 것은? (다툼이 있는 경우 판례에 의함)

〈2020 지방직 9급〉

① 고시 또는 공고에 의하여 행정처분을 하는 경우 그 행정처분에 이해관계를 갖는 사람이 고시 또는 공고가 있었다는 사실을 현실적으로 알았는지 여부에 관계없이 고시 또는 공고가 효력을 발생한 날에 행정처분이 있음을 알았다고 보아야 한다.

② 「행정소송법」상 제3자 소송참가의 경우 참가인이 상소를 하였더라도, 소송당사자 본인인 피참가인은 참가인의 의사에 반하여 상소취하나 상소포기를 할 수 있다.

③ 무효인 과세처분에 근거하여 세금을 납부한 경우 부당이득반환청구의 소로써 직접 위법상태의 제거를 구할 수 있는지 여부와 관계없이 「행정소송법」 제35조에 규정된 '무효확인을 구할 법률상 이익'을 가진다.

④ 공법상 당사자소송으로서 납세의무부존재확인의 소는 과세처분을 한 과세관청이 아니라「행정소송법」제3조 제2호, 제39조에 의하여 그 법률관계의 한쪽 당사자인 국가·공공단체, 그 밖의 권리주체가 피고적격을 가진다.

해설

① **통상** 고시 또는 공고에 의하여 행정처분을 하는 경우에는 그 처분의 상대방이 불특정 다수인이고, 그 처분의 효력이 불특정 다수인에게 **일률적으로 적용**되는 것이므로, 그 행정처분에 이해관계를 갖는 자는 고시 또는 공고가 있었다는 사실을 현실적으로 알았는지 여부에 관계없이 **고시가 효력을 발생하는 날에 행정처분이 있음을 알았다**고 보아야 하고, 따라서 그에 대한 취소소송은 그 날로부터 90일 이내에 제기하여야 한다(대판 2006.4.14. 2004두3847).

② 피참가인의 소송행위는 모두의 이익을 위하여서만 효력을 가지고, 공동소송적 보조참가인에게 불이익이 되는 것은 효력이 없으므로, 참가인이 상소를 할 경우에 피참가인이 상소취하나 상소포기를 할 수는 없다(대판 2017.10.12. 2015두36836).

③ 행정소송법 제4조에서는 무효확인소송을 항고소송의 일종으로 규정하고 있고, 행정소송법 제38조 제1항에서는 처분 등을 취소하는 확정판결의 기속력 및 행정청의 재처분 의무에 관한 행정소송법 제30조를 무효확인소송에도 준용하고 있으므로 **무효확인판결 자체만으로도 실효성을 확보할 수 있다**. 그리고 무효확인소송의 보충성을 규정하고 있는 외국의 일부 입법례와는 달리 우리나라 행정소송법에는 명문의 규정이 없어 이로 인한 명시적 제한이 존재하지 않는다. 이와 같은 사정을 비롯하여 행정에 대한 사법통제, 권익구제의 확대와 같은 행정소송의 기능 등을 종합하여 보면, 행정처분의 근거 법률에 의하여 보호되는 직접적이고 구체적인 이익이 있는 경우에는 행정소송법 제35조에 규정된 '무효확인을 구할 법률상 이익'이 있다고 보아야 하고, 이와 별도로 무효확인소송의 보충성이 요구되는 것은 아니므로 행정처분의 무효를 전제로 한 이행소송 등과 같은 직접적인 구제수단이 있는지 여부를 따질 필요가 없다고 해석함이 상당하다.

따라서 원고로서는 부당이득반환청구의 소로써 직접 위와 같은 위법상태의 제거를 구할 수 있는지 **여부에 관계없이** 이 사건 처분의 근거 법률에 의하여 보호되는 직접적이고 구체적인 이익을 가지고 있어 행정소송법 제35조에 규정된 '무효확인을 구할 법률상 이익'을 가지는 자에 해당한다(대판 2008.3.20. 2007두6342).

→ *항고소송인 무효확인소송을 제기하는 경우 보충성이 요구되는 것X*

④ 납세의무부존재확인의 소는 공법상의 법률관계 그 자체를 다투는 소송으로서 **당사자소송**이라 할 것이므로 행정소송법 제3조 제2호, 제39조에 의하여 그 법률관계의 한쪽 당사자인 국가·공공단체 그 밖의 권리주체가 피고적격을 가진다(대판 2000.9.8. 99두2765).

정답 ②

06 취소소송의 제소기간에 대한 설명으로 옳은 것(○)과 옳지 않은 것(×)을 바르게 연결한 것은? (다툼이 있는 경우 판례에 의함) 〈2021 국가직 9급〉

ㄱ. 행정청이 행정심판청구를 할 수 있다고 잘못 알려 행정심판을 청구한 경우에는 재결서 정본을 송달받은 날이 아닌 처분이 있음을 안 날로부터 제소기간이 기산된다.

ㄴ. 행정심판을 청구하였으나 심판청구기간을 도과하여 각하된 후 제기하는 취소소송은 재결서를 송달받은 날부터 90일 이내에 제기하면 된다.

ㄷ. '처분이 있음을 안 날'은 처분이 있었다는 사실을 현실적으로 안 날을 의미하므로, 처분서를 송달받기 전 정보공개청구를 통하여 처분을 하는 내용의 일체의 서류를 교부받았다면 그 서류를 교부받은 날부터 제소기간이 기산된다.

ㄹ. 동일한 처분에 대하여 무효확인의 소를 제기하였다가 그 처분의 취소를 구하는 소를 추가적으로 병합한 경우, 주된 청구인 무효확인의 소가 적법한 제소기간 내에 제기되었다면 추가로 병합된 취소청구의 소도 적법하게 제기된 것으로 볼 수 있다.

	ㄱ	ㄴ	ㄷ	ㄹ
①	×	×	○	×
②	○	○	×	○
③	○	×	○	×
④	×	×	×	○

해설

ㄱ. **행정소송법 제20조 (제소기간)**

제1항 취소소송은 처분등이 있음을 안 날부터 **90일 이내**에 제기하여야 한다. 다만, 제18조제1항 단서에 규정한 경우와 그 밖에 행정심판청구를 할 수 있는 경우 또는 행정청이 행정심판청구를 할 수 있다고 잘못 알린 경우에 행정심판청구가 있은 때의 기간은 **재결서의 정본을 송달받은 날**부터 기산한다.

ㄴ. 처분이 있음을 안 날부터 90일을 넘겨 청구한 부적법한 행정심판청구에 대한 재결이 있은 후 재결서를 송달받은 날부터 90일 이내에 원래의 처분에 대하여 취소소송을 제기하였다고 하여 취소소송이 다시 제소기간을 준수한 것으로 되는 것은 아니다(대판 2011.11.24. 2011두18786).

→ *각하재결이 있으면 (취소소송 제기하면) 각하판결*

ㄷ. 1. 행정소송법 제20조 제1항이 정한 제소기간의 기산점인 '처분 등이 있음을 안 날'이란 통지, 공고 기타의 방법에 의하여 당해 처분 등이 있었다는 사실을 현실적으로 안 날을 의미한다. 상대방이 있는 행정처분의 경우에는 특별한 규정이 없는 한 의사표시의 일반적 법리에 따라 행정처분이 상대방에게 고지되어야 효력을 발생하게 되므로, 행정처분이 상대방에게 고지되어 상대방이 이러한 사실을 인식함으로써 행정처분이 있다는 사실을 현실적으로 알았을 때 행정소송법 제20조 제1항이 정한 제소기간이 진행한다고 보아야 한다.

2. 지방보훈청장이 허혈성심장질환이 있는 甲에게 재심 서면판정 신체검사를 실시한 다음 종전과 동일하게 전(공)상군경 7급 국가유공자로 판정하는 '고엽제후유증전환 재심신체검사 무변동처분' 통보서를 송달하자 甲이 위 처분의 취소를 구한 사안에서, 위 처분이 甲에게 고지되어 처분이 있다는 사실을 현실적으로 알았을 때 행정소송법 제20조 제1항에서 정한 제소기간이 진행한다고 보아야 함에도, 甲이 통보서를 송달받기 전에 자신의 의무기록에 관한 정보공개를 청구하여 위 처분을 하는 내용의 통보서를 비롯한 일체의 서류를 교부받은 날부터 제소기간을 기산하여 위 소는 90일이 지난 후 제기한 것으로서 부적법하다고 본 원심판결에 법리를 오해한 위법이 있다(대판 2014.9.25. 2014두8254).

ㄹ. 행정처분의 무효확인을 구하는 소에는 특단의 사정이 없는 한 그 취소를 구하는 취지도 포함되어 있다고 보아야 하는 점 등에 비추어 볼 때, 동일한 행정처분에 대하여 무효확인의 소를 제기하였다가 그 후 그 처분의 취소를 구하는 소를 추가적으로 병합한 경우, 주된 청구인 무효확인의 소가 적법한 제소기간 내에 제기되었다면 추가로 병합된 취소청구의 소도 적법하게 제기된 것으로 봄이 상당하다(대판 2005.12.23. 2005두3554).

정답 ④

07 다음은 「행정소송법」상 제소기간에 대한 설명이다. ㉠~㉤에 들어갈 내용은? 〈2020 지방직 9급〉

취소소송은 처분 등이 (㉠)부터 (㉡) 이내에 제기하여야 한다. 다만, 행정심판청구를 할 수 있는 경우 또는 행정청이 행정심판청구를 할 수 있다고 잘못 알린 경우에 행정심판청구가 있은 때의 기간은 (㉢)을 (㉣)부터 기산한다. 한편 취소소송은 처분 등이 있은 날부터 (㉤)을 경과하면 이를 제기하지 못한다. 다만, 정당한 사유가 있는 때에는 그러하지 아니하다.

	㉠	㉡	㉢	㉣	㉤
①	있은 날	30일	결정서의 정본	통지받은 날	180일
②	있음을 안 날	90일	재결서의 정본	송달받은 날	1년
③	있은 날	1년	결정서의 부본	통지받은 날	2년
④	있음을 안 날	1년	재결서의 부본	송달받은 날	3년

해설

행정소송법 제20조 (제소기간)

제1항 취소소송은 처분 등이 있음을 안 날부터 90일 이내에 제기하여야 한다. 다만, 제18조 제1항 단서에 규정한 경우와 그 밖에 행정심판청구를 할 수 있는 경우 또는 행정청이 행정심판청구를 할 수 있다고 잘못 알린 경우에 행정심판청구가 있은 때의 기간은 재결서의 정본을 송달받은 날부터 기산한다.

제2항 취소소송은 처분 등이 있은 날부터 1년(제1항 단서의 경우는 재결이 있은 날부터 1년)을 경과하면 이를 제기하지 못한다. 다만, 정당한 사유가 있는 때에는 그러하지 아니하다.

제3항 제1항의 규정에 의한 기간은 불변기간으로 한다.

정답 ②

08 행정소송에서의 제소기간에 관한 설명으로 옳은 것은? (단, 다툼이 있는 경우 판례에 따름)

〈2017 교육행정〉

① 부작위위법확인소송에는 제소기간의 제한이 있다.
② 제소기간은 불변기간이므로 소송행위의 보완은 허용되지 않는다.
③ 제소기간의 준수 여부는 법원의 직권조사사항에 해당하지 않는다.
④ 행정심판을 거친 경우의 제소기간은 행정심판재결서 정본을 송달받은 날로부터 90일 이내이다.

해설

① 부작위위법확인의 소는 부작위상태가 계속되는 한 그 위법의 확인을 구할 이익이 있다고 보아야 하므로 원칙적으로 제소기간의 제한을 받지 않으나, 행정소송법 제38조 제2항이 제소기간을 규정한 같은 법 제20조를 부작위위법확인소송에 준용하고 있는 점에 비추어 보면, 행정심판 등 전심절차를 거친 경우에는 행정소송법 제20조가 정한 제소기간 내에 부작위위법확인의 소를 제기하여야 할 것이다(대판 2009.7.23. 2008두10560).

② 행정소송법 제20조 제1항, 제3항에서 말하는 "취소소송은 처분 등이 있음을 안 날부터 90일 이내에 제기하여야 한다."는 제소기간은 불변기간이고, 다만 당사자가 책임질 수 없는 사유로 인하여 이를 준수할 수 없었던 경우에는 같은 법 제8조에 의하여 준용되는 민사소송법 제160조 제1항에 의하여 그 사유가 없어진 후 2주일 내에 해태된 제소행위를 추완할 수 있다고 할 것이며, 여기서 당사자가 책임질 수 없는 사유란 당사자가 그 소송행위를 하기 위하여 일반적으로 하여야 할 주의를 다하였음에도 구하고 그 기간을 준수할 수 없었던 사유를 말한다(대판 2001.5.8. 2000두6916).

③ 제소기간의 준수여부는 소송요건이므로 법원의 직권조사사항이다.

④ **행정소송법 제18조 (행정심판과의 관계)**

제1항 취소소송은 법령의 규정에 의하여 당해 처분에 대한 행정심판을 제기할 수 있는 경우에도 이를 거치지 아니하고 제기할 수 있다. 다만, 다른 법률에 당해 처분에 대한 행정심판의 재결을 거치지 아니하면 취소소송을 제기할 수 없다는 규정이 있는 때에는 그러하지 아니하다.

행정소송법 제20조 (제소기간)

제1항 취소소송은 처분 등이 있음을 안 날부터 90일 이내에 제기하여야 한다. 다만, 제18조 제1항 단서에 규정한 경우와 그 밖에 행정심판청구를 할 수 있는 경우 또는 행정청이 행정심판청구를 할 수 있다고 잘못 알린 경우에 행정심판청구가 있은 때의 기간은 재결서의 정본을 송달받은 날부터 기산한다.

정답 ④

09 다음 설명 중 옳은 내용만을 모두 고른 것은? (다툼이 있는 경우 판례에 의함) 〈2020 소방공채〉

ㄱ. 국가기관인 소방청장은 국민권익위원회를 상대로 조치요구의 취소를 구할 당사자능력이 없기 때문에 항고소송의 원고적격이 인정되지 않는다.
ㄴ. 기속행위나 기속적 재량행위인 건축허가에 붙인 부관은 무효이다.
ㄷ. 행정심판을 거친 경우에 취소소송의 제소기간은 재결서의 정본을 송달받은 날부터 90일 이내이다.
ㄹ. 과태료는 행정벌의 일종으로 형벌과 마찬가지로 형법총칙이 적용된다.

① ㄱ, ㄴ　　② ㄱ, ㄹ
③ ㄴ, ㄷ　　④ ㄷ, ㄹ

해설

ㄱ. 국민권익위원회가 소방청장에게 인사와 관련하여 부당한 지시를 한 사실이 인정된다며 이를 취소할 것을 요구하기로 의결하고 그 내용을 통지하자 **소방청장이 국민권익위원회 조치요구의 취소를 구하는 소송**을 제기한 사안에서, 처분성이 인정되는 국민권익위원회의 조치요구에 불복하고자 하는 소방청장으로서는 조치요구의 취소를 구하는 항고소송을 제기하는 것이 유효·적절한 수단으로 볼 수 있으므로 소방청장이 예외적으로 당사자능력과 원고적격을 가진다(대판 2018.8.1. 2014두35379).

ㄴ. 일반적으로 기속행위나 기속적 재량행위에는 부관을 붙일 수 없고 가사 부관을 붙였다 하더라도 무효이다(대판 1995.6.13. 94다56883).

ㄷ. **행정소송법 제20조 (제소기간)**

제1항 취소소송은 **처분 등이 있음을 안 날부터 90일 이내**에 제기하여야 한다. 다만, 제18조 제1항 단서에 규정한 경우와 그 밖에 행정심판청구를 할 수 있는 경우 또는 행정청이 행정심판청구를 할 수 있다고 잘못 알린 경우에 행정심판청구가 있은 때의 기간은 **재결서의 정본을 송달받은 날부터 기산**한다.

ㄹ. 과태료는 행정상의 질서유지를 위한 행정질서벌에 해당할 뿐 형벌이라고 할 수 없어 형법총칙이 적용되지 않는다.

정답 ③

10 판례상 항고소송의 원고적격이 인정되는 경우만을 모두 고르면? 〈2021 국가직 9급〉

ㄱ. 중국 국적자인 외국인이 사증발급 거부처분의 취소를 구하는 경우
ㄴ. 소방청장이 처분성이 인정되는 국민권익위원회의 조치요구에 불복하여 조치요구의 취소를 구하는 경우
ㄷ. 지방법무사회가 법무사의 사무원 채용승인 신청을 거부하여 사무원이 될 수 없게 된 자가 지방법무사회를 상대로 거부처분의 취소를 구하는 경우
ㄹ. 개발제한구역 중 일부 취락을 개발제한구역에서 해제하는 내용의 도시관리계획변경결정에 대하여 개발제한구역 해제대상에서 누락된 토지의 소유자가 위 결정의 취소를 구하는 경우

① ㄱ, ㄴ
② ㄴ, ㄷ
③ ㄷ, ㄹ
④ ㄱ, ㄷ, ㄹ

해설

ㄱ. 사증발급의 법적 성질, 출입국관리법의 입법 목적, 사증발급 신청인의 대한민국과의 실질적 관련성, 상호주의원칙 등을 고려하면, 우리 출입국관리법의 해석상 외국인에게는 사증발급 거부처분의 취소를 구할 법률상 이익이 인정되지 않는다(대판 2018.5.15. 2014두42506).

ㄴ. 국민권익위원회가 소방청장에게 인사와 관련하여 부당한 지시를 한 사실이 인정된다며 이를 취소할 것을 요구하기로 의결하고 그 내용을 통지하자 소방청장이 국민권익위원회 조치요구의 취소를 구하는 소송을 제기한 사안에서, **처분성이 인정되는 국민권익위원회의 조치요구에 불복**하고자 하는 소방청장으로서는 조치요구의 취소를 구하는 항고소송을 제기하는 것이 유효·적절한 수단으로 볼 수 있으므로 소방청장이 예외적으로 당사자능력과 원고적격을 가진다(대판 2018.8.1. 2014두35379).

ㄷ. 지방법무사회가 법무사의 사무원 채용승인 신청을 거부하거나 채용승인을 얻어 채용 중인 사람에 대한 채용승인을 취소하면, 상대방인 법무사로서도 그 사람을 사무원으로 채용할 수 없게 되는 불이익을 입게 될 뿐만 아니라, 그 사람도 법무사 사무원으로 채용되어 근무할 수 없게 되는 불이익을 입게 된다. 법무사규칙 제37조 제4항이 이의신청 절차를 규정한 것은 채용승인을 신청한 법무사뿐만 아니라 사무원이 되려는 사람의 이익도 보호하려는 취지로 볼 수 있다. 따라서 지방법무사회의 사무원 채용승인 거부처분 또는 채용승인 취소처분에 대해서는 처분 상대방인 법무사뿐만 아니라 그 때문에 사무원이 될 수 없게 된 사람도 이를 다툴 원고적격이 인정되어야 한다(대판 2020.4.9. 2015다34444).

ㄹ. 개발제한구역 중 일부 취락을 개발제한구역에서 해제하는 내용의 도시관리계획변경결정에 대하여, 개발제한구역 해제대상에서 누락된 토지의 소유자는 위 결정의 취소를 구할 법률상 이익이 없다(대판 2008.7.10. 2007두10242).

정답 ②

11 항고소송의 원고적격에 대한 판례의 입장으로 옳지 않은 것은? 〈2019 국가직 7급〉

① 법령이 특정한 행정기관으로 하여금 다른 행정기관에 제재적 조치를 취할 수 있도록 하면서, 그에 따르지 않으면 그 행정기관에 과태료 등을 과할 수 있도록 정하는 경우, 권리구제나 권리보호의 필요성이 인정된다면 예외적으로 그 제재적 조치의 상대방인 행정기관에게 항고소송의 원고적격을 인정할 수 있다.

② 「출입국관리법」상의 체류자격 및 사증발급의 기준과 절차에 관한 규정들은 대한민국의 출입국 질서와 국경관리라는 공익을 보호하려는 취지로 해석될 뿐이므로, 동법상 체류자격변경 불허가처분, 강제퇴거명령 등을 다투는 외국인에게는 해당 처분의 취소를 구할 법률상 이익이 인정되지 않는다.

③ 처분의 근거 법규 또는 관련 법규에 그 처분으로써 이루어지는 행위 등 사업으로 인하여 환경상 침해를 받으리라고 예상되는 영향권의 범위가 구체적으로 규정되어 있는 경우, 그 영향권 내의 주민들에 대하여는 특단의 사정이 없는 한 환경상 이익에 대한 침해 또는 침해 우려가 있는 것으로 사실상 추정된다.

④ 일반면허를 받은 시외버스운송사업자에 대한 사업계획변경인가처분으로 인하여 노선 및 운행계통의 일부 중복으로 기존에 한정면허를 받은 시외버스운송사업자의 수익감소가 예상된다면, 기존의 한정면허를 받은 시외버스운송사업자는 일반면허 시외버스운송사업자에 대한 사업계획변경 인가처분의 취소를 구할 법률상의 이익이 있다.

해설

① 법령이 특정한 행정기관 등으로 하여금 다른 행정기관을 상대로 제재적 조치를 취할 수 있도록 하면서, 그에 따르지 않으면 그 행정기관에 대하여 과태료를 부과하거나 형사처벌을 할 수 있도록 정하는 경우가 있다. 이러한 경우에는 단순히 국가기관이나 행정기관의 내부적 문제라거나 권한 분장에 관한 분쟁으로만 볼 수 없다. 기관소송 법정주의를 취하면서 제한적으로만 이를 인정하고 있는 현행 법령의 체계에 비추어 보면, 이 경우 항고소송을 통한 구제의 길을 열어주는 것이 법치국가 원리에도 부합한다. 따라서 이러한 권리구제나 권리보호의 필요성이 인정된다면 **예외적**으로 그 제재적 조치의 상대방인 행정기관 등에게 항고소송 원고로서의 당사자능력과 원고적격을 인정할 수 있다(대판 2018.8.1, 2014두35379).

② **사증발급 거부처분**을 다투는 외국인은, 아직 대한민국에 입국하지 않은 상태에서 대한민국에 입국하게 해달라고 주장하는 것으로, 대한민국과의 실질적 관련성 내지 대한민국에서 법적으로 보호가치 있는 이해관계를 형성한 경우는 아니어서, 해당 처분의 취소를 구할 법률상 이익을 인정하여야 할 법정책적 필요성도 크지 않다. **반면**, 국적법상 **귀화불허가처분**이나 출입국관리법상 **체류자격변경 불허가처분, 강제퇴거명령** 등을 다투는 외국인은 대한민국에 적법하게 입국하여 상당한 기간을 체류한 사람이므로, 이미 대한민국과의 실질적 관련성 내지 대한민국에서 법적으로 보호가치 있는 이해관계를 형성한 경우이어서, 해당 처분의 취소를 구할 법률상 이익이 인정된다고 보아야 한다(대판 2018.5.15, 2014두42506).

** 사증 = 비자(visa) : 외국인의 입국을 허용하고 입국 자격을 증명하는 문서*

→ 해당 외국인 : 사증발급 거부처분 취소소송 인정X / 귀화불허가처분·체류자격변경 불허가처분·강제퇴거명령 취소소송 인정O

③ 행정처분의 근거 법규 또는 관련 법규에 그 처분으로써 이루어지는 행위 등 사업으로 인하여 환경상 침해를 받으리라고 예상되는 영향권의 범위가 구체적으로 규정되어 있는 경우에는, 그 영향권 내의 주민들에 대하여는 당해 처분으로 인하여 직접적이고 중대한 환경피해를 입으리라고 예상할 수 있고, 이와 같은 환경상의 이익은 주민 개개인에 대하여 개별적으로 보호되는 직접적·구체적 이익으로서 그들에 대하여는 특단의 사정이 없는 한 환경상 이익에 대한 침해 또는 침해 우려가 있는 것으로 사실상 추정되어 법률상 보호되는 이익으로 인정됨으로써 원고적격이 인정되며, 그 영향권 밖의 주민들은 당해 처분으로 인하여 그 처분 전과 비교하여 수인한도를 넘는 환경피해를 받거나 받을 우려가 있다는 자신의 환경상 이익에 대한 침해 또는 침해 우려가 있음을 입증하여야만 법률상 보호되는 이익으로 인정되어 원고적격이 인정된다(대판 2009.9.24, 2009두2825).

④ 한정면허를 받은 시외버스운송사업자라고 하더라도 다 같이 운행계통을 정하고 여객을 운송하는 노선여객자동차운송사업을 한다는 점에서 일반면허를 받은 시외버스운송사업자와 본질적인 차이가 없으므로, 일반면허를 받은 시외버스운송사업자에 대한 사업계획변경 인가처분으로 인하여 기존에 한정면허를 받은 시외버스운송사업자의 노선 및 운행계통과 일반면허를 받은 시외버스운송사업자의 그것이 일부 중복되게 되고 기존업자의 수익감소가 예상된다면, 기존의 한정면허를 받은 시외버스운송사업자와 일반면허를 받은 시외버스운송사업자는 경업관계에 있는 것으로 보는 것이 타당하고, 따라서 기존의 한정면허를 받은 시외버스운송사업자는 일반면허 시외버스운송사업자에 대한 사업계획변경인가처분의 취소를 구할 법률상의 이익이 있다(대판 2018.4.26. 2015두53824).

정답 ②

12 **항고소송의 원고적격에 대한 설명으로 옳은 것을 〈보기〉에서 모두 고르면? (다툼이 있는 경우 판례에 의함)** *〈2017 국회직 8급〉*

ㄱ. 「행정소송법」 제12조 전단의 '법률상 이익'의 개념과 관련하여서는 권리구제설, 법률상 보호된 이익구제설, 보호가치 있는 이익구제설, 적법성보장설 등으로 나누어지며, 이 중에서 보호가치 있는 이익구제설이 통설·판례의 입장이다.

ㄴ. 법률상 보호되는 이익이라 함은 당해 처분의 근거법규에 의하여 보호되는 개별적·구체적 이익을 의미하며, 관련 법규에 의하여 보호되는 개별적·구체적 이익까지 포함하는 것은 아니라는 것이 판례의 입장이다.

ㄷ. 기존업자가 특허기업인 경우에는 그 특허로 인하여 받는 영업상 이익은 반사적 이익 내지 사실상 이익에 불과한 것으로 보는 것이 일반적이나, 허가기업인 경우에는 기존업자가 그 허가로 인하여 받은 영업상 이익은 법률상 이익으로 본다.

ㄹ. 인·허가 등의 수익적 행정처분을 신청한 수인이 서로 경쟁관계에 있어서 일방에 대한 허가 등의 처분이 타방에 대한 불허가 등으로 귀결될 수밖에 없는 때 허가 등의 처분을 받지 못한 자는 비록 경원자에 대하여 이루어진 허가 등 처분의 상대방이 아니라 하더라도 당해 처분의 취소를 구할 원고적격이 있다. 다만, 명백한 법적 장애로 인하여 원고 자신의 신청이 인용될 가능성이 처음부터 배제되어 있는 경우에는 법률상 보호되는 이익이 인정되지 않는다.

ㅁ. 환경영향평가 대상지역 밖의 주민들은 공유수면매립면허처분으로 인하여 그 처분 전과 비교하여 수인한도를 넘는 환경피해를 받거나 받을 우려가 있다는 점을 입증할 경우 법률상 보호되는 이익이 인정된다.

① ㄷ, ㅁ ② ㄹ, ㅁ

③ ㄱ, ㄴ, ㄷ ④ ㄴ, ㄹ, ㅁ

해설

ㄱ. 법률상 이익의 의미에 대해서는 권리구제설(권리회복설), 법률상 보호이익설(법률상 이익구제설), 보호가치이익구제설, 적법성보장설 등이 대립하고 있으나, **법률상 보호이익설**이 통설·판례의 입장이다.

ㄴ. 행정처분의 직접 상대방이 아닌 제3자라 하더라도 당해 행정처분으로 인하여 법률상 보호되는 이익을 침해당한 경우에는 그 처분의 취소나 무효확인을 구하는 행정소송을 제기하여 그 당부의 판단을 받을 자격이 있다 할 것이며, 여기에서 말하는 '법률상 보호되는 이익'이라 함은 당해 처분의 근거 법규 및 관련 법규에 의하여 보호되는 개별적·직접적·구체적 이익이 있는 경우를 말하고, 공익보호의 결과로 국민 일반이 공통적으로 가지는 일반적·간접적·추상적 이익이 생기는 경우에는 법률상 보호되는 이익이 있다고 할 수 없다(대판 2006.3.16. 2006두330).

ㄷ. 기존업자가 특허기업인 경우에는 그 특허로 인하여 받는 영업상 이익은 법률상 이익으로 보는 것이 일반적이나, 허가기업인 경우에는 기존 업자가 그 허가로 인하여 받은 영업상 이익은 반사적 이익 내지 사실상 이익에 불과한 것이 일반적이다(대판 1998.3.10. 97누4289).

ㄹ. 인·허가 등의 수익적 행정처분을 신청한 수인이 서로 경쟁관계에 있어서 일방에 대한 허가 등의 처분이 타방에 대한 불허가 등으로 귀결될 수밖에 없는 때(이른바 경원관계에 있는 경우) 허가 등의 처분을 받지 못한 자는 비록 경원자에 대하여 이루어진 허가 등 처분의 상대방이 아니라 하더라도 당해 처분의 취소를 구할 당사자적격이 있다. 다만, 명백한 법적 장애로 인하여 원고 자신의 신청이 인용될 가능성이 처음부터 배제되어 있는 경우에는 당해 처분의 취소를 구할 정당한 이익이 없다(대판 2009.12.10. 2009두8359).

ㅁ. 환경영향평가 대상지역 안의 주민들이 공유수면매립면허처분 등과 관련하여 갖고 있는 환경상의 이익은 주민 개개인에 대하여 개별적으로 보호되는 직접적·구체적 이익으로서 그들에 대하여는 특단의 사정이 없는 한 환경상의 이익에 대한 침해 또는 침해 우려가 있는 것으로 사실상 추정되어 공유수면매립면허처분 등의 무효확인을 구할 원고적격이 인정된다. 한편 환경영향평가 대상지역 밖의 주민이라 할지라도 공유수면매립면허처분 등으로 인하여 그 처분 전과 비교하여 수인한도를 넘는 환경피해를 받거나 받을 우려가 있는 경우에는, 공유수면 매립면허처분 등으로 인하여 환경상 이익에 대한 침해 또는 침해우려가 있다는 것을 입증함으로써 그 처분 등의 무효확인을 구할 원고적격을 인정받을 수 있다(대판 2006.3.16. 2006두330).

정답 ②

13 취소소송에서 협의의 소의 이익에 대한 설명으로 옳지 않은 것은? (다툼이 있는 경우 판례에 의함)

〈2019 국가직 9급〉

① 지방의회 의원에 대한 제명의결 취소소송 계속 중 의원의 임기가 만료된 경우에도 여전히 제명의결의 취소를 구할 법률상 이익이 인정된다.

② 공장등록이 취소된 후 그 공장시설물이 철거되었고 다시 복구를 통하여 공장을 운영할 수 없는 상태라 하더라도 대도시 안의 공장을 지방으로 이전할 경우 조세감면 및 우선입주 등의 혜택이 관계법률에 보장되어 있다면, 공장등록취소처분의 취소를 구할 법률상 이익이 인정된다.

③ 가중요건이 법령에 규정되어 있는 경우, 업무정지처분을 받은 후 새로운 제재처분을 받음이 없이 법률이 정한 기간이 경과하여 실제로 가중된 제재처분을 받을 우려가 없어졌다면 특별한 사정이 없는 한 업무정지처분의 취소를 구할 법률상 이익이 인정되지 않는다.

④ 현역입영대상자가 현역병입영통지처분에 따라 현실적으로 입영을 한 후에는 처분의 집행이 종료되었고 입영으로 처분의 목적이 달성되어 실효되었으므로 입영통지처분을 다툴 법률상 이익이 인정되지 않는다.

해설

① 지방의회 의원에 대한 제명의결 취소소송 계속 중 임기가 만료되어 제명의결의 취소로 지방의회 의원으로서의 지위를 회복할 수는 없다 할지라도, 그 취소로 인하여 최소한 제명의결시부터 임기만료일까지의 기간에 대해 월정수당의 지급을 구할 수 있는 등 여전히 그 제명의결의 취소를 구할 법률상 이익은 남아 있다고 보아야 한다(대판 2009.1.30, 2007두13487).

② 공장등록이 취소된 후 그 공장시설물이 철거되었다 하더라도 대도시 안의 공장을 지방으로 이전할 경우 조세특례제한법상의 세액공제 및 소득세 등의 감면혜택이 있고, 공업배치및공장설립에 관한법률상의 간이한 이전절차 및 우선입주의 혜택이 있는 경우, 그 공장등록취소처분의 취소를 구할 법률상의 이익이 있다(대판 2002.1.11, 2000두3306).

③ 건축사법 제28조 제1항이 건축사 업무정지처분을 연 2회 이상 받고 그 정지기간이 통산하여 12월 이상이 될 경우에는 가중된 제재처분인 건축사사무소 등록취소처분을 받게 되도록 규정하여 건축사에 대한 제재적인 행정처분인 업무정지명령을 더 무거운 제재처분인 사무소등록취소처분의 기준요건으로 규정하고 있으므로, 건축사 업무정지처분을 받은 건축사로서는 위 처분에서 정한 기간이 경과하였다 하더라도 위 처분을 그대로 방치하여 둠으로써 장래 건축사사무소 등록취소라는 가중된 제재처분을 받을 우려가 있어 건축사로서 업무를 행할 수 있는 법률상 지위에 대한 위험이나 불안을 제거하기 위하여 건축사 업무정지처분의 취소를 구할 이익이 있으나, 업무정지처분을 받은 후 새로운 업무정지처분을 받음이 없이 1년이 경과하여 실제로 가중된 제재처분을 받을 우려가 없어졌다면 위 처분에서 정한 정지기간이 경과한 이상 특별한 사정이 없는 한 그 처분의 취소를 구할 법률상 이익이 없다(대판 2000.4.21, 98두10080).

④ 병역법 제2조 제1항 제3호에 의하면 '입영'이란 병역의무자가 징집·소집 또는 지원에 의하여 군부대에 들어가는 것이고, 같은 법 제18조 제1항에 의하면 현역은 입영한 날부터 군부대에서 복무하도록 되어 있으므로 현역병입영통지처분에 따라 현실적으로 입영을 한 경우에는 그 처분의 집행은 종료되지만, 한편, 입영으로 그 처분의 목적이 달성되어 실효되었다는 이유로 다툴 수 없도록 한다면, 병역법상 현역입영대상자로서는 현역병입영통지처분이 위법하다 하더라도 법원에 의하여 그 처분의 집행이 정지되지 아니하는 이상 현실적으로 입영을 할 수밖에 없으므로 현역병입영통지처분에 대하여는 불복을 사실상 원천적으로 봉쇄하는 것이 되고, 또한 현역입영대상자가 입영하여 현역으로 복무하는 과정에서 현역병입영통지처분 외에는 별도의 다른 처분이 없으므로 입영한 이후에는 불복할 아무런 처분마저 없게 되는 결과가 되며, 나아가 입영하여 현역으로 복무하는 자에 대한 병적을 당해 군 참모총장이 관리한다는 것은 입영 및 복무의 근거가 된 현역병입영통지처분이 적법함을 전제로 하는 것으로서 그 처분이 위법한 경우까지를 포함하는 의미는 아니라고 할 것이므로, 현역입영대상자로서는 현실적으로 입영을 하였다고 하더라도, 입영 이후의 법률관계에 영향을 미치고 있는 현역병입영통지처분 등을 한 관할지방병무청장을 상대로 위법을 주장하여 그 취소를 구할 소송상의 이익이 있다(대판 2003.12.26, 2003두1875).

정답 ④

14 협의의 소익에 대한 판례의 입장으로 옳은 것은? 〈2018 지방직 9급〉

① 학교법인 임원취임승인의 취소처분 후 그 임원의 임기가 만료되고 구「사립학교법」 소정의 임원결격사유기간마저 경과한 경우에 취임승인이 취소된 임원은 취임승인취소처분의 취소를 구할 소의 이익이 없다.

② 배출시설에 대한 설치허가가 취소된 후 그 배출시설이 철거되어 다시 가동할 수 없는 상태라도 그 취소처분이 위법하다는 판결을 받아 손해배상청구소송에서 이를 원용할 수 있다면 배출시설의 소유자는 당해 처분의 취소를 구할 법률상 이익이 있다.

③ 건축물에 대한 사용검사처분이 취소되면 사용검사 전의 상태로 돌아가 건축물을 사용할 수 없게 되므로 구「주택법」상 입주자나 입주예정자가 사용검사처분의 무효확인 또는 취소를 구할 법률상 이익이 있다.

④ 구「도시 및 주거환경정비법」상 조합설립추진위원회 구성승인처분을 다투는 소송 계속 중에 조합설립인가처분이 이루어졌다면 조합설립추진위원회 구성승인처분의 취소를 구할 법률상 이익은 없다.

해설

① 비록 취임승인이 취소된 학교법인의 정식이사들에 대하여 원래 정해져 있던 임기가 만료되고 구 사립학교법 제22조 제2호 소정의 임원결격사유기간마저 경과하였다 하더라도, 그 임원취임승인 취소처분이 위법하다고 판명되고 나아가 임시이사들의 지위가 부정되어 직무권한이 상실되면, 그 정식이사들은 후임이사 선임시까지 민법 제691조의 유추적용에 의하여 직무수행에 관한 긴급처리권을 가지게 되고 이에 터잡아 후임 정식이사들을 선임할 수 있게 되는바, 이는 감사의 경우에도 마찬가지이다. 그러므로 취임승인이 취소된 학교법인의 정식이사들로서는 그 취임승인 취소처분 대한 취소를 구할 법률상 이익이 있다(대판 2007.7.19, 2006두19297).

② 소음·진동배출시설에 대한 설치허가가 취소된 후 그 배출시설이 어떠한 경위로든 철거되어 다시 복구 등을 통하여 배출시설을 가동할 수 없는 상태라면 이는 배출시설 설치허가의 대상이 되지 아니하므로 외형상 설치허가취소행위가 잔존하고 있다고 하여도 특단의 사정이 없는 한 이제 와서 굳이 위 처분의 취소를 구할 법률상의 이익이 없다(대판 2002.1.11, 2000두2457).

③ 건물의 사용검사처분은 건축허가를 받아 건축된 건물이 건축허가 사항대로 건축행정 목적에 적합한지 여부를 확인하고 사용검사필증을 교부하여 줌으로써 허가받은 사람으로 하여금 건축한 건물을 사용·수익할 수 있게 하는 법률효과를 발생시키는 것이다. 이러한 사용검사처분은 건축물을 사용·수익할 수 있게 하는 데 그치므로 건축물에 대하여 사용검사처분이 이루어졌다고 하더라도 그 사정만으로는 건축물에 있는 하자나 건축법 등 관계 법령에 위배되는 사실이 정당화되지는 아니하며, 또한 건축물에 대한 사용검사처분의 무효확인을 받거나 처분이 취소된다고 하더라도 사용검사 전의 상태로 돌아가 건축물을 사용할 수 없게 되는 것에 그칠 뿐 곧바로 건축물의 하자 상태 등이 제거되거나 보완되는 것도 아니다. 그리고 입주자나 입주예정자들은 사용검사처분의 무효확인을 받거나 처분을 취소하지 않고도 민사소송 등을 통하여 분양계약에 따른 법률관계 및 하자 등을 주장·증명함으로써 사업주체 등으로부터 하자의 제거·보완 등에 관한 권리구제를 받을 수 있으므로, 사용검사처분의 무효확인 또는 취소 여부에 의하여 법률적인 지위가 달라진다고 할 수 없으며, 구 주택공급에 관한 규칙에서 주택공급계약에 관하여 사용검사와 관련된 규정을 두고 있다고 하더라도 달리 볼 것은 아니다. 그러므로 구 주택법상 입주자나 입주예정자는 사용검사처분의 무효확인 또는 취소를 구할 법률상 이익이 없다(대판 2015.1.29, 2013두24976).

→ *입주자나 입주예정자가 건축물 하자의 제거·보완을 받고 싶은데, (건축물의) 사용검사처분의 취소는 건축물을 사용할 수 없게 만들 뿐 건축물 하자의 제거·보완에는 전혀 도움이 되지 못한다는 의미 ∴ 입주자나 입주예정자는 사용검사처분의 취소를 구할 법률상 이익(소의 이익)이 없음*

④ 구 도시 및 주거환경정비법 제13조 제1항, 제2항, 제14조 제1항, 제15조 제4항, 제5항 등 관계 법령의 내용, 형식, 체제 등에 비추어 보면, 조합설립추진위원회(이하 '추진위원회'라고 한다) 구성승인처분은 조합의 설립을 위한 주체인 추진위원회의 구성행위를 보충하여 그 효력을 부여하는 처분으로서 조합설립이라는 종국적 목적을 달성하기 위한 중간단계의 처분에 해당하지만, 그 법률요건이나 효과가 조합설립인가처분의 그것과는 다른 독립적인 처분이기 때문에, 추진위원회 구성승인처분에 대한 취소 또는 무효확인 판결의 확정만으로는 이미 조합설립인가를 받은 조합에 의한 정비사업의 진행을 저지할 수 없다. 따라서 추진위원회 구성승인처분을 다투는 소송 계속 중에 조합설립인가처분이 이루어진 경우에는, 추진위원회 구성승인처분에 위법이 존재하여 조합설립인가 신청행위가 무효라는 점 등을 들어 직접 조합설립인가처분을 다툼으로써 정비사업의 진행을 저지하여야 하고, 이와는 별도로 추진위원회 구성승인처분에 대하여 취소 또는 무효확인을 구할 법률상의 이익은 없다고 보아야 한다.

→ *조합설립인가처분 취소소송 제기(O) / 조합설립추진위원회 구성승인처분 취소소송 제기(X)*

정답 ④

15 다음 판례 중 협의의 소의 이익(권리보호의 필요)이 인정되지 않는 것은? 〈2017 서울시 9급〉

① 현역입영대상자로서 현실적으로 입영을 한 자가 입영 이후의 법률관계에 영향을 미치고 있는 현역병입영통지처분 등을 한 관할 지방병무청장을 상대로 위법을 주장하여 그 취소를 구하는 경우

② 행정청이 영업허가신청 반려처분의 취소를 구하는 소의 계속 중 사정변경을 이유로 위 반려처분을 직권취소함과 동시에 위 신청을 재반려하는 내용의 재처분을 한 경우 당초의 반려처분의 취소를 구하는 경우

③ 도시개발사업의 공사 등의 완료되고 원상회복이 사회통념상 불가능하게 된 경우 도시개발사업의 시행에 따른 도시계획변경결정처분과 도시개발구역지정처분 및 도시개발사업 실시계획인가처분의 취소를 구하는 경우

④ 행정처분의 효력기간이 경과하였다고 하더라도 그 처분을 받은 전력이 장래에 불이익하게 취급되는 것으로 법정(법률)상 가중요건으로 되어 있고, 법정가중요건에 따라 새로운 제재적인 행정처분이 가해지고 있는 경우

해설

① **<소의 이익O>** 입영으로 그 처분의 목적이 달성되어 실효되었다는 이유로 다툴 수 없도록 한다면, 병역법상 **현역입영대상자**로서는 **현역병입영통지처분**이 위법하다 하더라도 법원에 의하여

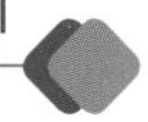

그 처분의 집행이 정지되지 아니하는 이상 현실적으로 입영을 할 수밖에 없으므로 현역병입영통지처분에 대하여는 불복을 사실상 원천적으로 봉쇄하는 것이 되고, 또한 현역입영대상자가 입영하여 현역으로 복무하는 과정에서 현역병입영통지처분 외에는 별도의 다른 처분이 없으므로 입영한 이후에는 불복할 아무런 처분마저 없게 되는 결과가 되며, 나아가 입영하여 현역으로 복무하는 자에 대한 병적을 당해 군 참모총장이 관리한다는 것은 입영 및 복무의 근거가 된 현역병입영통지처분이 적법함을 전제로 하는 것으로서 그 처분이 위법한 경우까지를 포함하는 의미는 아니라고 할 것이므로, 현역입영대상자로서는 현실적으로 입영을 하였다고 하더라도, 입영 이후의 법률관계에 영향을 미치고 있는 현역병입영통지처분 등을 한 관할지방병무청장을 상대로 위법을 주장하여 그 취소를 구할 소송상의 이익이 있다(대판 2003.12.26. 2003두1875).

② **<소의 이익X>** 행정청이 당초의 분뇨 등 관련영업 허가신청 반려처분의 취소를 구하는 소의 계속중, 사정변경을 이유로 위 반려처분을 직권취소함과 동시에 위 신청을 재반려하는 내용의 재처분을 한 경우, 당초의 반려처분의 취소를 구하는 소는 더 이상 소의 이익이 없게 된다(대판 2006.9.28. 2004두5317).

③ **<소의 이익O> 도시개발사업의 시행에 따른 도시계획변경결정처분과 도시개발구역지정처분 및 도시개발사업실시계획인가처분**은 각 처분 자체로 그 처분의 목적이 종료되는 것이 아니고 위 각 처분이 유효하게 존재하는 것을 전제로 하여 당해 도시개발사업에 따른 일련의 절차 및 처분이 행해지기 때문에, 도시개발사업의 공사 등이 완료되고 원상회복이 사회통념상 불가능하게 되었더라도 위 각 처분의 취소를 구할 법률상 이익은 소멸한다고 할 수 없다(대판 2005.9.9. 2003두5402).

④ **<소의 이익O>** 제재적 행정처분이 그 처분에서 정한 제재기간의 경과로 인하여 그 효과가 소멸되었으나, 부령인 시행규칙 또는 지방자치단체의 규칙의 형식으로 정한 처분기준에서 제재적 행정처분을 받은 것을 가중사유나 전제요건으로 삼아 장래의 제재적 행정처분을 하도록 정하고 있는 경우, 제재적 행정처분의 가중사유나 전제요건에 관한 규정이 법령이 아니라 규칙의 형식으로 되어 있다고 하더라도, 그러한 규칙이 법령에 근거를 두고 있는 이상 그 법적 성질이 대외적·일반적 구속력을 갖는 법규명령인지 여부와는 상관없이, 관할 행정청이나 담당 공무원은 이를 준수할 의무가 있으므로 이들이 그 규칙에 정해진 바에 따라 행정작용을 할 것이 당연히 예견되고, 그 결과 행정작용의 상대방인 국민으로서는 그 규칙의 영향을 받을 수밖에 없다. 따라서 그러한 규칙이 정한 바에 따라 선행처분을 가중사유 또는 전제요건으로 하는 후행처분을 받을 우려가 현실적으로 존재하는 경우에는, 선행처분을 받은 상대방은 비록 그 처분에서 정한 제재기간이 경과하였다 하더라도 그 처분의 취소소송을 통하여 그러한 불이익을 제거할 권리보호의 필요성이 충분히 인정된다고 할 것이므로, 선행처분의 취소를 구할 법률상 이익이 있다고 보아야 한다(대판 2006.6.22. 2003두1684).

정답 ②

16 **甲은 값싼 외국산 수입재료를 국내산 유기농 재료로 속여 상품을 제조판매하였음을 이유로 식품위생법령에 따라 관할 행정청으로부터 영업정지 3개월 처분을 받았다. 한편, 위 영업정지의 처분기준에는 1차 위반의 경우 영업정지 3개월, 2차 위반의 경우 영업정지 6개월, 3차 위반의 경우 영업허가취소 처분을 하도록 규정되어 있다. 甲은 영업정지 3개월 처분의 취소를 구하는 소송을 제기하였다. 이에 대한 설명으로 옳지 않은 것은? (다툼이 있는 경우 판례에 의함)** *〈2017 지방직 7급〉*

① 위와 같은 처분기준이 없는 경우라면, 영업정지 처분에 정하여진 기간이 경과되어 효력이 소멸한 경우에는 그 영업정지 처분의 취소를 구할 법률상 이익은 부정된다.

② 위 처분기준이 「식품위생법」이나 동법 시행령에 규정되어 있는 경우에는 대외적 구속력이 인정되나, 동법 시행규칙에 규정되어 있는 경우에는 대외적 구속력은 부정된다.

③ 甲에 대하여 법령상 임의적 감경사유가 있음에도, 관할 행정청이 이를 전혀 고려하지 않았거나 감경사유에 해당하지 않는다고 오인하여 영업정지 3개월 처분을 한 경우에는 재량권을 일탈·남용한 위법한 처분이 된다.

④ 甲에 대한 영업정지 3개월의 기간이 경과되어 효력이 소멸한 경우에 위 처분기준이 「식품위생법」이나 동법 시행령에 규정되어 있다면 甲은 영업정지 3개월 처분의 취소를 구할 소의 이익이 있지만, 동법 시행규칙에 규정되어 있다면 소의 이익이 인정되지 않는다.

해설

① 행정처분에 효력기간이 정하여져 있는 경우, 그 처분의 효력 또는 집행이 정지된 바 없다면 위 기간의 경과로 그 행정처분의 효력은 상실되므로 그 기간 경과 후에는 그 처분이 외형상 잔존함으로 인하여 어떠한 법률상 이익이 침해되고 있다고 볼 만한 별다른 사정이 없는 한 그 처분의 취소를 구할 법률상의 이익이 없고, 행정명령에 불과한 각종 규칙상의 행정처분 기준에 관한 규정에서 위반 횟수에 따라 가중처분하게 되어 있다 하여 법률상의 이익이 있는 것으로 볼 수는 없다(대판 1995.10.17. 94누14148).

② 식품위생법시행규칙 제53조에서 별표 15로 식품위생법 제58조에 따른 행정처분의 기준을 정하였다고 하더라도, 형식은 부령으로 되어 있으나 성질은 행정기관 내부의 사무처리준칙을 정한 것에 불과한 것으로서, 보건사회부 장관이 관계 행정기관 및 직원에 대하여 직무권한 행사의 지침을 정하여 주기 위하여 발한 행정명령의 성질을 가지는 것이지 같은 법 제58조 제1항의 규정에 보장된 재량권을 기속하는 것이라고 할 수 없고 대외적으로 국민이나 법원을 기속하는 힘이 있는 것은 아니다(대판 1994.10.14. 94누4370).

③ 행정청이 건설산업기본법 및 구 건설산업기본법 시행령 규정에 따라 건설업자에 대하여 영업정지 처분을 할 때 건설업자에게 영업정지 기간의 감경에 관한 참작 사유가 존재하는 경우, 행정청이 그 사유까지 고려하고도 영업정지 기간을 감경하지 아니한 채 시행령 제80조 제1항 [별표 6] '2. 개별기준'이 정한 영업정지 기간대로 영업정지 처분을 한 때에는 이를 위법하다고 단정할 수 없으나, 위와 같은 사유가 있음에도 이를 전혀 고려하지 않거나 감경 사유에 해당하지 않는다고 오인한 나머지 영업정지 기간을 감경하지 아니하였다면 영업정지 처분은 재량권을 일탈·남용한 위법한 처분이다(대판 2016.8.29. 2014두45956).

④ 제재적 행정처분의 가중사유나 전제요건에 관한 규정이 법령이 아니라 규칙의 형식으로 되어 있다고 하더라도, 그러한 규칙이 법령에 근거를 두고 있는 이상 그 법적 성질이 대외적·일반적 구속력을 갖는 법규명령인지 여부와는 상관없이, 관할 행정청이나 담당공무원은 이를 준수할 의무가 있으므로 이들이 그 규칙에 정해진 바에 따라 행정작용을 할 것이 당연히 예견되고, 그 결과 행정작용의 상대방인 국민으로서는 그 규칙의 영향을 받을 수밖에 없다. 따라서 그러한 규칙이 정한 바에 따라 선행처분을 받은 상대방이 그 처분의 존재로 인하여 장래에 받을 불이익, 즉 후행처분의 위험은 구체적이고 현실적인 것이므로, 상대방에게는 선행처분의 취소소송을 통하여 그 불이익을 제거할 필요가 있다고 할 것이다(대판 2006.6.22. 2003두1684).

정답 ④

17 **취소소송의 소송요건을 충족하지 않은 경우에 해당하는 것만을 모두 고르면? (다툼이 있는 경우 판례에 의함)** *〈2018 지방직 7급〉*

ㄱ. 기간제로 임용된 국·공립대학의 조교수에 대해 임용기간 만료로 한 재임용거부에 대하여 제기된 거부처분 취소소송
ㄴ. 처분이 있음을 안 날부터 90일이 경과하였으나, 아직 처분이 있은 날부터 1년이 경과되지 않은 시점에서 제기된 취소소송
ㄷ. 사실심 변론종결시에는 원고적격이 있었으나, 상고심에서 원고적격이 흠결된 취소소송

① ㄱ
② ㄷ
③ ㄴ, ㄷ
④ ㄱ, ㄴ, ㄷ

해설

ㄱ. **<소송요건O>** 기간제로 임용되어 임용기간이 만료된 국공립대학의 조교수는 교원으로서의 능력과 자질에 관하여 합리적인 기준에 의한 공정한 심사를 받아 위 기준에 부합되면 특별한 사정이 없는 한 재임용되리라는 기대를 가지고 재임용여부에 관하여 합리적인 기준에 의한 공정한 심사를 요구할 법규상 또는 조리상 신청권을 가진다고 할 것이니, 임용권자가 임용기간이 만료된 조교수에 대하여 재임용을 거부하는 취지로 한 임용기간만료의 통지는 위와 같은 대학교원의 법률관계에 영향을 주는 것으로서 행정소송의 대상이 되는 처분에 해당한다(대판2004.4.22, 2000두7735).

ㄴ. **<소송요건X>** 행정처분이 있음을 알고 처분에 대하여 곧바로 취소소송을 제기하는 방법을 선택한 때에는 처분이 있음을 안 날부터 90일 이내에 취소소송을 제기하여야 하고, 처분이 있음을 안 날부터 90일 이내에 행정심판을 청구하지도 않고 취소소송을 제기하지도 않은 경우에는 그 후 제기된 취소소송은 제소기간을 경과한 것으로서 부적법하다(대판 2011. 11. 24,2011두18786).

ㄷ. **<소송요건X>** 제소 당시에는 소송요건이 흠결되어도 사실심 변론종결시까지 이를 구비하면 적법한 소가 된다. 그러나 소송요건은 소송의 적법성의 문제이기 때문에 사실심 변론종결시는 물론 상고심에서도 존속하여야 한다.

정답 ③

18 다음 사례에 관한 설명으로 옳은 것은? (다툼이 있는 경우 판례에 의함) 〈2021 국가직 9급〉

- 甲은 자신의 토지에 대한 개별공시지가결정을 통지받은 후 90일이 넘어 과세처분을 받았는데, 과세처분이 위법한 개별공시지가결정에 기초하였다는 이유로 과세처분의 취소를 구하고자 한다.
- 甲은 토지대장에 전(田)으로 기재되어 있는 지목을 대(垈)로 변경하고자 지목변경신청을 하였다.
- 乙은 甲의 토지가 사실은 자신 소유라고 주장하면서 토지대장상의 소유자명의변경을 신청하였으나 거부되었다.

① 甲은 과세처분이 있기 전에는 개별공시지가결정에 대해서 취소소송을 제기할 수 없다.

② 甲은 과세처분의 위법성이 인정되지 않더라도 과세처분 취소소송에서 개별공시지가결정의 위법을 독립된 위법사유로 주장할 수 있다.

③ 토지대장에 등재된 사항을 변경하는 행위는 행정사무집행의 편의와 사실증명의 자료로 삼기 위한 것이므로, 甲은 지목변경신청이 거부되더라도 이에 대하여 취소소송으로 다툴 수 없다.

④ 乙에 대한 토지대장상의 소유자명의변경신청 거부는 처분성이 인정된다.

해설

① 시장·군수 또는 구청장의 개별토지가격결정은 관계법령에 의한 토지초과이득세, 택지초과소유부담금 또는 개발부담금 산정의 기준이 되어 국민의 권리나 의무 또는 법률상 이익에 직접적으로 관계되는 것으로서 행정소송법 제2조 제1항 제1호 소정의 행정청이 행하는 구체적 사실에 관한 법집행으로서의 공권력행사이므로 항고소송의 대상이 되는 행정처분에 해당한다(대판 1994.2.8. 93누111).

② **개별공시지가결정**은 이를 기초로 한 **과세처분** 등과는 별개의 독립된 처분으로서 서로 **독립하여 별개의 법률효과**를 목적으로 하는 것이나, 위법한 개별공시지가결정에 대하여 그 정해진 시정절차를 통하여 시정하도록 요구하지 아니하였다는 이유로 위법한 개별공시지가를 기초로 한 과세처분 등 후행 행정처분에서 개별공시지가결정의 위법을 주장할 수 없도록 하는 것은 수인한도를 넘는 불이익을 강요하는 것으로서 국민의 재산권과 재판받을 권리를 보장한 헌법의 이념에도 부합하는 것이 아니라고 할 것이므로, 개별공시지가결정에 위법이 있는 경우에는 그 자체를 행정소송의 대상이 되는 행정처분으로 보아 그 위법 여부를 다툴 수 있음은 물론 이를 기초로 한 과세처분 등 행정처분의 취소를 구하는 행정소송에서도 선행처분인 개별공시지가결정의 위법을 독립된 위법사유로 주장할 수 있다고 해석함이 타당하다(대판 1994.1.25. 93누8542).

③ 토지소유자는 지목을 토대로 토지의 사용·수익·처분에 일정한 제한을 받게 되는 점 등을 고려하면, 지목은 토지소유권을 제대로 행사하기 위한 전제요건으로서 토지소유자의 실체적 권리관계에 밀접하게 관련되어 있으므로 지적공부 소관청의 지목변경신청 반려행위는 국민의 권리관계에 영향을 미치는 것으로서 항고소송의 대상이 되는 행정처분에 해당한다(대판 2004.4.22. 2003두9015).

④ 토지대장에 기재된 일정한 사항을 변경하는 행위는, 그것이 지목의 변경이나 정정 등과 같이 토지소유권 행사의 전제요건으로서 토지소유자의 실체적 권리관계에 영향을 미치는 사항에 관한 것이 아닌 한 행정사무집행의 편의와 사실증명의 자료로 삼기 위한 것일 뿐이어서, 그 소유자 명의가 변경된다고 하여도 이로 인하여 당해 토지에 대한 실체상의 권리관계에 변동을 가져올 수 없고 토지 소유권이 지적공부의 기재만에 의하여 증명되는 것도 아니다. 따라서 소관청이 토지대장상의 소유자명의변경신청을 거부한 행위는 이를 항고소송의 대상이 되는 행정처분이라고 할 수 없다(대판 2012.1.12. 2010두12354).

정답 ②

19 행정소송의 대상에 대한 판례의 입장으로 옳지 않은 것은? 〈2019 국가직 9급〉

① 「수도법」에 의하여 지방자치단체인 수도사업자가 그 수돗물의 공급을 받는 자에게 하는 수도료 부과·징수와 이에 따른 수도료 납부관계는 공법상의 권리의무 관계이므로, 이에 관한 분쟁은 행정소송의 대상이다.

② 구「예산회계법」상 입찰보증금의 국고귀속조치는 국가가 공권력을 행사하는 것이라는 점에서, 이를 다투는 소송은 행정소송에 해당한다.

③ 「도시 및 주거환경정비법」상 주택재건축정비사업조합을 상대로 관리처분계획안에 대한 조합 총회결의의 효력 등을 다투는 소송은 「행정소송법」상 당사자소송에 해당한다.

④ 공익사업을 위한 토지 등의 취득 및 보상에 관한 법령에 의한 협의취득은 사법상의 법률행위이므로, 이에 관한 분쟁은 민사소송의 대상이다.

해설

① 수도법에 의하여 **지방자치단체인 수도사업자**가 **수돗물의 공급을 받는 자**에 대하여 하는 수도료의 부과징수와 이에 따른 수도료의 납부관계는 공법상의 권리의무관계라 할 것이므로 이에 관한 소송은 행정소송절차에 의하여야 한다(대판 1977.2.22, 76다2517).

② 예산회계법에 따라 체결되는 계약은 사법상의 계약이라고 할 것이고 동법 제70조의5의 입찰보증금은 낙찰자의 계약체결의무이행의 확보를 목적으로 하여 그 불이행시에 이를 국고에 귀속시켜 국가의 손해를 전보하는 사법상의 손해배상 예정으로서의 성질을 갖는 것이라고 할 것이므로 입찰보증금의 국고귀속조치는 **국가가 사법상의 재산권의 주체로서 행위하는 것**이지 공권력을 행사하는 것이거나 공권력작용과 일체성을 가진 것이 아니라 할 것이므로 이에 관한 분쟁은 행정소송이 아닌 민사소송의 대상이 될 수 밖에 없다고 할 것이다(대판 1983.12.27, 81누366).

③ 「도시 및 주거환경정비법」상 행정주체인 주택재건축정비사업조합을 상대로 관리처분계획안에 대한 조합 총회결의의 효력 등을 다투는 소송은 행정처분에 이르는 절차적 요건의 존부나 효력 유무에 관한 소송으로서 그 소송결과에 따라 행정처분의 위법 여부에 직접 영향을 미치는 공법상 법률관계에 관한 것이므로, 이는 행정소송법상의 당사자소송에 해당한다(대판 2009.9.17, 2007다2428).

④ 공익사업을 위한 토지 등의 취득 및 보상에 관한 법령에 의한 협의취득은 사법상의 법률행위이므로 당사자 사이의 자유로운 의사에 따라 채무불이행책임이나 매매대금 과부족금에 대한 지급의무를 약정할 수 있다(대판 2012.2.23, 2010다91206).

→ 협의취득은 사법상의 법률행위 ∴ 분쟁시 민사소송 제기O

정답 ②

20 항고소송의 대상인 처분에 대한 설명으로 옳은 것은? (다툼이 있는 경우 판례에 의함)

〈2019 국가직 9급〉

① 국가인권위원회가 진정에 대하여 각하 및 기각결정을 할 경우 피해자인 진정인은 인권침해 등에 대한 구제조치를 받을 권리를 박탈당하게 되므로, 국가인권위원회의 진정에 대한 각하 및 기각결정은 처분에 해당한다.

② 검사의 불기소결정은 공권력의 행사에 포함되므로, 검사의 자의적인 수사에 의하여 불기소결정이 이루어진 경우 그 불기소결정은 처분에 해당한다.

③ 인터넷 포털사이트의 개인정보 유출사고로 주민등록번호가 불법 유출되었음을 이유로 주민등록번호 변경신청을 하였으나 관할 구청장이 이를 거부한 경우, 그 거부행위는 처분에 해당하지 않는다.

④ 국립대학교 총장의 임용권한은 대통령에게 있으므로, 교육부장관이 대통령에게 임용제청을 하면서 대학에서 추천한 복수의 총장 후보자들 중 일부를 임용제청에서 제외한 행위는 처분에 해당하지 않는다.

해설

① 국가인권위원회는 법률상의 독립된 국가기관이고, 피해자인 진정인에게는 국가인권위원회법이 정하고 있는 구제조치를 신청할 법률상 신청권이 있는데 국가인권위원회가 진정을 각하 및 기각결정을 할 경우 피해자인 진정인으로서는 자신의 인격권 등을 침해하는 인권침해 또는 차별행위 등이 시정되고 그에 따른 구제조치를 받을 권리를 박탈당하게 되므로, 진정에 대한 국가인권위원회의 각하 및 기각결정은 피해자인 진정인의 권리행사에 중대한 지장을 초래하는 것으로서 항고소송의 대상이 되는 행정처분에 해당하므로, 그에 대한 다툼은 우선 행정심판이나 행정소송에 의하여야 할 것이다(헌재 2015.3.26., 2013헌마214).

② '처분'이란 행정소송법상 항고소송의 대상이 되는 처분을 의미하는 것으로서, 행정소송법 제2조의 처분의 개념 정의에는 해당한다고 하더라도 그 처분의 근거 법률에서 행정소송 이외의 다른 절차에 의하여 불복할 것을 예정하고 있는 처분은 항고소송의 대상이 될 수 없다. 검사의 불기소결정에 대해서는 검찰청법에 의한 항고와 재항고, 형사소송법에 의한 재정신청에 의해서만 불복할 수 있는 것이므로, 이에 대해서는 행정소송법상 항고소송을 제기할 수 없다(대판 2018.9.28, 2017두47465).

③ 甲 등이 인터넷 포털사이트 등의 개인정보 유출사고로 자신들의 주민등록번호 등 개인정보가 불법 유출되자 이를 이유로 관할 구청장에게 주민등록번호를 변경해 줄 것을 신청하였으나 구청장이 '주민등록번호가 불법 유출된 경우 주민등록법상 변경이 허용되지 않는다'는 이유로 주민등록번호 변경을 거부하는 취지의 통지를 한 사안에서, 피해자의 의사와 무관하게 주민등록번호가 유출된 경우에는 조리상 주민등록번호의 변경을 요구할 신청권을 인정함이 타당하고, 구청장의 주민등록번호 변경신청 거부행위는 항고소송의 대상이 되는 행정처분에 해당한다(대판 2017.6.15, 2013두2945).

④ 대학의 장 임용에 관하여 교육부장관의 임용제청권을 인정한 취지는 대학의 자율성과 대통령의 실질적인 임용권 행사를 조화시키기 위하여 대통령의 최종적인 임용권 행사에 앞서 대학의 추천을 받은 총장 후보자들의 적격성을 일차적으로 심사하여 대통령의 임용권 행사가 적정하게 이루어질 수 있도록 하기 위한 것이다. 대학의 추천을 받은 총장 후보자는 교육부장관으로부터 정당한 심사를 받을 것이라는 기대를 하게 된다. 만일 교육부장관이 자의적으로 대학에서 추천한 복수의 총장 후보자들 전부 또는 일부를 임용제청하지 않는다면 대통령으로부터 임용을 받을 기회를 박탈하는 효과가 있다. 이를 항고소송의 대상이 되는 처분으로 보지 않는다면, 침해된 권리 또는 법률상 이익을 구제받을 방법이 없다. 따라서 교육부장관이 대학에서 추천한 복수의 총장 후보자들 전부 또는 일부를 임용제청에서 제외하는 행위는 제외된 후보자들에 대한 불이익처분으로서 항고소송의 대상이 되는 처분에 해당한다고 보아야 한다. 다만 교육부장관이 특정 후보자를 임용제청에서 제외하고 다른 후보자를 임용제청함으로써 대통령이 임용제청된 다른 후보자를 총장으로 임용한 경우에는, 임용제청에서 제외된 후보자는 대통령이 자신에 대하여 총장 임용 제외처분을 한 것으로 보아 이를 다투어야 한다*(대통령의 처분의 경우 소속 장관이 행정소송의 피고가 된다. 국가공무원법 제16조 제2항)*. 이러한 경우에는 교육부장관의 임용제청 제외처분을 별도로 다툴 소의 이익이 없어진다(대판 2018.6.15. 2016두57564).

정답 ①

21 판례상 항고소송의 대상으로 인정되는 것만을 모두 고르면? *〈2020 지방직 9급〉*

ㄱ. 교도소장이 특정 수형자를 '접견내용 녹음·녹화 및 접견 시 교도관 참여대상자'로 지정한 행위
ㄴ. 행정청이 토지대장상의 소유자명의변경신청을 거부한 행위
ㄷ. 지방경찰청장의 횡단보도 설치행위
ㄹ. 상표권자인 법인에 대한 청산종결등기가 되었음을 이유로 특허청장이 행한 상표권 말소등록 행위

① ㄱ, ㄴ
② ㄱ, ㄷ
③ ㄴ, ㄹ
④ ㄷ, ㄹ

해설

ㄱ. 교도소장이 수형자 甲을 '접견내용 녹음·녹화 및 접견 시 교도관 참여대상자'로 지정한 사안에서, 위 지정행위는 수형자의 구체적 권리의무에 직접적 변동을 가져오는 행정청의 공법상 행위로서 항고소송의 대상이 되는 '처분'에 해당한다(대판 2014.2.13. 2013두20899).

ㄴ. 토지대장에 기재된 일정한 사항을 변경하는 행위는, 그것이 지목의 변경이나 정정 등과 같이 토지소유권 행사의 전제요건으로서 토지소유자의 실체적 권리관계에 영향을 미치는 사항에 관한 것이 아닌 한 행정사무집행의 편의와 사실증명의 자료로 삼기 위한 것일 뿐이어서, 그 소유자 명의가 변경된다고 하여도 이로 인하여 당해 토지에 대한 실체상의 권리관계에 변동을 가져올 수 없고 토지 소유권이 지적공부의 기재만에 의하여 증명되는 것도 아니다. 따라서 소관청이 토지대장상의 소유자명의변경신청을 거부한 행위는 이를 항고소송의 대상이 되는 행정처분이라고 할 수 없다(대판 2012.1.12. 2010두12354).

ㄷ. 횡단보도 설치는 보행자의 통행방법을 규제하는 행정행위이므로 국민의 권리의무에 직접관계가 있는 행정처분이다(대판 2000.10.27. 98두8964).

ㄹ. 상표원부에 상표권자인 법인에 대한 청산종결등기가 되었음을 이유로 상표권의 말소등록이 이루어졌다고 해도 이는 상표권이 소멸하였음을 확인하는 사실적·확인적 행위에 지나지 않고, 말소등록으로 비로소 상표권 소멸의 효력이 발생하는 것이 아니어서, 상표권의 말소등록은 국민의 권리의무에 직접적으로 영향을 미치는 행위라고 할 수 없다. 한편 상표권 설정등록이 말소된 경우에도 등록령 제27조에 따른 회복등록의 신청이 가능하고, 회복신청이 거부된 경우에는 거부처분에 대한 항고소송이 가능하다. 이러한 점들을 종합하면, 상표권자인 법인에 대한 청산종결등기가 되었음을 이유로 한 상표권의 말소등록행위는 항고소송의 대상이 될 수 없다(대판 2015.10.29. 2014두2362).

정답 ②

22 행정소송의 대상인 행정처분에 대한 설명으로 옳지 않은 것은? (다툼이 있는 경우 판례에 의함)

〈2019 지방직 9급〉

① 구「민원사무 처리에 관한 법률」에서 정한 사전심사결과 통보는 항고소송의 대상이 되는 행정처분에 해당하지 않는다.

② 「교육공무원법」상 승진후보자 명부에 의한 승진심사 방식으로 행해지는 승진임용에서 승진후보자 명부에 포함되어 있던 후보자를 승진임용인사발령에서 제외하는 행위는 항고소송의 대상인 처분에 해당하지 않는다.

③ 건축주가 토지소유자로부터 토지사용승낙서를 받아 그 토지 위에 건축물을 건축하는 건축허가를 받았다가 착공에 앞서 건축주의 귀책사유로 해당 토지를 사용할 권리를 상실한 경우, 토지소유자의 건축허가 철회신청을 거부한 행위는 항고소송의 대상이 된다.

④ 사업시행자인 한국도로공사가 구「지적법」에 따라 고속도로 건설공사에 편입되는 토지소유자들을 대위하여 토지면적등록정정신청을 하였으나 관할 행정청이 이를 반려하였다면, 이러한 반려행위는 항고소송 대상이 되는 행정처분에 해당한다.

해설

① 행정청은 사전심사결과 불가능하다고 통보하였더라도 사전심사결과에 구애되지 않고 민원사항을 처리할 수 있으므로 불가능하다는 통보가 민원인의 권리의무에 직접적 영향을 미친다고 볼 수 없고, 통보로 인하여 민원인에게 어떠한 법적 불이익이 발생할 가능성도 없는 점 등 여러 사정을 종합해 보면, 구 민원사무처리법이 규정하는 **사전심사결과 통보**는 항고소송의 대상이 되는 **행정처분**에 해당하지 **아니한다**(대판 2014.4.24. 2013두7834).

② 교육공무원법상 승진후보자 명부에 의한 승진심사 방식으로 행해지는 승진임용에서 승진후보자 명부에 포함되어 있던 후보자를 승진임용인사발령에서 제외하는 행위는 불이익처분으로서 항고소송의 대상인 처분에 해당한다고 보아야 한다(대판 2018.3.27. 2015두47492).

③ 건축주가 토지 소유자로부터 토지사용승낙서를 받아 그 토지 위에 건축물을 건축하는 대물적(對物的) 성질의 건축허가를 받았다가 착공에 앞서 건축주의 귀책사유로 해당 토지를 사용할 권리를 상실한 경우, 건축허가의 존재로 말미암아 토지에 대한 소유권 행사에 지장을 받을 수 있는 토지 소유자로서는 건축허가의 철회를 신청할 수 있다고 보아야 한다. 따라서 토지 소유자의 위와 같은 신청을 거부한 행위는 항고소송의 대상이 된다(대판 2017.3.15. 2014두41190).

④ 사업시행자인 한국도로공사가 고속도로 건설공사에 편입되는 토지들의 지적공부에 등록된 면적과 실제 측량 면적이 일치하지 않는 것을 발견하고 토지소유자들을 대위하여 토지면적등록 정정신청을 하였으나 화성시장이 이를 반려한 사안에서, 반려처분은 공공사업의 원활한 수행을 위하여 부여된 사업시행자의 관계 법령상 권리 또는 이익에 영향을 미치는 공권력의 행사 또는 그 거부에 해당하는 것으로서 항고소송 대상이 되는 행정처분에 해당한다(대판 2011.8.25. 2011두3371).

정답 ②

23 판례에 따를 때 항고소송의 대상이 되는 처분에 해당하는 것은? 〈2019 서울시 9급〉

① 구「약관의 규제에 관한 법률」에 따른 공정거래위원회의 표준약관 사용권장행위

② 지적 공부 소관청이 토지대장상의 소유자명의변경 신청을 거부한 행위

③ 「국세기본법」에 따른 과세관청의 국세환급금결정

④ 「국가균형발전 특별법」에 따른 시·도지사의 혁신도시 최종입지 선정행위

해설

① 공정거래위원회의 '**표준약관 사용권장행위**'는 그 통지를 받은 해당 사업자 등에게 표준약관과 다른 약관을 사용할 경우 표준약관과 다르게 정한 주요내용을 고객이 알기 쉽게 표시하여야 할 의무를 부과하고, 그 불이행에 대해서는 과태료에 처하도록 되어 있으므로, 이는 사업자 등의 권리·의무에 직접 영향을 미치는 행정처분으로서 항고소송의 대상이 된다(대판 2010.10.14., 2008두23184).

② 토지대장에 기재된 일정한 사항을 변경하는 행위는, 그것이 지목의 변경이나 정정 등과 같이 토지소유권 행사의 전제요건으로서 토지소유자의 실체적 권리관계에 영향을 미치는 사항에 관한 것이 아닌 한 행정사무집행의 편의와 사실증명의 자료로 삼기 위한 것일 뿐이어서, 그 소유자 명의가 변경된다고 하여도 이로 인하여 당해 토지에 대한 실체상의 권리관계에 변동을 가져올 수 없고 토지 소유권이 지적공부의 기재만에 의하여 증명되는 것도 아니다. 따라서 소관청이 토지대장상의 소유자명의변경신청을 거부한 행위는 이를 항고소송의 대상이 되는 행정처분이라고 할 수 없다(대판 2012.1.12. 2010두12354).

③ 국세기본법 제51조 제1항, 제52조 및 같은 법 시행령 제30조에 따른 세무서장의 국세환급금(국세환급가산금 포함)에 대한 결정은 이미 납세의무자의 환급청구권이 확정된 국세환급금에 대하여 내부적인 사무처리절차로서 과세관청의 환급절차를 규정한 것에 지나지 않고 그 규정에 의한 국세환급금의 결정에 의하여 비로소 환급청구권이 확정되는 것이 아니므로, 과세관청의 국세환급금결정이나 그 결정을 구하는 신청에 대한 환급거부결정 등은 항고소송의 대상이 되는 처분이라고 볼 수 없다(대판 1994.12.2. 92누14250).

④ 공공기관의 지방이전을 위한 정부 등의 조치와 공공기관이 이전할 혁신도시 입지선정을 위한 사항 등을 규정하고 있을 뿐 혁신도시입지 후보지에 관련된 지역 주민 등의 권리의무에 직접 영향을 미치는 규정을 두고 있지 않으므로, 피고(강원도지사)가 원주시를 혁신도시 최종입지로 선정한 행위는 항고소송의 대상이 되는 행정처분으로 볼 수 없다(대판 2007.11.15. 2007두10198).

정답 ①

24 〈보기〉의 행정상 법률관계 중 행정소송의 대상이 되는 경우만을 모두 고른 것은? 〈2019 서울시 9급〉

〈보 기〉

ㄱ. 「지방재정법」에 따라 지방자치단체가 당사자가 되어 체결하는 계약에 있어 계약보증금의 귀속 조치

ㄴ. 국유재산의 무단점유자에 대한 변상금의 부과

ㄷ. 시립무용단원의 해촉

ㄹ. 행정재산의 사용·수익허가 신청의 거부

① ㄱ, ㄷ ② ㄴ, ㄹ

③ ㄱ, ㄷ, ㄹ ④ ㄴ, ㄷ, ㄹ

해설

ㄱ. 입찰보증금은 낙찰자의 계약체결의무이행의 확보를 목적으로 하여 그 불이행시에 이를 국고에 귀속시켜 국가의 손해를 전보하는 사법상의 손해배상 예정으로서의 성질을 갖는 것이라고 할 것이므로 입찰보증금의 국고귀속조치는 국가가 사법상의 재산권의 주체로서 행위하는 것이지 공권력을 행사하는 것이거나 공권력작용과 일체성을 가진 것이 아니라 할 것이므로 이에 관한 분쟁은 행정소송이 아닌 민사소송의 대상이 될 수밖에 없다고 할 것이다(대판 1983.12.27. 81누366).

ㄴ. 국유재산법 제51조 제1항은 국유재산의 무단점유자에 대하여는 대부 또는 사용, 수익허가 등을 받은 경우에 납부하여야 할 대부료 또는 사용료 상당액 외에도 그 징벌적 의미에서 국가측이 일방적으로 그 2할 상당액을 추가하여 변상금을 징수토록 하고 있으며 동조 제2항은 변상금의 체납시 국세징수법에 의하여 강제징수토록 하고 있는 점 등에 비추어 보면 국유재산의 관리청이 그 무단점유자에 대하여 하는 변상금부과처분은 순전히 사경제 주체로서 행하는 사법상의 법률행위라 할 수 없고 이는 관리청이 공권력을 가진 우월적 지위에서 행한 것으로서 행정소송의 대상이 되는 행정처분이라고 보아야 한다(대판 1988.2.23, 87누1046·1047).

ㄷ. 서울특별시립무용단원의 공연 등 활동은 지방문화 및 예술을 진흥시키고자 하는 서울특별시의 공공적 업무수행의 일환으로 이루어진다고 해석될 뿐 아니라, 단원으로 위촉되기 위하여는 일정한 능력요건과 자격요건을 요하고, 계속적인 재위촉이 사실상 보장되며, 공무원연금법에 따른 연금을 지급받고, 단원의 복무규율이 정해져 있으며, 정년제가 인정되고, 일정한 해촉사유가 있는 경우에만 해촉되는 등 서울특별시립무용단원이 가지는 지위가 공무원과 유사한 것이라면, 서울특별시립무용단 단원의 위촉은 공법상의 계약이라고 할 것이고, 따라서 그 단원의 해촉에 대하여는 공법상의 당사자소송으로 그 무효확인을 청구할 수 있다(대판 1995.12.22, 95누4636).

ㄹ. 행정재산의 사용·수익허가처분의 성질에 비추어 국민에게는 행정재산의 사용·수익허가를 신청할 법규상 또는 조리상의 권리가 있다고 할 것이므로 공유재산의 관리청이 행정재산의 사용·수익에 대한 허가 신청을 거부한 행위 역시 행정처분에 해당한다(대판 1998.2.27., 97누1105).

정답 ④

25 **판례가 항고소송의 대상인 처분성을 부정한 것을 모두 고른 것은?** 〈2017 서울시 9급〉

ㄱ. 수도요금체납자에 대한 단수조치
ㄴ. 전기.전화의 공급자에게 위법건축물에 대한 단전 또는 전화통화 단절조치의 요청행위
ㄷ. 공무원에 대한 당연퇴직통지
ㄹ. 병역법상의 신체등위판정
ㅁ. 교육부장관이 내신성적 산정기준의 통일을 기하기 위해 시·도 교육감에게 통보한 대학입시 기본계획 내의 내신성적 산정지침

① ㄱ, ㄴ, ㄷ
② ㄴ, ㄹ, ㅁ
③ ㄱ, ㄴ, ㄹ, ㅁ
④ ㄴ, ㄷ, ㄹ, ㅁ

해설

ㄱ. **<처분성O>** 행정청이 직접 내린 단수조치는 항고소송의 대상이 되는 행정처분에 해당한다(대판 1979.12.28. 79누218).

ㄴ. **<처분성X>** 건축법 제69조 제2항·제3항의 규정에 비추어 보면, 행정청이 위법건축물에 대한 시정명령을 하고 나서 위반자가 이를 이행하지 아니하여 전기·전화의 공급자에게 그 위법건축물에 대한 전기·전화공급을 하지 말아 줄 것을 요청한 행위는 권고적 성격의 행위에 불과한 것으로서 전기·전화공급자나 특정인의 법률상 지위에 직접적인 변동을 가져오는 것은 아니므로 이를 항고소송의 대상이 되는 행정처분이라고 볼 수 없다(대판 1996.3.22. 96누433).

ㄷ. **<처분성X>** 국가공무원법 제69조에 의하면 공무원이 제33조 각 호의 1에 해당할 때에는 당연히 퇴직한다고 규정하고 있으므로, 국가공무원법상 당연퇴직은 결격사유가 있을 때 법률상 당연히 퇴직하는 것이지 공무원관계를 소멸시키기 위한 별도의 행정처분을 요하는 것이 아니며, 당연퇴직의 인사발령은 법률상 당연히 발생하는 퇴직사유를 공적으로 확인하여 알려주는 이른바 관념의 통지에 불과하고 공무원의 신분을 상실시키는 새로운 형성적 행위가 아니므로 행정소송의 대상이 되는 독립한 행정처분이라고 할 수 없다(대판 1995.11.14. 95누2036).

ㄹ. <처분성X> 병역법상 신체등위판정은 행정청이라고 볼 수 없는 군의관이 하도록 되어있으며, 그 자체만으로 바로 병역법상의 권리·의무가 정하여지는 것이 아니라 그에 따라 지방병무청장이 병역처분을 함으로써 비로소 병역의무의 종류가 정하여지는 것이므로 항고소송의 대상이 되는 행정처분이라 보기 어렵다(대판 1993.8.27. 93누3356).

ㅁ. <처분성X> 교육부장관이 내신성적 산정기준의 통일을 기하기 위해 대학입시기본계획의 내용에서 내신성적 산정기준에 관한 시행지침을 마련하여 시·도 교육감에서 통보한 것은 행정조직 내부에서 내신성적 평가에 관한 내부적 심사기준을 시달한 것에 불과하며, 각 고등학교에서 위 지침에 일률적으로 기속되어 내신성적을 산정할 수밖에 없고 또 대학에서도 이를 그대로 내신성적으로 인정하여 입학생을 선발할 수밖에 없는 관계로 장차 일부 수험생들이 위 지침으로 인해 어떤 불이익을 입을 개연성이 없지는 아니하나, 그러한 사정만으로서 위 지침에 의하여 곧바로 개별적이고 구체적인 권리의 침해를 받은 것으로는 도저히 인정할 수 없으므로, 그것만으로는 현실적으로 특정인의 구체적인 권리의무에 직접적으로 변동을 초래케 하는 것은 아니라 할 것이어서 내신성적 산정지침을 항고소송의 대상이 되는 행정처분으로 볼 수 없다(대판 1994.9.10. 94두33).

정답 ④

26 항고소송의 대상적격에 관한 설명으로 옳은 것은? (단, 다툼이 있는 경우 판례에 의함)

〈2017 사회복지〉

① 국유재산의 대부계약에 따른 대부료 부과는 처분성이 있다.
② 행정재산의 사용료 부과는 처분성이 없다.
③ 농지개량조합의 직원에 대한 징계처분은 처분성이 인정된다.
④ 한국마사회가 기수의 면허를 취소하는 것은 처분성이 인정된다.

해설

① 국유재산법 제31조, 제32조 제3항, 산림법 제75조 제1항의 규정 등에 의하여 국유잡종재산(현 일반재산)에 관한 관리 처분의 권한을 위임받은 기관이 국유잡종재산을 대부하는 행위는 국가가 사경제 주체로서 상대방과 대등한 위치에서 행하는 사법상의 계약이고, 행정청이 공권력의 주체로서 상대방의 의사 여하에 불구하고 일방적으로 행하는 행정처분이라고 볼 수 없으며, 국유잡종재산에 관한 대부료의 납부고지 역시 사법상의 이행청구에 해당하고, 이를 행정처분이라고 할 수 없다(대판 2000.2.11, 99다61675).

② 국유재산의 사용·수익허가에 대한 관리청의 사용료 부과는 항고소송의 대상이 되는 행정처분이라 할 것이다(대판 1996.2.13. 95누11023).

③ 농지개량조합과 그 직원과의 관계는 사법상의 근로계약관계가 아닌 공법상의 특별권력관계이고, 따라서 그 조합의 직원에 대한 징계처분의 취소를 구하는 소송은 행정소송사항에 속한다(대판 1995.6.9, 94누10870).

④ 한국마사회가 조교사 또는 기수의 면허를 부여하거나 취소하는 것은 경마를 독점적으로 개최할 수 있는 지위에서 우수한 능력을 갖추었다고 인정되는 사람에게 경마에서의 일정한 기능과 역할을 수행할 수 있는 자격을 부여하거나 이를 박탈하는 것에 지나지 아니하므로, 이는 국가 기타 행정기관으로부터 위탁받은 행정권한의 행사가 아니라 일반 사법상의 법률관계에서 이루어지는 단체 내부에서의 징계 내지 제재처분이다(대판 2008.1.31. 2005두8269).

정답 ③

27 **항고소송의 대상이 되는 처분에 대한 설명으로 옳은 것을 〈보기〉 에서 모두 고르면? (다툼이 있는 경우 판례에 의함)** *〈2017 국회직 8급〉*

〈보 기〉

ㄱ. 조례가 집행행위의 개입이 없이도 그 자체로서 직접 국민의 구체적인 권리의무나 법적 이익에 영향을 미치는 등의 법률상 효과를 발생하는 경우 그 조례는 항고소송의 대상이 되는 행정처분에 해당한다.

ㄴ. 공정거래위원회의 표준약관 사용권장행위는 비록 그 통지를 받은 해당 사업자 등에게 표준약관을 사용할 경우 표준약관과 다르게 정한 주요 내용을 고객이 알기 쉽게 표시하여야 할 의무를 부과하고 그 불이행에 대해서는 과태료에 처하도록 되 어 있으나, 이는 어디까지나 구속력이 없는 행정지도에 불과하므로 행정처분에 해당되지 아니한다.

ㄷ. 국가인권위원회의 각하 및 기각결정은 항고소송의 대상이 되는 처분에 해당하지 아니하므로 헌법소원의 보충성 요건을 충족하여 헌법소원의 대상이 된다.

ㄹ. 지방계약직 공무원의 보수삭감행위는 대등한 당사자 간의 계약관계와 관련된 것이므로 처분성은 인정되지 아니하며, 공법상 당사자소송의 대상이 된다.

ㅁ. 3월의 영업정지처분을 2월의 영업정지처분에 갈음하는 과징금 부과처분으로 변경하는 재결의 경우 취소소송의 대상이 되는 것은 변경된 내용의 당초처분이지 변경처분은 아니다.

① ㄱ, ㅁ ② ㄷ

③ ㄱ, ㄹ, ㅁ ④ ㄱ, ㄴ, ㄷ

⑤ ㄱ, ㄴ, ㄷ, ㅁ

해설

ㄱ. 조례가 집행행위의 개입 없이도 그 자체로서 직접 국민의 구체적인 권리의무나 법적 이익에 영향을 미치는 등의 법률상 효과를 발생하는 경우 그 조례는 항고소송의 대상이 되는 행정처분에 해당하고, 이러한 조례에 대한 무효확인소송을 제기함에 있어서 「행정소송법」 제38조 제1항, 제13조에 의하여 피고적격이 있는 처분 등을 행한 행정청은, 행정주체인 지방자치단체 또는 지방자치단체의 내부적 의결기관으로서 지방자치단체의 의사를 외부에 표시한 권한이 없는 지방의회가 아니라, 「지방자치법」에 의하여 지방자치단체의 집행기관으로서 조례로서의 효력을 발생시키는 공포권이 있는 지방자치단체의 장이다(대판 1996.9.20. 95누8003).

ㄴ. 공정거래위원회의 '표준약관 사용권장행위'는 그 통지를 받은 해당 사업자 등에게 표준약관과 다른 약관을 사용할 경우 표준약관과 다르게 정한 주요 내용을 고객이 알기 쉽게 표시하여야 할 의무를 부과하고, 그 불이행에 대해서는 과태료에 처하도록 되어 있으므로, 이는 사업자 등의 권리·의무에 직접 영향을 미치는 행정처분으로서 항고소송의 대상이 된다(대판 2010.10.14. 2008두23184).

ㄷ. 국가인권위원회는 법률상의 독립된 국가기관이고, 피해자인 진정인에게는 「국가인권위원회법」이 정하고 있는 구제조치를 신청할 법률상 신청권이 있는데 국가인권위원회가 진정을 각하 및 기각결정을 할 경우 피해자인 진정인으로서는 자신의 인격권 등을 침해하는 인권침해 또는 차별행위 등이 시정되고 그에 따른 구제조치를 받을 권리를 박탈당하게 되므로, 진정에 대한 국가인권위원회의 각하 및 기각결정은 피해자인 진정인의 권리행사에 중대한 지장을 초래하는 것으로서 항고소송의 대상이 되는 행정처분에 해당하므로, 그에 대한 다툼은 우선 행정심판이나 행정소송에 의하여야 할 것이다. 따라서 이 사건 헌법소원심판청구는 행정심판이나 행정소송 등의 사전 구제절차를 모두 거친 후 청구된 것이 아니므로 보충성 요건을 충족하지 못하였다(헌재 2015.3.26. 2013 헌마214).

ㄹ. 지방계약직 공무원에 대한 보수의 삭감은 이를 당하는 공무원의 입장에서는 징계처분의 일종인 감봉과 다를 바 없으므로, 채용계약상 특별한 약정이 없는 한 징계절차에 의하지 않고서는 보수를 삭감할 수 없다(대판 2008.6.12. 2006두16328).

→ *지방계약직 공무원에 대한 보수의 삭감조치는 행정처분(= 징계처분 중 감봉처분)*

ㅁ. 피고(A구청장)은 2002. 12. 26. 원고(甲)에 대하여 3월의 영업정지처분이라는 당초처분을 하였고, 이에 대하여 원고가 행정심판청구를 하자 행정심판위원회는 2003. 3. 6. "피고가 2002. 12. 26. 원고에 대하여 한 3월의 영업정지처분을 2월의 영업정지에 갈음하는 과징금 부과처분으로 변경하라."는 일부 기각(일부 인용)의 재결을 하였으며, 2003. 3. 10. 그 재결서 정본이 원고에게 도달하였고, 피고는 위 재결 취지에 따라 2003. 3. 13. "3월의 영업정지처분을 과징금 560만 원으로 변경한다."는 취지의 후속 변경처분을 함으로써 당초처분을 원고에게 유리하게 변경하는 처분을 하였으며, 원고는 2003. 6. 12. 과징금 부과처분의 취소를 구하는 소를 제기하였다. 이와 같이 후속 변경처분에 의하여 유리하게 변경된 내용의 행정제재인 과징금 부과가 위법하다 하여 그 취소를 구하는 소송에 있어서, 그 취소소송의 대상은 2003. 3. 13.자 과징금 부과처분이 아니라 후속 변경처분에 의하여 당초부터 유리하게 변경되어 존속하는 2002. 12. 26.자 과징금 부과처분이고, 그 제소기간도 행정심판재결서 정본을 송달받은 날로부터 90일 이내에 제기되어야 한다(대판 2007.4.27. 2004두9302).

정답 ①

28 **행정행위 또는 처분에 대한 기술로 옳은 것은? (단, 다툼이 있는 경우 판례에 의함)** *〈2017 사회복지〉*

① 상급행정기관의 하급행정기관에 대한 승인·동의·지시 등은 행정기관 상호 간의 내부행위로서 항고소송의 대상이 되는 행정처분이라 볼 수 없다.

② 통상 고시 또는 공고에 의하여 행정처분을 하는 경우에 행정처분이 있었음을 안 날이란 행정처분의 이해관계를 갖는 자가 고시 또는 공고가 있었다는 사실을 현실적으로 안 날이 된다.

③ 지방경찰청장의 횡단보도 설치행위는 국민의 구체적인 권리 의무에 직접적인 변동을 초래하지 않으므로 행정소송법상 처분에 해당하지 않는다.

④ 「도로법」상 도로구역의 결정·변경고시는 행정처분으로서 「행정절차법」 제21조 제1항의 사전통지나 제22조 제3항의 의견청취의 절차를 거쳐야 한다.

해설

① 상급행정기관의 하급행정기관에 대한 승인·동의·지시 등은 행정기관 상호간의 내부행위로서 국민의 권리·의무에 직접 영향을 미치는 것이 아니므로 항고소송의 대상이 되는 행정처분에 해당한다고 볼 수 없다(대판 2008.5.15, 2008두2583).

② 통상 고시 또는 공고에 의하여 행정처분을 하는 경우에는 그 처분의 상대방이 불특정다수인이고 그 처분의 효력이 불특정 다수인에게 일률적으로 적용되는 것이므로, 그 행정처분에 이해관계를 갖는 자가 고시 또는 공고가 있었다는 사실을 현실적으로 알았는지 여부에 관계없이 고시가 효력을 발생하는 날 행정처분이 있음을 알았다고 보아야 한다(대판 2007.6.14, 2004두619).

③ 횡단보도를 설치하여 보행자의 통행방법을 규제하는 것은 물적 행정행위로 행정처분이다.

④ 행정절차법 제2조 제4호가 행정절차법의 당사자를 행정청의 처분에 대하여 직접 그 상대가 되는 당사자로 규정하고, 도로법 제25조 제3항이 도로구역을 결정하거나 변경할 경우 이를 고시에 의하도록 하면서, 그 도면을 일반인이 열람할 수 있도록 한 점 등을 종합하여 보면, 도로구역을 변경한 해당 처분은 행정절차법 제21조 제1항의 사전통지나 제22조 제3항의 의견청취의 대상이 되는 처분은 아니라고 할 것이다(대판 2008.6.12. 2007두1767).

정답 ①

29 처분성이 인정되지 않는 것은? (다툼이 있는 경우 판례에 의함) 〈2017 국가직 7급〉

① 행정청이 무허가건물관리대장에서 무허가건물을 삭제하는 행위
② 지방경찰청장의 횡단보도설치행위
③ 구청장의 건축물 착공신고 반려행위
④ 행정청이 건축물대장의 용도변경신청을 거부한 행위

해설

① 무허가건물관리대장은, 행정관청이 지방자치단체의 조례 등에 근거하여 무허가건물 정비에 관한 행정상 사무처리의 편의와 사실증명의 자료로 삼기 위하여 작성, 비치하는 대장으로서 무허가건물을 무허가건물관리대장에 등재하거나 등재된 내용을 변경 또는 삭제하는 행위로 인하여 당해 무허가 건물에 대한 실체상의 권리관계에 변동을 가져오는 것이 아니고, 무허가건물의 건축시기, 용도, 면적 등이 무허가건물관리대장의 기재에 의해서만 증명되는 것도 아니므로, 관할관청이 무허가건물의 무허가건물관리대장 등재 요건에 관한 오류를 바로잡으면서 당해 무허가건물을 무허가건물관리대장에서 삭제하는 행위는 다른 특별한 사정이 없는 한 항고소송의 대상이 되는 행정처분이 아니다(대판 2009.3.12. 2008두11525).

② 도로교통법의 취지에서 비추어 볼 때, 지방경찰청장이 횡단보도를 설치하여 보행자의 통행방법 등을 규제하는 것은, 행정청이 특정사항에 대하여 의무의 부담을 명하는 행위이고 이는 국민의 권리의무에 직접 관계가 있는 행위로서 행정처분이라고 보아야 할 것이다(대판 2000.10.27. 98두8964).

③ 행정청의 착공신고 반려행위는 항고소송의 대상이 된다고 보는 것이 옳다(대판 2011.6.10. 2010두7321).

④ 건축물대장의 용도는 건축물의 소유권을 제대로 행사하기 위한 전제요건으로서 건축물 소유자의 실체적 권리관계에 밀접하게 관련되어 있으므로, 건축물대장 소관청의 용도변경신청 거부행위는 국민의 권리관계에 영향을 미치는 것으로서 항고소송의 대상이 되는 행정처분에 해당한다(대판 2009.1.30. 2007두7277).

정답 ①

30 **다음 설명 중 옳지 않은 것은? (다툼이 있는 경우 판례에 의함)** *〈2021 소방공채〉*

① 건설부장관(현 국토교통부장관)이 행한 국립공원지정처분에 따른 경계측량 및 표지의 설치 등은 처분이 아니다.

② 행정지도가 구술로 이루어지는 경우 상대방이 행정지도의 취지·내용 및 신분을 기재한 서면의 교부를 요구하면 당해 행정지도를 행하는 자는 직무수행에 특별한 지장이 없는 한 이를 교부하여야 한다.

③ 조례가 집행행위의 개입 없이도 그 자체로서 직접 국민의 구체적인 권리·의무나 법적 이익에 영향을 미치는 등의 법률상 효과를 발생하는 경우 그 조례는 항고소송의 대상이 되는 행정처분에 해당한다.

④ 행정계획은 현재의 사회·경제적 모든 상황의 조사를 바탕으로 장래를 예측하여 수립되고 장기간에 걸쳐 있으므로, 행정계획의 변경은 인정되지 않는다.

해설

① 건설부장관이 행한 국립공원지정처분은 그 결정 및 첨부된 도면의 공고로써 그 경계가 확정되는 것이고, 시장이 행한 **경계측량 및 표지의 설치** 등은 공원관리청이 공원구역의 효율적인 보호, 관리를 위하여 이미 확정된 경계를 인식, 파악하는 사실상의 행위로 봄이 상당하며, 위와 같은 사실상의 행위를 가리켜 공권력행사로서의 행정처분의 일부라고 볼 수 없고, 이로 인하여 건설부장관이 행한 공원지정처분이나 그 경계에 변동을 가져온다고 할 수 없다(대판 1992.10.13. 92누2325).

② **행정절차법 제49조 (행정지도의 방식)**

제2항 행정지도가 말로 이루어지는 경우에 상대방이 제1항의 사항을 적은 서면의 교부를 요구하면 그 행정지도를 하는 자는 직무 수행에 특별한 지장이 없으면 이를 교부하여야 한다.

③ 조례가 집행행위의 개입 없이도 그 자체로서 직접 국민의 구체적인 권리의무나 법적 이익에 영향을 미치는 등의 법률상 효과를 발생하는 경우 그 조례는 항고소송의 대상이 되는 행정처분에 해당한다(대판 1996.9.20. 95누8003).

④ 국토이용계획은 장기성, 종합성이 요구되는 행정계획이어서 **원칙적**으로는 그 계획이 일단 확정된 후에 어떤 사정의 변동이 있다고 하여 그러한 사유만으로는 지역주민이나 일반 이해관계인에게 일일이 그 계획의 변경을 신청할 권리를 인정하여 줄 수는 없을 것이지만, 장래 일정한 기간 내에 관계 법령이 규정하는 시설 등을 갖추어 일정한 행정처분을 구하는 신청을 할 수 있는 법률상 지위에 있는 자의 국토이용계획변경신청을 거부하는 것이 실질적으로 당해 행정처분 자체를 거부하는 결과가 되는 경우에는 **예외적**으로 그 신청인에게 국토이용계획변경을 신청할 권리가 인정된다고 봄이 상당하므로, 이러한 신청에 대한 거부행위는 항고소송의 대상이 되는 행정처분에 해당한다(대판 2003.9.23. 2001두10936).

정답 ④

31 행정상 법률관계에 대한 판례의 입장으로 옳지 않은 것은? 〈2019 국가직 7급〉

① 재단법인 한국연구재단이 A대학교 총장에게 연구개발비의 부당집행을 이유로 과학기술기본법령에 따라 '두뇌한국(BK)21 사업' 협약의 해지를 통보한 것은 공법상 계약을 계약당사자의 지위에서 종료시키는 의사표시에 해당한다.

② 지방전문직공무원 채용계약 해지의 의사표시에 대하여는 공법상 당사자소송으로 그 의사표시의 무효확인을 청구할 수 있다.

③ 행정처분과 부관 사이에 실제적 관련성이 있다고 볼 수 없는 경우 공무원이 이와 같은 공법상의 제한을 회피할 목적으로 행정처분의 상대방과 사이에 사법상 계약을 체결하는 형식을 취하였다면 이는 법치행정의 원리에 반하는 것으로서 위법하다.

④ 공법상 근무관계의 형성을 목적으로 하는 채용계약의 체결 과정에서 행정청의 일방적인 의사표시로 계약이 성립하지 아니한 경우, 관계 법령이 상대방의 법률관계에 관하여 구체적으로 어떻게 규정하고 있는지에 따라 의사표시가 항고소송의 대상이 되는 처분에 해당하는지 아니면 공법상 계약관계의 일방 당사자로서 대등한 지위에서 행하는 의사표시인지를 개별적으로 판단하여야 한다.

해설

① 재단법인 한국연구재단의 **과학기술기본법령**상 **사업협약의 해지 통보**는 단순히 대등 당사자의 지위에서 형성된 공법상계약을 계약당사자의 지위에서 종료시키는 의사표시에 불과한 것이 아니라 행정청이 우월적 지위에서 연구개발비의 회수 및 관련자에 대한 국가연구개발사업 참여제한 등의 법률상 효과를 발생시키는 행정처분에 해당한다(대판 2014.12.11, 2012두28704).

→ 과학기술기본법령상 사업협약의 해지 통보 :
단순히 대등한 지위에서 형성된 공법상계약을 계약당사자의 지위에서 종료시키는 것에 불과X
「행정청이 우월적 지위에서 연구개발비의 회수 및 관련자에 대한 국가연구개발사업 참여제한 등의 법률상 효과를 발생O ∴ 처분성O」 ← 이 의미가 더 중요

② 지방전문직공무원 채용계약 해지의 의사표시에 대하여는 대등한 당사자간의 소송형식인 공법상 당사자소송으로 그 의사표시의 무효확인을 청구할 수 있다(대판 1993.9.14, 92누4611).

③ 부담은 법치주의와 사유재산 존중, 조세법률주의 등 헌법의 기본원리에 비추어 비례의 원칙이나 부당결부의 원칙에 위반되지 않아야만 적법한 것인바, 행정처분과 부관 사이에 실제적 관련성이 있다고 볼 수 없는 경우 공무원이 위와 같은 공법상의 제한을 회피할 목적으로 행정처분의 상대방과 사이에 사법상 계약을 체결하는 형식을 취하였다면 이는 법치행정의 원리에 반하는 것으로서 위법하다(대판 2009.12.10. 2007다63966).

④ 행정청이 자신과 상대방 사이의 근로관계를 **일방적**인 의사표시로 종료시켰다고 하더라도 곧바로 그 의사표시가 행정청으로서 공권력을 행사하여 행하는 행정처분이라고 단정할 수는 없고, 관계 법령이 상대방의 근무관계에 관하여 구체적으로 어떻게 규정하고 있는지에 따라 그 의사표시가 항고소송의 대상이 되는 행정처분에 해당하는 것인지 아니면 공법상 계약관계의 일방 당사자로서 대등한 지위에서 행하는 의사표시인지 여부를 **개별적으로 판단**하여야 한다. 이러한 법리는 공법상 근무관계의 형성을 목적으로 하는 채용계약의 체결 과정에서 행정청의 일방적인 의사표시로 계약이 성립하지 아니하게 된 경우에도 마찬가지이다(대판 2014.4.24, 2013두6244).

정답 ①

32 단계적 행정결정에 대한 설명으로 가장 옳지 않은 것은? *〈2019 서울시 7급〉*

① 행정청이 내인가를 한 후 이를 취소하는 행위는 별다른 사정이 없는 한 인가신청을 거부하는 처분으로 보아야 한다.

② 가행정행위인 선행처분이 후행처분으로 흡수되어 소멸하는 경우에도 선행처분의 취소를 구하는 소는 가능하다.

③ 구「원자력법」상 원자로 및 관계 시설의 부지사전승인처분은 그 자체로서 건설부지를 확정하고 사전공사를 허용하는 법률효과를 지닌 독립한 행정처분이다.

④ 폐기물처리업 허가 전의 사업계획에 대한 부적정통보는 행정처분에 해당한다.

해설

① 자동차운송사업 양도양수인가신청에 대하여 행정청이 내인가를 한 후 그 본인가신청이 있음에도 내인가를 취소함으로써 다시 본인가에 대하여 따로이 인가여부의 처분을 한다는 사정이 보이지 않는 경우 내인가취소를 인가신청거부처분으로 보아야 할 것이다(대판 1991.6.28. 90누4402).

② 선행처분은 이러한 종국적 처분을 예정하고 있는 일종의 잠정적 처분으로서 후행처분이 있을 경우 선행처분은 후행처분에 흡수되어 소멸한다. 따라서 위와 같은 경우에 선행처분의 취소를 구하는 소는 이미 효력을 잃은 처분의 취소를 구하는 것으로 부적법하다(대판 2015.2.12. 2013두987).

③ 원자로 및 관계 시설의 부지사전승인처분은 그 자체로서 건설부지를 확정하고 사전공사를 허용하는 법률효과를 지닌 독립한 행정처분이다(대판 1998.9.4. 97누19588).

④ 폐기물관리법 관계 법령의 규정에 의하면 폐기물처리업의 허가를 받기 위하여는 먼저 사업계획서를 제출하여 허가권자로부터 사업계획에 대한 적정통보를 받아야 하고, 그 적정통보를 받은 자만이 일정기간 내에 시설, 장비, 기술능력, 자본금을 갖추어 허가신청을 할 수 있으므로, 결국 부적정통보는 허가신청 자체를 제한하는 등 개인의 권리 내지 법률상의 이익을 개별적이고 구체적으로 규제하고 있어 행정처분에 해당한다(대판 1998.4.28. 97누21086).

정답 ②

33 행정소송에 관한 설명으로 옳지 않은 것은? (다툼이 있는 경우 판례에 의함) *〈2017 서울시 7급〉*

① 행정청의 위법한 처분 등으로 인한 국민의 권리 또는 이익의 침해를 구제하고 공법상 권리관계 또는 법률 적용에 관한 다툼을 적정하게 해결함을 목적으로 한다.

② 항고소송의 대상적격 여부는 행위의 성질·효과 이외에 행정소송 제도의 목적이나 사법권(司法權)에 의한 국민의 권익보호기능도 충분히 고려하여 합목적적으로 판단해야 한다.

③ 행정청이 한 행위가 단지 사인 간 법률관계의 존부를 공적으로 증명하는 공증행위에 불과하더라도 그 효력을 둘러싼 분쟁의 해결이 사법원리(私法原理)에 맡겨져 있는 경우에는 항고소송의 대상이 된다.

④ 어떤 행위가 상대방의 권리를 제한하는 행위라 하더라도 행정청 또는 그 소속기관이나 권한을 위임받은 공공단체 등의 행위가 아닌 한 이를 행정처분이라고 할 수 없다.

해설

①, ②, ③

행정소송 제도는 행정청의 위법한 처분, 그 밖에 공권력의 행사·불행사 등으로 인한 국민의 권리 또는 이익의 침해를 구제하고 공법상 권리관계 또는 법률 적용에 관한 다툼을 적정하게 해결함을 목적으로 하는 것이므로, 항고소송의 대상이 되는 행정처분에 해당하는지는 행위의 성질·효과 이외에 행정소송 제도의 목적이나 사법권에 의한 국민의 권익보호 기능도 충분히 고려하여 합목적적으로 판단해야 한다. 이러한 행정소송 제도의 목적 및 기능 등에 비추어 볼 때, 행정청이 한 행위가 단지 사인 간 법률관계의 존부를 공적으로 증명하는 공증행위에 불과하여 그 효력을

둘러싼 분쟁의 해결이 사법원리에 맡겨져 있거나 행위의 근거 법률에서 행정소송 이외의 다른 절차에 의하여 불복할 것을 예정하고 있는 경우에는 항고소송의 대상이 될 수 없다고 보는 것이 타당하다(대판 2012.6.14. 2010두19720).

④ 행정소송의 대상이 되는 행정처분이란 행정청 또는 그 소속기관이나 법령에 의하여행정권한의 위임 또는 위탁을 받은 공공단체 등이 국민의 권리·의무에 관계되는 사항에 관하여 직접 효력을 미치는 공권력의 발동으로서 하는 공법상의 행위를 말하며, 그것이 상대방의 권리를 제한하는 행위라 하더라도 행정청 또는 그 소속기관이나 권한을 위임받은 공공단체 등의 행위가 아닌 한 이를 행정처분이라고 할 수 없다(대판 2008.1.31. 2005두8269).

정답 ③

34 항고소송의 제기요건에 관한 판례의 입장으로 옳은 것은? 〈2017 서울시 7급〉

① 행정소송의 제기요건은 법원의 직권조사사항이므로 행정소송에 있어서 처분청의 처분권한 유무는 직권조사사항이다.

② 법인세법령에 따른 과세관청의 원천징수의무자인 법인에 대한 소득금액변동통지 및 「소득세법 시행령」에 따른 소득의 귀속자에 대한 소득금액변동통지는 항고소송의 대상이다.

③ 절대보전지역 변경처분에 대해 지역주민회와 주민들이 항고소송을 제기한 경우에는 절대보전지역 유지로 지역주민회·주민들이 가지는 주거 및 생활환경상 이익은 지역의 경관 등이 보호됨으로써 누리는 법률상 이익이다.

④ 행정청이 식품위생법령에 따라 영업자에게 행정제재처분을 한 후 당초처분을 영업자에게 유리하게 변경하는 처분을 한 경우, 취소소송의 대상 및 제소기간 판단기준은 변경처분이 아니라 변경된 내용의 당초처분이다.

해설

① 행정소송에 있어서 처분청의 처분권한 유무는 직권조사사항이 아니다(대판 1997.6.19. 95누8669).

② 과세관청의 소득처분과 그에 따른 소득금액변동통지가 있는 경우 원천징수의무자인 법인은 소득금액변동통지서를 받은 날에 그 통지서에 기재된 소득의 귀속자에게 당해 소득금액을 지급한 것으로 의제되어 그때 원천징수하는 소득세의 납세의무가 성립함과 동시에 확정되고, 원천징수의무자인 법인으로서는 소득금액변동통지서에 기재된 소득처분의 내용에 따라 원천징수세액을 그 다음 달 10일까지 관할 세무서장 등에게 납부하여야 할 의무를 부담하며, 만일 이를 이행하지 아니하는 경우에는 가산세의 제재를 받게 됨은 물론이고 형사처벌까지 받도록 규정되어 있는 점에

비추어 보면, 소득금액변동통지는 원천징수의무자인 법인의 납세의무에 직접 영향을 미치는 과세관청의 행위로서, 항고소송의 대상이 되는 조세행정처분이라고 봄이 상당하다(대판 2006.4.20, 2002두1878)

소득의 귀속자가 소득세 부과처분에 대한 취소소송 등을 통하여 소득처분에 따른 원천납세의무의 존부나 범위를 충분히 다툴 수 있는 점 등에 비추어 보면, 구 소득세법 시행령 제192조 제1항 단서에 따른 소득의 귀속자에 대한 소득금액변동통지는 원천납세의무자인 소득의 귀속자에 대한 법률상 지위에 직접적인 변동을 가져오는 것이 아니므로 항고소송의 대상이 되는 행정처분에 해당하지 않는다(대판 2015.1.29. 2013두4118).

③ 국방부 민·군 복합형 관광미항(제주해군기지) 사업시행을 위한 해군본부의 요청에 따라 제주특별자치도지사가 절대보존지역이던 서귀포시 강정동 해안변지역에 관하여 절대보존지역을 변경(축소)하고 고시한 사안에서, 절대보존지역의 유지로 지역주민회와 주민들이 가지는 주거 및 생활환경상 이익은 지역의 경관 등이 보호됨으로써 반사적으로 누리는 것일 뿐 근거 법규 또는 관련 법규에 의하여 보호되는 개별적·직접적·구체적 이익이라고 할 수 없다는 이유로, 지역주민회 등은 위 처분을 다툴 원고적격이 없다(대판 2012.7.5. 2011두13187).

④ 행정청이 식품위생법령에 따라 영업자에게 행정제재처분을 한 후 당초처분을 영업자에게 유리하게 변경하는 처분을 한 경우, 변경처분에 의하여 유리하게 변경된 내용의 행정제재가 위법하다 하여 그 취소를 구하는 경우 그 취소소송의 대상은 변경된 내용의 당초처분이지 변경처분은 아니고, 제소기간의 준수여부도 변경처분이 아닌 변경된 내용의 당초처분을 기준으로 판단하여야 한다(대판 2007.4.27. 2004두9302).

정답 ④

35 취소소송에 대한 기술로 옳은 것은? (단, 다툼이 있는 경우 판례에 의함) 〈2017 사회복지〉

① 과세처분취소소송에서 과세처분의 위법성 판단시점은 처분시이므로 과세행정청은 처분 당시의 자료만에 의하여 처분의 적법여부를 판단하고 처분 당시의 처분사유만을 주장할 수 있다.

② 시행규칙에 법 위반 횟수에 따라 가중처분하게 되어 있는 제재적 처분 기준이 규정되어 있다 하더라도, 기간의 경과로 효력이 소멸한 제재적 처분을 취소소송으로 다툴 법률상 이익은 없다.

③ 상급행정청으로부터 내부위임을 받은 데 불과한 하급행정청이 권한 없이 행정처분을 한 경우에는 실제로 그 처분을 행한 하급행정청을 피고로 취소소송을 제기해야 한다.

④ 취소소송을 제기하기 위해서는 처분 등이 존재하여야 하며, 거부처분이 성립하기 위해서는 개인의 신청권이 존재하여야 하고, 여기서 신청권이란 신청인이 신청의 인용이라는 만족적 결과를 얻을 권리를 의미하는 것이다.

해설

① 항고소송에서 행정처분의 위법여부는 행정처분이 있을 때의 법령과 사실 상태를 기준으로 판단하여야 하며, 법원은 행정처분 당시 행정청이 알고 있었던 자료뿐만 아니라 사실심 변론종결 당시까지 제출된 모든 자료를 종합하여 처분 당시 존재하였던 객관적 사실을 확정하고 그 사실에 기초하여 처분의 위법여부를 판단할 수 있다(대판 2010.1.14, 2009두11843).

② 제재적 행정처분이 그 처분에서 정한 제재기간의 경과로 인하여 그 효과가 소멸되었으나, 부령인 시행규칙 또는 지방자치단체의 규칙의 형식으로 정한 처분기준에서 제재적 행정처분을 받은 것을 가중사유나 전제요건으로 삼아 장래의 제재적 행정처분을 하도록 정하고 있는 경우, 제재적 행정처분의 가중사유나 전제요건에 관한 규정이 법령이 아니라 규칙의 형식으로 되어 있다고 하더라도, 그러한 규칙이 법령에 근거를 두고 있는 이상 그 법적 성질이 대외적·일반적 구속력을 갖는 법규명령인지 여부와는 상관없이, 관할행정청이나 담당공무원은 이를 준수할 의무가 있으므로 이들이 그 규칙에 정해진 바에 따라 행정작용을 할 것이 당연히 예견되고, 그 결과 행정작용의 상대방인 국민으로서는 그 규칙의 영향을 받을 수밖에 없다. 따라서 그러한 규칙이 정한 바에 따라 선행처분을 가중사유 또는 전제요건으로 하는 후행처분을 받을 우려가 현실적으로 존재하는 경우에는, 선행처분을 받은 상대방은 비록 그 처분에서 정한 제재기간이 경과하였다 하더라도 그 처분의 취소소송을 통하여 그러한 불이익을 제거할 권리보호의 필요성이 충분히 인정된다고 할 것이므로, 선행처분의 취소를 구할 법률상 이익이 있다고 보아야 한다(대판 2006.6.22, 2003두1684).

③ 행정처분의 취소 또는 무효확인을 구하는 행정소송은 다른 법률에 특별한 규정이 없는한 그 처분을 행한 행정청을 피고로 하여야 하며, 행정처분을 행할 적법한 권한 있는 상급행정청으로부터 내부위임을 받은 데 불과한 하급행정청이 권한 없이 행정처분을 한 경우에도 실제로 그 처분을 행한 하급행정청을 피고로 할 것이지 그 상급행정청을 피고로 할 것은 아니다(대판 1989.11.14. 89누4765).

④ 항고소송의 대상이 되는 거부처분이 되기 위해서는 법규상 또는 조리상 신청권이 존재해야 한다. 다만, 거부처분의 처분성을 인정하기 위한 전제조건인 신청권의 존부는 구체적 사건에서 신청인이 누구인가를 고려하지 않고 관계 법규의 해석에 의하여 일반 국민에게 그러한 신청권을 인정할 수 있는가에 따라 추상적으로 결정되는 것이고, 신청인이 그 신청에 따른 단순한 응답을 받을 권리를 넘어서 신청의 용이라는 만족적 결과를 얻을 권리가 있는지 여부에 따라 결정되는 것은 아니라는 것이다(대판 2009.9.10. 2007두20638).

정답 ③

Ⅳ. 본안심리

01 **항고소송에 대한 설명으로 옳은 것은? (다툼이 있는 경우 판례에 의함)** *〈2018 지방직 9급〉*

① 취소소송의 소송물을 처분의 위법성 일반으로 보게 되면, 어떠한 처분에 대한 청구기각의 확정판결이 있는 경우에도 후에 제기되는 취소소송에서 그 처분의 위법성을 주장할 수 있다.

② 소송에 있어서 처분권주의는 사적자치에 근거를 둔 법질서에 뿌리를 두고 있으므로 취소소송에는 적용되지 않는다.

③ 취소소송의 심리에 있어서 주장책임은 직권탐지주의를 보충적으로 인정하고 있는 한도 내에서 그 의미가 완화된다.

④ 부작위위법확인소송에서 사인의 신청권의 존재여부는 부작위의 성립과 관련하므로 원고적격의 문제와는 관련이 없다.

해설

① 취소소송의 소송물을 처분의 위법성 일반으로 보게 되면, 어떠한 처분에 대한 청구기각의 확정판결이 있는 경우, **기판력**에 의해서 후에 제기되는 취소소송에서는 그 처분의 위법성을 주장할 수 없다.

** 기판력 : 청구에 대한 법원의 판결이 확정되면, 이후의 절차에서 당사자 및 법원은 동일사항에 대하여 확정판결의 내용과 모순되는 주장과 판단을 할 수 없게 하는 효력*

② 처분권주의는 소송의 개시·종결·범위를 당사자가 결정하는 것을 말하며, 민사소송은 물론 취소소송을 포함한 행정소송에서도 당연히 인정된다.

③ 행정소송법 제26조에 언급되어 있다.

행정소송법 제26조「법원은 필요하다고 인정할 때에는 직권으로 증거조사를 할 수 있고, 당사자가 주장하지 아니한 사실에 대하여도 판단할 수 있다.」

→ 직권탐지주의가 인정되는 영역에서는 법원이 직권으로 증거조사 등을 진행하므로 (당사자의) 주장책임은 완화된다.

④ 부작위위법확인소송은 처분의 신청을 한 자로서 부작위의 위법의 확인을 구할 법률상의 이익이 있는 자만이 제기할 수 있다 할 것이며, 이를 통하여 구하는 행정청의 응답행위는 행정소송법 제2조 제1항 제1호 소정의 처분에 관한 것이라야 하므로, 당사자가 행정청에 대하여 어떠한 행정행위를 하여 줄 것을 신청하지 아니하거나 그러한 신청을 하였더라도 당사자가 행정청에 대하여 그러한 행정행위를 하여 줄 것을 요구할 수 있는 법규상 또는 조리상의 권리를 갖고 있지 아니하든지 또는 행정청이 당사자의 신청에 대하여 거부처분을 한 경우에는 원고적격이 없거나 항고소송의 대상인 위법한 부작위가 있다고 볼 수 없어 그 부작위위법확인의 소는 부적법하다(대판 1995.9.15. 95누7345).

정답 ③

02 「행정소송법」상 행정청의 소송참가에 대한 설명으로 옳지 않은 것은? 〈2018 국가직 7급〉

① 법원은 다른 행정청을 취소소송에 참가시킬 필요가 있다고 인정할 때에는 당사자 또는 당해 행정청의 신청 또는 직권에 의하여 결정으로써 그 행정청을 소송에 참가시킬 수 있다.

② 행정청의 소송참가는 당사자소송에서도 허용된다.

③ 소송참가할 수 있는 행정청이 자기에게 책임없는 사유로 소송에 참가하지 못함으로써 판결의 결과에 영향을 미칠 공격방어방법을 제출하지 못한 때에는 이를 이유로 확정된 종국판결에 대하여 재심을 청구할 수 있다.

④ 행정청의 소송참가는 처분의 효력 유무가 민사소송의 선결문제가 되어 당해 민사소송의 수소법원이 이를 심리·판단하는 경우에도 허용된다.

해설

① **행정소송법 제17조 (행정청의 소송참가)**

제1항 법원은 다른 행정청을 소송에 참가시킬 필요가 있다고 인정할 때에는 당사자 또는 당해 행정청의 신청 또는 직권에 의하여 결정으로써 그 행정청을 소송에 참가시킬 수 있다.

② **행정소송법 제44조 (준용규정)**

제1항 제14조 내지 **제17조**, 제22조, 제25조, 제26조, 제30조제1항, 제32조 및 제33조의 규정은 당사자소송의 경우에 준용한다.

③ **행정소송법 제31조 (제3자에 의한 재심청구)**

제1항 처분 등을 취소하는 판결에 의하여 권리 또는 이익의 침해를 받은 제3자는 자기에게 책임없는 사유로 소송에 참가하지 못함으로써 판결의 결과에 영향을 미칠 공격 또는 방어방법을 제출하지 못한 때에는 이를 이유로 확정된 종국판결에 대하여 재심의 청구를 할 수 있다.

→ *(제3자와 달리) 행정청의 재심청구에 관한 규정은 존재X*

④ **행정소송법 제11조 (선결문제)**

제1항 처분 등의 효력 유무 또는 존재 여부가 민사소송의 선결문제로 되어 당해 민사소송의 수소법원이 이를 심리·판단하는 경우에는 제17조, 제25조, 제26조 및 제33조의 규정을 준용한다.

정답 ③

03 처분에 대하여 이해관계가 있는 제3자의 법적 지위에 대한 설명으로 옳은 것만을 모두 고르면?

〈2018 지방직 9급〉

ㄱ. 행정청이 처분을 서면으로 하는 경우 상대방과 제3자에게 행정심판을 제기할 수 있는지 여부와 제기하는 경우의 행정심판절차 및 청구기간을 직접 알려야 한다.

ㄴ. 행정소송의 결과에 따라 권리 또는 이익의 침해 우려가 있는 제3자는 당해 행정소송에 참가할 수 있으며, 이때 참가인인 제3자는 실제로 소송에 참가하여 소송행위를 하였는지 여부를 불문하고 판결의 효력을 받는다.

ㄷ. 처분을 취소하는 판결에 의하여 권리의 침해를 받은 제3자는 자기에게 책임 없는 사유로 인하여 소송에 참가하지 못함으로써 판결의 결과에 영향을 미칠 공격 또는 방어방법을 제출하지 못한 때에는 이를 이유로 확정된 종국 판결에 대하여 재심의 청구를 할 수 있다.

ㄹ. 이해관계가 있는 제3자는 자신의 신청 또는 행정청의 직권에 의하여 행정절차에 참여하여 처분 전에 그 처분의 관할 행정청에 서면이나 말로 또는 정보통신망을 이용하여 의견제출을 할 수 있다.

① ㄱ, ㄴ　② ㄷ, ㄹ

③ ㄴ, ㄷ, ㄹ　④ ㄱ, ㄴ, ㄷ, ㄹ

해설

ㄱ. 행정심판법 제58조 제1항 및 제2항에 언급되어 있다.

행정심판법 제58조 제1항 「행정청이 처분을 할 때에는 처분의 상대방에게 다음 각 호의 사항을 알려야 한다.

1. 해당 처분에 대하여 행정심판을 청구할 수 있는지
2. 행정심판을 청구하는 경우의 심판청구 절차 및 심판청구 기간」

행정심판법 제58조 제2항 「행정청은 이해관계인이 **요구**하면 다음 각 호의 사항을 지체 없이 알려 주어야 한다. 이 경우 서면으로 알려 줄 것을 요구받으면 서면으로 알려 주어야 한다.

1. 해당 처분이 행정심판의 대상이 되는 처분인지
2. 행정심판의 대상이 되는 경우 소관 위원회 및 심판청구 기간」

→ *상대방에게는 행정심판 제기 여부 등을 알려야 하지만 이해관계인(제3자)에게는 요구가 있을 경우에 알려주면 된다.*

ㄴ. 행정소송법 제16조 제1항에 언급되어 있다.

행정소송법 제16조 제1항 「법원은 소송의 결과에 따라 권리 또는 이익의 침해를 받을 제3자가 있는 경우에는 당사자 또는 제3자의 신청 또는 직권에 의하여 결정으로써 그 제3자를 소송에 참가시킬 수 있다.」

행정소송 사건에서 참가인이 한 보조참가가 행정소송법 제16조가 규정한 제3자의 소송참가에 해당하지 않는 경우(실제로 소송에 참가하여 소송행위를 하지 않은 경우 등)에도, 판결의 효력이 참가인에게까지 미치는 점 등 행정소송의 성질에 비추어 보면 그 참가는 민사소송법 제78조에 규정된 공동소송적 보조참가이다(대판 2013.3.28, 2011두13729).

ㄷ. 행정소송법 제31조 제1항에 언급되어 있다.

행정소송법 제31조 제1항「처분 등을 취소하는 판결에 의하여 권리 또는 이익의 침해를 받은 제3자는 자기에게 책임 없는 사유로 소송에 참가하지 못함으로써 판결의 결과에 영향을 미칠 공격 또는 방어방법을 제출하지 못한 때에는 이를 이유로 확정된 종국판결에 대하여 재심의 청구를 할 수 있다.」

ㄹ. 행정절차법 제2조 제4호 및 제27조 제1항에 언급되어 있다.

행정절차법 제2조「이 법에서 사용하는 용어의 뜻은 다음과 같다.

4. "당사자 등"이란 다음 각 목의 자를 말한다.

가. 행정청의 처분에 대하여 직접 그 상대가 되는 당사자

나. 행정청이 직권으로 또는 신청에 따라 행정절차에 참여하게 한 이해관계인」

행정절차법 제27조 제1항「당사자 등은 처분 전에 그 처분의 관할 행정청에 서면이나 말로 또는 정보통신망을 이용하여 의견제출을 할 수 있다.」

정답 ③

04 행정소송에 대한 판례의 입장으로 옳은 것은? *〈2015 국가직 9급〉*

① 사립학교 교원에 대한 학교법인의 해임처분을 취소소송의 대상이 되는 행정청의 처분으로 볼 수 있으므로 학교법인을 상대로 한 불복은 행정소송에 의한다.

② 취소소송에 당해 처분의 취소를 선결문제로 하는 부당이득반환청구가 병합된 경우 그 청구가 인용되려면 소송절차에서 당해 처분의 취소가 확정되어야 한다.

③ 특정 소송사건에서 당사자 일방을 보조하기 위하여 보조참가를 하려면 당해 소송의 결과에 대하여 사실상, 경제상 또는 감정상의 이해관계가 있으면 충분하며 법률상의 이해관계가 요구되는 것은 아니다.

④ 행정처분에 대한 무효확인과 취소청구는 서로 양립할 수 없는 청구로서 주위적·예비적 청구로서만 병합이 가능하고 선택적 청구로서의 병합은 허용되지 않는다.

해설

① 가. 사립학교 교원은 학교법인 또는 사립학교 경영자에 의하여 임면되는 것으로서 사립학교 교원과 학교법인의 관계를 공법상의 권력관계라고는 볼 수 없으므로 사립학교 교원에 대한 학교법인의 해임처분을 취소소송의 대상이 되는 행정청의 처분으로 볼 수 없고, 따라서 학교법인을 상대로 한 불복은 행정소송에 의할 수 없고 민사소송절차에 의할 것이다(대판 1993.2.12, 92누13707).

나. 다만, 사립학교 교원의 해임처분에 대한 구제방법으로 학교법인을 상대로 한 민사소송 이외에 행정소송을 제기하는 방법이 있다. 사립학교 교원에 대한 징계처분 등 그 의사에 반한 불리한 처분에 대하여 교원지위향상을 위한 특별법 제9조·제10조의 규정에 따라 교원징계재심위원회에 재심청구를 하고 이에 불복하여 행정소송을 제기하는 경우, 쟁송의 대상이 되는 행정처분은 학교법인의 징계처분이 아니라 재심위원회의 결정이므로 그 결정이 행정심판으로서의 재결에 해당하는 것은 아니라 할 것이고 이 경우 처분청인 재심위원회가 항고소송의 피고가 되는 것이며, 그러한 법리는 재심위원회의 결정이 **있은 후**에 당해 사립학교의 설립자가 국가나 지방자치단체로 변경된다고 하여 달라지지 아니하는 것이다(대판 1994.12.9, 94누6666).

② 행정소송법 제10조는 처분의 취소를 구하는 취소소송에 당해 처분과 관련되는 부당이득반환소송을 관련 청구로 병합할 수 있다고 규정하고 있는바, 이 조항을 둔 취지에 비추어 보면, 취소소송에 병합할 수 있는 당해 처분과 관련되는 부당이득반환소송에는 당해 처분의 취소를 선결문제로 하는 부당이득반환청구가 포함되고, 이러한 부당이득반환청구가 인용되기 위해서는 그 소송절차에서 판결에 의해 당해 처분이 취소되면 충분하고 그 처분의 취소가 확정되어야 하는 것은 아니라고 보아야 한다(대판 2009.4.9. 2008두23153).

③ 행정소송법 제16조 소정의 제3자의 소송참가가 허용되기 위하여는 당해 소송의 결과에 따라 제3자의 권리 또는 이익이 침해되어야 하고, 이 때의 이익은 법률상 이익을 말하며 단순한 사실상의 이익이나 경제상의 이익은 포함되지 않는다(대판 2008.5.29. 2007두23873).

④ 행정처분에 대한 무효확인과 취소청구는 서로 양립할 수 없는 청구로서 주위적·예비적 청구로서만 병합이 가능하고 선택적 청구로서의 병합이나 단순 병합은 허용되지 아니한다(대판 1999.8.20. 97누6889).

정답 ④

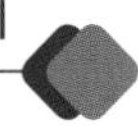

05 처분사유의 추가·변경에 대한 설명으로 가장 옳지 않은 것은? (다툼이 있는 경우 판례에 의함)

〈2017 서울시 9급〉

① 추가 또는 변경된 사유가 당초의 처분 시 그 사유를 명기하지 않았을 뿐 처분시에 이미 존재하고 있었고 당사자도 그 사실을 알고 있었다 하여 당초의 처분사유와 동일성이 있는 것이라 할 수 없다.

② 취소소송에서 행정청의 처분사유의 추가·변경은 사실심 변론종결시까지만 허용된다.

③ 당초의 처분사유인 중기취득세의 체납과 그 후 추가된 처분사유인 자동차세의 체납은 기본적 사실관계의 동일성이 부정된다.

④ 주류면허 지정조건 중 제6호 무자료 주류판매 및 위장거래항목을 근거로 한 면허취소 처분에 대한 항고소송에서, 지정조건 제2호 무면허판매업자에 대한 주류판매를 새로이 그 취소사유로 주장하는 것은 기본적 사실관례의 동일성이 인정된다.

해설

① 추가 또는 변경된 사유가 당초의 처분시 그 사유를 명기하지 않았을 뿐 처분시에 이미 존재하고 있었고 당사자도 그 사실을 알고 있었다 하여 당초의 처분사유와 동일성이 있는 것이라 할 수 없다(대판 2003.12.11. 2001두8827).

② 과세관청은 **소송 도중이라도** 당해 처분에서 인정한 과세표준 또는 세액의 정당성을 뒷받침할 수 있는 새로운 자료를 제출하거나 처분의 동일성이 유지되는 범위 내에서 그 사유를 추가·변경할 수 있다고 할 것이나 이는 사실심 변론종결시까지만 허용된다(대판 1999.2.9. 98두16675).

③ 당초의 처분사유인 중기취득세의 체납과 그 후 추가된 처분사유인 자동차세의 체납은 각 세목, 과세년도, 납세의무자의 지위(연대납세의무자와 직접의 납세의무자) 및 체납액 등을 달리하고 있어 기본적 사실관계가 동일하다고 볼 수 없고, 중기취득세의 체납이나 자동차세의 체납이 다 같이 지방세의 체납이고 그 과세대상도 다 같은 지입중기에 대한 것이라는 점만으로는 기본적 사실관계의 동일성을 인정하기에 미흡하다(대판 1989.6.27. 88누6160).

④ 종합주류도매업면허를 취소하면서 무자료 주류판매에 해당한다는 사유와 무면허판매업자에게 주류를 판매한 때에 해당한다는 사유는 기본적 사실관계가 다른 사유이다(대판 1996.9.6. 96누7427).

정답 ④

06 행정소송에 있어서 처분사유의 추가·변경에 대한 설명으로 옳지 않은 것은? (다툼이 있는 경우 판례에 의함) *〈2017 국가직 7급〉*

① 위법판단의 기준시점을 처분시로 볼 경우, 처분 이후에 발생한 새로운 사실적·법적 사유를 추가·변경하고자 하는 것은 허용될 수 없고 이러한 경우에는 계쟁처분을 직권취소하고 이를 대체하는 새로운 처분을 할 수 있다.

② 행정처분의 취소를 구하는 항고소송에서 처분청은 당초 처분의 근거로 삼은 사유와 기본적 사실관계가 동일성이 있다고 인정되는 한도 내에서만 다른 사유를 추가하거나 변경할 수 있다.

③ 처분청이 처분 당시에 적시한 구체적 사실을 변경하지 아니하는 범위 내에서 단지 처분의 근거법령만을 추가·변경하는 것은 새로운 처분사유의 추가라고 볼 수 없다.

④ 처분사유의 변경으로 소송물이 변경되는 경우, 반드시 청구가 변경되는 것은 아니므로 처분사유의 추가·변경은 허용될 수 있다.

해설

① 취소소송에 있어서 처분의 위법성 판단시점을 처분시로 보는 판례의 입장에 따르면, 처분시에 객관적으로 존재하였던 사유만이 처분사유의 추가·변경의 대상이 되고 처분 후에 발생한 사실관계나 법률관계는 대상이 되지 못한다.

② 행정처분의 취소를 구하는 항고소송에서 처분청은 당초 처분의 근거로 삼은 사유와 기본적 사실관계가 동일성이 있다고 인정되는 한도 내에서만 다른 사유를 추가 또는 변경할 수 있고, 이러한 기본적 사실관계의 동일성 유무는 처분사유를 법률적으로 평가하기 이전의 구체적 사실에 착안하여 그 기초인 사회적 사실관계가 기본적인 점에서 동일한지에 따라 결정되므로, 추가 또는 변경된 사유가 처분 당시에 이미 존재하고 있었다거나 당사자가 그 사실을 알고 있었다고 하여 당초의 처분사유와 동일성이 있다고 할 수 없다(대판 2014.5.16. 2013두26118).

③ 행정처분의 취소를 구하는 항고소송에서 처분청은 당초 처분의 근거로 삼은 사유와 기본적 사실관계가 동일성이 있다고 인정되는 한도 내에서는 다른 사유를 추가하거나 변경할 수도 있으나, 기본적 사실관계가 동일하다는 것은 처분사유를 법률적으로 평가하기 이전의 구체적인 사실에 착안하여 그 기초적인 사회적 사실관계가 기본적인 점에서 동일한 것을 말하며, 처분청이 처분 당시에 적시한 구체적 사실을 변경하지 아니하는 범위 내에서 단지 그 처분의 근거 법령만을 추가·변경하거나 당초의 처분사유를 구체적으로 표시하는 것에 불과한 경우에는 새로운 처분사유를 추가하거나 변경하는 것이라고 볼 수 없다(대판 2008.2.28. 2007두13791).

④ 처분사유의 추가·변경은 취소소송의 소송물의 범위 내, 즉 처분의 동일성을 해치지 않는 범위 내에서만 허용되므로 처분사유의 추가·변경은 소송물의 변경을 초래하지 않는다.

정답 ④

V. 가구제 (잠정적 권리보호)

01 「행정소송법」상 집행정지에 대한 설명으로 옳은 것만을 모두 고르면? (다툼이 있는 경우 판례에 의함) *〈2018 국가직 7급〉*

ㄱ. 보조금 교부결정 취소처분에 대하여 법원이 효력정지결정을 하면서 주문에서 그 법원에 계속 중인 본안소송의 판결 선고 시까지 처분의 효력을 정지한다고 선언하였을 경우, 본안소송의 판결 선고에 의하여 정지결정의 효력은 소멸하고 이와 동시에 당초의 보조금 교부결정 취소처분의 효력이 당연히 되살아난다.

ㄴ. 집행정지의 결정이 확정된 후 집행정지가 공공복리에 중대한 영향을 미치거나 그 정지사유가 없어진 때에는 당사자의 신청 또는 직권에 의하여 결정으로써 집행정지의 결정을 취소할 수 있다.

ㄷ. 집행정지결정에 의하여 효력이 정지되는 처분이 당사자의 신청을 거부하는 것을 내용으로 하는 경우에는 그 처분을 행한 행정청은 집행정지결정의 취지에 따라 다시 이전의 신청에 대한 처분을 하여야 한다.

ㄹ. 집행정지의 결정에 대하여는 즉시항고할 수 있으며, 이 경우 집행정지의 결정에 대한 즉시항고에는 결정의 집행을 정지하는 효력이 없다.

① ㄱ, ㄷ ② ㄴ, ㄹ

③ ㄱ, ㄴ, ㄹ ④ ㄴ, ㄷ, ㄹ

해설

ㄱ. 행정소송법 제23조에 의한 효력정지결정의 효력은 결정주문에서 정한 시기까지 존속하고 그 시기의 도래와 동시에 효력이 당연히 소멸하므로, 보조금 교부결정의 일부를 취소한 행정청의 처분에 대하여 법원이 효력정지결정을 하면서 주문에서 그 법원에 계속 중인 본안소송의 판결 선고 시까지 처분의 효력을 정지한다고 선언하였을 경우, 본안소송의 판결 선고에 의하여 정지결정의 효력은 소멸하고 이와 동시에 당초의 보조금 교부결정 취소처분의 효력이 당연히 되살아난다(대판 2017.7.11. 2013두25498).

ㄴ. **행정소송법 제24조 (집행정지의 취소)**

제1항 집행정지의 결정이 확정된 후 집행정지가 공공복리에 중대한 영향을 미치거나 그 정지사유가 없어진 때에는 당사자의 신청 또는 직권에 의하여 결정으로써 집행정지의 결정을 취소할 수 있다.

ㄷ. 집행정지결정은 판결이 아님에도 기속력은 인정된다. 따라서 기속력에 반하는 처분은 무효의 처분이 된다. 다만 확정판결과는 달리 재처분의무는 인정되지 않기 때문에 행정청은 집행정지결정의 취지에 따라 다시 이전의 신청에 대한 처분을 하여야 하는 것은 아니다.

ㄹ. **행정소송법 제23조 (집행정지)**

제5항 제2항의 규정에 의한 집행정지의 결정 또는 기각의 결정에 대하여는 즉시항고할 수 있다. 이 경우 집행정지의 결정에 대한 즉시항고에는 결정의 집행을 정지하는 효력이 없다.

정답 ③

02 「행정소송법」상 집행정지에 대한 설명으로 가장 옳은 것은? 〈2018 서울시 7급〉

① 본안소송이 무효확인소송인 경우에도 집행정지가 가능하다.
② 거부처분에 대해서도 그 효력정지를 구할 이익이 인정된다.
③ 집행정지의 결정에 대한 즉시항고에는 결정의 집행을 정지하는 효력이 있다.
④ 집행정지결정의 효력은 정지결정의 대상인 처분의 발령시점에 소급하는 것이 원칙이다.

해설

① **행정소송법 제23조 (집행정지)**

제2항 취소소송이 제기된 경우에 처분 등이나 그 집행 또는 절차의 속행으로 인하여 생길 회복하기 어려운 손해를 예방하기 위하여 긴급한 필요가 있다고 인정할 때에는 본안이 계속되고 있는 법원은 당사자의 신청 또는 직권에 의하여 처분 등의 효력이나 그 집행 또는 절차의 속행의 전부 또는 일부의 정지(이하 "執行停止"라 한다)를 결정할 수 있다. 다만, 처분의 효력정지는 처분 등의 집행 또는 절차의 속행을 정지함으로써 목적을 달성할 수 있는 경우에는 허용되지 아니한다.

행정소송법 제38조 (준용규정)

제1항 제9조, 제10조, 제13조 내지 제17조, 제19조, 제22조(제23조) 내지 제26조, 제29조 내지 제31조 및 제33조의 규정은 무효등 확인소송의 경우에 준용한다.

② 신청에 대한 거부처분의 효력을 정지하더라도 거부처분이 없었던 것과 같은 상태 즉 거부처분이 있기 전의 신청시의 상태로 되돌아가는 데에 불과하고 행정청에게 신청에 따른 처분을 하여야 할 의무가 생기는 것이 아니므로, 거부처분의 효력정지는 그 거부처분으로 인하여 신청인에게 생길 손해를 방지하는 데에 아무런 소용이 없어 그 효력정지를 구할 이익이 없다(대판 1992.2.13. 91두47).

③ **행정소송법 제23조 (집행정지)**

제5항 제2항의 규정에 의한 집행정지의 결정 또는 기각의 결정에 대하여는 즉시항고 할 수 있다. 이 경우 집행정지의 결정에 대한 즉시항고에는 결정의 집행을 정지하는 효력이 없다.

④ 집행정지결정 중 효력정지결정은 효력 그 자체를 잠정적으로 정지시키는 것이므로 행정처분이 없었던 원래상태와 같은 상태를 가져오지만 장래에 향하여 효력을 발생하는 것이 원칙이다.

정답 ①

03 취소소송에 대한 설명으로 옳은 것은? 〈2020 소방공채〉

① 취소소송은 처분 등을 대상으로 하나, 재결취소소송은 처분 및 재결 자체에 고유한 위법이 있음을 이유로 하는 경우에 한한다.

② 「행정소송법」 제23조 제2항 소정의 행정처분 등의 효력이나 집행을 정지하기 위한 요건으로서의 '회복하기 어려운 손해'라 함은 특별한 사정이 없는 한 금전적 보상을 과도하게 요하는 경우, 금전보상이 불가능한 경우, 그 밖에 금전보상으로는 사회관념상 행정처분을 받은 당사자가 참고 견딜 수 없거나 또는 참고 견디기가 현저히 곤란한 경우의 유형, 무형의 손해를 일컫는다.

③ 취소소송은 처분 등이 있음을 안 날부터 90일 이내에, 처분 등이 있은 날부터 1년 이내에 제기할 수 있고, 다만 처분 등이 있은 날부터 1년이 경과하여도 정당한 사유가 있다면 취소소송을 제기할 수 있다.

④ 집행정지의 결정을 신청함에 있어서는 그 이유에 대한 소명을 반드시 필요로 하는 것은 아니므로 정당한 사유 등 특별한 사정이 있다면 재판부는 그 소명 없이 직권으로 집행정지에 대한 결정을 하여야 한다.

해설

① **행정소송법 제19조 (취소소송의 대상)**

취소소송은 처분 등을 대상으로 한다. 다만, 재결취소소송의 경우에는 재결 자체에 고유한 위법이 있음을 이유로 하는 경우에 한한다.

→ *처분 및 재결 자체X / 재결 자체O*

② 행정소송법 제23조 제2항 소정의 행정처분 등의 효력이나 집행을 정지하기 위한 요건으로서의 "**회복하기 어려운 손해**"라 함은 특별한 사정이 없는 한 **금전으로 보상할 수 없는 손해**로서 이는 금전보상이 불능인 경우 뿐만 아니라 금전보상으로는 사회관념상 행정처분을 받은 당사자가 참고 견딜 수 없거나 또는 참고 견디기가 현저히 곤란한 경우의 유형, 무형의 손해를 일컫는다 (대판 1991.3.2. 91두1).

→ *금전적 보상을 과도하게 요하는 경우는 포함X*

③ **행정소송법 제20조 (제소기간)**

제1항 취소소송은 **처분 등이 있음을 안 날부터 90일 이내**에 제기하여야 한다. 다만, 제18조 제1항 단서에 규정한 경우와 그 밖에 행정심판청구를 할 수 있는 경우 또는 행정청이 행정심판청구를 할 수 있다고 잘못 알린 경우에 행정심판청구가 있은 때의 기간은 재결서의 정본을 송달받은 날부터 기산한다.

제2항 취소소송은 **처분 등이 있은 날부터 1년**(제1항 단서의 경우는 재결이 있은 날부터 1년)을 경과하면 이를 제기하지 못한다. 다만, **정당한 사유**가 있는 때에는 그러하지 **아니**하다.

④ **행정소송법 제23조 (집행정지)**

제2항 취소소송이 제기된 경우에 처분 등이나 그 집행 또는 절차의 속행으로 인하여 생길 회복하기 어려운 손해를 예방하기 위하여 긴급한 필요가 있다고 인정할 때에는 본안이 계속되고 있는 법원은 당사자의 신청 또는 직권에 의하여 처분 등의 효력이나 그 집행 또는 절차의 속행의 전부 또는 일부의 정지(이하 "집행정지"라 한다)를 결정할 수 있다. 다만, 처분의 효력정지는 처분 등의 집행 또는 절차의 속행을 정지함으로써 목적을 달성할 수 있는 경우에는 허용되지 아니한다.

제4항 제2항의 규정에 의한 집행정지의 결정을 신청함에 있어서는 그 이유에 대한 소명이 있어야 한다.

정답 ③

04 「행정소송법」 제8조 제2항은 "행정소송에 관하여 이 법에 특별한 규정이 없는 사항에 대하여는 법원조직법과 민사소송법 및 민사집행법의 규정을 준용한다."고 규정한다. 이에 관한 다음의 설명 중 옳지 않은 것은? (단, 다툼이 있는 경우 판례에 의함) *〈2017 사회복지〉*

① 행정소송 사건에서 「민사소송법」상 보조참가가 허용된다.

② 「민사소송법」상 가처분은 항고소송에서 허용된다.

③ 「민사집행법」상 가처분은 당사자소송에서 허용된다.

④ 행정소송으로 제기해야 할 사건을 민사소송으로 잘못 제기한 경우에 수소법원이 행정소송에 대한 관할이 없다면 특별한 사정이 없는 한 관할법원에 이송하여야 한다.

해설

① 공정거래위원회가 명한 시정조치에 대하여 그 취소 등을 구하는 행정소송에서 당해 시정조치가 사업자의 상대방에 대한 특정행위를 중지·금지시키는 것을 내용으로 하는 경우, 당해 소송의 판결 결과에 따라 해당 사업자가 특정행위를 계속하거나 또는 그 행위를 할 수 없게 되고, 따라서 그 행위의 상대방은 그 판결로 법률상 지위가 결정된다고 볼 수 있으므로 그는 위 행정소송에서 공정거래위원회를 보조하기 위하여 보조참가를 할 수 있다(대결 2013.7.12. 2012무84).

② 항고소송의 대상이 되는 행정처분의 효력이나 집행 혹은 절차속행 등의 정지를 구하는 신청은 행정소송법상 집행정지 신청의 방법으로서만 가능할 뿐 민사소송법상 가처분의 방법으로는 허용될 수 없다(대판 2009.11.2. 2009마596).

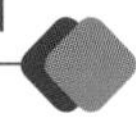

③ 도시 및 주거환경정비법(이하 '도시정비법'이라 한다)상 행정주체인 주택재건축정비사업조합을 상대로 관리처분계획안에 대한 조합 총회결의의 효력을 다투는 소송은 행정처분에 이르는 절차적 요건의 존부나 효력 유무에 관한 소송으로서 소송결과에 따라 행정처분의 위법여부에 직접 영향을 미치는 공법상 법률관계에 관한 것이므로, 이는 행정소송법상 당사자소송에 해당한다. 그리고 이러한 당사자소송에 대하여는 행정소송법 제23조 제2항의 집행정지에 관한 규정이 준용되지 아니하므로, 이를 본안으로 하는 가처분에 대하여는 행정소송법 제8조 제2항에 따라 민사집행법상 가처분에 관한 규정이 준용되어야 한다. 가처분결정에 대한 불복으로 채무자의 즉시항고가 허용되지 아니하고 이의신청만 허용되는 경우 채무자가 가처분결정에 불복하면서 제출한 서면의 제목이 '즉시항고장'이고 끝부분에 항고법원명이 기재되어 있더라도 이를 이의신청으로 보아 처리하여야 한다(대결 2015.8.21, 2015무26).

④ 행정소송법 제7조는 원고의 고의 또는 중대한 과실 없이 행정소송이 심급을 달리하는 법원에 잘못 제기된 경우에 민사소송법 제31조(현행 제34조) 제1항을 적용하여 이를 관할법원에 이송하도록 규정하고 있을 뿐 아니라, 관할 위반의 소를 부적법하다고 하여 각하하는 것보다 관할법원에 이송하는 것이 당사자의 권리구제나 소송경제의 측면에서 바람직하므로, 원고가 고의 또는 중대한 과실 없이 행정소송으로 제기하여야 할 사건을 민사소송으로 잘못 제기한 경우, 수소법원으로서는 만약 그 행정소송에 대한 관할도 동시에 가지고 있다면 이를 행정소송으로 심리·판단하여야 하고, 그 행정소송에 대한 관할을 가지고 있지 아니하다면 해당 소송이 이미 행정소송으로서의 전심절차 및 제소기간을 도과하였거나 행정소송의 대상이 되는처분 등이 존재하지도 아니한 상태에 있는 등 행정소송으로서의 소송요건을 결하고 있음이 명백하여 행정소송으로 제기되었더라도 어차피 부적법하게 되는 경우가 아닌 이상 이를 부적법한 소라고 하여 각하할 것이 아니라 관할법원에 이송하여야 한다(대판 1997.5.30. 95다28960).

정답 ②

Ⅵ. 취소소송의 판결

01 **항고소송에서 수소법원이 하여야 하는 판결에 대한 설명으로 옳지 않은 것은? (다툼이 있는 경우 판례에 의함)** *〈2019 국가직 9급〉*

① 무효확인소송의 제1심 판결시까지 원고적격을 구비하였는데 제2심 단계에서 원고적격을 흠결하게 된 경우, 제2심 수소법원은 각하판결을 하여야 한다.

② 행정처분이 있음을 안 날부터 90일을 넘겨 행정심판을 청구하였다가 각하재결을 받은 후 그 재결서를 송달받은 날부터 90일 내에 원래의 처분에 대하여 취소소송을 제기한 경우, 수소법원은 각하판결을 하여야 한다.

③ 허가처분 신청에 대한 부작위를 다투는 부작위위법확인소송을 제기하여 제1심에서 승소판결을 받았는데 제2심 단계에서 피고 행정청이 허가처분을 한 경우, 제2심 수소법원은 각하판결을 하여야 한다.

④ 행정심판을 청구하여 기각재결을 받은 후 재결 자체에 고유한 위법이 있음을 주장하며 그 기각재결에 대하여 취소소송을 제기한 경우, 수소법원은 심리 결과 재결 자체에 고유한 위법이 없다면 각하판결을 하여야 한다.

해설

① 원고적격은 소송요건의 하나이므로 사실심 변론종결시는 물론 상고심에서도 존속하여야 하고 이를 흠결하면 부적법한 소가 된다(대판 2007.4.12. 2004두7924).

→ *부적법한 소가 되면 해당법원은 각하판결*

② 처분이 있음을 안 날부터 90일 이내에 행정심판을 청구하지도 않고 취소소송을 제기하지도 않은 경우에는 그 후 제기된 취소소송은 제소기간을 경과한 것으로서 부적법하고, 처분이 있음을 안 날부터 90일을 넘겨 청구한 부적법한 행정심판청구에 대한 재결이 있은 후 재결서를 송달받은 날부터 90일 이내에 원래의 처분에 대하여 취소소송을 제기하였다고 하여 취소소송이 다시 제소기간을 준수한 것으로 되는 것은 아니다(대판 2011.11.24, 2011두18786).

③ 부작위위법확인의 소는 행정청이 국민의 법규상 또는 조리상의 권리에 기한 신청에 대하여 상당한 기간내에 그 신청을 인용하는 적극적 처분 또는 각하하거나 기각하는 등의 소극적 처분을 하여야 할 법률상의 응답의무가 있음에도 불구하고 이를 하지 아니하는 경우, 판결(사실심의 구두변론 종결)시를 기준으로 그 부작위의 위법을 확인함으로써 행정청의 응답을 신속하게 하여 부작위 내지 무응답이라고 하는 소극적인 위법상태를 제거하는 것을 목적으로 하는 것이고, 나아가 당해 판결의 구속력에 의하여 행정청에게 처분 등을 하게 하고 다시 당해 처분 등에 대하여 불복이 있는 때에는 그 처분 등을 다투게 함으로써 최종적으로는 국민의 권리이익을 보호하려는 제도이므로, 소제기의 전후를 통하여 판결시까지 행정청이 그 신청에 대하여 적극 또는 소극의

처분을 함으로써 **부작위상태가 해소**된 때에는 소의 이익을 상실하게 되어 당해 소는 각하를 면할 수가 없는 것이다(대판 1990.9.25, 89누4758).

④ 행정소송법 제19조는 취소소송은 행정청의 원처분을 대상으로 하되(원처분주의), 다만 "재결 자체에 고유한 위법이 있음을 이유로 하는 경우"에 한하여 행정심판의 재결도 취소소송의 대상으로 삼을 수 있도록 규정하고 있으므로 재결취소소송의 경우 재결 자체에 고유한 위법이 있는지 여부를 심리할 것이고, 재결 자체에 고유한 위법이 없는 경우에는 원처분의 당부와는 상관없이 당해 재결취소소송은 이를 **기각**하여야 한다(대판 1994.1.25, 93누16901).

→ *재결 자체에 고유한 위법이 없는 경우 각하판결X / 기각판결O*

정답 ④

02 **행정소송에서 소송이 각하되는 경우에 해당하는 것만을 모두 고른 것은? (다툼이 있는 경우 판례에 의함)** *〈2017 국가직 7급〉*

ㄱ. 신청권이 없는 신청에 대한 거부행위에 대하여 제기된 거부처분 취소소송
ㄴ. 재결 자체에 고유한 위법이 없음에도 재결에 대해 제기된 재결취소소송
ㄷ. 행정심판의 필요적 전치주의가 적용되는 경우, 부적법한 취소심판의 청구가 있었음에도 행정심판위원회가 기각재결을 하자 원처분에 대하여 제기한 취소소송
ㄹ. 사실심 단계에서는 원고적격을 구비하였으나 상고심에서 원고적격이 흠결된 취소소송

① ㄱ, ㄷ　　② ㄴ, ㄷ
③ ㄱ, ㄷ, ㄹ　　④ ㄱ, ㄴ, ㄹ

해설

ㄱ. 행정청이 국민의 신청에 대하여 한 거부행위가 항고소송의 대상이 되는 행정처분에 해당하기 위하여는, 국민에게 행정청의 행위를 요구할 법규상 또는 조리상의 신청권이 있어야 하는데, 이러한 신청권이 없음에도 이루어진 국민의 신청을 행정청이 받아들이지 아니한 경우 거부로 인하여 신청인의 권리나 법적 이익에 어떤 영향을 미친다고 볼 수 없으므로 이를 항고소송의 대상이 되는 행정처분이라 할 수 없다(대판 2016.7.14. 2014두47426).

ㄴ. 행정소송법 제19조는 취소소송은 행정청의 원처분을 대상으로 하되(원처분주의), 다만 "재결 자체에 고유한 위법이 있음을 이유로 하는 경우"에 한하여 행정심판의 재결도 취소소송의 대상으로 삼을 수 있도록 규정하고 있으므로 재결취소소송의 경우 재결 자체에 고유한 위법이 있는지 여부를 심리할 것이고, 재결 자체에 고유한 위법이 없는 경우에는 원처분의 당부와는 상관없이 당해 재결취소소송은 이를 기각하여야 한다(대판 1994.1.25. 93누16901).

ㄷ. 행정처분의 취소를 구하는 항고소송의 전심절차인 행정심판청구가 기간도과로 인하여 부적법한 경우에는 행정소송 역시 전치의 요건을 충족치 못한 것이 되어 부적법 각하를 면치 못하는 것이고, 이 점은 행정청이 행정심판의 제기기간을 도과한 부적법한 심판에 대하여 그 부적법을 간과한 채 실질적 재결을 하였다 하더라도 달라지는 것이 아니다(대판 1991.6.25. 90누8091).

ㄹ. 행정처분의 직접 상대방이 아닌 제3자라 하더라도 당해 행정처분으로 인하여 법률상 보호되는 이익을 침해당한 경우에는 그 처분의 취소나 무효확인을 구하는 행정소송을 제기하여 그 당부의 판단을 받을 자격 즉 원고적격이 있고, 여기에서 말하는 법률상 보호되는 이익은 당해 처분의 근거 법규 및 관련 법규에 의하여 보호되는 개별적·직접적·구체적 이익을 말하며, 원고적격은 소송요건의 하나이므로 사실심 변론종결시는 물론 상고심에서도 존속하여야 하고 이를 흠결하면 부적법한 소가 된다(대판 2007.4.12. 2004두7924).

정답 ③

03 행정소송에 있어서 일부취소판결의 허용여부에 대한 판례의 입장으로 가장 옳은 것은?

〈2019 서울시 9급〉

① 재량행위의 성격을 갖는 과징금부과처분이 법이 정한 한도액을 초과하여 위법한 경우에는 법원으로서는 그 한도액을 초과한 부분만을 취소할 수 있다.

② 「독점규제 및 공정거래에 관한 법률」을 위반한 광고행위와 표시행위를 하였다는 이유로 공정거래위원회가 사업자에 대하여 법위반사실공표명령을 행한 경우, 표시행위에 대한 법위반사실이 인정되지 아니한다면 법원으로서는 그 부분에 대한 공표명령의 효력만을 취소할 수 있을 뿐, 공표명령 전부를 취소할 수 있는 것은 아니다.

③ 개발부담금부과처분에 대한 취소소송에서 당사자가 제출한 자료에 의하여 정당한 부과금액을 산출할 수 없는 경우에도 법원은 증거조사를 통하여 정당한 부과 금액을 산출한 후 정당한 부과금액을 초과하는 부분만을 취소하여야 한다.

④ 「독점규제 및 공정거래에 관한 법률」을 위반한 수개의 행위에 대하여 공정거래위원회가 하나의 과징금부과 처분을 하였으나 수개의 위반행위 중 일부의 위반행위에 대한 과징금부과만이 위법하고, 그 일부의 위반행위를 기초로 한 과징금액을 산정할 수 있는 자료가 있는 경우에도 법원은 과징금부과처분 전부를 취소하여야 한다.

해설

① 자동차운수사업면허조건 등을 위반한 사업자에 대하여 행정청이 행정제재수단으로 사업 정지를 명할 것인지, 과징금을 부과할 것인지, 과징금을 부과키로 한다면 그 금액은 얼마로 할 것인지에 관하여 재량권이 부여되었다 할 것이므로 과징금부과처분이 법이 정한 한도액을 초과하여 위법할 경우 법원으로서는 그 전부를 취소할 수밖에 없고, 그 한도액을 초과한 부분이나 법원이 적정하다고 인정되는 부분을 초과한 부분만을 취소할 수 없다(금 1,000,000원을 부과한 당해 처분 중 금 100,000원을 초과하는 부분은 재량권 일탈·남용으로 위법하다며 그 일부분만을 취소한 원심판결을 **파기**한 사례)(대판 1998.4.10. 98두2270).

→ *원칙적으로 과징금부과처분은 재량행위O*

∴ *(법관이 처분내용을 검토할 수 밖에 없는 일부취소는 인정X)*

② 외형상 하나의 행정처분이라 하더라도 가분성이 있거나 그 처분대상의 일부가 특정될 수 있다면 일부만의 취소도 가능하고 그 일부의 취소는 당해 취소부분에 관하여만 효력이 생기는 것인바, 공정거래위원회가 사업자에 대하여 행한 법위반사실공표명령은 비록 하나의 조항으로 이루어진 것이라고 하여도 그 대상이 된 사업자의 광고행위와 표시행위로 인한 각 법위반사실은 별개로 특정될 수 있어 위 각 법위반사실에 대한 독립적인 공표명령이 경합된 것으로 보아야 할 것이므로, 이 중 표시행위에 대한 법위반사실이 인정되지 아니하는 경우에 그 부분에 대한 공표명령의 효력만을 취소할 수 있을 뿐, 공표명령 전부를 취소할 수 있는 것은 아니다(대판 2000.12.12. 99두12243).

③ 일반적으로 금전 부과처분 취소소송에서 부과금액 산출과정의 잘못 때문에 부과처분이 위법한 것으로 판단되더라도 **사실심 변론종결 시까지 제출된 자료에 의하여 적법하게 부과될 정당한 부과금액이 산출**되는 때에는 부과처분 전부를 취소할 것이 아니라 **정당한 부과금액을 초과하는 부분만 취소**하여야 하지만, 처분청이 처분 시를 기준으로 정당한 부과금액이 얼마인지 주장·증명하지 않고 있는 경우에도 법원이 적극적으로 직권증거조사를 하거나 처분청에게 증명을 촉구하는 등의 방법으로 정당한 부과금액을 산출할 의무까지 부담하는 것은 아니다(대판 2016.7.14. 2015두4167).

④ 공정거래위원회가 위반행위에 대한 과징금을 부과하면서 여러 개의 위반행위에 대하여 외형상 하나의 과징금 납부명령을 하였으나 여러 개의 위반행위 중 일부의 위반행위에 대한 과징금 부과만이 위법하고 소송상 그 일부의 위반행위를 기초로 한 과징금액을 산정할 수 있는 자료가 있는 경우에는, 하나의 과징금 납부명령일지라도 그 **일부의 위반행위에 대한 과징금액에 해당하는 부분만을 취소**하여야 한다(대판 2019.1.31. 2013두14726).

→ *외형상 하나의 과징금 납부명령 BUT 실제로는 여러 개의 위반행위에 대한 과징금 납부명령*

∴ *각각의 위반행위에 대해서 별개로 판단 가능*

정답 ②

04 사정판결에 대한 설명으로 옳은 것은? (다툼이 있는 경우 판례에 의함) 〈2020 소방공채〉

① 행정청의 재량에 속하는 처분이라도 재량권의 한계를 넘거나 그 남용이 있는 때에는 법원은 이를 취소할 수 있고, 재량권 일탈·남용에 관하여는 피고인 행정청이 증명책임을 부담한다.

② 법원은 사정판결을 하기 전에 원고가 그로 인하여 입게 될 손해의 정도와 배상방법, 그 밖의 사정을 조사하여야 한다.

③ 사정판결을 하는 경우 법원은 처분의 위법함을 판결의 주문에 표기할 수 없으므로 판결의 내용에서 그 처분 등이 위법함을 명시함으로써 원고에 대한 실질적 구제가 이루어지도록 하여야 한다.

④ 원고는 취소소송이 계속된 법원에 당해 행정청에 대한 손해배상 청구 등을 병합하여 제기할 수 없으므로, 손해배상 청구를 담당하는 민사법원의 판결이 먼저 내려진 경우라 할지라도 이 판결의 내용은 취소소송에 영향을 미치지 아니한다.

해설

① **행정소송법 제27조 (재량처분의 취소)**

행정청의 재량에 속하는 처분이라도 재량권의 한계를 넘거나 그 남용이 있는 때에는 법원은 이를 취소할 수 있다.

재량권 일탈·남용에 관하여는 그 **행정행위의 효력을 다투는 사람(원고)**이 주장·증명책임을 부담한다(대판 2019.1.10. 2017두43319).

②, ③, ④ **행정소송법 제28조 (사정판결)**

제1항 원고의 청구가 이유있다고 인정하는 경우에도 처분 등을 취소하는 것이 현저히 공공복리에 적합하지 아니하다고 인정하는 때에는 법원은 원고의 청구를 기각할 수 있다. 이 경우 법원은 그 판결의 주문에서 그 **처분 등이 위법**함을 명시하여야 한다.

제2항 법원이 제1항의 규정에 의한 판결을 함에 있어서는 미리 원고가 그로 인하여 입게 될 손해의 정도와 배상방법 그 밖의 사정을 조사하여야 한다.

제3항 원고는 피고인 행정청이 속하는 국가 또는 공공단체를 상대로 손해배상, 제해시설의 설치 그 밖에 적당한 구제방법의 청구를 당해 취소소송 등이 계속된 법원에 병합하여 제기할 수 있다.

정답 ②

05 **甲은 관할 A행정청에 토지형질변경허가를 신청하였으나 A행정청은 허가를 거부하였다. 이에 甲은 거부처분취소소송을 제기하여 재량의 일탈·남용을 이유로 취소판결을 받았고, 그 판결은 확정되었다. 이에 대한 설명으로 옳은 것은? (다툼이 있는 경우 판례에 의함)** *〈2019 국가직 9급〉*

① A행정청이 거부처분 이전에 이미 존재하였던 사유 중 거부처분 사유와 기본적 사실관계의 동일성이 없는 사유를 근거로 다시 거부처분을 하는 것은 허용되지 않는다.

② A행정청이 재처분을 하였더라도 취소판결의 기속력에 저촉되는 경우에는 甲은 간접강제를 신청할 수 있다.

③ A행정청의 재처분이 취소판결의 기속력에 저촉되더라도 당연무효는 아니고 취소사유가 될 뿐이다.

④ A행정청이 간접강제결정에서 정한 의무이행 기한 내에 재처분을 이행하지 않아 배상금이 이미 발생한 경우에는 그 이후에 재처분을 이행하더라도 甲은 배상금을 추심할 수 있다.

해설

① 새로운 처분의 처분사유가 종전 처분의 처분사유와 기본적 사실관계에서 동일하지 않은 다른 사유에 해당하는 이상, 처분사유가 종전 처분 당시 이미 존재하고 있었고 당사자가 이를 알고 있었더라도 이를 내세워 새로이 처분을 하는 것은 확정판결의 기속력에 저촉되지 않는다(대판 2016.3.24, 2015두48235).

② 거부처분에 대한 취소의 확정판결이 있음에도 행정청이 아무런 재처분을 하지 아니하거나, 재처분을 하였다 하더라도 그것이 종전 거부처분에 대한 취소의 확정판결의 기속력에 반하는 등으로 당연무효라면 이는 아무런 재처분을 하지 아니한 때와 마찬가지라 할 것이므로 이러한 경우에는 행정소송법 제30조 제2항, 제34조 제1항 등에 의한 간접강제신청에 필요한 요건을 갖춘 것으로 보아야 한다(대결 2002.12.11, 2002무22).

③ 확정판결의 당사자인 처분행정청이 그 행정소송의 사실심 변론종결 이전의 사유를 내세워 다시 확정판결과 저촉되는 행정처분을 하는 것은 허용되지 않는 것으로서 이러한 행정처분은 그 하자가 중대하고도 명백한 것이어서 당연무효라 할 것이다(대판 1990.12.11, 90누3560).

④ 행정소송법 제34조 소정의 간접강제결정에 기한 배상금은 거부처분취소판결이 확정된 경우 그 처분을 행한 행정청으로 하여금 확정판결의 취지에 따른 재처분의무의 이행을 확실히 담보하기 위한 것으로서, 확정판결의 취지에 따른 재처분의무내용의 불확정성과 그에 따른 재처분에의 해당 여부에 관한 쟁송으로 인하여 간접강제결정에서 정한 재처분의무의 기한 경과에 따른 배상금이 증가될 가능성이 자칫 행정청으로 하여금 인용처분을 강제하여 행정청의 재량권을 박탈하는 결과를 초래할 위험성이 있는 점 등을 감안하면, 이는 확정판결의 취지에 따른 재처분의 지연에 대한 제재나 손해배상이 아니고 재처분의 이행에 관한 심리적 강제수단에 불과한 것으로 보아야 하므로, 특별한 사정이 없는 한 간접강제결정에서 정한 의무이행기한이 경과한 후에라도 확정판결의 취지에 따른 재처분의 이행이 있으면 배상금을 추심함으로써 심리적 강제를 꾀할 목적이 상실되어 처분상대방이 더 이상 배상금을 추심하는 것은 허용되지 않는다(대판 2004.1.15. 2002두2444).

정답 ②

06 행정소송에 대한 설명으로 옳지 않은 것은? (다툼이 있는 경우 판례에 의함) *〈2019 지방직 9급〉*

① 검사의 불기소결정은 「행정소송법」상 처분에 해당되어 항고소송을 제기할 수 있다.

② 납세의무부존재확인의 소는 공법상의 법률관계 그 자체를 다투는 소송으로서 당사자소송이다.

③ 행정청의 부작위에 대하여 행정심판을 거치지 않고 부작위위법확인소송을 제기하는 경우에는 제소기간의 제한을 받지 않는다.

④ 거부처분에 대하여 무효확인 판결이 확정된 경우, 행정청에 대해 판결의 취지에 따른 재처분의무가 인정될 뿐 그에 대하여 간접강제까지 허용되는 것은 아니다.

해설

① 처분의 근거 법률에서 행정소송 이외의 다른 절차에 의하여 불복할 것을 예정하고 있는 처분은 항고소송의 대상이 될 수 없다. 검사의 불기소결정에 대해서는 검찰청법에 의한 항고와 재항고, 형사소송법에 의한 재정신청에 의해서**만** 불복할 수 있는 것이므로, 이에 대해서는 행정소송법상 항고소송을 제기할 수 없다(대판 2018.9.28. 2017두47465).

② **납세의무부존재확인의 소**는 공법상의 법률관계 그 자체를 다투는 소송으로서 **당사자소송**이라 할 것이므로 행정소송법 제3조 제2호, 제39조에 의하여 그 법률관계의 한쪽 당사자인 국가·공공단체 그 밖의 권리주체가 피고적격을 가진다(대판 2000.9.8. 99두2765).

③ 부작위위법확인의 소는 부작위상태가 계속되는 한 그 위법의 확인을 구할 이익이 있다고 보아야 하므로 원칙적으로 제소기간의 제한을 받지 않는다. 그러나 행정소송법 제38조 제2항이 제소기간을 규정한 같은 법 제20조를 부작위위법확인소송에 준용하고 있는 점에 비추어 보면, 행정심판 등 전심절차를 거친 경우에는 행정소송법 제20조가 정한 제소기간 내에 부작위위법확인의 소를 제기하여야 한다(대판 2009.7.23. 2008두10560).

④ 행정소송법 제38조 제1항이 무효확인 판결에 관하여 취소판결에 관한 규정을 준용함에 있어서 같은 법 제30조 제2항을 준용한다고 규정하면서도 같은 법 제34조는 이를 준용한다는 규정을 두지 않고 있으므로, 행정처분에 대하여 무효확인 판결이 내려진 경우에는 그 **행정처분이 거부처분**인 경우에도 행정청에 판결의 취지에 따른 재처분의무가 인정될 뿐 그에 대하여 간접강제까지 허용되는 것은 아니라고 할 것이다(대판 1998.12.24. 98무37).

정답 ①

07 행정소송의 판결의 효력에 관한 설명으로 가장 옳은 것은? 〈2019 서울시 9급〉

① 기속력은 청구인용판결뿐만 아니라 청구기각판결에도 미친다.

② 처분 등의 무효를 확인하는 확정판결은 소송당사자 이외의 제3자에 대하여는 효력이 미치지 않는다.

③ 사정판결의 경우에는 처분의 적법성이 아닌 처분의 위법성에 대하여 기판력이 발생한다.

④ 세무서장을 피고로 하는 과세처분취소소송에서 패소하여 그 판결이 확정된 자가 국가를 피고로 하여 과세처분의 무효를 주장하여 과오납금반환청구소송을 제기하더라도 취소소송의 기판력에 반하는 것은 아니다.

해설

① 판결의 **기속력**은 **인용판결**에 한하여 **인정**되고 **기각판결**에는 **인정되지 않는다**.

→ *기속력은 행정청에 대한 효력*

→ *기각판결(행정처분이 적법)의 경우 행정청은 별다른 의무X ∴ 행정청에게 의무를 요하는 효력 인정X*

② 행정처분의 무효확인판결은 비록 형식상은 확인판결이라 하여도 그 확인판결의 효력은 그 취소판결의 경우와 같이 소송의 당사자는 물론 제3자에게도 미친다(대판 1982.7.27. 82다173).

→ *무효확인판결의 효력은 취소판결의 효력에 관한 규정이 준용O*

③ **행정소송법 제28조 제1항 (사정판결)** 원고의 청구가 이유있다고 인정하는 경우에도 처분 등을 취소하는 것이 현저히 공공복리에 적합하지 아니하다고 인정하는 때에는 법원은 원고의 청구를 기각할 수 있다. 이 경우 법원은 그 판결의 주문에서 그 처분 등이 위법함을 명시하여야 한다.

→ *사정판결을 함에 있어서는 그 판결의 주문에서 그 처분 등이 위법함을 구체적으로 명시하여야 한다. 따라서 사정판결이 확정되면 사정판결의 대상이 된 행정처분이 위법하다는 점에 대하여 기판력이 발생한다.*

④ 취소소송을 제기하였다가 기각판결을 받게 되면, 당해 처분이 적법하다는 점에 기판력이 발생한다. 기판력은 그 처분의 무효확인소송 뿐만 아니라 그 처분이 무효임을 전제로 한 과오납금반환청구소송에까지 미친다.

정답 ③

08 **행정소송법상 취소판결의 효력 중 기속력에 관한 설명으로 가장 옳지 않은 것은? (다툼이 있는 경우 판례에 의함)** *〈2017 서울시 9급〉*

① 종전 확정판결의 행정소송 과정에서 한 주장 중 처분사유가 되지 아니하여 판결의 판단 대상에서 제외된 부분을 행정청이 그 후 새로이 행한 처분의 적법성과 관련하여 새로운 소송에서 다시 주장하는 것은 확정판결의 기판력에 저촉된다.

② 여러 법규 위반을 이유로 한 영업허가취소처분이 처분의 이유로 된 법규 위반 중 일부가 인정되지 않고 나머지 법규 위반으로는 영업허가취소처분이 비례의 원칙에 위반된다고 취소된 경우에 판결에서 인정되지 않은 법규 위반사실을 포함하여 다시 영업정지처분을 내리는 것은 동일한 행위의 반복은 아니지만 판결의 취지에 반한다.

③ 파면처분에 대한 취소판결이 확정되면 파면되었던 원고를 복직시켜야 한다.

④ 법규 위반을 이유로 내린 영업허가취소처분이 비례의 원칙 위반으로 취소된 경우에 동일한 법규 위반을 이유로 영업정지처분을 내리는 것은 기속력에 반하지 않는다.

해설

① 소송과정에서 피고의 주장 부분은 처분사유로 볼 수 없다는 점이 확정되어 판결의 판단대상에서 제외되었다면, 피고가 그 후 새로이 행한 처분의 적법성과 관련하여 다시 위 주장을 하더라도 위 확정판결의 기판력에 저촉된다고 할 수 없다(대판 1991.8.9. 90누7326).

② 여러 법규 위반을 이유로 한 영업허가취소처분이 처분의 이유로 된 법규 위반 중 일부가 인정되지 않고 나머지 법규 위반으로는 영업허가취소처분이 비례의 원칙에 위반된다고 취소된 경우에 **판결에서 인정되지 않은 법규 위반사실을 포함**하여 다시 영업정지처분을 내리는 것은 동일한 행위의 반복은 아니지만 판결의 취지에 반한다.

→ *판결에서 (해당 사항을) 위법사유로 인정하지 않았는데, 행정청이 (해당 사항을) 다시 위법사유로 주장할 수는 없음*

③ 처분의 취소판결이 확정되면 행정청은 결과적으로 위법이 되는 처분에 의해 초래된 상태를 제거해야 할 의무를 진다(결과제거의무, 원상회복의무).

→ ∴ *파면처분에 대한 취소판결이 확정되면 파면되었던 원고를 복직시켜야 한다.*

④ 기속력은 판결주문과 판결이유에서 적시된 개개의 위법사유에만 미치므로, 처분시에 존재한 원래의 처분의 위법사유와 기본적 사실관계에 동일성이 없는 다른 사유를 들어 동일한 처분을 하더라도 반복금지효에 위반되지 않는다.

→ ∴ *법규 위반을 이유로 내린 영업허가취소처분이 비례의 원칙 위반으로 취소된 경우에 동일한 법규 위반을 이유로 영업정지처분을 내리는 것은 기속력에 반하지 않는다.*

정답 ①

09 **「행정소송법」상 판결의 효력에 관한 설명으로 가장 옳지 않은 것은? (다툼이 있는 경우 판례에 의함)** *〈2017 서울시 7급〉*

① 기판력은 사실심 변론의 종결시를 기준으로 발생하므로, 처분청은 당해 사건의 사실심 변론종결 이전에 주장할 수 있었던 사유를 내세워 확정판결과 저촉되는 처분을 할 수 없다.

② 기속력은 판결의 취지에 따라 행정청을 구속하는바, 여기에는 판결의 주문과 판결이유 중에 설시된 개개의 위법사유가 포함된다.

③ 취소소송에서 소송의 대상이 된 거부처분을 실체법상의 위법사유에 기하여 취소하는 판결이 확정된 경우에는 당해 거부처분을 한 행정청은 원칙적으로 신청을 인용하는 처분을 하여야 한다.

④ 간접강제는 거부처분취소판결은 물론 부작위위법확인판결과 거부처분에 대한 무효등확인판결에서도 인정된다.

해설

① 기판력은 사실심의 변론종결시를 기준으로 하여 발생한다. 확정판결은 변론종결시까지 제출된 자료를 기초로 하여 이루어지는 것이기 때문이다. 그러므로 어떠한 행정처분을 취소하는 판결이 선고되어 확정된 경우에 처분행정청이 그 행정소송의 사실심변론종결 이전의 사유를 내세워 다시 확정판결에 저촉되는 행정처분을 하는 것은 확정판결의 기판력에 저촉된다.

② 행정소송법 제30조 제1항에 의하여 인정되는 취소소송에서 처분 등을 취소하는 확정판결의 기속력은 주로 판결의 실효성 확보를 위하여 인정되는 효력으로서 판결의 주문뿐만 아니라 그 전제가 되는 처분 등의 구체적 위법사유에 관한 이유 중의 판단에 대하여도 인정된다(대판 2001.3.23. 99두5238)

③ 취소소송에서 소송의 대상이 된 거부처분을 실체법상의 위법사유에 기하여 취소하는 판결이 확정된 경우에는 당해 거부처분을 한 행정청은 원칙적으로 신청을 인용하는 처분을 하여야 하고, 사실심변론종결 이전의 사유를 내세워 다시 거부처분을 하는 것은 확정판결의 기속력에 저촉되어 허용되지 아니한다(대판 2001.3.23. 99두5238).

④ **행정소송법 제34조 (거부처분취소판결의 간접강제)**

제1항 행정청이 제30조 제2항의 규정에 의한 처분을 하지 아니하는 때에는 제1심수소법원은 당사자의 신청에 의하여 결정으로써 상당한 기간을 정하고 행정청이 그 기간내에 이행하지 아니하는 때에는 그 지연기간에 따라 일정한 배상을 할 것을 명하거나 즉시 손해배상을 할 것을 명할 수 있다.

행정소송법 제38조 (준용규정)

제1항 제9조, 제10조, 제13조 내지 제17조, 제19조, 제22조 내지 제26조, 제29조 내지 제31조 및 제33조의 규정은 무효등 확인소송의 경우에 준용한다.

행정소송법 제38조 (준용규정)

제2항 제9조, 제10조, 제13조 내지 제19조, 제20조, 제25조 내지 제27조, 제29조 내지 제31조, 제33조 및 제34조의 규정은 부작위위법확인소송의 경우에 준용한다.

→ *행정소송법은 거부처분취소소송에서 간접강제를 규정O / 부작위위법확인소송에는 간접강제를 준용하는 규정O / 무효등 확인소송의 경우에는 간접강제를 준용하는 규정X*

정답 ④

10 행정소송에 대한 판례의 입장으로 옳은 것은? *〈2018 지방직 9급〉*

① 개발제한구역 중 일부 취락을 개발제한구역에서 해제하는 내용의 도시관리계획변경결정에 대하여 개발제한구역 해제대상에서 누락된 토지의 소유자는 그 결정의 취소를 구할 법률상 이익이 있다.

② 금융기관 임원에 대한 금융감독원장의 문책경고는 상대방의 권리의무에 직접 영향을 미치지 않으므로 행정소송의 대상이 되는 처분에 해당하지 않는다.

③ 부가가치세 증액경정처분의 취소를 구하는 항고소송에서 납세의무자는 과세관청의 증액경정사유만 다툴 수 있을 뿐이지 당초 신고에 관한 과다신고사유는 함께 주장하여 다툴 수 없다.

④ 주택건설사업 승인신청 거부처분에 대한 취소의 확정판결이 있은 후 행정청이 재처분을 하였다 하더라도 그 재처분이 종전 거부처분에 대한 취소의 확정판결의 기속력에 반하는 경우, 「행정소송법」상 간접강제신청에 필요한 요건을 갖춘 것으로 보아야 한다.

해설

① 개발제한구역 중 일부 취락을 개발제한구역에서 해제하는 내용의 도시관리계획변경결정에 대하여, 개발제한구역 해제대상에서 누락된 토지의 소유자는 위 결정의 취소를 구할 **법률상 이익이 없다**(대판 2008.7.10, 2007두10242).

② 금융기관의 임원에 대한 금융감독원장의 문책경고는 그 상대방에 대한 직업선택의 자유를 직접 제한하는 효과를 발생하게 하는 등 상대방의 권리의무에 직접 영향을 미치는 행위로서 항고소송의 대상이 되는 행정처분에 해당한다(대판 2005.2.17, 2003두14765).

→ *구 은행업감독규정 제18조 제1호는 제재규정에 따라 문책경고를 받은 자로서 문책경고일로부터 3년이 경과하지 아니한 자는 은행장, 상근감사위원, 상임이사, 외국은행지점 대표자가 될 수 없다고 규정하고 있음. ∴ 문책경고는 문책경고를 받은 자의 권리의무에 직접 영향을 미침*

③ 과세표준과 세액을 증액하는 증액경정처분은 당초 납세의무자가 신고하거나 과세관청이 결정한 과세표준과 세액을 그대로 둔 채 탈루된 부분만을 추가로 확정하는 처분이 아니라 당초신고나 결정에서 확정된 과세표준과 세액을 포함하여 전체로서 하나의 과세표준과 세액을 다시 결정하는 것이므로, 당초신고나 결정에 대한 불복기간의 경과 여부 등에 관계없이 오직 증액경정처분만이 항고소송의 심판대상이 되는 점, 증액경정처분의 취소를 구하는 항고소송에서 증액경정처분의 위법 여부는 그 세액이 정당한 세액을 초과하는지 여부에 의하여 판단하여야 하고 당초신고에 관한 과다신고사유나 과세관청의 증액경정사유는 증액경정처분의 위법성을 뒷받침하는 개개의 위법사유에 불과한 점, 경정청구나 부과처분에 대한 항고소송은 모두 정당한 과세표준과 세액의 존부를 정하고자 하는 동일한 목적을 가진 불복수단으로서 납세의무자로 하여금 과다신고사유에 대하여는 경정청구로써, 과세관청의 증액경정사유에 대하여는 항고소송으로써 각각 다투게 하는 것은 납세의무자의 권익보호나 소송경제에도 부합하지 않는 점 등에 비추어 보면, 납세의무자는 증액경정처분의 취소를 구하는 항고소송에서 과세관청의 증액경정사유뿐만 아니라 **당초신고에 관한 과다신고사유도 함께 주장하여 다툴 수 있다**고 할 것이다(대판 2013.4.18, 2010두11733).

④ 가. 거부처분에 대한 취소의 확정판결이 있음에도 행정청이 아무런 재처분을 하지 아니하거나, 재처분을 하였다 하더라도 그것이 종전 거부처분에 대한 취소의 확정판결의 기속력에 반하는 등으로 당연무효라면 이는 아무런 재처분을 하지 아니한 때와 마찬가지라 할 것이므로 이러한 경우에는 행정소송법 제30조 제2항, 제34조 제1항 등에 의한 간접강제신청에 필요한 요건을 갖춘 것으로 보아야 한다.

나. 주택건설사업 승인신청 거부처분의 취소를 명하는 판결이 확정되었음에도 행정청이 그에 따른 재처분을 하지 않은 채 위 취소소송 계속 중에 도시계획법령이 개정되었다는 이유를 들어 다시 거부처분을 한 사안에서, 개정된 도시계획법령에 그 시행 당시 이미 개발행위허가를 신청 중인 경우에는 종전 규정에 따른다는 경과규정을 두고 있으므로 위 사업승인신청에 대하여는 종전 규정에 따른 재처분을 하여야 함에도 불구하고 개정 법령을 적용하여 새로운 거부처분을 한 것은 확정된 종전 거부처분 취소판결의 기속력에 저촉되어 당연무효이다(대결 2002.12.11. 2002무22).

정답 ④

11 취소소송의 판결 효력에 대한 설명으로 옳지 않은 것은? (다툼이 있는 경우 판례에 의함)

〈2017 국회직 8급〉

① 재량행위인 과징금 납부명령이 재량권을 일탈하였을 경우, 법원이 적정하다고 인정하는 부분을 초과한 부분만 취소할 수 있다.

② 사정판결을 할 사정에 관한 주장·입증책임은 피고 처분청에 있지만 처분청의 명백한 주장이 없는 경우에도 사건 기록에 나타난 사실을 기초로 법원이 직권으로 석명권을 행사하거나 증거조사를 통해 사정판결을 할 수도 있다.

③ 취소확정판결의 기판력은 판결에 적시된 위법사유에 한하여 미치므로 행정청이 그 확정판결에 적시된 위법사유를 보완하여 행한 새로운 행정처분은 확정판결에 의하여 취소된 종전처분과는 별개의 처분으로서 확정판결의 기판력에 저촉되지 않는다.

④ 징계처분의 취소를 구하는 소에서 징계사유가 될 수 없다고 취소확정판결을 한 사유와 동일한 사유를 내세워 다시 징계처분을 하는 것은 확정판결에 저촉되는 행정처분으로 허용될 수 없다.

⑤ 취소소송에서 소송의 대상이 된 거부처분을 실체법상의 위법사유에 기초하여 취소하는 확정판결이 있는 경우에는 당해 거부처분을 한 행정청은 원칙적으로 신청을 인용하는 처분을 하여야 하고, 사실심 변론종결 이전의 사유를 내세워 다시 거부처분을 하는 것은 기속력에 반하여 허용되지 아니한다.

해설

① 처분을 할 것인지 여부와 처분의 정도에 관하여 재량이 인정되는 과징금 납부명령에 대하여 그 명령이 재량권을 일탈하였을 경우, 법원으로서는 재량권의 일탈 여부만 판단할 수 있을 뿐이지 재량권의 범위 내에서 어느 정도가 적정한 것인지에 관하여는 판단할 수 없어 그 전부를 취소할 수밖에 없고, 법원이 적정하다고 인정하는 부분을 초과한 부분만 취소할 수는 없다(대판 2009.6.23. 2007두18062).

② 사정판결의 필요성에 관한 주장·입증책임은 피고인 처분청에게 있다. 그런데 행정처분이 위법한 경우에는 이를 취소하는 것이 원칙이고, 예외적으로 그 위법한 처분을 취소·변경하는 것이 도리어 현저히 공공복리에 적합하지 아니하는 경우에는 그 취소를 허용하지 아니하는 사정판결을 할 수 있고, 이러한 사정판결에 관하여는 당사자의 명백한 주장이 없는 경우에도 기록에 나타난 여러 사정을 기초로 직권으로 판단할 수 있는 것이다(대판 2006.12.21. 2005두16161 ; 대판 2006.9.22. 2005두2506).

③ 행정처분에 위법이 있어 행정처분을 취소하는 판결이 확정된 경우 그 확정판결의 기판력은 거기에 적시된 위법사유에 한하여 미치는 것이므로, 행정관청이 그 확정판결에 적시된 위법사유를 보완하여 행한 새로운 행정처분은 확정판결에 의하여 취소된 종전의 처분과는 별개의 처분으로서 확정판결의 기판력에 저촉된다고 할 수 없다(대판 1997.2.11. 96누13057).

④ 징계처분의 취소를 구하는 소에서 징계사유가 될 수 없다고 판결한 사유와 동일한 사유를 내세워 행정청이 다시 징계처분을 한 것은 확정판결에 저촉되는 행정처분을 한 것으로서, 위 취소판결의 기속력이나 확정판결의 기판력에 저촉되어 허용될 수 없다(대판 1992.7.14. 92누2912).

⑤ 행정소송법 제30조 제1항에 의하여 인정되는 취소소송에서 처분 등을 취소하는 확정판결의 기속력은 주로 판결의 실효성 확보를 위하여 인정되는 효력으로서 판결의 주문뿐만 아니라 그 전제가 되는 처분 등의 구체적 위법사유에 관한 이유 중의 판단에 대하여도 인정되고, 같은 조 제2항의 규정상 특히 거부처분에 대한 취소판결이 확정된 경우에는 그 처분을 행한 행정청은 판결의 취지에 따라 다시 처분을 하여야 할 의무를 부담하게 되므로, 취소소송에서 소송의 대상이 된 거부처분을 실체법상의 위법사유에 기하여 취소하는 판결이 확정된 경우에는 당해 거부처분을 한 행정청은 원칙적으로 신청을 인용하는 처분을 하여야 하고, 사실심 변론종결 이전의 사유를 내세워 다시 거부처분을 하는 것은 확정판결의 기속력에 저촉되어 허용되지 아니한다(대판 2001.3.23. 99두5238).

정답 ①

12 **甲 회사는 '토석채취허가지 진입도로와 관련 우회도로 개설 등은 인근 주민들과의 충분한 협의를 통해 민원발생에 따른 분쟁이 생기지 않도록 조치 후 사업을 추진할 것'이란 조건으로 토석채취허가를 받았다. 그러나 甲은 위 조건이 법령에 근거가 없다는 이유로 이행하지 아니하였고, 인근 주민이 민원을 제기하자 관할 행정청은 甲에게 공사중지명령을 하였다. 甲은 공사중지명령의 해제를 신청하였으나 거부되자 거부처분 취소소송을 제기하였다. 이에 대한 설명으로 옳지 않은 것은? (다툼이 있는 경우 판례에 의함)** *〈2021 국가직 9급〉*

① 일반적으로 기속행위의 경우 법령의 근거 없이 위와 같은 조건을 부가하는 것은 위법하다.

② 공사중지명령의 원인사유가 해소되었다면 甲은 공사중지명령의 해제를 신청할 수 있고, 이에 대한 거부는 처분성이 인정된다.

③ 甲에게는 공사중지명령 해제신청 거부처분에 대한 집행정지를 구할 이익이 인정되지 아니한다.

④ 甲이 앞서 공사중지명령 취소소송에서 패소하여 그 판결이 확정되었더라도, 甲은 그 후 공사중지명령의 해제를 신청한 후 해제신청 거부처분 취소소송에서 다시 그 공사중지명령의 적법성을 다툴 수 있다.

해설

① 일반적으로 기속행위나 기속적 재량행위에는 부관을 붙일 수 없고 가사 부관을 붙였다 하더라도 무효이다(대판 1995.6.13. 94다56883).

② 국민의 신청에 대하여 한 행정청의 거부행위가 취소소송의 대상이 되기 위하여는 국민이 그 신청에 따른 행정행위를 하여 줄 것을 요구할 수 있는 법규상 또는 조리상의 권리가 있어야 하는 것인데, 지방자치단체장이 건축회사에 대하여 당해 신축공사와 관련하여 인근 주택에 공사로 인한 피해를 주지 않는 공법을 선정하고 이에 대하여 안전하다는 전문가의 검토의견서를 제출할 때까지 신축공사를 중지하라는 당해 **공사중지명령**에 있어서는 그 명령의 내용 자체로 또는 그 성질상으로 명령 이후에 그 원인사유가 해소되는 경우에는 잠정적으로 내린 당해 공사중지명령의 해제를 요구할 수 있는 권리를 위 명령의 상대방에게 인정하고 있다고 할 것이므로, 위 회사에게는 조리상으로 그 해제를 요구할 수 있는 권리가 인정된다(대판 1997.12.26. 96누17745).

③ 신청에 대한 거부처분의 효력을 정지하더라도 거부처분이 없었던 것과 같은 상태 즉 거부처분이 있기 전의 신청시의 상태로 되돌아가는 데에 불과하고 행정청에게 신청에 따른 처분을 하여야 할 의무가 생기는 것이 아니므로, **거부처분**의 효력정지는 그 거부처분으로 인하여 신청인에게 생길 손해를 방지하는 데에 아무런 소용이 없어 그 효력정지를 구할 이익이 없다(대결 1992.2.13. 91두47).

④ 행정청이 관련 법령에 근거하여 행한 공사중지명령의 상대방이 명령의 취소를 구한 소송에서 패소함으로써 그 명령이 적법한 것으로 이미 확정되었다면, 이후 이러한 공사중지명령의 상대방은 그 명령의 해제신청을 거부한 처분의 취소를 구하는 소송에서 그 명령의 적법성을 다툴 수 없다(대판 2014.11.27. 2014두37665).

정답 ④

Ⅶ. 취소소송의 불복절차 (상소, 재심 및 헌법소원)

제4절 무효등확인소송

01 무효등확인소송에 대한 설명으로 옳지 않은 것은? (다툼이 있는 경우 판례에 의함) 〈2017 국회직 8급〉

① 처분 등을 취소하는 확정판결의 기속력 및 행정청의 재처분의무에 관한 행정소송법 제30조가 무효확인소송에도 준용되므로 무효확인판결 자체만으로도 실효성이 확보될 수 있다.

② 거부처분에 대해서 무효확인판결이 내려진 경우에는 당해 행정청에 판결의 취지에 따른 재처분의무가 인정됨은 물론 간접강제도 허용된다.

③ 행정처분의 근거법률에 의하여 보호되는 직접적·구체적인 이익이 있는 경우에는 행정소송법 제35조에 규정된 '무효확인을 구할 법률상 이익'이 있다고 보아야 하며, 이와 별도로 무효확인소송의 보충성이 요구되는 것은 아니므로 행정처분의 무효를 전제로 한 이행소송 등과 같은 직접적인 구제수단이 있는지 여부를 따질 필요가 없다.

④ 행정처분의 당연무효를 주장하여 그 무효확인을 구하는 행정소송에 있어서는 원고에게 그 행정처분이 무효인 사유를 주장·입증할 책임이 있다.

⑤ 압류등기가 말소된다고 하여도 압류처분이 외형적으로 효력이 있는 것처럼 존재하는 이상, 압류처분에 기한 압류등기가 경료되어 있는 경우에도 압류처분의 무효확인을 구할 이익이 있다.

해설

①, ③ 행정소송은 행정청의 위법한 처분 등을 취소・변경하거나 그 효력 유무 또는 존재 여부를 확인함으로써 국민의 권리 또는 이익의 침해를 구제하고 공법상의 권리관계 또는 법 적용에 관한 다툼을 적정하게 해결함을 목적으로 하므로, 대등한 주체 사이의 사법상 생활관계에 관한 분쟁을 심판대상으로 하는 민사소송과는 목적, 취지 및 기능 등을 달리한다. 또한 「행정소송법」 제4조에서는 무효확인소송을 항고소송의 일종으로 규정하고 있고, 「행정소송법」 제38조 제1항에서는 처분 등을 취소하는 확정판결의 기속력 및 행정청의 재처분의무에 관한 「행정소송법」 제30조를 무효확인소송에도 준용하고 있으므로 무효확인판결 자체만으로도 실효성을 확보할 수 있다. 그리고 무효확인소송의 보충성을 규정하고 있는 외국의 일부 입법례와는 달리 우리나라 「행정소송법」에는 명문의 규정이 없어 이로 인한 명시적 제한이 존재하지 않는다. 이와 같은 사정을 비롯하여 행정에 대한 사법통제, 권익구제의 확대와 같은 행정소송의 기능 등을 종합하여 보면, 행정처분의 근거법률에 의하여 보호되는 직접적이고 구체적인 이익이 있는 경우에는 「행정소송법」 제35조에 규정된 '무효확인을 구할 법률상 이익'이 있다고 보아야 하고, 이와 별도로 무효확인소송의 보충성이 요구되는 것은 아니므로 행정처분의 무효를 전제로 한 이행소송 등과 같은 직접적인 구제수단이 있는지 여부를 따질 필요가 없다고 해석함이 상당하다(대판 2008.3.20. 2007두6342).

② 「행정소송법」 제38조 제1항이 무효확인판결에 관하여 취소판결에 관한 규정을 준용함에 있어서 「같은 법」 제30조 제2항을 준용한다고 규정하면서도 「같은 법」 제34조는 이를 준용한다는 규정을 두지 않고 있으므로, 행정처분에 대하여 무효확인판결이 내려진 경우에는 그 행정처분이 거부처분인 경우에도 행정청에 판결의 취지에 따른 재처분의무가 인정될 뿐 그에 대하여 간접강제까지 허용되는 것은 아니라고 할 것이다(대결 1998.12.24. 98무37).

④ 행정처분의 당연무효를 주장하여 그 무효확인을 구하는 행정소송에 있어서는 원고에게 그 행정처분이 무효인 사유를 주장·입증할 책임이 있다(대판 2010.5.13. 2009두3460).

⑤ 체납처분에 기한 압류처분은 행정처분으로서 이에 기하여 이루어진 집행방법인 압류등기와는 구별되므로 압류등기의 말소를 구하는 것을 압류처분 자체의 무효를 구하는 것으로 볼 수 없고, 또한 압류등기가 말소된다고 하여도 압류처분이 외형적으로 효력이 있는 것처럼 존재하는 이상 그 불안과 위험을 제거할 필요가 있다고 할 것이므로, 압류처분에 기한 압류등기가 경료되어 있는 경우에도 압류처분의 무효확인을 구할 이익이 있다(대판 2003.5.16. 2002두3669).

정답 ②

02 **「행정소송법」상 항고소송에 대한 설명으로 옳지 않은 것만을 모두 고른 것은? (다툼이 있는 경우 판례에 의함)** *〈2017 지방직 7급〉*

ㄱ. 동일한 행정처분에 대하여 무효확인소송을 제기하였다가 그 후 그 처분에 대한 취소소송을 추가적으로 병합한 경우, 무효확인소송이 취소소송의 제소기간 내에 제기되었다면 제소기간 도과 후 병합된 취소소송도 적법하게 제기된 것으로 볼 수 있다.
ㄴ. 무효확인소송의 제기는 처분의 효력이나 그 집행 또는 절차의 속행에 영향을 주지 아니한다.
ㄷ. 행정처분의 당연무효를 주장하여 그 무효확인을 구하는 행정소송에 있어서는 원고에게 그 행정처분이 무효인 사유를 주장·입증할 책임이 있다.
ㄹ. 원고의 청구가 이유 있다고 인정하는 경우에도 처분의 무효를 확인하는 것이 현저히 공공복리에 적합하지 아니하다고 인정하는 때에는 법원은 청구를 기각할 수 있다.
ㅁ. 부작위위법확인소송은 원칙적으로 제소기간의 제한을 받지 않지만, 행정심판을 거친 경우에는 「행정소송법」 제20조가 정한 제소기간 내에 부작위위법확인의 소를 제기하여야 한다.

① ㄱ, ㄴ, ㄷ
② ㄱ, ㄹ, ㅁ
③ ㄹ
④ ㄹ, ㅁ

해설

ㄱ. 동일한 행정처분에 대하여 무효확인소송을 제기하였다가 그 후 그 처분의 취소를 구하는 소송을 추가적으로 병합한 경우, 주된 청구인 무효확인소송이 적법한 제소기간 내에 제기되었다면 추가로 병합된 취소소송도 적법하게 제기된 것으로 보아야 한다(대판 2012.11.29. 2012두3743).

ㄴ. 행정소송법 제38조의 준용규정을 보면, 취소소송에 관한 규정 중 제23조(**원칙적 집행부정지와 예외적 집행정지**)는 부작위위법확인소송에는 준용되지 않으나 무효등확인소송에는 준용된다.

ㄷ. 행정처분의 당연무효를 주장하여 그 무효확인을 구하는 행정소송에 있어서는 원고에게 그 행정처분이 무효인 사유를 주장·입증할 책임이 있다(대판 2010.5.13. 2009두3460).

ㄹ. **행정소송법 제28조 (사정판결)**

제1항 원고의 청구가 이유 있다고 인정하는 경우에도 처분 등을 취소하는 것이 현저히 공공복리에 적합하지 아니하다고 인정하는 때에는 법원은 원고의 청구를 기각할 수 있다. 이 경우 법원은 그 판결의 주문에서 그 처분 등이 위법함을 명시하여야 한다.

→ *행정소송법 제38조의 준용규정을 보면, 사정판결은 취소소송에서만 인정되며, 무효등확인소송이나 부작위위법확인소송에는 인정되지 않는다.*

ㅁ. 부작위위법확인의 소는 부작위상태가 계속되는 한 그 위법의 확인을 구할 이익이 있다고 보아야 하므로 원칙적으로 제소기간의 제한을 받지 않는다. 그러나 행정소송법 제38조 제2항이 제소기간을 규정한 같은 법 제20조를 부작위위법확인소송에 준용하고 있는 점에 비추어 보면, 행정심판 등 전심절차를 거친 경우에는 행정소송법 제20조가 정한 제소기간 내에 부작위위법확인의 소를 제기하여야 한다(대판 2009.7.23. 2008두10560).

정답 ③

제5절 부작위위법확인소송

제6절 당사자소송

01 판례에 의할 때 ㉠과 ㉡에서 甲과 乙이 적법하게 제기할 수 있는 소송의 종류를 바르게 연결한 것은? *〈2018 국가직 9급〉*

> ㉠ 법관 甲이 이미 수령한 명예퇴직수당액이 구「법관 및 법원공무원 명예퇴직수당 등 지급규칙」에서 정한 정당한 명예퇴직수당액에 미치지 못한다고 주장하며 차액의 지급을 신청하였으나 법원행정처장이 이를 거부한 경우
> ㉡ 乙이 군인연금법령에 따라 국방부장관의 인정을 받아 퇴역연금을 지급받아 오던 중「군인보수법」및「공무원 보수규정」에 의한 호봉이나 봉급액의 개정 등으로 퇴역연금액이 변경되어 국방부장관이 乙에게 법령의 개정에 따른 퇴역연금액 감액조치를 한 경우

① ㉠ 미지급명예퇴직수당액지급을 구하는 당사자소송
㉡ 퇴역연금차액지급을 구하는 당사자소송
② ㉠ 법원행정처장의 거부처분에 대한 취소소송
㉡ 퇴역연금차액지급을 구하는 당사자소송
③ ㉠ 미지급명예퇴직수당액지급을 구하는 당사자소송
㉡ 국방부장관의 퇴역연금감액처분에 대한 취소소송
④ ㉠ 법원행정처장의 거부처분에 대한 취소소송
㉡ 국방부장관의 퇴역연금감액처분에 대한 취소소송

해설

ㄱ. 법관이 이미 수령한 수당액이 명예퇴직수당규칙에서 정한 정당한 명예퇴직수당액에 미치지 못한다고 주장하며 차액의 지급을 신청함에 대하여 **법원행정처장이 거부하는 의사를 표시**했더라도, 그 의사표시는 명예퇴직수당액을 형성·확정하는 행정처분이 아니라 공법상의 법률관계의 한쪽 당사자로서 지급의무의 존부 및 범위에 관하여 **자신의 의견을 밝힌 것에 불과**하므로 행정처분으로 볼 수 없다. 결국 명예퇴직한 법관이 미지급 명예퇴직수당액에 대하여 가지는 권리는 명예퇴직수당 지급대상자 결정 절차를 거쳐 명예퇴직수당규칙에 의하여 확정된 공법상 법률관계에 관한 권리로서, 그 지급을 구하는 소송은 행정소송법의 **당사자소송**에 해당하며, 그 법률관계의 당사자인 국가를 상대로 제기하여야 한다(대판 2016.5.24, 2013두14863).

ㄴ. 국방부장관의 인정에 의하여 퇴역연금을 지급받아 오던 중 군인보수법 및 공무원보수규정에 의한 호봉이나 봉급액의 개정 등으로 퇴역연금액이 변경된 경우에는 법령의 개정에 따라 당연히 개정규정에 따른 퇴역연금액이 확정되는 것이지 구 군인연금법상 정해진 국방부장관의 퇴역연금액 결정과 통지에 의하여 비로소 그 금액이 확정되는 것이 아니므로, 법령의 개정에 따른 국방부장관의 퇴역연금액 감액조치에 대하여 이의가 있는 퇴역연금수급권자는 항고소송을 제기하는 방법으로 감액조치의 효력을 다툴 것이 아니라 직접 국가를 상대로 정당한 퇴역연금액과 결정·통지된 퇴역연금액과의 차액의 지급을 구하는 공법상 **당사자소송**을 제기하는 방법으로 다툴 수 있다 할 것이다(대판 2003.9.5, 2002두3522).

정답 ①

02 행정상의 법률관계와 소송형태 등에 관한 설명으로 옳지 않은 것은? (다툼이 있는 경우 판례에 의함) *〈2021 소방공채〉*

① 「도시 및 주거환경정비법」상의 주택재건축정비사업조합을 상대로 관리처분계획안에 대한 조합 총회결의의 무효확인을 구하는 소는 공법관계이므로 당사자소송을 제기하여야 한다.

② 「국가를 당사자로 하는 계약에 관한 법률」에 따라 국가가 당사자로 되는 입찰방식에 의한 사인과 체결하는 이른바 공공계약은 국가가 사경제의 주체로서 상대방과 대등한 위치에서 체결하는 사법상의 계약이다.

③ 「국유재산법」에 따른 국유재산의 무단점유자에 대한 변상금 부과·징수권은 민사상 부당이득반환청구권과 법적 성질을 달리하므로, 국가는 무단점유자를 상대로 변상금 부과·징수권의 행사와 별개로 국유재산의 소유자로서 민사상 부당이득반환청구의 소를 제기할 수 있다.

④ 2020년 4월 1일부터 시행되는 전부개정 「소방공무원법」 이전의 경우, 지방소방공무원의 보수에 관한 법률관계는 사법상의 법률관계이므로 지방소방공무원이 소속 지방자치단체를 상대로 초과근무수당의 지급을 구하는 소송은 행정소송상 당사자소송이 아닌 민사소송절차에 따라야 했다.

해설

① 도시 및 주거환경정비법상 행정주체인 주택재건축정비사업조합을 상대로 관리처분계획안에 대한 조합 총회결의의 효력 등을 다투는 소송은 행정처분에 이르는 절차적 요건의 존부나 효력 유무에 관한 소송으로서 그 소송결과에 따라 행정처분의 위법 여부에 직접 영향을 미치는 공법상 법률관계에 관한 것이므로, 이는 행정소송법상의 당사자소송에 해당한다(대판 2009.9.17. 2007다2428).

② 국가를 당사자로 하는 계약에 관한 법률에 따라 국가가 당사자가 되는 이른바 공공계약은 사경제 주체로서 상대방과 대등한 위치에서 체결하는 사법상 계약으로서 본질적인 내용은 사인 간의 계약과 다를 바가 없으므로, 그에 관한 법령에 특별한 정함이 있는 경우를 제외하고는 사적 자치와 계약자유의 원칙 등 사법의 원리가 그대로 적용된다(대판 2020.5.14. 2018다298409).

③ 구 국유재산법상 변상금 부과·징수권은 민사상 부당이득반환청구권과 법적 성질을 달리하므로, 국가는 무단점유자를 상대로 변상금 부과·징수권의 행사와 별도로 국유재산의 소유자로서 민사상 부당이득반환청구의 소를 제기할 수 있다(대판 2014.7.16. 2011다76402).

④ 지방자치단체와 그 소속 경력직 공무원인 지방소방공무원 사이의 관계, 즉 지방소방공무원의 근무관계는 사법상의 근로계약관계가 아닌 공법상의 근무관계에 해당하고, 그 근무관계의 주요한 내용 중 하나인 **지방소방공무원의 보수에 관한 법률관계**는 **공법상의 법률관계**라고 보아야 한다. 나아가 지방소방공무원의 초과근무수당 지급청구권은 법령의 규정에 의하여 직접 그 존부나 범위가 정하여지고 법령에 규정된 수당의 지급요건에 해당하는 경우에는 곧바로 발생한다고 할 것이므로, 지방소방공무원이 자신이 소속된 지방자치단체를 상대로 초과근무수당의 지급을 구하는 청구에 관한 소송은 행정소송법 제3조 제2호에 규정된 당사자소송의 절차에 따라야 한다(대판 2013.3.28. 2012다102629).

정답 ④

03 행정소송에 대한 설명으로 옳지 않은 것은? (다툼이 있는 경우 판례에 의함) 〈2018 지방직 7급〉

① 당사자소송에 대하여는 행정소송법의 집행정지에 관한 규정이 준용되지 아니하므로, 민사집행법상 가처분에 관한 규정 역시 준용되지 아니한다.

② 서훈은 서훈대상자의 특별한 공적에 의하여 수여되는 고도의 일신전속적 성격을 가지는 것이므로, 망인에게 수여된 서훈이 취소된 경우 그 유족은 서훈취소처분의 상대방이 되지 아니한다.

③ 민사소송법 규정이 준용되는 행정소송에서 증명책임은 원칙적으로 민사소송 일반원칙에 따라 당사자 사이에 분배되고, 항고소송의 경우에는 그 특성에 따라 처분의 적법성을 주장하는 피고에게 그 적법사유에 대한 증명책임이 있다.

④ 행정처분의 무효확인을 구하는 청구에는 특별한 사정이 없는 한 그 처분의 취소를 구하는 취지까지도 포함되어 있다고 볼 수 있다.

해설

① 도시 및 주거환경정비법(이하 '도시정비법'이라 한다)상 행정주체인 주택재건축정비사업조합을 상대로 관리처분계획안에 대한 조합 총회결의의 효력을 다투는 소송은 행정처분에 이르는 절차적

요건의 존부나 효력 유무에 관한 소송으로서 소송결과에 따라 행정처분의 위법여부에 직접 영향을 미치는 공법상 법률관계에 관한 것이므로, 이는 행정소송법상 당사자소송에 해당한다. 그리고 이러한 당사자소송에 대하여는 행정소송법 제23조 제2항의 집행정지에 관한 규정이 준용되지 아니하므로(행정소송법 제44조 제1항 참조), 이를 본안으로 하는 가처분에 대하여는 행정소송법 제8조 제2항에 따라 민사집행법상 가처분에 관한 규정이 준용되어야 한다. 가처분결정에 대한 불복으로 채무자의 즉시항고가 허용되지 아니하고 이의신청만 허용되는 경우 채무자가 가처분결정에 불복하면서 제출한 서면의 제목이 '즉시항고장'이고 끝부분에 항고법원명이 기재되어 있더라도 이를 이의신청으로 보아 처리하여야 한다(대판 2015.8.21. 2015무26).

② 헌법 제11조 제3항과 (구)상훈법 제2조, 제33조, 제34조, 제39조의 규정 취지에 의하면, 서훈은 서훈대상자의 특별한 공적에 의하여 수여되는 고도의 일신전속적 성격을 가지는 것이다. 나아가 서훈은 단순히 서훈대상자 본인에 대한 수혜적 행위로서의 성격만을 가지는 것이 아니라, 국가에 뚜렷한 공적을 세운 사람에게 영예를 부여함으로써 국민 일반에 대하여 국가와 민족에 대한 자긍심을 높이고 국가적 가치를 통합·제시하는 행위의 성격도 있다. 서훈의 이러한 특수성으로 말미암아 상훈법은 일반적인 행정행위와 달리 사망한 사람에 대하여도 그의 공적을 영예의 대상으로 삼아 서훈을 수여할 수 있도록 규정하고 있다. 그러나 그러한 경우에도 서훈은 어디까지나 서훈대상자 본인의 공적과 영예를 기리기 위한 것이므로 비록 유족이라고 하더라도 제3자는 서훈수여 처분의 상대방이 될 수 없고, (구)상훈법 제33조, 제34조 등에 따라 망인을 대신하여 단지 사실행위로서 훈장 등을 교부받거나 보관할 수 있는 지위에 있을 뿐이다. 이러한 서훈의 일신전속적 성격은 서훈취소의 경우에도 마찬가지이므로, 망인에게 수여된 서훈의 취소에서도 유족은 그 처분의 상대방이 되는 것이 아니다. 이와 같이 망인에 대한 서훈취소는 유족에 대한 것이 아니므로 유족에 대한 통지에 의해서만 성립하여 효력이 발생한다고 볼 수 없고, 그 결정이 처분권자의 의사에 따라 상당한 방법으로 대외적으로 표시됨으로써 행정행위로서 성립하여 효력이 발생한다고 봄이 타당하다(대판2014.9.26. 2013두2518).

③ 민사소송법 규정이 준용되는 행정소송에서의 증명책임은 원칙적으로 민사소송 일반원칙에 따라 당사자 간에 분배되고, 항고소송의 경우에는 그 특성에 따라 처분의 적법성을 주장하는 피고에게 적법사유에 대한 증명책임이 있다. 피고가 주장하는 일정한 처분의 적법성에 관하여 합리적으로 수긍할 수 있는 일응의 증명이 있는 경우에 처분은 정당하며, 이와 상반되는 주장과 증명은 상대방인 원고에게 책임이 돌아간다(대판 2016.10.27. 2015두42817).

④ 일반적으로 행정처분의 무효확인을 구하는 소에는 원고가 그 처분의 취소를 구하지 아니한다고 밝히지 아니한 이상 그 처분이 만약 당연무효가 아니라면 그 취소를 구하는 취지도 포함되어 있는 것으로 보아야 한다(대판 1994.12.23. 94누477).

정답 ①

04 행정소송에 대한 설명으로 가장 옳지 않은 것은? 〈2018 서울시 7급〉

① 사업시행자가 환매권의 존부에 관한 확인을 구하는 소송은 민사소송이다.

② 명예퇴직한 법관이 명예퇴직수당액의 차액 지급을 신청한 것에 대해 법원행정처장이 거부하는 의사표시를 한 경우 항고소송으로 이를 다투어야 한다.

③ 국가에 대한 납세의무자의 부가가치세 환급세액청구는 민사소송이 아니라 당사자소송으로 다투어야 한다.

④ 공무원연금법령상 급여를 받으려고 하는 자는 구체적 권리가 발생하지 않은 상태에서 곧바로 공무원연금공단을 상대로 한 당사자소송을 제기할 수 없다.

해설

① 구 공익사업을 위한 토지 등의 취득 및 보상에 관한 법률 제91조에 규정된 환매권은 상대방에 대한 의사표시를 요하는 형성권의 일종으로서 재판상이든 재판 외이든 위 규정에 따른 기간 내에 행사하면 매매의 효력이 생기는 바, 이러한 환매권의 존부에 관한 확인을 구하는 소송 및 구 공익사업법 제91조 제4항에 따라 환매금액의 증감을 구하는 소송 역시 민사소송에 해당한다(대판 2013.2.28. 2010두22368).

② 명예퇴직수당은 명예퇴직수당 지급신청자 중에서 일정한 심사를 거쳐 피고가 명예퇴직수당 지급대상자로 결정한 경우에 비로소 지급될 수 있지만, 명예퇴직수당 지급대상자로 결정된 법관에 대하여 지급할 수당액은 명예퇴직수당규칙 제4조 [별표1]에 그 산정기준이 정해져 있으므로, 위 법관은 위 규정에서 정한 정당한 산정기준에 따라 산정된 명예퇴직수당액을 수령할 구체적인 권리를 가진다. 결국 명예퇴직한 법관이 미지급 명예퇴직수당액에 대하여 가지는 권리는 명예퇴직수당 지급대상자 결정 절차를 거쳐 명예퇴직수당규칙에 의하여 확정된 공법상 법률관계에 관한 권리로서, 그 지급을 구하는 소송은 행정소송법의 당사자소송에 해당하며, 그 법률관계의 당사자인 국가를 상대로 제기하여야 한다(대판 2016.5.24. 2013두14863).

③ 부가가치세법령의 내용, 형식 및 입법 취지 등에 비추어 보면, 납세의무자에 대한 국가의부가가치세 환급세액 지급의무는 그 납세의무자로부터 어느 과세기간에 과다하게 거래징수된 세액 상당을 국가가 실제로 납부받았는지와 관계없이 부가가치세법령의 규정에 의하여 직접 발생하는 것으로서, 그 법적 성질은 정의와 공평의 관념에서 수익자와 손실자 사이의 재산상태 조정을 위해 인정되는 부당이득 반환의무가 아니라 부가가치세법령에 의하여 그 존부나 범위가 구체적으로 확정되고 조세 정책적 관점에서 특별히 인정되는 공법상 의무라고 봄이 타당하다. 그렇다면 납세의무자에 대한 국가의 부가가치세 환급세액 지급의무에 대응하는 국가에 대한 납세의무자의 부가가치세 환급세액 지급청구는 민사소송이 아니라 행정소송법 제3조 제2호에 규정된 당사자소송의 절차에 따라야 한다(대판 2013.3.21. 2011다95564).

④ 공무원연금법령상 급여를 받으려고 하는 자는 우선 관계 법령에 따라 공무원연금공단에 급여지급을 신청하여 공무원연금공단이 이를 거부하거나 일부 금액만 인정하는 급여지급결정을 하는 경우 그 결정을 대상으로 항고소송을 제기하는 등으로 구체적 권리를 인정받아야하고, 구체적인 권리가 발생하지 않은 상태에서 곧바로 공무원연금공단을 상대로 한 당사자소송으로 권리의 확인이나 급여의 지급을 소구하는 것은 허용되지 아니한다(대판 2017.2.9. 2014두43264).

→ 구체적 권리(=법률상 이익)가 있어야 권리행사(소송 등)를 할 수 있음

정답 ②

05 당사자소송의 대상이 아닌 것은? (단, 다툼이 있는 경우 판례에 의함) *〈2017 사회복지〉*

① 구「도시재개발법」상 재개발조합의 조합원 자격 확인
② 구「석탄산업법」상 석탄가격안정지원금의 지급청구
③ 납세의무자의 부가가치세 환급세액 지급청구
④ 구「공익사업을 위한 토지 등의 취득 및 보상에 관한 법률」상 환매금액의 증감청구

해설

① (구)도시재개발법에 의한 재개발조합은 조합원에 대한 법률관계에서 적어도 특수한 존립목적을 부여받은 특수한 행정주체로서 국가의 감독하에 그 존립목적인 특정한 공공사무를 행하고 있다고 볼 수 있는 범위 내에서는 공법상의 권리·의무관계에 서 있다. 따라서 조합을 상대로 한 쟁송에 있어서 강제가입제를 특색으로 한 조합원의 자격 인정여부에 관하여 다툼이 있는 경우에는 그 단계에서는 아직 조합의 어떠한 처분 등이 개입될 여지는 없으므로 공법상의 당사자소송에 의하여 그 조합원 자격의 확인을 구할 수 있고, 한편 분양신청 후에 정하여진 관리처분계획의 내용에 관하여 다툼이 있는 경우에는 그 관리처분계획은 토지 등의 소유자에게 구체적이고 결정적인 영향을 미치는 것으로서 조합이 행한 처분에 해당하므로 항고소송에 의하여 관리처분계획 또는 그 내용인 분양거부처분 등의 취소를 구할 수 있다(대판 1996.2.16. 94다31235).

② 구「석탄산업법」상 석탄가격안정지원금의 지급청구는 당사자 소송을 따라야 한다(대판 1990.1.26. 98두12598).

③ 납세의무자에 대한 국가의 부가가치세 환급세액 지급의무에 대응하는 국가에 대한 납세의무자의 부가가치세 환급세액 지급청구는 민사소송이 아니라 행정소송법 제3조 제2호에 규정된 당사자소송의 절차에 따라야 한다(대판 2013.3.21. 2011다95564).

④ 구 공익사업을 위한 토지 등의 취득 및 보상에 관한 법률 제91조에 규정된 환매권은 상대방에 대한 의사표시를 요하는 형성권의 일종으로서 재판상이든 재판 외이든 위 규정에 따른 기간 내에 행사하면 매매의 효력이 생기는 바, 이러한 환매권의 존부에 관한 확인을 구하는 소송 및 구 공익사업법 제91조 제4항에 따라 환매금액의 증감을 구하는 소송 역시 민사소송에 해당한다(대판 2013.02.28. 2010두22368).

정답 ④

06 당사자소송에 관한 설명 중 옳지 않은 것은? (다툼이 있는 경우 판례에 의함) *〈2017 서울시 7급〉*

① 형식적 당사자소송이란 실질적으로 행정청의 처분 등을 다투는 것이나 형식적으로는 처분 등의 효력을 다투지도 않고, 또한 처분청을 피고로 하지도 않고, 그 대신 처분 등으로 인해 형성된 법률관계를 다투기 위해 관련 법률관계의 일방 당사자를 피고로 하여 제기하는 소송을 말한다.

② 국가를 당사자 또는 참가인으로 하는 소송에서는 법무부장관이 국가를 대표하고, 지방자치단체를 당사자로 하는 소송에서는 지방자치단체의 장이 해당 지방자치단체를 대표한다.

③ 「행정소송법」 제8조 제2항에 의하면 행정소송에도 「민사소송법」의 규정이 일반적으로 준용되므로 법원으로서는 공법상 당사자소송에서 재산권의 청구를 인용하는 판결을 하는 경우 가집행선고를 할 수 있다.

④ 납세의무자에 대한 국가의 부가가치세 환급세액 지급의무에 대응하는 국가에 대한 납세의무자의 부가가치세 환급세액 지급청구는 당사자소송의 절차에 따르지 않아도 된다.

해설

① 형식적 당사자소송이란 행정청의 처분 등을 원인으로 하는 법률관계에 의하여 실질적으로는 처분 등의 효력을 다투는 것이지만 형식적으로는 그 법률관계의 일방 당사자를 피고로 하여 제기하는 소송을 말한다.

→ *형식적 당사자소송 : <**실질적**으로는 항고소송 / **형식적**으로는 당사자소송>인 소송*

② **국가를 당사자로 하는 소송에 관한 법률 제2조** 국가를 당사자 또는 참가인으로 하는 소송(이하 "국가소송"이라 한다)에서는 법무부장관이 국가를 대표한다.

지방자치법 제101조 지방자치단체의 장은 지방자치단체를 대표하고, 그 사무를 총괄한다.

③ 행정소송법 제8조 제2항에 의하면 행정소송에도 민사소송법의 규정이 일반적으로 준용되므로 법원으로서는 공법상 당사자소송에서 재산권의 청구를 인용하는 판결을 하는 경우 가집행선고를 할 수 있다(대판 2000.11.28. 99두3416).

→ *BUT <**행정소송법 제43조 국가를 상대로 하는 당사자소송의 경우에는 가집행선고를 할 수 없다.**>라고 규정되어 있음*

④ 납세의무자에 대한 국가의 부가가치세 환급세액 지급의무에 대응하는 국가에 대한 납세의무자의 부가가치세 환급세액 지급청구는 민사소송이 아니라 행정소송법 제3조 제2호에 규정된 당사자소송의 절차에 따라야 한다(대판 2013.3.21. 2011다95564).

정답 ④

07 행정소송에 관한 설명으로 옳은 것은? (단, 다툼이 있는 경우 판례에 따름) 〈2017 교육행정〉

① 국세부과처분 취소소송에는 임의적 행정심판전치주의가 적용된다.
② 당사자소송 계속 중 법원의 허가를 얻어도 취소소송으로 변경할 수 없다.
③ 취소소송에는 대세효(제3자효)가 있으나 당사자소송에는 인정되지 않는다.
④ 취소소송에서 행정처분의 위법 여부는 판결 선고당시의 법령과 사실상태를 기준으로 판단한다.

해설

① **국세기본법 제56조 (다른 법률과의 관계)**

제2항 제55조에 규정된 위법한 처분에 대한 행정소송은 행정소송법 제18조 제1항 본문·제2항 및 제3항의 규정에 불구하고 이 법에 의한 심사청구 또는 심판청구와 그에 대한 결정을 거치지 아니하면 이를 제기할 수 없다.

② **행정소송법 제21조 (소의 변경)**

제1항 법원은 취소소송을 당해 처분 등에 관계되는 사무가 귀속하는 국가 또는 공공단체에 대한 당사자소송 또는 취소소송 외의 항고소송으로 변경하는 것이 상당하다고 인정할 때에는 청구의 기초에 변경이 없는 한 사실심의 변론종결시까지 원고의 신청에 의하여 결정으로써 소의 변경을 허가할 수 있다.

행정소송법 제42조 (소의 변경)

제21조의 규정은 당사자소송을 항고소송으로 변경하는 경우에 준용한다.

③ **행정소송법 제29조 (취소판결 등의 효력)**

제1항 처분 등을 취소하는 확정판결은 제3자에 대하여도 효력이 있다.

행정소송법 제44조 (준용규정)

제1항 제14조 내지 제17조, 제22조, 제25조, 제26조, 제30조 제1항, 제32조 및 제33조의 규정은 당사자소송의 경우에 준용한다.

→ *당사자소송은 취소판결의 제3자효(제29조)에 대한 준용규정X*

④ 당해 처분의 처분시와 판결시 사이에는 시간적 간격이 있다. 그 사이에 사실관계가 변경되거나 관계법령이 개폐되는 경우, 어느 시점을 기준으로 하여 당해 처분의 위법성을 판단하여야 할 것인가의 문제가 발생한다. 이에 대해서 취소소송에서의 당해 처분의 위법 여부의 판단은 처분시의 법령 및 사실상태를 기준으로 하여야 한다(대판 2010.1.14. 2009두11843).

정답 ③

제7절 객관적 소송

01 **「행정소송법」에 대한 설명으로 옳은 것은? (다툼이 있는 경우 판례에 의함)** *〈2021 소방공채〉*

① 민중소송 및 기관소송은 법률이 정한 자에 한하여 제기할 수 있다.

② 판례는 「행정소송법」상 행정청의 부작위에 대하여 부작위위법확인소송과 작위의무이행소송을 인정하고 있다.

③ 「행정소송법」상 항고소송은 취소소송·무효등 확인소송·부작위위법확인소송·당사자소송으로 구분한다.

④ 국가 또는 공공단체의 기관이 법률에 위반되는 행위를 한 때에 직접 자기의 법률상 이익과 관계없이 그 시정을 구하기 위하여 제기하는 소송을 기관소송이라 한다.

해설

① 민중소송 및 기관소송은 주관적 소송이 아닌 객관적 소송이며 법률이 정한 경우에 **법률에 정한 자만이 제기**할 수 있는 특수소송이다.

② 행정소송법 제3조와 제4조가 행정청의 부작위가 위법하다는 것을 확인하는 소송을 규정하고 있을 뿐 행정청의 부작위에 대하여 일정한 처분을 하도록 하는 의무이행소송에 관하여는 규정하고 있지 아니하다(대판 1992.12.22. 92누13929).

→ *행정소송법상 (행정청의 부작위에 대하여) 부작위위법확인소송O / 작위의무이행소송X*

③ **행정소송법 제4조 (항고소송)**

항고소송은 다음과 같이 구분한다.

1. 취소소송 : 행정청의 위법한 처분 등을 취소 또는 변경하는 소송
2. 무효등 확인소송 : 행정청의 처분 등의 효력 유무 또는 존재여부를 확인하는 소송
3. 부작위위법확인소송 : 행정청의 부작위가 위법하다는 것을 확인하는 소송

④ **행정소송법 제3조 (행정소송의 종류)**

3. 민중소송 : 국가 또는 공공단체의 기관이 법률에 위반되는 행위를 한 때에 직접 자기의 법률상 이익과 관계없이 그 시정을 구하기 위하여 제기하는 소송
4. 기관소송 : 국가 또는 공공단체의 기관상호간에 있어서의 권한의 존부 또는 그 행사에 관한 다툼이 있을 때에 이에 대하여 제기하는 소송. 다만, 헌법재판소법 제2조의 규정에 의하여 헌법재판소의 관장사항으로 되는 소송은 제외한다.

정답 ①

우선순위 소방행정법
기출의 완성

발행일 1판1쇄 발행 2022년 1월 10일
발행처 듀오북스
지은이 양승우
펴낸이 박승희

등록일자 2018년 10월 12일 제2021-20호
주소 서울시 중랑구 용마산로96길 82, 2층(면목동)
편집부 (070)7807_3690
팩스 (050)4277_8651
웹사이트 www.duobooks.co.kr

정가 38,000원 **ISBN** 979-11-90349-34-5 13360